공인노무사 시험 및 실무진을 위한

고용보험법
판례와 관련법령

− 시행령/시행규칙 포함 −

이남철 편저

NEXEN MEDIA

이남철
- 미국 오클라호마대학교에서 경제학 박사학위 취득
- 현, 서울사이버대학교 객원교수
- 한국직업능력연구원 선임연구위원
- 파라과이 교육과학부 자문관
- 한국교육개발원 근무

〈저서〉
- 『국제이주와 노동정책』(넥센미디어)
- 『이민법제론 관련법령집』(넥센미디어)
- 『현대경제학원론』(삼영사)
- 『Skills Development for Inclusive and Sustainable』 (Springer Publishing U.S.A)
- 『New Society Models for a New Millennium』 (Peter Lang Publishing U.S.A)

고용보험법 판례와 관련법령 [시행령/시행규칙 포함]

초판 인쇄	2023년 10월 15일
초판 발행	2023년 10월 30일
편저자	이남철
펴낸이	정유지
펴낸곳	NEXEN MEDIA
출력	푸른솔 / 이상훈 02-2274-2488, 5488
제작 인쇄	진광인쇄
제본	혜성제본 / 02-2273-3562, 3572
우편번호	04559
주소	서울시 중구 마른내로 102
전화	070_7868_8799
팩스	02 _ 886_5442
등록	제2019-000141호
ISBN	979-11-90583-83-1-03320

ⓒ 2023, 넥센미디어

※ 값은 뒤표지에 표시되어 있습니다.
※ 잘못된 책은 구입처에서 교환해 드립니다.

머리말

2023년 개정 내용을 반영하였다.

「고용보험법」은 1993년 12월에 제정되어 1995년 7월 1일부터 시행되고 있다. 그 후 여러 차례 개정되면서 고용보험의 적용범위를 확대하고 있으며, 2004년부터는 일용근로자, 주 15시간 이상 시간제근로자 등 비정규직근로자에게까지 고용보험 적용이 확대되고, 건설공사의 경우 총 공사금액이 2천만 원 이상인 경우에도 고용보험이 적용된다. 또한 60세 이후에 신규로 고용되는 자, 국가·지방자치단체가 직접 시행하는 공공근로 종사자 및 선원에 대해서도 고용보험이 적용된다.

「고용보험법」은 고용안정 및 직업능력개발사업을 통해 1차적으로는 취업 중인 근로자의 고용안정을 촉진하고, 부득이 실업이 되더라도 2차적으로 실업급여를 지급하고 재취업을 촉진함으로써 근로자의 실업으로 인한 사회·경제적인 어려움을 해소하는 것을 주된 내용으로 하고 있다.

고용안정 및 직업능력개발사업은 피보험자 및 피보험자였던 자, 그 밖에 취업할 의사를 가진 자에 대한 실업의 예방, 취업의 촉진, 고용기회의 확대, 직업능력개발·향상의 기회 제공 및 지원, 그 밖에 고용안정과 사업주에 대한 인력확보를 지원하기 위하여 실시하는 사업이다. 실업급여는 실직근로자의 생활안정을 도모하고 재취업을 촉진하기 위해 지급하는 보험급여로서, 구직급여 및 취업촉진수당으로 구성된다. 육아휴직과 산전후휴가급여(모성보호급여)는 임신·출산 등과 관련된 여성의 취업활동을 보장하기 위하여, 육아 또는 출산을 목적으로 휴직하는 근로자가 일정 요건을 갖춘 경우에 육아휴직급여·산전후휴가급여를 지급하는 것을 그 내용으로 한다.

고용보험사업 중 실업급여 지급 현황을 보면 시행초인 1997년에는 48,677명에게 실업급여가 지급되었으나, 외환위기를 맞이한 1998년에는 412,600명으로 급증하였으며, 2009년에는 1,301,132명으로 2020년 4월에는 신종 코로나바이러스 감염증(코로나19) 사태가 촉발한 '고용 충격'으로 인해 신규 구직급여 신청자 12만 9000명, 구직급여액이 9933억 원에 달했다.

고용보험은 전통적인 실업보험사업에 머무르지 않고 다양한 실업예방사업 및 구직촉진사업을 병행하는 적극적 노동시장정책을 표방하여 도입된 고용정책의 핵심수단이다. 특히 우리나라가 두 차례의 외환·금융위기를 거치면서 상당수의 실업자가 발생하는 등 사회적 위기에 직면하였을 때 고용보험제도의 작동이 이러한 위기를 극복하는데 크게 기여한 것으로 평가받고 있다.

본서는 **공인노무사 등** 관련 시험을 대비하는 수험생과 실무 담당자를 위해 법령, 시행령, 시행규칙을 함께 수록하였으며, 이해를 돕기위해 **각 조문마다 최근 대법원판례와 관련 법령**을 정리하였다.

수험생들의 고득점 합격을 기원하면서…

2023년 9월 편저자

[상세 목차]

제1부 고용보험법

제1장 총칙

제1조 목적	32
제2조 정의	34
제3조 보험의 관장	38
제4조 고용보험사업	38
제5조 국고의 부담	41
제6조 보험료	42
제7조 고용보험위원회	43
제8조 적용 범위	45
제9조 보험관계의 성립·소멸	52
제10조 적용 제외	52
제10조의2 외국인근로자에 대한 적용	56
제11조 보험 관련 조사·연구	56
제11조의2 보험사업의 평가	56
제12조 국제교류·협력	57

제2장 피보험자의 관리

제13조 피보험자격의 취득일	58
제14조 피보험자격의 상실일	59
제15조 피보험자격에 관한 신고 등	62
제16조 〈삭제〉	

제17조 피보험자격의 확인 ·············· 65
제18조 피보험자격의 취득기준 ·············· 65

제3장 고용안정·직업능력개발 사업

제19조 고용안정·직업능력개발 사업의 실시 ·············· 68
제20조 고용창출의 지원 ·············· 68
제21조 고용조정의 지원 ·············· 68
제22조 지역 고용의 촉진 ·············· 70
제23조 고령자 등 고용촉진의 지원 ·············· 70
제24조 건설근로자 등의 고용안정 지원 ·············· 72
제25조 고용안정 및 취업 촉진 ·············· 73
제26조 고용촉진 시설에 대한 지원 ·············· 74
제26조의2 지원의 제한 ·············· 79
제27조 사업주에 대한 직업능력개발 훈련의 지원 ·············· 79
제28조 비용 지원의 기준 등 ·············· 81
제29조 피보험자 등에 대한 직업능력개발 지원 ·············· 82
제30조 직업능력개발 훈련 시설에 대한 지원 등 ·············· 83
제31조 직업능력개발의 촉진 ·············· 83
제32조 건설근로자 등의 직업능력개발 지원 ·············· 83
제33조 고용정보의 제공 및 고용 지원 기반의 구축 등 ·············· 84
제34조 지방자치단체 등에 대한 지원 ·············· 84
제35조 부정행위에 따른 지원의 제한 등 ·············· 84
제36조 업무의 대행 ·············· 91

제4장 실업급여

제1절 통칙

제37조 실업급여의 종류 ·············· 92

제37조의2 실업급여수급계좌 ·············· 92

제38조 수급권의 보호 ·············· 93

제38조의2 공과금의 면제 ·············· 93

제39조 〈삭제〉

제2절 구직급여

제40조 구직급여의 수급 요건 ·············· 94

제41조 피보험 단위기간 ·············· 97

제42조 실업의 신고 ·············· 97

제43조 수급자격의 인정 ·············· 98

제43조의2 둘 이상의 피보험자격 취득 시 수급자격의 인정 ·············· 99

제44조 실업의 인정 ·············· 100

제45조 급여의 기초가 되는 임금일액 ·············· 103

제46조 구직급여일액 ·············· 106

제47조 실업인정대상기간 중의 취업 등의 신고 ·············· 108

제48조 수급기간 및 수급일수 ·············· 108

제49조 대기기간 ·············· 110

제50조 소정급여일수 및 피보험기간 ·············· 111

제51조 훈련연장급여 ·············· 112

제52조 개별연장급여 ·············· 113

제53조 특별연장급여 ·············· 113

제54조 연장급여의 수급기간 및 구직급여일액 ·············· 113

제55조 연장급여의 상호 조정 등 ·············· 114

제55조의2 국민연금 보험료의 지원 ·············· 114
제56조 지급일 및 지급 방법 ·············· 116
제57조 지급되지 아니한 구직급여 ·············· 118
제58조 이직 사유에 따른 수급자격의 제한 ·············· 119
제59조 〈삭제〉
제60조 훈련 거부 등에 따른 급여의 지급 제한 ·············· 120
제61조 부정행위에 따른 급여의 지급 제한 ·············· 123
제62조 반환명령 등 ·············· 125
제63조 질병 등의 특례 ·············· 128

제3절 취업촉진 수당

제64조 조기재취업 수당 ·············· 131
제65조 직업능력개발 수당 ·············· 134
제66조 광역 구직활동비 ·············· 134
제67조 이주비 ·············· 134
제68조 취업촉진 수당의 지급 제한 ·············· 135
제69조 준용 ·············· 135

제4절 자영업자인 피보험자에 대한 실업급여 적용의 특례

제69조의2 자영업자인 피보험자의 실업급여의 종류 ·············· 135
제69조의3 구직급여의 수급 요건 ·············· 136
제69조의4 기초일액 ·············· 136
제69조의5 구직급여일액 ·············· 137
제69조의6 소정급여일수 ·············· 137
제69조의7 폐업사유에 따른 수급자격의 제한 ·············· 137
제69조의8 자영업자인 피보험자에 대한 실업급여의 지급 제한 ·············· 138
제69조의9 준용 ·············· 138

제5장 육아휴직 급여 등

제1절 육아휴직 급여 및 육아기 근로시간 단축 급여

제70조 육아휴직 급여 ·············· 139
제71조 육아휴직의 확인 ·············· 144
제72조 〈삭제〉
제73조 육아휴직 급여의 지급 제한 등 ·············· 145
제73조의2 육아기 근로시간 단축 급여 ·············· 145
제74조 준용 ·············· 147

제2절 출산전후휴가 급여 등

제75조 출산전후휴가 급여 등 ·············· 149
제75조의2 출산전후휴가 급여 등의 수급권 대위 ·············· 151
제76조 지급 기간 등 ·············· 151
제76조의2 기간제근로자 또는 파견근로자에 대한 적용 ·············· 152
제77조 준용 ·············· 155

제5장의2 예술인인 피보험자에 대한 고용보험 특례

제77조의2 예술인인 피보험자에 대한 적용 ·············· 156
제77조의3 예술인인 피보험자에 대한 구직급여 ·············· 157
제77조의4 예술인의 출산전후급여 등 ·············· 161
제77조의5 준용 ·············· 162

제5장의3 노무제공자인 피보험자에 대한 고용보험 특례

제77조의6 노무제공자인 피보험자에 대한 적용 ·············· 164

제77조의7 노무제공플랫폼사업자에 대한 특례 ·············· 165
제77조의8 노무제공자인 피보험자에 대한 구직급여 ·············· 166
제77조의9 노무제공자의 출산전후급여 등 ·············· 170
제77조의10 준용 ·············· 170

제6장 고용보험기금

제78조 기금의 설치 및 조성 ·············· 172
제79조 기금의 관리·운용 ·············· 172
제80조 기금의 용도 ·············· 173
제81조 기금운용 계획 등 ·············· 173
제82조 기금계정의 설치 ·············· 174
제83조 기금의 출납 ·············· 174
제84조 기금의 적립 ·············· 174
제85조 잉여금과 손실금의 처리 ·············· 174
제86조 차입금 ·············· 174

제7장 심사 및 재심사청구

제87조 심사와 재심사 ·············· 175
제88조 대리인의 선임 ·············· 176
제89조 고용보험심사관 ·············· 176
제90조 심사의 청구 등 ·············· 177
제91조 청구의 방식 ·············· 177
제92조 보정 및 각하 ·············· 177
제93조 원처분 등의 집행 정지 ·············· 178
제94조 심사관의 권한 ·············· 178

제95조 실비변상 ············ 179
제96조 결정 ············ 179
제97조 결정의 방법 ············ 179
제98조 결정의 효력 ············ 179
제99조 고용보험심사위원회 ············ 180
제100조 재심사의 상대방 ············ 181
제101조 심리 ············ 181
제102조 준용 규정 ············ 181
제103조 고지 ············ 182
제104조 다른 법률과의 관계 ············ 182

제8장 보칙

제105조 불이익 처우의 금지 ············ 184
제106조 준용 ············ 184
제107조 소멸시효 ············ 193
제108조 보고 등 ············ 195
제109조 조사 등 ············ 196
제110조 자료 제공의 요청 ············ 197
제111조 진찰명령 ············ 201
제112조 포상금의 지급 ············ 202
제113조 〈삭제〉
제113조의2 「국민기초생활 보장법」의 수급자에 대한 특례 ············ 202
제114조 시범사업의 실시 ············ 203
제115조 권한의 위임·위탁 ············ 203
제115조의2 벌칙 적용 시의 공무원 의제 ············ 204

제9장 벌칙

제116조 벌칙 ·············· 205
제117조 양벌규정 ·············· 207
제118조 과태료 ·············· 208

제2부 고용보험법 시행령

제1장 총칙

제1조 목적 ············ 212
제1조의2 보수에서 제외되는 금품 ············ 212
제1조의3 고용보험위원회의 구성 ············ 214
제1조의4 위원의 임기 등 ············ 215
제1조의5 위원장의 직무 ············ 215
제1조의6 회의 ············ 216
제1조의7 전문위원회 ············ 216
제1조의8 조사·연구위원 ············ 217
제1조의9 협조의 요청 ············ 217
제1조의10 간사 ············ 217
제1조의11 위원의 수당 ············ 217
제1조의12 운영세칙 ············ 218
제2조 적용 범위 ············ 218
제3조 적용 제외 근로자 ············ 220
제3조의2 별정직·임기제 공무원의 보험 가입 ············ 223
제3조의3 외국인근로자에 대한 적용 범위 ············ 225
제4조 대리인 ············ 228
제5조 고용보험 통계의 관리 등 ············ 229
제6조 업무의 대행 ············ 229
제6조의2 보험사업 평가기관 ············ 231

제2장 피보험자의 관리

제7조 피보험자격의 취득 또는 상실 신고 등 ············ 235
제8조 근로자의 피보험자격에 관한 신고 ············ 236
제9조 피보험자의 전근 신고 ············ 236
제10조 피보험자 이름 등의 변경 신고 ············ 236
제11조 확인의 청구와 통지 ············ 237
제11조의2 피보험자격의 취득기준 ············ 237

제3장 고용안정·직업능력개발사업

제12조 우선지원 대상기업의 범위 ············ 239
제13조~제16조 〈삭제〉
제17조 고용창출에 대한 지원 ············ 242
제18조 고용조정의 지원 내용 등 ············ 243
제19조 고용유지지원금의 지급 대상 ············ 244
제20조 고용유지조치를 위한 계획의 수립 및 신고 ············ 248
제20조의2 고용유지조치계획 위반에 대한 지원제한 ············ 251
제21조 고용유지지원금의 금액 등 ············ 252
제21조의2 휴업 등에 따른 임금감소 수준 ············ 253
제21조의3 휴업 등에 따른 피보험자 지원요건 등 ············ 253
제21조의4 직업능력 개발·향상 조치 등에 대한 지원 ············ 256
제22조 이직예정자 등 재취업 지원 ············ 256
제22조의2 고용유지를 위한 노사합의에 대한 지원 ············ 258
제23조 〈삭제〉
제24조 지역고용촉진 지원금 ············ 259
제25조 고령자 고용연장 지원금 ············ 262

제25조의2 60세 이상 고령자 고용지원금 ············· 263
제26조 고용촉진장려금 ············· 265
제27조 〈삭제〉
제28조 임금피크제 지원금 ············· 275
제28조의2 정년을 60세 이상으로 정한 사업 또는 사업장에서의 임금 감액에 따른 지원금 ············· 277
제28조의3 〈삭제〉
제28조의4 고령자 계속고용장려금 ············· 278
제28조의5 고령자 고용지원금 ············· 278
제29조 출산육아기 고용안정장려금 ············· 278
제30조~제32조의2 〈삭제〉
제33조 고용관리 진단 등 지원 ············· 285
제34조 〈삭제〉
제35조 고용안정과 취업의 촉진 ············· 286
제35조의2 교육사업·홍보사업의 지원 ············· 288
제36조 취업지원사업의 지원 ············· 289
제37조 고령자 등의 고용환경 개선 지원 ············· 291
제37조의2 고용안정 지원사업 등에 대한 지원 ············· 292
제37조의3 우선지원대상기업의 고용유지 비용의 대부 ············· 292
제38조 고용촉진 시설의 지원 ············· 293
제39조 일괄적용사업의 특례 ············· 302
제40조 지원금 등의 상호조정 ············· 303
제40조의2 지원의 제한 ············· 305
제41조 사업주에 대한 직업능력개발 훈련비용의 지원 ············· 305
제42조 비용 지원의 한도 ············· 310
제43조 근로자의 직업능력 개발을 위한 지원 ············· 315
제44조 〈삭제〉

제45조 능력개발비용의 대부 ·············· 318
제46조 능력개발비용의 지원 ·············· 319
제47조 취업훈련의 지원 ·············· 319
제47조의2 직업능력개발훈련 중 생계비 대부 ·············· 320
제48조 직업능력개발훈련시설 등에 대한 비용 대부 ·············· 321
제49조 직업능력개발훈련시설 등의 지원 ·············· 323
제50조 〈삭제〉
제51조 자격검정 사업의 지원 ·············· 324
제52조 직업능력개발의 촉진 ·············· 325
제53조 직업능력개발훈련사업의 위탁 실시 ·············· 329
제54조 건설근로자의 직업능력개발 지원 ·············· 331
제55조 지방자치단체 등에 대한 지원 ·············· 331
제56조 부정행위에 따른 지원금 등의 지급 제한 ·············· 331
제57조 업무의 대행 ·············· 336

제4장 실업급여

제58조 실업급여 지급에 관한 결정·통지 ·············· 338
제58조의2 실업급여수급계좌 ·············· 338
제58조의3 압류금지 실업급여 액수 ·············· 339
제59조 급여원부의 작성 ·············· 339
제60조 기준기간의 연장 사유 ·············· 339
제60조의2 피보험 단위기간 산정 ·············· 339
제61조 구직신청과 수급자격 인정신청 ·············· 340
제62조 수급자격의 인정 ·············· 341
제62조의2 둘 이상의 피보험자격 취득 시 급자격의 인정 ·············· 342
제63조 실업의 인정 ·············· 342

제64조 실업인정의 특례사유 ············· 343

제65조 실업인정의 특례자 ············· 343

제66조 증명서에 따른 실업의 인정 ············· 344

제67조 수급자격자의 취업촉진을 위한 조치 ············· 345

제68조 급여기초 임금일액의 상한액 ············· 345

제69조 취업의 신고 ············· 345

제70조 수급기간의 연기 사유 ············· 346

제71조 수급기간의 연기 신청 ············· 346

제71조의2 대기기간 ············· 348

제72조 훈련연장급여 지급 ············· 348

제73조 개별연장급여의 지급 등 ············· 348

제74조 특별연장급여 지급 ············· 349

제74조의2 국민연금 보험료의 지원 절차 등 ············· 349

제75조 구직급여의 지급절차 ············· 351

제76조 지급되지 않은 구직급여의 청구 ············· 352

제77조 준용 ············· 352

제78조 〈삭제〉

제79조 구직급여의 지급정지 절차 ············· 352

제80조 구직급여의 지급 제한이 완화되는 부정행위 ············· 353

제80조의2 새로운 수급자격에 따른 구직급여의 지급 제한 ············· 353

제81조 구직급여의 반환 등 ············· 354

제82조 상병급여의 지급 청구와 지급 제외 ············· 355

제83조 준용 ············· 356

제84조 조기재취업 수당의 지급기준 ············· 356

제85조 조기재취업 수당의 금액 ············· 358

제86조 조기재취업 수당의 청구 등 ············· 358

제87조 재취업촉진 활동 장려금 ············· 358

제88조 직업능력개발 수당 ········· 358

제89조 광역 구직활동비 ········· 359

제90조 이주비 ········· 359

제91조 취업촉진 수당의 지급 제한이 완화되는 부정행위 ········· 360

제92조 준용 ········· 360

제93조 사무의 위탁 ········· 360

제93조의2 준용 ········· 360

제5장 육아휴직 급여 등

제94조 육아휴직 급여 신청기간의 연장 사유 ········· 362

제95조 육아휴직 급여 ········· 362

제95조의2 두 번째 육아휴직자에 대한 육아휴직 급여에 관한 한시적 특례
········· 363

제95조의3 출생 후 12개월 이내의 자녀에 대한 육아휴직 급여 등의 특례
········· 364

제96조 육아휴직 급여기간 중 취업의 신고 등 ········· 366

제97조 준용 ········· 366

제98조 육아휴직 급여의 감액 ········· 366

제99조 육아휴직 급여의 사무의 위탁 ········· 368

제100조 출산전후휴가 급여 등 신청기간의 연장 사유 ········· 368

제101조 출산전후휴가 급여 등의 상·하한액 ········· 368

제102조 준용 ········· 369

제103조 준용 ········· 369

제104조 출산전후휴가 급여 등의 감액 ········· 369

제104조의2 육아기 근로시간 단축 급여 ········· 370

제104조의3 준용 ········· 371

제104조의4 육아기 근로시간 단축 급여의 감액 ·········· 371

제5장의2 예술인인 피보험자에 대한 고용보험 특례

제104조의5 예술인인 피보험자의 범위 ·········· 373
제104조의6 예술인의 피보험자격에 관한 신고 ·········· 375
제104조의7 예술인인 피보험자 관련 변경 신고 및 확인의 청구 등·········· 377
제104조의8 예술인인 피보험자의 구직급여 수급요건 등 ·········· 377
제104조의9 예술인의 출산전후급여 등의 지급요건 등 ·········· 380
제104조의10 예술인 구직급여 및 출산전후급여 등의 심사 등 ·········· 382

제5장의3 노무제공자인 피보험자에 대한 고용보험 특례

제104조의11 노무제공자인 피보험자의 범위 ·········· 384
제104조의12 노무제공자의 피보험자격에 관한 신고 등 ·········· 393
제104조의13 노무제공플랫폼사업자의 노무제공자 피보험자격 신고 등
·········· 394
제104조의14 노무제공자인 피보험자 관련 변경 신고 및 확인의 청구 등
·········· 396
제104조의15 노무제공자인 피보험자의 구직급여 수급요건 등 ·········· 396
제104조의16 노무제공자의 출산전후급여 등의 지급요건 등 ·········· 399
제104조의17 노무제공자의 피보험자격확인 등의 심사 등 ·········· 401

제6장 고용보험기금

제104조의18 기금 관리·운용 전문위원 ·········· 402

제105조 기금의 운용사업 등 ············ 402
제106조 기금의 계산 ············ 405
제107조 기금의 용도 등 ············ 405
제108조 기금 지급의 위탁 ············ 407
제109조 기금운용 계획 ············ 407
제110조 기금운용 결과의 공표 ············ 408
제111조 기금의 회계기관 ············ 408
제112조 거래은행의 지정 ············ 408
제113조 기금수입금의 수납절차 ············ 408
제114조 기금의 지출절차 ············ 409
제115조 현금 취급의 금지 ············ 409
제116조 기금의 지출원인행위 한도액 등의 배정 ············ 410
제117조 기금의 운용상황 보고 ············ 411
제118조 기금의 결산보고 ············ 411
제119조 적립금 등의 출납 ············ 411
제120조 「국가재정법」 및 「국고금 관리법」의 준용 ············ 412

제7장 심사 및 재심사의 청구

제121조 심사관의 자격 ············ 413
제122조 심사관의 배치·직무 ············ 413
제123조 기피 신청의 방식 ············ 414
제124조 청구인의 지위승계 신고 ············ 414
제125조 심사청구의 방식 ············ 414
제126조 심사청구의 보정 ············ 415
제127조 원처분의 집행정지 통지 ············ 415
제128조 심리를 위한 조사 ············ 415

제129조 결정서 ············ 416

제130조 심사위원회 위원의 위촉·임명 ············ 417

제131조 위원의 임기 ············ 417

제132조 위원의 처우 ············ 418

제133조 위원장과 부위원장 ············ 418

제134조 직무 ············ 418

제135조 회의 ············ 418

제136조 전문위원의 배치 ············ 419

제137조 통지 ············ 419

제138조 심리비공개의 신청 ············ 419

제139조 심리조서 ············ 419

제140조 재심사청구의 방식 ············ 420

제141조 재결서 ············ 420

제142조 준용 ············ 421

제8장 보칙

제142조의2 제공요청 대상 자료 등의 범위 ············ 422

제143조 진찰비용 ············ 424

제144조 〈삭제〉

제144조의2 시범사업의 실시 대상 ············ 424

제145조 권한의 위임 등 ············ 424

제145조의2 고유식별정보의 처리 ············ 431

제145조의3 〈삭제〉

제146조 과태료의 부과기준 ············ 434

제3부 고용보험법 시행규칙

제1장 총칙

제1조 목적 ············· 440
제1조의2 별정직·임기제 공무원의 고용보험 가입·탈퇴 신청 ············· 440
제2조 외국인근로자 등의 고용보험 가입·탈퇴 신청 ············· 441
제2조의2 외국인예술인의보험 가입·탈퇴 신청 ············· 443
제2조의3 외국인노무제공자의보험 가입·탈퇴 신청 ············· 444
제3조 대리인 선임 또는 해임의 신고 ············· 445

제2장 피보험자 관리

제4조 원수급인의 하수급인에 관한 자료 제출 ············· 446
제5조 피보험자격의 취득·상실신고 등 ············· 448
제6조 피보험자격 취득·상실 신고 결과의 통지 ············· 448
제7조 전자적 방법에 따른 신고 ············· 449
제8조 전자적 방법에 따른 신고의 지원 ············· 449
제9조 피보험자의 전근 신고 ············· 450
제10조 전산입력자료에 따른 대체 신고 등 ············· 450
제11조 피보험자의 이름 등 변경신고 ············· 450
제12조 피보험자격의 확인청구 ············· 450
제13조 피보험자격의 취득·상실 확인통지 ············· 451
제14조 자영업자의 피보험자격 취득·상실 기준 ············· 451

제3장 고용안정·직업능력개발사업

제15조~22조 〈삭제〉
제23조 하도급 사업주의 신고 ············ 452
제24조 고용조정이 불가피하게 된 사업주 ············ 452
제25조 전체 피보험자에 대한 총근로시간의 산정방법 ············ 454
제26조~제27조 〈삭제〉
제28조 고용유지지원금의 지급신청 방법 ············ 455
제29조 고용유지지원금의 지급신청 시기 ············ 456
제30조 〈삭제〉
제31조 고용유지조치계획의 신고 등 ············ 456
제32조 〈삭제〉
제32조의2 고용유지조치계획 위반에 대한 지원제한 ············ 457
제33조 〈삭제〉
제34조 휴업 등의 고용유지조치 요건 ············ 458
제35조~제38조 〈삭제〉
제39조 지역고용계획의 신고 ············ 459
제40조 조업시작의 신고 ············ 460
제41조 지역고용촉진 지원금의 신청 ············ 460
제41조의2 〈삭제〉
제42조 고령자 고용연장 지원금의 지급 신청 ············ 461
제43조 60세 이상 고령자 고용지원금의 지급 신청 ············ 461
제44조 고용촉진장려금의 지급요건 ············ 462
제45조 고용촉진장려금의 신청 ············ 464
제46조~제48조 〈삭제〉
제49조 임금피크제 지원금 등의 금액 산정 ············ 465
제50조 임금피크제 지원금의 신청 ············ 468

제50조의2 정년을 60세 이상으로 정한 사업 또는 사업장에서의
　　　　　임금 감액에 따른 지원금의 신청 ·············469
제50조의3 고령자 고용지원금 지원 기준 ·············469
제51조 출산육아기 고용안정장려금의 신청 ·············469
제52조 출산육아기 고용안정장려금의 지급방법 ·············471
제53조~제57조의2 〈삭제〉
제58조 고용촉진 시설 ·············472
제59조 직장어린이집의 지원 ·············472
제60조 사업주에 대한 직업능력개발 훈련비용의 지원 신청 ·············474
제61조 근로자 직업능력개발을 위한 지원 ·············477
제62조~제63조 〈삭제〉
제64조 능력개발비용의 대부 ·············478
제65조 취업훈련의 실시기관 등 ·············484
제66조 취업훈련의 대상자 ·············486
제67조 〈삭제〉
제68조 훈련비와 훈련수당의 지급 ·············488
제69조 실업자취업훈련비의 대부 ·············488
제70조 직업능력개발훈련시설 등에 대한 비용대부 ·············489
제71조 대부절차 등 ·············490
제72조~제73조 〈삭제〉
제74조 자격검정사업의 요건 ·············492
제75조 사업내 자격검정사업의 지원신청 및 지원방법 등 ·············492
제76조 국가기간·전략산업직종훈련의 실시 등 ·············494
제77조 지원금이나 직업능력개발 훈련비용의 지급결정 및 통지 ·············495
제78조 부정행위에 따른 추가징수 등 ·············495
제79조 지급 제한 등의 통지 ·············496
제80조 고용보험료체납에 따른 지원제한 ·············496

제80조의2 고용보험료체납에 따른 지원제한의 특례 ·········· 496

제4장 실업급여

제81조 실업급여 지급결정 등의 통지 ·········· 498
제82조 실업신고와 수급자격 인정신청서 ·········· 498
제82조의2 이직확인서의 발급 등 ·········· 498
제83조 수급자격증 등 ·········· 500
제84조 실업인정의 신청 ·········· 501
제85조 직업능력개발 훈련 등 수강자에 대한 실업인정의 특례 ·········· 501
제86조 대량실업 등에 따른 실업인정의 특례 ·········· 502
제87조 재취업활동의 인정기준 ·········· 502
제88조 재취업활동 등에 따른 실업인정의 특례 ·········· 504
제89조 섬 거주자 등에 대한 실업인정의 특례 ·········· 505
제90조 증명서의 기재사항 ·········· 506
제91조 직업능력개발 훈련 등 수강증명서 ·········· 507
제91조의2 이직 전 1일 소정근로시간의 산정 ·········· 507
제92조 취업의 인정기준 ·········· 507
제92조의2 수급기간의 연기 사유 ·········· 508
제93조 수급기간의 연기사유 신고 ·········· 509
제94조 훈련연장급여의 지급대상 등 ·········· 509
제95조 개별연장급여 신청 ·········· 513
제96조 훈련연장급여 등의 지급 통지 ·········· 513
제97조 특별연장급여의 지급이 제외되는 자의 범위 ·········· 513
제98조 특별연장급여의 실시기간 ·········· 514
제99조 구직급여 지급 계좌의 신고 ·········· 514
제100조 미지급 구직급여 청구서 ·········· 514

제101조 이직 사유에 따른 수급자격의 제한 기준 ·········· 515
제102조 〈삭제〉
제103조 급여의 지급 제한 등 통지 ·········· 520
제104조 부정행위에 따른 구직급여 반환명령의 기준 ·········· 521
제105조 부정행위에 따른 추가징수 등 ·········· 522
제106조 지급 제한 등의 통지 ·········· 524
제107조 상병급여의 청구와 지급 ·········· 525
제107조의2 국민연금 가입기간 추가 산입의 신청 ·········· 525
제108조 관련 사업주의 범위 ·········· 526
제109조 조기재취업 수당 청구서 ·········· 526
제110조 직업능력개발 수당의 청구 ·········· 528
제111조 광역 구직활동비의 산정 ·········· 528
제112조 광역 구직활동비의 청구 ·········· 529
제113조 이주비의 산정 ·········· 529
제114조 이주비의 청구 ·········· 529
제115조 준용 ·········· 530
제115조의2 폐업사유에 따른 수급자격의 제한 ·········· 530
제115조의3 수급자격이 인정되는 폐업사유 ·········· 531
제115조의4 자영업자인 피보험자에 대한 실업급여 지급제한의 기준
·········· 533
제115조의5 준용 ·········· 533

제5장 육아휴직 급여 등

제116조 육아휴직 등 급여의 신청 ·········· 534
제117조 육아휴직 등 급여의 지급 등 ·········· 536
제118조 육아휴직 등의 확인 ·········· 536

제118조의2 육아휴직 등 기간 중 취업사실 미기재 등에 따른 지급제한 범위 ············ 537

제119조 육아휴직 등 급여의 부정행위에 따른 추가징수 등 ············ 537

제120조 지급 제한 등의 통지 ············ 537

제121조 출산전후휴가 급여 등의 신청 ············ 538

제121조의2 출산전후휴가 급여 등의 대위 신청 ············ 540

제122조 출산전후휴가 급여 등의 지급 등 ············ 541

제122조의2 출산전후휴가 급여 등에 상당하는 금액의 신청 ············ 541

제123조 출산전후휴가 등의 확인 ············ 542

제123조의2 출산전후휴가 및 유산·사산휴가 기간 중 취업사실 미기재 등에 따른 지급제한 범위 ············ 543

제124조 부정행위에 따른 추가징수 등 ············ 543

제125조 지급 제한 등의 통지 ············ 543

제5장의2 예술인인 피보험자에 대한 고용보험 특례

제125조의2 예술인인 피보험자의 범위 ············ 544

제125조의3 피보험자격의 취득·상실신고 등 ············ 544

제125조의4 예술인인 피보험자에 대한 구직급여 ············ 546

제125조의5 출산전후급여 등의 신청 및 지급방법 등 ············ 546

제125조의6 출산전후급여 등의 지급 등 ············ 547

제125조의7 심사 및 재심사 등의 준용 ············ 547

제5장의3 노무제공자인 피보험자에 대한 고용보험 특례

제125조의8 노무제공자인 피보험자의 범위 ············ 548

제125조의9 피보험자격의 취득·상실신고 등 ············ 548

제125조의10 노무제공자인 피보험자에 대한 구직급여 ·········· 549
제125조의11 출산전후급여 등의 신청 및 지급방법 등 ·········· 550
제125조의12 출산전후급여 등의 지급 등 ·········· 551
제125조의13 심사 및 재심사 등의 준용 ·········· 551

제6장 고용보험기금

제126조 기금의 교부조건 ·········· 552
제127조 기금지급의 위탁 ·········· 552
제128조 기금관리보조요원 ·········· 552
제129조 보험금 등의 지급 등 ·········· 553
제130조 적립금과 여유금의 출납기관 ·········· 554
제131조 출납지시 등 ·········· 555
제132조 예탁금계좌의 설치 ·········· 555
제133조 이자 등의 수입 편입 ·········· 555
제134조 기금운용 서식 ·········· 555

제7장 심사 및 재심사청구

제135조 서류의 송달 등 ·········· 556
제136조 기피신청서 ·········· 556
제137조 청구인의 지위승계 신고 ·········· 556
제138조 의견서의 제출 ·········· 557
제139조 심사청구서 ·········· 557
제140조 심사청구의 보정 ·········· 557
제141조 심사청구의 보정요구서 ·········· 557
제142조 집행정지통지서 ·········· 557

제143조 증거조사 신청서 ············ 558

제144조 소환의 방식 ············ 558

제145조 증거조사 조서 등 ············ 558

제146조 심사관 등 증표 ············ 558

제147조 결정서 ············ 558

제148조 전문위원의 자격 등 ············ 558

제149조 심리 비공개 신청서 ············ 559

제150조 심리조서 ············ 559

제151조 재심사 청구서 ············ 559

제152조 준용 ············ 559

제153조 재결서 ············ 560

제8장 보칙

제154조 징수금의 납입통지 ············ 561

제155조 증표 ············ 561

제156조 진찰명령 ············ 561

제157조 신고포상금의 지급대상 등 ············ 561

제158조 포상금의 지급기준 ············ 562

제159조 신고의 경합 시 포상금의 지급방법 ············ 563

제160조 포상금의 지급 제한 ············ 563

제160조의2 〈삭제〉

제161조 규제의 재검토 ············ 563

제1부

고용보험법

[시행 2023. 7. 1.]
[법률 제19210호, 2022. 12. 31., 일부개정]

제1장 총칙

제1조 목적

이 법은 고용보험의 시행을 통하여 실업의 예방, 고용의 촉진 및 근로자 등의 직업능력의 개발과 향상을 꾀하고, 국가의 직업지도와 직업소개 기능을 강화하며, 근로자 등이 실업한 경우에 생활에 필요한 급여를 실시하여 근로자 등의 생활안정과 구직 활동을 촉진함으로써 경제·사회 발전에 이바지하는 것을 목적으로 한다.
〈개정 2021. 1. 5.〉

주요판례

❖ **고용보험료부과처분취소**[광주지법 2007. 12. 13., 선고, 2007구합3176, 판결 : 항소]

판시사항

[1] 고용보험법규상 고용보험료를 적용하거나 적용 제외하기 위한 요건의 해석 방법
[2] 청원경찰에 대한 고용보험료 부과처분이 적법한지 여부(적극)

판결요지

[1] 고용보험료는 사업주로부터 재산권을 박탈하는 것을 목적으로 하며(침익적인 측면) 행정처분에 의해 강제로 부과·징수된다는 점에서(행정처분적 측면) 조세와 유사한 성격을 갖는 공과금이므로, 고용보험료 역시 조세에 준하여 그 적용요건 및 적용제외 요건을 엄격하게 해석하는 것이 헌법상의 대원칙인 법치주의 및 평등의 원칙에 부합한다.

[2] 고용보험 적용제외 근로자에 관한 구 고용보험법(2007. 5. 11. 법률 제8429호로 전문 개정되기 전의 것) 제8조 및 같은 법 시행령 제3조가 청원경찰에 대하여 적용제외를 따로 정하지 아니하였고, 청원경찰에 대해서는 청원주의 재량에 의한 구조조정이 허용되며, 공무원연금과 고용보험은 그 제도의 취지·기능이 동일하지 않다는 사정을 종합하면, 청원경찰에게 공무원연금과 고용보험을 동시에 적용하는 것은 신분상의 특이성 및 직무내용의 성격을 모두 고려한 입법자의 정책적 판단의 결과로서 비합리적인 이중의 과도한 보호라고 볼 수 없으므로, 청원경찰은 고용보험법의 적용을 받으며, 따라서 청원경찰에 대한 고용보험료 부과처분은 적법하다.

주요판례

❖ 고용보험료부과처분취소 [서울행법 2000. 7. 14., 선고, 99구27275, 판결 : 항소기각, 상고기각]

판시사항

[1] 고용보험법상의 피보험자인 근로자의 개념
[2] 합명회사인 감정평가법인의 무한책임사원이 그 신분 및 근무형태상의 여러 특수성 등에 비추어 감정평가법인에 대하여 사용종속관계하에서 임금을 목적으로 근로를 제공하는 근로자로 볼 수 없다는 이유로 고용보험의 적용대상에 해당하지 아니한다고 본 사례

판결요지

[1] 고용보험법은 고용보험의 시행을 통하여 실업을 예방하고 고용의 촉진 및 근로자의 직업능력의 개발·향상을 도모하며, 근로자가 실업한 경우에 생활에 필요한 급여를 실시함으로써, 근로자의 생활의 안정과 구직활동을 촉진하는 것을 목적으로(제1조 참조), 근로자의 직업능력개발, 실업예방 및 고용기회의 확대 등을 도모하여 1차적으로는 취업중인 근로자의 고용안정을 촉진하고, 부득이 실업이 되더라도 2차적으로 실업급여를 지급하고 재취업을 촉진함으로써 근로자의 실업으로 인한 사회·경제적인 어려움을 해소하는 것을 주된 내용으로 하고 있는 점, 이에 따라 근로관계에 있는 근로자 및 그 사업주를 고용보험의 적용대상으로 하여 원칙적으로 같은 법 소정의 적용제외 사업과 근로자 이외의 근로자를 고용하는 모든 사업의 사업주와 근로자를 보험가입자로 하고, 당해 근로자를 피보험자로 규정하고 있는 점 및 실업급여산정의 기준을 근로기준법에 의한 임금으로 규정하고 있는 점(고용보험법 제2조 제4호) 등을 종

합하여 보면, 고용보험법에서 말하는 근로자란 사용자와 사이에 사용종속관계하에서 임금을 목적으로 노무를 제공하는 근로계약관계를 맺고 있는 자를 의미한다고 봄이 상당하고, 같은 법에서 아무런 정의규정을 두지 않고 있다고 하여 달리 볼 것은 아니다.

[2] 합명회사인 감정평가법인의 무한책임사원이 그 신분 및 근무형태상의 여러 특수성 등에 비추어 감정평가법인에 대하여 사용종속관계하에서 임금을 목적으로 근로를 제공하는 근로자로 볼 수 없다는 이유로 고용보험의 적용대상에 해당하지 아니한다고 본 사례

제2조 정의

이 법에서 사용하는 용어의 뜻은 다음과 같다. <개정 2008. 12. 31., 2010. 1. 27., 2010. 6. 4., 2011. 7. 21., 2020. 5. 26., 2021. 1. 5.>

1. "**피보험자**"란 다음 각 목에 해당하는 사람을 말한다.
   가. 「고용보험 및 산업재해보상보험의 보험료징수 등에 관한 법률」(이하 "고용산재보험료징수법"이라 한다) 제5조제1항·제2항, 제6조제1항, 제8조제1항·제2항, 제48조의2제1항 및 제48조의3제1항에 따라 보험에 가입되거나 가입된 것으로 보는 근로자, 예술인 또는 노무제공자
   나. 고용산재보험료징수법 제49조의2제1항·제2항에 따라 고용보험에 가입하거나 가입된 것으로 보는 자영업자(이하 "자영업자인 피보험자"라 한다)
2. "**이직**(離職)"이란 피보험자와 사업주 사이의 고용관계가 끝나게 되는 것(제77조의2제1항에 따른 예술인 및 제77조의6제1항에 따른 노무제공자의 경우에는 문화예술용역 관련 계약 또는 노무제공계약이 끝나는 것을 말한다)을 말한다.
3. "**실업**"이란 근로의 의사와 능력이 있음에도 불구하고 취업하지 못한 상태에 있는 것을 말한다.
4. "**실업의 인정**"이란 직업안정기관의 장이 제43조에 따른 수급자격자가 실업한 상태에서 적극적으로 직업을 구하기 위하여 노력하고 있다고 인정하는 것을 말한다.
5. "**보수**"란 「소득세법」 제20조에 따른 근로소득에서 대통령령으로 정하는 금품을 뺀 금액을 말한다. 다만, 휴직이나 그 밖에 이와 비슷한 상태에 있는 기간 중에 사

업주 외의 자로부터 지급받는 금품 중 고용노동부장관이 정하여 고시하는 금품은 보수로 본다.

6. "**일용근로자**"란 1개월 미만 동안 고용되는 사람을 말한다.

> **관련법령** ▶ **고용보험 및 산업재해보상보험의 보험료징수 등에 관한 법률**

제5조(보험가입자)

① 「고용보험법」을 적용받는 사업의 사업주와 근로자(「고용보험법」제10조 및 제10조의2에 따른 적용 제외 근로자는 제외한다. 이하 이 조에서 같다)는 당연히 「고용보험법」에 따른 고용보험(이하 "고용보험"이라 한다)의 보험가입자가 된다. 〈개정 2019. 1. 15.〉

제6조(보험의 의제가입)

① 제5조제1항에 따라 사업주 및 근로자가 고용보험의 당연가입자가 되는 사업이 사업규모의 변동 등의 사유로 「고용보험법」제8조 단서에 따른 적용 제외 사업에 해당하게 되었을 때에는 그 사업주 및 근로자는 그 날부터 제5조제2항에 따라 고용보험에 가입한 것으로 본다.

제49조의2(자영업자에 대한 특례)

① 근로자를 사용하지 아니하거나 50명 미만의 근로자를 사용하는 사업주로서 대통령령으로 정하는 요건을 갖춘 자영업자(이하 "자영업자"라 한다)는 공단의 승인을 받아 자기를 이 법에 따른 근로자로 보아 고용보험에 가입할 수 있다.

제8조(사업의 일괄적용)

① 제5조제1항 또는 같은 조 제3항에 따른 보험의 당연가입자인 사업주가 하는 각각의 사업이 다음 각 호의 요건에 해당하는 경우에는 이 법을 적용할 때 그 사업의 전부를 하나의 사업으로 본다.

 1. 사업주가 동일인일 것
 2. 각각의 사업은 기간이 정하여져 있을 것
 3. 사업의 종류 등이 대통령령으로 정하는 요건에 해당할 것

[전문개정 2009. 12. 30.]

제48조의2(예술인 고용보험 특례)

① 「고용보험법」제77조의2에 따라 고용보험의 적용을 받는 예술인과 이들을 상대방으로 하여 문화예술용역 관련 계약을 체결한 사업의 사업주는 당연히 고용보험의 보험가입자가 된다. 〈개정 2021. 1. 5.〉

제48조의3(노무제공자의 고용보험 특례)

① 「고용보험법」제77조의6에 따라 고용보험의 적용을 받는 노무제공자와 이들을 상대방으로 하여 노무제공계약을 체결한 사업의 사업주(이하 "노무제공사업의 사업주"라 한다)는 당연히 고용보험의 보험가입자가 된다.

> **관련법령** ▶ 「고용보험 및 산업재해보상보험의 보험료징수 등에 관한 법률」 제49조의2

제49조의2(자영업자에 대한 특례)

① 근로자를 사용하지 아니하거나 50명 미만의 근로자를 사용하는 사업주로서 대통령령으로 정하는 요건을 갖춘 자영업자(이하 "자영업자"라 한다)는 공단의 승인을 받아 자기를 이 법에 따른 근로자로 보아 고용보험에 가입할 수 있다.

> **관련법령** ▶ 「소득세법」 제20조

제20조(근로소득)

① 근로소득은 해당 과세기간에 발생한 다음 각 호의 소득으로 한다. <개정 2016. 12. 20.>
  1. 근로를 제공함으로써 받는 봉급·급료·보수·세비·임금·상여·수당과 이와 유사한 성질의 급여
  2. 법인의 주주총회·사원총회 또는 이에 준하는 의결기관의 결의에 따라 상여로 받는 소득
  3. 「법인세법」에 따라 상여로 처분된 금액
  4. 퇴직함으로써 받는 소득으로서 퇴직소득에 속하지 아니하는 소득
  5. 종업원등 또는 대학의 교직원이 지급받는 직무발명보상금(제21조제1항제22호의2에 따른 직무발명보상금은 제외한다)

② 근로소득금액은 제1항 각 호의 소득의 금액의 합계액(비과세소득의 금액은 제외하며, 이하 "총급여액"이라 한다)에서 제47조에 따른 근로소득공제를 적용한 금액으로 한다.

③ 근로소득의 범위에 관하여 필요한 사항은 대통령령으로 정한다.

[전문개정 2009. 12. 31.]

주요판례

❖ **실업급여회수청구**[대구지법 2014. 12. 24., 선고, 2014구합1590, 판결 : 확정]

판시사항

甲이 乙 주식회사에서 근무하다가 징계해고 되었는데 부당해고 구제신청을 하여 원직 복직 되자 지방고용노동청장이 甲에게 이미 지급한 구직급여를 회수한다는 처분을 한 사안에서, 甲이 받은 구직급여는 잘못 지급된 것으로서 징수의 대상이 된다고 한 사례

판결요지

甲이 乙 주식회사에서 근무하다가 징계해고 되었는데 부당해고 구제신청을 하여 원직 복직 되자 지방고용노동청장이 甲에게 이미 지급한 구직급여를 회수한다는 처분을 한 사안에서, 乙 회사가 甲을 해고 시에 소급하여 복직시킴으로써 甲은 당초부터 구직급여의 요건을 갖추지 못한 것이고, 이후 乙 회사가 甲에 대하여 전보명령을 하였더라도 전보명령이 근로기준법에 위반되거나 권리남용에 해당하는 등의 특별한 사정에 대한 입증이 없는 이상, 甲이 받은 구직급여는 잘못 지급된 것으로서 징수의 대상이 되므로, 처분은 적법하다고 본 사례.

주요판례

❖ **채용장려금부지급처분취소**[창원지법 2001. 9. 20., 선고, 2001구1786, 판결 : 항소]

판시사항

[1] 재취업알선계획신고서를 재취업알선대상 근로자의 이직예정일의 전일까지 소재지 관할직업안정기관의 장에게 제출하여야 한다고 규정한 고용보험법시행규칙 제27조의2 전문의 규정이 국민의 재산권 보장과 위임의 한계를 넘어선 행정입법으로서 위헌무효인지 여부(적극)

[2] 처분청이 행정처분 이후에 추가한 새로운 사유를 보태어 처분 당시의 흠을 치유시킬 수 있는지 여부(소극)

판결요지

[1] 구 고용보험법시행령(2000. 12. 30. 대통령령 제17090호로 개정되기 전의 것) 제19조 제6항에 따라 제정된 노동부령인구 고용보험법시행규칙(2001. 7. 23. 노동부령 제173

호로 개정되기 전의 것) 제27조의2 전문은 채용장려금의 신청 및 지급에 관하여 필요한 사항만을 정하도록 되어 있음에도 불구하고 같은법시행령 제19조 제2항의 규정에 의하여 재취업알선계획을 신고하고자 하는 사업주로 하여금 재취업알선계획신고서를 재취업알선대상 근로자의 이직예정일의 전일까지 소재지 관할직업안정기관의 장에게 제출하여야 한다고 규정하고 있어 채용장려금신청의 전제가 되는 재취업알선계획의 신고를 아무런 근거 없이 재취업알선대상 근로자의 이직예정일의 전일까지로 제한하고 있는데, 이는 국민의 채용장려금을 지원받을 권리를 제한하는 규정으로서 법률이나 적어도 대통령령으로 유보된 입법사항에 해당됨에도 그 한계를 일탈하여 노동부령으로 제정되었을 뿐만 아니라 그 신고를 채용장려금의 지원혜택을 받을 수 있는 사업주가 아닌 근로자를 이직시키는 사업주에게만 맡겨두어 채용장려금의 지원 여부가 채용장려금신청자가 아닌 제3자가 언제 재취업알선계획신고를 하였는지 여부에 따라 좌우되게 함으로써 채용장려금의 지원을 둘러싼 법률관계의 불안정을 초래하고 있다고 봄이 상당하므로, 따라서 같은법시행규칙 제27조의2 전문의 규정은 국민의 재산권 보장과 위임의 한계를 넘어선 행정입법으로서 헌법 제23조 제1항, 제37조 제2항, 제95조, 고용보험법 제16조 제1항, 제2항, 같은법시행령 제19조 제1항, 제2항의 각 규정에 위반되어 위헌무효라고 봄이 상당하다.

[2] 행정처분의 적법 여부는 특별한 사정이 없는 한 그 처분 당시를 기준으로 하여 판단하여야 하고, 당해 처분청이 처분 이후에 추가한 새로운 사유를 보태어 처분 당시의 흠을 치유시킬 수는 없다.

제3조 보험의 관장

고용보험(이하 "보험"이라 한다)은 고용노동부장관이 관장한다. 〈개정 2010. 6. 4.〉

제4조 고용보험사업

① 보험은 제1조의 목적을 이루기 위하여 고용보험사업(이하 "보험사업"이라 한다)으로 고용안정·직업능력개발 사업, 실업급여, 육아휴직 급여 및 출산전후휴가 급여 등을 실시한다. 〈개정 2012. 2. 1.〉
② 보험사업의 보험연도는 정부의 회계연도에 따른다.

주요판례

❖ **보험료채무부존재확인** [대법원 2016. 10. 13., 선고, 2016다221658, 판결]

판시사항

[1] 고용·산재보험료 납부의무 부존재확인의 소의 법적 성질(=공법상 당사자소송)

[2] 甲에게서 주택 등 신축 공사를 수급한 乙이 사업주를 甲으로 기재한 甲 명의의 고용보험·산재보험관계성립신고서를 근로복지공단에 작성·제출하여 甲이 고용·산재보험료 일부를 납부하였고, 국민건강보험공단이 甲에게 나머지 보험료를 납부할 것을 독촉하였는데, 甲이 국민건강보험공단을 상대로 이미 납부한 보험료는 부당이득으로서 반환을 구하고 국민건강보험공단이 납부를 독촉하는 보험료채무는 부존재확인을 구하는 소를 제기한 사안에서, 원심법원인 인천지방법원 합의부는 사건을 관할법원인 서울고등법원에 이송했어야 옳다고 한 사례

[3] 고용·산재보험료 납부의무 부존재확인의 소는 근로복지공단을 피고로 하여 제기하여야 하는지 여부(적극) 및 행정소송법상 당사자소송에서 원고가 피고를 잘못 지정한 경우, 법원이 취하여야 할 조치

[4] 건물을 신축하는 건축주가 공사 전부를 수급인에게 도급을 준 경우, 수급인이 고용·산재보험료 납부의무를 부담하는지 여부(원칙적 적극) 및 건축주가 근로자를 사용하여 공사의 전부 또는 일부를 직접 한 경우, 건축주가 그 부분에 해당하는 고용·산재보험료 납부의무를 부담하는지 여부(적극)

판결요지

[1] 고용보험 및 산업재해보상보험의 보험료징수 등에 관한 법률 제4조, 제16조의2, 제17조, 제19조, 제23조의 각 규정에 의하면, 사업주가 당연가입자가 되는 고용보험 및 산재보험에서 보험료 납부의무 부존재확인의 소는 공법상의 법률관계 자체를 다투는 소송으로서 공법상 당사자소송이다.

[2] 甲에게서 주택 등 신축 공사를 수급한 乙이 사업주를 甲으로 기재한 甲 명의의 고용보험·산재보험관계성립신고서를 근로복지공단에 작성·제출하여 甲이 고용·산재보험료 일부를 납부하였고, 국민건강보험공단이 甲에게 나머지 보험료를 납부할 것을 독촉하였는데, 甲이 국민건강보험공단을 상대로 이미 납부한 보험료는 부당이득으로서 반환을 구하고 국민건강보험공단이 납부를 독촉하는 보험료채무는 부존재확인을 구하는 소를 제기한 사안에서, 이는 행정소송인 공법상 당사자소송과 행정소송법 제

10조 제2항, 제44조 제2항에 규정된 관련청구소송으로서 부당이득반환을 구하는 민사소송이 병합하여 제기된 경우에 해당하므로, 원심법원인 인천지방법원 합의부는 항소심으로서 민사소송법 제34조 제1항, 법원조직법 제28조 제1호에 따라 사건을 관할법원인 서울고등법원에 이송했어야 옳다고 한 사례.

[3] 고용보험 및 산업재해보상보험의 보험료징수 등에 관한 법률 제4조는 고용보험법 및 산업재해보상보험법에 따른 보험사업에 관하여 이 법에서 정한 사항은 고용노동부장관으로부터 위탁을 받아 근로복지공단이 수행하되, 보험료의 체납관리 등의 징수업무는 국민건강보험공단이 고용노동부장관으로부터 위탁을 받아 수행한다고 규정하고 있다. 따라서 고용·산재보험료의 귀속주체, 즉 사업주가 각 보험료 납부의무를 부담하는 상대방은 근로복지공단이고, 국민건강보험공단은 단지 각 보험료의 징수업무를 수행하는 데에 불과하므로, 고용·산재보험료 납부의무 부존재확인의 소는 근로복지공단을 피고로 하여 제기하여야 한다. 그리고 행정소송법상 당사자소송에서 원고가 피고를 잘못 지정한 때에는 법원은 원고의 신청에 의하여 결정으로써 피고의 경정을 허가할 수 있으므로(행정소송법 제44조 제1항, 제14조), 원고가 피고를 잘못 지정한 것으로 보이는 경우 법원으로서는 마땅히 석명권을 행사하여 원고로 하여금 정당한 피고로 경정하게 하여 소송을 진행하도록 하여야 한다.

[4] 고용보험법 제8조, 제9조, 산업재해보상보험법 제6조, 제7조 및 고용보험 및 산업재해보상보험의 보험료징수 등에 관한 법률 제5조 제1항, 제3항, 제13조 제1항에 의하면, 근로자를 사용하는 사업 또는 사업장의 사업주는 원칙적으로 고용보험 및 산재보험의 보험가입자가 되어 고용보험료 및 산재보험료의 납부의무를 부담한다. 건물을 신축하는 건축주가 자신이 직접 공사를 하지 아니하고 공사 전부를 수급인에게 도급을 준 경우에는 근로자를 사용하여 공사를 수행한 자는 수급인이므로 원칙적으로 수급인이 공사에 관한 고용보험법 및 산업재해보상보험법상 사업주로서 각 보험료를 납부할 의무를 부담하고, 건축주가 근로자를 사용하여 공사의 전부 또는 일부를 직접 한 경우에는 그 부분에 한하여 건축주가 고용보험법 및 산업재해보상보험법상 사업주가 되어 이에 해당하는 보험료의 납부의무를 부담한다.

❖ 고용보험료부과처분취소 [광주지법 2007. 12. 13., 선고, 2007구합3176, 판결 : 항소]

판시사항

[1] 고용보험법규상 고용보험료를 적용하거나 적용 제외하기 위한 요건의 해석 방법
[2] 청원경찰에 대한 고용보험료 부과처분이 적법한지 여부(적극)

판결요지

[1] 고용보험료는 사업주로부터 재산권을 박탈하는 것을 목적으로 하며(침익적인 측면) 행정처분에 의해 강제로 부과·징수된다는 점에서(행정처분적 측면) 조세와 유사한 성격을 갖는 공과금이므로, 고용보험료 역시 조세에 준하여 그 적용요건 및 적용제외요건을 엄격하게 해석하는 것이 헌법상의 대원칙인 법치주의 및 평등의 원칙에 부합한다.

[2] 고용보험 적용제외 근로자에 관한 구 고용보험법(2007. 5. 11. 법률 제8429호로 전문개정되기 전의 것) 제8조 및 같은 법 시행령 제3조가 청원경찰에 대하여 적용제외를 따로 정하지 아니하였고, 청원경찰에 대해서는 청원주의 재량에 의한 구조조정이 허용되며, 공무원연금과 고용보험은 그 제도의 취지·기능이 동일하지 않다는 사정을 종합하면, 청원경찰에게 공무원연금과 고용보험을 동시에 적용하는 것은 신분상의 특이성 및 직무내용의 성격을 모두 고려한 입법자의 정책적 판단의 결과로서 비합리적인 이중의 과도한 보호라고 볼 수 없으므로, 청원경찰은 고용보험법의 적용을 받으며, 따라서 청원경찰에 대한 고용보험료 부과처분은 적법하다.

제5조 국고의 부담

① 국가는 매년 보험사업에 드는 비용의 일부를 일반회계에서 부담하여야 한다. 〈개정 2015. 1. 20.〉
② 국가는 매년 예산의 범위에서 보험사업의 관리·운영에 드는 비용을 부담할 수 있다.

제6조 보험료

① 이 법에 따른 보험사업에 드는 비용을 충당하기 위하여 징수하는 보험료와 그 밖의 징수금에 대하여는 고용산재보험료징수법으로 정하는 바에 따른다. 〈개정 2021. 1. 5.〉

② 고용산재보험료징수법 제13조제1항제1호에 따라 징수된 고용안정·직업능력개발 사업의 보험료 및 실업급여의 보험료는 각각 그 사업에 드는 비용에 충당한다. 다만, 실업급여의 보험료는 제55조의2제1항에 따른 국민연금 보험료의 지원, 제70조제1항에 따른 육아휴직 급여의 지급, 제73조의2제1항에 따른 육아기 근로시간 단축 급여의 지급, 제75조·제76조의2에 따른 출산전후휴가 급여 등 및 제77조의4·제77조의9에 따른 출산전후급여 등의 지급에 드는 비용에 충당할 수 있다. 〈개정 2012. 2. 1., 2019. 1. 15., 2021. 1. 5.〉

③ 제2항에도 불구하고 자영업자인 피보험자로부터 고용산재보험료징수법 제49조의2에 따라 징수된 고용안정·직업능력개발 사업의 보험료 및 실업급여의 보험료는 각각 자영업자인 피보험자를 위한 그 사업에 드는 비용에 충당한다. 다만, 실업급여의 보험료는 자영업자인 피보험자를 위한 제55조의2제1항에 따른 국민연금 보험료의 지원에 드는 비용에 충당할 수 있다. 〈신설 2011. 7. 21., 2019. 1. 15., 2021. 1. 5.〉

> **관련법령** ▶ 「고용보험 및 산업재해보상보험의 보험료징수 등에 관한 법률」 제13조제1항1호

제13조(보험료)

① 보험사업에 드는 비용에 충당하기 위하여 보험가입자로부터 다음 각 호의 보험료를 징수한다. 〈개정 2010. 1. 27.〉

  1. 고용안정·직업능력개발사업 및 실업급여의 보험료(이하 "고용보험료"라 한다)

> **관련법령** ▶ 「고용보험 및 산업재해보상보험의 보험료징수 등에 관한 법률」 제49조의2제2항

제49조의2(자영업자에 대한 특례)

② 제1항에 따라 보험에 가입한 자영업자가 50명 이상의 근로자를 사용하게 된 경우에도 본인이 피보험자격을 유지하려는 경우에는 계속하여 보험에 가입된 것으로 본다.

제7조 고용보험위원회

① 이 법 및 고용산재보험료징수법(보험에 관한 사항만 해당한다)의 시행에 관한 주요 사항을 심의하기 위하여 고용노동부에 고용보험위원회(이하 이 조에서 "위원회"라 한다)를 둔다. 〈개정 2010. 6. 4., 2021. 1. 5.〉

② 위원회는 다음 각 호의 사항을 심의한다. 〈개정 2021. 1. 5.〉
  1. 보험제도 및 보험사업의 개선에 관한 사항
  2. 고용산재보험료징수법에 따른 보험료율의 결정에 관한 사항
  3. 제11조의2에 따른 보험사업의 평가에 관한 사항
  4. 제81조에 따른 기금운용 계획의 수립 및 기금의 운용 결과에 관한 사항
  5. 그 밖에 위원장이 보험제도 및 보험사업과 관련하여 위원회의 심의가 필요하다고 인정하는 사항

③ 위원회는 위원장 1명을 포함한 20명 이내의 위원으로 구성한다.

④ 위원회의 위원장은 고용노동부차관이 되고, 위원은 다음 각 호의 사람 중에서 각각 같은 수(數)로 고용노동부장관이 임명하거나 위촉하는 사람이 된다. 〈개정 2010. 6. 4.〉
  1. 근로자를 대표하는 사람
  2. 사용자를 대표하는 사람
  3. 공익을 대표하는 사람
  4. 정부를 대표하는 사람

⑤ 위원회는 심의 사항을 사전에 검토·조정하기 위하여 위원회에 전문위원회를 둘 수 있다.

⑥ 위원회 및 전문위원회의 구성·운영과 그 밖에 필요한 사항은 대통령령으로 정한다.

[전문개정 2008. 12. 31.]

주요 판례

❖ **고용보험료등부과처분취소** [대법원 2014. 2. 13., 선고, 2011두6745, 판결]

판시사항

고용보험과 산업재해보상보험의 보험가입자인 사업주가 보험관계 성립을 인식하지 못하여 보험급여를 청구하지 않은 경우 보험료 신고·납부 의무를 면하는지 여부(소극) 및 보험자가 보험관계 성립에 대한 착오로 보험료를 징수하지 않은 경우 보험급여 지급을 거절할 수 있는지 여부(소극)

판결요지

고용보험법 제8조와 구 고용보험법(2007. 5. 11. 법률 제8429호로 전부 개정되기 전의 것) 제7조, 산업재해보상보험법 제6조와 구 산업재해보상보험법(2007. 4. 11. 법률 제8373호로 전부 개정되기 전의 것) 제5조, 구 고용보험 및 산업재해보상보험의 보험료징수 등에 관한 법률(2009. 12. 30. 법률 제9896호로 개정되기 전의 것) 제5조 제1항, 제3항, 제7조 제1호, 제2호, 제13조 제1항, 제17조 제1항, 제2항, 제19조 제1항, 제2항, 제4항의 내용을 종합해 보면, 고용보험과 산업재해보상보험의 보험관계는 법령에서 예외로 규정한 사업을 제외하고는 사업 개시로 당연히 성립하고, 보험관계가 성립하면 사업주는 보험료 신고·납부 의무를, 보험자는 보험급여 지급의무를 부담하게 된다. 사업주의 보험료 신고·납부 의무와 보험자의 보험급여 지급의무는 위와 같이 법령의 규정에 의하여 부담하는 것이므로, 사업주는 보험관계 성립을 인식하지 못하여 보험급여를 청구하지 않았다고 하여 보험료 신고·납부 의무를 면할 수 없고, 보험자도 보험관계 성립에 대한 착오로 보험료를 징수하지 않았다고 하여 보험급여 지급을 거절할 수 없다.

주요 판례

❖ **고용보험료부과처분취소** [광주지법 2007. 12. 13., 선고, 2007구합3176, 판결 : 항소]

판시사항

[1] 고용보험법규상 고용보험료를 적용하거나 적용 제외하기 위한 요건의 해석 방법
[2] 청원경찰에 대한 고용보험료 부과처분이 적법한지 여부(적극)

판결요지

[1] 고용보험료는 사업주로부터 재산권을 박탈하는 것을 목적으로 하며(침익적인 측면) 행정처분에 의해 강제로 부과·징수된다는 점에서(행정처분적 측면) 조세와 유사한 성격을 갖는 공과금이므로, 고용보험료 역시 조세에 준하여 그 적용요건 및 적용제외 요건을 엄격하게 해석하는 것이 헌법상의 대원칙인 법치주의 및 평등의 원칙에 부합한다.

[2] 고용보험 적용제외 근로자에 관한 구 고용보험법(2007. 5. 11. 법률 제8429호로 전문개정되기 전의 것) 제8조 및 같은 법 시행령 제3조가 청원경찰에 대하여 적용제외를 따로 정하지 아니하였고, 청원경찰에 대해서는 청원주의 재량에 의한 구조조정이 허용되며, 공무원연금과 고용보험은 그 제도의 취지·기능이 동일하지 않다는 사정을 종합하면, 청원경찰에게 공무원연금과 고용보험을 동시에 적용하는 것은 신분상의 특이성 및 직무내용의 성격을 모두 고려한 입법자의 정책적 판단의 결과로서 비합리적인 이중의 과도한 보호라고 볼 수 없으므로, 청원경찰은 고용보험법의 적용을 받으며, 따라서 청원경찰에 대한 고용보험료 부과처분은 적법하다.

제8조 적용 범위

① 이 법은 근로자를 사용하는 모든 사업 또는 사업장(이하 "사업"이라 한다)에 적용한다. 다만, 산업별 특성 및 규모 등을 고려하여 대통령령으로 정하는 사업에 대해서는 적용하지 아니한다. 〈개정 2021. 1. 5.〉

② 이 법은 제77조의2제1항에 따른 예술인 또는 제77조의6제1항에 따른 노무제공자의 노무를 제공받는 사업에 적용하되, 제1장, 제2장, 제4장, 제5장의2, 제5장의3, 제6장, 제8장 또는 제9장의 예술인 또는 노무제공자에 관한 규정을 각각 적용한다. 〈신설 2021. 1. 5., 2022. 12. 31.〉

주요판례

❖ 건설산업기본법위반 [대법원 2022. 2. 24., 선고, 2018도3821, 판결]

판시사항

[1] 구 건설산업기본법상 건설업 등록제도의 취지 / 건설업 등록의무가 면제되는 '경미한 건설공사' 중 하나로 공사예정금액이 1,500만 원 미만인 전문 건설공사를 정한 구 건설산업기본법 시행령 제8조 제1항의 해석과 관련하여 분할 발주된 수 개의 공사가 '동일한 공사'로서 공사예정금액 합산 대상에 해당하는지 판단하는 기준

[2] 산업재해보상보험법 및 고용보험법에서 정한 '총공사금액'의 판단 기준을 구 건설산업기본법 시행령 제8조 제1항에서 정한 '동일한 공사'의 해석에 유추적용할 수 있는지 여부(소극)

판결요지

[1] 구 건설산업기본법(2017. 3. 21. 법률 제14708호로 개정되기 전의 것, 이하 '구 건설산업기본법'이라고 한다) 제9조 제1항 본문은 "건설업을 하려는 자는 대통령령이 정하는 업종별로 국토교통부장관에게 등록을 하여야 한다."라고 규정하면서, 제96조 제1호에서 "제9조 제1항에 따른 등록을 하지 아니하거나 부정한 방법으로 등록을 하고 건설업을 한 자"에 대한 처벌규정을 두고 있는데, 이러한 건설업 등록제도의 취지는 건설공사의 적정한 시공과 건설산업의 건전한 발전을 도모하고 무등록업자에 의한 부실시공을 예방하여 국민의 생명과 재산을 보호하고자 하는 것이다.

한편 구 건설산업기본법 제9조 제1항 단서는 건설업 등록제도의 예외로서 "대통령령으로 정하는 경미한 건설공사를 업으로 하려는 경우에는 등록을 하지 아니하고 건설업을 할 수 있다."라고 정하고 있고, 구 건설산업기본법 시행령(2020. 12. 29. 대통령령 제31328호로 개정되기 전의 것) 제8조 제1항은 이러한 '경미한 건설공사' 중 하나로 공사예정금액이 1,500만 원 미만인 전문 건설공사를 정하면서, 동일한 공사를 2 이상의 계약으로 분할하여 발주하는 경우에는 각각의 공사예정금액을 합산한 금액을 공사예정금액으로 하도록 정하고 있다.

이러한 건설업 등록제도의 취지와 관련 규정의 내용 등에 비추어 볼 때, 분할 발주된 수 개의 공사가 '동일한 공사'로서 공사예정금액 합산 대상에 해당하는지 여부는 각 공사계약의 당사자, 공사 목적물, 공사기간, 공사 내용 및 방법, 수 개의 계약으로 분할하여 체결한 경위 등 제반 사정들을 종합적으로 고려하여, 실질적으로 각 공사계약

이 하나의 계약으로서 각 공사 사이에 동일성이 인정되는지를 기준으로 판단하여야 한다. 반면 당사자들이 수 개의 공사에 대하여 하나의 공사계약을 체결하였다고 하더라도 각 공사가 목적물, 내용이나 시공방법 등을 달리하여 실질적으로 하나의 공사로 볼 수 없는 경우에는 이를 '동일한 공사'로 평가할 수 없을 것이다.

[2] 산업재해보상보험법 제6조 단서, 구 산업재해보상보험법 시행령(2017. 12. 16. 대통령령 제28506호로 개정되기 전의 것) 제2조 제1항 제3호(가)목, 고용보험법 제8조 제1항 단서, 고용보험법 시행령 제2조 제1항 제2호(가)목은 '고용보험 및 산업재해보상보험의 보험료징수 등에 관한 법률 시행령'(이하 '고용산재보험료징수법 시행령'이라고 한다)에 따른 총공사금액이 2,000만 원 미만인 공사에 관하여는 산업재해보상보험법 및 고용보험법의 적용을 배제하도록 정하고 있고, 고용산재보험료징수법 시행령 제2조 제1항 제2호는 총공사금액이란 총공사를 할 때 계약상의 도급금액을 말하는 것이라고 정하면서, 같은 조 제2항에서 이러한 총공사금액을 산정할 때 최종 목적물의 완성을 위하여 하는 동일한 건설공사를 둘 이상으로 분할하여 도급하는 경우에는 각각의 도급금액을 합산하되, 도급단위별 공사가 시간적 또는 장소적으로 분리되고 독립적으로 행해지는 경우에는 합산하지 않는 것으로 정하고 있다.

그러나 이러한 산업재해보상보험법 및 고용보험법에서 정한 '총공사금액'의 판단 기준을 구 건설산업기본법 시행령(2020. 12. 29. 대통령령 제31328호로 개정되기 전의 것)에서 정한 '동일한 공사'의 해석에 유추적용할 수는 없다.

주요판례

❖ **보험료채무부존재확인**[대법원 2016. 10. 13., 선고, 2016다221658, 판결]

판시사항

[1] 고용·산재보험료 납부의무 부존재확인의 소의 법적 성질(=공법상 당사자소송)
[2] 甲에게서 주택 등 신축 공사를 수급한 乙이 사업주를 甲으로 기재한 甲 명의의 고용보험·산재보험관계성립신고서를 근로복지공단에 작성·제출하여 甲이 고용·산재보험료 일부를 납부하였고, 국민건강보험공단이 甲에게 나머지 보험료를 납부할 것을 독촉하였는데, 甲이 국민건강보험공단을 상대로 이미 납부한 보험료는 부당이득으로서 반환을 구하고 국민건강보험공단이 납부를 독촉하는 보험료채무는 부존재확인을 구하는 소를 제기한 사안에서, 원심법원인 인천지방법원 합의부는 사건을 관할법원인 서울고등법원에 이송했어야 옳다고 한 사례

[3] 고용·산재보험료 납부의무 부존재확인의 소는 근로복지공단을 피고로 하여 제기하여야 하는지 여부(적극) 및 행정소송법상 당사자소송에서 원고가 피고를 잘못 지정한 경우, 법원이 취하여야 할 조치
[4] 건물을 신축하는 건축주가 공사 전부를 수급인에게 도급을 준 경우, 수급인이 고용·산재보험료 납부의무를 부담하는지 여부(원칙적 적극) 및 건축주가 근로자를 사용하여 공사의 전부 또는 일부를 직접 한 경우, 건축주가 그 부분에 해당하는 고용·산재보험료 납부의무를 부담하는지 여부(적극)

판결요지

[1] 고용보험 및 산업재해보상보험의 보험료징수 등에 관한 법률 제4조, 제16조의2, 제17조, 제19조, 제23조의 각 규정에 의하면, 사업주가 당연가입자가 되는 고용보험 및 산재보험에서 보험료 납부의무 부존재확인의 소는 공법상의 법률관계 자체를 다투는 소송으로서 공법상 당사자소송이다.
[2] 甲에게서 주택 등 신축 공사를 수급한 乙이 사업주를 甲으로 기재한 甲 명의의 고용보험·산재보험관계성립신고서를 근로복지공단에 작성·제출하여 甲이 고용·산재보험료 일부를 납부하였고, 국민건강보험공단이 甲에게 나머지 보험료를 납부할 것을 독촉하였는데, 甲이 국민건강보험공단을 상대로 이미 납부한 보험료는 부당이득으로서 반환을 구하고 국민건강보험공단이 납부를 독촉하는 보험료채무는 부존재확인을 구하는 소를 제기한 사안에서, 이는 행정소송인 공법상 당사자소송과 행정소송법 제10조 제2항, 제44조 제2항에 규정된 관련청구소송으로서 부당이득반환을 구하는 민사소송이 병합하여 제기된 경우에 해당하므로, 원심법원인 인천지방법원 합의부는 항소심으로서 민사소송법 제34조 제1항, 법원조직법 제28조 제1호에 따라 사건을 관할법원인 서울고등법원에 이송했어야 옳다고 한 사례.
[3] 고용보험 및 산업재해보상보험의 보험료징수 등에 관한 법률 제4조는 고용보험법 및 산업재해보상보험법에 따른 보험사업에 관하여 이 법에서 정한 사항은 고용노동부장관으로부터 위탁을 받아 근로복지공단이 수행하되, 보험료의 체납관리 등의 징수업무는 국민건강보험공단이 고용노동부장관으로부터 위탁을 받아 수행한다고 규정하고 있다. 따라서 고용·산재보험료의 귀속주체, 즉 사업주가 각 보험료 납부의무를 부담하는 상대방은 근로복지공단이고, 국민건강보험공단은 단지 각 보험료의 징수업무를 수행하는 데에 불과하므로, 고용·산재보험료 납부의무 부존재확인의 소는 근로복지공단을 피고로 하여 제기하여야 한다. 그리고 행정소송법상 당사자소송에서

원고가 피고를 잘못 지정한 때에는 법원은 원고의 신청에 의하여 결정으로써 피고의 경정을 허가할 수 있으므로(행정소송법 제44조 제1항, 제14조), 원고가 피고를 잘못 지정한 것으로 보이는 경우 법원으로서는 마땅히 석명권을 행사하여 원고로 하여금 정당한 피고로 경정하게 하여 소송을 진행하도록 하여야 한다.

[4] 고용보험법 제8조, 제9조, 산업재해보상보험법 제6조, 제7조 및 고용보험 및 산업재해보상보험의 보험료징수 등에 관한 법률 제5조 제1항, 제3항, 제13조 제1항에 의하면, 근로자를 사용하는 사업 또는 사업장의 사업주는 원칙적으로 고용보험 및 산재보험의 보험가입자가 되어 고용보험료 및 산재보험료의 납부의무를 부담한다. 건물을 신축하는 건축주가 자신이 직접 공사를 하지 아니하고 공사 전부를 수급인에게 도급을 준 경우에는 근로자를 사용하여 공사를 수행한 자는 수급인이므로 원칙적으로 수급인이 공사에 관한 고용보험법 및 산업재해보상보험법상 사업주로서 각 보험료를 납부할 의무를 부담하고, 건축주가 근로자를 사용하여 공사의 전부 또는 일부를 직접 한 경우에는 그 부분에 한하여 건축주가 고용보험법 및 산업재해보상보험법상 사업주가 되어 이에 해당하는 보험료의 납부의무를 부담한다.

주요판례

❖ 고용보험료등부과처분취소 [대법원 2014. 2. 13., 선고, 2011두6745, 판결]

판시사항

고용보험과 산업재해보상보험의 보험가입자인 사업주가 보험관계 성립을 인식하지 못하여 보험급여를 청구하지 않은 경우 보험료 신고·납부 의무를 면하는지 여부(소극) 및 보험자가 보험관계 성립에 대한 착오로 보험료를 징수하지 않은 경우 보험급여 지급을 거절할 수 있는지 여부(소극)

판결요지

고용보험법 제8조와 구 고용보험법(2007. 5. 11. 법률 제8429호로 전부 개정되기 전의 것) 제7조, 산업재해보상보험법 제6조와 구 산업재해보상보험법(2007. 4. 11. 법률 제8373호로 전부 개정되기 전의 것) 제5조, 구 고용보험 및 산업재해보상보험의 보험료징수 등에 관한 법률(2009. 12. 30. 법률 제9896호로 개정되기 전의 것) 제5조 제1항, 제3항, 제7조 제1호, 제2호, 제13조 제1항, 제17조 제1항, 제2항, 제19조 제1항, 제2항, 제4항의 내용을 종합해 보면, 고용보험과 산업재해보상보험의 보험관계는 법령에서 예외로 규정한 사업을 제외하고는 사업 개시로 당연히 성립하고, 보험관계가 성립하면 사업주는 보험료 신고·납부 의무를, 보험자는 보험급여 지급의무를 부담하게 된다. 사업주의 보험료 신고·납부 의무와 보험자의 보험급여 지급의무는 위와 같이 법령의 규정에 의하여 부담하는 것이므로, 사업주는 보험관계 성립을 인식하지 못하여 보험급여를 청구하지 않았다고 하여 보험료 신고·납부 의무를 면할 수 없고, 보험자도 보험관계 성립에 대한 착오로 보험료를 징수하지 않았다고 하여 보험급여 지급을 거절할 수 없다.

주요판례

❖ **과징금부과처분취소**[대법원 2012. 10. 25., 선고, 2011두22938, 판결]

판시사항

보건복지가족부 고시 '요양급여의 적용기준 및 방법에 관한 세부사항' 제17장에서 정하는 '시간제 근무자'가 근로기준법상 '단시간근로자'와 같은 개념인지 여부(적극) 및 요양기관과 근로계약을 체결하고 매일 출근하며 매월 일정한 급여를 받는 영양사나 조리사라도 근무형태가 그 사업장에서 같은 종류의 업무에 종사하는 통상 근로자의 근로시간에 비하여 짧은 경우, 이들은 영양사나 조리사 가산에 필요한 인력을 산정할 때 제외되어야 하는지 여부(원칙적 적극)

판결요지

요양기관에 상근 영양사나 조리사가 일정 수 이상인 경우 식대를 가산하여 요양급여를 청구할 수 있도록 하고 그에 필요한 인력산정기준을 정한 보건복지가족부 고시 '건강보험 행위 급여·비급여 목록표 및 급여 상대가치점수'와 '요양급여의 적용기준 및 방법에 관한 세부사항'(이하 '이 사건 세부사항'이라고 한다)의 각 규정에서 '상근'이나 '시간제 근무자'의 정의 규정을 따로 두고 있지는 않으나,

근로기준법 제2조 제1항 제8호가 '단시간근로자'를 "1주 동안의 소정근로시간이 그 사업장에서 같은 종류의 업무에 종사하는 통상 근로자의 1주 동안의 소정근로시간에 비하여 짧은 근로자"로 정의하고 있는데,

구 고용보험법(1998. 2. 20. 법률 제5514호로 개정되기 전의 것) 제8조 제2호에서 '시간제 근무자'를 위 '단시간근로자'와 같은 의미로 정의하였고,

구 국민건강보험법 시행령(2010. 9. 17. 대통령령 제22383호로 개정되기 전의 것) 제10조나 구 국민연금법 시행령(2010. 8. 17. 대통령령 제22347호로 개정되기 전의 것) 제2조에

서 '시간제근로자'라는 용어를 사용하다가 현재는 '단시간근로자'라는 용어를 사용하고 있는 점 등에 비추어 볼 때, 이 사건 세부사항에서 말하는 '시간제 근무자'란 근로기준법상 '단시간근로자'와 같은 개념으로 보는 것이 타당하다. 따라서 요양기관과 근로계약을 체결한 뒤 매일 출근하며 매월 일정한 급여를 받는 영양사나 조리사라고 하더라도 근무형태가 그 사업장에서 같은 종류의 업무에 종사하는 통상 근로자의 근로시간에 비하여 짧은 경우에 해당한다면, 이는 이 사건 세부사항에서 정한 시간제 근무자에 해당하므로, 이들은 특별한 사정이 없으면 영양사나 조리사 가산에 필요한 인력을 산정할 때 제외되어야 한다.

주요판례

❖ **고용보험료부과처분취소**[광주지법 2007. 12. 13., 선고, 2007구합3176, 판결 : 항소]

판시사항

[1] 고용보험법규상 고용보험료를 적용하거나 적용 제외하기 위한 요건의 해석 방법
[2] 청원경찰에 대한 고용보험료 부과처분이 적법한지 여부(적극)

판결요지

[1] 고용보험료는 사업주로부터 재산권을 박탈하는 것을 목적으로 하며(침익적인 측면) 행정처분에 의해 강제로 부과·징수된다는 점에서(행정처분적 측면) 조세와 유사한 성격을 갖는 공과금이므로, 고용보험료 역시 조세에 준하여 그 적용요건 및 적용제외요건을 엄격하게 해석하는 것이 헌법상의 대원칙인 법치주의 및 평등의 원칙에 부합한다.

[2] 고용보험 적용제외 근로자에 관한 구 고용보험법(2007. 5. 11. 법률 제8429호로 전문개정되기 전의 것) 제8조 및 같은 법 시행령 제3조가 청원경찰에 대하여 적용제외를 따로 정하지 아니하였고, 청원경찰에 대해서는 청원주의 재량에 의한 구조조정이 허용되며, 공무원연금과 고용보험은 그 제도의 취지·기능이 동일하지 않다는 사정을 종합하면, 청원경찰에게 공무원연금과 고용보험을 동시에 적용하는 것은 신분상의 특이성 및 직무내용의 성격을 모두 고려한 입법자의 정책적 판단의 결과로서 비합리적인 이중의 과도한 보호라고 볼 수 없으므로, 청원경찰은 고용보험법의 적용을 받으며, 따라서 청원경찰에 대한 고용보험료 부과처분은 적법하다.

제9조 보험관계의 성립·소멸

이 법에 따른 보험관계의 성립 및 소멸에 대하여는 고용산재보험료징수법으로 정하는 바에 따른다. 〈개정 2021. 1. 5.〉

제10조 적용 제외

① 다음 각 호의 어느 하나에 해당하는 사람에게는 이 법을 적용하지 아니한다. 〈개정 2008. 3. 21., 2012. 12. 11., 2013. 6. 4., 2019. 1. 15., 2020. 5. 26., 2022. 12. 31.〉
  1. 삭제 〈2019. 1. 15.〉
  2. 해당 사업에서 소정(所定) 근로시간이 대통령령으로 정하는 시간 미만인 근로자
  3. 「국가공무원법」과 「지방공무원법」에 따른 공무원. 다만, 대통령령으로 정하는 바에 따라 별정직공무원, 「국가공무원법」 제26조의5 및 「지방공무원법」 제25조의5에 따른 임기제공무원의 경우는 본인의 의사에 따라 고용보험(제4장에 한정한다)에 가입할 수 있다.
  4. 「사립학교교직원 연금법」의 적용을 받는 사람
  5. 그 밖에 대통령령으로 정하는 사람

② 65세 이후에 고용(65세 전부터 피보험 자격을 유지하던 사람이 65세 이후에 계속하여 고용된 경우는 제외한다)되거나 자영업을 개시한 사람에게는 제4장 및 제5장을 적용하지 아니한다. 〈신설 2019. 1. 15.〉

[제목개정 2013. 6. 4.]

관련법령 ▶ 「국가공무원법」 제26조의2

제26조의5(근무기간을 정하여 임용하는 공무원)

① 임용권자는 전문지식·기술이 요구되거나 임용관리에 특수성이 요구되는 업무를 담당하게 하기 위하여 경력직공무원을 임용할 때에 일정기간을 정하여 근무하는 공무원(이하 "임기제공무원"이라 한다)을 임용할 수 있다.

② 임기제공무원의 임용요건, 임용절차, 근무상한연령 및 그 밖에 필요한 사항은 대통령령 등으로 정한다. 〈개정 2015. 5. 18.〉[본조신설 2012. 12. 11.]

> 관련법령 ▶ 「지방공무원법」 제25조의5

제25조의5(근무기간을 정하여 임용하는 공무원)

① 지방자치단체의 장과 지방의회의 의장은 전문지식·기술이 요구되거나 임용관리에 특수성이 요구되는 업무를 담당하게 하기 위하여 경력직공무원을 임용할 때에 일정기간을 정하여 근무하는 공무원(이하 "임기제공무원"이라 한다)을 임용할 수 있다. 〈개정 2021. 10. 8.〉

② 임기제공무원의 임용조건, 임용절차, 근무상한연령 및 그 밖에 필요한 사항은 대통령령으로 정한다.

[본조신설 2012. 12. 11.]

주요판례

❖ **고용보험가입불인정처분취소청구**[대법원 2022. 10. 27., 선고, 2018두63235, 판결]

판시사항 ▶

별정직·임기제 공무원의 고용보험 가입신청기간을 3개월로 제한하고 있는 구 고용보험법 시행령 제3조의2 제2항 단서 조항의 해석

판결요지 ▶

구 고용보험법 시행령(2016. 10. 18. 대통령령 제27549호로 개정되기 전의 것) 제3조의2 제2항 단서 조항은 그 신청기간을 임용일부터 3개월로 제한하고 있다. 같은 조 제1항과 제2항 본문에서 소속기관의 장에게 가입대상 공무원이 임용된 후 지체 없이 가입의사를 확인하도록 의무를 부과하고 있고 보험가입 의사가 확인된 경우 소속기관의 장이 직접 가입 신청을 하도록 규정한 취지를 고려하면, 소속기관의 장이 가입대상 공무원에 대한 고용보험 가입의사 확인의무를 게을리함으로써 가입의사를 확인하지도 않은 채 3개월이 도과하는 경우나 임용된 후 3개월 내에 가입의사를 확인하기는 하였으나 그 신청기간 내에 가입신청을 하지 않고 해당 공무원에게 이를 알리지도 않는 경우와 같이 가입대상 공무원의 귀책사유 없이 임용 후 3개월이 경과하여 위 단서 조항에 따라 스스로 신청을 할 기회가 박탈된 경우에는 가입대상 공무원이 그와 같은 사유를 안 날부터 다시 3개월 내에 고용보험 가입신청을 할 수 있다고 해석하는 것이 타당하다.

❖ **고용보험가입불인정처분취소청구**[광주고법 2018. 10. 24., 선고,(제주)2018누1338, 판결 : 상고]

판시사항

지방자치단체 일반임기제 공무원으로 근무하던 甲이 최초로 임용된 날로부터 약 2년 9개월이 지난 때에 지방자치단체장에게 고용보험 가입신청을 하였으나, 지방자치단체장이 甲에 대하여 '구 고용보험법 시행령 제3조의2 제2항에 따르면 최초 임용일로부터 3개월의 신청기간이 경과된 후에는 고용보험 가입신청을 할 수 없다'는 이유로 고용보험 가입 불승인 처분을 한 사안에서, 지방자치단체장이 의무를 해태하여 甲의 고용보험 가입의사를 확인하지 않아 임용일부터 3개월이 지났고, 甲이 그와 같은 사유를 알게 된 날부터 3개월 내에 고용보험 가입신청을 하여 적법한 신청기간 내에 가입신청을 하였음에도 이를 받아들이지 않은 위 처분이 위법하다고 한 사례

판결요지

지방자치단체 일반임기제 공무원으로 근무하던 甲이 최초로 임용된 날로부터 약 2년 9개월이 지난 때에 지방자치단체장에게 고용보험 가입신청을 하였으나, 지방자치단체장이 甲에 대하여 '구 고용보험법 시행령(2016. 10. 18. 대통령령 제27549호로 개정되기 전의 것, 이하 같다) 제3조의2 제2항에 따르면 최초 임용일로부터 3개월의 신청기간이 경과된 후에는 고용보험 가입신청을 할 수 없다'는 이유로 고용보험 가입 불승인 처분을 한 사안이다.

여러 사정을 종합하면, 구 고용보험법 시행령 제3조의2 제2항 단서 규정을 '소속기관장이 가입대상 공무원의 가입의사를 확인하지 않거나 가입대상 공무원이 가입의사를 밝혔으나 임용일부터 3개월 내에 가입신청을 하지 않는 등 구 고용보험법 시행령 제3조의2에서 정한 의무를 해태하는 경우처럼 가입대상 공무원의 책임 없는 사유로 구 고용보험법 시행령 제3조의2에서 정한 신청기간 내에 가입대상 공무원이 신청을 하지 못한 경우에는 가입대상 공무원이 그와 같은 사유를 안 날로부터 다시 3개월 내에 가입신청을 할 수 있다'고 해석하는 것이 인간다운 생활을 할 권리, 사회보장·사회복지의 증진에 노력할 국가의 의무를 규정한 헌법 제34조 등 헌법 규범에 부합되는 해석인데, 지방자치단체장이 의무를 해태하여 甲의 고용보험 가입의사를 확인하지 않아 임용일부터 3개월이 지났고, 甲이 그와 같은 사유를 알게 된 날부터 3개월 내에 고용보험 가입신청을 하여 그 신청이 신청기간 내에 제기된 것으로서 적법함에도 이를 받아들이지 않은 위 처분이 위법하다고 한 사례이다.

주요판례

❖ **과징금부과처분취소**[대법원 2012. 10. 25., 선고, 2011두22938, 판결]

판시사항

보건복지가족부 고시 '요양급여의 적용기준 및 방법에 관한 세부사항' 제17장에서 정하는 '시간제 근무자'가 근로기준법상 '단시간근로자'와 같은 개념인지 여부(적극) 및 요양기관과 근로계약을 체결하고 매일 출근하며 매월 일정한 급여를 받는 영양사나 조리사라도 근무형태가 그 사업장에서 같은 종류의 업무에 종사하는 통상 근로자의 근로시간에 비하여 짧은 경우, 이들은 영양사나 조리사 가산에 필요한 인력을 산정할 때 제외되어야 하는지 여부(원칙적 적극)

판결요지

요양기관에 상근 영양사나 조리사가 일정 수 이상인 경우 식대를 가산하여 요양급여를 청구할 수 있도록 하고 그에 필요한 인력산정기준을 정한 보건복지가족부 고시 '건강보험 행위 급여·비급여 목록표 및 급여 상대가치점수'와 '요양급여의 적용기준 및 방법에 관한 세부사항'(이하 '이 사건 세부사항'이라고 한다)의 각 규정에서 '상근'이나 '시간제 근무자'의 정의 규정을 따로 두고 있지는 않으나, 근로기준법 제2조 제1항 제8호가 '단시간근로자'를 "1주 동안의 소정근로시간이 그 사업장에서 같은 종류의 업무에 종사하는 통상 근로자의 1주 동안의 소정근로시간에 비하여 짧은 근로자"로 정의하고 있는데, 구 고용보험법(1998. 2. 20. 법률 제5514호로 개정되기 전의 것) 제8조 제2호에서 '시간제근로자'를 위 '단시간근로자'와 같은 의미로 정의하였고, 구 국민건강보험법 시행령(2010. 9. 17. 대통령령 제22383호로 개정되기 전의 것) 제10조나 구 국민연금법 시행령(2010. 8. 17. 대통령령 제22347호로 개정되기 전의 것) 제2조에서 '시간제근로자'라는 용어를 사용하다가 현재는 '단시간근로자'라는 용어를 사용하고 있는 점 등에 비추어 볼 때, 이 사건 세부사항에서 말하는 '시간제 근무자'란 근로기준법상 '단시간근로자'와 같은 개념으로 보는 것이 타당하다. 따라서 요양기관과 근로계약을 체결한 뒤 매일 출근하며 매월 일정한 급여를 받는 영양사나 조리사라고 하더라도 근무형태가 그 사업장에서 같은 종류의 업무에 종사하는 통상 근로자의 근로시간에 비하여 짧은 경우에 해당한다면, 이는 이 사건 세부사항에서 정한 시간제 근무자에 해당하므로, 이들은 특별한 사정이 없으면 영양사나 조리사 가산에 필요한 인력을 산정할 때 제외되어야 한다.

제10조의2 외국인 근로자·예술인·노무제공자에 대한 적용

① 「외국인근로자의 고용 등에 관한 법률」의 적용을 받는 외국인근로자에게는 이 법을 적용한다. 다만, 제4장 및 제5장은 고용노동부령으로 정하는 바에 따른 신청이 있는 경우에만 적용한다.
② 제1항에 해당하는 외국인근로자를 제외한 외국인이 근로계약, 제77조의2제1항의 문화예술용역 관련 계약 또는 제77조의6제1항의 노무제공계약을 체결한 경우에는 「출입국관리법」 제10조에 따른 체류자격의 활동범위 및 체류기간 등을 고려하여 대통령령으로 정하는 바에 따라 이 법의 전부 또는 일부를 적용한다. 〈개정 2022. 12. 31.〉

[본조신설 2019. 1. 15.][제목개정 2022. 12. 31.]

제11조 보험 관련 조사·연구

① 고용노동부장관은 노동시장·직업 및 직업능력개발에 관한 연구와 보험 관련 업무를 지원하기 위한 조사·연구 사업 등을 할 수 있다. 〈개정 2010. 6. 4.〉
② 고용노동부장관은 필요하다고 인정하면 제1항에 따른 업무의 일부를 대통령령으로 정하는 자에게 대행하게 할 수 있다. 〈개정 2010. 6. 4.〉

제11조의2 보험사업의 평가

① 고용노동부장관은 보험사업에 대하여 상시적이고 체계적인 평가를 하여야 한다. 〈개정 2010. 6. 4.〉
② 고용노동부장관은 제1항에 따른 평가의 전문성을 확보하기 위하여 대통령령으로 정하는 기관에 제1항에 따른 평가를 의뢰할 수 있다. 〈개정 2010. 6. 4.〉
③ 고용노동부장관은 제1항 및 제2항에 따른 평가 결과를 반영하여 보험사업을 조정하거나 제81조에 따른 기금운용 계획을 수립하여야 한다. 〈개정 2010. 6. 4.〉

[본조신설 2008. 12. 31.]

제12조 국제교류·협력

고용노동부장관은 보험사업에 관하여 국제기구 및 외국 정부 또는 기관과의 교류·협력 사업을 할 수 있다. <개정 2010. 6. 4.>

제2장 피보험자의 관리

제13조 피보험자격의 취득일

① 근로자인 피보험자는 이 법이 적용되는 사업에 고용된 날에 피보험자격을 취득한다. 다만, 다음 각 호의 경우에는 각각 그 해당되는 날에 피보험자격을 취득한 것으로 본다. 〈개정 2011. 7. 21., 2019. 1. 15., 2020. 5. 26., 2021. 1. 5.〉
  1. 제10조 및 제10조의2에 따른 적용 제외 근로자였던 사람이 이 법의 적용을 받게 된 경우에는 그 적용을 받게 된 날
  2. 고용산재보험료징수법 제7조에 따른 보험관계 성립일 전에 고용된 근로자의 경우에는 그 보험관계가 성립한 날

② 자영업자인 피보험자는 고용산재보험료징수법 제49조의2제1항 및 같은 조 제12항에서 준용하는 같은 법 제7조제3호에 따라 보험관계가 성립한 날에 피보험자격을 취득한다. 〈신설 2011. 7. 21., 2021. 1. 5.〉

관련법령 ▶ 「고용보험 및 산업재해보상보험의 보험료징수 등에 관한 법률」 제7조

제7조(보험관계의 성립일)
보험관계는 다음 각 호의 어느 하나에 해당하는 날에 성립한다.
1. 제5조제1항에 따라 사업주 및 근로자가 고용보험의 당연가입자가 되는 사업의 경우에는 그 사업이 시작된 날(「고용보험법」제8조 단서에 따른 사업이 제5조제1항에 따라 사업주 및 근로자가 고용보험의 당연가입자가 되는 사업에 해당하게 된 경우에는 그 해당하게 된 날)
2. 제5조제3항에 따라 사업주가 산재보험의 당연가입자가 되는 사업의 경우에는 그 사업이

시작된 날(「산업재해보상보험법」제6조 단서에 따른 사업이 제5조제3항에 따라 사업주가 산재보험의 당연가입자가 되는 사업에 해당하게 된 경우에는 그 해당하게 된 날)
3. 제5조제2항 또는 제4항에 따라 보험에 가입한 사업의 경우에는 공단이 그 사업의 사업주로부터 보험가입승인신청서를 접수한 날의 다음 날
4. 제8조제1항에 따라 일괄적용을 받는 사업의 경우에는 처음 하는 사업이 시작된 날
5. 제9조제1항 단서 및 제2항에 따라 보험에 가입한 하수급인의 경우에는 그 하도급공사의 착공일

[전문개정 2009. 12. 30.]

> **관련법령** ▶ 「고용보험 및 산업재해보상보험의 보험료징수 등에 관한 법률」 제40조의2

제49조의2(자영업자에 대한 특례)

① 근로자를 사용하지 아니하거나 50명 미만의 근로자를 사용하는 사업주로서 대통령령으로 정하는 요건을 갖춘 자영업자(이하 "자영업자"라 한다)는 공단의 승인을 받아 자기를 이 법에 따른 근로자로 보아 고용보험에 가입할 수 있다.

> **관련법령** ▶ 「고용보험 및 산업재해보상보험의 보험료징수 등에 관한 법률」 제7조제3호

제7조(보험관계의 성립일)

3. 제5조제2항 또는 제4항에 따라 보험에 가입한 사업의 경우에는 공단이 그 사업의 사업주로부터 보험가입승인신청서를 접수한 날의 다음 날

제14조 피보험자격의 상실일

① 근로자인 피보험자는 다음 각 호의 어느 하나에 해당하는 날에 각각 그 피보험자격을 상실한다. <개정 2011. 7. 21., 2019. 1. 15., 2021. 1. 5.>
  1. 근로자인 피보험자가 제10조 및 제10조의2에 따른 적용 제외 근로자에 해당하게 된 경우에는 그 적용 제외 대상자가 된 날
  2. 고용산재보험료징수법 제10조에 따라 보험관계가 소멸한 경우에는 그 보험관계가 소멸한 날
  3. 근로자인 피보험자가 이직한 경우에는 이직한 날의 다음 날
  4. 근로자인 피보험자가 사망한 경우에는 사망한 날의 다음 날

② 자영업자인 피보험자는 고용산재보험료징수법 제49조의2제10항 및 같은 조 제12항에서 준용하는 같은 법 제10조 제1호부터 제3호까지의 규정에 따라 보험관계가 소멸한 날에 피보험자격을 상실한다. 〈신설 2011. 7. 21., 2021. 1. 5.〉

> **관련법령** ▶ 「고용보험 및 산업재해보상보험의 보험료징수 등에 관한 법률」 제10조

제10조(보험관계의 소멸일)

보험관계는 다음 각 호의 어느 하나에 해당하는 날에 소멸한다. 〈개정 2019. 1. 15.〉
1. 사업이 폐업되거나 끝난 날의 다음 날
2. 제5조제5항(제6조제4항에서 준용되는 경우를 포함한다)에 따라 보험계약을 해지하는 경우에는 그 해지에 관하여 공단의 승인을 받은 날의 다음 날
3. 제5조제7항에 따라 공단이 보험관계를 소멸시키는 경우에는 그 소멸을 결정·통지한 날의 다음 날
4. 제6조제3항에 따른 사업주의 경우에는 근로자(고용보험의 경우에는 「고용보험법」제10조 및 제10조의2에 따른 적용 제외 근로자는 제외한다)를 사용하지 아니한 첫날부터 1년이 되는 날의 다음 날

[전문개정 2009. 12. 30.]

> **관련법령** ▶ 「고용보험 및 산업재해보상보험의 보험료징수 등에 관한 법률」 제49조의2제10호

제49조의2(자영업자에 대한 특례)

⑩ 고용보험에 가입한 자영업자가 자신에게 부과된 월(月)의 고용보험료를 계속하여 6개월간 납부하지 아니한 경우에는 마지막으로 납부한 고용보험료에 해당되는 피보험기간의 다음날에 보험관계가 소멸된다. 다만, 천재지변이나 그 밖에 부득이한 사유로 고용보험료를 낼 수 없었음을 증명하면 그러하지 아니하다. 〈개정 2019. 1. 15.〉

> **관련법령** ▶ 「고용보험 및 산업재해보상보험의 보험료징수 등에 관한 법률」 제10조

제10조(보험관계의 소멸일)

보험관계는 다음 각 호의 어느 하나에 해당하는 날에 소멸한다. 〈개정 2019. 1. 15.〉
1. 사업이 폐업되거나 끝난 날의 다음 날
2. 제5조제5항(제6조제4항에서 준용되는 경우를 포함한다)에 따라 보험계약을 해지하는 경우에는 그 해지에 관하여 공단의 승인을 받은 날의 다음 날
3. 제5조제7항에 따라 공단이 보험관계를 소멸시키는 경우에는 그 소멸을 결정·통지한 날

의 다음 날
[전문개정 2009. 12. 30.]

❖ **고용보험수급자격불인정처분취소**[울산지법 2014. 4. 24., 선고, 2013구합2840, 판결 : 확정]

판시사항

甲 주식회사에서 같은 그룹에 속한 베트남 현지 법인인 乙 회사로 전출되어 근무하다가 퇴직한 丙이 지방고용노동청장을 상대로 고용보험 수급자격 인정신청을 하였는데, 甲 회사를 퇴직한 날로부터 12개월이 지난 후에 신청하였다는 이유로 고용보험 수급자격 불인정처분을 받자 丙이 甲 회사에서 乙 회사로 전출된 것은 실질적으로 고용관계가 계속된 것이므로 乙 회사에서 퇴직한 때에 이직한 것으로 보아야 한다고 주장하며 위 처분의 취소소송을 제기한 사안에서, 丙의 주장은 이유 없다고 한 사례

판결요지

甲 주식회사에서 같은 그룹에 속한 베트남 현지 법인인 乙 회사로 전출되어 근무하다가 퇴직한 丙이 지방고용노동청장을 상대로 고용보험 수급자격 인정신청을 하였는데, 甲 회사를 퇴직한 날로부터 12개월이 지난 후에 신청하였다는 이유로 고용보험 수급자격 불인정처분을 받자 丙이 甲 회사에서 乙 회사로 전출된 것은 실질적으로 고용관계가 계속된 것이므로 乙 회사에서 퇴직한 때에 이직한 것으로 보아야 한다고 주장하며 위 처분의 취소소송을 제기한 사안에서, 甲 회사가 丙에게 전출발령을 하면서 퇴직금을 지급하였고, 丙이 乙 회사와 새로운 근로계약을 체결하였으며, 甲 회사가 관할 고용센터에 丙의 고용보험 피보험자격상실을 신고하였으므로 丙과 甲 회사의 고용관계는 끝났다고 보아야 하는 점, 甲 회사와 乙 회사가 같은 계열회사라고 하더라도 별개의 법인격을 가지고 있고, 외국법인인 乙 회사는 고용보험법을 적용 받지 않으므로 丙이 乙 회사로 전출된 때부터는 고용보험법상 피보험자가 되지 않는 점 등을 종합해 볼 때, 丙은 甲 회사와 고용관계가 끝난 때에 이직하였고 그로부터 12개월이 지난 후에 고용보험 수급자격 인정을 신청함으로써 구직급여 수급기간이 이미 만료되었으므로, 丙의 주장은 이유 없다고 한 사례.

제15조 피보험자격에 관한 신고 등

① 사업주는 그 사업에 고용된 근로자의 피보험자격의 취득 및 상실 등에 관한 사항을 대통령령으로 정하는 바에 따라 고용노동부장관에게 신고하여야 한다. 〈개정 2010. 6. 4.〉

② 고용산재보험료징수법 제9조에 따라 원수급인(元受給人)이 사업주로 된 경우에 그 사업에 종사하는 근로자 중 원수급인이 고용하는 근로자 외의 근로자에 대하여는 그 근로자를 고용하는 다음 각 호의 하수급인(下受給人)이 제1항에 따른 신고를 하여야 한다. 이 경우 원수급인은 고용노동부령으로 정하는 바에 따라 하수급인에 관한 자료를 고용노동부장관에게 제출하여야 한다. 〈개정 2010. 2. 4., 2010. 6. 4., 2011. 5. 24., 2016. 1. 19., 2019. 4. 30., 2021. 1. 5.〉

1. 「건설산업기본법」 제2조제7호에 따른 건설사업자
2. 「주택법」 제4조에 따른 주택건설사업자
3. 「전기공사업법」 제2조제3호에 따른 공사업자
4. 「정보통신공사업법」 제2조제4호에 따른 정보통신공사업자
5. 「소방시설공사업법」 제2조제1항제2호에 따른 소방시설업자
6. 「문화재수리 등에 관한 법률」 제14조에 따른 문화재수리업자

③ 사업주가 제1항에 따른 피보험자격에 관한 사항을 신고하지 아니하면 대통령령으로 정하는 바에 따라 근로자가 신고할 수 있다.

④ 고용노동부장관은 제1항부터 제3항까지의 규정에 따라 신고된 피보험자격의 취득 및 상실 등에 관한 사항을 고용노동부령으로 정하는 바에 따라 피보험자 및 원수급인 등 관계인에게 알려야 한다. 〈개정 2010. 6. 4.〉

⑤ 제1항이나 제2항에 따른 사업주, 원수급인 또는 하수급인은 같은 항의 신고를 고용노동부령으로 정하는 전자적 방법으로 할 수 있다. 〈개정 2010. 6. 4.〉

⑥ 고용노동부장관은 제5항에 따라 전자적 방법으로 신고를 하려는 사업주, 원수급인 또는 하수급인에게 고용노동부령으로 정하는 바에 따라 필요한 장비 등을 지원할 수 있다. 〈개정 2010. 6. 4.〉

⑦ 제1항에도 불구하고 자영업자인 피보험자는 피보험자격의 취득 및 상실에 관한

신고를 하지 아니한다. <신설 2011. 7. 21.>

> **관련법령** 「고용보험 및 산업재해보상보험의 보험료징수 등에 관한 법률」 제9조

제9조(도급사업의 일괄적용)
① 건설업 등 대통령령으로 정하는 사업이 여러 차례의 도급에 의하여 시행되는 경우에는 그 원수급인을 이 법을 적용받는 사업주로 본다. 다만, 대통령령으로 정하는 바에 따라 공단의 승인을 받은 경우에는 하수급인을 이 법을 적용받는 사업주로 본다.
② 제1항에 따른 사업이 국내에 영업소를 두지 아니하는 외국의 사업주로부터 하도급을 받아 시행되는 경우에는 국내에 영업소를 둔 최초 하수급인을 이 법을 적용받는 사업주로 본다.
[전문개정 2009. 12. 30.]

> **관련법령** 「건설산업기본법」 제2조

제2조(정의)
이 법에서 사용하는 용어의 뜻은 다음과 같다. <개정 2018. 8. 14., 2019. 4. 30., 2020. 6. 9.>

7. **"건설사업자"** 란 이 법 또는 다른 법률에 따라 등록 등을 하고 건설업을 하는 자를 말한다.

> **관련법령** 「주택법 제4조(주택건설사업 등의 등록)

제4조(주택건설사업 등의 등록)
① 연간 대통령령으로 정하는 호수(戶數) 이상의 주택건설사업을 시행하려는 자 또는 연간 대통령령으로 정하는 면적 이상의 대지조성사업을 시행하려는 자는 국토교통부장관에게 등록하여야 한다. 다만, 다음 각 호의 사업주체의 경우에는 그러하지 아니하다.
1. 국가·지방자치단체
2. 한국토지주택공사
3. 지방공사
4. 「공익법인의 설립·운영에 관한 법률」제4조에 따라 주택건설사업을 목적으로 설립된 공익법인
5. 제11조에 따라 설립된 주택조합(제5조제2항에 따라 등록사업자와 공동으로 주택건설사업을 하는 주택조합만 해당한다)
6. 근로자를 고용하는 자(제5조제3항에 따라 등록사업자와 공동으로 주택건설사업을 시행하는 고용자만 해당하며, 이하 "고용자"라 한다)

② 제1항에 따라 등록하여야 할 사업자의 자본금과 기술인력 및 사무실면적에 관한 등록의 기준·절차·방법 등에 필요한 사항은 대통령령으로 정한다.

> **관련법령** 「전기공사업법 제2조(정의)」

"**공사업자**(工事業者)"란 제4조제1항에 따라 공사업의 등록을 한 자를 말한다.
"**정보통신공사업자**"란 이 법에 따른 정보통신공사업(이하 "공사업"이라 한다)의 등록을 하고 공사업을 경영하는 자를 말한다.

> **관련법령** 「소방시설공사업법 제2조제1항제2호」

"**소방시설업자**"란 소방시설업을 경영하기 위하여 제4조에 따라 소방시설업을 등록한 자를 말한다.

> **관련법령** 「문화재수리 등에 관한 법률」 제14조

제14조(문화재수리업자등의 등록)

① 문화재수리업, 문화재실측설계업 또는 문화재감리업(이하 "문화재수리업등"이라 한다)을 하려는 자는 대통령령으로 정하는 기술능력, 자본금(개인인 경우에는 자산평가액을 말한다. 이하 같다) 및 시설 등의 등록 요건을 갖추어 주된 영업소의 소재지를 관할하는 시·도지사에게 등록하여야 한다.
② 제1항에 따라 문화재수리업등을 등록한 자는 등록 사항 중 대통령령으로 정하는 중요 사항이 변경된 경우에는 변경된 날부터 30일 이내에 제1항에 따라 등록한 시·도지사에게 변경신고를 하여야 한다.
③ 시·도지사는 제2항에 따른 변경신고를 받은 날부터 10일 이내에 변경신고수리 여부를 신고인에게 통지하여야 한다. 〈신설 2018. 12. 24.〉
④ 시·도지사가 제3항에서 정한 기간 내에 변경신고수리 여부 또는 민원 처리 관련 법령에 따른 처리기간의 연장을 신고인에게 통지하지 아니하면 그 기간(민원 처리 관련 법령에 따라 처리기간이 연장 또는 재연장된 경우에는 해당 처리기간을 말한다)이 끝난 날의 다음 날에 변경신고를 수리한 것으로 본다. 〈신설 2018. 12. 24.〉
⑤ 제1항에 따라 문화재수리업등을 등록한 자가 폐업한 경우에는 문화체육관광부령으로 정하는 바에 따라 시·도지사에게 신고하여야 한다. 이 경우 시·도지사는 폐업신고를 받으면 그 등록을 말소하여야 한다. 〈개정 2018. 12. 24.〉

⑥ 시·도지사는 제1항, 제2항 및 제5항에 따라 문화재수리업등의 등록, 변경신고, 폐업신고를 받으면 문화재청장에게 통보하여야 한다. 〈개정 2018. 12. 24.〉
⑦ 시·도지사는 제1항에 따라 문화재수리업등의 등록을 하면 등록증 및 등록수첩을 발급하여야 한다. 〈개정 2018. 12. 24.〉
⑧ 제7항에 따라 발급받은 등록증 또는 등록수첩을 잃어버리거나 못쓰게 된 경우에는 재발급을 받을 수 있다. 〈개정 2018. 12. 24.〉
⑨ 문화재수리업등의 등록 및 변경신고의 절차와 등록증 및 등록수첩의 발급·재발급 등에 필요한 사항은 문화체육관광부령으로 정한다. 〈개정 2018. 12. 24.〉

제16조 삭제 〈2019. 8. 27.〉

제17조 피보험자격의 확인

① 피보험자 또는 피보험자였던 사람은 언제든지 고용노동부장관에게 피보험자격의 취득 또는 상실에 관한 확인을 청구할 수 있다. 〈개정 2010. 6. 4., 2020. 5. 26.〉
② 고용노동부장관은 제1항에 따른 청구에 따르거나 직권으로 피보험자격의 취득 또는 상실에 관하여 확인을 한다. 〈개정 2010. 6. 4.〉
③ 고용노동부장관은 제2항에 따른 확인 결과를 대통령령으로 정하는 바에 따라 그 확인을 청구한 피보험자 및 사업주 등 관계인에게 알려야 한다. 〈개정 2010. 6. 4.〉

제18조 피보험자격의 취득기준

① 제2조제1호가목에 따른 근로자가 보험관계가 성립되어 있는 둘 이상의 사업에 동시에 고용되어 있는 경우에는 대통령령으로 정하는 바에 따라 그 중 한 사업의 피보험자격을 취득한다.
② 제2조제1호가목 및 나목에 동시에 해당하는 사람은 같은 호 가목에 따른 근로자, 예술인 또는 노무제공자로서의 피보험자격을 취득한다. 다만, 제2조제1호가목에 따른 피보험자가 다음 각 호의 어느 하나에 해당하는 사람인 경우에는 같은 호 가목 및 나목의 피보험자격 중 하나를 선택하여 피보험자격을 취득하거나 유

지한다.
1. 일용근로자
2. 제77조의2제2항제2호 단서에 따른 단기예술인
3. 제77조의6제2항제2호 단서에 따른 단기노무제공자

③ 제2항에도 불구하고 제2조제1호가목 및 나목에 동시에 해당하는 사람은 본인 의사에 따라 같은 호 가목 및 나목에 따른 피보험자격 모두를 취득하거나 유지할 수 있다.

④ 제2조제1호가목에 따른 예술인 또는 노무제공자가 보험관계가 성립되어 있는 둘 이상의 사업에서 동시에 노무를 제공하거나 근로를 제공하는 경우에는 대통령령으로 정하는 바에 따라 피보험자격을 취득한다.

[전문개정 2022. 12. 31.]

주요판례

❖ **신규고용촉진장려금지급거부처분취소**[서울행법 2008. 5. 23., 선고, 2008구합4824, 판결 : 항소]

판시사항

고용보험법령에 정한 신규고용촉진장려금의 지급요건인 '실업기간'에 채용예정자에 대한 직업능력개발훈련 기간이 포함되는지 여부(적극)

판결요지

고용보험법령에 정한 신규고용촉진장려금의 지급요건인 '실업기간'의 산정과 관련하여, 채용예정자가 당해 회사와 근로계약을 체결하기 전에 사업주가 위탁한 교육기관에서 직업능력개발훈련을 받은 기간도 '실업기간'으로 보아야 한다.

주요판례

❖ **고령자고용촉진장려금**[대법원 2004. 3. 25., 선고, 2003다67359, 판결]

판시사항

고용보험법 제18조에 의한 '고령자고용촉진장려금'의 귀속 주체 및 그 판단 기준

판결요지

고용보험법 제18조에 의한 '고령자고용촉진장려금'은 고령자들을 사용하여 사업을 행하는 주체에게 귀속되어야 할 것인데, 사업주에 해당되는지는 관리업무를 사업내용으로 등록 등의 요건을 갖춘 자 또는 입주자자치관리기구로서 당해 고령자를 근로자로 고용하여 임면하고 징계하는 등의 인사권을 가지며, 지휘·감독하고 임금지급 책임을 지는 지위에 있으면서 대외적으로 사용자로서의 책임을 부담하며, 그 관리업무를 경영하는 지위에 있는지의 여부에 따라 판단된다.

제3장 고용안정·직업능력개발 사업

제19조 고용안정·직업능력개발 사업의 실시

① 고용노동부장관은 피보험자 및 피보험자였던 사람, 그 밖에 취업할 의사를 가진 사람(이하 "피보험자 등"이라 한다)에 대한 실업의 예방, 취업의 촉진, 고용기회의 확대, 직업능력개발·향상의 기회 제공 및 지원, 그 밖에 고용안정과 사업주에 대한 인력 확보를 지원하기 위하여 고용안정·직업능력개발 사업을 실시한다. 〈개정 2010. 6. 4., 2020. 5. 26.〉

② 고용노동부장관은 제1항에 따른 고용안정·직업능력개발 사업을 실시할 때에는 근로자의 수, 고용안정·직업능력개발을 위하여 취한 조치 및 실적 등 **대통령령**으로 정하는 기준에 해당하는 기업(이하 "우선지원 대상기업"이라 한다)을 우선적으로 고려하여야 한다. 〈개정 2010. 6. 4., 2019. 8. 27.〉

제20조 고용창출의 지원

고용노동부장관은 고용환경 개선, 근무형태 변경 등으로 고용의 기회를 확대한 사업주에게 대통령령으로 정하는 바에 따라 필요한 지원을 할 수 있다. 〈개정 2010. 6. 4.〉

제21조 고용조정의 지원

① 고용노동부장관은 경기의 변동, 산업구조의 변화 등에 따른 사업 규모의 축소, 사업의 폐업 또는 전환으로 고용조정이 불가피하게 된 사업주가 근로자에 대한 휴업, 휴직, 직업전환에 필요한 직업능력개발 훈련, 인력의 재배치 등을 실시하

거나 그 밖에 근로자의 고용안정을 위한 조치를 하면 대통령령으로 정하는 바에 따라 그 사업주에게 필요한 지원을 할 수 있다. 이 경우 휴업이나 휴직 등 고용안정을 위한 조치로 근로자의 임금(「근로기준법」 제2조제1항제5호에 따른 임금을 말한다. 이하 같다)이 대통령령으로 정하는 수준으로 감소할 때에는 대통령령으로 정하는 바에 따라 그 근로자에게도 필요한 지원을 할 수 있다. 〈개정 2010. 6. 4., 2013. 1. 23., 2019. 8. 27.〉

② 고용노동부장관은 제1항의 고용조정으로 이직된 근로자를 고용하는 등 고용이 불안정하게 된 근로자의 고용안정을 위한 조치를 하는 사업주에게 대통령령으로 정하는 바에 따라 필요한 지원을 할 수 있다. 〈개정 2010. 6. 4.〉

③ 고용노동부장관은 제1항에 따른 지원을 할 때에는 「고용정책 기본법」 제32조에 따른 업종에 해당하거나 지역에 있는 사업주 또는 근로자에게 우선적으로 지원할 수 있다. 〈개정 2009. 10. 9., 2010. 6. 4., 2013. 1. 23.〉

> **관련법령** ▶ 「근로기준법」 제2조제1항제5호

"**임금**"이란 사용자가 근로의 대가로 근로자에게 임금, 봉급, 그 밖에 어떠한 명칭으로든지 지급하는 모든 금품을 말한다.

> **관련법령** ▶ 「고용정책 기본법」 제32조

제32조(업종별·지역별 고용조정의 지원 등)

① 고용노동부장관은 국내외 경제사정의 변화 등으로 고용사정이 급격히 악화되거나 악화될 우려가 있는 업종 또는 지역에 대하여 다음 각 호의 사항을 지원할 수 있다. 〈개정 2014. 1. 21.〉
  1. 사업주의 고용조정
  2. 근로자의 실업 예방
  3. 실업자의 재취업 촉진
  4. 그 밖에 고용안정과 실업자의 생활안정을 위하여 필요한 지원

② 제1항에 해당하는 업종 중에서 급격한 고용감소 등으로 특별한 지원이 필요하다고 인정되는 업종에 속하는 사업주나 사업주단체·근로자단체 또는 그 단체의 연합체 등은 해당 업종을 특별고용지원업종으로 지정하여 줄 것을 고용노동부장관에게 신청할 수 있다. 〈개정 2021. 8. 17.〉

③ 제1항에 해당하는 지역 중에서 급격한 고용감소 등으로 특별한 지원이 필요하다고 인정되는 지역의 지방자치단체의 장은 해당 지역을 고용위기지역으로 지정하여 줄 것을 고용노동부장관에게 신청할 수 있다. 〈신설 2021. 8. 17.〉
④ 고용노동부장관은 제2항 및 제3항에 따른 신청을 받은 경우 정책심의회의 심의를 거쳐 해당 업종 또는 지역을 기간을 정하여 특별고용지원업종 또는 고용위기지역으로 지정할 수 있다. 〈신설 2021. 8. 17.〉
⑤ 고용노동부장관은 제4항에 따른 지정기간 중이더라도 고용사정이 호전되는 등 특별한 지원의 필요성이 없어진 때에는 정책심의회의 심의를 거쳐 그 지정을 해제할 수 있다. 〈신설 2021. 8. 17.〉
⑥ 제1항부터 제4항까지에 따른 지원 조치, 지정기간 및 지정기간의 연장 등에 필요한 사항은 대통령령으로 정한다. 〈신설 2021. 8. 17.〉

제22조 지역 고용의 촉진

고용노동부장관은 고용기회가 뚜렷이 부족하거나 산업구조의 변화 등으로 고용사정이 급속하게 악화되고 있는 지역으로 사업을 이전하거나 그러한 지역에서 사업을 신설 또는 증설하여 그 지역의 실업 예방과 재취업 촉진에 기여한 사업주, 그 밖에 그 지역의 고용기회 확대에 필요한 조치를 한 사업주에게 대통령령으로 정하는 바에 따라 필요한 지원을 할 수 있다. 〈개정 2010. 6. 4.〉

제23조 고령자 등 고용촉진의 지원

고용노동부장관은 고령자 등 노동시장의 통상적인 조건에서는 취업이 특히 곤란한 사람(이하 "고령자등"이라 한다)의 고용을 촉진하기 위하여 고령자등을 새로 고용하거나 이들의 고용안정에 필요한 조치를 하는 사업주 또는 사업주가 실시하는 고용안정 조치에 해당된 근로자에게 대통령령으로 정하는 바에 따라 필요한 지원을 할 수 있다. 〈개정 2010. 6. 4., 2020. 5. 26.〉

주요판례

❖ **고용촉진지원금반환명령등취소청구** [대법원 2022. 12. 15., 선고, 2018두63143, 판결]

판시사항

사업주가 구 고용보험법 시행령 제26조 제1항에 따른 고용촉진 지원금을 지급받기 위해 고용해야 하는 사람이 '실업자'여야 한다는 것과 '고용노동부장관이 고시하는 취업지원프로그램을 이수한 사람'이어야 한다는 것이 각각 별개의 요건인지 여부(적극) 및 실업자가 아니면서 위 취업지원프로그램을 이수한 사람을 고용한 경우, 고용촉진 지원금 지급 대상이 되는지 여부(소극)

판결요지

법령의 문언 자체가 비교적 명확한 개념으로 구성되어 있다면 원칙적으로 더 이상 다른 해석방법은 활용할 필요가 없거나 제한될 수밖에 없다.
구 고용보험법 시행령(2016. 12. 30. 대통령령 제27738호로 개정되기 전의 것) 제26조 제1항에 따르면, 사업주가 고용촉진 지원금을 지급받기 위해서는 '실업자', 즉 근로의 의사와 능력이 있음에도 취업하지 못한 상태에 있는 사람을 고용하여야 한다는 점이 분명하다.
또한 위 규정 제1호의 문언상, 사업주가 고용촉진 지원금을 지급받기 위해 고용하여야 하는 사람이 '실업자'여야 한다는 것과 '고용노동부장관이 고시하는 취업지원프로그램을 이수한 사람'이어야 한다는 것은 각각 별개의 요건이다. 따라서 위와 같은 취업지원프로그램이 실업자가 아닌 사람의 참여를 일부 허용하고 있다고 하더라도, 실업자가 아니면서 그러한 취업지원프로그램을 이수한 사람을 고용한 경우에 고용촉진 지원금 지급 대상이 된다고 해석할 수는 없다.

주요판례

❖ **신규고용촉진장려금반환명령취소청구** [대법원 2012. 9. 13., 선고, 2010두9600, 판결]

판시사항

사업주가 구 고용보험법 시행령 제22조의2 제1항에서 정한 신규고용촉진 장려금 지급대상 근로자를 감원방지기간에 고용조정한 경우, 고용조정 대상 근로자 외에 다른 장려금 지급대상 근로자들에게 지급된 장려금도 취소하여 반환하도록 할 수 있는지 여부(원칙적 소극)

> **판결요지**

사업주가 신규고용촉진 장려금 지급대상 근로자에 관한 감원방지기간 중에 해당 근로자를 고용조정한 경우에, 고용조정 해당 근로자에 관하여는 고용촉진 목적을 달성하지 못하게 되고 또한 고용조정으로 이직시키지 않을 경우에 장려금을 지급하도록 규정한 구 고용보험법 시행령(2007. 10. 17. 대통령령 제20330호로 전부 개정되기 전의 것)의 지급요건을 갖추지 못하게 되므로 그의 실제 근로를 고려할 필요 없이 그에 관하여 지급된 장려금을 전부 취소하여 반환하도록 하는 것이 타당한 반면, 고용조정 대상 근로자 외에 다른 장려금 지급대상 근로자들에 관하여는 비록 그들에 관한 감원방지기간에 위와 같은 고용조정이 발생되었다고 하더라도 그 사유만으로는 그들에 대한 고용촉진 효과에는 영향이 없고 또한 위와 같은 고용조정으로 인한 이른바 대체채용에 관한 제재는 고용조정 대상 해당 근로자에 관한 장려금 취소 및 반환으로 그 취지를 달성할 수 있으므로, 이와 달리 보아야 할 특별한 사정이 없으면, 다른 장려금 지급대상 근로자들에 대하여 지급된 장려금을 취소하여 반환하도록 함에는 신중을 기할 필요가 있고, 오히려 그 장려금은 취소 및 반환 대상에서 제외하는 것이 구 고용보험법(2007. 5. 11. 법률 제8429호로 전부 개정되기 전의 것)에서 수익적 행정처분에 의하여 장려금을 지급하도록 한 입법 취지나 감원방지기간에 고용조정을 한 사업주에 대한 제재 및 그로 인한 불이익을 고려한 형평성에도 맞는다고 볼 수 있는 경우가 대부분이다.

제24조 건설근로자 등의 고용안정 지원

① 고용노동부장관은 건설근로자 등 고용상태가 불안정한 근로자를 위하여 다음 각 호의 사업을 실시하는 사업주에게 대통령령으로 정하는 바에 따라 필요한 지원을 할 수 있다. 〈개정 2010. 6. 4.〉
  1. 고용상태의 개선을 위한 사업
  2. 계속적인 고용기회의 부여 등 고용안정을 위한 사업
  3. 그 밖에 대통령령으로 정하는 고용안정 사업
② 고용노동부장관은 제1항 각 호의 사업과 관련하여 사업주가 단독으로 고용안정 사업을 실시하기 어려운 경우로서 대통령령으로 정하는 경우에는 사업주 단체에 대하여도 지원을 할 수 있다. 〈개정 2010. 6. 4.〉

제25조 고용안정 및 취업 촉진

① 고용노동부장관은 피보험자등의 고용안정 및 취업을 촉진하기 위하여 다음 각 호의 사업을 직접 실시하거나 이를 실시하는 자에게 필요한 비용을 지원 또는 대부할 수 있다. <개정 2010. 6. 4.>
   1. 고용관리 진단 등 고용개선 지원 사업
   2. 피보험자등의 창업을 촉진하기 위한 지원 사업
   3. 그 밖에 피보험자등의 고용안정 및 취업을 촉진하기 위한 사업으로서 대통령령으로 정하는 사업
② 제1항에 따른 사업의 실시와 비용의 지원·대부에 필요한 사항은 대통령령으로 정한다.

주요판례

❖ **청년인턴지원금반환청구의소** [대법원 2019. 8. 30., 선고, 2018다242451, 판결]

판시사항

甲 주식회사가 고용노동부가 시행한 '청년취업인턴제' 사업에 실시기업으로 참여하여 고용노동부로부터 사업에 관한 업무를 위탁받은 乙 주식회사와 청년인턴지원협약을 체결하고 인턴을 채용해 왔는데, 甲 회사는 30명의 인턴에 대하여 실제 약정 임금이 130만 원임에도 마치 150만 원을 지급한 것처럼 꾸며 乙 회사로부터 1인당 150만 원의 50%인 75만 원의 청년인턴지원금을 청구하여 지급받았고, 이에 乙 회사가 甲 회사를 상대로 지원금 반환을 구하는 소를 제기한 사안에서, 乙 회사의 甲 회사에 대한 협약에 따른 지원금 반환청구는 협약에서 정한 의무의 위반을 이유로 채무불이행 책임을 구하는 것으로 민사소송의 대상이고, 甲 회사가 임금을 부풀린 허위의 인턴약정서 등을 제출하여 乙 회사로부터 지급받은 지원금액 전부가 협약에 따라 乙 회사에 반환하여야 할 대상이라고 한 사례

판결요지

甲 주식회사가 고용노동부가 시행한 '청년취업인턴제' 사업에 실시기업으로 참여하여 고용노동부로부터 사업에 관한 업무를 위탁받은 乙 주식회사와 청년인턴지원협약을 체

결하고 인턴을 채용해 왔는데, 甲 회사는 30명의 인턴에 대하여 실제 약정 임금이 130만 원임에도 마치 150만 원을 지급한 것처럼 꾸며 乙 회사로부터 1인당 150만 원의 50%인 75만 원의 청년인턴지원금을 청구하여 지급받았고, 이에 乙 회사가 甲 회사를 상대로 지원금 반환을 구하는 소를 제기한 사안에서, 乙 회사가 고용노동부의 '청년취업인턴제 시행지침' 또는 구 보조금 관리에 관한 법률(2016. 1. 28. 법률 제13931호로 개정되기 전의 것) 제33조의2 제1항 제1호에 따라 보조금수령자에 대하여 거짓 신청이나 그 밖의 부정한 방법으로 지급받은 보조금을 반환하도록 요구하는 의사표시는 우월한 지위에서 하는 공권력의 행사로서의 '반환명령'이 아니라, 대등한 당사자의 지위에서 계약에 근거하여 하는 의사표시라고 보아야 하며, 또한 乙 회사의 甲 회사에 대한 협약에 따른 지원금 반환 청구는 협약에서 정한 의무의 위반을 이유로 채무불이행 책임을 구하는 것에 불과하고, 채무의 존부 및 범위에 관한 다툼이 협약에 포함된 공법적 요소에 어떤 영향을 받는다고 볼 수도 없으므로 민사소송의 대상이라고 보아야 하는데, 협약에 따라 乙 회사와 甲 회사 사이의 계약 내용으로 편입된 위 시행지침에 의하면, 실시기업이 지원금 지급신청을 하면서 임금을 부풀린 허위의 인턴약정서를 제출하는 행위는 '거짓 기타 부정한 방법으로 지원금을 신청하는 경우'에 해당하고, 운영기관이 실시기업으로부터 인턴약정서 등을 제출받아 심사하는 단계에서 거짓 기타 부정한 방법이 개입되었음을 확인한 경우에는 해당 신청에 대해서도 지원금을 일부라도 지급하지 않아야 하는바, 운영기관이 실시기업이 허위의 인턴약정서를 제출하였다는 사정을 미처 파악하지 못하고 해당 신청에 따른 지원금을 지급한 경우에는, 실시기업이 해당 신청으로 수령한 지원금액 전액이 거짓 기타 부정한 방법으로 지원받은 금액으로서 운영기관에 반환하여야 할 대상이라고 보아야 하므로, 甲 회사가 임금을 부풀린 허위의 인턴약정서 등을 제출하여 乙 회사로부터 지급받은 지원금액 전부가 협약에 따라 乙 회사에 반환하여야 할 대상이라고 한 사례.

제26조 고용촉진 시설에 대한 지원

고용노동부장관은 피보험자등의 고용안정·고용촉진 및 사업주의 인력 확보를 지원하기 위하여 대통령령으로 정하는 바에 따라 상담 시설, 어린이집, 그 밖에 대통령령으로 정하는 고용촉진 시설을 설치·운영하는 자에게 필요한 지원을 할 수 있다.
〈개정 2010. 6. 4., 2011. 6. 7.〉

주요판례

❖ **지원금교부결정취소처분취소** [울산지법 2020. 11. 19., 선고, 2019구합7465, 판결 : 항소]

판시사항

甲 주식회사가 산업단지에서 다른 사업장과 함께 사업주단체를 구성하여 직장어린이집을 공동으로 운영하기 위해 대표사업주로서 근로복지공단으로부터 직장어린이집 시설설치비 지원금을 지급받아 乙 어린이집을 설치·운영하던 중 강제경매로 乙 어린이집이 매각되자, 근로복지공단이 甲 회사에 대하여 乙 어린이집 매매를 이유로 구 직장어린이집 등 설치·운영 규정에 따라 시설설치비 지원결정을 취소하고 지원금 전액을 반환하라는 처분을 한 사안에서, 乙 어린이집에 관한 시설설치비 지원금 전부를 환수하는 것은 재량권을 일탈·남용한 것으로서 위법하다고 한 사례

판결요지

甲 주식회사가 산업단지에서 다른 사업장과 함께 사업주단체를 구성하여 직장어린이집을 공동으로 운영하기 위해 대표사업주로서 근로복지공단으로부터 직장어린이집 시설설치비 지원금을 지급받아 乙 어린이집을 설치·운영하던 중 강제경매로 乙 어린이집이 매각되자, 근로복지공단이 甲 회사에 대하여 乙 어린이집 매매를 이유로 구 직장어린이집 등 설치·운영 규정에 따라 시설설치비 지원결정을 취소하고 지원금 전액을 반환하라는 처분을 한 사안이다.

구 직장어린이집 등 설치·운영 규정(2020. 7. 8. 고용노동부 예규 제173호로 개정되기 전의 것) 제38조 제1항 및 [별표 3]에 따르면, 지원받은 시설을 매매한 경우에는 단순히 지급받은 지원금을 반환하도록 정하고 있어 규정 형식이나 체제 또는 문언에 비추어 지원받은 시설을 매매하는 등 경우의 지원금 반환명령은 기속행위가 아니라 재량행위에 해당하는 점, 乙 어린이집이 매각되기 이전까지의 기간에 상응하는 시설설치비 지원금은 그 목적대로 집행된 것으로 보이는데, 직장어린이집을 타에 매매함으로써 처분제한 조건을 위반하였다는 이유로 시설설치비 지원결정을 취소하고 시설설치비 반환명령을 할 때에는 매매에 이른 경위 등 다른 사정들과 함께 지원금이 일부 그 목적대로 집행된 사정을 감안하여 범위를 결정함이 타당한 점, 甲 회사는 적극적으로 자신의 이익을 위하여 乙 어린이집을 임의로 매각한 것이 아니라 乙 어린이집의 경영위탁보증금이나 乙 어린이집 건설을 위한 부지 매입비용 명목의 채무를 갚지 못하여 개시된 강제경매절차로 매각된 것이므로, 시설설치비 지원금의 집행 및 이로 인하여 취득한 재산을 사후에 엄격하

게 관리함으로써 시설설치비 지원금 예산의 편성 및 집행 등에 있어 적정하고 효율적인 관리를 도모하고자 하는 관련 법령의 취지에 크게 반한다고 볼 수 없는 점, 乙 어린이집이 강제경매절차에서 매각됨으로 인하여 乙 어린이집의 존속이나 운영이 중단되었다거나 큰 차질이 빚어졌다고 볼 만한 아무런 자료도 없는 점, 시설설치비 지원금 전액에 관한 시설설치비 지원결정을 취소하고 이를 반환하도록 한다면 원고가 입게 되는 손해가 위 처분으로 인하여 달성하고자 하는 공익에 비하여 중하지 않다고 볼 수 없는 점 등을 종합하면, 乙 어린이집에 관한 시설설치비 지원금 전부를 환수하는 것은 재량권을 일탈·남용한 것으로서 위법하다고 한 사례이다.

주요판례

❖ **지원금교부결정취소처분취소** [울산지법 2020. 11. 19., 선고, 2019구합7465, 판결 : 항소]

판시사항

甲 주식회사가 산업단지에서 다른 사업장과 함께 사업주단체를 구성하여 직장어린이집을 공동으로 운영하기 위해 대표사업주로서 근로복지공단으로부터 직장어린이집 시설설치비 지원금을 지급받아 乙 어린이집을 설치·운영하던 중 강제경매로 乙 어린이집이 매각되자, 근로복지공단이 甲 회사에 대하여 乙 어린이집 매매를 이유로 구 직장어린이집 등 설치·운영 규정에 따라 시설설치비 지원결정을 취소하고 지원금 전액을 반환하라는 처분을 한 사안에서, 乙 어린이집에 관한 시설설치비 지원금 전부를 환수하는 것은 재량권을 일탈·남용한 것으로서 위법하다고 한 사례

판결요지

甲 주식회사가 산업단지에서 다른 사업장과 함께 사업주단체를 구성하여 직장어린이집을 공동으로 운영하기 위해 대표사업주로서 근로복지공단으로부터 직장어린이집 시설설치비 지원금을 지급받아 乙 어린이집을 설치·운영하던 중 강제경매로 乙 어린이집이 매각되자, 근로복지공단이 甲 회사에 대하여 乙 어린이집 매매를 이유로 구 직장어린이집 등 설치·운영 규정에 따라 시설설치비 지원결정을 취소하고 지원금 전액을 반환하라는 처분을 한 사안이다.
구 직장어린이집 등 설치·운영 규정(2020. 7. 8. 고용노동부 예규 제173호로 개정되기 전의 것) 제38조 제1항 및 [별표 3]에 따르면, 지원받은 시설을 매매한 경우에는 단순히 지급받은 지원금을 반환하도록 정하고 있어 규정 형식이나 체제 또는 문언에 비추어 지원받

은 시설을 매매하는 등 경우의 지원금 반환명령은 기속행위가 아니라 재량행위에 해당하는 점, 乙 어린이집이 매각되기 이전까지의 기간에 상응하는 시설설치비 지원금은 그 목적대로 집행된 것으로 보이는데, 직장어린이집을 타에 매매함으로써 처분제한 조건을 위반하였다는 이유로 시설설치비 지원결정을 취소하고 시설설치비 반환명령을 할 때에는 매매에 이른 경위 등 다른 사정들과 함께 지원금이 일부 그 목적대로 집행된 사정을 감안하여 범위를 결정함이 타당한 점, 甲 회사는 적극적으로 자신의 이익을 위하여 乙 어린이집을 임의로 매각한 것이 아니라 乙 어린이집의 경영위탁보증금이나 乙 어린이집 건설을 위한 부지 매입비용 명목의 채무를 갚지 못하여 개시된 강제경매절차로 매각된 것이므로, 시설설치비 지원금의 집행 및 이로 인하여 취득한 재산을 사후에 엄격하게 관리함으로써 시설설치비 지원금 예산의 편성 및 집행 등에 있어 적정하고 효율적인 관리를 도모하고자 하는 관련 법령의 취지에 크게 반한다고 볼 수 없는 점, 乙 어린이집이 강제경매절차에서 매각됨으로 인하여 乙 어린이집의 존속이나 운영이 중단되었다거나 큰 차질이 빚어졌다고 볼 만한 아무런 자료도 없는 점, 시설설치비 지원금 전액에 관한 시설설치비 지원결정을 취소하고 이를 반환하도록 한다면 원고가 입게 되는 손해가 위 처분으로 인하여 달성하고자 하는 공익에 비하여 중하지 않다고 볼 수 없는 점 등을 종합하면, 乙 어린이집에 관한 시설설치비 지원금 전부를 환수하는 것은 재량권을 일탈·남용한 것으로서 위법하다고 한 사례이다.

❖ **설치비지원결정취소처분등취소청구의소**[대법원 2019. 9. 26., 선고, 2017두48406, 판결]

판시사항

[1] 사업주단체로서 직장어린이집 시설설치비를 지원받으려면 사업주단체에 속한 모든 사업주가 고용보험에 가입한 사업장의 사업주이어야 하는지 여부(원칙적 적극) 및 고용보험의 피보험자인 근로자를 고용하지 않은 사업장의 사업주가 시설설치비를 지원받는 사업주단체에 속할 자격이 있는지 여부(원칙적 소극)

[2] 구 고용보험법 제35조 제1항이 부정행위가 있은 경우 반환명령을 반드시 하도록 할 것인지에 대하여도 대통령령에 위임한 것인지 여부(적극)

[3] 제재적 행정처분이 재량권의 범위를 일탈·남용하였는지 판단하는 방법 및 제재적 행정처분의 기준이 부령 형식으로 되어 있는 경우, 그 기준에 따른 처분이 적법한지 판단하는 방법

[4] 판결서의 이유에 당사자의 모든 주장이나 공격·방어방법에 관한 판단이 표시되어야 하는지 여부(소극) 및 법원의 판결에 당사자가 주장한 사항에 대한 구체적·직접적인 판단이 표시되어 있지 않지만 판결 이유의 전반적인 취지로 주장의 인용 여부를 알 수 있는 경우 또는 실제로 판단을 하지 않았지만 주장이 배척될 것이 분명한 경우, 판단누락의 위법이 있는지 여부(소극)

판결요지

[1] 직장어린이집 시설설치비 지원에 관한 고용보험법 제26조, 고용보험법 시행령 제38조 제5항, 구 직장어린이집 설치·운영 규정(2013. 12. 26. 고용노동부예규 제63호로 개정되기 전의 것, 이하 같다) 제20조 제1항 제1호, 제2호, 제23조 제1항, 제24조 제1항, 제25조 제1항의 내용과 체계, 입법 목적 등을 종합하여 보면, 고용보험법상 직장어린이집과 같은 고용촉진 시설에 관한 지원은 일과 육아를 병행해야 하는 근로자를 고용하고 있는 사업장의 사업주에게 직장어린이집 설치비용을 직접 지원하여 일·가정 양립, 피보험자 등의 고용안정·고용촉진 및 사업주의 인력 확보를 지원하기 위한 것이므로, 구 직장어린이집 설치·운영 규정 자체에서 특별히 달리 취급하고 있는 '산업단지형 공동직장어린이집'의 경우가 아닌 한, 사업주단체로서 직장어린이집 시설설치비를 지원받으려면 사업주단체에 속한 모든 사업주가 고용보험에 가입한 사업장의 사업주이어야 하고, 고용보험의 피보험자인 근로자를 고용하지 않은 사업장의 사업주는 원칙적으로 시설설치비를 지원받는 사업주단체에 속할 자격이 없다고 봄이 타당하다.

[2] 구 고용보험법(2008. 12. 31. 법률 제9315호로 개정되고 2015. 1. 20. 법률 제13041호로 개정되기 전의 것) 제35조 제1항은 부정수급자에 대한 제재의 정도를 강화하기 위하여 '부정수급자에게 대통령령으로 정하는 바에 따라 그 지원을 제한하거나 부정수급액을 반환하도록 명할 수 있다'고 규정하고, 그 위임에 따른 구 고용보험법 시행령(2013. 12. 24. 대통령령 제25022호로 개정되기 전의 것) 제56조 제1항은 '이미 지급받은 부정수급액에 대해서는 반환을 명하여야 한다'고 규정하고 있다. 위 규정은 실업의 예방, 고용의 촉진 및 근로자의 직업능력의 개발과 향상 등과 같은 고용보험법 목적과 취지 및 내용 등을 감안할 때 부정행위가 있는 경우 반환명령을 반드시 하도록 할 것인지 여부에 대하여도 대통령령에 위임하고 있다고 봄이 타당하다.

[3] 제재적 행정처분이 재량권의 범위를 일탈하였거나 남용하였는지는, 처분사유인 위반행위의 내용과 위반의 정도, 처분에 의하여 달성하려는 공익상의 필요와 개인이 입

게 될 불이익 및 이에 따르는 여러 사정 등을 객관적으로 심리하여 공익침해의 정도와 처분으로 인하여 개인이 입게 될 불이익을 비교·교량하여 판단하여야 한다. 이러한 제재적 행정처분의 기준이 부령 형식으로 규정되어 있더라도 그것은 행정청 내부의 사무처리준칙을 규정한 것에 지나지 않아 대외적으로 국민이나 법원을 기속하는 효력이 없다. 따라서 그 처분의 적법 여부는 처분기준만이 아니라 관계 법령의 규정 내용과 취지에 따라 판단하여야 한다. 그러므로 처분기준에 부합한다 하여 곧바로 처분이 적법한 것이라고 할 수는 없지만, 처분기준이 그 자체로 헌법 또는 법률에 합치되지 않거나 그 기준을 적용한 결과가 처분사유인 위반행위의 내용 및 관계 법령의 규정과 취지에 비추어 현저히 부당하다고 인정할 만한 합리적인 이유가 없는 한, 섣불리 그 기준에 따른 처분이 재량권의 범위를 일탈하였다거나 재량권을 남용한 것으로 판단해서는 안 된다.

[4] 판결서의 이유에는 주문이 정당하다는 것을 인정할 수 있을 정도로 당사자의 주장, 그 밖의 공격·방법에 관한 판단을 표시하면 되고, 당사자의 모든 주장이나 공격·방어방법에 관하여 판단할 필요가 없다. 따라서 법원의 판결에 당사자가 주장한 사항에 대한 구체적·직접적인 판단이 표시되어 있지 않더라도 판결 이유의 전반적인 취지에 비추어 주장을 인용하거나 배척하였음을 알 수 있는 정도라면 판단누락이라고 할 수 없다. 설령 실제로 판단을 하지 않은 부분이 있더라도 주장이 배척될 것임이 분명한 때에는 판결 결과에 영향이 없어 판단누락의 잘못을 이유로 파기할 필요가 없다.

제26조의2 지원의 제한

고용노동부장관은 제20조부터 제26조까지의 규정에 따른 지원을 할 때 사업주가 다른 법령에 따른 지원금 또는 장려금 등의 금전을 지급받은 경우 등 대통령령으로 정하는 경우에는 그 금액을 빼고 지원할 수 있다.

[본조신설 2011. 7. 21.]

제27조 사업주에 대한 직업능력개발 훈련의 지원

① 고용노동부장관은 피보험자등의 직업능력을 개발·향상시키기 위하여 대통령령으로 정하는 직업능력개발 훈련을 실시하는 사업주에게 대통령령으로 정하는 바에 따라 그 훈련에 필요한 비용을 지원할 수 있다. 〈개정 2010. 6. 4., 2016. 12. 27.〉

② 고용노동부장관은 사업주가 다음 각 호의 어느 하나에 해당하는 사람에게 제1항에 따라 직업능력개발 훈련을 실시하는 경우에는 **대통령령**으로 정하는 바에 따라 우대 지원할 수 있다. 〈신설 2016. 12. 27., 2019. 4. 30., 2021. 1. 5.〉

1. 「기간제 및 단시간근로자 보호 등에 관한 법률」제2조제1호의 기간제근로자
2. 「근로기준법」제2조제1항제9호의 단시간근로자
3. 「파견근로자 보호 등에 관한 법률」제2조제5호의 파견근로자
4. 일용근로자
5. 「고용상 연령차별금지 및 고령자고용촉진에 관한 법률」제2조제1호 또는 제2호의 고령자 또는 준고령자
6. 그 밖에 **대통령령**으로 정하는 사람

> **관련법령** ▶ 「기간제 및 단시간근로자 보호 등에 관한 법률」제2조제1호

"**기간제근로자**"라 함은 기간의 정함이 있는 근로계약(이하 "기간제 근로계약"이라 한다)을 체결한 근로자를 말한다.

> **관련법령** ▶ 「근로기준법」제2조제1항제9호

"**단시간근로자**"란 1주 동안의 소정근로시간이 그 사업장에서 같은 종류의 업무에 종사하는 통상 근로자의 1주 동안의 소정근로시간에 비하여 짧은 근로자를 말한다.

> **관련법령** ▶ 「파견근로자 보호 등에 관한 법률」제2조제5호

"**파견근로자**"란 파견사업주가 고용한 근로자로서 근로자파견의 대상이 되는 사람을 말한다.

> **관련법령** ▶ 「고용상 연령차별금지 및 고령자고용촉진에 관한 법률」제2조제1호 또는 제2호

1. "**고령자**"란 인구와 취업자의 구성 등을 고려하여 대통령령으로 정하는 연령 이상인 사람을 말한다.
2. "**준고령자**"란 대통령령으로 정하는 연령 이상인 사람으로서 고령자가 아닌 사람을 말한다.

제28조 비용 지원의 기준 등

고용노동부장관이 제27조에 따라 사업주에게 비용을 지원하는 경우 지원 금액은 고용산재보험료징수법 제16조의3에 따른 월별보험료를 모두 더한 해당 연도 고용보험료 또는 같은 법 제17조에 따른 해당 연도 고용보험 개산보험료 중 고용안정·직업능력개발 사업의 보험료에 대통령령으로 정하는 비율을 곱한 금액으로 하되, 그 한도는 대통령령으로 정한다. 〈개정 2010. 1. 27., 2010. 6. 4., 2021. 1. 5.〉

> **관련법령** ▶ 「고용산재보험료징수법」 제16조의3

제16조의3(월별보험료의 산정)

① 공단이 제16조의2제1항에 따라 매월 부과하는 보험료(이하 "월별보험료"라 한다)는 근로자 또는 예술인의 개인별 월평균보수에 고용보험료율 및 산재보험료율을 각각 곱한 금액을 합산하여 산정한다. 다만, 월평균보수를 산정하기 곤란한 일용근로자 등 대통령령으로 정하는 사람에 대한 월별보험료는 대통령령으로 정하는 바에 따라 산정한 금액을 개인별 월평균보수로 보아 산정한다. 〈개정 2020. 6. 9., 2021. 1. 5., 2022. 6. 10., 2022. 12. 31.〉

② 제1항의 월평균보수는 사업주가 지급한 보수·보수액 및 제2조제3호 단서에 따른 금품을 기준으로 산정한다. 이 경우 월평균보수의 산정방법, 적용기간 등은 대통령령으로 정하는 바에 따른다. 〈개정 2020. 6. 9., 2022. 12. 31.〉

> **관련법령** ▶ 「고용보험 및 산업재해보상보험의 보험료징수 등에 관한 법률」 제17조

제17조(건설업 등의 개산보험료의 신고와 납부)

① 제16조의2제2항에 따른 사업주(이하 이 조부터 제19조까지에서 같다)는 보험연도마다 그 1년 동안(보험연도 중에 보험관계가 성립한 경우에는 그 성립일부터 그 보험연도 말일까지의 기간)에 사용할 근로자(고용보험료를 산정하는 경우에는 「고용보험법」 제10조 및 제10조의2에 따른 적용 제외 근로자는 제외한다. 이하 이 조에서 같다)에게 지급할 보수총액의 추정액(대통령령으로 정하는 경우에는 전년도에 사용한 근로자에게 지급한 보수총액)에 고용보험료율 및 산재보험료율을 각각 곱하여 산정한 금액(이하 "개산보험료"라 한다)을 대통령령으로 정하는 바에 따라 그 보험연도의 3월 31일(보험연도 중에 보험관계가 성립한 경우에는 그 보험관계의 성립일부터 70일, 건설공사 등

기간이 정하여져 있는 사업으로서 70일 이내에 끝나는 사업의 경우에는 그 사업이 끝나는 날의 전날)까지 공단에 신고·납부하여야 한다. 다만, 그 보험연도의 개산보험료 신고·납부 기한이 제19조에 따른 확정보험료 신고·납부 기한보다 늦은 경우에는 그 보험연도의 확정보험료 신고·납부 기한을 그 보험연도의 개산보험료 신고·납부 기한으로 한다. 〈개정 2010. 1. 27., 2019. 1. 15.〉

② 공단은 사업주가 제1항에 따른 신고를 하지 아니하거나 그 신고가 사실과 다른 경우에는 그 사실을 조사하여 개산보험료를 산정·징수하되, 이미 낸 금액이 있을 때에는 그 부족액을 징수하여야 한다.

③ 사업주는 제1항의 개산보험료를 대통령령으로 정하는 바에 따라 분할 납부할 수 있다.

④ 사업주가 제3항에 따라 분할 납부할 수 있는 개산보험료를 제1항에 따른 납부기한까지 전액 납부하는 경우에는 그 개산보험료 금액의 100분의 5의 범위에서 고용노동부령으로 정하는 금액을 경감한다. 〈개정 2010. 1. 27., 2010. 6. 4.〉

⑤ 제1항에 따른 기한에 개산보험료를 신고한 사업주는 이미 신고한 개산보험료가 이 법에 따라 신고하여야 할 개산보험료를 초과할 때(제18조제2항의 경우는 제외한다)에는 제1항에 따른 기한이 지난 후 1년 이내에 최초에 신고한 개산보험료의 경정(更正)을 공단에 청구할 수 있다.

⑥ 제5항에 따른 개산보험료의 경정청구 및 경정청구 결과의 통지에 필요한 사항은 대통령령으로 정한다.

[전문개정 2009. 12. 30.]
[제목개정 2010. 1. 27.]

제29조 피보험자등에 대한 직업능력개발 지원

① 고용노동부장관은 피보험자등이 직업능력개발 훈련을 받거나 그 밖에 직업능력 개발·향상을 위하여 노력하는 경우에는 대통령령으로 정하는 바에 따라 필요한 비용을 지원할 수 있다. 〈개정 2010. 6. 4.〉

② 고용노동부장관은 필요하다고 인정하면 대통령령으로 정하는 바에 따라 피보험자등의 취업을 촉진하기 위한 직업능력개발 훈련을 실시할 수 있다. 〈개정 2010. 6. 4.〉

③ 고용노동부장관은 대통령령으로 정하는 저소득 피보험자등이 직업능력개발 훈련을 받는 경우 대통령령으로 정하는 바에 따라 생계비를 대부할 수 있다. 〈신설 2008. 12. 31., 2010. 6. 4.〉

제30조 직업능력개발 훈련 시설에 대한 지원 등

고용노동부장관은 피보험자등의 직업능력 개발·향상을 위하여 필요하다고 인정하면 대통령령으로 정하는 바에 따라 직업능력개발 훈련 시설의 설치 및 장비 구입에 필요한 비용의 대부, 그 밖에 고용노동부장관이 정하는 직업능력개발 훈련 시설의 설치 및 장비 구입·운영에 필요한 비용을 지원할 수 있다. 〈개정 2010. 6. 4.〉

제31조 직업능력개발의 촉진

① 고용노동부장관은 피보험자 등의 직업능력 개발·향상을 촉진하기 위하여 다음 각 호의 사업을 실시하거나 이를 실시하는 자에게 그 사업의 실시에 필요한 비용을 지원할 수 있다. 〈개정 2010. 5. 31., 2010. 6. 4.〉
  1. 직업능력개발 사업에 대한 기술지원 및 평가 사업
  2. 자격검정 사업 및 「숙련기술장려법」에 따른 숙련기술 장려 사업
  3. 그 밖에 대통령령으로 정하는 사업
② 고용노동부장관은 직업능력 개발·향상과 인력의 원활한 수급(需給)을 위하여 필요하다고 인정하면 대통령령으로 정하는 바에 따라 고용노동부장관이 정하는 직종에 대한 직업능력개발 훈련 사업을 위탁하여 실시할 수 있다. 〈개정 2010. 6. 4.〉

제32조 건설근로자 등의 직업능력개발 지원

① 고용노동부장관은 건설근로자 등 고용상태가 불안정한 근로자를 위하여 직업능력 개발·향상을 위한 사업으로 대통령령으로 정하는 사업을 실시하는 사업주에게 그 사업의 실시에 필요한 비용을 지원할 수 있다. 〈개정 2010. 6. 4.〉
② 고용노동부장관은 제1항의 사업과 관련하여 사업주가 단독으로 직업능력개발 사업을 실시하기 어려운 경우로서 대통령령으로 정하는 경우에는 사업주 단체에 대하여도 지원할 수 있다. 〈개정 2010. 6. 4.〉

제33조 고용정보의 제공 및 고용 지원 기반의 구축 등

① 고용노동부장관은 사업주 및 피보험자등에 대한 구인·구직·훈련 등 고용정보의 제공, 직업·훈련 상담 등 직업지도, 직업소개, 고용안정·직업능력개발에 관한 기반의 구축 및 그에 필요한 전문 인력의 배치 등의 사업을 할 수 있다. 〈개정 2010. 6. 4.〉
② 고용노동부장관은 필요하다고 인정하면 제1항에 따른 업무의 일부를 「직업안정법」제4조의4에 따른 민간직업상담원에게 수행하도록 할 수 있다. 〈개정 2010. 6. 4.〉

관련법령 ▶ 「직업안정법」제4조의4

제4조의4(민간직업상담원)

① 고용노동부장관은 직업안정기관에 직업소개, 직업지도 및 고용정보 제공 등의 업무를 담당하는 공무원이 아닌 직업상담원(이하 "민간직업상담원"이라 한다)을 배치할 수 있다. 〈개정 2010. 6. 4.〉
② 민간직업상담원의 배치기준과 그 밖에 필요한 사항은 고용노동부령으로 정한다. 〈개정 2010. 6. 4.〉
[전문개정 2009. 10. 9.]

제34조 지방자치단체 등에 대한 지원

고용노동부장관은 지방자치단체 또는 대통령령으로 정하는 비영리법인·단체가 그 지역에서 피보험자 등의 고용안정·고용촉진 및 직업능력개발을 위한 사업을 실시하는 경우에는 대통령령으로 정하는 바에 따라 필요한 지원을 할 수 있다. 〈개정 2010. 6. 4.〉

제35조 부정행위에 따른 지원의 제한 등

① 고용노동부장관은 거짓이나 그 밖의 부정한 방법으로 이 장의 규정에 따른 고용안정·직업능력개발 사업의 지원을 받은 자 또는 받으려는 자에게는 해당 지원금 중 지급되지 아니한 금액 또는 지급받으려는 지원금을 지급하지 아니하고, 1년의 범위에서 대통령령으로 정하는 바에 따라 지원금의 지급을 제한하며, 거짓이나 그 밖의 부정한 방법으로 지원받은 금액을 반환하도록 명하여야 한다. 〈개정

2008. 12. 31., 2010. 6. 4., 2015. 1. 20.>

② 고용노동부장관은 제1항에 따라 반환을 명하는 경우에는 이에 추가하여 <u>고용노동부령</u>으로 정하는 기준에 따라 그 거짓이나 그 밖의 부정한 방법으로 지급받은 금액의 5배 이하의 금액을 징수할 수 있다. <개정 2008. 12. 31., 2010. 6. 4.>

③ 고용노동부장관은 고용안정·직업능력개발 사업의 지원을 받은 자에게 잘못 지급된 지원금이 있으면 그 지급금의 반환을 명할 수 있다. <신설 2019. 8. 27.>

④ 제1항 및 제2항에도 불구하고 거짓이나 그 밖의 부정한 방법으로 직업능력개발 사업의 지원을 받은 자 또는 받으려는 자에 대한 지원의 제한, 반환 및 추가징수에 관하여는 「국민 평생 직업능력 개발법」제55조 및 제56조를 준용한다. <신설 2008. 12. 31., 2010. 5. 31., 2019. 8. 27., 2021. 1. 5., 2021. 8. 17.>

⑤ 고용노동부장관은 보험료를 체납한 자에게는 <u>고용노동부령</u>으로 정하는 바에 따라 이 장의 규정에 따른 고용안정·직업능력개발 사업의 지원을 하지 아니할 수 있다. <개정 2008. 12. 31., 2010. 6. 4., 2011. 7. 21., 2019. 8. 27.>

[2015. 1. 20. 법률 제13041호에 의하여 2013. 8. 29. 위헌 결정된 제35조제1항을 개정함]

관련법령 ▶ 「국민 평생 직업능력 개발법」제55조 및 제56조

제55조(부정행위에 따른 지원·융자 또는 수강의 제한)

① 국가 또는 지방자치단체는 제12조 또는 제15조에 따른 직업능력개발훈련을 받고 있거나 받은 사람이 다음 각 호의 어느 하나에 해당하면 거짓이나 부정한 방법으로 훈련비용 및 훈련수당을 지원받았거나 지원받으려고 한 날(제2호의 경우에는 위탁계약이 해지된 날)부터 5년의 범위에서 고용노동부령으로 정하는 기간 동안 제12조 및 제15조에 따른 직업능력개발훈련의 수강을 제한하거나 제17조 및 제18조에 따른 지원 또는 융자를 아니할 수 있다. <개정 2012. 2. 1., 2021. 8. 17., 2022. 1. 11.>

1. 거짓이나 그 밖의 부정한 방법으로 훈련비용 및 훈련수당을 지원받았거나 지원받으려 한 경우
2. 직업능력개발훈련을 위탁받은 자와 공모하여 제16조제2항 각 호의 어느 하나에 해당하는 행위를 하여 위탁계약이 해지된 경우

② 고용노동부장관은 제17조, 제18조, 제20조, 제22조 및 제23조에 따라 비용의 지원 또는 융자를 받으려고 하거나 이미 받은 사람, 사업주, 사업주단체등, 산업부문별 인적자원개발협의체 또는 직업능력개발단체가 다음 각 호의 어느 하나에 해당하면 거짓이나

그 밖의 부정한 방법으로 비용의 지원 또는 융자를 받으려고 하거나 이미 받은 날(제2호에 해당하는 경우에는 인정이 취소된 날)부터 5년의 범위에서 고용노동부령으로 정하는 기간 동안 제12조 및 제15조에 따른 직업능력개발훈련의 수강을 제한하거나 제17조, 제18조, 제20조, 제22조 및 제23조에 따른 지원 또는 융자를 아니할 수 있다. 〈개정 2012. 2. 1., 2020. 3. 31., 2021. 8. 17., 2022. 1. 11.〉

1. 거짓이나 그 밖의 부정한 방법으로 비용을 지원·융자받았거나 지원·융자받으려 한 경우
2. 제16조에 따라 직업능력개발훈련을 위탁받아 실시하는 자 또는 제19조 및 제24조에 따라 직업능력개발훈련과정의 인정을 받아 직업능력개발훈련을 실시하는 자와 공모하여 제19조제2항 각 호 또는 제24조제2항 각 호의 어느 하나에 해당하는 행위를 하여 인정이 취소된 경우
3. 제21조제2항을 위반하여 경제적 이익등을 제공받은 경우

[전문개정 2010. 5. 31.]
[제25조에서 이동 〈2010. 5. 31.〉]

제56조(부정수급액 등의 반환 및 추가징수)

① 국가 또는 지방자치단체는 제16조제2항에 따라 위탁계약이 해지된 자 또는 제55조제1항에 따라 수강이나 지원·융자의 제한을 받은 사람이 다음 각 호의 어느 하나에 해당하는 경우에는 해당 금액에 대하여 반환을 명하여야 한다. 〈개정 2016. 1. 27., 2021. 8. 17., 2022. 1. 11.〉
1. 거짓이나 그 밖의 부정한 방법으로 지원 또는 융자를 받은 경우
2. 지원금을 지급목적과 다른 용도에 사용한 경우
3. 지원금을 지급받기 위한 요건을 갖추지 못한 경우

② 고용노동부장관은 제19조제2항이나 제24조제2항에 따라 인정이 취소된 자 또는 제55조제2항에 따라 수강 또는 지원·융자가 제한되는 사람, 사업주, 사업주단체등, 산업부문별 인적자원개발협의체 또는 직업능력개발단체가 다음 각 호의 어느 하나에 해당하는 경우에는 해당 금액에 대하여 반환을 명하여야 한다. 〈개정 2012. 2. 1., 2016. 1. 27., 2021. 8. 17., 2022. 1. 11.〉
1. 거짓이나 그 밖의 부정한 방법으로 지원 또는 융자를 받은 경우
2. 지원금을 지급목적과 다른 용도에 사용한 경우
3. 지원금을 지급받기 위한 요건을 갖추지 못한 경우

③ 국가·지방자치단체 또는 고용노동부장관은 제1항 및 제2항에 따라 반환을 명하는 경우

에는 거짓이나 그 밖의 부정한 방법으로 지원 또는 융자를 받은 금액에 대하여 고용노동부령으로 정하는 기준에 따라 그 부정수급액의 5배 이하의 금액을 추가로 징수할 수 있다. 〈개정 2012. 2. 1., 2021. 8. 17., 2022. 1. 11.〉

1. 삭제 〈2022. 1. 11.〉
2. 삭제 〈2022. 1. 11.〉

④ 다음 각 호의 어느 하나에 해당하는 자가 거짓된 신고·보고 또는 거짓자료 작성·제공 등을 함으로써 다른 자로 하여금 거짓이나 그 밖의 부정한 방법으로 지원 또는 융자를 받게 한 경우에는 거짓이나 그 밖의 부정한 방법으로 지원 또는 융자를 받은 자와 제1항 및 제2항에 따른 반환 금액 및 제3항에 따른 추가징수 금액에 대하여 연대하여 책임을 진다. 〈신설 2020. 3. 31., 2021. 8. 17.〉

1. 제12조 또는 제15조에 따른 직업능력개발훈련을 받고 있거나 받은 사람
2. 제16조제1항에 따라 직업능력개발훈련을 위탁받은 자
3. 제17조, 제18조, 제20조, 제22조 및 제23조에 따라 비용의 지원 또는 융자를 받으려고 하거나 이미 받은 사람, 사업주, 사업주단체등, 산업부문별 인적자원개발협의체 또는 직업능력개발단체
4. 제19조제1항 또는 제24조제1항에 따라 직업능력개발훈련과정의 인정을 받은 자

⑤ 국가·지방자치단체나 고용노동부장관은 제1항부터 제3항까지에 따른 반환금 또는 추가징수금을 기한 내에 내지 아니한 경우에는 국세 또는 지방세 체납처분의 예에 따라 징수할 수 있다. 〈개정 2012. 2. 1., 2020. 3. 31.〉

⑥ 제3항에 따른 추가징수의 세부기준 등 필요한 사항은 고용노동부령으로 정한다. 〈개정 2012. 2. 1., 2020. 3. 31.〉

[전문개정 2010. 5. 31.]
[제목개정 2016. 1. 27.]
[제26조에서 이동 〈2010. 5. 31.〉]

❖ **지원금교부결정취소처분취소**[울산지법 2020. 11. 19., 선고, 2019구합7465, 판결 : 항소]

판시사항

甲 주식회사가 산업단지에서 다른 사업장과 함께 사업주단체를 구성하여 직장어린이집을 공동으로 운영하기 위해 대표사업주로서 근로복지공단으로부터 직장어린이집

시설설치비 지원금을 지급받아 乙 어린이집을 설치·운영하던 중 강제경매로 乙 어린이집이 매각되자, 근로복지공단이 甲 회사에 대하여 乙 어린이집 매매를 이유로 구 직장어린이집 등 설치·운영 규정에 따라 시설설치비 지원결정을 취소하고 지원금 전액을 반환하라는 처분을 한 사안에서, 乙 어린이집에 관한 시설설치비 지원금 전부를 환수하는 것은 재량권을 일탈·남용한 것으로서 위법하다고 한 사례

> 판결요지

甲 주식회사가 산업단지에서 다른 사업장과 함께 사업주단체를 구성하여 직장어린이집을 공동으로 운영하기 위해 대표사업주로서 근로복지공단으로부터 직장어린이집 시설설치비 지원금을 지급받아 乙 어린이집을 설치·운영하던 중 강제경매로 乙 어린이집이 매각되자, 근로복지공단이 甲 회사에 대하여 乙 어린이집 매매를 이유로 구 직장어린이집 등 설치·운영 규정에 따라 시설설치비 지원결정을 취소하고 지원금 전액을 반환하라는 처분을 한 사안이다.

구 직장어린이집 등 설치·운영 규정(2020. 7. 8. 고용노동부 예규 제173호로 개정되기 전의 것) 제38조 제1항 및 [별표 3]에 따르면, 지원받은 시설을 매매한 경우에는 단순히 지급받은 지원금을 반환하도록 정하고 있어 규정 형식이나 체제 또는 문언에 비추어 지원받은 시설을 매매하는 등 경우의 지원금 반환명령은 기속행위가 아니라 재량행위에 해당하는 점, 乙 어린이집이 매각되기 이전까지의 기간에 상응하는 시설설치비 지원금은 그 목적대로 집행된 것으로 보이는데, 직장어린이집을 타에 매매함으로써 처분제한 조건을 위반하였다는 이유로 시설설치비 지원결정을 취소하고 시설설치비 반환명령을 할 때에는 매매에 이른 경위 등 다른 사정들과 함께 지원금이 일부 그 목적대로 집행된 사정을 감안하여 범위를 결정함이 타당한 점, 甲 회사는 적극적으로 자신의 이익을 위하여 乙 어린이집을 임의로 매각한 것이 아니라 乙 어린이집의 경영위탁보증금이나 乙 어린이집 건설을 위한 부지 매입비용 명목의 채무를 갚지 못하여 개시된 강제경매절차로 매각된 것이므로, 시설설치비 지원금의 집행 및 이로 인하여 취득한 재산을 사후에 엄격하게 관리함으로써 시설설치비 지원금 예산의 편성 및 집행 등에 있어 적정하고 효율적인 관리를 도모하고자 하는 관련 법령의 취지에 크게 반한다고 볼 수 없는 점, 乙 어린이집이 강제경매절차에서 매각됨으로 인하여 乙 어린이집의 존속이나 운영이 중단되었다거나 큰 차질이 빚어졌다고 볼 만한 아무런 자료도 없는 점, 시설설치비 지원금 전액에 관한 시설설치비 지원결정을 취소하고 이를 반환하도록 한다면 원고가 입게 되는 손해가 위 처분으로 인하여 달성하고자 하는 공익에 비하여 중하지 않다고 볼 수 없는 점 등을

종합하면, 乙 어린이집에 관한 시설설치비 지원금 전부를 환수하는 것은 재량권을 일탈·남용한 것으로서 위법하다고 한 사례이다.

주요판례

❖ 청년인턴지원금반환청구의소 [대법원 2019. 8. 30., 선고, 2018다242451, 판결]

판시사항

甲 주식회사가 고용노동부가 시행한 '청년취업인턴제' 사업에 실시기업으로 참여하여 고용노동부로부터 사업에 관한 업무를 위탁받은 乙 주식회사와 청년인턴지원협약을 체결하고 인턴을 채용해 왔는데, 甲 회사는 30명의 인턴에 대하여 실제 약정 임금이 130만 원임에도 마치 150만 원을 지급한 것처럼 꾸며 乙 회사로부터 1인당 150만 원의 50%인 75만 원의 청년인턴지원금을 청구하여 지급받았고, 이에 乙 회사가 甲 회사를 상대로 지원금 반환을 구하는 소를 제기한 사안에서, 乙 회사의 甲 회사에 대한 협약에 따른 지원금 반환청구는 협약에서 정한 의무의 위반을 이유로 채무불이행 책임을 구하는 것으로 민사소송의 대상이고, 甲 회사가 임금을 부풀린 허위의 인턴약정서 등을 제출하여 乙 회사로부터 지급받은 지원금액 전부가 협약에 따라 乙 회사에 반환하여야 할 대상이라고 한 사례

판결요지

甲 주식회사가 고용노동부가 시행한 '청년취업인턴제' 사업에 실시기업으로 참여하여 고용노동부로부터 사업에 관한 업무를 위탁받은 乙 주식회사와 청년인턴지원협약을 체결하고 인턴을 채용해 왔는데, 甲 회사는 30명의 인턴에 대하여 실제 약정 임금이 130만 원임에도 마치 150만 원을 지급한 것처럼 꾸며 乙 회사로부터 1인당 150만 원의 50%인 75만 원의 청년인턴지원금을 청구하여 지급받았고, 이에 乙 회사가 甲 회사를 상대로 지원금 반환을 구하는 소를 제기한 사안에서, 乙 회사가 고용노동부의 '청년취업인턴제 시행지침' 또는 구 보조금 관리에 관한 법률(2016. 1. 28. 법률 제13931호로 개정되기 전의 것) 제33조의2 제1항 제1호에 따라 보조금수령자에 대하여 거짓 신청이나 그 밖의 부정한 방법으로 지급받은 보조금을 반환하도록 요구하는 의사표시는 우월한 지위에서 하는 공권력의 행사로서의 '반환명령'이 아니라, 대등한 당사자의 지위에서 계약에 근거하여 하는 의사표시라고 보아야 하며, 또한 乙 회사의 甲 회사에 대한 협약에 따른 지원금 반환청구는 협약에서 정한 의무의 위반을 이유로 채무불이행 책임을 구하는 것에 불과하고,

채무의 존부 및 범위에 관한 다툼이 협약에 포함된 공법적 요소에 어떤 영향을 받는다고 볼 수도 없으므로 민사소송의 대상이라고 보아야 하는데, 협약에 따라 乙 회사와 甲 회사 사이의 계약 내용으로 편입된 위 시행지침에 의하면, 실시기업이 지원금 지급신청을 하면서 임금을 부풀린 허위의 인턴약정서를 제출하는 행위는 '거짓 기타 부정한 방법으로 지원금을 신청하는 경우'에 해당하고, 운영기관이 실시기업으로부터 인턴약정서 등을 제출받아 심사하는 단계에서 거짓 기타 부정한 방법이 개입되었음을 확인한 경우에는 해당 신청에 대해서도 지원금을 일부라도 지급하지 않아야 하는바, 운영기관이 실시기업이 허위의 인턴약정서를 제출하였다는 사정을 미처 파악하지 못하고 해당 신청에 따른 지원금을 지급한 경우에는, 실시기업이 해당 신청으로 수령한 지원금액 전액이 거짓 기타 부정한 방법으로 지원받은 금액으로서 운영기관에 반환하여야 할 대상이라고 보아야 하므로, 甲 회사가 임금을 부풀린 허위의 인턴약정서 등을 제출하여 乙 회사로부터 지급받은 지원금액 전부가 협약에 따라 乙 회사에 반환하여야 할 대상이라고 한 사례.

주요판례

❖ **신규고용촉진장려금반환명령등취소**[대법원 2013. 11. 28., 선고, 2012두16565, 판결]

판시사항

2008. 12. 31. 법률 제9315호로 개정된 구 고용보험법 제35조 제1항의 위임에 근거한 구 고용보험법 시행령 제56조 제2항에 의하여 반환 대상이 되는 '지급제한기간에 지급된 지원금 등'이 거짓이나 그 밖의 부정한 방법으로 지원받은 금액으로 제한되는지 여부(적극)

판결요지

구 고용보험법(2008. 12. 31. 법률 제9315호로 개정되기 전의 것, 이하 '구법'이라 한다) 제35조 제1항하에서는 구 고용보험법 시행령(2007. 10. 17. 대통령령 제20330호로 개정되고 2010. 2. 8. 대통령령 제22026호로 개정되기 전의 것, 이하 같다) 제56조 제2항에 의하여 반환의 대상이 되는 '지급제한기간 동안 지급된 지원금 등'은 지급제한기간 동안 그 지급청구권이 발생하여 지급된 것이면 충분하고, 거짓이나 그 밖의 부정한 방법으로 지급된 것일 필요는 없었다. 그런데 구 고용보험법(2008. 12. 31. 법률 제9315호로 개정되고 2010. 6. 4. 법률 제10339호로 개정되기 전의 것, 이하 '개정법'이라 한다) 제35조 제1항은 구법 제35조 제1항과 달리 반환명령의 범위를 '거짓이나 그 밖의 부정한 방법으로 지원받은 금액'으로 제한하고 있다. 그 문언의 취지상 개정법 제35조 제1항은 '지원받은 금액의 반환명령'은 거짓이나 그 밖의 부정한 방법으로 지원받은 금액에 한정하여 대통령령의 규율에 위임한 것으로 보아야 한다. 한편 하위법령은 그 규정이 상위법령의 규정에 명백히 저촉되어 무효인 경우를 제외하고는 관련 법령의 내용과 입법 취지 및 연혁 등을 종합적으로 살펴서 그 의미를 상위법령에 합치되는 것으로 해석하여야 하므로, 이와 같은 개정법 제35조 제1항의 위임에 근거한 구 고용보험법 시행령 제56조 제2항에 의하여 반환의 대상이 되는 '지급제한기간에 지급된 지원금 등'은 모법과 같이 거짓이나 그 밖의 부정한 방법으로 지원받은 금액으로 제한된다고 해석해야 한다.

제36조 업무의 대행

고용노동부장관은 필요하다고 인정하면 제19조 및 제27조부터 제31조까지의 규정에 따른 업무의 일부를 대통령령으로 정하는 자에게 대행하게 할 수 있다. 〈개정 2010. 6. 4.〉

제4장 실업급여

제1절 통칙

제37조 실업급여의 종류

① 실업급여는 구직급여와 취업촉진 수당으로 구분한다.
② 취업촉진 수당의 종류는 다음 각 호와 같다.
  1. 조기(早期)재취업 수당
  2. 직업능력개발 수당
  3. 광역 구직활동비
  4. 이주비

제37조의2 실업급여수급계좌

① 직업안정기관의 장은 제43조에 따른 수급자격자의 신청이 있는 경우에는 실업급여를 수급자격자 명의의 지정된 계좌(이하 "실업급여수급계좌"라 한다)로 입금하여야 한다. 다만, 정보통신장애나 그 밖에 대통령령으로 정하는 불가피한 사유로 실업급여를 실업급여수급계좌로 이체할 수 없을 때에는 현금 지급 등 대통령령으로 정하는 바에 따라 실업급여를 지급할 수 있다.
② 실업급여수급계좌의 해당 금융기관은 이 법에 따른 실업급여만이 실업급여수급계좌에 입금되도록 관리하여야 한다.

③ 제1항에 따른 신청 방법·절차와 제2항에 따른 실업급여수급계좌의 관리에 필요한 사항은 대통령령으로 정한다.

[본조신설 2015. 1. 20.]

제38조 수급권의 보호

① 실업급여를 받을 권리는 양도 또는 압류하거나 담보로 제공할 수 없다. 〈개정 2015. 1. 20.〉

② 제37조의2제1항에 따라 지정된 실업급여수급계좌의 예금 중 대통령령으로 정하는 액수 이하의 금액에 관한 채권은 압류할 수 없다. 〈신설 2015. 1. 20.〉

제38조의2 공과금의 면제

실업급여로서 지급된 금품에 대하여는 국가나 지방자치단체의 공과금(「국세기본법」제2조제8호 또는 「지방세기본법」제2조제1항제26호에 따른 공과금을 말한다)을 부과하지 아니한다.

[본조신설 2013. 3. 22.]

관련법령 ▶ 「국세기본법」제2조제8호

"공과금"(公課金)이란 「국세징수법」에서 규정하는 강제징수의 예에 따라 징수할 수 있는 채권 중 국세, 관세, 임시수입부가세, 지방세와 이와 관계되는 강제징수비를 제외한 것을 말한다.

관련법령 ▶ 「지방세기본법」제2조제1항제26호

"공과금"이란 「지방세징수법」 또는 「국세징수법」에서 규정하는 체납처분의 예에 따라 징수할 수 있는 채권 중 국세·관세·임시수입부가세 및 지방세와 이에 관계되는 가산금 및 체납처분비를 제외한 것을 말한다.

제39조 삭제 〈2013. 6. 4.〉

제2절 구직급여

제40조 구직급여의 수급 요건

① 구직급여는 이직한 근로자인 피보험자가 다음 각 호의 요건을 모두 갖춘 경우에 지급한다. 다만, 제5호와 제6호는 최종 이직 당시 일용근로자였던 사람만 해당한다. <개정 2019. 1. 15., 2019. 8. 27., 2020. 5. 26., 2021. 1. 5., 2022. 12. 31.>

1. 제2항에 따른 기준기간(이하 "기준기간"이라 한다) 동안의 피보험 단위기간(제41조에 따른 피보험 단위기간을 말한다. 이하 같다)이 합산하여 180일 이상일 것
2. 근로의 의사와 능력이 있음에도 불구하고 취업(영리를 목적으로 사업을 영위하는 경우를 포함한다. 이하 이 장 및 제5장에서 같다)하지 못한 상태에 있을 것
3. 이직사유가 제58조에 따른 수급자격의 제한 사유에 해당하지 아니할 것
4. 재취업을 위한 노력을 적극적으로 할 것
5. 다음 각 목의 어느 하나에 해당할 것
    가. 제43조에 따른 수급자격 인정신청일이 속한 달의 직전 달 초일부터 수급자격 인정신청일까지의 근로일 수의 합이 같은 기간 동안의 총 일수의 3분의 1 미만일 것
    나. 건설일용근로자(일용근로자로서 이직 당시에 「통계법」제22조제1항에 따라 통계청장이 고시하는 한국표준산업분류의 대분류상 건설업에 종사한 사람을 말한다. 이하 같다)로서 수급자격 인정신청일 이전 14일간 연속하여 근로내역이 없을 것
6. 최종 이직 당시의 기준기간 동안의 피보험 단위기간 중 다른 사업에서 제58조에 따른 수급자격의 제한 사유에 해당하는 사유로 이직한 사실이 있는 경우에는 그 피보험 단위기간 중 90일 이상을 일용근로자로 근로하였을 것

② 기준기간은 이직일 이전 18개월로 하되, 근로자인 피보험자가 다음 각 호의 어느 하나에 해당하는 경우에는 다음 각 호의 구분에 따른 기간을 기준기간으로 한다. <개정 2019. 8. 27., 2021. 1. 5.>

1. 이직일 이전 18개월 동안에 질병·부상, 그 밖에 대통령령으로 정하는 사유로 계속하여 30일 이상 보수의 지급을 받을 수 없었던 경우: 18개월에 그 사유로 보수를 지급 받을 수 없었던 일수를 가산한 기간(3년을 초과할 때에는 3년으로 한다)
2. 다음 각 목의 요건에 모두 해당하는 경우: 이직일 이전 24개월
   가. 이직 당시 1주 소정근로시간이 15시간 미만이고, 1주 소정근로일수가 2일 이하인 근로자로 근로하였을 것
   나. 이직일 이전 24개월 동안의 피보험 단위기간 중 90일 이상을 가목의 요건에 해당하는 근로자로 근로하였을 것

[시행일: 2023. 7. 1.] 제40조

관련법령 ▶ 「통계법」제22조제1항

제22조(표준분류)
① 통계청장은 통계작성기관이 동일한 기준에 따라 통계를 작성할 수 있도록 국제표준분류를 기준으로 산업, 직업, 질병·사인(死因) 등에 관한 표준분류를 작성·고시하여야 한다. 이 경우 통계청장은 미리 관계 기관의 장과 협의하여야 한다.

주요판례

❖ **실업급여회수청구**[대구지법 2014. 12. 24., 선고, 2014구합1590, 판결 : 확정]

판시사항
甲이 乙 주식회사에서 근무하다가 징계해고 되었는데 부당해고 구제신청을 하여 원직복직 되자 지방고용노동청장이 甲에게 이미 지급한 구직급여를 회수한다는 처분을 한 사안에서, 甲이 받은 구직급여는 잘못 지급된 것으로서 징수의 대상이 된다고 한 사례

판결요지
甲이 乙 주식회사에서 근무하다가 징계해고 되었는데 부당해고 구제신청을 하여 원직복직 되자 지방고용노동청장이 甲에게 이미 지급한 구직급여를 회수한다는 처분을 한 사안에서, 乙 회사가 甲을 해고 시에 소급하여 복직시킴으로써 甲은 당초부터 구직급여의 요건을 갖추지 못한 것이고, 이후 乙 회사가 甲에 대하여 전보명령을 하였더라도 전보명령이 근로기준법에 위반되거나 권리남용에 해당하는 등의 특별한 사정에 대한 입

증이 없는 이상, 甲이 받은 구직급여는 잘못 지급된 것으로서 징수의 대상이 되므로, 처분은 적법하다고 본 사례.

주요판례

❖ **고용보험수급자격불인정처분취소**[울산지법 2014. 4. 24., 선고, 2013구합2840, 판결 : 확정]

판시사항

甲 주식회사에서 같은 그룹에 속한 베트남 현지 법인인 乙 회사로 전출되어 근무하다가 퇴직한 丙이 지방고용노동청장을 상대로 고용보험 수급자격 인정신청을 하였는데, 甲 회사를 퇴직한 날로부터 12개월이 지난 후에 신청하였다는 이유로 고용보험 수급자격 불인정처분을 받자 丙이 甲 회사에서 乙 회사로 전출된 것은 실질적으로 고용관계가 계속된 것이므로 乙 회사에서 퇴직한 때에 이직한 것으로 보아야 한다고 주장하며 위 처분의 취소소송을 제기한 사안에서, 丙의 주장은 이유 없다고 한 사례

판결요지

甲 주식회사에서 같은 그룹에 속한 베트남 현지 법인인 乙 회사로 전출되어 근무하다가 퇴직한 丙이 지방고용노동청장을 상대로 고용보험 수급자격 인정신청을 하였는데, 甲 회사를 퇴직한 날로부터 12개월이 지난 후에 신청하였다는 이유로 고용보험 수급자격 불인정처분을 받자 丙이 甲 회사에서 乙 회사로 전출된 것은 실질적으로 고용관계가 계속된 것이므로 乙 회사에서 퇴직한 때에 이직한 것으로 보아야 한다고 주장하며 위 처분의 취소소송을 제기한 사안에서, 甲 회사가 丙에게 전출발령을 하면서 퇴직금을 지급하였고, 丙이 乙 회사와 새로운 근로계약을 체결하였으며, 甲 회사가 관할 고용센터에 丙의 고용보험 피보험자격상실을 신고하였으므로 丙과 甲 회사의 고용관계는 끝났다고 보아야 하는 점, 甲 회사와 乙 회사가 같은 계열회사라고 하더라도 별개의 법인격을 가지고 있고, 외국법인인 乙 회사는 고용보험법을 적용 받지 않으므로 丙이 乙 회사로 전출된 때부터는 고용보험법상 피보험자가 되지 않는 점 등을 종합해 볼 때, 丙은 甲 회사와 고용관계가 끝난 때에 이직하였고 그로부터 12개월이 지난 후에 고용보험 수급자격 인정을 신청함으로써 구직급여 수급기간이 이미 만료되었으므로, 丙의 주장은 이유 없다고 한 사례.

제41조 피보험 단위기간

① 근로자의 피보험 단위기간은 피보험기간 중 보수 지급의 기초가 된 날을 합하여 계산한다. 다만, 자영업자인 피보험자의 피보험 단위기간은 제50조제3항 단서 및 제4항에 따른 피보험기간으로 한다. 〈개정 2010. 1. 27., 2011. 7. 21., 2021. 1. 5.〉
② 제1항에 따라 피보험 단위기간을 계산할 때에는 최후로 피보험자격을 취득한 날 이전에 구직급여를 받은 사실이 있는 경우에는 그 구직급여와 관련된 피보험자격 상실일 이전의 피보험 단위기간은 넣지 아니한다. 〈개정 2008. 12. 31., 2010. 1. 27., 2011. 7. 21.〉
③ 근로자인 피보험자가 제40조제2항에 따른 기준기간 동안에 근로자·제77조의2제1항에 따른 예술인·제77조의6제1항에 따른 노무제공자 중 둘 이상에 해당하는 사람으로 종사한 경우의 피보험 단위기간은 대통령령으로 정하는 바에 따른다. 〈신설 2021. 1. 5.〉

제42조 실업의 신고

① 구직급여를 지급받으려는 사람은 이직 후 지체없이 직업안정기관에 출석하여 실업을 신고하여야 한다. 다만, 「재난 및 안전관리 기본법」제3조제1호의 재난으로 출석하기 어려운 경우 등 고용노동부령으로 정하는 사유가 있는 경우에는 「고용정책 기본법」제15조의2에 따른 고용정보시스템을 통하여 신고할 수 있다. 〈개정 2020. 5. 26., 2022. 12. 31.〉
② 제1항에 따른 실업의 신고에는 구직 신청과 제43조에 따른 수급자격의 인정신청을 포함하여야 한다.
③ 제1항에 따라 구직급여를 지급받기 위하여 실업을 신고하려는 사람은 이직하기 전 사업의 사업주에게 피보험 단위기간, 이직 전 1일 소정근로시간 등을 확인할 수 있는 자료(이하 "이직확인서"라 한다)의 발급을 요청할 수 있다. 이 경우 요청을 받은 사업주는 고용노동부령으로 정하는 바에 따라 이직확인서를 발급하여 주어야 한다. 〈신설 2019. 8. 27.〉

[시행일: 2023. 7. 1.] 제42조

제43조 수급자격의 인정

① 구직급여를 지급받으려는 사람은 직업안정기관의 장에게 제40조제1항제1호부터 제3호까지·제5호 및 제6호에 따른 구직급여의 수급 요건을 갖추었다는 사실(이하 "수급자격"이라 한다)을 인정하여 줄 것을 신청하여야 한다. 〈개정 2019. 1. 15., 2020. 5. 26.〉

② 직업안정기관의 장은 제1항에 따른 수급자격의 인정신청을 받으면 그 신청인에 대한 수급자격의 인정 여부를 결정하고, 대통령령으로 정하는 바에 따라 신청인에게 그 결과를 알려야 한다.

③ 제2항에 따른 신청인이 다음 각 호의 요건을 모두 갖춘 경우에는 마지막에 이직한 사업을 기준으로 수급자격의 인정 여부를 결정한다. 다만, 마지막 이직 당시 일용근로자로서 피보험 단위기간이 1개월 미만인 사람이 수급자격을 갖추지 못한 경우에는 일용근로자가 아닌 근로자로서 마지막으로 이직한 사업을 기준으로 결정한다. 〈개정 2008. 12. 31., 2020. 5. 26.〉

  1. 피보험자로서 마지막에 이직한 사업에 고용되기 전에 피보험자로서 이직한 사실이 있을 것
  2. 마지막 이직 이전의 이직과 관련하여 구직급여를 받은 사실이 없을 것

④ 직업안정기관의 장은 제2항 및 제3항에 따라 신청인에 대한 수급자격의 인정 여부를 결정하기 위하여 필요하면 신청인이 이직하기 전 사업의 사업주에게 고용노동부령으로 정하는 바에 따라 이직확인서의 제출을 요청할 수 있다. 이 경우 요청을 받은 사업주는 고용노동부령으로 정하는 바에 따라 이직확인서를 제출하여야 한다. 〈신설 2019. 8. 27.〉

⑤ 제2항에 따라 수급자격의 인정을 받은 사람(이하 "수급자격자"라 한다)이 제48조 및 제54조제1항에 따른 기간에 새로 수급자격의 인정을 받은 경우에는 새로 인정받은 수급자격을 기준으로 구직급여를 지급한다. 〈개정 2019. 8. 27., 2020. 5. 26.〉

주요판례

❖ **실업급여회수청구**[대구지법 2014. 12. 24., 선고, 2014구합1590, 판결 : 확정]

판시사항

甲이 乙 주식회사에서 근무하다가 징계해고 되었는데 부당해고 구제신청을 하여 원직복직 되자 지방고용노동청장이 甲에게 이미 지급한 구직급여를 회수한다는 처분을 한 사안에서, 甲이 받은 구직급여는 잘못 지급된 것으로서 징수의 대상이 된다고 한 사례

판결요지

甲이 乙 주식회사에서 근무하다가 징계해고 되었는데 부당해고 구제신청을 하여 원직복직 되자 지방고용노동청장이 甲에게 이미 지급한 구직급여를 회수한다는 처분을 한 사안에서, 乙 회사가 甲을 해고 시에 소급하여 복직시킴으로써 甲은 당초부터 구직급여의 요건을 갖추지 못한 것이고, 이후 乙 회사가 甲에 대하여 전보명령을 하였더라도 전보명령이 근로기준법에 위반되거나 권리남용에 해당하는 등의 특별한 사정에 대한 입증이 없는 이상, 甲이 받은 구직급여는 잘못 지급된 것으로서 징수의 대상이 되므로, 처분은 적법하다고 본 사례.

제43조의2 둘 이상의 피보험자격 취득 시 수급자격의 인정

① 근로자, 제77조의2제1항에 따른 예술인, 제77조의6제1항에 따른 노무제공자 또는 자영업자인 피보험자로서 서로 다른 둘 이상의 피보험자격을 취득하였다가 이직하여 그 피보험자격을 모두 상실한 사람이 구직급여를 지급받으려는 경우에는 둘 이상의 피보험자격 중 자신이 선택한 피보험자격을 기준으로 수급자격의 인정 여부를 결정한다.

② 제1항에 따라 수급자격을 인정받으려는 사람이 선택한 피보험자격이 가장 나중에 상실한 피보험자격(피보험자격을 동시에 상실한 경우에는 동시에 상실된 피보험자격 모두를 말한다. 이하 이 항에서 같다)이 아닌 경우에는 가장 나중에 상실한 피보험자격과 관련된 이직사유가 제58조 또는 제69조의7에 따른 수급자격의 제한 사유에 해당하지 아니하는 경우에만 수급자격을 인정한다. 다만, 직

업안정기관의 장이 대통령령으로 정하는 바에 따른 소득감소로 이직하였다고 인정하는 경우에는 수급자격의 제한 사유에 해당하지 아니하는 것으로 본다.

[본조신설 2022. 12. 31.][시행일: 2023. 7. 1.] 제43조의2

제44조 실업의 인정

① 구직급여는 수급자격자가 실업한 상태에 있는 날 중에서 직업안정기관의 장으로부터 실업의 인정을 받은 날에 대하여 지급한다.

② 실업의 인정을 받으려는 수급자격자는 제42조에 따라 실업의 신고를 한 날부터 계산하기 시작하여 1주부터 4주의 범위에서 직업안정기관의 장이 지정한 날(이하 "실업인정일"이라 한다)에 출석하여 재취업을 위한 노력을 하였음을 신고하여야 하고, 직업안정기관의 장은 직전 실업인정일의 다음 날부터 그 실업인정일까지의 각각의 날에 대하여 실업의 인정을 한다. 다만, 다음 각 호에 해당하는 사람에 대한 실업의 인정 방법은 고용노동부령으로 정하는 기준에 따른다. <개정 2010. 6. 4., 2020. 5. 26.>

1. 직업능력개발 훈련 등을 받는 수급자격자
2. 천재지변, 대량 실업의 발생 등 대통령령으로 정하는 사유가 발생한 경우의 수급자격자
3. 그 밖에 대통령령으로 정하는 수급자격자

③ 제2항에도 불구하고 수급자격자가 다음 각 호의 어느 하나에 해당하면 직업안정기관에 출석할 수 없었던 사유를 적은 증명서를 제출하여 실업의 인정을 받을 수 있다.

1. 질병이나 부상으로 직업안정기관에 출석할 수 없었던 경우로서 그 기간이 계속하여 7일 미만인 경우
2. 직업안정기관의 직업소개에 따른 구인자와의 면접 등으로 직업안정기관에 출석할 수 없었던 경우
3. 직업안정기관의 장이 지시한 직업능력개발 훈련 등을 받기 위하여 직업안정기관에 출석할 수 없었던 경우
4. 천재지변이나 그 밖의 부득이한 사유로 직업안정기관에 출석할 수 없었던 경우

④ 직업안정기관의 장은 제1항에 따른 실업을 인정할 때에는 수급자격자의 취업을 촉진하기 위하여 재취업 활동에 관한 계획의 수립 지원, 직업소개 등 대통령령으로 정하는 조치를 하여야 한다. 이 경우 수급자격자는 정당한 사유가 없으면 직업안정기관의 장의 조치에 따라야 한다.

주요 판례

❖ 실업급여지급제한·반환명령결정처분취소청구

[대구지법 2019. 4. 17., 선고, 2018구합23680, 판결 : 확정]

판시사항

甲이 구직급여 수급자격 인정신청을 하여 수급자격을 인정받은 뒤 총 4차에 걸친 재취업 노력신고를 통해 지방고용노동청장으로부터 실업인정을 받고 3,173,900원의 구직급여를 받았는데, 그중 2차 재취업 노력신고는 甲이 일본에 체류 중이어서 甲의 형이 인터넷을 통해 甲 명의로 신고서를 작성·제출한 사실을 지방고용노동청장이 확인하고 甲에게 고용보험법 제61조, 제62조에 따라 2차 재취업 노력신고로 수령한 구직급여 1,124,920원의 지급제한 및 반환명령을 한 사안에서, 甲이 해외에 체류하면서 제3자의 대리 신청을 통하여 구직급여를 지급받은 것은 고용보험법 제61조 제1항 본문 및 제62조 제1항에서 정한 '거짓이나 그 밖의 부정한 방법'으로 구직급여를 받은 경우에 해당한다는 이유로, 위 처분이 적법하다고 한 사례

판결요지

甲이 구직급여 수급자격 인정신청을 하여 수급자격을 인정받은 뒤 총 4차에 걸친 재취업 노력신고를 통해 지방고용노동청장으로부터 실업인정을 받고 3,173,900원의 구직급여를 받았는데, 그중 2차 재취업 노력신고는 甲이 일본에 체류 중이어서 甲의 형이 인터넷을 통해 甲 명의로 신고서를 작성·제출한 사실을 지방고용노동청장이 확인하고 甲에게 고용보험법 제61조, 제62조에 따라 2차 재취업 노력신고로 수령한 구직급여 1,124,920원의 지급제한 및 반환명령을 한 사안이다.

고용보험법 제44조 제2항, 제3항, 구 고용보험법 시행령(2016. 12. 30. 대통령령 제27738호로 개정되기 전의 것) 제64조 내지 제66조, 구 고용보험법 시행규칙(2016. 12. 30. 고용노동부령 제176호로 개정되기 전의 것) 제89조 제6항의 문언, 체계, 형식과 내용 등을 종합하면, 관계 법령은 직업안정기관의 장이 구직활동의 내용, 재취업을 위한 노력, 근로

의 의사와 능력 등을 직접 확인함으로써 혹시 모를 구직급여의 부당지급 가능성을 일률적으로 방지하기 위하여 원칙적으로 수급자격자가 실업인정일에 직업안정기관에 직접 출석하여 재취업 노력신고를 하도록 하고 있으며 예외적으로 인터넷을 통하여 재취업 노력을 신고하는 경우에도 본인이 '직접' 재취업 노력신고를 하도록 한 것인데, 甲이 해외에 체류하면서 제3자의 대리 신청을 통하여 구직급여를 지급받았으므로 甲은 실체적 요건의 충족 여부를 불문하고 절차적 요건을 갖추지 못하였고, 이는 고용보험법 제61조 제1항 본문 및 제62조 제1항에서 정한 '거짓이나 그 밖의 부정한 방법'으로 구직급여를 받은 경우에 해당한다는 이유로, 이에 근거한 위 처분이 적법하다고 한 사례이다.

주요판례

❖ 고용 보험 조기 재취업수당 부지급 처분취소 [대법원 2011. 12. 8., 선고, 2009두19892, 판결]

판시사항

주식회사의 대표이사에 취임하는 것이 구 고용보험법 시행령 제84조 제1항 제1호에서 정한 '고용되는 직업에 취직한 경우'에 해당하는지 여부(원칙적 적극)

판결요지

구직급여의 수급자격자가 소정급여일수분의 구직급여를 모두 지급받기 이전에 취업한 경우 그에게 취업촉진 수당의 일종으로서 지급하는 조기재취업수당에 관한 구 고용보험법(2007. 12. 21. 법률 제8781호로 개정되기 전의 것, 이하 '법'이라 한다) 제64조 제1항, 구 고용보험법 시행령(2008. 2. 29. 대통령령 제20681호로 개정되기 전의 것, 이하 '시행령'이라 한다) 제84조 제1항, 제86조 제1항, 구 고용보험법 시행규칙(2008. 4. 30. 노동부령 제299호로 개정되기 전의 것) 제109조 제2항의 내용, 형식 및 목적 등과 아울러, ① 조기재취업수당은 구직급여 수급자격자가 구직급여를 모두 지급받기 전에 재취직이든 자영업의 영위이든 취업의 형태를 불문하고 안정적으로 재취업하여 소득을 얻을 수 있게 된 경우에는 그에게 소정급여일수분의 구직급여 중 미지급된 부분의 일정 비율에 상당하는 금전을 지급함으로써 실직기간을 최소화시키고 안정된 재취업을 장려하기 위한 것이므로, 수급자격자가 주식회사의 대표이사에 취임하여 안정적으로 재취업하였다면 이 역시 위와 같은 취지에 부합하는 것으로서 조기재취업수당이 지급되는 것으로 봄이 상당한 점, ② 시행령 제84조 제1항 제1호의 '고용되는 직업에 취직한 경우'는 법 제64조 제1항의 '안정된 직업에 재취직한 경우'에 대응하는 규정으로서 그 취업이 반드시 민법

제655조 이하에 규정된 고용의 성질을 가지는 것에 한정된다고 볼 수 없는 점, ③ 주식회사의 대표이사는 이사 가운데 회사를 대표하는 이로서 회사와의 관계에서 민법의 위임에 관한 규정이 그에 준용되므로(상법 제382조 참조) 다른 특별한 사정이 없는 한 그 취임이 민법상 고용에 해당한다고 보기 어려우나, 그렇다고 해서 스스로 영리를 목적으로 하는 사업을 영위하는 것이라고 단정할 수 없는 점, ④ 시행령 제84조 제1항 제1호와 제2호의 구분은 재취직과 자영업의 영위 사이에 재취업의 진정성 및 안정성을 확인하는 방법이나 내용의 차이에 기인한 것으로 보이는데, 주식회사의 대표이사에 취임한 경우에 그 취업의 진정성 등은 이사 또는 대표이사 선임결의의 내용, 해당 주식회사 목적사업의 지속가능성 등을 기초로 확인할 수 있으므로, 제1호의 '고용되는 직업에 취직한 경우'에 그 취업의 진정성 등을 근로계약 내용, 고용주 사업의 지속가능성 등을 기초로 확인할 수 있는 것과 유사한 점 등에 비추어 보면, 주식회사 대표이사의 취임은, 해당 주식회사의 사업이 실질적으로 영리를 목적으로 하는 대표이사 개인의 사업과 같다고 볼 수 있는 특별한 사정이 없는 한, 시행령 제84조 제1항 제1호의 '고용되는 직업에 취직한 경우'에 해당한다고 보아야 할 것이다.

제45조 급여의 기초가 되는 임금일액

① 구직급여의 산정 기초가 되는 임금일액(이하 "기초일액(基礎日額)"이라 한다)은 제43조제1항에 따른 수급자격의 인정과 관련된 마지막 이직 당시 「근로기준법」 제2조제1항제6호에 따라 산정된 평균임금으로 한다. 다만, 마지막 이직일 이전 3개월 이내에 피보험자격을 취득한 사실이 2회 이상인 경우에는 마지막 이직일 이전 3개월간(일용근로자의 경우에는 마지막 이직일 이전 4개월 중 최종 1개월을 제외한 기간)에 그 근로자에게 지급된 임금 총액을 그 산정의 기준이 되는 3개월의 총 일수로 나눈 금액을 기초일액으로 한다.

② 제1항에 따라 산정된 금액이 「근로기준법」에 따른 그 근로자의 통상임금보다 적을 경우에는 그 통상임금액을 기초일액으로 한다. 다만, 마지막 사업에서 이직 당시 일용근로자였던 사람의 경우에는 그러하지 아니하다. 〈개정 2020. 5. 26.〉

③ 제1항과 제2항에 따라 기초일액을 산정하는 것이 곤란한 경우와 보험료를 고용산재보험료징수법 제3조에 따른 기준보수(이하 "기준보수"라 한다)를 기준으로

낸 경우에는 기준보수를 기초일액으로 한다. 다만, 보험료를 기준보수로 낸 경우에도 제1항과 제2항에 따라 산정한 기초일액이 기준보수보다 많은 경우에는 그러하지 아니하다. 〈개정 2010. 1. 27., 2021. 1. 5.〉

④ 제1항부터 제3항까지의 규정에도 불구하고 이들 규정에 따라 산정된 기초일액이 그 수급자격자의 이직 전 1일 소정근로시간에 이직일 당시 적용되던 「최저임금법」에 따른 시간 단위에 해당하는 최저임금액을 곱한 금액(이하 "최저기초일액"이라 한다)보다 낮은 경우에는 최저기초일액을 기초일액으로 한다. 이 경우 이직 전 1일 소정근로시간은 고용노동부령으로 정하는 방법에 따라 산정한다. 〈개정 2015. 1. 20.〉

⑤ 제1항부터 제3항까지의 규정에도 불구하고 이들 규정에 따라 산정된 기초일액이 보험의 취지 및 일반 근로자의 임금 수준 등을 고려하여 대통령령으로 정하는 금액을 초과하는 경우에는 대통령령으로 정하는 금액을 기초일액으로 한다.

> **관련법령** ▶ 「근로기준법」제2조제1항제6호

"평균임금"이란 이를 산정하여야 할 사유가 발생한 날 이전 3개월 동안에 그 근로자에게 지급된 임금의 총액을 그 기간의 총일수로 나눈 금액을 말한다. 근로자가 취업한 후 3개월 미만인 경우도 이에 준한다.

> **관련법령** ▶ 「고용산재보험료징수법」제3조

제3조(기준보수)

① 다음 각 호의 어느 하나에 해당하는 경우에는 고용노동부장관이 정하여 고시하는 금액(이하 "기준보수"라 한다)을 근로자, 「고용보험법」제77조의2제1항에 따른 예술인(이하 "예술인"이라 한다)이나 같은 법 제77조의6제1항에 따른 노무제공자(이하 "노무제공자"라 한다)의 보수 또는 보수액으로 할 수 있다. 〈개정 2022. 12. 31.〉

1. 사업의 폐업·도산 등으로 근로자, 예술인 또는 노무제공자의 보수 또는 보수액을 산정·확인하기 곤란한 경우 등 대통령령으로 정하는 사유가 있는 경우
2. 예술인(「고용보험법」제77조의2제2항제2호 본문에 따른 소득 기준을 충족하는 예술인으로서 대통령령으로 정하는 사람과 같은 호 단서에 따른 단기예술인은 제외한다) 및 노무제공자(같은 법 제77조의6제2항제2호 본문에 따른 소득 기준을 충족하

는 노무제공자로서 대통령령으로 정하는 사람과 같은 호 단서에 따른 단기노무제공
자는 제외한다)의 보수액이 기준보수보다 적은 경우
② 기준보수는 사업의 규모, 근로·노무 형태, 보수·보수액 수준 등을 고려하여 「고용보험
법」제7조에 따른 고용보험위원회의 심의를 거쳐 시간·일 또는 월 단위로 정하되, 사업
의 종류별 또는 지역별로 구분하여 정할 수 있다. 〈개정 2022. 12. 31.〉
③ 삭제 〈2010. 1. 27.〉
[전문개정 2009. 12. 30.]

❖ **구직급여과오급금반환처분취소**[대법원 2019. 7. 25., 선고, 2016두42289, 판결]

판시사항

택시운전근로자들의 운송수입금에서 사납금을 공제한 나머지 수입금이 고용보험법상
구직급여의 기준이 되는 평균임금에 포함되는지 여부(적극)

판결요지

고용보험법은 구직급여 산정의 기초가 되는 구직급여일액을 원칙적으로 근로기준법 제
2조 제1항 제6호가 정한 평균임금을 가지고 산정하도록 정하고 있고(제46조 제1항 제1
호, 제45조 제1항), 근로기준법 제2조 제1항 제6호는 "평균임금이란 이를 산정하여야 할
사유가 발생한 날 이전 3개월 동안에 그 근로자에게 지급된 임금의 총액을 그 기간의 총
일수로 나눈 금액을 말한다."라고 규정하고 있다.
그리고 일반택시운송사업자가 소속 택시운전근로자들에게 매월 실제 근로일수에 따른
일정액의 고정급을 지급하는 외에 하루 운송수입금에서 사납금을 공제한 나머지 수입
금(이하 '초과운송수입금'이라 한다)을 택시운전근로자 개인의 수입으로 하여 자유로
운 처분에 맡겨 온 경우, 이러한 초과운송수입금은 택시운전근로자의 근로형태의 특수
성과 계산의 편의 등을 고려하여 근로의 대가로서 지급된 것이어서 이 역시 임금에 해당
한다.
이러한 고용보험법과 근로기준법 규정 내용, 사납금제하에서 초과운송수입금의 성격
과 근로자가 실업한 경우에 생활에 필요한 급여를 실시하여 근로자의 생활안정과 구직
활동을 촉진하고자 하는 고용보험법상 구직급여제도의 취지 등을 고려하면, 고용보험
법상 구직급여의 기준이 되는 평균임금을 산정할 때에는 초과운송수입금 역시 이에 포
함되어야 한다.

주요판례

❖ **평균임금정정및구직급여차액분부지급처분취소** [대법원 2009. 1. 30., 선고, 2006두2121, 판결]

판시사항

[1] 구 고용보험법 제35조 제3항의 '제1항 및 제2항의 규정에 의하여 기초일액을 산정하는 것이 곤란한 경우'의 의미
[2] 구 고용보험법 제35조에 따라 구직급여의 산출기초가 되는 기초일액을 산정하는 방법

판결요지

[1] 구 고용보험법(2002. 12. 30. 법률 제6850호로 개정되기 전의 것) 제35조, 구 근로기준법(2003. 9. 15. 법률 제6974호로 개정되기 전의 것) 제19조 등 기초일액 및 평균임금 관련 조항의 문언과 취지 등을 고려할 때, 구 고용보험법 제35조 제3항의 '제1항 및 제2항의 규정에 의하여 기초일액을 산정하는 것이 곤란한 경우'란 구 근로기준법 제19조 제1항, 구 근로기준법 시행령(2003. 12. 11. 대통령령 제18158호로 개정되기 전의 것) 제2조, 제3조 및 구 고용보험법 제35조 제2항을 적용해 보아도 기초일액을 산정하는 것이 곤란한 경우를 뜻하는 것으로 해석하여야 하고, 나아가 구 근로기준법 시행령 제4조까지 적용해 보아도 기초일액을 산정하는 것이 곤란한 경우를 의미하는 것으로는 볼 수 없다.

[2] 구 고용보험법(2002. 12. 30. 법률 제6850호로 개정되기 전의 것) 제35조에 따라 구직급여의 산출기초가 되는 기초일액을 산정하고자 할 때에는, 같은 조 제1항, 제2항에서 정한 바에 따라 구 근로기준법(2003. 9. 15. 법률 제6974호로 개정되기 전의 것) 제19조 제1항, 구 근로기준법 시행령(2003. 12. 11. 대통령령 제18158호로 개정되기 전의 것) 제2조, 제3조 및 구 고용보험법 제35조 제2항에 따라 기초일액을 산정하는 것이 원칙이고, 이에 따라 기초일액을 산정하는 것이 곤란한 경우에 한하여 예외적으로 같은 조 제3항을 적용하여 기준임금을 기초일액으로 삼아야 한다.

제46조 구직급여일액

① 구직급여일액은 다음 각 호의 구분에 따른 금액으로 한다. 〈개정 2019. 8. 27.〉
    1. 제45조제1항부터 제3항까지 및 제5항의 경우에는 그 수급자격자의 기초일액

에 100분의 60을 곱한 금액
2. 제45조제4항의 경우에는 그 수급자격자의 기초일액에 100분의 80을 곱한 금액(이하 "최저구직급여일액"이라 한다)
② 제1항제1호에 따라 산정된 구직급여일액이 최저구직급여일액보다 낮은 경우에는 최저구직급여일액을 그 수급자격자의 구직급여일액으로 한다.

주요판례

❖ **구직급여과오급금반환처분취소**[대법원 2019. 7. 25., 선고, 2016두42289, 판결]

판시사항

택시운전근로자들의 운송수입금에서 사납금을 공제한 나머지 수입금이 고용보험법상 구직급여의 기준이 되는 평균임금에 포함되는지 여부(적극)

판결요지

고용보험법은 구직급여 산정의 기초가 되는 구직급여일액을 원칙적으로 근로기준법 제2조 제1항 제6호가 정한 평균임금을 가지고 산정하도록 정하고 있고(제46조 제1항 제1호, 제45조 제1항), 근로기준법 제2조 제1항 제6호는 "평균임금이란 이를 산정하여야 할 사유가 발생한 날 이전 3개월 동안에 그 근로자에게 지급된 임금의 총액을 그 기간의 총일수로 나눈 금액을 말한다."라고 규정하고 있다.
그리고 일반택시운송사업자가 소속 택시운전근로자들에게 매월 실제 근로일수에 따른 일정액의 고정급을 지급하는 외에 하루 운송수입금에서 사납금을 공제한 나머지 수입금(이하 '초과운송수입금'이라 한다)을 택시운전근로자 개인의 수입으로 하여 자유로운 처분에 맡겨 온 경우, 이러한 초과운송수입금은 택시운전근로자의 근로형태의 특수성과 계산의 편의 등을 고려하여 근로의 대가로서 지급된 것이어서 이 역시 임금에 해당한다.
이러한 고용보험법과 근로기준법 규정 내용, 사납금제하에서 초과운송수입금의 성격과 근로자가 실업한 경우에 생활에 필요한 급여를 실시하여 근로자의 생활안정과 구직활동을 촉진하고자 하는 고용보험법상 구직급여제도의 취지 등을 고려하면, 고용보험법상 구직급여의 기준이 되는 평균임금을 산정할 때에는 초과운송수입금 역시 이에 포함되어야 한다.

제47조 실업인정대상기간 중의 취업 등의 신고

① 수급자격자는 실업의 인정을 받으려 하는 기간(이하 "실업인정대상기간"이라 한다) 중에 고용노동부령으로 정하는 기준에 해당하는 취업을 한 경우에는 그 사실을 직업안정기관의 장에게 신고하여야 한다. <개정 2011. 7. 21., 2019. 1. 15.>
② 직업안정기관의 장은 필요하다고 인정하면 수급자격자의 실업인정대상기간 중의 취업 사실에 대하여 조사할 수 있다. <개정 2011. 7. 21., 2019. 1. 15.>
[제목개정 2011. 7. 21., 2019. 1. 15.]

제48조 수급기간 및 수급일수

① 구직급여는 이 법에 따라 규정이 있는 경우 외에는 그 구직급여의 수급자격과 관련된 이직일의 다음 날부터 계산하기 시작하여 12개월 내에 제50조제1항에 따른 소정급여일수를 한도로 하여 지급한다.
② 제1항에 따른 12개월의 기간 중 임신·출산·육아, 그 밖에 대통령령으로 정하는 사유로 취업할 수 없는 사람이 그 사실을 수급기간에 직업안정기관에 신고한 경우에는 12개월의 기간에 그 취업할 수 없는 기간을 가산한 기간(4년을 넘을 때에는 4년)에 제50조제1항에 따른 소정급여일수를 한도로 하여 구직급여를 지급한다. <개정 2020. 5. 26.>
③ 다음 각 호의 어느 하나에 해당하는 경우에는 해당 최초 요양일에 제2항에 따른 신고를 한 것으로 본다. <신설 2008. 12. 31., 2020. 5. 26.>
　1. 「산업재해보상보험법」 제40조에 따른 요양급여를 받는 경우
　2. 질병 또는 부상으로 3개월 이상의 요양이 필요하여 이직하였고, 이직 기간 동안 취업활동이 곤란하였던 사실이 요양기간과 부상·질병 상태를 구체적으로 밝힌 주치의사의 소견과 요양을 위하여 이직하였다는 사업주의 의견을 통하여 확인된 경우

관련법령 ▶ 「산업재해보상보험법」 제40조

제40조(요양급여)
① 요양급여는 근로자가 업무상의 사유로 부상을 당하거나 질병에 걸린 경우에 그 근로자

에게 지급한다.
② 제1항에 따른 요양급여는 제43조제1항에 따른 산재보험 의료기관에서 요양을 하게 한다. 다만, 부득이한 경우에는 요양을 갈음하여 요양비를 지급할 수 있다.
③ 제1항의 경우에 부상 또는 질병이 3일 이내의 요양으로 치유될 수 있으면 요양급여를 지급하지 아니한다.
④ 제1항의 요양급여의 범위는 다음 각 호와 같다. 〈개정 2010. 6. 4.〉
  1. 진찰 및 검사
  2. 약제 또는 진료재료와 의지(義肢)나 그 밖의 보조기의 지급
  3. 처치, 수술, 그 밖의 치료
  4. 재활치료
  5. 입원
  6. 간호 및 간병
  7. 이송
  8. 그 밖에 고용노동부령으로 정하는 사항
⑤ 제2항 및 제4항에 따른 요양급여의 범위나 비용 등 요양급여의 산정 기준은 고용노동부령으로 정한다. 〈개정 2010. 6. 4.〉
⑥ 업무상의 재해를 입은 근로자가 요양할 산재보험 의료기관이 제43조제1항제2호에 따른 상급종합병원인 경우에는 「응급의료에 관한 법률」제2조제1호에 따른 응급환자이거나 그 밖에 부득이한 사유가 있는 경우를 제외하고는 그 근로자가 상급종합병원에서 요양할 필요가 있다는 의학적 소견이 있어야 한다. 〈개정 2010. 5. 20.〉

주요판례

❖ **고용보험수급자격불인정처분취소**[울산지법 2014. 4. 24., 선고, 2013구합2840, 판결 : 확정]

판시사항

甲 주식회사에서 같은 그룹에 속한 베트남 현지 법인인 乙 회사로 전출되어 근무하다가 퇴직한 丙이 지방고용노동청장을 상대로 고용보험 수급자격 인정신청을 하였는데, 甲 회사를 퇴직한 날로부터 12개월이 지난 후에 신청하였다는 이유로 고용보험 수급자격 불인정처분을 받자 丙이 甲 회사에서 乙 회사로 전출된 것은 실질적으로 고용관계가 계속된 것이므로 乙 회사에서 퇴직한 때에 이직한 것으로 보아야 한다고 주장하며 위 처

분의 취소소송을 제기한 사안에서, 丙의 주장은 이유 없다고 한 사례

> **판결요지**

甲 주식회사에서 같은 그룹에 속한 베트남 현지 법인인 乙 회사로 전출되어 근무하다가 퇴직한 丙이 지방고용노동청장을 상대로 고용보험 수급자격 인정신청을 하였는데, 甲 회사를 퇴직한 날로부터 12개월이 지난 후에 신청하였다는 이유로 고용보험 수급자격 불인정처분을 받자 丙이 甲 회사에서 乙 회사로 전출된 것은 실질적으로 고용관계가 계속된 것이므로 乙 회사에서 퇴직한 때에 이직한 것으로 보아야 한다고 주장하며 위 처분의 취소소송을 제기한 사안에서, 甲 회사가 丙에게 전출발령을 하면서 퇴직금을 지급하였고, 丙이 乙 회사와 새로운 근로계약을 체결하였으며, 甲 회사가 관할 고용센터에 丙의 고용보험 피보험자격상실을 신고하였으므로 丙과 甲 회사의 고용관계는 끝났다고 보아야 하는 점, 甲 회사와 乙 회사가 같은 계열회사라고 하더라도 별개의 법인격을 가지고 있고, 외국법인인 乙 회사는 고용보험법을 적용 받지 않으므로 丙이 乙 회사로 전출된 때부터는 고용보험법상 피보험자가 되지 않는 점 등을 종합해 볼 때, 丙은 甲 회사와 고용관계가 끝난 때에 이직하였고 그로부터 12개월이 지난 후에 고용보험 수급자격 인정을 신청함으로써 구직급여 수급기간이 이미 만료되었으므로, 丙의 주장은 이유 없다고 한 사례.

제49조 대기기간

① 제44조에도 불구하고 제42조에 따른 실업의 신고일부터 계산하기 시작하여 7일간은 대기기간으로 보아 구직급여를 지급하지 아니한다. 다만, 최종 이직 당시 건설일용근로자였던 사람에 대해서는 제42조에 따른 실업의 신고일부터 계산하여 구직급여를 지급한다. 〈개정 2019. 1. 15., 2022. 12. 31.〉

② 제1항 본문에도 불구하고 제43조제1항 및 제43조의2제1항에 따라 수급자격의 인정신청을 한 경우로서 가장 나중에 상실한 피보험자격과 관련된 이직사유가 제43조의2제2항 단서에 해당하는 경우에는 제42조에 따른 실업의 신고일부터 계산하기 시작하여 4주의 범위에서 대통령령으로 정하는 기간을 대기기간으로 보아 구직급여를 지급하지 아니한다. 〈신설 2022. 12. 31.〉

제50조 소정급여일수 및 피보험기간

① 하나의 수급자격에 따라 구직급여를 지급받을 수 있는 날(이하 "소정급여일수"라 한다)은 대기기간이 끝난 다음날부터 계산하기 시작하여 피보험기간과 연령에 따라 별표 1에서 정한 일수가 되는 날까지로 한다. 〈개정 2011. 7. 21.〉

② 수급자격자가 소정급여일수 내에 제48조제2항에 따른 임신·출산·육아, 그 밖에 대통령령으로 정하는 사유로 수급기간을 연장한 경우에는 그 기간만큼 구직급여를 유예하여 지급한다.

③ 피보험기간은 그 수급자격과 관련된 이직 당시의 적용 사업에서 고용된 기간(제10조 및 제10조의2에 따른 적용 제외 근로자로 고용된 기간은 제외한다. 이하 이 조에서 같다)으로 한다. 다만, 자영업자인 피보험자의 경우에는 그 수급자격과 관련된 폐업 당시의 적용 사업에의 보험가입기간 중에서 실제로 납부한 고용보험료에 해당하는 기간으로 한다. 〈개정 2011. 7. 21., 2019. 1. 15.〉

④ 제3항에도 불구하고 피보험기간을 계산할 때에 다음 각 호의 경우에는 해당 호에 따라 각각 피보험기간을 계산한다. 〈개정 2011. 7. 21.〉

　1. 종전의 적용 사업에서 피보험자격을 상실한 사실이 있고 그 상실한 날부터 3년 이내에 현재 적용 사업에서 피보험자격을 취득한 경우: 종전의 적용 사업에서의 피보험기간을 합산한다. 다만, 종전의 적용 사업의 피보험자격 상실로 인하여 구직급여를 지급받은 사실이 있는 경우에는 그 종전의 적용 사업에서의 피보험기간은 제외한다.

　2. 자영업자인 피보험자가 종전에 근로자로서 고용되었다가 피보험자격을 상실한 사실이 있고 그 상실한 날부터 3년 이내에 자영업자로서 피보험자격을 다시 취득한 경우: 종전의 적용 사업에서의 피보험기간을 합산하지 아니하되, 본인이 종전의 피보험기간을 합산하여 줄 것을 원하는 때에 한정하여 합산한다. 다만, 종전의 적용 사업의 피보험자격 상실로 인하여 구직급여를 지급받은 사실이 있는 경우에는 그 종전의 적용 사업에서의 피보험기간은 제외한다.

⑤ 피보험자격 취득에 관하여 신고가 되어 있지 아니하였던 피보험자의 경우에는 하나의 피보험기간에 피보험자가 된 날이 다음 각 호의 어느 하나에 해당하는 날

부터 소급하여 3년이 되는 해의 1월 1일 전이면 제3항에도 불구하고 그 해당하는 날부터 소급하여 3년이 되는 날이 속하는 보험연도의 첫 날에 그 피보험자격을 취득한 것으로 보아 피보험기간을 계산한다. 다만, 사업주가 다음 각 호의 어느 하나에 해당하는 날부터 소급하여 3년이 되는 해의 1월 1일 전부터 해당 피보험자에 대한 고용보험료를 계속 납부한 사실이 증명된 경우에는 고용보험료를 납부한 기간으로 피보험기간을 계산한다. <개정 2015. 1. 20.>

1. 제15조에 따른 피보험자격 취득신고를 한 날
2. 제17조에 따른 피보험자격 취득이 확인된 날

[제목개정 2011. 7. 21.]

★ **고용보험법 [별표 1] <개정 2019. 8. 27.>**

〈구직급여의 소정급여일수(제50조제1항 관련)〉

구분		피보험기간				
		1년 미만	1년 이상 3년 미만	3년 이상 5년 미만	5년 이상 10년 미만	10년 이상
이직일 현재 연령	50세 미만	120일	150일	180일	210일	240일
	50세 이상	120일	180일	210일	240일	270일

비고: 「장애인고용촉진 및 직업재활법」 제2조제1호에 따른 장애인은 50세 이상인 것으로 보아 위 표를 적용한다.

제51조 훈련연장급여

① 직업안정기관의 장은 수급자격자의 연령·경력 등을 고려할 때 재취업을 위하여 직업능력개발 훈련 등이 필요하면 그 수급자격자에게 직업능력개발 훈련 등을 받도록 지시할 수 있다.

② 직업안정기관의 장은 제1항에 따라 직업능력개발 훈련 등을 받도록 지시한 경우에는 수급자격자가 그 직업능력개발 훈련 등을 받는 기간 중 실업의 인정을 받은 날에 대하여는 소정급여일수를 초과하여 구직급여를 연장하여 지급할 수 있다. 이 경우 연장하여 지급하는 구직급여(이하 "훈련연장급여"라 한다)의 지급 기간

은 대통령령으로 정하는 기간을 한도로 한다.
③ 제1항에 따른 훈련대상자·훈련 과정, 그 밖의 필요한 사항은 고용노동부령으로 정한다. <개정 2010. 6. 4.>

제52조 개별연장급여

① 직업안정기관의 장은 취업이 특히 곤란하고 생활이 어려운 수급자격자로서 대통령령으로 정하는 사람에게는 그가 실업의 인정을 받은 날에 대하여 소정급여일수를 초과하여 구직급여를 연장하여 지급할 수 있다. <개정 2020. 5. 26.>
② 제1항에 따라 연장하여 지급하는 구직급여(이하 "개별연장급여"라 한다)는 60일의 범위에서 대통령령으로 정하는 기간 동안 지급한다.

제53조 특별연장급여

① 고용노동부장관은 실업의 급증 등 대통령령으로 정하는 사유가 발생한 경우에는 60일의 범위에서 수급자격자가 실업의 인정을 받은 날에 대하여 소정급여일수를 초과하여 구직급여를 연장하여 지급할 수 있다. 다만, 이직 후의 생활안정을 위한 일정 기준 이상의 소득이 있는 수급자격자 등 고용노동부령으로 정하는 수급자격자에 대하여는 그러하지 아니하다. <개정 2010. 6. 4.>
② 고용노동부장관은 제1항 본문에 따라 연장하여 지급하는 구직급여(이하 "특별연장급여"라 한다)를 지급하려면 기간을 정하여 실시하여야 한다. <개정 2010. 6. 4.>

제54조 연장급여의 수급기간 및 구직급여일액

① 제51조부터 제53조까지의 규정에 따른 연장급여를 지급하는 경우에 그 수급자격자의 수급기간은 제48조에 따른 그 수급자격자의 수급기간에 연장되는 구직급여일수를 더하여 산정한 기간으로 한다.
② 제51조에 따라 훈련연장급여를 지급하는 경우에 그 일액은 해당 수급자격자의 구직급여일액의 100분의 100으로 하고, 제52조 또는 제53조에 따라 개별연장급

여 또는 특별연장급여를 지급하는 경우에 그 일액은 해당 수급자격자의 구직급여일액의 100분의 70을 곱한 금액으로 한다. 〈개정 2008. 3. 21.〉
③ 제2항에 따라 산정된 구직급여일액이 제46조제2항에 따른 최저구직급여일액보다 낮은 경우에는 최저구직급여일액을 그 수급자격자의 구직급여일액으로 한다.

제55조 연장급여의 상호 조정 등

① 제51조부터 제53조까지의 규정에 따른 연장급여는 제48조에 따라 그 수급자격자가 지급받을 수 있는 구직급여의 지급이 끝난 후에 지급한다.
② 훈련연장급여를 지급받고 있는 수급자격자에게는 그 훈련연장급여의 지급이 끝난 후가 아니면 개별연장급여 및 특별연장급여를 지급하지 아니한다.
③ 개별연장급여 또는 특별연장급여를 지급받고 있는 수급자격자가 훈련연장급여를 지급받게 되면 개별연장급여나 특별연장급여를 지급하지 아니한다.
④ 특별연장급여를 지급받고 있는 수급자격자에게는 특별연장급여의 지급이 끝난 후가 아니면 개별연장급여를 지급하지 아니하고, 개별연장급여를 지급받고 있는 수급자격자에게는 개별연장급여의 지급이 끝난 후가 아니면 특별연장급여를 지급하지 아니한다.
⑤ 그 밖에 연장급여의 조정에 관하여 필요한 사항은 고용노동부령으로 정한다. 〈개정 2010. 6. 4.〉

제55조의2 국민연금 보험료의 지원

① 고용노동부장관은 「국민연금법」 제19조의2제1항에 따라 구직급여를 받는 기간을 국민연금 가입기간으로 추가 산입하려는 수급자격자에게 국민연금 보험료의 일부를 지원할 수 있다.
② 제1항에 따른 지원금액은 「국민연금법」 제19조의2제3항에 따른 연금보험료의 100분의 25의 범위로 한다.
③ 제1항에 따른 지원 절차·방법, 제2항에 따른 지원금액 등에 필요한 사항은 대통

령령으로 정한다.
[본조신설 2016. 5. 29.]

> **관련법령** 「국민연금법」제19조의2제1항 및 제3항

① 다음 각 호의 요건을 모두 갖춘 사람이 「고용보험법」제37조제1항에 따른 구직급여를 받는 경우로서 구직급여를 받는 기간을 가입기간으로 산입하기 위하여 국민연금공단에 신청하는 때에는 그 기간을 가입기간에 추가로 산입한다. 다만, 추가로 산입하는 기간은 1년을 초과할 수 없다.
  1. 18세 이상 60세 미만인 사람 중 가입자 또는 가입자였을 것
  2. 대통령령으로 정하는 재산 또는 소득이 보건복지부장관이 정하여 고시하는 기준 이하일 것
③ 가입자 또는 가입자였던 사람은 제1항에 따라 구직급여를 받는 기간을 가입기간으로 추가 산입하려는 경우 인정소득을 기준으로 연금보험료를 납부하여야 한다. 이 경우 국가는 연금보험료의 전부 또는 일부를 일반회계, 제101조에 따른 국민연금기금 및 「고용보험법」제78조에 따른 고용보험기금에서 지원할 수 있다.

주요판례

❖ **육아휴직급여부지급처분취소**[서울행법 2008. 4. 29., 선고, 2007구합48155, 판결 : 항소]

판시사항

구 고용보험법 제55조의2 제1항 제3호에 따른 신청기간이 지난 후에 한 육아휴직급여 지급 신청에 대한 부지급결정처분이 적법한지 여부(적극)

판결요지

근로자가 회사로부터 실제로 부여받은 육아휴직기간의 종료일로부터 6개월 내에 육아휴직급여 지급 신청을 하였어도, 그 신청이 구 남녀고용평등법(2005. 12. 20. 법률 제7823호로 개정되기 전의 것) 제19조에 따라 가능한 육아휴직기간의 종료일인 '당해 영아가 생후 1년이 되는 날'로부터 6개월이 지난 후에 한 것이라면, 이는 구 고용보험법(2005. 12. 7. 법률 제7705호로 개정되기 전의 것) 제55조의2 제1항 제3호에 따른 신청기간을 도과한 후에 신청한 것이므로, 그에 대한 부지급결정처분이 적법하다.

제56조 지급일 및 지급 방법

① 구직급여는 대통령령으로 정하는 바에 따라 실업의 인정을 받은 일수분(日數分)을 지급한다.
② 직업안정기관의 장은 각 수급자격자에 대한 구직급여를 지급할 날짜를 정하여 당사자에게 알려야 한다.

주요판례

❖ **산업재해보상보험료등부과처분취소**[서울행법 2007. 12. 20., 선고, 2001구20581, 판결 : 항소]

판시사항

확정 고용보험료 산출의 기초가 되는 임금총액을 산정하면서 산업재해보상보험에 적용되는 노동부장관의 건설공사 노무비율 고시를 적용하여 고용보험료를 부과한 처분은 위법하다고 한 사례

판결요지

확정 고용보험료 산출의 기초가 되는 임금총액을 산정하면서 구 고용보험법(1999. 12. 31. 법률 제6100호로 개정되기 전의 것) 제56조 제4항에 근거한 노동부장관의 고시가 없고, 달리 위 법에서 구 산업재해보상보험법(1999. 12. 31. 법률 제6073호로 개정되기 전의 것) 제62조 제2항을 준용할 수 있다는 명문의 규정이 존재하지 않음에도 아무런 근거 없이 같은 조항에 터잡아 산업재해보상보험에 적용되는 노동부장관의 건설공사 노무비율 고시를 적용하여 고용보험료를 부과한 처분은 위법하다고 한 사례.

주요판례

❖ **부당이득금**[대법원 2003. 9. 2., 선고, 2002다52084, 판결]

판시사항

[1] 구 임금채권보장법상 사업주는 그가 사용하는 근로기준법상의 근로자에 대하여서만 그 부담금 납부의무를 부담하는지 여부(적극)
[2] 신고(보고)납부방식으로 징수되는 산업재해보상보험법상의 산재보험료, 고용보

험법상의 고용보험료 및 임금채권보장법상의 부담금 납부에 있어서 납부의무자의 신고행위가 당연무효에 해당하는지 여부의 판단 기준
[3] 구 임금채권보장법상 사업주가 하수급인 소속의 근로자에 대한 부담금을 신고한 행위는 그 하자가 중대하고 명백하다고 한 사례

판결요지

[1] 구 임금채권보장법(1999. 12. 31. 법률 제6100호로 개정되기 전의 것)상 사업주는 그가 사용하는 근로기준법상의 근로자에 대하여서만 그 부담금을 납부할 의무가 있다.
[2] 신고(보고)납부방식으로 징수되는 산업재해보상보험법상의 산재보험료, 고용보험법상의 고용보험료 및 임금채권보장법상의 부담금은 원칙적으로 납부의무자의 신고행위에 의하여 납부의무가 구체적으로 확정되고, 그 납부행위는 신고에 의하여 확정된 구체적 납부채무의 이행으로 이루어지며, 근로복지공단은 그와 같이 확정된 채권에 따라 납부된 부담금을 보유하는 것이므로, 납부의무자의 신고행위에 하자가 있어도 그것이 중대하고 명백하여 신고행위가 당연무효로 되지 아니하는 한 납부된 부담금이 바로 부당이득에 해당한다고 할 수 없고, 여기에서 신고행위의 하자가 중대하고 명백하여 당연무효에 해당하는지 여부에 대하여는 신고행위의 근거가 되는 법령의 규정 및 하자 있는 신고행위에 대한 구제수단과 신고행위에 이르게 된 구체적 사정 등을 종합하여 합리적으로 판단하여야 한다.
[3] 구 임금채권보장법(1999. 12. 31. 법률 제6100호로 개정되기 전의 것)상 사업주가 하수급인 소속의 근로자에 대한 부담금을 신고한 행위는 그 하자가 중대하고 명백하다고 한 사례.

주요판례

❖ 고용보험료등환급청구 [대법원 2002. 12. 10., 선고, 2002다54615, 판결]

판시사항

[1] 신고(보고)납부방식으로 징수되는 산업재해보상보험법상의 산재보험료, 고용보험법상의 고용보험료 및 임금채권보장법상의 부담금 납부에 있어서 납부의무자의 신고행위가 당연무효에 해당하는지 여부의 판단 기준
[2] 산재보험료, 고용보험료 및 임금채권보장 부담금을 신고(보고)납부하는 과정에서 위 보험료 등을 산정하는데 기초가 되는 총임금의 범위에 특별격려금, 특별성과급

을 합산하여 산정한 다음 이를 신고(보고)납부한 행위는 그 하자가 중대하기는 하지만 객관적으로 명백하지는 않아 당연 무효가 아니라고 한 사례

> **판결요지**

[1] 신고(보고)납부방식으로 징수되는 산업재해보상보험법상의 산재보험료, 고용보험법상의 고용보험료 및 임금채권보장법상의 부담금은 원칙적으로 납부의무자의 신고행위에 의하여 납부의무가 구체적으로 확정되고, 그 납부행위는 신고에 의하여 확정된 구체적 납부채무의 이행으로 이루어지며, 근로복지공단은 그와 같이 확정된 채권에 따라 납부된 부담금을 보유하는 것이므로, 납부의무자의 신고행위에 하자가 있어도 그것이 중대하고 명백하여 신고행위가 당연무효로 되지 아니하는 한 납부된 부담금이 바로 부당이득에 해당한다고 할 수 없고, 여기에서 신고행위의 하자가 중대하고 명백하여 당연무효에 해당하는지 여부에 대하여는 신고행위의 근거가 되는 법령의 규정 및 하자 있는 신고행위에 대한 구제수단과 신고행위에 이르게 된 구체적 사정 등을 종합하여 합리적으로 판단하여야 한다.

[2] 산재보험료, 고용보험료 및 임금채권보장 부담금을 신고(보고)납부하는 과정에서 위 보험료 등을 산정하는데 기초가 되는 총임금의 범위에 특별격려금, 특별성과급을 합산하여 산정한 다음 이를 신고(보고)납부한 행위는 그 하자가 중대하기는 하지만 객관적으로 명백하지는 않아 당연 무효가 아니라고 한 사례.

제57조 지급되지 아니한 구직급여

① 수급자격자가 사망한 경우 그 수급자격자에게 지급되어야 할 구직급여로서 아직 지급되지 아니한 것이 있는 경우에는 그 수급자격자의 배우자(사실상의 혼인관계에 있는 사람을 포함한다)·자녀·부모·손자녀·조부모 또는 형제자매로서 수급자격자와 생계를 같이하고 있던 사람의 청구에 따라 그 미지급분을 지급한다. <개정 2020. 5. 26.>

② 수급자격자가 사망하여 실업의 인정을 받을 수 없었던 기간에 대하여는 대통령령으로 정하는 바에 따라 제1항에 따라 지급되지 아니한 구직급여의 지급을 청구하는 사람이 그 수급자격자에 대한 실업의 인정을 받아야 한다. 이 경우 수급자격자가 제47조제1항에 해당하면 지급되지 아니한 구직급여를 청구하는 사람이 같은 조 제1항에 따라 직업안정기관의 장에게 신고하여야 한다. <개정 2020. 5. 26.>

③ 제1항에 따라 지급되지 아니한 구직급여를 지급받을 수 있는 사람의 순위는 같은 항에 열거된 순서로 한다. 이 경우 같은 순위자가 2명 이상이면 그 중 1명이 한 청구를 전원(全員)을 위하여 한 것으로 보며, 그 1명에게 한 지급은 전원에 대한 지급으로 본다. 〈개정 2020. 5. 26.〉

제58조 이직 사유에 따른 수급자격의 제한

제40조에도 불구하고 피보험자가 다음 각 호의 어느 하나에 해당한다고 직업안정기관의 장이 인정하는 경우에는 수급자격이 없는 것으로 본다. 〈개정 2010. 6. 4., 2020. 5. 26.〉

1. 중대한 귀책사유(歸責事由)로 해고된 피보험자로서 다음 각 목의 어느 하나에 해당하는 경우
   가. 「형법」또는 직무와 관련된 법률을 위반하여 금고 이상의 형을 선고받은 경우
   나. 사업에 막대한 지장을 초래하거나 재산상 손해를 끼친 경우로서 고용노동부령으로 정하는 기준에 해당하는 경우
   다. 정당한 사유 없이 근로계약 또는 취업규칙 등을 위반하여 장기간 무단 결근한 경우
2. 자기 사정으로 이직한 피보험자로서 다음 각 목의 어느 하나에 해당하는 경우
   가. 전직 또는 자영업을 하기 위하여 이직한 경우
   나. 제1호의 중대한 귀책사유가 있는 사람이 해고되지 아니하고 사업주의 권고로 이직한 경우
   다. 그 밖에 고용노동부령으로 정하는 정당한 사유에 해당하지 아니하는 사유로 이직한 경우

주요판례

❖ **고용보험수급자격불인정처분취소** [서울행법 2014. 7. 3., 선고, 2014구합2270, 판결 : 확정]

판시사항

甲 주식회사에 인바운드 상담원(텔레마케터)으로 입사하여 근무하던 중 멀티부서로

부서이동을 지시받자 퇴사한 乙이 지방고용노동청 지청장에게 고용보험 수급자격 인정신청을 하였으나 불인정처분을 받은 사안에서, 乙은 고용보험법 시행규칙 제101조 제2항 [별표 2] 제1호(가)목에 따른 정당한 이직 사유에 해당하므로, 위 처분은 위법하다고 한 사례

판결요지

甲 주식회사에 인바운드 상담원(텔레마케터)으로 입사하여 근무하던 중 멀티부서로 부서이동을 지시받자 퇴사한 乙이 지방고용노동청 지청장에게 고용보험 수급자격 인정신청을 하였으나 고용보험법 제58조에서 정한 수급자격 제한사유가 있다는 이유로 고용보험 수급자격 불인정처분을 받은 사안에서, 甲 회사는 매월 소속 근로자에게 실적급에 관한 규정에 따라 정기적으로 실적급을 지급할 의무가 있으므로, 실적급은 임금에 포함되는 점, 멀티부서로 이동하게 되면 실적급의 지급구조상 월 평균 임금이 46% 이상 하락하게 되는 점 등을 고려하면, 乙은 단체협약이나 취업규칙 등에 비추어 2개월 이상 근로조건 저하가 발생할 것이 장래에 확정된 경우로서 고용보험법 시행규칙 제101조 제2항 [별표 2] 제1호(가)목에 따라 수급자격이 제한되지 않는 정당한 이직 사유인 '이직일 전 1년 이내에 2개월 이상 실제 근로조건이 채용 시 제시된 근로조건이나 채용 후 일반적으로 적용받던 근로조건보다 낮아진 경우'에 해당하므로, 위 처분은 위법하다고 한 사례.

제59조 삭제 〈2015. 1. 20.〉

제60조 훈련 거부 등에 따른 급여의 지급 제한

① 수급자격자가 직업안정기관의 장이 소개하는 직업에 취직하는 것을 거부하거나 직업안정기관의 장이 지시한 직업능력개발 훈련 등을 거부하면 대통령령으로 정하는 바에 따라 구직급여의 지급을 정지한다. 다만, 다음 각 호의 어느 하나에 해당하는 정당한 사유가 있는 경우에는 그러하지 아니하다. 〈개정 2010. 6. 4.〉
  1. 소개된 직업 또는 직업능력개발 훈련 등을 받도록 지시된 직종이 수급자격자의 능력에 맞지 아니하는 경우
  2. 취직하거나 직업능력개발 훈련 등을 받기 위하여 주거의 이전이 필요하나 그

        이전이 곤란한 경우
    3. 소개된 직업의 임금 수준이 같은 지역의 같은 종류의 업무 또는 같은 정도의 기능에 대한 통상의 임금 수준에 비하여 100분의 20 이상 낮은 경우 등 고용노동부장관이 정하는 기준에 해당하는 경우
    4. 그 밖에 정당한 사유가 있는 경우
② 수급자격자가 정당한 사유 없이 고용노동부장관이 정하는 기준에 따라 직업안정기관의 장이 실시하는 재취업 촉진을 위한 직업 지도를 거부하면 대통령령으로 정하는 바에 따라 구직급여의 지급을 정지한다. 〈개정 2010. 6. 4.〉
③ 제1항 단서 및 제2항에서의 정당한 사유의 유무(有無)에 대한 인정은 고용노동부장관이 정하는 기준에 따라 직업안정기관의 장이 행한다. 〈개정 2010. 6. 4.〉
④ 제1항과 제2항에 따라 구직급여의 지급을 정지하는 기간은 1개월의 범위에서 고용노동부장관이 정하여 고시한다. 〈개정 2010. 6. 4.〉

주요판례

❖ **부당이득금**[대법원 2003. 9. 2., 선고, 2002다52084, 판결]

판시사항

[1] 구 임금채권보장법상 사업주는 그가 사용하는 근로기준법상의 근로자에 대하여서만 그 부담금 납부의무를 부담하는지 여부(적극)
[2] 신고(보고)납부방식으로 징수되는 산업재해보상보험법상의 산재보험료, 고용보험법상의 고용보험료 및 임금채권보장법상의 부담금 납부에 있어서 납부의무자의 신고행위가 당연무효에 해당하는지 여부의 판단 기준
[3] 구 임금채권보장법상 사업주가 하수급인 소속의 근로자에 대한 부담금을 신고한 행위는 그 하자가 중대하고 명백하다고 한 사례

판결요지

[1] 구 임금채권보장법(1999. 12. 31. 법률 제6100호로 개정되기 전의 것)상 사업주는 그가 사용하는 근로기준법상의 근로자에 대하여서만 그 부담금을 납부할 의무가 있다.
[2] 신고(보고)납부방식으로 징수되는 산업재해보상보험법상의 산재보험료, 고용보험법상의 고용보험료 및 임금채권보장법상의 부담금은 원칙적으로 납부의무자의 신

고행위에 의하여 납부의무가 구체적으로 확정되고, 그 납부행위는 신고에 의하여 확정된 구체적 납부채무의 이행으로 이루어지며, 근로복지공단은 그와 같이 확정된 채권에 따라 납부된 부담금을 보유하는 것이므로, 납부의무자의 신고행위에 하자가 있어도 그것이 중대하고 명백하여 신고행위가 당연무효로 되지 아니하는 한 납부된 부담금이 바로 부당이득에 해당한다고 할 수 없고, 여기에서 신고행위의 하자가 중대하고 명백하여 당연무효에 해당하는지 여부에 대하여는 신고행위의 근거가 되는 법령의 규정 및 하자 있는 신고행위에 대한 구제수단과 신고행위에 이르게 된 구체적 사정 등을 종합하여 합리적으로 판단하여야 한다.

[3] 구 임금채권보장법(1999. 12. 31. 법률 제6100호로 개정되기 전의 것)상 사업주가 하수급인 소속의 근로자에 대한 부담금을 신고한 행위는 그 하자가 중대하고 명백하다고 한 사례.

주요판례

❖ **고용보험료등환급청구** [대법원 2002. 12. 10., 선고, 2002다54615, 판결]

판시사항

[1] 신고(보고)납부방식으로 징수되는 산업재해보상보험법상의 산재보험료, 고용보험법상의 고용보험료 및 임금채권보장법상의 부담금 납부에 있어서 납부의무자의 신고행위가 당연무효에 해당하는지 여부의 판단 기준

[2] 산재보험료, 고용보험료 및 임금채권보장 부담금을 신고(보고)납부하는 과정에서 위 보험료 등을 산정하는데 기초가 되는 총임금의 범위에 특별격려금, 특별성과급을 합산하여 산정한 다음 이를 신고(보고)납부한 행위는 그 하자가 중대하기는 하지만 객관적으로 명백하지는 않아 당연 무효가 아니라고 한 사례

판결요지

[1] 신고(보고)납부방식으로 징수되는 산업재해보상보험법상의 산재보험료, 고용보험법상의 고용보험료 및 임금채권보장법상의 부담금은 원칙적으로 납부의무자의 신고행위에 의하여 납부의무가 구체적으로 확정되고, 그 납부행위는 신고에 의하여 확정된 구체적 납부채무의 이행으로 이루어지며, 근로복지공단은 그와 같이 확정된 채권에 따라 납부된 부담금을 보유하는 것이므로, 납부의무자의 신고행위에 하자가 있어도 그것이 중대하고 명백하여 신고행위가 당연무효로 되지 아니하는 한 납부된 부

담금이 바로 부당이득에 해당한다고 할 수 없고, 여기에서 신고행위의 하자가 중대하고 명백하여 당연무효에 해당하는지 여부에 대하여는 신고행위의 근거가 되는 법령의 규정 및 하자 있는 신고행위에 대한 구제수단과 신고행위에 이르게 된 구체적 사정 등을 종합하여 합리적으로 판단하여야 한다.
[2] 산재보험료, 고용보험료 및 임금채권보장 부담금을 신고(보고)납부하는 과정에서 위 보험료 등을 산정하는데 기초가 되는 총임금의 범위에 특별격려금, 특별성과급을 합산하여 산정한 다음 이를 신고(보고)납부한 행위는 그 하자가 중대하기는 하지만 객관적으로 명백하지는 않아 당연 무효가 아니라고 한 사례.

제61조 부정행위에 따른 급여의 지급 제한

① 거짓이나 그 밖의 부정한 방법으로 실업급여를 받았거나 받으려 한 사람에게는 그 급여를 받은 날 또는 받으려 한 날부터의 구직급여를 지급하지 아니한다. 다만, 그 급여와 관련된 이직 이후에 새로 수급자격을 취득한 경우 그 새로운 수급자격에 따른 구직급여에 대하여는 그러하지 아니하다. 〈개정 2020. 5. 26.〉
② 제1항 본문에도 불구하고 거짓이나 그 밖의 부정한 방법이 제47조제1항에 따른 신고의무의 불이행 또는 거짓의 신고 등 대통령령으로 정하는 사유에 해당하면 그 실업인정대상기간에 한정하여 구직급여를 지급하지 아니한다. 다만, 2회 이상의 위반행위를 한 경우에는 제1항 본문에 따른다. 〈개정 2020. 5. 26.〉
③ 거짓이나 그 밖의 부정한 방법으로 실업급여를 지급받았거나 받으려 한 사람이 제1항 또는 제2항에 따라 구직급여를 지급받을 수 없게 된 경우에도 제50조제3항 및 같은 조 제4항을 적용할 때는 그 구직급여를 지급받은 것으로 본다. 〈개정 2020. 5. 26.〉
④ 거짓이나 그 밖의 부정한 방법으로 실업급여를 지급받았거나 받으려 한 사람이 제1항 또는 제2항에 따라 구직급여를 지급받을 수 없게 된 경우에도 제63조제2항을 적용할 때는 그 지급받을 수 없게 된 일수분의 구직급여를 지급받은 것으로 본다. 〈개정 2020. 5. 26.〉
⑤ 제1항 단서에도 불구하고 거짓이나 그 밖의 부정한 방법으로 구직급여를 받았거나 받으려 한 사람이 그 구직급여를 받은 날 또는 제44조에 따른 실업인정의 신

고를 한 날부터 소급하여 10년간 3회 이상 제1항 본문에 따라 구직급여를 받지 못한 경우에는 대통령령으로 정하는 바에 따라 거짓이나 그 밖의 부정한 방법으로 구직급여를 받은 날 또는 제44조에 따른 실업인정의 신고를 한 날부터 3년의 범위에서 새로운 수급자격에 따른 구직급여를 지급하지 아니한다. 〈신설 2019. 8. 27.〉

주요판례

❖ **실업급여지급제한·반환명령결정처분취소청구**
[대구지법 2019. 4. 17., 선고, 2018구합23680, 판결 : 확정]

판시사항

甲이 구직급여 수급자격 인정신청을 하여 수급자격을 인정받은 뒤 총 4차에 걸친 재취업 노력신고를 통해 지방고용노동청장으로부터 실업인정을 받고 3,173,900원의 구직급여를 받았는데, 그중 2차 재취업 노력신고는 甲이 일본에 체류 중이어서 甲의 형이 인터넷을 통해 甲 명의로 신고서를 작성·제출한 사실을 지방고용노동청장이 확인하고 甲에게 고용보험법 제61조, 제62조에 따라 2차 재취업 노력신고로 수령한 구직급여 1,124,920원의 지급제한 및 반환명령을 한 사안에서, 甲이 해외에 체류하면서 제3자의 대리 신청을 통하여 구직급여를 지급받은 것은 고용보험법 제61조 제1항 본문 및 제62조 제1항에서 정한 '거짓이나 그 밖의 부정한 방법'으로 구직급여를 받은 경우에 해당한다는 이유로, 위 처분이 적법하다고 한 사례

판결요지

甲이 구직급여 수급자격 인정신청을 하여 수급자격을 인정받은 뒤 총 4차에 걸친 재취업 노력신고를 통해 지방고용노동청장으로부터 실업인정을 받고 3,173,900원의 구직급여를 받았는데, 그중 2차 재취업 노력신고는 甲이 일본에 체류 중이어서 甲의 형이 인터넷을 통해 甲 명의로 신고서를 작성·제출한 사실을 지방고용노동청장이 확인하고 甲에게 고용보험법 제61조, 제62조에 따라 2차 재취업 노력신고로 수령한 구직급여 1,124,920원의 지급제한 및 반환명령을 한 사안이다.
고용보험법 제44조 제2항, 제3항, 구 고용보험법 시행령(2016. 12. 30. 대통령령 제27738호로 개정되기 전의 것) 제64조 내지 제66조, 구 고용보험법 시행규칙(2016. 12. 30. 고용노동부령 제176호로 개정되기 전의 것) 제89조 제6항의 문언, 체계, 형식과 내용 등을 종합하면, 관계 법령은 직업안정기관의 장이 구직활동의 내용, 재취업을 위한 노력, 근로

의 의사와 능력 등을 직접 확인함으로써 혹시 모를 구직급여의 부당지급 가능성을 일률적으로 방지하기 위하여 원칙적으로 수급자격자가 실업인정일에 직업안정기관에 직접 출석하여 재취업 노력신고를 하도록 하고 있으며 예외적으로 인터넷을 통하여 재취업 노력을 신고하는 경우에도 본인이 '직접' 재취업 노력신고를 하도록 한 것인데, 甲이 해외에 체류하면서 제3자의 대리 신청을 통하여 구직급여를 지급받았으므로 甲은 실체적 요건의 충족 여부를 불문하고 절차적 요건을 갖추지 못하였고, 이는 고용보험법 제61조 제1항 본문 및 제62조 제1항에서 정한 '거짓이나 그 밖의 부정한 방법'으로 구직급여를 받은 경우에 해당한다는 이유로, 이에 근거한 위 처분이 적법하다고 한 사례이다.

주요판례

❖ **산업재해보상보험료등부과처분취소**[서울행법 2007. 12. 20., 선고, 2001구20581, 판결 : 항소]

판시사항

확정 고용보험료 산출의 기초가 되는 임금총액을 산정하면서 산업재해보상보험에 적용되는 노동부장관의 건설공사 노무비율 고시를 적용하여 고용보험료를 부과한 처분은 위법하다고 한 사례

판결요지

확정 고용보험료 산출의 기초가 되는 임금총액을 산정하면서 구 고용보험법(1999. 12. 31. 법률 제6100호로 개정되기 전의 것) 제56조 제4항에 근거한 노동부장관의 고시가 없고, 달리 위 법에서 구 산업재해보상보험법(1999. 12. 31. 법률 제6073호로 개정되기 전의 것) 제62조 제2항을 준용할 수 있다는 명문의 규정이 존재하지 않음에도 아무런 근거 없이 같은 조항에 터잡아 산업재해보상보험에 적용되는 노동부장관의 건설공사 노무비율 고시를 적용하여 고용보험료를 부과한 처분은 위법하다고 한 사례.

제62조 반환명령 등

① 직업안정기관의 장은 거짓이나 그 밖의 부정한 방법으로 구직급여를 지급받은 사람에게 고용노동부령으로 정하는 바에 따라 지급받은 구직급여의 전부 또는 일부의 반환을 명할 수 있다.
② 직업안정기관의 장은 제1항에 따라 반환을 명하는 경우에 고용노동부령으로 정

하는 바에 따라 거짓이나 그 밖의 부정한 방법으로 지급받은 구직급여액의 2배 이하의 금액을 추가로 징수할 수 있다. 다만, 사업주(사업주의 대리인·사용인, 그 밖에 사업주를 위하여 행위하는 자를 포함한다. 이하 이 조 및 제116조제1항에서 같다)와 공모(거짓이나 그 밖의 부정한 방법에 사업주의 거짓된 신고·보고 또는 증명 등 사업주의 귀책사유가 포함되어 있는 경우를 말한다. 이하 같다)하여 거짓이나 그 밖의 부정한 방법으로 구직급여를 지급받은 경우에는 지급받은 구직급여액의 5배 이하의 금액을 추가로 징수할 수 있다.

③ 거짓이나 그 밖의 부정한 방법으로 구직급여를 지급받은 사람이 사업주와 공모한 경우에는 그 사업주도 그 구직급여를 지급받은 사람과 연대(連帶)하여 제1항 및 제2항에 따른 책임을 진다.

④ 직업안정기관의 장은 구직급여의 수급자격이 있는 사람 또는 수급자격이 있었던 사람에게 잘못 지급된 구직급여가 있으면 그 지급금의 반환을 명할 수 있다.

⑤ 직업안정기관의 장은 제1항·제2항 또는 제4항에 따라 구직급여 지급금을 반환하거나 추가징수금을 납부하여야 하는 사람이 이 법에 따라 지급받을 구직급여가 있는 경우에는 이를 대통령령으로 정하는 바에 따라 제1항·제2항 또는 제4항에 따른 반환금·추가징수금에 충당할 수 있다.

[전문개정 2019. 8. 27.]

주요판례

❖ 실업급여지급제한 및 반환명령처분취소 [대법원 2020. 5. 14., 선고, 2020두31323, 판결]

판시사항

[1] 제재적 행정처분이 재량권의 범위를 일탈·남용하였는지 판단하는 방법 및 제재적 행정처분의 기준이 부령 형식으로 되어 있는 경우, 그 기준에 따른 처분이 적법한지 판단하는 방법

[2] 처분을 할 것인지 여부와 처분의 정도에 관하여 재량이 인정되는 금전 부과처분이 재량권을 일탈·남용한 것인 경우, 법원이 처분의 적정한 정도를 판단하여 적정하다고 인정되는 부분을 초과한 부분만 취소할 수 있는지 여부(소극)

[3] 고용보험법이 '거짓이나 그 밖의 부정한 방법으로 지급받은 구직급여액'의 1배를

초과하는 금액에 대해서도 반환명령과 추가징수를 통해 환수할 수 있도록 규정한 취지

[4] 고용보험법 시행규칙 제104조, 제105조 중 취업 사실 신고의무 위반을 처분사유로 하는 부분이 그 자체로 헌법이나 법률에 위배되는지 여부(소극)

주요판례

❖ **실업급여지급제한·반환명령결정처분취소청구**
[대구지법 2019. 4. 17., 선고, 2018구합23680, 판결 : 확정]

판시사항

甲이 구직급여 수급자격 인정신청을 하여 수급자격을 인정받은 뒤 총 4차에 걸친 재취업 노력신고를 통해 지방고용노동청장으로부터 실업인정을 받고 3,173,900원의 구직급여를 받았는데, 그중 2차 재취업 노력신고는 甲이 일본에 체류 중이어서 甲의 형이 인터넷을 통해 甲 명의로 신고서를 작성·제출한 사실을 지방고용노동청장이 확인하고 甲에게 고용보험법 제61조, 제62조에 따라 2차 재취업 노력신고로 수령한 구직급여 1,124,920원의 지급제한 및 반환명령을 한 사안에서, 甲이 해외에 체류하면서 제3자의 대리 신청을 통하여 구직급여를 지급받은 것은 고용보험법 제61조 제1항 본문 및 제62조 제1항에서 정한 '거짓이나 그 밖의 부정한 방법'으로 구직급여를 받은 경우에 해당한다는 이유로, 위 처분이 적법하다고 한 사례

판결요지

甲이 구직급여 수급자격 인정신청을 하여 수급자격을 인정받은 뒤 총 4차에 걸친 재취업 노력신고를 통해 지방고용노동청장으로부터 실업인정을 받고 3,173,900원의 구직급여를 받았는데, 그중 2차 재취업 노력신고는 甲이 일본에 체류 중이어서 甲의 형이 인터넷을 통해 甲 명의로 신고서를 작성·제출한 사실을 지방고용노동청장이 확인하고 甲에게 고용보험법 제61조, 제62조에 따라 2차 재취업 노력신고로 수령한 구직급여 1,124,920원의 지급제한 및 반환명령을 한 사안이다.
고용보험법 제44조 제2항, 제3항, 구 고용보험법 시행령(2016. 12. 30. 대통령령 제27738호로 개정되기 전의 것) 제64조 내지 제66조, 구 고용보험법 시행규칙(2016. 12. 30. 고용노동부령 제176호로 개정되기 전의 것) 제89조 제6항의 문언, 체계, 형식과 내용 등을 종합하면, 관계 법령은 직업안정기관의 장이 구직활동의 내용, 재취업을 위한 노력, 근로

의 의사와 능력 등을 직접 확인함으로써 혹시 모를 구직급여의 부당지급 가능성을 일률적으로 방지하기 위하여 원칙적으로 수급자격자가 실업인정일에 직업안정기관에 직접 출석하여 재취업 노력신고를 하도록 하고 있으며 예외적으로 인터넷을 통하여 재취업 노력을 신고하는 경우에도 본인이 '직접' 재취업 노력신고를 하도록 한 것인데, 甲이 해외에 체류하면서 제3자의 대리 신청을 통하여 구직급여를 지급받았으므로 甲은 실체적 요건의 충족 여부를 불문하고 절차적 요건을 갖추지 못하였고, 이는 고용보험법 제61조 제1항 본문 및 제62조 제1항에서 정한 '거짓이나 그 밖의 부정한 방법'으로 구직급여를 받은 경우에 해당한다는 이유로, 이에 근거한 위 처분이 적법하다고 한 사례이다.

제63조 질병 등의 특례

① 수급자격자가 제42조에 따라 실업의 신고를 한 이후에 질병·부상 또는 출산으로 취업이 불가능하여 실업의 인정을 받지 못한 날에 대하여는 제44조제1항에도 불구하고 그 수급자격자의 청구에 의하여 제46조의 구직급여일액에 해당하는 금액(이하 "상병급여"라 한다)을 구직급여를 갈음하여 지급할 수 있다. 다만, 제60조제1항 및 제2항에 따라 구직급여의 지급이 정지된 기간에 대하여는 상병급여(傷病給與)를 지급하지 아니한다. 〈개정 2020. 5. 26.〉

② 상병급여를 지급할 수 있는 일수는 그 수급자격자에 대한 구직급여 소정급여일수에서 그 수급자격에 의하여 구직급여가 지급된 일수를 뺀 일수를 한도로 한다. 이 경우 상병급여를 지급받은 사람에 대하여 이 법의 규정(제61조 및 제62조는 제외한다)을 적용할 때에는 상병급여의 지급 일수에 상당하는 일수분의 구직급여가 지급된 것으로 본다. 〈개정 2020. 5. 26.〉

③ 제1항에 따른 상병급여는 그 취업할 수 없는 사유가 없어진 이후에 최초로 구직급여를 지급하는 날(구직급여를 지급하는 날이 없는 경우에는 직업안정기관의 장이 정하는 날)에 지급한다. 다만, 필요하다고 인정하면 고용노동부장관이 따로 정하는 바에 따라 지급할 수 있다. 〈개정 2010. 6. 4.〉

④ 제1항에도 불구하고 수급자격자가 「근로기준법」 제79조에 따른 휴업보상, 「산업재해보상보험법」 제52조부터 제56조까지의 규정에 따른 휴업급여, 그 밖에 이에

해당하는 급여 또는 보상으로서 **대통령령**으로 정하는 보상 또는 급여를 지급받을 수 있는 경우에는 상병급여를 지급하지 아니한다. <개정 2019. 1. 15.>

⑤ 상병급여의 지급에 관하여는 **제47조**, **제49조**, **제57조**, **제61조**(제4항은 제외한다) 및 **제62조**를 준용한다. 이 경우 "실업인정대상기간"은 "실업의 인정을 받지 못한 날"로, "구직급여"는 "상병급여"로 본다. <개정 2019. 8. 27.>

| 관련법령 ▶ 「근로기준법」제79조 |

제79조(휴업보상)

① 사용자는 제78조에 따라 요양 중에 있는 근로자에게 그 근로자의 요양 중 평균임금의 100분의 60의 휴업보상을 하여야 한다. <개정 2008. 3. 21.>

② 제1항에 따른 휴업보상을 받을 기간에 그 보상을 받을 사람이 임금의 일부를 지급받은 경우에는 사용자는 평균임금에서 그 지급받은 금액을 뺀 금액의 100분의 60의 휴업보상을 하여야 한다. <신설 2008. 3. 21., 2020. 5. 26.>

③ 휴업보상의 시기는 대통령령으로 정한다. <신설 2008. 3. 21.>

| 관련법령 ▶ 「산업재해보상보험법」제52조부터 제56조 |

제52조(휴업급여)

휴업급여는 업무상 사유로 부상을 당하거나 질병에 걸린 근로자에게 요양으로 취업하지 못한 기간에 대하여 지급하되, 1일당 지급액은 평균임금의 100분의 70에 상당하는 금액으로 한다. 다만, 취업하지 못한 기간이 3일 이내이면 지급하지 아니한다.

제53조(부분휴업급여)

① 요양 또는 재요양을 받고 있는 근로자가 그 요양기간 중 일정기간 또는 단시간 취업을 하는 경우에는 그 취업한 날 또는 취업한 시간에 해당하는 그 근로자의 평균임금에서 그 취업한 날 또는 취업한 시간에 대한 임금을 뺀 금액의 100분의 90에 상당하는 금액을 지급할 수 있다. 다만, 제54조제2항 및 제56조제2항에 따라 최저임금액을 1일당 휴업급여 지급액으로 하는 경우에는 최저임금액(별표 1 제2호에 따라 감액하는 경우에는 그 감액한 금액)에서 취업한 날 또는 취업한 시간에 대한 임금을 뺀 금액을 지급할 수 있다.

② 제1항에 따라 단시간 취업하는 경우 취업하지 못한 시간(8시간에서 취업한 시간을 뺀 시간을 말한다)에 대하여는 제52조 또는 제54조부터 제56조까지의 규정에 따라 산정

한 1일당 휴업급여 지급액에 8시간에 대한 취업하지 못한 시간의 비율을 곱한 금액을 지급한다.
③ 제1항에 따른 부분휴업급여의 지급 요건 및 지급 절차는 대통령령으로 정한다.

제54조(저소득 근로자의 휴업급여)
① 제52조에 따라 산정한 1일당 휴업급여 지급액이 최저 보상기준 금액의 100분의 80보다 적거나 같으면 그 근로자에 대하여는 평균임금의 100분의 90에 상당하는 금액을 1일당 휴업급여 지급액으로 한다. 다만, 그 근로자의 평균임금의 100분의 90에 상당하는 금액이 최저 보상기준 금액의 100분의 80보다 많은 경우에는 최저 보상기준 금액의 100분의 80에 상당하는 금액을 1일당 휴업급여 지급액으로 한다.
② 제1항 본문에 따라 산정한 휴업급여 지급액이 최저임금액보다 적으면 그 최저임금액을 그 근로자의 1일당 휴업급여 지급액으로 한다. 〈개정 2018. 6. 12.〉

제55조(고령자의 휴업급여)
휴업급여를 받는 근로자가 61세가 되면 그 이후의 휴업급여는 별표 1에 따라 산정한 금액을 지급한다. 다만, 61세 이후에 취업 중인 사람이 업무상의 재해로 요양하거나 61세 전에 제37조제1항제2호에 따른 업무상 질병으로 장해급여를 받은 사람이 61세 이후에 그 업무상 질병으로 최초로 요양하는 경우 대통령령으로 정하는 기간에는 별표 1을 적용하지 아니한다. 〈개정 2020. 5. 26.〉

제56조(재요양 기간 중의 휴업급여)
① 재요양을 받는 사람에 대하여는 재요양 당시의 임금을 기준으로 산정한 평균임금의 100분의 70에 상당하는 금액을 1일당 휴업급여 지급액으로 한다. 이 경우 평균임금 산정사유 발생일은 대통령령으로 정한다. 〈개정 2020. 5. 26.〉
② 제1항에 따라 산정한 1일당 휴업급여 지급액이 최저임금액보다 적거나 재요양 당시 평균임금 산정의 대상이 되는 임금이 없으면 최저임금액을 1일당 휴업급여 지급액으로 한다.
③ 장해보상연금을 지급받는 사람이 재요양하는 경우에는 1일당 장해보상연금액(별표 2에 따라 산정한 장해보상연금액을 365로 나눈 금액을 말한다. 이하 같다)과 제1항 또는 제2항에 따라 산정한 1일당 휴업급여 지급액을 합한 금액이 장해보상연금의 산정에 적용되는 평균임금의 100분의 70을 초과하면 그 초과하는 금액 중 휴업급여에 해당하는 금액은 지급하지 아니한다. 〈개정 2020. 5. 26.〉
④ 재요양 기간 중의 휴업급여를 산정할 때에는 제54조를 적용하지 아니한다.

제3절 취업촉진 수당

제64조 조기재취업 수당

① 조기재취업 수당은 수급자격자(「외국인근로자의 고용 등에 관한 법률」제2조에 따른 외국인 근로자는 제외한다)가 안정된 직업에 재취직하거나 스스로 영리를 목적으로 하는 사업을 영위하는 경우로서 대통령령으로 정하는 기준에 해당하면 지급한다.
② 제1항에도 불구하고 수급자격자가 안정된 직업에 재취업한 날 또는 스스로 영리를 목적으로 하는 사업을 시작한 날 이전의 대통령령으로 정하는 기간에 조기재취업 수당을 지급받은 사실이 있는 경우에는 조기재취업 수당을 지급하지 아니한다.
③ 조기재취업 수당의 금액은 구직급여의 소정급여일수 중 미지급일수의 비율에 따라 대통령령으로 정하는 기준에 따라 산정한 금액으로 한다.
④ 조기재취업 수당을 지급받은 사람에 대하여 이 법의 규정(제61조 및 제62조는 제외한다)을 적용할 때에는 그 조기재취업 수당의 금액을 제46조에 따른 구직급여일액으로 나눈 일수분에 해당하는 구직급여를 지급한 것으로 본다. 〈개정 2020. 5. 26.〉
⑤ 수급자격자를 조기에 재취업시켜 구직급여의 지급 기간이 단축되도록 한 사람에게는 대통령령으로 정하는 바에 따라 장려금을 지급할 수 있다. 〈개정 2020. 5. 26.〉

> **관련법령** ▶ 「외국인근로자의 고용 등에 관한 법률」제2조

제2조(외국인근로자의 정의)
이 법에서 "외국인근로자"란 대한민국의 국적을 가지지 아니한 사람으로서 국내에 소재하고 있는 사업 또는 사업장에서 임금을 목적으로 근로를 제공하고 있거나 제공하려는 사람을 말한다. 다만, 「출입국관리법」제18조제1항에 따라 취업활동을 할 수 있는 체류자격을 받은 외국인 중 취업분야 또는 체류기간 등을 고려하여 대통령령으로 정하는 사람은 제외한다. [전문개정 2009. 10. 9.]

주요판례

❖ 조기재취업수당부지급처분취소 [대법원 2018. 4. 24., 선고, 2015두44165, 판결]

판시사항

구 고용보험법 시행령 제84조 제1항 제1호에서 말하는 '고용된 경우'의 해석 및 취업기간 중에 업무의 수행이나 보수의 지급이 중단된 기간이 있더라도 그 기간 전후의 고용관계가 계속되었다고 볼 수 있는 경우, 일시 중단된 기간도 위 규정에서 정한 '계속 고용된 기간'에 포함되는지 여부(적극)

판결요지

구 고용보험법 시행령(2013. 12. 24. 대통령령 제25022호로 개정되기 전의 것, 이하 '시행령'이라 한다) 제84조 제1항에서 정한 "재취직한 사업주에게 계속하여 6개월 이상 고용된 경우"(제1호)와 "6개월 이상 계속하여 사업을 영위한 경우"(제2호)는 고용보험법 제64조 제1항에서 정한 '안정된 직업에 재취직한 경우'와 '스스로 영리를 목적으로 사업을 영위하는 경우'에 각각 대응하는 것이다. 고용보험법은 '고용'에 관한 정의규정을 두고 있지 않지만, 고용에 관한 여러 법령의 내용, 형식, 체계와 조기재취업 수당의 목적 등에 비추어 보면 시행령 제84조 제1항 제1호에서 말하는 '고용된 경우'는 반드시 고용계약이나 근로계약을 통해 재취업한 경우에 한정된 것은 아니고, 타인을 위하여 일하고 그 대가로 보수, 임금, 그 밖에 이와 유사한 수입을 얻을 수 있는 경우라고 해석함이 타당하다. 그리고 취업기간 중에 업무의 수행이나 보수의 지급이 중단된 기간이 있더라도 업무 자체의 성격에서 비롯되는 일시적인 것이어서 그 기간 전후의 고용관계가 계속되었다고 볼 수 있다면 일시 중단된 기간도 시행령 제84조 제1항 제1호에서 정한 '계속 고용된 기간'에 포함된다고 보아야 한다.

주요판례

❖ 고용 보험 조기 재취업수당 부지급 처분취소 [대법원 2011. 12. 8., 선고, 2009두19892, 판결]

판시사항

주식회사의 대표이사에 취임하는 것이 구 고용보험법 시행령 제84조 제1항 제1호에서 정한 '고용되는 직업에 취직한 경우'에 해당하는지 여부(원칙적 적극)

판결요지

구직급여의 수급자격자가 소정급여일수분의 구직급여를 모두 지급받기 이전에 취업한 경우 그에게 취업촉진 수당의 일종으로서 지급하는 조기재취업수당에 관한 구 고용보험법(2007. 12. 21. 법률 제8781호로 개정되기 전의 것, 이하 '법'이라 한다) 제64조 제1항, 구 고용보험법 시행령(2008. 2. 29. 대통령령 제20681호로 개정되기 전의 것, 이하 '시행령'이라 한다) 제84조 제1항, 제86조 제1항, 구 고용보험법 시행규칙(2008. 4. 30. 노동부령 제299호로 개정되기 전의 것) 제109조 제2항의 내용, 형식 및 목적 등과 아울러, ① 조기재취업수당은 구직급여 수급자격자가 구직급여를 모두 지급받기 전에 재취직이든 자영업의 영위이든 취업의 형태를 불문하고 안정적으로 재취업하여 소득을 얻을 수 있게 된 경우에는 그에게 소정급여일수분의 구직급여 중 미지급된 부분의 일정 비율에 상당하는 금전을 지급함으로써 실직기간을 최소화시키고 안정된 재취업을 장려하기 위한 것이므로, 수급자격자가 주식회사의 대표이사에 취임하여 안정적으로 재취업하였다면 이 역시 위와 같은 취지에 부합하는 것으로서 조기재취업수당이 지급되는 것으로 봄이 상당한 점, ② 시행령 제84조 제1항 제1호의 '고용되는 직업에 취직한 경우'는 법 제64조 제1항의 '안정된 직업에 재취직한 경우'에 대응하는 규정으로서 그 취업이 반드시 민법 제655조 이하에 규정된 고용의 성질을 가지는 것에 한정된다고 볼 수 없는 점, ③ 주식회사의 대표이사는 이사 가운데 회사를 대표하는 이로서 회사와의 관계에서 민법의 위임에 관한 규정이 그에 준용되므로(상법 제382조 참조) 다른 특별한 사정이 없는 한 그 취임이 민법상 고용에 해당한다고 보기 어려우나, 그렇다고 해서 스스로 영리를 목적으로 하는 사업을 영위하는 것이라고 단정할 수 없는 점, ④ 시행령 제84조 제1항 제1호와 제2호의 구분은 재취직과 자영업의 영위 사이에 재취업의 진정성 및 안정성을 확인하는 방법이나 내용의 차이에 기인한 것으로 보이는데, 주식회사의 대표이사에 취임한 경우에 그 취업의 진정성 등은 이사 또는 대표이사 선임결의의 내용, 해당 주식회사 목적사업의 지속가능성 등을 기초로 확인할 수 있으므로, 제1호의 '고용되는 직업에 취직한 경우'에 그 취업의 진정성 등을 근로계약 내용, 고용주 사업의 지속가능성 등을 기초로 확인할 수 있는 것과 유사한 점 등에 비추어 보면, 주식회사 대표이사의 취임은, 해당 주식회사의 사업이 실질적으로 영리를 목적으로 하는 대표이사 개인의 사업과 같다고 볼 수 있는 특별한 사정이 없는 한, 시행령 제84조 제1항 제1호의 '고용되는 직업에 취직한 경우'에 해당한다고 보아야 할 것이다.

제65조 직업능력개발 수당

① 직업능력개발 수당은 수급자격자가 직업안정기관의 장이 지시한 직업능력개발 훈련 등을 받는 경우에 그 직업능력개발 훈련 등을 받는 기간에 대하여 지급한다.
② 제1항에도 불구하고 제60조제1항 및 제2항에 따라 구직급여의 지급이 정지된 기간에 대하여는 직업능력개발 수당을 지급하지 아니한다.
③ 직업능력개발 수당의 지급 요건 및 금액에 필요한 사항은 대통령령으로 정한다. 이 경우 인력의 수급 상황을 고려하여 고용노동부장관이 특히 필요하다고 인정하여 고시하는 직종에 관한 직업능력개발 훈련 등에 대하여는 직업능력개발 수당의 금액을 다르게 정할 수 있다. 〈개정 2010. 6. 4.〉

제66조 광역 구직활동비

① 광역 구직활동비는 수급자격자가 직업안정기관의 소개에 따라 광범위한 지역에 걸쳐 구직 활동을 하는 경우로서 대통령령으로 정하는 기준에 따라 직업안정기관의 장이 필요하다고 인정하면 지급할 수 있다.
② 광역 구직활동비의 금액은 제1항의 구직 활동에 통상 드는 비용으로 하되, 그 금액의 산정은 고용노동부령으로 정하는 바에 따른다. 〈개정 2010. 6. 4.〉

제67조 이주비

① 이주비는 수급자격자가 취업하거나 직업안정기관의 장이 지시한 직업능력개발 훈련 등을 받기 위하여 그 주거를 이전하는 경우로서 대통령령으로 정하는 기준에 따라 직업안정기관의 장이 필요하다고 인정하면 지급할 수 있다.
② 이주비의 금액은 수급자격자 및 그 수급자격자에 의존하여 생계를 유지하는 동거 친족의 이주에 일반적으로 드는 비용으로 하되, 그 금액의 산정은 고용노동부령으로 정하는 바에 따라 따른다. 〈개정 2010. 6. 4.〉

제68조 취업촉진 수당의 지급 제한

① 거짓이나 그 밖의 부정한 방법으로 실업급여를 받았거나 받으려 한 사람에게는 그 급여를 받은 날 또는 받으려 한 날부터의 취업촉진 수당을 지급하지 아니한다. 다만, 그 급여와 관련된 이직 이후에 새로 수급자격을 취득하면 그 새로운 수급자격에 따른 취업촉진 수당은 그러하지 아니하다. 〈개정 2020. 5. 26.〉
② 제1항 본문에도 불구하고 거짓이나 그 밖의 부정한 방법이 제47조제1항에 따른 신고의무의 불이행 또는 거짓의 신고 등 대통령령으로 정하는 사유에 해당하면 취업촉진 수당의 지급을 제한하지 아니한다. 다만, 2회 이상의 위반행위를 한 경우에는 제1항 본문에 따른다.
③ 거짓이나 그 밖의 부정한 방법으로 실업급여를 지급받았거나 받으려 한 사람이 제1항 또는 제2항에 따라 취업촉진 수당을 지급받을 수 없게 되어 조기재취업 수당을 지급받지 못하게 된 경우에도 제64조제4항을 적용할 때는 그 지급받을 수 없게 된 조기재취업 수당을 지급받은 것으로 본다. 〈개정 2020. 5. 26.〉

제69조 준용

취업촉진 수당에 관하여는 제57조제1항·제3항 및 제62조를 준용한다. 이 경우 "수급자격자"는 "취업촉진 수당을 지급받을 수 있는 사람"으로, "구직급여"는 "취업촉진 수당"으로 본다. 〈개정 2019. 8. 27., 2020. 5. 26.〉

제4절 자영업자인 피보험자에 대한 실업급여 적용의 특례 〈신설 2011. 7. 21.〉

제69조의2 자영업자인 피보험자의 실업급여의 종류

자영업자인 피보험자의 실업급여의 종류는 제37조에 따른다. 다만, 제51조부터 제55조까지의 규정에 따른 연장급여와 제64조에 따른 조기재취업 수당은 제외한다.
[본조신설 2011. 7. 21.]

제69조의3 구직급여의 수급 요건

구직급여는 폐업한 자영업자인 피보험자가 다음 각 호의 요건을 모두 갖춘 경우에 지급한다. 〈개정 2020. 5. 26.〉

1. 폐업일 이전 24개월간 제41조제1항 단서에 따라 자영업자인 피보험자로서 갖춘 피보험 단위기간이 합산하여 1년 이상일 것
2. 근로의 의사와 능력이 있음에도 불구하고 취업을 하지 못한 상태에 있을 것
3. 폐업사유가 제69조의7에 따른 수급자격의 제한 사유에 해당하지 아니할 것
4. 재취업을 위한 노력을 적극적으로 할 것

[본조신설 2011. 7. 21.]

제69조의4 기초일액

① 자영업자인 피보험자이었던 수급자격자에 대한 기초일액은 다음 각 호의 구분에 따른 기간 동안 본인이 납부한 보험료의 산정기초가 되는 고용산재보험료징수법 제49조의2제3항에 따라 고시된 보수액을 전부 합산한 후에 그 기간의 총일수로 나눈 금액으로 한다. 〈개정 2021. 1. 5.〉
  1. 수급자격과 관련된 피보험기간이 3년 이상인 경우: 마지막 폐업일 이전 3년의 피보험기간
  2. 수급자격과 관련된 피보험기간이 3년 미만인 경우: 수급자격과 관련된 그 피보험기간

② 제1항에도 불구하고 자영업자인 피보험자이었던 수급자격자가 제50조제4항에 따라 피보험기간을 합산하게 됨에 따라 제69조의6에서 정한 소정급여일수가 추가로 늘어나는 경우에는 그 늘어난 일수분에 대한 기초일액은 제1항에 따라 산정된 기초일액으로 하되, 그 기초일액이 다음 각 호에 해당하는 경우에는 각각 해당 호에 따른 금액으로 한다.
  1. 기초일액이 최저기초일액에 미치지 못하는 경우에는 최저기초일액
  2. 기초일액이 제45조제5항에 따라 대통령령으로 정하는 금액을 초과하는 경우

에는 그 대통령령으로 정하는 금액

[본조신설 2011. 7. 21.]

> **관련법령** ▶ 「고용산재보험료징수법」 제49조의2제3항

제49조의2(자영업자에 대한 특례)
③ 자영업자에 대한 고용보험료 산정의 기초가 되는 보수액은 자영업자의 소득, 보수수준 등을 고려하여 고용노동부장관이 정하여 고시한다.

제69조의5 구직급여일액

자영업자인 피보험자로서 폐업한 수급자격자에 대한 구직급여일액은 그 수급자격자의 기초일액에 100분의 60을 곱한 금액으로 한다. <개정 2019. 8. 27.>

[본조신설 2011. 7. 21.]

제69조의6 소정급여일수

자영업자인 피보험자로서 폐업한 수급자격자에 대한 소정급여일수는 제49조에 따른 대기기간이 끝난 다음 날부터 계산하기 시작하여 피보험기간에 따라 별표 2에서 정한 일수가 되는 날까지로 한다.

[본조신설 2011. 7. 21.]

> ★ **고용보험법 [별표 2] <개정 2019. 8. 27.>**
> <자영업자의 구직급여의 소정급여일수(제69조의6 관련)>

구 분	피보험기간			
	1년 이상 3년 미만	3년 이상 5년 미만	5년 이상 10년 미만	10년 이상
소정급여일수	120일	150일	180일	210일

제69조의7 폐업사유에 따른 수급자격의 제한

제69조의3에도 불구하고 폐업한 자영업자인 피보험자가 다음 각 호의 어느 하나에

해당한다고 직업안정기관의 장이 인정하는 경우에는 수급자격이 없는 것으로 본다.
1. 법령을 위반하여 허가 취소를 받거나 영업 정지를 받음에 따라 폐업한 경우
2. 방화(放火) 등 피보험자 본인의 중대한 귀책사유로서 고용노동부령으로 정하는 사유로 폐업한 경우
3. 매출액 등이 급격하게 감소하는 등 고용노동부령으로 정하는 사유가 아닌 경우로서 전직 또는 자영업을 다시 하기 위하여 폐업한 경우
4. 그 밖에 고용노동부령으로 정하는 정당한 사유에 해당하지 아니하는 사유로 폐업한 경우

[본조신설 2011. 7. 21.]

제69조의8 자영업자인 피보험자에 대한 실업급여의 지급 제한

고용노동부장관은 보험료를 체납한 사람에게는 고용노동부령으로 정하는 바에 따라 이 장에 따른 실업급여를 지급하지 아니할 수 있다.

[본조신설 2011. 7. 21.]

제69조의9 준용

① 자영업자인 피보험자의 실업급여에 관하여는 제37조의2, 제38조, 제38조의2, 제42조, 제43조, 제43조의2, 제44조, 제47조부터 제49조까지, 제56조, 제57조, 제60조부터 제63조까지, 제65조부터 제68조까지를 준용한다. 이 경우 제42조 제1항 제43조제3항 중 "이직"은 "폐업"으로 보고, 제43조제1항 중 "제40조제1항 제1호부터 제3호까지 제5호 및 제6호"는 "제69조의3"으로 보며, 제63조제1항 중 "제46조"는 "제69조의5"로 보고, 제48조제1항 중 "제50조제1항"은 "제69조의6"으로 본다. 〈개정 2013. 6. 4., 2021. 1. 5., 2022. 12. 31.〉

② 자영업자인 피보험자의 취업촉진 수당(조기재취업 수당은 제외한다)에 관하여는 제57조제1항 제3항 및 제62조를 준용한다. 이 경우 제57조제1항 중 "수급자격자"는 "취업촉진 수당을 지급받을 수 있는 사람"으로 본다. 〈개정 2020. 5. 26.〉

[본조신설 2011. 7. 21.]

제5장 육아휴직 급여 등

제1절 육아휴직 급여 및 육아기 근로시간 단축 급여 〈개정 2011. 7. 21.〉

제70조 육아휴직 급여

① 고용노동부장관은 「남녀고용평등과 일·가정 양립 지원에 관한 법률」제19조에 따른 육아휴직을 30일(「근로기준법」제74조에 따른 출산전후휴가기간과 중복되는 기간은 제외한다) 이상 부여받은 피보험자 중 육아휴직을 시작한 날 이전에 제41조에 따른 피보험 단위기간이 합산하여 180일 이상인 피보험자에게 육아휴직 급여를 지급한다. 〈개정 2007. 12. 21., 2010. 6. 4., 2011. 7. 21., 2012. 2. 1., 2014. 1. 21., 2019. 8. 27., 2020. 5. 26.〉

　1. 삭제 〈2019. 8. 27.〉
　2. 삭제 〈2019. 8. 27.〉
　3. 삭제 〈2011. 7. 21.〉

② 제1항에 따른 육아휴직 급여를 지급받으려는 사람은 육아휴직을 시작한 날 이후 1개월부터 육아휴직이 끝난 날 이후 12개월 이내에 신청하여야 한다. 다만, 해당 기간에 대통령령으로 정하는 사유로 육아휴직 급여를 신청할 수 없었던 사람은 그 사유가 끝난 후 30일 이내에 신청하여야 한다. 〈신설 2011. 7. 21.〉

③ 피보험자가 제2항에 따라 육아휴직 급여 지급신청을 하는 경우 육아휴직 기간 중에 이직하거나 고용노동부령으로 정하는 기준에 해당하는 취업을 한 사실이 있는 경우에는 해당 신청서에 그 사실을 기재하여야 한다. 〈신설 2019. 1. 15.〉

④ 제1항에 따른 육아휴직 급여액은 대통령령으로 정한다. 〈개정 2011. 7. 21., 2019. 1. 15.〉

⑤ 육아휴직 급여의 신청 및 지급에 관하여 필요한 사항은 <u>고용노동부령</u>으로 정한다. 〈개정 2010. 6. 4., 2011. 7. 21., 2019. 1. 15.〉

> **관련법령** ▶ 「남녀고용평등과 일·가정 양립 지원에 관한 법률」제19조

제19조(육아휴직)
① 사업주는 임신 중인 여성 근로자가 모성을 보호하거나 근로자가 만 8세 이하 또는 초등학교 2학년 이하의 자녀(입양한 자녀를 포함한다. 이하 같다)를 양육하기 위하여 휴직(이하 "육아휴직"이라 한다)을 신청하는 경우에 이를 허용하여야 한다. 다만, 대통령령으로 정하는 경우에는 그러하지 아니하다. 〈개정 2010. 2. 4., 2014. 1. 14., 2019. 8. 27., 2021. 5. 18.〉
② 육아휴직의 기간은 1년 이내로 한다.
③ 사업주는 육아휴직을 이유로 해고나 그 밖의 불리한 처우를 하여서는 아니 되며, 육아휴직 기간에는 그 근로자를 해고하지 못한다. 다만, 사업을 계속할 수 없는 경우에는 그러하지 아니하다.
④ 사업주는 육아휴직을 마친 후에는 휴직 전과 같은 업무 또는 같은 수준의 임금을 지급하는 직무에 복귀시켜야 한다. 또한 제2항의 육아휴직 기간은 근속기간에 포함한다.
⑤ 기간제근로자 또는 파견근로자의 육아휴직 기간은 「기간제 및 단시간근로자 보호 등에 관한 법률」제4조에 따른 사용기간 또는 「파견근로자 보호 등에 관한 법률」제6조에 따른 근로자파견기간에서 제외한다. 〈신설 2012. 2. 1., 2019. 4. 30., 2020. 5. 26.〉
⑥ 육아휴직의 신청방법 및 절차 등에 관하여 필요한 사항은 대통령령으로 정한다. 〈개정 2012. 2. 1.〉
[전문개정 2007. 12. 21.]

> **관련법령** ▶ 「근로기준법」제74조

제74조(임산부의 보호)
① 사용자는 임신 중의 여성에게 출산 전과 출산 후를 통하여 90일(한 번에 둘 이상 자녀를 임신한 경우에는 120일)의 출산전후휴가를 주어야 한다. 이 경우 휴가 기간의 배정은 출산 후에 45일(한 번에 둘 이상 자녀를 임신한 경우에는 60일) 이상이 되어야 한다. 〈개정 2012. 2. 1., 2014. 1. 21.〉
② 사용자는 임신 중인 여성 근로자가 유산의 경험 등 대통령령으로 정하는 사유로 제1항의 휴가를 청구하는 경우 출산 전 어느 때 라도 휴가를 나누어 사용할 수 있도록 하여야

한다. 이 경우 출산 후의 휴가 기간은 연속하여 45일(한 번에 둘 이상 자녀를 임신한 경우에는 60일) 이상이 되어야 한다. 〈신설 2012. 2. 1., 2014. 1. 21.〉

③ 사용자는 임신 중인 여성이 유산 또는 사산한 경우로서 그 근로자가 청구하면 대통령령으로 정하는 바에 따라 유산·사산 휴가를 주어야 한다. 다만, 인공 임신중절 수술(「모자보건법」제14조제1항에 따른 경우는 제외한다)에 따른 유산의 경우는 그러하지 아니하다. 〈개정 2012. 2. 1.〉

④ 제1항부터 제3항까지의 규정에 따른 휴가 중 최초 60일(한 번에 둘 이상 자녀를 임신한 경우에는 75일)은 유급으로 한다. 다만, 「남녀고용평등과 일·가정 양립 지원에 관한 법률」제18조에 따라 출산전후휴가급여 등이 지급된 경우에는 그 금액의 한도에서 지급의 책임을 면한다. 〈개정 2007. 12. 21., 2012. 2. 1., 2014. 1. 21.〉

⑤ 사용자는 임신 중의 여성 근로자에게 시간외근로를 하게 하여서는 아니 되며, 그 근로자의 요구가 있는 경우에는 쉬운 종류의 근로로 전환하여야 한다. 〈개정 2012. 2. 1.〉

⑥ 사업주는 제1항에 따른 출산전후휴가 종료 후에는 휴가 전과 동일한 업무 또는 동등한 수준의 임금을 지급하는 직무에 복귀시켜야 한다. 〈신설 2008. 3. 28., 2012. 2. 1.〉

⑦ 사용자는 임신 후 12주 이내 또는 36주 이후에 있는 여성 근로자가 1일 2시간의 근로시간 단축을 신청하는 경우 이를 허용하여야 한다. 다만, 1일 근로시간이 8시간 미만인 근로자에 대하여는 1일 근로시간이 6시간이 되도록 근로시간 단축을 허용할 수 있다. 〈신설 2014. 3. 24.〉

⑧ 사용자는 제7항에 따른 근로시간 단축을 이유로 해당 근로자의 임금을 삭감하여서는 아니 된다. 〈신설 2014. 3. 24.〉

⑨ 사용자는 임신 중인 여성 근로자가 1일 소정근로시간을 유지하면서 업무의 시작 및 종료 시각의 변경을 신청하는 경우 이를 허용하여야 한다. 다만, 정상적인 사업 운영에 중대한 지장을 초래하는 경우 등 대통령령으로 정하는 경우에는 그러하지 아니하다. 〈신설 2021. 5. 18.〉

⑩ 제7항에 따른 근로시간 단축의 신청방법 및 절차, 제9항에 따른 업무의 시작 및 종료 시각 변경의 신청방법 및 절차 등에 관하여 필요한 사항은 대통령령으로 정한다. 〈신설 2014. 3. 24., 2021. 5. 18.〉

주요 판례

❖ **육아휴직급여차액지급신청반려처분취소청구** [대법원 2021. 6. 24., 선고, 2015두48976, 판결]

판시사항

[1] 고용보험법 제70조 제2항이 강행규정인지 여부(적극) / 육아휴직을 실시한 근로자가 육아휴직급여를 신청하고 관할 직업안정기관의 장으로부터 수급권자로 인정받아 급여를 지급받았으나 금액이 정당한 육아휴직급여액에 미치지 못하는 경우, 정당한 육아휴직급여액과 이미 지급받은 급여액의 차액을 추가 청구할 수 있는지 여부(적극) 및 이러한 추가 청구에 고용보험법 제70조 제2항이 적용되는지 여부(소극) / 추가 청구할 수 있는 육아휴직급여청구권의 소멸시효 기산점

[2] 근로복지공단이 선택적 복지제도를 시행하면서 일정한 기준에 따라 임직원에게 지급한 맞춤형 복지카드 포인트가 근로기준법에서 말하는 임금 및 통상임금에 해당하는지 여부(소극)

주요 판례

❖ **육아휴직급여일부부지급처분취소** [대법원 2021. 6. 3., 선고, 2015두49481, 판결]

판시사항

[1] 근로자가 육아휴직급여를 신청하고 관할 직업안정기관의 장으로부터 수급권자로 인정받아 급여를 지급받았으나 금액이 정당한 육아휴직급여액에 미치지 못하는 경우, 정당한 육아휴직급여액과 이미 지급받은 급여액의 차액을 추가 청구할 수 있는지 여부(적극) 및 이러한 추가 청구에 고용보험법 제70조 제2항이 적용되는지 여부(소극) / 추가 청구할 수 있는 기간 산정을 위한 육아휴직급여청구권의 소멸시효 기산점

[2] 근로복지공단이 선택적 복지제도를 시행하면서 일정한 기준에 따라 임직원에게 지급한 맞춤형 복지카드 포인트가 근로기준법에서 말하는 임금 및 통상임금에 해당하는지 여부(소극)

❖ **육아휴직급여제한및반환·추가징수처분취소**(육아휴직 중 해외 체류 등을 원인으로 한 육아휴직 급여 제한 및 반환처분 등이 적법한지 여부가 다투어진 사건)

[대법원 2017. 8. 23., 선고, 2015두51651, 판결]

판시사항

[1] 구 고용보험법상 육아휴직 급여를 지급받기 위해서는 '육아휴직 대상 자녀를 양육하기 위한 것'이 전제되어야 하는지 여부(원칙적 적극) 및 이때 양육의 의미 / 육아휴직 중인 근로자가 육아휴직 대상 자녀를 국내에 두고 해외에 체류한 경우, 육아휴직 대상인 자녀를 양육한 때에 해당하는지 판단하는 기준

[2] 구 고용보험법 제73조 제3항 및 제74조 제1항, 제62조 제1항이 정하고 있는 육아휴직 급여의 지급 제한, 반환명령 및 추가징수 요건으로서 '거짓이나 그 밖의 부정한 방법'의 의미 및 육아휴직 급여가 부정수급에 해당하는지는 엄격하게 해석·적용하여야 하는지 여부(적극) / '거짓이나 그 밖의 부정한 방법으로 급여를 지급받은 경우'에 해당한다고 보기 위한 요건 / 육아휴직 중인 근로자가 육아휴직 급여 신청서의 모든 사항을 사실대로 기재하고 제출서류도 모두 제대로 제출한 경우, 실질적인 육아휴직 급여 수급요건을 갖추지 못하였다고 하여 곧바로 은폐 등 소극적 행위에 의한 부정수급에 해당한다고 할 수 있는지 여부(소극)

판결요지

[1] 구 남녀고용평등과 일·가정 양립 지원에 관한 법률(2014. 1. 14. 법률 제12244호로 개정되기 전의 것) 제19조 제1항, 구 고용보험법(2014. 1. 21. 법률 제12323호로 개정되기 전의 것, 이하 '고용보험법'이라 한다) 제70조 제1항, 제73조 제3항, 제74조 제1항의 체계·문언·취지를 종합하여 보면, 고용보험법상 육아휴직 급여를 지급받기 위해서는 원칙적으로 '육아휴직 대상 자녀를 양육하기 위한 것'임이 전제되어야 한다.

일반적으로 양육(養育)은 '아이를 보살펴서 자라게 함'을 말하는데, 부모는 자녀의 양육에 적합한 방식을 적절하게 선택할 수 있으므로 육아휴직 기간 동안에도 해당 육아휴직 중인 근로자(이하 '육아휴직자'라 한다) 및 육아휴직 대상 자녀의 사정에 따라 다양한 방식으로 양육이 이루어질 수 있다.

육아휴직자가 육아휴직 대상 자녀를 국내에 두고 해외에 체류한 경우에도 그것이 육아휴직 대상인 자녀를 양육한 때에 해당하는지는 육아휴직자의 양육의사, 체류장소,

체류기간, 체류목적·경위, 육아휴직 전후의 양육의 형태와 방법 및 정도 등 여러 사정을 종합하여 사회통념에 따라 판단하여야 한다.

[2] 구 고용보험법(2014. 1. 21. 법률 제12323호로 개정되기 전의 것, 이하 '고용보험법'이라 한다) 제73조 제3항 및 제74조 제1항, 제62조 제1항이 정하고 있는 육아휴직 급여의 지급 제한, 반환명령 및 추가징수 요건으로서 '거짓이나 그 밖의 부정한 방법'이란 육아휴직 급여를 지급받을 수 없음에도 지급받을 자격을 가장하거나 지급받을 자격이 없다는 점 등을 감추기 위하여 행하는 일체의 부정행위로서 육아휴직 급여 지급에 관한 의사결정에 영향을 미칠 수 있는 적극적 및 소극적 행위를 뜻한다.

그런데 거짓이나 그 밖의 부정한 방법으로 육아휴직 급여를 지급받는 자는 침익적 처분인 육아휴직 급여 지급 제한, 반환명령 및 추가징수의 대상이 될 뿐 아니라, 고용보험법 제116조 제2항에 따라 형사처벌의 대상이 되는 점, 고용보험법 제74조 제1항에서 제62조 제3항을 준용하여, 수급자격자 또는 수급자격이 있었던 자에게 '잘못 지급된' 육아휴직 급여가 있으면 그 지급금액을 징수할 수 있도록 하는 별도의 반환명령에 관한 규정을 두고 있는 점 등에 비추어 볼 때, 육아휴직 급여가 부정수급에 해당하는지는 엄격하게 해석·적용하여야 한다.

따라서 '거짓이나 그 밖의 부정한 방법으로 급여를 지급받은 경우'에 해당한다고 보기 위해서는 허위, 기만, 은폐 등 사회통념상 부정이라고 인정되는 행위가 있어야 하고, 단순히 요건이 갖추어지지 아니하였음에도 급여를 수령한 경우까지 이에 해당한다고 볼 수는 없다. 그리고 육아휴직 중인 근로자가 관련 법령 및 행정관청에서 요구하는 육아휴직 급여 신청서 서식에 기재되어 있는 모든 사항을 사실대로 기재하고, 요청되는 제출서류도 모두 제대로 제출한 경우라면, 실질적인 육아휴직 급여 수급요건을 갖추지 못하였다고 하여 섣불리 은폐 등 소극적 행위에 의한 부정수급에 해당한다고 인정할 수는 없다.

제71조 육아휴직의 확인

사업주는 피보험자가 제70조에 따른 육아휴직 급여를 받으려는 경우 고용노동부령으로 정하는 바에 따라 사실의 확인 등 모든 절차에 적극 협력하여야 한다. 〈개정 2010. 6. 4.〉

제72조 삭제 〈2019. 1. 15.〉

제73조 육아휴직 급여의 지급 제한 등

① 피보험자가 육아휴직 기간 중에 그 사업에서 이직한 경우에는 그 이직하였을 때부터 육아휴직 급여를 지급하지 아니한다. 〈개정 2019. 1. 15.〉
② 피보험자가 육아휴직 기간 중에 제70조제3항에 따른 취업을 한 경우에는 그 취업한 기간에 대해서는 육아휴직 급여를 지급하지 아니한다. 〈신설 2019. 1. 15.〉
③ 피보험자가 사업주로부터 육아휴직을 이유로 금품을 지급받은 경우 대통령령으로 정하는 바에 따라 급여를 감액하여 지급할 수 있다. 〈개정 2019. 1. 15.〉
④ 거짓이나 그 밖의 부정한 방법으로 육아휴직 급여를 받았거나 받으려 한 사람에게는 그 급여를 받은 날 또는 받으려 한 날부터의 육아휴직 급여를 지급하지 아니한다. 다만, 그 급여와 관련된 육아휴직 이후에 새로 육아휴직 급여 요건을 갖춘 경우 그 새로운 요건에 따른 육아휴직 급여는 그러하지 아니하다. 〈개정 2019. 1. 15.〉
⑤ 제4항 본문에도 불구하고 제70조제3항을 위반하여 육아휴직 기간 중 취업한 사실을 기재하지 아니하거나 거짓으로 기재하여 육아휴직 급여를 받았거나 받으려 한 사람에 대해서는 위반횟수 등을 고려하여 고용노동부령으로 정하는 바에 따라 지급이 제한되는 육아휴직 급여의 범위를 달리 정할 수 있다. 〈신설 2019. 1. 15.〉
[제목개정 2019. 1. 15.]

제73조의2 육아기 근로시간 단축 급여

① 고용노동부장관은 「남녀고용평등과 일·가정 양립 지원에 관한 법률」 제19조의2에 따른 육아기 근로시간 단축(이하 "육아기 근로시간 단축"이라 한다)을 30일(「근로기준법」 제74조에 따른 출산전후휴가기간과 중복되는 기간은 제외한다) 이상 실시한 피보험자 중 육아기 근로시간 단축을 시작한 날 이전에 제41조에 따른 피보험 단위기간이 합산하여 180일 이상인 피보험자에게 육아기 근로시간 단축 급여를 지급한다. 〈개정 2012. 2. 1., 2014. 1. 21., 2019. 8. 27., 2020. 5. 26.〉

1. 삭제 〈2019. 8. 27.〉
2. 삭제 〈2019. 8. 27.〉

② 제1항에 따른 육아기 근로시간 단축 급여를 지급받으려는 사람은 육아기 근로시간 단축을 시작한 날 이후 1개월부터 끝난 날 이후 12개월 이내에 신청하여야 한다. 다만, 해당 기간에 대통령령으로 정하는 사유로 육아기 근로시간 단축 급여를 신청할 수 없었던 사람은 그 사유가 끝난 후 30일 이내에 신청하여야 한다.
③ 제1항에 따른 육아기 근로시간 단축 급여액은 대통령령으로 정한다.
④ 육아기 근로시간 단축 급여의 신청 및 지급에 필요한 사항은 고용노동부령으로 정한다.
[본조신설 2011. 7. 21.]

> **관련법령** ▶ 「남녀고용평등과 일·가정 양립 지원에 관한 법률」 제19조의2

제19조의2(육아기 근로시간 단축)
② 제1항 단서에 따라 사업주가 육아기 근로시간 단축을 허용하지 아니하는 경우에는 해당 근로자에게 그 사유를 서면으로 통보하고 육아휴직을 사용하게 하거나 출근 및 퇴근 시간 조정 등 다른 조치를 통하여 지원할 수 있는지를 해당 근로자와 협의하여야 한다. 〈개정 2012. 2. 1., 2019. 8. 27.〉

> **관련법령** ▶ 「근로기준법」 제74조

제74조(임산부의 보호)
① 사용자는 임신 중의 여성에게 출산 전과 출산 후를 통하여 90일(한 번에 둘 이상 자녀를 임신한 경우에는 120일)의 출산전후휴가를 주어야 한다. 이 경우 휴가 기간의 배정은 출산 후에 45일(한 번에 둘 이상 자녀를 임신한 경우에는 60일) 이상이 되어야 한다. 〈개정 2012. 2. 1., 2014. 1. 21.〉
② 사용자는 임신 중인 여성 근로자가 유산의 경험 등 대통령령으로 정하는 사유로 제1항의 휴가를 청구하는 경우 출산 전 어느 때 라도 휴가를 나누어 사용할 수 있도록 하여야 한다. 이 경우 출산 후의 휴가 기간은 연속하여 45일(한 번에 둘 이상 자녀를 임신한 경우에는 60일) 이상이 되어야 한다. 〈신설 2012. 2. 1., 2014. 1. 21.〉
③ 사용자는 임신 중인 여성이 유산 또는 사산한 경우로서 그 근로자가 청구하면 대통령령으로 정하는 바에 따라 유산·사산 휴가를 주어야 한다. 다만, 인공 임신중절 수술(「모자

보건법」제14조제1항에 따른 경우는 제외한다)에 따른 유산의 경우는 그러하지 아니하다. 〈개정 2012. 2. 1.〉

④ 제1항부터 제3항까지의 규정에 따른 휴가 중 최초 60일(한 번에 둘 이상 자녀를 임신한 경우에는 75일)은 유급으로 한다. 다만, 「남녀고용평등과 일·가정 양립 지원에 관한 법률」제18조에 따라 출산전후휴가급여 등이 지급된 경우에는 그 금액의 한도에서 지급의 책임을 면한다. 〈개정 2007. 12. 21., 2012. 2. 1., 2014. 1. 21.〉

⑤ 사용자는 임신 중의 여성 근로자에게 시간외근로를 하게 하여서는 아니 되며, 그 근로자의 요구가 있는 경우에는 쉬운 종류의 근로로 전환하여야 한다. 〈개정 2012. 2. 1.〉

⑥ 사업주는 제1항에 따른 출산전후휴가 종료 후에는 휴가 전과 동일한 업무 또는 동등한 수준의 임금을 지급하는 직무에 복귀시켜야 한다. 〈신설 2008. 3. 28., 2012. 2. 1.〉

⑦ 사용자는 임신 후 12주 이내 또는 36주 이후에 있는 여성 근로자가 1일 2시간의 근로시간 단축을 신청하는 경우 이를 허용하여야 한다. 다만, 1일 근로시간이 8시간 미만인 근로자에 대하여는 1일 근로시간이 6시간이 되도록 근로시간 단축을 허용할 수 있다. 〈신설 2014. 3. 24.〉

⑧ 사용자는 제7항에 따른 근로시간 단축을 이유로 해당 근로자의 임금을 삭감하여서는 아니 된다. 〈신설 2014. 3. 24.〉

⑨ 사용자는 임신 중인 여성 근로자가 1일 소정근로시간을 유지하면서 업무의 시작 및 종료 시각의 변경을 신청하는 경우 이를 허용하여야 한다. 다만, 정상적인 사업 운영에 중대한 지장을 초래하는 경우 등 대통령령으로 정하는 경우에는 그러하지 아니하다. 〈신설 2021. 5. 18.〉

⑩ 제7항에 따른 근로시간 단축의 신청방법 및 절차, 제9항에 따른 업무의 시작 및 종료 시각 변경의 신청방법 및 절차 등에 관하여 필요한 사항은 대통령령으로 정한다. 〈신설 2014. 3. 24., 2021. 5. 18.〉

제74조 준용

① 육아휴직 급여에 관하여는 제62조를 준용한다. 이 경우 "구직급여"는 "육아휴직 급여"로 본다. 〈개정 2011. 7. 21.〉

② 육아기 근로시간 단축 급여에 관하여는 제62조, 제71조 및 제73조를 준용한다. 이 경우 제62조 중 "구직급여"는 "육아기 근로시간 단축 급여"로 보고, 제71조 및 제73조 중 "육아휴직"은 각각 "육아기 근로시간 단축"으로 본다.

❖ 육아휴직급여제한및반환·추가징수처분취소
[서울고법 2015. 8. 28., 선고, 2014누56002, 판결 : 상고]

판시사항

지방고용노동청장이 12개월 동안 육아휴직급여를 지급받고 그중 약 8개월 동안 자녀를 어머니에게 맡긴 채 해외에 체류한 甲에게 '육아휴직급여 수령 중 영유아를 양육하지 않고 해외에 체류하였다'는 이유로 육아휴직급여 제한처분 등을 한 사안에서, 위 각 처분이 적법하다고 한 사례

판결요지

지방고용노동청장이 12개월 동안 육아휴직급여를 지급받고 그중 약 8개월 동안 자녀를 어머니에게 맡긴 채 해외에 체류한 甲에게 '육아휴직급여 수령 중 영유아를 양육하지 않고 해외에 체류하였다'는 이유로 고용보험법 제73조 및 제74조 등에 따라 육아휴직급여 제한처분과 지급받은 육아휴직급여 중 일부의 반환명령 및 추가징수 처분을 한 사안에서, 고용보험법상 육아휴직급여를 받기 위한 요건으로서 '자녀를 양육하기 위한 휴직'에 해당하기 위해서는 양육하는 영유아와 동거하는 것이 전제되어야 하고 '영유아와 동거하지 아니하게 된 경우'에는 육아휴직의 종료 사유에 해당하며, 甲이 불가피하고 우연한 사정으로 일시적으로 자녀와 동거하지 않게 되었다고 볼 수는 없어 자녀와 동거하지 아니한 기간에도 어머니를 통해 자녀를 실질적으로 양육하였다고 보기 어렵고, 자녀와의 비동거로 육아휴직이 이미 종료되어 더 이상 육아휴직상태에 있지 않았던 甲은 육아휴직급여의 수급자격이 없음에도 이와 같은 사정을 숨긴 채 해외에서 체류하는 동안 매달 육아휴직급여 신청을 하고 급여를 받았으므로, 고용보험법 제62조 및 제73조의 '거짓이나 그 밖의 부정한 방법'으로 육아휴직급여를 받은 자에 해당하여, 위 각 처분이 적법하다고 한 사례.

제2절 출산전후휴가 급여 등 〈개정 2012. 2. 1.〉

제75조 출산전후휴가 급여 등

고용노동부장관은 「남녀고용평등과 일·가정 양립 지원에 관한 법률」제18조에 따라 피보험자가 「근로기준법」제74조에 따른 출산전후휴가 또는 유산·사산휴가를 받은 경우와 「남녀고용평등과 일·가정 양립 지원에 관한 법률」제18조의2에 따른 배우자 출산휴가를 받은 경우로서 다음 각 호의 요건을 모두 갖춘 경우에 출산전후휴가 급여 등(이하 "출산전후휴가 급여 등"이라 한다)을 지급한다. 〈개정 2007. 12. 21., 2010. 6. 4., 2012. 2. 1., 2014. 1. 21., 2019. 8. 27., 2020. 5. 26.〉

1. 휴가가 끝난 날 이전에 제41조에 따른 피보험 단위기간이 합산하여 180일 이상일 것
2. 휴가를 시작한 날[출산전후휴가 또는 유산·사산휴가를 받은 피보험자가 속한 사업장이 우선지원 대상기업이 아닌 경우에는 휴가 시작 후 60일(한 번에 둘 이상의 자녀를 임신한 경우에는 75일)이 지난 날로 본다] 이후 1개월부터 휴가가 끝난 날 이후 12개월 이내에 신청할 것. 다만, 그 기간에 대통령령으로 정하는 사유로 출산전후휴가 급여 등을 신청할 수 없었던 사람은 그 사유가 끝난 후 30일 이내에 신청하여야 한다.

[제목개정 2012. 2. 1.]

관련법령 ▶ 「남녀고용평등과 일·가정 양립 지원에 관한 법률」제18조

제18조(출산전후휴가 등에 대한 지원)

① 국가는 제18조의2에 따른 배우자 출산휴가, 「근로기준법」제74조에 따른 출산전후휴가 또는 유산·사산 휴가를 사용한 근로자 중 일정한 요건에 해당하는 사람에게 그 휴가기간에 대하여 통상임금에 상당하는 금액(이하 "출산전후휴가급여 등"이라 한다)을 지급할 수 있다. 〈개정 2012. 2. 1., 2019. 8. 27., 2020. 5. 26.〉

② 제1항에 따라 지급된 출산전후휴가급여 등은 그 금액의 한도에서 제18조의2제1항 또는 「근로기준법」제74조제4항에 따라 사업주가 지급한 것으로 본다. 〈개정 2012. 2. 1., 2019. 8. 27.〉

③ 출산전후휴가급여 등을 지급하기 위하여 필요한 비용은 국가재정이나 「사회보장기본법」에 따른 사회보험에서 분담할 수 있다. 〈개정 2012. 2. 1.〉

④ 근로자가 출산전후휴가급여 등을 받으려는 경우 사업주는 관계 서류의 작성·확인 등 모든 절차에 적극 협력하여야 한다. 〈개정 2012. 2. 1., 2019. 8. 27.〉
⑤ 출산전후휴가급여 등의 지급요건, 지급기간 및 절차 등에 관하여 필요한 사항은 따로 법률로 정한다. 〈개정 2012. 2. 1.〉

[전문개정 2007. 12. 21.]
[제목개정 2012. 2. 1., 2019. 8. 27.]

관련법령 ▶ 「근로기준법」 제74조

제74조(임산부의 보호)

① 사용자는 임신 중의 여성에게 출산 전과 출산 후를 통하여 90일(한 번에 둘 이상 자녀를 임신한 경우에는 120일)의 출산전후휴가를 주어야 한다. 이 경우 휴가 기간의 배정은 출산 후에 45일(한 번에 둘 이상 자녀를 임신한 경우에는 60일) 이상이 되어야 한다. 〈개정 2012. 2. 1., 2014. 1. 21.〉
② 사용자는 임신 중인 여성 근로자가 유산의 경험 등 대통령령으로 정하는 사유로 제1항의 휴가를 청구하는 경우 출산 전 어느 때 라도 휴가를 나누어 사용할 수 있도록 하여야 한다. 이 경우 출산 후의 휴가 기간은 연속하여 45일(한 번에 둘 이상 자녀를 임신한 경우에는 60일) 이상이 되어야 한다. 〈신설 2012. 2. 1., 2014. 1. 21.〉
③ 사용자는 임신 중인 여성이 유산 또는 사산한 경우로서 그 근로자가 청구하면 대통령령으로 정하는 바에 따라 유산·사산 휴가를 주어야 한다. 다만, 인공 임신중절 수술(「모자보건법」 제14조제1항에 따른 경우는 제외한다)에 따른 유산의 경우는 그러하지 아니하다. 〈개정 2012. 2. 1.〉
④ 제1항부터 제3항까지의 규정에 따른 휴가 중 최초 60일(한 번에 둘 이상 자녀를 임신한 경우에는 75일)은 유급으로 한다. 다만, 「남녀고용평등과 일·가정 양립 지원에 관한 법률」 제18조에 따라 출산전후휴가급여 등이 지급된 경우에는 그 금액의 한도에서 지급의 책임을 면한다. 〈개정 2007. 12. 21., 2012. 2. 1., 2014. 1. 21.〉
⑤ 사용자는 임신 중의 여성 근로자에게 시간외근로를 하게 하여서는 아니 되며, 그 근로자의 요구가 있는 경우에는 쉬운 종류의 근로로 전환하여야 한다. 〈개정 2012. 2. 1.〉
⑥ 사업주는 제1항에 따른 출산전후휴가 종료 후에는 휴가 전과 동일한 업무 또는 동등한 수준의 임금을 지급하는 직무에 복귀시켜야 한다. 〈신설 2008. 3. 28., 2012. 2. 1.〉
⑦ 사용자는 임신 후 12주 이내 또는 36주 이후에 있는 여성 근로자가 1일 2시간의 근로시간 단축을 신청하는 경우 이를 허용하여야 한다. 다만, 1일 근로시간이 8시간 미만인 근

로자에 대하여는 1일 근로시간이 6시간이 되도록 근로시간 단축을 허용할 수 있다. 〈신설 2014. 3. 24.〉
⑧ 사용자는 제7항에 따른 근로시간 단축을 이유로 해당 근로자의 임금을 삭감하여서는 아니 된다. 〈신설 2014. 3. 24.〉
⑨ 사용자는 임신 중인 여성 근로자가 1일 소정근로시간을 유지하면서 업무의 시작 및 종료 시각의 변경을 신청하는 경우 이를 허용하여야 한다. 다만, 정상적인 사업 운영에 중대한 지장을 초래하는 경우 등 대통령령으로 정하는 경우에는 그러하지 아니하다. 〈신설 2021. 5. 18.〉
⑩ 제7항에 따른 근로시간 단축의 신청방법 및 절차, 제9항에 따른 업무의 시작 및 종료 시각 변경의 신청방법 및 절차 등에 관하여 필요한 사항은 대통령령으로 정한다. 〈신설 2014. 3. 24., 2021. 5. 18.〉

제75조의2 출산전후휴가 급여 등의 수급권 대위

사업주가 출산전후휴가 급여 등의 지급사유와 같은 사유로 그에 상당하는 금품을 근로자에게 미리 지급한 경우로서 그 금품이 출산전후휴가 급여 등을 대체하여 지급한 것으로 인정되면 그 사업주는 지급한 금액(제76조제2항에 따른 상한액을 초과할 수 없다)에 대하여 그 근로자의 출산전후휴가 급여 등을 받을 권리를 대위한다. 〈개정 2012. 2. 1.〉
[본조신설 2008. 12. 31.]
[제목개정 2012. 2. 1.]

제76조 지급 기간 등

① 제75조에 따른 출산전후휴가 급여 등은 다음 각 호의 휴가 기간에 대하여 「근로기준법」의 통상임금(휴가를 시작한 날을 기준으로 산정한다)에 해당하는 금액을 지급한다. 〈개정 2012. 2. 1., 2014. 1. 21., 2019. 8. 27.〉
  1. 「근로기준법」 제74조에 따른 출산전후휴가 또는 유산·사산휴가 기간. 다만, 우선지원 대상기업이 아닌 경우에는 휴가 기간 중 60일(한 번에 둘 이상의 자녀를 임신한 경우에는 75일)을 초과한 일수(30일을 한도로 하되, 한 번에 둘

이상의 자녀를 임신한 경우에는 45일을 한도로 한다)로 한정한다.
2. 「남녀고용평등과 일·가정 양립 지원에 관한 법률」 제18조의2에 따른 배우자 출산휴가 기간 중 최초 5일(전 기간으로 하여 지급 기간을 확대함. 2023년 5월 입법예고). 다만, 피보험자가 속한 사업장이 우선지원 대상기업인 경우에 한정한다.

② 제1항에 따른 출산전후휴가 급여 등의 지급 금액은 대통령령으로 정하는 바에 따라 그 상한액과 하한액을 정할 수 있다. <개정 2012. 2. 1.>

③ 제1항과 제2항에 따른 출산전후휴가 급여 등의 신청 및 지급에 필요한 사항은 고용노동부령으로 정한다. <개정 2010. 6. 4., 2012. 2. 1.>

제76조의2 기간제근로자 또는 파견근로자에 대한 적용

① 고용노동부장관은 제76조제1항제1호에도 불구하고 「기간제 및 단시간근로자 보호 등에 관한 법률」 제2조에 따른 기간제근로자 또는 「파견근로자 보호 등에 관한 법률」 제2조에 따른 파견근로자가 「근로기준법」 제74조에 따른 출산전후휴가 기간 또는 유산·사산휴가기간 중 근로계약기간이 끝나는 경우 근로계약 종료일 다음 날부터 해당 출산전후휴가 또는 유산·사산휴가 종료일까지의 기간에 대한 출산전후휴가 급여 등에 상당하는 금액 전부를 기간제근로자 또는 파견근로자에게 지급한다. <개정 2022. 12. 31.>

② 제1항에 따른 출산전후휴가 급여 등에 상당하는 금액의 신청 및 지급에 필요한 사항은 고용노동부령으로 정한다.

[본조신설 2021. 1. 5.] [시행일: 2023. 7. 1.] 제76조의2

관련법령 ▶ 「기간제 및 단시간근로자 보호 등에 관한 법률」 제2조

제2조(정의)

1. "기간제근로자"라 함은 기간의 정함이 있는 근로계약(이하 "기간제 근로계약"이라 한다)을 체결한 근로자를 말한다.
2. "단시간근로자"라 함은 「근로기준법」 제2조의 단시간근로자를 말한다.
3. "차별적 처우"라 함은 다음 각 목의 사항에서 합리적인 이유 없이 불리하게 처우하는 것을 말한다.

가. 「근로기준법」제2조제1항제5호에 따른 임금
나. 정기상여금, 명절상여금 등 정기적으로 지급되는 상여금
다. 경영성과에 따른 성과금
라. 그 밖에 근로조건 및 복리후생 등에 관한 사항

관련법령 ▶ 「파견근로자 보호 등에 관한 법률」제2조

제2조(정의)

1. **"근로자파견"** 이란 파견사업주가 근로자를 고용한 후 그 고용관계를 유지하면서 근로자파견계약의 내용에 따라 사용사업주의 지휘·명령을 받아 사용사업주를 위한 근로에 종사하게 하는 것을 말한다.
2. **"근로자파견사업"** 이란 근로자파견을 업(業)으로 하는 것을 말한다.
3. **"파견사업주"** 란 근로자파견사업을 하는 자를 말한다.
4. **"사용사업주"** 란 근로자파견계약에 따라 파견근로자를 사용하는 자를 말한다.
5. **"파견근로자"** 란 파견사업주가 고용한 근로자로서 근로자파견의 대상이 되는 사람을 말한다.
6. **"근로자파견계약"** 이란 파견사업주와 사용사업주 간에 근로자파견을 약정하는 계약을 말한다.
7. **"차별적 처우"** 란 다음 각 목의 사항에서 합리적인 이유 없이 불리하게 처우하는 것을 말한다.
   가. 「근로기준법」제2조제1항제5호의 임금
   나. 정기상여금, 명절상여금 등 정기적으로 지급되는 상여금
   다. 경영성과에 따른 성과금
   라. 그 밖에 근로조건 및 복리후생 등에 관한 사항

[전문개정 2019. 4. 30.]

관련법령 ▶ 「근로기준법」제74조

제74조(임산부의 보호)

① 사용자는 임신 중의 여성에게 출산 전과 출산 후를 통하여 90일(한 번에 둘 이상 자녀를 임신한 경우에는 120일)의 출산전후휴가를 주어야 한다. 이 경우 휴가 기간의 배정은 출산 후에 45일(한 번에 둘 이상 자녀를 임신한 경우에는 60일) 이상이 되어야 한다. ⟨개

정 2012. 2. 1., 2014. 1. 21.〉

② 사용자는 임신 중인 여성 근로자가 유산의 경험 등 대통령령으로 정하는 사유로 제1항의 휴가를 청구하는 경우 출산 전 어느 때 라도 휴가를 나누어 사용할 수 있도록 하여야 한다. 이 경우 출산 후의 휴가 기간은 연속하여 45일(한 번에 둘 이상 자녀를 임신한 경우에는 60일) 이상이 되어야 한다. 〈신설 2012. 2. 1., 2014. 1. 21.〉

③ 사용자는 임신 중인 여성이 유산 또는 사산한 경우로서 그 근로자가 청구하면 대통령령으로 정하는 바에 따라 유산·사산 휴가를 주어야 한다. 다만, 인공 임신중절 수술(「모자보건법」제14조제1항에 따른 경우는 제외한다)에 따른 유산의 경우는 그러하지 아니하다. 〈개정 2012. 2. 1.〉

④ 제1항부터 제3항까지의 규정에 따른 휴가 중 최초 60일(한 번에 둘 이상 자녀를 임신한 경우에는 75일)은 유급으로 한다. 다만, 「남녀고용평등과 일·가정 양립 지원에 관한 법률」제18조에 따라 출산전후휴가급여 등이 지급된 경우에는 그 금액의 한도에서 지급의 책임을 면한다. 〈개정 2007. 12. 21., 2012. 2. 1., 2014. 1. 21.〉

⑤ 사용자는 임신 중의 여성 근로자에게 시간외근로를 하게 하여서는 아니 되며, 그 근로자의 요구가 있는 경우에는 쉬운 종류의 근로로 전환하여야 한다. 〈개정 2012. 2. 1.〉

⑥ 사업주는 제1항에 따른 출산전후휴가 종료 후에는 휴가 전과 동일한 업무 또는 동등한 수준의 임금을 지급하는 직무에 복귀시켜야 한다. 〈신설 2008. 3. 28., 2012. 2. 1.〉

⑦ 사용자는 임신 후 12주 이내 또는 36주 이후에 있는 여성 근로자가 1일 2시간의 근로시간 단축을 신청하는 경우 이를 허용하여야 한다. 다만, 1일 근로시간이 8시간 미만인 근로자에 대하여는 1일 근로시간이 6시간이 되도록 근로시간 단축을 허용할 수 있다. 〈신설 2014. 3. 24.〉

⑧ 사용자는 제7항에 따른 근로시간 단축을 이유로 해당 근로자의 임금을 삭감하여서는 아니 된다. 〈신설 2014. 3. 24.〉

⑨ 사용자는 임신 중인 여성 근로자가 1일 소정근로시간을 유지하면서 업무의 시작 및 종료 시각의 변경을 신청하는 경우 이를 허용하여야 한다. 다만, 정상적인 사업 운영에 중대한 지장을 초래하는 경우 등 대통령령으로 정하는 경우에는 그러하지 아니하다. 〈신설 2021. 5. 18.〉

⑩ 제7항에 따른 근로시간 단축의 신청방법 및 절차, 제9항에 따른 업무의 시작 및 종료 시각 변경의 신청방법 및 절차 등에 관하여 필요한 사항은 대통령령으로 정한다. 〈신설 2014. 3. 24., 2021. 5. 18.〉

제77조 준용

① 출산전후휴가 급여 등의 반환명령, 사실 확인, 지급 제한 등에 관하여는 제62조, 제71조 및 제73조를 준용한다. 이 경우 제62조 중 "구직급여"는 "출산전후휴가 급여 등"으로, 제71조 및 제73조 중 "육아휴직"은 각각 "출산전후휴가, 유산·사산휴가 또는 배우자 출산휴가"로 본다. 〈개정 2022. 12. 31.〉

② 제76조의2에 따른 출산전후휴가 급여 등에 상당하는 금액의 반환명령, 사실 확인, 지급 제한 등에 관하여는 제62조, 제71조 및 제73조(제1항은 제외한다. 이하 이 항에서 같다)를 준용한다. 이 경우 제62조 중 "구직급여"는 "출산전후휴가 급여 등에 상당하는 금액"으로, 제71조 및 제73조 중 "육아휴직"은 각각 "출산전후휴가, 유산·사산휴가"로, "육아휴직 급여"는 "출산전후휴가 급여 등에 상당하는 금액"으로 본다. 〈신설 2022. 12. 31.〉

[전문개정 2021. 1. 5.]

제5장의2 예술인인 피보험자에 대한 고용보험 특례
<신설 2020. 6. 9.>

제77조의2 예술인인 피보험자에 대한 적용

① 근로자가 아니면서 「예술인 복지법」 제2조제2호에 따른 예술인 등 대통령령으로 정하는 사람 중 「예술인 복지법」 제4조의4에 따른 문화예술용역 관련 계약(이하 "문화예술용역 관련 계약"이라 한다)을 체결하고 다른 사람을 사용하지 아니하고 자신이 직접 노무를 제공하는 사람(이하 "예술인"이라 한다)과 이들을 상대방으로 하여 문화예술용역 관련 계약을 체결한 사업에 대해서는 제8조제2항에 따라 이 장을 적용한다. <개정 2021. 1. 5.>

② 제1항에도 불구하고 예술인이 다음 각 호의 어느 하나에 해당하는 경우에는 이 법을 적용하지 아니한다. <개정 2021. 1. 5., 2022. 12. 31.>

  1. 65세 이후에 근로계약, 문화예술용역 관련 계약 또는 제77조의6제1항에 따른 노무제공계약(65세 전부터 피보험자격을 유지하던 사람이 65세 이후에 계속하여 근로계약, 문화예술용역 관련 계약 또는 노무제공계약을 체결한 경우는 제외한다)을 체결하거나 자영업을 개시하는 경우

  2. 예술인 중 대통령령으로 정하는 소득 기준을 충족하지 못하는 경우. 다만, 예술인 중 계약의 기간이 1개월 미만인 사람(이하 "단기예술인"이라 한다)은 제외한다.

  3. 15세 미만인 경우. 다만, 15세 미만인 예술인으로서 고용보험 가입을 원하는 사람은 대통령령으로 정하는 바에 따라 고용보험에 가입할 수 있다.

③ 제15조에도 불구하고 사업의 특성 및 규모 등을 고려하여 대통령령으로 정하는

사업이 다음 각 호의 어느 하나에 해당하는 경우에는 하수급인이 사용하는 예술인에 대하여 **대통령령**으로 정하는 바에 따라 발주자 또는 원수급인이 **제15조**에 따른 신고를 하여야 한다.
   1. 하나의 사업에 다수의 도급이 이루어져 원수급인이 다수인 경우
   2. 하나의 사업이 여러 차례의 도급으로 이루어져 하수급인이 다수인 경우
④ 제3항에 따라 하수급인인 사업주와 예술인 등은 발주자·원수급인이 피보험자격 취득 등의 신고를 위하여 **대통령령**으로 정하는 관련 자료, 정보 등을 요청하는 경우 이를 제공하여야 한다.
⑤ 삭제 〈2022. 12. 31.〉
⑥ 제1항에 따라 이 장의 적용을 받는 예술인과 문화예술용역 관련 계약을 체결한 사업의 사업주(제3항의 경우에는 발주자 또는 원수급인을 말한다)는 고용산재보험료징수법에 따라 보험료를 부담하며, 그 보험관계의 성립·소멸 및 변경, 보험료의 산정·납부 및 징수에 필요한 사항은 고용산재보험료징수법에서 정하는 바에 따른다. 〈개정 2021. 1. 5.〉

[본조신설 2020. 6. 9.] **[시행일: 2023. 7. 1.] 제77조의2**

> **관련법령** 「예술인 복지법」제2조제2호

"예술인"이란 예술 활동을 업(業)으로 하여 국가를 문화적, 사회적, 경제적, 정치적으로 풍요롭게 만드는 데 공헌하는 사람으로서 문화예술 분야에서 대통령령으로 정하는 바에 따라 창작, 실연(實演), 기술지원 등의 활동을 증명할 수 있는 사람을 말한다.

> **관련법령** 「예술인 복지법」제4조의4

④ 국가 또는 지방자치단체는 예산의 범위에서 예술인의 복지 증진을 위한 사업과 활동에 필요한 지원을 할 수 있다. 〈개정 2018. 10. 16.〉

제77조의3 예술인인 피보험자에 대한 구직급여

① 예술인의 구직급여는 다음 각 호의 요건을 모두 갖춘 경우에 지급한다. 다만, 제6호는 최종 이직 당시 단기예술인이었던 사람만 해당한다. 〈개정 2021. 1. 5.〉

1. 이직일 이전 24개월 동안의 피보험 단위기간이 통산하여 9개월 이상일 것
2. 근로 또는 노무제공의 의사와 능력이 있음에도 불구하고 취업(영리를 목적으로 사업을 영위하는 경우를 포함한다. 이하 이 장에서 같다)하지 못한 상태에 있을 것
3. 이직사유가 제77조의5제2항에서 준용하는 제58조에 따른 수급자격의 제한 사유에 해당하지 아니할 것. 다만, 제77조의5제2항에서 준용하는 제58조제2호가목에도 불구하고 예술인이 이직할 당시 대통령령으로 정하는 바에 따른 소득감소로 인하여 이직하였다고 직업안정기관의 장이 인정하는 경우에는 제58조에 따른 수급자격의 제한 사유에 해당하지 아니하는 것으로 본다.
4. 이직일 이전 24개월 중 3개월 이상을 예술인인 피보험자로 피보험자격을 유지하였을 것
5. 재취업을 위한 노력을 적극적으로 할 것
6. 다음 각 목의 요건을 모두 갖출 것
   가. 수급자격의 인정신청일 이전 1개월 동안의 노무제공일수가 10일 미만이거나 수급자격 인정신청일 이전 14일간 연속하여 노무제공내역이 없을 것
   나. 최종 이직일 이전 24개월 동안의 피보험 단위기간 중 다른 사업에서 제77조의5제2항에서 준용하는 제58조에 따른 수급자격의 제한 사유에 해당하는 사유로 이직한 사실이 있는 경우에는 그 피보험 단위기간 중 90일 이상을 단기예술인으로 종사하였을 것

② 제1항제1호에 따른 피보험 단위기간은 그 수급자격과 관련된 이직 당시의 사업에서의 피보험자격 취득일부터 이직일까지의 기간으로 산정하고, 이직일 이전 24개월 동안 근로자, 예술인, 제77조의6제1항에 따른 노무제공자 중 둘 이상에 해당하는 사람으로 종사한 경우의 피보험 단위기간은 대통령령으로 정하는 바에 따른다. 〈개정 2021. 1. 5.〉

③ 예술인의 기초일액은 수급자격 인정과 관련된 마지막 이직일 전 1년간의 고용산재보험료징수법 제16조의10에 따라 신고된 보수총액을 그 산정의 기준이 되는 기간의 총 일수로 나눈 금액으로 한다. 다만, 예술인(고용산재보험료징수법 제3

조제1항제2호에 따라 기준보수를 적용받지 아니하는 예술인은 제외한다)의 기초일액이 이직 당시의 같은 법 제3조에 따른 예술인의 일단위 기준보수 미만인 경우에는 일단위 기준보수를 기초일액으로 한다. 〈개정 2021. 1. 5., 2022. 12. 31.〉
④ 예술인의 구직급여일액은 제3항에 따른 기초일액에 100분의 60을 곱한 금액으로 한다.
⑤ 제4항에 따른 구직급여일액의 상한액은 근로자인 피보험자의 구직급여 상한액 등을 고려하여 대통령령으로 정하는 금액으로 한다.
⑥ 예술인은 제42조에 따른 실업의 신고일부터 계산하기 시작하여 7일간은 대기기간으로 보아 구직급여를 지급하지 아니한다. 다만, 다음 각 호의 사유에 해당하는 경우에는 각 호의 사유별로 4주의 범위에서 대통령령으로 정하는 기간을 대기기간으로 보아 구직급여를 지급하지 아니하며, 각 호의 사유 중 둘 이상에 해당하는 경우에는 그 대기기간이 가장 긴 기간을 대기기간으로 본다. 〈개정 2022. 12. 31.〉
  1. 제1항제3호 단서에서 정한 사유로 이직한 경우
  2. 제43조의2제1항에 따라 수급자격의 인정신청을 한 경우로서 가장 나중에 상실한 피보험자격과 관련된 이직사유가 같은 조 제2항 단서에 해당하는 경우
⑦ 예술인의 소정급여일수 산정을 위한 피보험기간은 제2항에 따른 피보험 단위기간으로 한다. 다만, 단기예술인은 해당 계약기간 중 노무제공일수 등을 고려하여 대통령령으로 정하는 바에 따라 산정한 기간으로 한다.
⑧ 제47조에도 불구하고 직업안정기관의 장은 예술인인 피보험자에 대하여 구직급여를 지급하는 경우에는 실업인정대상기간 중 취업 등으로 발생한 소득에 대해서는 소득수준, 근로 등의 활동 기간 등을 고려하여 대통령령으로 정하는 바에 따라 일부 또는 전부를 감액하고 지급하여야 한다.
[본조신설 2020. 6. 9.][시행일: 2023. 7. 1.] 제77조의3

관련법령 「고용산재보험료징수법」 제16조의10

제16조의10(보수총액 등의 신고)

① 사업주는 전년도에 근로자, 예술인 또는 노무제공자에게 지급한 보수총액 등을 매년 3월 15일까지 공단에 신고하여야 한다. 이 경우 제48조의2제6항 또는 제48조의4제3항

에 따른 보험료납부자가 사업주, 예술인 또는 노무제공자의 보험료를 원천공제하여 납부한 경우는 제외한다. 〈개정 2012. 2. 1., 2020. 6. 9., 2021. 1. 5.〉

② 사업주는 사업의 폐지·종료 등으로 보험관계가 소멸한 때에는 그 보험관계가 소멸한 날부터 14일 이내에 근로자, 예술인 또는 노무제공자에게 지급한 보수총액 등을 공단에 신고하여야 한다. 〈개정 2020. 6. 9., 2021. 1. 5.〉

③ 사업주는 다음 각 호의 어느 하나에 해당하는 때에는 그 근로자·예술인·노무제공자의 성명 및 주소지 등을 해당 근로자를 고용한 날 또는 해당 예술인·노무제공자의 노무제공 개시일이 속하는 달의 다음 달 15일까지 공단에 신고하여야 한다. 다만, 1개월 동안 소정근로시간이 60시간 미만인 사람 등 대통령령으로 정하는 근로자에 대해서는 신고하지 아니할 수 있다. 〈개정 2021. 1. 5.〉

1. 근로자를 새로 고용한 때
2. 「고용보험법」 제77조의2제1항에 따른 문화예술용역 관련 계약(이하 "문화예술용역 관련 계약"이라 한다)을 체결한 때
3. 「고용보험법」 제77조의6제1항에 따른 노무제공계약(이하 "노무제공계약"이라 한다)을 체결한 때

④ 사업주는 다음 각 호의 어느 하나에 해당하는 때에는 그 근로자·예술인·노무제공자에게 지급한 보수총액, 고용관계 또는 문화예술용역 관련 계약·노무제공계약의 종료일 등을 해당 고용관계 또는 계약이 종료된 날이 속하는 달의 다음 달 15일까지 공단에 신고하여야 한다. 〈개정 2021. 1. 5.〉

1. 근로자와 고용관계를 종료한 때
2. 예술인과 문화예술용역 관련 계약을 종료한 때
3. 노무제공자와 노무제공계약을 종료한 때

⑤ 사업주는 근로자, 예술인 또는 노무제공자가 휴직하거나 다른 사업장으로 전보되는 등 대통령령으로 정하는 사유가 발생한 때에는 그 사유 발생일부터 14일 이내에 그 사실을 공단에 신고하여야 한다. 〈개정 2020. 6. 9., 2021. 1. 5.〉

⑥ 제1항부터 제5항까지에 따른 신고사항, 신고방법·절차, 그 밖에 필요한 사항은 대통령령으로 정한다.

⑦ 사업주 또는 발주자·원수급인이 「고용보험법」 제15조, 제77조의2제3항, 제77조의5제1항, 제77조의10제1항에 따라 제3항부터 제5항까지의 사항을 고용노동부장관에게 신고한 경우에는 제3항부터 제5항까지의 규정에 따른 신고를 생략할 수 있다. 〈개정 2021. 1. 5.〉

⑧ 제1항부터 제5항까지의 사항을 신고하여야 하는 사업주는 해당 신고를 정보통신망을 이용하거나 콤팩트디스크(Compact Disc) 등 전자적 기록매체로 제출하는 방식으로 하여야 한다. 다만, 대통령령으로 정하는 규모에 해당하는 사업주는 해당 신고를 문서로 할 수 있다. <개정 2020. 6. 9.>

[본조신설 2010. 1. 27.]

관련법령 ▶ 「고용산재보험료징수법」 제3조제1항제2호

제3조(기준보수)

① 다음 각 호의 어느 하나에 해당하는 경우에는 고용노동부장관이 정하여 고시하는 금액(이하 "기준보수"라 한다)을 근로자, 「고용보험법」제77조의2제1항에 따른 예술인(이하 "예술인"이라 한다)이나 같은 법 제77조의6제1항에 따른 노무제공자(이하 "노무제공자"라 한다)의 보수 또는 보수액으로 할 수 있다. <개정 2022. 12. 31.>

2. 예술인(「고용보험법」제77조의2제2항제2호 본문에 따른 소득 기준을 충족하는 예술인으로서 대통령령으로 정하는 사람과 같은 호 단서에 따른 단기예술인은 제외한다) 및 노무제공자(같은 법 제77조의6제2항제2호 본문에 따른 소득 기준을 충족하는 노무제공자로서 대통령령으로 정하는 사람과 같은 호 단서에 따른 단기노무제공자는 제외한다)의 보수액이 기준보수보다 적은 경우

[전문개정 2009. 12. 30.]

제77조의4 예술인의 출산전후급여 등

① 고용노동부장관은 예술인인 피보험자 또는 피보험자였던 사람이 출산 또는 유산·사산을 이유로 노무를 제공할 수 없는 경우에는 출산전후급여 등(이하 "출산전후급여 등"이라 한다)을 지급한다. 다만, 같은 자녀에 대하여 제75조에 따른 출산전후휴가 급여 등 및 제77조의9제1항에 따른 출산전후급여 등의 지급요건을 동시에 충족하는 경우 등에 대해서는 대통령령으로 정하는 바에 따라 지급한다. <개정 2021. 1. 5., 2022. 6. 10.>

② 제1항에 따른 출산전후급여 등의 지급요건, 지급수준 및 지급기간 등은 대통령령으로 정하는 바에 따른다.

③ 제1항과 제2항에 따른 출산전후급여 등의 신청 및 지급에 필요한 사항은 고용노

동부령으로 정한다.

[본조신설 2020. 6. 9.]
[제목개정 2022. 6. 10.]

제77조의5 준용

① 예술인의 피보험자격에 관하여는 제13조제1항, 제14조제1항, 제15조, 제17조를 준용한다. 이 경우 "근로자"는 "예술인"으로, "고용된 날"은 "문화예술용역 관련 계약 개시일"로, "고용된 근로자"는 "문화예술용역 관련 계약이 개시된 예술인"으로 본다. 〈개정 2021. 1. 5.〉

② 예술인에 대한 구직급여에 대해서는 제37조의2, 제38조, 제38조의2, 제40조제2항제1호, 제41조제2항, 제42조, 제43조, 제43조의2, 제44조, 제47조, 제48조, 제50조, 제56조부터 제58조까지 및 제60조부터 제63조까지의 규정을 준용한다. 이 경우 제40조제2항제1호 중 "이직일 이전 18개월 동안"은 "이직일 이전 24개월 동안"으로, 제63조제1항 본문 중 "제46조"는 "제77조의3제4항·제5항"으로, 같은 조 제5항 전단 중 "제47조, 제49조"는 "제47조"로 본다. 〈개정 2021. 1. 5., 2022. 12. 31.〉

③ 예술인의 출산전후급여 등의 반환명령, 지급 제한 등에 관하여는 제62조 및 제73조제4항을 준용한다. 이 경우 제62조 중 "구직급여"는 "출산전후급여 등"으로, 제73조제4항 중 "육아휴직 급여"는 "출산전후급여 등"으로, "육아휴직"은 "출산 또는 유산·사산"으로, "육아휴직 급여 요건"은 "출산전후급여 등 지급 요건"으로 본다. 〈개정 2022. 12. 31.〉

④ 예술인의 피보험자격확인·구직급여·출산전후급여 등의 심사 및 재심사 청구 등에 관하여는 제87조부터 제98조까지, 제99조(제2항은 제외한다) 및 제100조부터 제112조까지의 규정을 준용한다. 이 경우 "제4장의 규정에 따른 실업급여 및 제5장에 따른 육아휴직 급여와 출산전후휴가 급여 등" 및 "제4장에 따른 실업급여 및 제5장에 따른 육아휴직 급여와 출산전후휴가 급여 등"은 각각 "제5장의2에 따른 구직급여 및 출산전후급여 등"으로, "실업급여"는 각각 "구직급여"로, "사업장"은 각각 "사업장 및 피보험자격취득신고를 하여야 하는 자의 사무소"로, "사업주"는

각각 "사업주 및 피보험자격을 신고하여야 하는 자"로, "근로자"는 각각 "예술인"으로, "육아휴직 급여 등"은 "출산전후급여 등"으로, "제4장"은 "제5장의2"로, "제5장에 따른 육아휴직 급여, 육아기 근로시간 단축 급여 및 출산전후휴가 급여 등"은 "제5장의2에 따른 출산전후급여 등"으로, "실업급여·육아휴직 급여 또는 출산전후휴가 급여 등"은 "구직급여·출산전후급여 등"으로 본다. <신설 2022. 12. 31.>

[본조신설 2020. 6. 9.][시행일: 2023. 7. 1.] 제77조의5

제5장의3 노무제공자인 피보험자에 대한 고용보험 특례

〈신설 2021. 1. 5.〉

제77조의6 노무제공자인 피보험자에 대한 적용

① 근로자가 아니면서 자신이 아닌 다른 사람의 사업을 위하여 자신이 직접 노무를 제공하고 해당 사업주 또는 노무수령자로부터 일정한 대가를 지급받기로 하는 계약(이하 "노무제공계약"이라 한다)을 체결한 사람 중 대통령령으로 정하는 직종에 종사하는 사람(이하 "노무제공자"라 한다)과 이들을 상대방으로 하여 노무제공계약을 체결한 사업에 대해서는 제8조제2항에 따라 이 장을 적용한다.

② 제1항에도 불구하고 노무제공자가 다음 각 호의 어느 하나에 해당하는 경우에는 이 법을 적용하지 아니한다. 〈개정 2022. 12. 31.〉

1. 65세 이후에 근로계약, 노무제공계약 또는 문화예술용역 관련 계약(65세 전부터 피보험자격을 유지하던 사람이 65세 이후에 계속하여 근로계약, 노무제공계약 또는 문화예술용역 관련 계약을 체결한 경우는 제외한다)을 체결하거나 자영업을 개시하는 경우

2. 노무제공자 중 대통령령으로 정하는 소득 기준을 충족하지 못하는 경우. 다만, 노무제공자 중 계약의 기간이 1개월 미만인 사람(이하 "단기노무제공자"라 한다)은 제외한다.

3. 15세 미만인 경우. 다만, 15세 미만인 노무제공자로서 고용보험 가입을 원하는 사람은 대통령령으로 정하는 바에 따라 고용보험에 가입할 수 있다.

③ 삭제 〈2022. 12. 31.〉

④ 제1항에 따라 이 장을 적용하는 노무제공자와 그와 노무제공계약을 체결한 사업의 사업주(이하 "노무제공사업의 사업주"라 한다)는 고용산재보험료징수법에 따라 보험료를 부담하며, 그 보험관계의 성립·소멸 및 변경, 보험료의 산정·납부 및 징수에 필요한 사항은 고용산재보험료징수법에서 정하는 바에 따른다.
[본조신설 2021. 1. 5.] [시행일: 2023. 7. 1.] 제77조의6

제77조의7 노무제공플랫폼사업자에 대한 특례

① 제15조에도 불구하고 노무제공사업의 사업주가 노무제공자와 노무제공사업의 사업주에 관련된 자료 및 정보를 수집·관리하여 이를 전자정보 형태로 기록하고 처리하는 시스템(이하 "노무제공플랫폼"이라 한다)을 구축·운영하는 사업자(이하 "노무제공플랫폼사업자"라 한다)와 노무제공플랫폼 이용에 대한 계약(이하 "노무제공플랫폼이용계약"이라 한다)을 체결하는 경우 노무제공플랫폼사업자는 대통령령으로 정하는 바에 따라 노무제공자에 대한 제15조제1항에 따른 피보험자격의 취득 등을 신고하여야 한다.
② 고용노동부장관은 노무제공자에 관한 보험사무의 효율적 처리를 위하여 노무제공플랫폼사업자에게 해당 노무제공플랫폼의 이용 및 보험관계의 확인에 필요한 다음 각 호의 자료 또는 정보의 제공을 요청할 수 있다. 이 경우 요청을 받은 노무제공플랫폼사업자는 정당한 사유가 없으면 그 요청에 따라야 한다.
  1. 노무제공플랫폼이용계약의 개시일 또는 종료일
  2. 노무제공사업의 사업주의 보험관계와 관련된 사항으로서 사업장의 명칭·주소 등 대통령령으로 정하는 자료 또는 정보
  3. 노무제공자의 피보험자격과 관련된 사항으로서 노무제공자의 이름·직종·보수 등 대통령령으로 정하는 자료 또는 정보
③ 노무제공플랫폼사업자는 제2항에 따라 요청받은 자료 또는 정보의 제공을 위하여 필요한 경우에는 해당 노무제공자와 노무제공사업의 사업주에게 필요한 자료 또는 정보의 제공을 요청할 수 있다. 이 경우 요청을 받은 노무제공자와 노무제공사업의 사업주는 정당한 사유가 없으면 그 요청에 따라야 한다.

④ 고용노동부장관은 제2항에 따라 노무제공플랫폼사업자가 제공한 자료 또는 정보를 해당 보험사무의 처리에 필요한 범위에서만 활용하여야 하며, 이를 공개해서는 아니 된다.
⑤ 노무제공플랫폼사업자는 제1항에 따른 노무제공자의 피보험자격 신고와 관련된 정보를 해당 노무제공자와 노무제공사업의 사업주 사이에 체결된 노무제공계약이 끝난 날부터 3년 동안 노무제공플랫폼에 보관하여야 한다.

[본조신설 2021. 1. 5.]

제77조의8 노무제공자인 피보험자에 대한 구직급여

① 노무제공자의 구직급여는 다음 각 호의 요건을 모두 갖춘 경우에 지급한다. 다만, 제6호는 최종 이직 당시 단기노무제공자였던 사람만 해당한다.
  1. 이직일 이전 24개월 동안 피보험 단위기간이 통산하여 12개월 이상일 것
  2. 근로 또는 노무제공의 의사와 능력이 있음에도 불구하고 취업(영리를 목적으로 사업을 영위하는 경우를 포함한다. 이하 이 장에서 같다)하지 못한 상태에 있을 것
  3. 이직사유가 제77조의10제2항에서 준용하는 제58조에 따른 수급자격의 제한 사유에 해당하지 아니할 것. 다만, 제77조의10제2항에서 준용하는 제58조제2호가목에도 불구하고 노무제공자로 이직할 당시 대통령령으로 정하는 바에 따른 소득 감소로 인하여 이직하였다고 직업안정기관의 장이 인정하는 경우에는 제58조에 따른 수급자격의 제한 사유에 해당하지 아니하는 것으로 본다.
  4. 이직일 이전 24개월 중 3개월 이상을 노무제공자인 피보험자로 피보험자격을 유지하였을 것
  5. 재취업을 위한 노력을 적극적으로 할 것
  6. 다음 각 목의 요건을 모두 갖출 것
    가. 수급자격의 인정신청일 이전 1개월 동안의 노무제공일수가 10일 미만이거나 수급자격 인정신청일 이전 14일간 연속하여 노무제공내역이 없을 것

나. 최종 이직일 이전 24개월 동안의 피보험 단위기간 중 다른 사업에서 제77조의10제2항에서 준용하는 제58조에 따른 수급자격의 제한 사유에 해당하는 사유로 이직한 사실이 있는 경우에는 그 피보험 단위기간 중 90일 이상을 단기노무제공자로 종사하였을 것

② 제1항제1호에 따른 피보험 단위기간은 그 수급자격과 관련된 이직 당시의 사업에서의 피보험자격 취득일부터 이직일까지의 기간으로 산정하고, 이직 전 24개월 중 근로자·노무제공자·예술인 중 둘 이상에 해당하는 사람으로 종사한 경우의 피보험 단위기간은 대통령령으로 정하는 바에 따른다.

③ 노무제공자의 기초일액은 수급자격 인정과 관련된 마지막 이직일 전 1년간의 고용산재보험료징수법 제16조의10에 따라 신고된 보수총액을 그 산정의 기준이 되는 기간의 총 일수로 나눈 금액으로 한다. 다만, 노무제공자(고용산재보험료징수법 제3조제1항제2호에 따라 기준보수를 적용받지 아니하는 노무제공자는 제외한다)의 기초일액이 이직 당시의 같은 법 제3조에 따른 노무제공자의 일단위 기준보수 미만인 경우에는 일단위 기준보수를 기초일액으로 한다. 〈개정 2022. 12. 31.〉

④ 제3항에도 불구하고 고용산재보험료징수법 제48조의3제3항 단서의 적용을 받는 노무제공자의 기초일액은 고용노동부장관이 고시하는 금액으로 한다. 〈개정 2022. 6. 10.〉

⑤ 노무제공자의 구직급여일액은 제3항에 따른 기초일액에 100분의 60을 곱한 금액으로 한다. 이 경우 구직급여일액의 상한액은 근로자인 피보험자의 구직급여 상한액 등을 고려하여 대통령령으로 정하는 금액으로 한다.

⑥ 노무제공자는 제42조에 따른 실업의 신고일부터 계산하기 시작하여 7일간은 대기기간으로 보아 구직급여를 지급하지 아니한다. 다만, 다음 각 호의 사유에 해당하는 경우에는 각 호의 사유별로 4주의 범위에서 대통령령으로 정하는 기간을 대기기간으로 보아 구직급여를 지급하지 아니하며, 각 호의 사유 중 둘 이상에 해당하는 경우에는 그 대기기간이 가장 긴 기간을 대기기간으로 본다. 〈개정 2022. 12. 31.〉

  1. 제1항제3호 단서에서 정한 사유로 이직한 경우
  2. 제43조의2제1항에 따라 수급자격의 인정신청을 한 경우로서 가장 나중에 상

실한 피보험자격과 관련된 이직사유가 같은 조 제2항 단서에 해당하는 경우
⑦ 노무제공자의 소정급여일수 산정을 위한 피보험기간은 제2항에 따른 피보험 단위기간으로 한다. 다만, 단기노무제공자의 피보험기간은 해당 계약기간 중 노무제공일수 등을 고려하여 대통령령으로 정하는 바에 따라 산정한 기간으로 한다.
⑧ 제47조에도 불구하고 직업안정기관의 장은 노무제공자인 피보험자에 대하여 구직급여를 지급하는 경우 실업인정대상기간 중 취업 등으로 발생한 소득에 대해서는 소득수준, 근로 등의 활동 기간 등을 고려하여 대통령령으로 정하는 바에 따라 일부 또는 전부를 감액하고 지급하여야 한다.
[본조신설 2021. 1. 5.] [시행일: 2023. 7. 1.] 제77조의8

관련법령 ▶ 「고용산재보험료징수법」 제16조의10

제16조의10(보수총액 등의 신고)

① 사업주는 전년도에 근로자, 예술인 또는 노무제공자에게 지급한 보수총액 등을 매년 3월 15일까지 공단에 신고하여야 한다. 이 경우 제48조의2제6항 또는 제48조의4제3항에 따른 보험료납부자가 사업주, 예술인 또는 노무제공자의 보험료를 원천공제하여 납부한 경우는 제외한다. 〈개정 2012. 2. 1., 2020. 6. 9., 2021. 1. 5.〉
② 사업주는 사업의 폐지·종료 등으로 보험관계가 소멸한 때에는 그 보험관계가 소멸한 날부터 14일 이내에 근로자, 예술인 또는 노무제공자에게 지급한 보수총액 등을 공단에 신고하여야 한다. 〈개정 2020. 6. 9., 2021. 1. 5.〉
③ 사업주는 다음 각 호의 어느 하나에 해당하는 때에는 그 근로자·예술인·노무제공자의 성명 및 주소지 등을 해당 근로자를 고용한 날 또는 해당 예술인·노무제공자의 노무제공 개시일이 속하는 달의 다음 달 15일까지 공단에 신고하여야 한다. 다만, 1개월 동안 소정근로시간이 60시간 미만인 사람 등 대통령령으로 정하는 근로자에 대해서는 신고하지 아니할 수 있다. 〈개정 2021. 1. 5.〉
  1. 근로자를 새로 고용한 때
  2. 「고용보험법」제77조의2제1항에 따른 문화예술용역 관련 계약(이하 "문화예술용역 관련 계약"이라 한다)을 체결한 때
  3. 「고용보험법」제77조의6제1항에 따른 노무제공계약(이하 "노무제공계약"이라 한다)을 체결한 때
④ 사업주는 다음 각 호의 어느 하나에 해당하는 때에는 그 근로자·예술인·노무제공자에

게 지급한 보수총액, 고용관계 또는 문화예술용역 관련 계약·노무제공계약의 종료일 등을 해당 고용관계 또는 계약이 종료된 날이 속하는 달의 다음 달 15일까지 공단에 신고하여야 한다. 〈개정 2021. 1. 5.〉
 1. 근로자와 고용관계를 종료한 때
 2. 예술인과 문화예술용역 관련 계약을 종료한 때
 3. 노무제공자와 노무제공계약을 종료한 때
⑤ 사업주는 근로자, 예술인 또는 노무제공자가 휴직하거나 다른 사업장으로 전보되는 등 대통령령으로 정하는 사유가 발생한 때에는 그 사유 발생일부터 14일 이내에 그 사실을 공단에 신고하여야 한다. 〈개정 2020. 6. 9., 2021. 1. 5.〉
⑥ 제1항부터 제5항까지에 따른 신고사항, 신고방법·절차, 그 밖에 필요한 사항은 대통령령으로 정한다.
⑦ 사업주 또는 발주자·원수급인이 「고용보험법」제15조, 제77조의2제3항, 제77조의5제1항, 제77조의10제1항에 따라 제3항부터 제5항까지의 사항을 고용노동부장관에게 신고한 경우에는 제3항부터 제5항까지의 규정에 따른 신고를 생략할 수 있다. 〈개정 2021. 1. 5.〉
⑧ 제1항부터 제5항까지의 사항을 신고하여야 하는 사업주는 해당 신고를 정보통신망을 이용하거나 콤팩트디스크(Compact Disc) 등 전자적 기록매체로 제출하는 방식으로 하여야 한다. 다만, 대통령령으로 정하는 규모에 해당하는 사업주는 해당 신고를 문서로 할 수 있다. 〈개정 2020. 6. 9.〉
[본조신설 2010. 1. 27.]

| 관련법령 | 「고용산재보험료징수법」 제3조제1항제2호 |

제3조(기준보수)

① 다음 각 호의 어느 하나에 해당하는 경우에는 고용노동부장관이 정하여 고시하는 금액(이하 "기준보수"라 한다)을 근로자, 「고용보험법」제77조의2제1항에 따른 예술인(이하 "예술인"이라 한다)이나 같은 법 제77조의6제1항에 따른 노무제공자(이하 "노무제공자"라 한다)의 보수 또는 보수액으로 할 수 있다. 〈개정 2022. 12. 31.〉
2. 예술인(「고용보험법」제77조의2제2항제2호 본문에 따른 소득 기준을 충족하는 예술인으로서 대통령령으로 정하는 사람과 같은 호 단서에 따른 단기예술인은 제외한다) 및 노무제공자(같은 법 제77조의6제2항제2호 본문에 따른 소득 기준을 충족하는 노무제공자로서 대통령령으로 정하는 사람과 같은 호 단서에 따른 단기노무제공자는 제외한다)의 보수액이 기준보수보다 적은 경우

관련법령 ▶ 「고용산재보험료징수법」제48조의3제2항

제48조의3(노무제공자의 고용보험 특례)
② 공단이 제16조의2제1항에 따라 매월 부과하는 노무제공자의 월별 보험료(고용보험료에 한정한다)는 월 보수액에 고용보험료율을 곱한 금액으로 한다. 이 경우 월 보수액의 산정 방법, 적용기간 등은 대통령령으로 정하는 바에 따른다. 〈신설 2022. 6. 10., 2022. 12. 31.〉

제77조의9 노무제공자의 출산전후급여 등

① 고용노동부장관은 노무제공자인 피보험자 또는 피보험자였던 사람이 출산 또는 유산·사산을 이유로 노무를 제공할 수 없는 경우에는 출산전후급여 등을 지급한다. 다만, 같은 자녀에 대하여 제75조에 따른 출산전후휴가 급여 등 또는 제77조의4 제1항에 따른 출산전후급여 등의 지급요건을 동시에 충족하는 경우 대통령령으로 정하는 바에 따라 지급한다. 〈개정 2022. 6. 10.〉
② 제1항에 따른 출산전후급여 등의 지급요건, 지급수준 및 지급기간 등은 대통령령으로 정하는 바에 따른다.
③ 제1항과 제2항에 따른 출산전후급여 등의 신청 및 지급에 필요한 사항은 고용노동부령으로 정한다.

[본조신설 2021. 1. 5.]
[제목개정 2022. 6. 10.]

제77조의10 준용

① 노무제공자의 피보험자격에 관하여는 제13조제1항, 제14조제1항, 제15조 및 제17조를 준용한다. 이 경우 "근로자"는 "노무제공자"로, "고용된 날"은 "노무제공계약의 개시일"로, "고용된 근로자"는 "노무제공계약이 개시된 노무제공자"로 본다.
② 노무제공자에 대한 구직급여에 관하여는 제37조의2, 제38조, 제38조의2, 제40조제2항제1호, 제41조제2항, 제42조, 제43조, 제43조의2, 제44조, 제47조, 제48조, 제50조, 제56조부터 제58조까지 및 제60조부터 제63조까지의 규정을 준용한

다. 이 경우 제40조제2항제1호 중 "이직일 이전 18개월 동안"은 "이직일 이전 24개월 동안"으로, 제63조제1항 본문 중 "제46조"는 "제77조의3제4항·제5항"으로, 같은 조 제5항 전단 중 "제47조, 제49조"는 "제47조"로 본다. 〈개정 2022. 12. 31.〉

③ 노무제공자의 출산전후급여 등의 반환명령, 지급 제한 등에 관하여는 제62조 및 제73조제4항을 준용한다. 이 경우 제62조 중 "구직급여"는 "출산전후급여 등"으로, 제73조제4항 중 "육아휴직 급여"는 "출산전후급여 등"으로, "육아휴직"은 "출산 또는 유산·사산"으로, "육아휴직 급여 요건"은 "출산전후급여 등 지급 요건"으로 본다. 〈개정 2022. 12. 31.〉

④ 노무제공자의 피보험자격확인·구직급여·출산전후급여 등의 심사 및 재심사 청구 등에 관하여는 제87조부터 제98조까지, 제99조(제2항은 제외한다) 및 제100조부터 제112조까지의 규정을 준용한다. 이 경우 "제4장의 규정에 따른 실업급여 및 제5장에 따른 육아휴직 급여와 출산전후휴가 급여 등" 및 "제4장에 따른 실업급여 및 제5장에 따른 육아휴직 급여와 출산전후휴가 급여 등"은 각각 "제5장의3에 따른 구직급여 및 출산전후급여 등"으로, "실업급여"는 각각 "구직급여"로, "사업장"은 각각 "사업장 및 피보험자격취득신고를 하여야 하는 자의 사무소"로, "사업주"는 각각 "사업주 및 피보험자격을 신고하여야 하는 자"로, "근로자"는 각각 "노무제공자"로, "육아휴직 급여 등"은 "출산전후급여 등"으로, "제4장"은 "제5장의3"으로, "제5장에 따른 육아휴직 급여, 육아기 근로시간 단축 급여 및 출산전후휴가 급여 등"은 "제5장의3에 따른 출산전후급여 등"으로, "실업급여·육아휴직 급여 또는 출산전후휴가 급여 등"은 "구직급여·출산전후급여 등"으로 본다. 〈신설 2022. 12. 31.〉[본조신설 2021. 1. 5.] [시행일: 2023. 7. 1.] 제77조의10

제6장 고용보험기금

제78조 기금의 설치 및 조성

① 고용노동부장관은 보험사업에 필요한 재원에 충당하기 위하여 고용보험기금(이하 "기금"이라 한다)을 설치한다. 〈개정 2010. 6. 4.〉

② 기금은 보험료와 이 법에 따른 징수금·적립금·기금운용 수익금과 그 밖의 수입으로 조성한다.

제79조 기금의 관리·운용

① 기금은 고용노동부장관이 관리·운용한다. 〈개정 2010. 6. 4.〉

② 기금의 관리·운용에 관한 세부 사항은 「국가재정법」의 규정에 따른다.

③ 고용노동부장관은 다음 각 호의 방법에 따라 기금을 관리·운용한다. 〈개정 2010. 6. 4.〉

1. 금융기관에의 예탁
2. 재정자금에의 예탁
3. 국가·지방자치단체 또는 금융기관에서 직접 발행하거나 채무이행을 보증하는 유가증권의 매입
4. 보험사업의 수행 또는 기금 증식을 위한 부동산의 취득 및 처분
5. 그 밖에 대통령령으로 정하는 기금 증식 방법

④ 고용노동부장관은 제1항에 따라 기금을 관리·운용할 때에는 그 수익이 대통령령으로 정하는 수준 이상 되도록 하여야 한다. 〈개정 2010. 6. 4.〉

제80조 기금의 용도

① 기금은 다음 각 호의 용도에 사용하여야 한다. 〈개정 2008. 3. 21., 2012. 2. 1., 2019. 1. 15., 2021. 1. 5.〉

  1. 고용안정·직업능력개발 사업에 필요한 경비
  2. 실업급여의 지급
  2의2. 제55조의2에 따른 국민연금 보험료의 지원
  3. 육아휴직 급여 및 출산전후휴가 급여 등의 지급
  4. 보험료의 반환
  5. 일시 차입금의 상환금과 이자
  6. 이 법과 고용산재보험료징수법에 따른 업무를 대행하거나 위탁받은 자에 대한 출연금
  7. 그 밖에 이 법의 시행을 위하여 필요한 경비로서 대통령령으로 정하는 경비와 제1호 및 제2호에 따른 사업의 수행에 딸린 경비

② 제1항제6호에 따라 기금으로부터 「국민건강보험법」제13조에 따른 국민건강보험공단에 출연하는 금액은 징수업무(고지·수납·체납 업무를 말한다)가 차지하는 비율 등을 기준으로 산정한다. 〈신설 2019. 1. 15.〉

③ 제1항제6호에 따른 출연금의 지급기준, 사용 및 관리에 관하여 필요한 사항은 대통령령으로 정한다. 〈신설 2008. 3. 21., 2019. 1. 15.〉

> **관련법령** ▶ 「국민건강보험법」제13조
>
> 건강보험의 보험자는 국민건강보험공단(이하 "공단"이라 한다)으로 한다.

제81조 기금운용 계획 등

① 고용노동부장관은 매년 기금운용 계획을 세워 제7조에 따른 고용보험위원회 및 국무회의의 심의를 거쳐 대통령의 승인을 받아야 한다. 〈개정 2008. 12. 31., 2010. 6. 4.〉

② 고용노동부장관은 매년 기금의 운용 결과에 대하여 제7조에 따른 고용보험위원회의 심의를 거쳐 공표하여야 한다. 〈개정 2008. 12. 31., 2010. 6. 4.〉

제82조 기금계정의 설치

① 고용노동부장관은 한국은행에 고용보험기금계정을 설치하여야 한다. <개정 2010. 6. 4.>
② 제1항의 고용보험기금계정은 고용안정·직업능력개발 사업 및 실업급여, 자영업자의 고용안정·직업능력개발 사업 및 자영업자의 실업급여로 구분하여 관리한다. <개정 2011. 7. 21.>

제83조 기금의 출납

기금의 관리·운용을 하는 경우 출납에 필요한 사항은 대통령령으로 정한다.

제84조 기금의 적립

① 고용노동부장관은 대량 실업의 발생이나 그 밖의 고용상태 불안에 대비한 준비금으로 여유자금을 적립하여야 한다. <개정 2010. 6. 4.>
② 제1항에 따른 여유자금의 적정규모는 다음 각 호와 같다.
   1. 고용안정·직업능력개발 사업 계정의 연말 적립금: 해당 연도 지출액의 1배 이상 1.5배 미만
   2. 실업급여 계정의 연말 적립금: 해당 연도 지출액의 1.5배 이상 2배 미만

[전문개정 2008. 12. 31.]

제85조 잉여금과 손실금의 처리

① 기금의 결산상 잉여금이 생기면 이를 적립금으로 적립하여야 한다.
② 기금의 결산상 손실금이 생기면 적립금을 사용하여 이를 보전(補塡)할 수 있다.

제86조 차입금

기금을 지출할 때 자금 부족이 발생하거나 발생할 것으로 예상되는 경우에는 기금의 부담으로 금융기관·다른 기금과 그 밖의 재원 등으로부터 차입을 할 수 있다.

제7장 심사 및 재심사청구

> ### 제87조 심사와 재심사

① 제17조에 따른 피보험자격의 취득·상실에 대한 확인, 제4장의 규정에 따른 실업급여 및 제5장에 따른 육아휴직 급여와 출산전후휴가 급여 등에 관한 처분[이하 "원처분(原處分)등"이라 한다]에 이의가 있는 자는 제89조에 따른 심사관에게 심사를 청구할 수 있고, 그 결정에 이의가 있는 자는 제99조에 따른 심사위원회에 재심사를 청구할 수 있다. 〈개정 2012. 2. 1.〉

② 제1항에 따른 심사의 청구는 같은 항의 확인 또는 처분이 있음을 안 날부터 90일 이내에, 재심사의 청구는 심사청구에 대한 결정이 있음을 안 날부터 90일 이내에 각각 제기하여야 한다.

③ 제1항에 따른 심사 및 재심사의 청구는 시효중단에 관하여 재판상의 청구로 본다.

주요판례

❖ **실업급여회수청구** [대구지법 2014. 12. 24., 선고, 2014구합1590, 판결 : 확정]

판시사항

甲이 乙 주식회사에서 근무하다가 징계해고 되었는데 부당해고 구제신청을 하여 원직복직 되자 지방고용노동청장이 甲에게 이미 지급한 구직급여를 회수한다는 처분을 한 사안에서, 甲이 받은 구직급여는 잘못 지급된 것으로서 징수의 대상이 된다고 한 사례

| 판결요지 |

甲이 乙 주식회사에서 근무하다가 징계해고 되었는데 부당해고 구제신청을 하여 원직복직 되자 지방고용노동청장이 甲에게 이미 지급한 구직급여를 회수한다는 처분을 한 사안에서, 乙 회사가 甲을 해고 시에 소급하여 복직시킴으로써 甲은 당초부터 구직급여의 요건을 갖추지 못한 것이고, 이후 乙 회사가 甲에 대하여 전보명령을 하였더라도 전보명령이 근로기준법에 위반되거나 권리남용에 해당하는 등의 특별한 사정에 대한 입증이 없는 이상, 甲이 받은 구직급여는 잘못 지급된 것으로서 징수의 대상이 되므로, 처분은 적법하다고 본 사례.

제88조 대리인의 선임

심사청구인 또는 재심사청구인은 법정대리인 외에 다음 각 호의 어느 하나에 해당하는 자를 대리인으로 선임할 수 있다.
1. 청구인의 배우자, 직계존속·비속 또는 형제자매
2. 청구인인 법인의 임원 또는 직원
3. 변호사나 공인노무사
4. 제99조에 따른 심사위원회의 허가를 받은 자

제89조 고용보험심사관

① 제87조에 따른 심사를 행하게 하기 위하여 고용보험심사관(이하 "심사관"이라 한다)을 둔다.
② 심사관은 제87조제1항에 따라 심사청구를 받으면 30일 이내에 그 심사청구에 대한 결정을 하여야 한다. 다만, 부득이한 사정으로 그 기간에 결정할 수 없을 때에는 한 차례만 10일을 넘지 아니하는 범위에서 그 기간을 연장할 수 있다. 〈개정 2020. 5. 26.〉
③ 심사관의 정원·자격·배치 및 직무에 필요한 사항은 대통령령으로 정한다.
④ 당사자는 심사관에게 심리·결정의 공정을 기대하기 어려운 사정이 있으면 그 심사관에 대한 기피신청을 고용노동부장관에게 할 수 있다. 〈개정 2010. 6. 4.〉

⑤ 심사청구인이 사망한 경우 그 심사청구인이 실업급여의 수급권자이면 제57조에 따른 유족이, 그 외의 자인 때에는 상속인 또는 심사청구의 대상인 원처분등에 관계되는 권리 또는 이익을 승계한 자가 각각 심사청구인의 지위를 승계한다.

제90조 심사의 청구 등

① 제87조제1항에 따른 심사를 청구하는 경우 제17조에 따른 피보험자격의 취득·상실 확인에 대한 심사의 청구는 「산업재해보상보험법」제10조에 따른 근로복지공단(이하 "근로복지공단"이라 한다)을, 제4장에 따른 실업급여 및 제5장에 따른 육아휴직 급여와 출산전후휴가 급여 등에 관한 처분에 대한 심사의 청구는 직업안정기관의 장을 거쳐 심사관에게 하여야 한다. <개정 2019. 1. 15.>
② 직업안정기관 또는 근로복지공단은 심사청구서를 받은 날부터 5일 이내에 의견서를 첨부하여 심사청구서를 심사관에게 보내야 한다. <개정 2019. 1. 15.>

관련법령 ▶ 「산업재해보상보험법」제10조

제10조(근로복지공단의 설립)
고용노동부장관의 위탁을 받아 제1조의 목적을 달성하기 위한 사업을 효율적으로 수행하기 위하여 근로복지공단(이하 "공단"이라 한다)을 설립한다. <개정 2010. 6. 4.>

제91조 청구의 방식

심사의 청구는 대통령령으로 정하는 바에 따라 문서로 하여야 한다.

제92조 보정 및 각하

① 심사의 청구가 제87조제2항에 따른 기간이 지났거나 법령으로 정한 방식을 위반하여 보정(補正)하지 못할 것인 경우에 심사관은 그 심사의 청구를 결정으로 각하(却下)하여야 한다.
② 심사의 청구가 법령으로 정한 방식을 어긴 것이라도 보정할 수 있는 것인 경우에

심사관은 상당한 기간을 정하여 심사청구인에게 심사의 청구를 보정하도록 명할 수 있다. 다만, 보정할 사항이 경미한 경우에는 심사관이 직권으로 보정할 수 있다.
③ 심사관은 심사청구인이 제2항의 기간에 그 보정을 하지 아니하면 결정으로써 그 심사청구를 각하하여야 한다.

제93조 원처분 등의 집행 정지

① 심사의 청구는 원처분등의 집행을 정지시키지 아니한다. 다만, 심사관은 원처분 등의 집행에 의하여 발생하는 중대한 위해(危害)를 피하기 위하여 긴급한 필요가 있다고 인정하면 직권으로 그 집행을 정지시킬 수 있다.
② 심사관은 제1항 단서에 따라 집행을 정지시키려고 할 때에는 그 이유를 적은 문서로 그 사실을 직업안정기관의 장 또는 근로복지공단에 알려야 한다. 〈개정 2019. 1. 15.〉
③ 직업안정기관의 장 또는 근로복지공단은 제2항에 따른 통지를 받으면 지체 없이 그 집행을 정지하여야 한다. 〈개정 2019. 1. 15.〉
④ 심사관은 제2항에 따라 집행을 정지시킨 경우에는 지체 없이 심사청구인에게 그 사실을 문서로 알려야 한다.

제94조 심사관의 권한

① 심사관은 심사의 청구에 대한 심리를 위하여 필요하다고 인정하면 심사청구인의 신청 또는 직권으로 다음 각 호의 조사를 할 수 있다.
  1. 심사청구인 또는 관계인을 지정 장소에 출석하게 하여 질문하거나 의견을 진술하게 하는 것
  2. 심사청구인 또는 관계인에게 증거가 될 수 있는 문서와 그 밖의 물건을 제출하게 하는 것
  3. 전문적인 지식이나 경험을 가진 제삼자로 하여금 감정(鑑定)하게 하는 것
  4. 사건에 관계가 있는 사업장 또는 그 밖의 장소에 출입하여 사업주·종업원이

나 그 밖의 관계인에게 질문하거나 문서와 그 밖의 물건을 검사하는 것
② 심사관은 제1항제4호에 따른 질문과 검사를 하는 경우에는 그 권한을 나타내는 증표를 지니고 이를 관계인에게 내보여야 한다.

제95조 실비변상

제94조제1항제1호에 따라 지정한 장소에 출석한 사람과 같은 항 제3호에 따라 감정을 한 감정인에게는 고용노동부장관이 정하는 실비를 변상한다. 〈개정 2010. 6. 4., 2020. 5. 26.〉

제96조 결정

심사관은 심사의 청구에 대한 심리(審理)를 마쳤을 때에는 원처분 등의 전부 또는 일부를 취소하거나 심사청구의 전부 또는 일부를 기각한다.

제97조 결정의 방법

① 제89조에 따른 결정은 대통령령으로 정하는 바에 따라 문서로 하여야 한다.
② 심사관은 결정을 하면 심사청구인 및 원처분 등을 한 직업안정기관의 장 또는 근로복지공단에 각각 결정서의 정본(正本)을 보내야 한다. 〈개정 2019. 1. 15.〉

제98조 결정의 효력

① 결정은 심사청구인 및 직업안정기관의 장 또는 근로복지공단에 결정서의 정본을 보낸 날부터 효력이 발생한다. 〈개정 2019. 1. 15.〉
② 결정은 원처분등을 행한 직업안정기관의 장 또는 근로복지공단을 기속(羈束)한다. 〈개정 2019. 1. 15.〉

제99조 고용보험심사위원회

① 제87조에 따른 재심사를 하게 하기 위하여 고용노동부에 고용보험심사위원회(이하 "심사위원회"라 한다)를 둔다. 〈개정 2010. 6. 4.〉

② 심사위원회는 근로자를 대표하는 사람 및 사용자를 대표하는 사람 각 1명 이상을 포함한 15명 이내의 위원으로 구성한다. 〈개정 2020. 5. 26.〉

③ 제2항의 위원 중 2명은 상임위원으로 한다.

④ 다음 각 호의 어느 하나에 해당하는 사람은 위원에 임명될 수 없다. 〈개정 2015. 1. 20., 2020. 5. 26., 2022. 6. 10.〉

　1. 피성년후견인·피한정후견인 또는 파산의 선고를 받고 복권되지 아니한 사람
　2. 금고 이상의 실형을 선고받고 그 집행이 끝나거나(집행이 끝난 것으로 보는 경우를 포함한다) 집행이 면제된 날부터 3년이 지나지 아니한 사람
　3. 금고 이상의 형의 집행유예를 선고받고 그 유예기간 중에 있는 사람

⑤ 위원 중 공무원이 아닌 위원이 다음 각 호의 어느 하나에 해당되는 경우에는 해촉(解囑)할 수 있다. 〈개정 2019. 1. 15.〉

　1. 심신장애로 인하여 직무를 수행할 수 없게 된 경우
　2. 직무와 관련된 비위사실이 있는 경우
　3. 직무태만, 품위손상이나 그 밖의 사유로 인하여 위원으로 적합하지 아니하다고 인정되는 경우
　4. 위원 스스로 직무를 수행하는 것이 곤란하다고 의사를 밝히는 경우

⑥ 상임위원은 정당에 가입하거나 정치에 관여하여서는 아니 된다.

⑦ 심사위원회는 제87조제1항에 따라 재심사의 청구를 받으면 50일 이내에 재결(裁決)을 하여야 한다. 이 경우 재결기간의 연장에 관하여는 제89조제2항을 준용한다.

⑧ 심사위원회에 사무국을 둔다.

⑨ 심사위원회 및 사무국의 조직·운영 등에 필요한 사항은 대통령령으로 정한다.

제100조 재심사의 상대방

재심사의 청구는 원처분등을 행한 직업안정기관의 장 또는 근로복지공단을 상대방으로 한다. 〈개정 2019. 1. 15.〉

제101조 심리

① 심사위원회는 재심사의 청구를 받으면 그 청구에 대한 심리 기일(審理期日) 및 장소를 정하여 심리 기일 3일 전까지 당사자 및 그 사건을 심사한 심사관에게 알려야 한다.
② 당사자는 심사위원회에 문서나 구두로 그 의견을 진술할 수 있다.
③ 심사위원회의 재심사청구에 대한 심리는 공개한다. 다만, 당사자의 양쪽 또는 어느 한 쪽이 신청한 경우에는 공개하지 아니할 수 있다.
④ 심사위원회는 심리조서(審理調書)를 작성하여야 한다.
⑤ 당사자나 관계인은 제4항의 심리조서의 열람을 신청할 수 있다.
⑥ 위원회는 당사자나 관계인이 제5항에 따른 열람 신청을 하면 정당한 사유 없이 이를 거부하여서는 아니 된다.
⑦ 재심사청구의 심리에 관하여는 제94조 및 제95조를 준용한다. 이 경우 "심사관"은 "심사위원회"로, "심사의 청구"는 "재심사의 청구"로, "심사청구인"은 "재심사청구인"으로 본다.

제102조 준용 규정

심사위원회와 재심사에 관하여는 제89조제4항·제5항, 제91조부터 제93조까지, 제96조부터 제98조까지의 규정을 준용한다. 이 경우 제89조제4항 중 "심사관"은 "심사위원회의 위원"으로, 제89조제4항·제97조·제98조 중 "결정"은 각각 "재결"로, 제91조·제93조·제96조 중 "심사의 청구"는 각각 "재심사의 청구"로, 제93조·제96조·제97조 중 "심사관"은 각각 "심사위원회"로, 제93조·제97조·제98조 중 "심사청구인"은 각각 "재심사청구인"으로 본다.

제103조 고지

직업안정기관의 장 또는 근로복지공단이 원처분등을 하거나 심사관이 제97조제2항에 따라 결정서의 정본을 송부하는 경우에는 그 상대방 또는 심사청구인에게 원처분등 또는 결정에 관하여 심사 또는 재심사를 청구할 수 있는지의 여부, 청구하는 경우의 경유(經由) 절차 및 청구 기간을 알려야 한다. 〈개정 2019. 1. 15.〉

제104조 다른 법률과의 관계

① 재심사의 청구에 대한 재결은 「행정소송법」제18조를 적용할 경우 행정심판에 대한 재결로 본다.
② 심사 및 재심사의 청구에 관하여 이 법에서 정하고 있지 아니한 사항은 「행정심판법」의 규정에 따른다.

관련법령 ▶ 「행정소송법」제18조

제18조(행정심판과의 관계)
① 취소소송은 법령의 규정에 의하여 당해 처분에 대한 행정심판을 제기할 수 있는 경우에도 이를 거치지 아니하고 제기할 수 있다. 다만, 다른 법률에 당해 처분에 대한 행정심판의 재결을 거치지 아니하면 취소소송을 제기할 수 없다는 규정이 있는 때에는 그러하지 아니하다. 〈개정 1994. 7. 27.〉
② 제1항 단서의 경우에도 다음 각호의 1에 해당하는 사유가 있는 때에는 행정심판의 재결을 거치지 아니하고 취소소송을 제기할 수 있다. 〈개정 1994. 7. 27.〉
  1. 행정심판청구가 있은 날로부터 60일이 지나도 재결이 없는 때
  2. 처분의 집행 또는 절차의 속행으로 생길 중대한 손해를 예방하여야 할 긴급한 필요가 있는 때
  3. 법령의 규정에 의한 행정심판기관이 의결 또는 재결을 하지 못할 사유가 있는 때
  4. 그 밖의 정당한 사유가 있는 때
③ 제1항 단서의 경우에 다음 각호의 1에 해당하는 사유가 있는 때에는 행정심판을 제기함이 없이 취소소송을 제기할 수 있다. 〈개정 1994. 7. 27.〉

1. 동종사건에 관하여 이미 행정심판의 기각재결이 있은 때
2. 서로 내용상 관련되는 처분 또는 같은 목적을 위하여 단계적으로 진행되는 처분중 어느 하나가 이미 행정심판의 재결을 거친 때
3. 행정청이 사실심의 변론종결후 소송의 대상인 처분을 변경하여 당해 변경된 처분에 관하여 소를 제기하는 때
4. 처분을 행한 행정청이 행정심판을 거칠 필요가 없다고 잘못 알린 때

④ 제2항 및 제3항의 규정에 의한 사유는 이를 소명하여야 한다.

제8장 보칙

제105조 불이익 처우의 금지

사업주는 근로자가 제17조에 따른 확인의 청구를 한 것을 이유로 그 근로자에게 해고나 그 밖의 불이익한 처우를 하여서는 아니 된다.

제106조 준용

이 법에 따른 다음 각 호의 징수금의 징수에 관하여는 고용산재보험료징수법 제27조, 제27조의2, 제27조의3, 제28조, 제28조의2부터 제28조의7까지, 제29조, 제29조의2, 제29조의3, 제30조, 제32조, 제39조, 제41조 및 제42조를 준용한다. 〈개정 2011. 7. 21.〉
1. 고용안정·직업능력개발 사업의 지원금액의 반환금 또는 추가징수금
2. 실업급여의 반환금 또는 추가징수금
3. 육아휴직 급여 등의 반환금 또는 추가징수금

> **관련법령** 「고용보험 및 산업재해보상보험의 보험료징수 등에 관한 법률」 제27조

제27조(징수금의 통지 및 독촉)
① 공단 또는 건강보험공단은 보험료(제17조제1항 및 제19조제2항에 따른 보험료는 제외한다) 또는 이 법에 따른 그 밖의 징수금을 징수하는 경우에는 납부의무자에게 그 금액과 납부기한을 문서로 알려야 한다. 다만, 제22조의2제3항에 따라 자동계좌이체의 방법으로 보험료를 내는 사업주가 동의하는 경우에는 고용노동부령으로 정하는 바에 따라 정보통신망을 이용한 전자문서로 알릴 수 있으며, 이 경우 그 전자문서는 그 사업주가 지정한 컴퓨터 등에 입력된 때에 도달된 것으로 본다. 〈개정 2010. 1. 27., 2010. 6. 4.〉

② 건강보험공단은 보험가입자가 보험료 또는 이 법에 따른 그 밖의 징수금을 납부기한까지 내지 아니하면 기한을 정하여 그 납부의무자에게 징수금을 낼 것을 독촉하여야 한다. 〈개정 2010. 1. 27.〉
③ 건강보험공단은 제2항에 따라 독촉을 하는 경우에는 독촉장을 발급하여야 한다. 이 경우의 납부기한은 독촉장 발급일부터 10일 이상의 여유가 있도록 하여야 한다. 〈개정 2010. 1. 27.〉
④ 건강보험공단은 납부의무자의 신청이 있으면 제2항에 따른 독촉을 전자문서교환방식 등에 의하여 전자문서로 할 수 있다. 이 경우 전자문서 독촉에 대한 신청방법·절차 등에 필요한 사항은 고용노동부령으로 정한다. 〈신설 2022. 6. 10.〉
⑤ 제4항에 따른 전자문서 독촉의 도달시기에 관하여는 제16조의8제3항을 준용한다. 이 경우 "고지"는 "독촉"으로 본다. 〈신설 2022. 6. 10.〉
⑥ 제28조의4에 따른 연대납부의무자 중 1명에게 한 독촉은 다른 연대납부의무자에게도 효력이 있는 것으로 본다. 〈신설 2010. 1. 27., 2022. 6. 10.〉
[전문개정 2009. 12. 30.]

> **관련법령** 「고용보험 및 산업재해보상보험의 보험료징수 등에 관한 법률」 제27조의2

제27조의2(납부기한 전 징수)

① 공단 또는 건강보험공단은 사업주에게 다음 각 호의 어느 하나에 해당하는 사유가 있는 경우에는 납부기한 전이라도 이미 납부의무가 확정된 보험료, 이 법에 따른 그 밖의 징수금을 징수할 수 있다. 다만, 보험료와 이 법에 따른 그 밖의 징수금의 총액이 500만원 미만인 경우에는 그러하지 아니하다. 〈개정 2010. 1. 27.〉
 1. 국세를 체납하여 체납처분을 받은 경우
 2. 지방세 또는 공과금을 체납하여 체납처분을 받은 경우
 3. 강제집행을 받은 경우
 4. 「어음법」 및 「수표법」에 따른 어음교환소에서 거래정지처분을 받은 경우
 5. 경매가 개시된 경우
 6. 법인이 해산한 경우
② 공단 또는 건강보험공단은 제1항에 따라 납부기한 전에 보험료와 이 법에 따른 그 밖의 징수금을 징수할 때에는 새로운 납부기한 및 납부기한의 변경사유를 적어 사업주에게 알려야 한다. 이 경우 이미 납부 통지를 하였을 때에는 납부기한의 변경을 알려야 한다. 〈개정 2010. 1. 27.〉[전문개정 2009. 12. 30.]

관련법령 ▶ 「고용보험 및 산업재해보상보험의 보험료징수 등에 관한 법률」 제27조의3

제27조의3(보험료 등의 분할 납부)
① 사업주는 다음 각 호의 어느 하나에 해당하는 경우에는 납부기한이 지난 보험료와 이 법에 따른 그 밖의 징수금에 대하여 분할 납부를 승인하여 줄 것을 건강보험공단에 신청할 수 있다. 〈개정 2021. 8. 17.〉
  1. 제5조제1항 또는 제3항에 따른 보험의 당연가입자인 사업주로서 제7조에 따른 보험관계 성립일부터 1년 이상이 지나서 제11조에 따른 보험관계 성립신고를 한 경우
  2. 제39조에 따라 납부기한이 연장되었으나 연장된 납부기한이 지나 3회 이상 체납한 경우
② 삭제 〈2019. 1. 15.〉
③ 건강보험공단은 제1항에 따라 신청한 사업주에 대하여 납부능력을 확인하여 보험료와 이 법에 따른 그 밖의 징수금의 분할 납부를 승인할 수 있다. 〈개정 2010. 1. 27., 2019. 1. 15.〉
④ 건강보험공단은 제3항에 따라 분할 납부 승인을 받은 사업주가 다음 각 호의 어느 하나에 해당하게 된 경우에는 분할 납부의 승인을 취소하고 분할 납부의 대상이 되는 보험료와 이 법에 따른 그 밖의 징수금을 한꺼번에 징수할 수 있다. 〈개정 2010. 1. 27.〉
  1. 분할 납부하여야 하는 보험료와 이 법에 따른 그 밖의 징수금을 정당한 사유 없이 두 번 이상 내지 아니한 경우
  2. 제27조의2제1항 각 호의 어느 하나에 해당하는 사유가 발생한 경우
⑤ 제1항·제3항 및 제4항에 따른 분할 납부의 승인과 취소에 관한 절차·방법, 분할 납부의 기간 및 납부능력 확인 등에 필요한 사항은 고용노동부령으로 정한다. 〈개정 2010. 6. 4., 2019. 1. 15.〉
[전문개정 2009. 12. 30.]

관련법령 ▶ 「고용보험 및 산업재해보상보험의 보험료징수 등에 관한 법률」 제28조

제28조(징수금의 체납처분 등)
① 건강보험공단은 제27조제2항 및 제3항에 따른 독촉을 받은 자가 그 기한까지 보험료나 이 법에 따른 그 밖의 징수금을 내지 아니한 경우에는 고용노동부장관의 승인을 받아 국세 체납처분의 예에 따라 이를 징수할 수 있다. 〈개정 2010. 1. 27., 2010. 6. 4.〉
② 건강보험공단은 제1항에 따른 국세 체납처분의 예에 따라 압류한 재산을 공매하는 경우에 전문지식이 필요하거나 그 밖의 특수한 사정이 있어 직접 공매하기에 적당하지 아

니하다고 인정하면 대통령령으로 정하는 바에 따라 「한국자산관리공사 설립 등에 관한 법률」에 따라 설립된 한국자산관리공사(이하 "한국자산관리공사"라 한다)로 하여금 압류한 재산의 공매를 대행하게 할 수 있다. 이 경우 공매는 공단이 한 것으로 본다. 〈개정 2010. 1. 27., 2011. 5. 19., 2019. 11. 26.〉
③ 건강보험공단은 제2항에 따라 한국자산관리공사로 하여금 공매를 대행하게 하는 경우에는 고용노동부령으로 정하는 바에 따라 수수료를 지급할 수 있다. 〈개정 2010. 1. 27., 2010. 6. 4.〉
④ 제2항에 따라 한국자산관리공사가 공매를 대행하는 경우에 한국자산관리공사의 임직원은 「형법」제129조부터 제132조까지의 규정을 적용할 때 공무원으로 본다.
[전문개정 2009. 12. 30.]

> **관련법령** 「고용보험 및 산업재해보상보험의 보험료징수 등에 관한 법률」 제28조의2

제28조의2(법인의 합병으로 인한 납부의무의 승계)

법인이 합병한 경우에 합병 후 존속하는 법인 또는 합병으로 설립되는 법인은 합병으로 소멸된 법인에 부과되거나 그 법인이 내야 하는 보험료와 이 법에 따른 그 밖의 징수금과 체납처분비를 낼 의무를 진다.
[전문개정 2009. 12. 30.]

> **관련법령** 「고용보험 및 산업재해보상보험의 보험료징수 등에 관한 법률」 제27조의3

제28조의3(상속으로 인한 납부의무의 승계)

① 상속이 개시된 때에 그 상속인(「민법」제1078조에 따라 포괄적 유증을 받은 자를 포함한다. 이하 같다) 또는 「민법」제1053조에 따른 상속재산관리인(이하 "상속재산관리인"이라 한다)은 피상속인에게 부과되거나 그 피상속인이 내야 하는 보험료, 이 법에 따른 그 밖의 징수금과 체납처분비를 상속받은 재산의 한도에서 낼 의무를 진다.
② 제1항의 경우에 상속인이 2명 이상이면 각 상속인은 피상속인에게 부과되거나 그 피상속인이 내야 하는 보험료, 이 법에 따른 그 밖의 징수금과 체납처분비를 「민법」제1009조·제1010조·제1012조 및 제1013조에 따른 상속분에 따라 나누어 계산한 후, 상속받은 재산의 한도에서 연대하여 낼 의무를 진다. 이 경우 각 상속인은 그 상속인 중에서 피상속인의 보험료, 이 법에 따른 그 밖의 징수금과 체납처분비를 낼 대표자를 정하여 대통령령으로 정하는 바에 따라 건강보험공단에 신고하여야 한다. 〈개정 2010. 1. 27.〉
③ 제1항의 경우에 상속인의 존재 여부가 분명하지 아니할 때에는 상속인에게 하여야 하는 보험료, 이 법에 따른 그 밖의 징수금과 체납처분비의 납부 고지·독촉 또는 그 밖에

필요한 조치는 상속재산관리인에게 하여야 한다.
④ 제1항의 경우에 상속인의 존재 여부가 분명하지 아니하고 상속재산관리인도 없으면 건강보험공단은 피상속인의 주소지를 관할하는 법원에 상속재산관리인의 선임(選任)을 청구할 수 있다. <개정 2010. 1. 27.>
⑤ 제1항의 경우에 피상속인에 대한 처분 또는 절차는 상속인 또는 상속재산관리인에 대하여도 효력이 있다.

[전문개정 2009. 12. 30.]

관련법령 ▶ 「고용보험 및 산업재해보상보험의 보험료징수 등에 관한 법률」 제28조의4

제28조의4(연대납부의무)

① 공동사업에 관계되는 보험료, 이 법에 따른 그 밖의 징수금과 체납처분비는 공동사업자가 연대하여 낼 의무를 진다.
② 법인이 분할 또는 분할합병되는 경우 분할되는 법인에 대하여 분할일 또는 분할합병일 이전에 부과되거나 납부의무가 성립한 보험료, 이 법에 따른 그 밖의 징수금과 체납처분비는 다음 각 호의 법인이 연대하여 낼 책임을 진다.
  1. 분할되는 법인
  2. 분할 또는 분할합병으로 설립되는 법인
  3. 분할되는 법인의 일부가 다른 법인과 합병하여 그 다른 법인이 존속하는 경우 그 다른 법인
③ 법인이 분할 또는 분할합병으로 해산되는 경우 해산되는 법인에 대하여 부과되거나 그 법인이 내야 하는 보험료, 이 법에 따른 그 밖의 징수금과 체납처분비는 제2항제2호 및 제3호의 법인이 연대하여 낼 책임을 진다.

[전문개정 2009. 12. 30.]

관련법령 ▶ 「고용보험 및 산업재해보상보험의 보험료징수 등에 관한 법률」 제28조의5

제28조의5(연대납부의무에 관한 「민법」의 준용)

이 법에 따른 보험료, 그 밖의 징수금과 체납처분비의 연대납부의무에 관하여는 「민법」 제413조부터 제416조까지, 제419조, 제421조, 제423조 및 제425조부터 제427조까지의 규정을 준용한다.

[전문개정 2009. 12. 30.]

> 관련법령 ▶ 「고용보험 및 산업재해보상보험의 보험료징수 등에 관한 법률」 제28조의6

제28조의6(고액·상습 체납자의 인적사항 공개)

① 건강보험공단은 이 법에 따른 납부기한의 다음 날부터 2년이 지난 보험료와 이 법에 따른 그 밖의 징수금과 체납처분비(제29조에 따라 결손처분한 보험료, 이 법에 따른 그 밖의 징수금과 체납처분비로서 징수권 소멸시효가 완성되지 아니한 것을 포함한다)의 총액이 10억원 이상인 체납자에 대하여는 그 인적사항 및 체납액 등(이하 이 조에서 "인적사항"이라 한다)을 공개할 수 있다. 다만, 체납된 보험료, 이 법에 따른 그 밖의 징수금과 체납처분비와 관련하여 행정심판 또는 행정소송이 계류 중인 경우, 그 밖에 체납된 금액의 일부납부 등 대통령령으로 정하는 사유가 있을 때에는 그러하지 아니하다. 〈개정 2010. 1. 27.〉
② 제1항에 따른 체납자의 인적사항등에 대한 공개 여부를 심의하기 위하여 건강보험공단에 보험료정보공개심의위원회(이하 이 조에서 "위원회"라 한다)를 둔다. 〈개정 2010. 1. 27.〉
③ 건강보험공단은 위원회의 심의를 거쳐 인적사항등의 공개가 결정된 자에 대하여 공개대상자임을 알림으로써 소명할 기회를 주어야 하며, 통지일부터 6개월이 지난 후 위원회로 하여금 체납액의 납부이행 등을 고려하여 체납자 인적사항등의 공개 여부를 재심의하게 한 후 공개대상자를 선정한다. 〈개정 2010. 1. 27.〉
④ 제1항에 따른 체납자 인적사항등의 공개는 관보에 게재하거나, 고용·산재정보통신망 또는 건강보험공단 게시판에 게시하는 방법에 따른다. 〈개정 2010. 1. 27.〉
⑤ 제1항부터 제4항까지의 규정에 따른 체납자 인적사항등의 공개와 관련한 절차 및 위원회의 구성·운영 등에 필요한 사항은 대통령령으로 정한다.

[전문개정 2009. 12. 30.]

> 관련법령 ▶ 「고용보험 및 산업재해보상보험의 보험료징수 등에 관한 법률」 제28조의7

제28조의7(「국세기본법」의 준용)

보험료, 이 법에 따른 그 밖의 징수금의 체납처분 유예를 위한 납부담보의 제공에 관하여는 「국세징수법」 제18조부터 제23조까지의 규정을 준용한다. 이 경우 "세법"은 "이 법"으로, "납세담보"는 "납부담보"로, "세무서장"은 "건강보험공단"으로, "납세보증보험증권"은 "납부보증보험증권"으로, "납세보증서"는 "납부보증서"로, "납세담보물"은 "납부담보물"로, "국세·가산금과 체납처분비"는 "보험료, 이 법에 따른 그 밖의 징수금과 체납처분비"로 본다. 〈개정 2010. 1. 27., 2020. 12. 29.〉

> **관련법령** 「고용보험 및 산업재해보상보험의 보험료징수 등에 관한 법률」 제29조

제29조(징수금의 결손처분)

① 건강보험공단은 다음 각 호의 어느 하나에 해당하는 사유가 있을 때에는 고용노동부장관의 승인을 받아 보험료와 이 법에 따른 그 밖의 징수금을 결손처분할 수 있다. 〈개정 2010. 1. 27., 2010. 6. 4.〉
  1. 체납처분이 끝나고 체납액에 충당된 배분금액이 그 체납액보다 적은 경우
  2. 소멸시효가 완성된 경우
  3. 징수할 가능성이 없다고 인정하여 대통령령으로 정하는 경우
② 건강보험공단은 제1항제3호에 따라 결손처분을 한 후 압류할 수 있는 다른 재산을 발견한 경우에는 지체 없이 그 처분을 취소하고 다시 체납처분을 하여야 한다. 〈개정 2010. 1. 27.〉

[전문개정 2009. 12. 30.]

> **관련법령** 「고용보험 및 산업재해보상보험의 보험료징수 등에 관한 법률」 제29조의2

제29조의2(체납 또는 결손처분 자료의 제공)

① 건강보험공단은 보험료징수 또는 공익목적을 위하여 필요한 경우에 「신용정보의 이용 및 보호에 관한 법률」 제25조제2항제1호에 따른 종합신용정보집중기관이 다음 각 호의 어느 하나에 해당하는 체납자 또는 결손처분자의 인적사항·체납액 또는 결손처분액에 관한 자료(이하 "체납등 자료"라 한다)를 요구할 때에는 그 자료를 제공할 수 있다. 다만, 체납된 보험료, 이 법에 따른 그 밖의 징수금과 관련하여 행정심판 또는 행정소송이 계류 중인 경우, 그 밖에 체납처분의 유예 등 대통령령으로 정하는 사유가 있을 때에는 그러하지 아니하다. 〈개정 2010. 1. 27.〉
  1. 이 법에 따른 납부기한의 다음 날부터 1년이 지난 보험료, 이 법에 따른 그 밖의 징수금과 체납처분비의 총액이 500만원 이상인 자
  2. 1년에 세 번 이상 체납하고 이 법에 따른 납부기한이 지난 보험료, 이 법에 따른 그 밖의 징수금과 체납처분비의 총액이 500만원 이상인 자
  3. 제29조에 따라 결손처분한 금액의 총액이 500만원 이상인 자
② 제1항에 따른 체납등 자료의 제공절차에 관하여 필요한 사항은 대통령령으로 정한다.
③ 제1항에 따라 체납등 자료를 제공받은 자는 이를 업무 외의 목적으로 누설하거나 이용하여서는 아니 된다.

| 관련법령 | 「고용보험 및 산업재해보상보험의 보험료징수 등에 관한 법률」 제29조의3

제29조의3(금융거래정보의 제공 요청 등)

① 건강보험공단은 다음 각 호의 어느 하나에 해당하는 체납자의 재산조회를 위하여 필요한 경우에는 「금융실명거래 및 비밀보장에 관한 법률」제4조에도 불구하고 같은 법 제2조제1호에 따른 금융회사등의 특정점포에 금융거래 관련 정보 또는 자료(이하 "금융거래정보"라 한다)의 제공을 요청할 수 있으며, 해당 금융회사등의 특정점포는 이를 제공하여야 한다. 〈개정 2011. 7. 14., 2013. 6. 4., 2021. 1. 5.〉
  1. 이 법에 따른 납부기한의 다음 날부터 1년이 지난 보험료, 이 법에 따른 그 밖의 징수금 및 체납처분비의 총액이 500만원 이상인 자
  2. 1년에 세 번 이상 체납하고 이 법에 따른 납부기한이 지난 보험료, 이 법에 따른 그 밖의 징수금 및 체납처분비의 총액이 500만원 이상인 자
② 건강보험공단이 제1항에 따라 금융거래정보의 제공을 요청할 때에는 「금융실명거래 및 비밀보장에 관한 법률」제4조제2항에 따른 금융위원회가 정하는 표준양식으로 하여야 한다. 〈개정 2013. 6. 4., 2021. 1. 5.〉
③ 제1항에 따른 금융거래정보의 제공 요청은 체납자의 재산조회를 위하여 필요한 최소한도에 그쳐야 한다.
④ 제1항에 따라 금융회사등이 건강보험공단에 금융거래정보를 제공하는 경우에는 그 금융회사등은 금융거래정보를 제공한 날부터 10일 이내에 제공한 금융거래정보의 주요 내용·사용목적·제공받은 자 및 제공일자 등을 거래자에게 서면으로 알려야 한다. 이 경우 통지에 드는 비용에 관하여는 「금융실명거래 및 비밀보장에 관한 법률」제4조의2제4항을 준용한다. 〈개정 2011. 7. 14., 2013. 6. 4.〉
⑤ 건강보험공단은 제1항에 따라 금융회사등에 대하여 금융거래정보를 요청하는 경우에는 그 사실을 기록하여야 하며, 금융거래정보를 요청한 날부터 5년간 그 기록을 보관하여야 한다. 〈개정 2011. 7. 14., 2013. 6. 4., 2021. 1. 5.〉
⑥ 제1항에 따라 금융거래정보를 알게 된 자는 그 알게 된 금융거래정보를 타인에게 제공 또는 누설하거나 그 목적 외의 용도로 이용하여서는 아니 된다.

[본조신설 2009. 12. 30.]

> 관련법령 ▶ 「고용보험 및 산업재해보상보험의 보험료징수 등에 관한 법률」 제30조

제30조(보험료 징수의 우선순위)

보험료와 이 법에 따른 그 밖의 징수금은 국세 및 지방세를 제외한 다른 채권보다 우선하여 징수한다. 다만, 보험료 등의 납부기한 전에 전세권·질권·저당권 또는 「동산·채권 등의 담보에 관한 법률」에 따른 담보권의 설정을 등기하거나 등록한 사실이 증명되는 재산을 매각하여 그 매각대금 중에서 보험료 등을 징수하는 경우에 그 전세권·질권·저당권 또는 「동산·채권 등의 담보에 관한 법률」에 따른 담보권에 의하여 담보된 채권에 대하여는 그러하지 아니하다. 〈개정 2010. 6. 10.〉

[전문개정 2009. 12. 30.]

> 관련법령 ▶ 「고용보험 및 산업재해보상보험의 보험료징수 등에 관한 법률」 제32조

제32조(서류의 송달)

① 「국세징수법」제17조 및 「국세기본법」제8조부터 제12조까지의 규정(같은 법 제8조제2항 단서는 제외한다)은 보험료, 이 법에 따른 그 밖의 징수금에 관한 서류의 송달에 관하여 준용한다. 〈개정 2010. 1. 27., 2020. 12. 29., 2021. 1. 5.〉

② 제1항에도 불구하고 보험료, 이 법에 따른 그 밖의 징수금의 고지·독촉 또는 체납처분에 관계되는 서류를 우편에 따라 송달하는 경우 그 방법은 대통령령으로 정하는 바에 따른다. 〈신설 2010. 1. 27.〉

[전문개정 2009. 12. 30.]

> 관련법령 ▶ 「고용보험 및 산업재해보상보험의 보험료징수 등에 관한 법률」 제39조

제39조(납부기한의 연장)

공단 또는 건강보험공단은 천재지변 등 고용노동부령으로 정하는 사유로 이 법에 규정된 신고·신청·청구나 그 밖의 서류의 제출·통지 또는 납부·징수를 정하여진 기한까지 할 수 없다고 인정될 때에는 그 기한을 연장할 수 있다. 〈개정 2010. 1. 27., 2010. 6. 4.〉

[전문개정 2009. 12. 30.]

> 관련법령 ▶ 「고용보험 및 산업재해보상보험의 보험료징수 등에 관한 법률」 제41조

제41조(시효)

① 보험료, 이 법에 따른 그 밖의 징수금을 징수하거나 그 반환받을 수 있는 권리는 3년간

행사하지 아니하면 시효로 인하여 소멸한다.

② 제1항에 따른 소멸시효에 관하여는 이 법에 규정된 것을 제외하고는 「민법」에 따른다.

[전문개정 2009. 12. 30.]

> **관련법령** ▶ 「고용보험 및 산업재해보상보험의 보험료징수 등에 관한 법률」 제42조

제42조(시효의 중단)

① 제41조에 따른 소멸시효는 다음 각 호의 사유로 중단된다. 〈개정 2010. 1. 27.〉

1. 제16조의8에 따른 월별보험료의 고지
2. 제23조제1항 또는 제2항에 따른 반환의 청구
3. 제27조에 따른 통지 또는 독촉
4. 제28조에 따른 체납처분 절차에 따라 하는 교부청구 또는 압류

② 제1항에 따라 중단된 소멸시효는 다음 각 호의 기한 또는 기간이 지난 때부터 새로 진행한다. 〈개정 2010. 1. 27.〉

1. 제16조의8에 따라 고지한 월별보험료의 납부기한
2. 독촉에 의한 납부기한
3. 제27조제1항에 따라 알린 납부기한
4. 교부청구 중의 기간
5. 압류기간

[전문개정 2009. 12. 30.]

제107조 소멸시효

① 다음 각 호의 어느 하나에 해당하는 권리는 3년간 행사하지 아니하면 시효로 소멸한다. 〈개정 2019. 1. 15.〉

1. 제3장에 따른 지원금을 지급받거나 반환받을 권리
2. 제4장에 따른 취업촉진 수당을 지급받거나 반환받을 권리
3. 제4장에 따른 구직급여를 반환받을 권리
4. 제5장에 따른 육아휴직 급여, 육아기 근로시간 단축 급여 및 출산전후휴가 급여 등을 반환받을 권리

② 소멸시효의 중단에 관하여는 「산업재해보상보험법」 제113조를 준용한다.

관련법령 「산업재해보상보험법」제113조

제113조(시효의 중단)
제112조에 따른 소멸시효는 제36조제2항에 따른 청구로 중단된다. 이 경우 청구가 제5조 제1호에 따른 업무상의 재해 여부의 판단이 필요한 최초의 청구인 경우에는 그 청구로 인한 시효중단의 효력은 제36조제1항에서 정한 다른 보험급여에도 미친다. <개정 2020. 5. 26.>

주요판례

❖ **육아휴직급여부지급처분취소및육아휴직급여지급**
[서울행법 2016. 11. 24., 선고, 2016구단60150, 판결 : 항소]

판시사항

甲이 육아휴직 기간이 끝난 후에 육아휴직 급여 신청을 하였으나 지방고용노동청장이 육아휴직 종료일로부터 청구기간인 12개월이 지났다는 이유로 신청을 불승인하는 처분을 한 사안에서, 고용보험법 제70조 제2항에서 육아휴직이 끝난 날 이후 12개월 이내에 육아휴직 급여를 신청하여야 한다고 규정한 것은 훈시규정으로 보는 것이 타당하다고 한 사례

판결요지

甲이 육아휴직 기간이 끝난 후에 육아휴직 급여 신청을 하였으나 지방고용노동청장이 육아휴직 종료일로부터 청구기간인 12개월이 지났다는 이유로 신청을 불승인하는 처분을 한 사안에서, 고용보험법은 제70조 제2항에서 육아휴직이 끝난 날 이후 12개월 이내에 육아휴직 급여를 신청하여야 한다고 규정(이하 '청구기간 규정'이라고 한다)하면서, 한편 제107조 제1항에서는 육아휴직 급여지급청구권의 소멸시효를 3년으로 규정(이하 '소멸시효 규정'이라고 한다)하고 있어 조화로운 해석이 문제 되는데, 청구기간 규정에서 소멸시효 규정을 배제한다거나 청구기간 규정이 소멸시효 규정보다 우선적으로 적용된다는 등의 특별한 규정을 두고 있지 않은 점, 고용보험법 제70조는 육아휴직 급여의 요건과 절차, 구체적인 금액 등을 구체화하기 위한 규정일 뿐 청구권의 시효를 정하기 위한 규정은 아니고 이를 언급하고 있지도 않은 점, 소멸시효 제도는 민사법의 근간을 이루는 대원칙 중 하나로서 적어도 소멸시효기간 이내에서는 자신의 권리가 소멸하지 않는다는 신뢰가 충분히 형성되어 있는 점 등의 여러 사정들에 비추어, 청구기간 규정은 훈시규정으로 보는 것이 타당하다고 한 사례.

제108조 보고 등

① 고용노동부장관은 필요하다고 인정하면 피보험자 또는 수급자격자를 고용하고 있거나 고용하였던 사업주, 고용산재보험료징수법 제33조에 따른 보험사무대행기관(이하 "보험사무대행기관"이라 한다) 및 보험사무대행기관이었던 자에게 피보험자의 자격 확인, 부정수급(不正受給)의 조사 등 이 법의 시행에 필요한 보고, 관계 서류의 제출 또는 관계인의 출석을 요구할 수 있다. 〈개정 2010. 6. 4., 2021. 1. 5.〉

② 이직한 사람은 종전의 사업주 또는 그 사업주로부터 보험 사무의 위임을 받아 보험 사무를 처리하는 보험사무대행기관에 실업급여를 지급받기 위하여 필요한 증명서의 교부를 청구할 수 있다. 이 경우 청구를 받은 사업주나 보험사무대행기관은 그 청구에 따른 증명서를 내주어야 한다. 〈개정 2020. 5. 26.〉

③ 고용노동부장관은 피보험자, 수급자격자 또는 지급되지 아니한 실업급여의 지급을 청구하는 사람에게 피보험자의 자격 확인, 부정수급의 조사 등 이 법의 시행에 필요한 보고를 하게 하거나 관계 서류의 제출 또는 출석을 요구할 수 있다. 〈개정 2010. 6. 4., 2020. 5. 26.〉

> **관련법령** ▶ 「고용산재보험료징수법」 제33조

제33조(보험사무대행기관)

① 사업주 등을 구성원으로 하는 단체로서 특별법에 따라 설립된 단체, 「민법」제32조에 따라 고용노동부장관의 허가를 받아 설립된 법인 및 그 밖에 대통령령으로 정하는 기준에 해당하는 법인, 공인노무사 또는 세무사(이하 "법인등"이라 한다)는 사업주로부터 위임을 받아 보험료 신고, 고용보험 피보험자에 관한 신고 등 사업주가 지방고용노동관서 또는 공단에 대하여 하여야 할 보험에 관한 사무(이하 "보험사무"라 한다)를 대행할 수 있다. 이 경우 보험사무를 위임할 수 있는 사업주의 범위 및 법인등에 위임할 수 있는 업무의 범위는 대통령령으로 정한다. 〈개정 2010. 6. 4., 2014. 3. 24.〉

② 법인등이 제1항에 따라 보험사무를 대행하려는 경우에는 대통령령으로 정하는 바에 따라 공단의 인가를 받아야 한다.

③ 제2항에 따라 인가를 받은 법인등(이하 "보험사무대행기관"이라 한다)이 인가받은 사항을 변경하려고 하는 경우 수탁대상지역 등 대통령령으로 정하는 사항에 관하여는 공단의 인가를 받아야 하며, 소재지 등 고용노동부령으로 정하는 사항은 공단에 신고하여

야 한다. 〈개정 2010. 6. 4.〉
④ 보험사무대행기관이 제1항에 따른 업무의 전부 또는 일부를 폐지하려면 공단에 신고하여야 한다.
⑤ 공단은 보험사무대행기관이 다음 각 호의 어느 하나에 해당하는 경우에는 그 인가를 취소할 수 있다. 다만, 제1호에 해당하는 경우에는 인가를 취소하여야 한다. 〈개정 2022. 6. 10.〉
  1. 거짓이나 그 밖의 부정한 방법으로 인가를 받은 경우
  2. 정당한 사유 없이 계속하여 2개월 이상 보험사무를 중단한 경우
  3. 보험사무를 거짓이나 그 밖의 부정한 방법으로 운영한 경우
  4. 그 밖에 이 법 또는 이 법에 따른 명령을 위반한 경우
⑥ 제4항에 따라 업무가 전부 폐지되거나 제5항에 따라 인가가 취소된 보험사무대행기관은 폐지신고일 또는 인가취소일부터 1년의 범위에서 대통령령으로 정하는 기간 동안은 보험사무대행기관으로 다시 인가받을 수 없다. 〈신설 2022. 6. 10.〉
⑦ 그 밖에 보험사무대행기관의 인가 취소 등에 필요한 사항은 대통령령으로 정한다. 〈신설 2022. 6. 10.〉
[전문개정 2009. 12. 30.]

제109조 조사 등

① 고용노동부장관은 피보험자의 자격 확인, 부정수급의 조사 등 이 법의 시행을 위하여 필요하다고 인정하면 소속 직원에게 피보험자 또는 수급자격자를 고용하고 있거나 고용하였던 사업주의 사업장 또는 보험사무대행기관 및 보험사무대행기관이었던 자의 사무소에 출입하여 관계인에 대하여 질문하거나 장부 등 서류를 조사하게 할 수 있다. 〈개정 2010. 6. 4.〉
② 고용노동부장관이 제1항에 따라 조사를 하는 경우에는 그 사업주 등에게 미리 조사 일시·조사 내용 등 조사에 필요한 사항을 알려야 한다. 다만, 긴급하거나 미리 알릴 경우 그 목적을 달성할 수 없다고 인정되는 경우에는 그러하지 아니하다. 〈개정 2010. 6. 4.〉
③ 제1항에 따라 조사를 하는 직원은 그 신분을 나타내는 증표를 지니고 이를 관계인에게 내보여야 한다.
④ 고용노동부장관은 제1항에 따른 조사 결과를 그 사업주 등에게 서면으로 알려야

한다. 〈개정 2010. 6. 4.〉

제110조 자료 제공의 요청

① 고용노동부장관은 다음 각 호의 사무를 수행하기 위하여 필요하면 주민등록정보, 가족관계등록사항, 군복무에 관한 자료, 토지·건물에 관한 자료, 국민연금·건강보험 등 각종 연금·보험에 관한 자료, 출입국 정보 등을 관계 기관의 장에게 요청할 수 있다. 이 경우 요청을 받은 관계 기관의 장은 특별한 사유가 없으면 그 요청에 따라야 한다. 〈개정 2021. 1. 5., 2022. 12. 31.〉

1. 제15조(제77조의5제1항 및 제77조의10제1항에서 준용하는 경우를 포함한다)에 따른 피보험자격의 취득 및 상실 등의 신고 내용 확인
2. 제17조(제77조의5제1항 및 제77조의10제1항에서 준용하는 경우를 포함한다)에 따른 피보험자격의 취득 또는 상실에 관한 확인
3. 제18조에 따른 피보험자격의 이중 취득 확인

3의2. 제25조에 따른 고용안정 및 취업촉진을 위한 비용지원 또는 대부 사업의 실시

4. 제35조에 따른 부정행위로 인한 고용안정·직업능력개발 사업의 지원 제한
5. 제40조 제69조의3 제77조의3 및 제77조의8에 따른 구직급여의 수급 요건 확인
6. 제57조 제63조제5항 제69조 제69조의9제1항 제2항 제77조의5제2항 및 제77조의10제2항에서 준용하는 경우를 포함한다)에 따른 지급되지 아니한 구직급여 등의 지급
7. 제61조 제63조제5항 제69조의9제1항 제77조의5제2항및 제77조의10제2항에서 준용하는 경우를 포함한다)에 따른 부정행위로 인한 구직급여 등의 지급 제한
8. 제62조 제63조제5항 제69조 제69조의9제1항 제2항 제74조 제77조 제77조의5제2항및 제77조의10제2항에서 준용하는 경우를 포함한다)에 따른 구직급여 등 지급금의 반환 및 추가징수
9. 제68조 제69조의9제1항에서 준용하는 경우를 포함한다)에 따른 취업촉진

수당의 지급 제한

10. 제73조(제74조제2항 및 제77조에서 준용하는 경우를 포함한다)에 따른 육아휴직 급여 등의 지급 제한

11. 제113조의2에 따른 「국민기초생활 보장법」의 수급자의 피보험자격 취득

② 고용노동부장관은 제1항제3호의2 및 제4호부터 제11호까지의 사무를 수행하기 위하여 필요하면 납세자의 인적 사항 및 사용 목적을 적은 문서로 관할 세무관서의 장에게 다음 각 호에 해당하는 과세정보의 제공을 요청할 수 있다. 〈개정 2021. 1. 5.〉

1. 「소득세법」제4조제1항제1호에 따른 종합소득
2. 「부가가치세법」제8조, 「법인세법」제111조 또는 「소득세법」제168조에 따른 사업자등록정보

③ 제1항에 따라 요청할 수 있는 자료 또는 정보의 구체적인 범위는 대통령령으로 정한다.

[전문개정 2019. 8. 27.] [시행일: 2023. 7. 1.] 제110조

> **관련법령** ▶ 「소득세법」제4조제1항제1호

제4조(소득의 구분)

① 거주자의 소득은 다음 각 호와 같이 구분한다. 〈개정 2013. 1. 1.〉

1. 종합소득

이 법에 따라 과세되는 모든 소득에서 제2호 및 제3호에 따른 소득을 제외한 소득으로서 다음 각 목의 소득을 합산한 것

가. 이자소득 나. 배당소득 다. 사업소득 라. 근로소득 마. 연금소득 바. 기타소득

2. 퇴직소득
3. 양도소득

[전문개정 2009. 12. 31.]

> **관련법령** ▶ 부가가치세법 제8조

제8조(사업자등록)

① 사업자는 사업장마다 대통령령으로 정하는 바에 따라 사업 개시일부터 20일 이내에 사업장 관할 세무서장에게 사업자등록을 신청하여야 한다. 다만, 신규로 사업을 시작하려는 자는 사업 개시일 이전이라도 사업자등록을 신청할 수 있다.

② 사업자는 제1항에 따른 사업자등록의 신청을 사업장 관할 세무서장이 아닌 다른 세무서장에게도 할 수 있다. 이 경우 사업장 관할 세무서장에게 사업자등록을 신청한 것으로 본다.

③ 제1항에도 불구하고 사업장이 둘 이상인 사업자(사업장이 하나이나 추가로 사업장을 개설하려는 사업자를 포함한다)는 사업자 단위로 해당 사업자의 본점 또는 주사무소 관할 세무서장에게 등록을 신청할 수 있다. 이 경우 등록한 사업자를 사업자 단위 과세 사업자라 한다. 〈개정 2018. 12. 31.〉

④ 제1항에 따라 사업장 단위로 등록한 사업자가 제3항에 따라 사업자 단위 과세 사업자로 변경하려면 사업자 단위 과세 사업자로 적용받으려는 과세기간 개시 20일 전까지 사업자의 본점 또는 주사무소 관할 세무서장에게 변경등록을 신청하여야 한다. 사업자 단위 과세 사업자가 사업장 단위로 등록을 하려는 경우에도 또한 같다.

⑤ 제4항 전단에도 불구하고 사업장이 하나인 사업자가 추가로 사업장을 개설하면서 추가 사업장의 사업 개시일이 속하는 과세기간부터 사업자 단위 과세 사업자로 적용받으려는 경우에는 추가 사업장의 사업 개시일부터 20일 이내(추가 사업장의 사업 개시일이 속하는 과세기간 이내로 한정한다)에 사업자의 본점 또는 주사무소 관할 세무서장에게 변경등록을 신청하여야 한다. 〈신설 2018. 12. 31.〉

⑥ 제3조제2항에 따라 수탁자가 납세의무자가 되는 경우 수탁자(공동수탁자가 있는 경우 대표수탁자를 말한다)는 해당 신탁재산을 사업장으로 보아 대통령령으로 정하는 바에 따라 제1항에 따른 사업자등록을 신청하여야 한다. 〈신설 2020. 12. 22.〉

⑦ 제1항부터 제6항까지의 규정에 따라 신청을 받은 사업장 관할 세무서장(제3항부터 제5항까지의 규정에서는 본점 또는 주사무소 관할 세무서장을 말한다. 이하 이 조에서 같다)은 사업자등록을 하고, 대통령령으로 정하는 바에 따라 등록된 사업자에게 등록번호가 부여된 등록증(이하 "사업자등록증"이라 한다)을 발급하여야 한다. 〈개정 2018. 12. 31., 2020. 12. 22.〉

⑧ 제7항에 따라 등록한 사업자는 휴업 또는 폐업을 하거나 등록사항이 변경되면 대통령령으로 정하는 바에 따라 지체 없이 사업장 관할 세무서장에게 신고하여야 한다. 제1항 단서에 따라 등록을 신청한 자가 사실상 사업을 시작하지 아니하게 되는 경우에도 또한 같다. 〈개정 2018. 12. 31., 2020. 12. 22.〉

⑨ 사업장 관할 세무서장은 제7항에 따라 등록된 사업자가 다음 각 호의 어느 하나에 해당하면 지체 없이 사업자등록을 말소하여야 한다. 〈개정 2018. 12. 31., 2020. 12. 22.〉

1. 폐업한 경우
2. 제1항 단서에 따라 등록신청을 하고 사실상 사업을 시작하지 아니하게 되는 경우

⑩ 사업장 관할 세무서장은 필요하다고 인정하면 대통령령으로 정하는 바에 따라 사업자 등록증을 갱신하여 발급할 수 있다. 〈개정 2018. 12. 31., 2020. 12. 22.〉

⑪ 개별소비세 또는 교통·에너지·환경세의 납세의무가 있는 사업자가 「개별소비세법」 또는 「교통·에너지·환경세법」에 따라 다음 각 호의 구분에 따른 신고를 한 경우에는 해당 각 호의 구분에 따른 등록신청 또는 신고를 한 것으로 본다. 〈개정 2014. 12. 23., 2018. 12. 31., 2020. 12. 22.〉

1. 「개별소비세법」제21조제1항 전단 또는 「교통·에너지·환경세법」제18조제1항 전단에 따른 개업 신고를 한 경우: 제1항 및 제2항에 따른 사업자 등록의 신청
2. 「개별소비세법」제21조제1항 후단 또는 「교통·에너지·환경세법」제18조제1항 후단에 따른 휴업·폐업·변경 신고를 한 경우: 제8항에 따른 해당 휴업·폐업 신고 또는 등록사항 변경 신고
3. 「개별소비세법」제21조제2항 및 제3항 또는 「교통·에너지·환경세법」제18조제3항 및 제4항에 따른 사업자단위과세사업자 신고를 한 경우: 제3항에 따른 사업자 단위 과세 사업자 등록 신청 또는 제4항에 따른 사업자 단위 과세 사업자 변경등록 신청
4. 「개별소비세법」제21조제4항 및 제5항 또는 「교통·에너지·환경세법」제18조제2항에 따른 양수, 상속, 합병 신고를 한 경우: 제8항에 따른 등록사항 변경 신고

⑫ 제1항부터 제11항까지에서 규정한 사항 외에 사업자등록, 사업자등록증 발급, 등록사항의 변경 및 등록의 말소 등에 필요한 사항은 대통령령으로 정한다. 〈개정 2018. 12. 31., 2020. 12. 22.〉

관련법령 ▶ 「법인세법」제111조

제111조(사업자등록)

① 신규로 사업을 시작하는 법인은 대통령령으로 정하는 바에 따라 납세지 관할 세무서장에게 등록하여야 한다. 이 경우 내국법인이 제109조제1항에 따른 법인 설립신고를 하기 전에 등록하는 때에는 같은 항에 따른 주주등의 명세서를 제출하여야 한다. 〈개정 2013. 1. 1.〉
② 「부가가치세법」에 따라 사업자등록을 한 사업자는 그 사업에 관하여 제1항에 따른 등록을 한 것으로 본다.
③ 「부가가치세법」에 따라 법인과세 수탁자로서 사업자등록을 한 경우에는 그 법인과세

신탁재산에 관하여 제1항에 따른 등록을 한 것으로 본다. 〈신설 2020. 12. 22.〉

④ 이 법에 따라 사업자등록을 하는 법인에 관하여는 「부가가치세법」 제8조를 준용한다. 〈개정 2013. 6. 7., 2020. 12. 22.〉

⑤ 제109조에 따른 법인 설립신고를 한 경우에는 사업자등록신청을 한 것으로 본다. 〈개정 2020. 12. 22.〉

[전문개정 2010. 12. 30.]

> 관련법령 「소득세법」 제168조

제168조(사업자등록 및 고유번호의 부여)

① 새로 사업을 시작하는 사업자는 대통령령으로 정하는 바에 따라 사업장 소재지 관할 세무서장에게 등록하여야 한다. 〈개정 2018. 12. 31.〉

② 「부가가치세법」에 따라 사업자등록을 한 사업자는 해당 사업에 관하여 제1항에 따른 등록을 한 것으로 본다.

③ 이 법에 따라 사업자등록을 하는 사업자에 대해서는 「부가가치세법」 제8조를 준용한다. 〈개정 2013. 6. 7.〉

⑤ 사업장 소재지나 법인으로 보는 단체 외의 사단·재단 또는 그 밖의 단체의 소재지 관할 세무서장은 다음 각 호의 어느 하나에 해당하는 자에게 대통령령으로 정하는 바에 따라 고유번호를 매길 수 있다.
  1. 종합소득이 있는 자로서 사업자가 아닌 자
  2. 「비영리민간단체 지원법」에 따라 등록된 단체 등 과세자료의 효율적 처리 및 소득공제 사후 검증 등을 위하여 필요하다고 인정되는 자

[전문개정 2009. 12. 31.]

제111조 진찰명령

직업안정기관의 장은 실업급여의 지급을 위하여 필요하다고 인정하면 제44조제3항제1호에 해당하는 사람으로서 같은 조 제2항에 따른 실업의 인정을 받았거나 받으려는 사람 및 제63조에 따라 상병급여를 지급받았거나 지급받으려는 사람에게 고용노동부장관이 지정하는 의료기관에서 진찰을 받도록 명할 수 있다. 〈개정 2010. 6. 4., 2020. 5. 26.〉

제112조 포상금의 지급

① 고용노동부장관은 이 법에 따른 고용안정·직업능력개발 사업의 지원·위탁 및 실업급여·육아휴직 급여 또는 출산전후휴가 급여 등의 지원과 관련한 부정행위를 신고한 자에게 예산의 범위에서 포상금을 지급할 수 있다. 〈개정 2010. 6. 4., 2012. 2. 1.〉
② 제1항에 따른 부정행위의 신고 및 포상금의 지급에 필요한 사항은 고용노동부령으로 정한다. 〈개정 2010. 6. 4.〉

제113조 삭제 〈2011. 7. 21.〉

제113조의2 「국민기초생활 보장법」의 수급자에 대한 특례

① 제8조에도 불구하고 「국민기초생활 보장법」 제15조제1항제4호에 따라 자활을 위한 근로기회를 제공하기 위한 사업은 이 법의 적용을 받는 사업으로 본다. 이 경우 해당 사업에 참가하여 유급으로 근로하는 「국민기초생활 보장법」 제2조제2호에 따른 수급자는 이 법의 적용을 받는 근로자로 보고, 같은 법 제2조제4호에 따른 보장기관(같은 법 제15조제2항에 따라 사업을 위탁하여 행하는 경우는 그 위탁기관을 말한다)은 이 법의 적용을 받는 사업주로 본다.
② 제1항 후단에 따른 수급자가 「국민기초생활 보장법」 제8조제2항에 따른 수급권자인 경우에는 해당 수급자에 대하여는 제3장의 규정만을 적용한다. 〈개정 2016. 12. 27.〉
③ 제18조에도 불구하고 제2항에 따라 제3장의 규정만 적용되는 수급자는 보험관계가 성립되어 있는 다른 사업에 고용되어 있는 경우에는 그 다른 사업의 근로자로서만 피보험자격을 취득한다.
④ 제1항에 따라 수급자가 사업에 참가하고 받은 자활급여는 제41조에 따른 피보험 단위기간 산정의 기초가 되는 보수 및 제45조에 따른 임금일액의 기초가 되는 임금으로 본다.

[본조신설 2011. 7. 21.]

> **관련법령** ▶ 「국민기초생활 보장법」제15조제1항제4호

제15조(자활급여)

① 자활급여는 수급자의 자활을 돕기 위하여 다음 각 호의 급여를 실시하는 것으로 한다.
  4. 자활을 위한 근로기회의 제공

> **관련법령** ▶ 「국민기초생활 보장법」제2조제2호, 4호

2. "**수급자**"란 이 법에 따른 급여를 받는 사람을 말한다.
4. "**보장기관**"이란 이 법에 따른 급여를 실시하는 국가 또는 지방자치단체를 말한다.

> **관련법령** ▶ 「국민기초생활 보장법」

제15조(자활급여)

② 제1항의 자활급여는 관련 공공기관·비영리법인·시설과 그 밖에 대통령령으로 정하는 기관에 위탁하여 실시할 수 있다. 이 경우 그에 드는 비용은 보장기관이 부담한다.
[전문개정 2012. 2. 1.]
[전문개정 2012. 2. 1.]

제114조 시범사업의 실시

① 고용노동부장관은 보험사업을 효과적으로 시행하기 위하여 전면적인 시행에 어려움이 예상되거나 수행 방식 등을 미리 검증할 필요가 있는 경우 대통령령으로 정하는 보험사업은 시범사업을 할 수 있다. 〈개정 2010. 6. 4.〉
② 고용노동부장관은 제1항에 따른 시범사업에 참여하는 사업주, 피보험자등 및 직업능력개발 훈련 시설 등에 재정·행정·기술이나 그 밖에 필요한 지원을 할 수 있다. 〈개정 2010. 6. 4.〉
③ 제1항에 따른 시범사업의 대상자·실시지역·실시방법과 제2항에 따른 지원 내용 등에 관하여 필요한 사항은 고용노동부장관이 정하여 고시한다. 〈개정 2010. 6. 4.〉

제115조 권한의 위임·위탁

이 법에 따른 고용노동부장관의 권한은 대통령령으로 정하는 바에 따라 그 일부를

직업안정기관의 장에게 위임하거나 대통령령으로 정하는 자에게 위탁할 수 있다.

제115조의2 벌칙 적용 시의 공무원 의제

① 제36조와 제115조에 따라 업무를 대행하거나 위탁하도록 하는 경우에 그 대행하거나 위탁받은 업무에 종사하는 사람은 「형법」제129조부터 제132조까지의 규정에 따른 벌칙을 적용할 때에는 공무원으로 본다. <개정 2019. 1. 15., 2020. 5. 26.>
② 심사위원회의 위원 중 공무원이 아닌 위원은 「형법」제127조 및 제129조부터 제132조까지의 규정을 적용할 때에는 공무원으로 본다. <신설 2019. 1. 15.>

[본조신설 2008. 12. 31.]

제9장 벌칙

제116조 벌칙

① 사업주와 공모하여 거짓이나 그 밖의 부정한 방법으로 다음 각 호에 따른 지원금 또는 급여를 받은 자와 공모한 사업주는 각각 5년 이하의 징역 또는 5천만원 이하의 벌금에 처한다. 〈개정 2020. 6. 9., 2021. 1. 5.〉
  1. 제3장에 따른 고용안정·직업능력개발 사업의 지원금
  2. 제4장에 따른 실업급여
  3. 제5장에 따른 육아휴직 급여, 육아기 근로시간 단축 급여 및 출산전후휴가 급여 등
  4. 제5장의2 및 제5장의3에 따른 구직급여 및 출산전후급여 등

② 다음 각 호의 어느 하나에 해당하는 자는 3년 이하의 징역 또는 3천만원 이하의 벌금에 처한다. 〈개정 2020. 6. 9., 2021. 1. 5., 2022. 12. 31.〉
  1. 제105조 제77조의5제3항·제4항 및 제77조의10제3항·제4항에서 준용하는 경우를 포함한다)를 위반하여 근로자를 해고하거나 그 밖에 근로자에게 불이익한 처우를 한 사업주
  2. 거짓이나 그 밖의 부정한 방법으로 제1항 각 호에 따른 지원금 또는 급여를 받은 자. 다만, 제1항에 해당하는 경우는 제외한다.

[전문개정 2019. 8. 27.]

주요판례

❖ **육아휴직급여제한및반환·추가징수처분취소**(육아휴직 중 해외 체류 등을 원인으로 한 육아휴직 급여 제한 및 반환처분 등이 적법한지 여부가 다투어진 사건)
[대법원 2017. 8. 23., 선고, 2015두51651, 판결]

판시사항

[1] 구 고용보험법상 육아휴직 급여를 지급받기 위해서는 '육아휴직 대상 자녀를 양육하기 위한 것'이 전제되어야 하는지 여부(원칙적 적극) 및 이때 양육의 의미 / 육아휴직 중인 근로자가 육아휴직 대상 자녀를 국내에 두고 해외에 체류한 경우, 육아휴직 대상인 자녀를 양육한 때에 해당하는지 판단하는 기준

[2] 구 고용보험법 제73조 제3항 및 제74조 제1항, 제62조 제1항이 정하고 있는 육아휴직 급여의 지급 제한, 반환명령 및 추가징수 요건으로서 '거짓이나 그 밖의 부정한 방법'의 의미 및 육아휴직 급여가 부정수급에 해당하는지는 엄격하게 해석·적용하여야 하는지 여부(적극) / '거짓이나 그 밖의 부정한 방법으로 급여를 지급받은 경우'에 해당한다고 보기 위한 요건 / 육아휴직 중인 근로자가 육아휴직 급여 신청서의 모든 사항을 사실대로 기재하고 제출서류도 모두 제대로 제출한 경우, 실질적인 육아휴직 급여 수급요건을 갖추지 못하였다고 하여 곧바로 은폐 등 소극적 행위에 의한 부정수급에 해당한다고 할 수 있는지 여부(소극)

판결요지

[1] 구 남녀고용평등과 일·가정 양립 지원에 관한 법률(2014. 1. 14. 법률 제12244호로 개정되기 전의 것) 제19조 제1항, 구 고용보험법(2014. 1. 21. 법률 제12323호로 개정되기 전의 것, 이하 '고용보험법'이라 한다) 제70조 제1항, 제73조 제3항, 제74조 제1항의 체계·문언·취지를 종합하여 보면, 고용보험법상 육아휴직 급여를 지급받기 위해서는 원칙적으로 '육아휴직 대상 자녀를 양육하기 위한 것'임이 전제되어야 한다.

일반적으로 양육(養育)은 '아이를 보살펴서 자라게 함'을 말하는데, 부모는 자녀의 양육에 적합한 방식을 적절하게 선택할 수 있으므로 육아휴직 기간 동안에도 해당 육아휴직 중인 근로자(이하 '육아휴직자'라 한다) 및 육아휴직 대상 자녀의 사정에 따라 다양한 방식으로 양육이 이루어질 수 있다.

육아휴직자가 육아휴직 대상 자녀를 국내에 두고 해외에 체류한 경우에도 그것이 육

아휴직 대상인 자녀를 양육한 때에 해당하는지는 육아휴직자의 양육의사, 체류장소, 체류기간, 체류목적·경위, 육아휴직 전후의 양육의 형태와 방법 및 정도 등 여러 사정을 종합하여 사회통념에 따라 판단하여야 한다.

[2] 구 고용보험법(2014. 1. 21. 법률 제12323호로 개정되기 전의 것, 이하 '고용보험법'이라 한다) 제73조 제3항 및 제74조 제1항, 제62조 제1항이 정하고 있는 육아휴직 급여의 지급 제한, 반환명령 및 추가징수 요건으로서 '거짓이나 그 밖의 부정한 방법'이란 육아휴직 급여를 지급받을 수 없음에도 지급받을 자격을 가장하거나 지급받을 자격이 없다는 점 등을 감추기 위하여 행하는 일체의 부정행위로서 육아휴직 급여 지급에 관한 의사결정에 영향을 미칠 수 있는 적극적 및 소극적 행위를 뜻한다.

그런데 거짓이나 그 밖의 부정한 방법으로 육아휴직 급여를 지급받는 자는 침익적 처분인 육아휴직 급여 지급 제한, 반환명령 및 추가징수의 대상이 될 뿐 아니라, 고용보험법 제116조 제2항에 따라 형사처벌의 대상이 되는 점, 고용보험법 제74조 제1항에서 제62조 제3항을 준용하여, 수급자격자 또는 수급자격이 있었던 자에게 '잘못 지급된' 육아휴직 급여가 있으면 그 지급금액을 징수할 수 있도록 하는 별도의 반환명령에 관한 규정을 두고 있는 점 등에 비추어 볼 때, 육아휴직 급여가 부정수급에 해당하는지는 엄격하게 해석·적용하여야 한다.

따라서 '거짓이나 그 밖의 부정한 방법으로 급여를 지급받은 경우'에 해당한다고 보기 위해서는 허위, 기만, 은폐 등 사회통념상 부정이라고 인정되는 행위가 있어야 하고, 단순히 요건이 갖추어지지 아니하였음에도 급여를 수령한 경우까지 이에 해당한다고 볼 수는 없다. 그리고 육아휴직 중인 근로자가 관련 법령 및 행정관청에서 요구하는 육아휴직 급여 신청서 서식에 기재되어 있는 모든 사항을 사실대로 기재하고, 요청되는 제출서류도 모두 제대로 제출한 경우라면, 실질적인 육아휴직 급여 수급요건을 갖추지 못하였다고 하여 섣불리 은폐 등 소극적 행위에 의한 부정수급에 해당한다고 인정할 수는 없다.

제117조 양벌규정

법인의 대표자나 법인 또는 개인의 대리인, 사용인, 그 밖의 종업원이 그 법인 또는 개인의 업무에 관하여 제116조의 위반행위를 하면 그 행위자를 벌하는 외에 그 법인 또는 개인에게도 해당 조문의 벌금형을 과(科)한다. 다만, 법인 또는 개인이 그 위반행위를 방지하기 위하여 해당 업무에 관하여 상당한 주의와 감독을 게을리하지 아니한 경우에는 그러하지 아니하다.

[전문개정 2008. 12. 31.]
[제118조에서 이동, 종전의 117조는 제118조로 이동 <2008. 12. 31.>]

제118조 과태료

① 다음 각 호의 어느 하나에 해당하는 사업주, 보험사무대행기관, 노무제공플랫폼사업자의 대표자 또는 대리인·사용인, 그 밖의 종업원에게는 300만원 이하의 과태료를 부과한다. <개정 2008. 12. 31., 2019. 8. 27., 2020. 5. 26., 2020. 6. 9., 2021. 1. 5., 2022. 12. 31.>

1. 제15조(제77조의5제1항 및 제77조의10제1항에서 준용하는 경우를 포함한다), 제77조의2제3항 및 제77조의7제1항을 위반하여 신고를 하지 아니하거나 거짓으로 신고한 자
2. 제42조제3항 후단(제77조의5제2항 및 제77조의10제2항에서 준용하는 경우를 포함한다)을 위반하여 이직확인서를 발급하여 주지 아니하거나 거짓으로 작성하여 발급하여 준 자
3. 제43조제4항 후단(제77조의5제2항 및 제77조의10제2항에서 준용하는 경우를 포함한다)을 위반하여 이직확인서를 제출하지 아니하거나 거짓으로 작성하여 제출한 자
4. 제108조제1항(제77조의5제3항·제4항 및 제77조의10제3항·제4항에서 준용하는 경우를 포함한다)에 따른 요구에 따르지 아니하여 보고를 하지 아니하거나 거짓으로 보고한 자, 같은 요구에 따르지 아니하여 문서를 제출하지 아니하거나 거짓으로 적은 문서를 제출한 자 또는 출석하지 아니한 자
5. 제108조제2항(제77조의5제3항·제4항 및 제77조의10제3항·제4항에서 준용하는 경우를 포함한다)에 따른 요구에 따르지 아니하여 증명서를 내주지 아니한 자
6. 제109조제1항(제77조의5제3항·제4항 및 제77조의10제3항·제4항에서 준용하는 경우를 포함한다)에 따른 질문에 답변하지 아니하거나 거짓으로 진술

한 자 또는 조사를 거부·방해하거나 기피한 자
7. 제77조의7제2항을 위반하여 자료 또는 정보의 제공 요청에 따르지 아니한 자
8. 제77조의7제5항을 위반하여 노무제공자의 피보험자격의 신고와 관련된 자료 또는 정보를 보관하지 아니한 자

② 다음 각 호의 어느 하나에 해당하는 피보험자, 수급자격자 또는 지급되지 아니한 실업급여의 지급을 청구하는 자에게는 100만원 이하의 과태료를 부과한다. 〈개정 2008. 12. 31., 2020. 6. 9., 2021. 1. 5., 2022. 12. 31.〉

1. 제108조제3항(제77조의5제3항 제4항 및 제77조의10제3항 제4항에서 준용하는 경우를 포함한다)에 따라 요구된 보고를 하지 아니하거나 거짓으로 보고한 자, 문서를 제출하지 아니하거나 거짓으로 적은 문서를 제출한 자 또는 출석하지 아니한 자
2. 제109조제1항(제77조의5제3항 제4항 및 제77조의10제3항 제4항에서 준용하는 경우를 포함한다)에 따른 질문에 답변하지 아니하거나 거짓으로 진술한 자 또는 검사를 거부·방해하거나 기피한 자

③ 제87조(제77조의5제3항 제4항 및 제77조의10제3항 제4항에서 준용하는 경우를 포함한다)에 따른 심사 또는 재심사의 청구를 받아 하는 심사관 및 심사위원회의 질문에 답변하지 아니하거나 거짓으로 진술한 자 또는 검사를 거부·방해하거나 기피한 자에게는 100만원 이하의 과태료를 부과한다. 〈개정 2008. 12. 31., 2020. 6. 9., 2021. 1. 5., 2022. 12. 31.〉

④ 제1항부터 제3항까지의 규정에 따른 과태료는 대통령령으로 정하는 바에 따라 고용노동부장관이 부과·징수한다. 〈개정 2010. 6. 4.〉

⑤ 삭제 〈2008. 12. 31.〉
⑥ 삭제 〈2008. 12. 31.〉
⑦ 삭제 〈2008. 12. 31.〉

[제117조에서 이동, 종전의 제118조는 제117조로 이동 〈2008. 12. 31.〉]

※ 각 조문에 신설 및 개정 연월일이 표시되어 있으므로 〈부칙〉은 생략합니다.

제2부

고용보험법 시행령

[시행 2023. 7. 1.]
[대통령령 제33595호, 2023. 6. 27., 일부개정]

제1장 총칙

제1조 목적

이 영은 「고용보험법」에서 위임된 사항과 그 시행에 필요한 사항을 규정하는 것을 목적으로 한다.

제1조의2 보수에서 제외되는 금품

「고용보험법」(이하 "법"이라 한다) 제2조제5호 본문에서 "대통령령으로 정하는 금품"이란 「소득세법」 제12조제3호에 따른 비과세 근로소득을 말한다. 〈개정 2021. 6. 8.〉
[본조신설 2010. 12. 31.]
[종전 제1조의2는 제1조의3으로 이동 〈2010. 12. 31.〉]

> **관련법령** ▶ 「소득세법」 제12조제3호

제12조(비과세소득)
3. 근로소득과 퇴직소득 중 다음 각 목의 어느 하나에 해당하는 소득
    가. 대통령령으로 정하는 복무 중인 병(兵)이 받는 급여
    나. 법률에 따라 동원된 사람이 그 동원 직장에서 받는 급여
    다. 「산업재해보상보험법」에 따라 수급권자가 받는 요양급여, 휴업급여, 장해급여, 간병급여, 유족급여, 유족특별급여, 장해특별급여, 장의비 또는 근로의 제공으로 인한 부상·질병·사망과 관련하여 근로자나 그 유족이 받는 배상·보상 또는 위자(慰藉)의 성질이 있는 급여
    라. 「근로기준법」 또는 「선원법」에 따라 근로자·선원 및 그 유족이 받는 요양보상금, 휴

업보상금, 상병보상금(傷病補償金), 일시보상금, 장해보상금, 유족보상금, 행방불명보상금, 소지품 유실보상금, 장의비 및 장제비

마. 「고용보험법」에 따라 받는 실업급여, 육아휴직 급여, 육아기 근로시간 단축 급여, 출산전후휴가 급여 등, 「제대군인 지원에 관한 법률」에 따라 받는 전직지원금, 「국가공무원법」·「지방공무원법」에 따른 공무원 또는 「사립학교교직원 연금법」·「별정우체국법」을 적용받는 사람이 관련 법령에 따라 받는 육아휴직수당

바. 「국민연금법」에 따라 받는 반환일시금(사망으로 받는 것만 해당한다) 및 사망일시금

사. 「공무원연금법」, 「공무원 재해보상법」, 「군인연금법」, 「군인 재해보상법」, 「사립학교교직원 연금법」 또는 「별정우체국법」에 따라 받는 공무상요양비·요양급여·장해일시금·비공무상 장해일시금·비직무상 장해일시금·장애보상금·사망조위금·사망보상금·유족일시금·퇴직유족일시금·유족연금일시금·퇴직유족연금일시금·퇴역유족연금일시금·순직유족연금일시금·유족연금부가금·퇴직유족연금부가금·퇴역유족연금부가금·유족연금특별부가금·퇴직유족연금특별부가금·퇴역유족연금특별부가금·순직유족보상금·직무상유족보상금·위험직무순직유족보상금·재해부조금·재난부조금 또는 신체·정신상의 장해·질병으로 인한 휴직기간에 받는 급여

아. 대통령령으로 정하는 학자금

자. 대통령령으로 정하는 실비변상적(實費辨償的) 성질의 급여

차. 외국정부(외국의 지방자치단체와 연방국가인 외국의 지방정부를 포함한다. 이하 같다) 또는 대통령령으로 정하는 국제기관에서 근무하는 사람으로서 대통령령으로 정하는 사람이 받는 급여. 다만, 그 외국정부가 그 나라에서 근무하는 우리나라 공무원의 급여에 대하여 소득세를 과세하지 아니하는 경우만 해당한다.

카. 「국가유공자 등 예우 및 지원에 관한 법률」 또는 「보훈보상대상자 지원에 관한 법률」에 따라 받는 보훈급여금·학습보조비

타. 「전직대통령 예우에 관한 법률」에 따라 받는 연금

파. 작전임무를 수행하기 위하여 외국에 주둔 중인 군인·군무원이 받는 급여

하. 종군한 군인·군무원이 전사(전상으로 인한 사망을 포함한다. 이하 같다)한 경우 그 전사한 날이 속하는 과세기간의 급여

거. 국외 또는 「남북교류협력에 관한 법률」에 따른 북한지역에서 근로를 제공하고 받는 대통령령으로 정하는 급여

너. 「국민건강보험법」, 「고용보험법」 또는 「노인장기요양보험법」에 따라 국가, 지방자

치단체 또는 사용자가 부담하는 보험료
더. 생산직 및 그 관련 직에 종사하는 근로자로서 급여 수준 및 직종 등을 고려하여 대통령령으로 정하는 근로자가 대통령령으로 정하는 연장근로·야간근로 또는 휴일근로를 하여 받는 급여
러. 근로자가 사내급식이나 이와 유사한 방법으로 제공받는 식사 기타 음식물 또는 근로자(식사 기타 음식물을 제공받지 아니하는 자에 한정한다)가 받는 월 20만원 이하의 식사대
머. 근로자 또는 그 배우자의 출산이나 6세 이하(해당 과세기간 개시일을 기준으로 판단한다) 자녀의 보육과 관련하여 사용자로부터 받는 급여로서 월 10만원 이내의 금액
버. 「국군포로의 송환 및 대우 등에 관한 법률」에 따른 국군포로가 받는 보수 및 퇴직일시금
서. 「교육기본법」제28조제1항에 따라 받는 장학금 중 대학생이 근로를 대가로 지급받는 장학금(「고등교육법」제2조제1호부터 제4호까지의 규정에 따른 대학에 재학하는 대학생에 한정한다)
어. 「발명진흥법」제2조제2호에 따른 직무발명으로 받는 다음의 보상금(이하 "직무발명보상금"이라 한다)으로서 대통령령으로 정하는 금액
　1)「발명진흥법」제2조제2호에 따른 종업원등(이하 이 조, 제20조 및 제21조에서 "종업원등"이라 한다)이 같은 호에 따른 사용자등으로부터 받는 보상금
　2) 대학의 교직원 또는 대학과 고용관계가 있는 학생이 소속 대학에 설치된 「산업교육진흥 및 산학연협력촉진에 관한 법률」제25조에 따른 산학협력단(이하 이 조에서 "산학협력단"이라 한다)으로부터 같은 법 제32조제1항제4호에 따라 받는 보상금
저. 대통령령으로 정하는 복리후생적 성질의 급여

제1조의3 고용보험위원회의 구성

① 법 제7조제4항제1호 및 제2호에 따른 근로자와 사용자를 대표하는 사람은 각각 전국 규모의 노동단체와 전국 규모의 사용자단체에서 추천하는 사람 중에서 고용노동부장관이 위촉한다. 〈개정 2010. 7. 12., 2010. 12. 31.〉
② 법 제7조제4항제3호에 따른 공익을 대표하는 사람은 고용보험과 그 밖의 고용노동 분야 전반에 관하여 학식과 경험이 풍부한 사람 중에서 고용노동부장관이 위

촉한다. <개정 2010. 7. 12.>

③ 법 제7조제4항제4호에 따른 정부를 대표하는 사람은 고용보험 관련 중앙행정기관의 고위공무원단에 속하는 공무원 중에서 고용노동부장관이 임명한다. <개정 2010. 7. 12.>

[본조신설 2009. 3. 12.]
[제1조의2에서 이동, 종전 제1조의3은 제1조의4로 이동 <2010. 12. 31.>]

제1조의4 위원의 임기 등

① 법 제7조제4항제1호부터 제3호까지의 규정에 따른 위촉위원의 임기는 2년으로 한다. 다만, 보궐위원의 임기는 전임자 임기의 남은 기간으로 한다. <개정 2015. 12. 31.>
② 고용노동부장관은 제1조의3제1항 및 제2항에 따라 위촉한 위원이 다음 각 호의 어느 하나에 해당하는 경우에는 해당 위원을 해촉(解囑)할 수 있다. <신설 2015. 12. 31.>
  1. 심신장애로 인하여 직무를 수행할 수 없게 된 경우
  2. 직무와 관련된 비위사실이 있는 경우
  3. 직무태만, 품위손상이나 그 밖의 사유로 인하여 위원으로 적합하지 아니하다고 인정되는 경우
  4. 위원 스스로 직무를 수행하는 것이 곤란하다고 의사를 밝히는 경우

[본조신설 2009. 3. 12.]
[제목개정 2015. 12. 31.]
[제1조의3에서 이동, 종전 제1조의4는 제1조의5로 이동 <2010. 12. 31.>]

제1조의5 위원장의 직무

① 법 제7조에 따른 고용보험위원회(이하 "위원회"라 한다)의 위원장은 위원회를 대표하며, 위원회의 사무를 총괄한다.
② 위원장이 부득이한 사유로 직무를 수행할 수 없을 때에는 위원장이 미리 지명하는 위원이 그 직무를 대행한다.

[본조신설 2009. 3. 12.]
[제1조의4에서 이동, 종전 제1조의5는 제1조의6으로 이동 <2010. 12. 31.>]

제1조의6 회의

① 위원장은 위원회의 회의를 소집하고, 그 의장이 된다.
② 위원회의 회의는 재적위원 과반수의 출석으로 개의(開議)하고 출석위원 과반수의 찬성으로 의결한다.

[본조신설 2009. 3. 12.]
[제1조의5에서 이동, 종전 제1조의6은 제1조의7로 이동 〈2010. 12. 31.〉]

제1조의7 전문위원회

① 법 제7조제5항에 따라 위원회에 고용보험운영전문위원회와 고용보험평가전문위원회(이하 "전문위원회"라 한다)를 둔다.
② 전문위원회는 각각 위원장 1명을 포함한 15명 이내의 위원으로 구성한다.
③ 위원회의 위원장은 위원회의 위원 중에서 전문위원회의 위원장을 임명하거나 위촉하고, 다음 각 호의 어느 하나에 해당하는 사람 중에서 전문위원회의 위원을 임명하거나 위촉한다.
   1. 고용보험 등 사회보험에 관한 학식과 경험이 있고, 전국 규모의 노동단체나 전국 규모의 사용자단체에서 추천하는 사람
   2. 고용보험 등 사회보험에 관한 학식과 경험이 풍부한 사람
   3. 고용보험 관련 중앙행정기관의 3급 또는 4급 공무원
④ 전문위원회의 위원장은 법 제7조제5항에 따라 전문위원회가 심의 사항에 대하여 검토·조정한 결과를 위원회에 보고하여야 한다.
⑤ 전문위원회에 관하여는 제1조의4부터 제1조의6까지의 규정을 준용한다. 이 경우 "법 제7조제4항제1호부터 제3호까지의 규정"은 "제1조의7제3항제1호 및 제2호"로, "고용노동부장관"은 "위원회의 위원장"으로, "제1조의3제1항 및 제2항"은 "제1조의7제3항제1호 및 제2호"로 본다. 〈개정 2010. 12. 31., 2015. 12. 31.〉

[본조신설 2009. 3. 12.]
[제1조의6에서 이동, 종전 제1조의7은 제1조의8로 이동 〈2010. 12. 31.〉]

제1조의8 조사·연구위원

① 고용보험에 관한 전문적인 사항을 조사·연구하기 위하여 위원회에 5명 이내의 조사·연구위원을 둘 수 있다.
② 조사·연구위원은 고용보험에 관한 학식과 경험이 풍부한 사람 중에서 위원회의 위원장이 위촉한다.
[본조신설 2009. 3. 12.]
[제1조의7에서 이동, 종전 제1조의8은 제1조의9로 이동 〈2010. 12. 31.〉]

제1조의9 협조의 요청

위원회나 전문위원회(이하 "위원회등"이라 한다)는 안건의 심의를 위하여 필요하다고 인정하는 경우에는 관계 행정기관 또는 단체에 자료 제출을 요청하거나 관계 공무원이나 전문가 등 관계인을 출석시켜 의견을 들을 수 있다.
[본조신설 2009. 3. 12.]
[제1조의8에서 이동, 종전 제1조의9는 제1조의10으로 이동 〈2010. 12. 31.〉]

제1조의10 간사

위원회 등에는 각각 간사 1명을 두되, 간사는 고용노동부 소속 공무원 중에서 위원회의 위원장이 임명한다. 〈개정 2010. 7. 12.〉
[본조신설 2009. 3. 12.]
[제1조의9에서 이동, 종전 제1조의10은 제1조의11로 이동 〈2010. 12. 31.〉]

제1조의11 위원의 수당

위원회등의 회의에 출석하거나 회의 안건에 대한 검토의견을 제출한 위원에게는 예산의 범위에서 수당과 여비를 지급할 수 있다. 다만, 그 소관 업무와 직접 관련되는 공무원인 위원에게는 수당과 여비를 지급하지 아니한다.
[본조신설 2009. 3. 12.]

[제1조의10에서 이동, 종전 제1조의11은 제1조의12로 이동 〈2010. 12. 31.〉]

제1조의12 운영세칙

이 영에서 규정한 사항 외에 위원회등의 운영에 필요한 사항은 위원회의 의결을 거쳐 위원회의 위원장이 정한다.

[본조신설 2009. 3. 12.]
[제1조의11에서 이동 〈2010. 12. 31.〉]

제2조 적용 범위

① 법 제8조제1항 단서에서 "대통령령으로 정하는 사업"이란 다음 각 호의 어느 하나에 해당하는 사업을 말한다. 〈개정 2008. 9. 18., 2009. 3. 12., 2015. 6. 30., 2021. 6. 8.〉

  1. 농업·임업 및 어업 중 법인이 아닌 자가 상시 4명 이하의 근로자를 사용하는 사업

  2. 다음 각 목의 어느 하나에 해당하는 공사. 다만, 법 제15조제2항 각 호에 해당하는 자가 시공하는 공사는 제외한다.

    가. 「고용보험 및 산업재해보상보험의 보험료징수 등에 관한 법률 시행령」(이하 "고용산재보험료징수법시행령"이라 한다) 제2조제1항제2호에 따른 총공사금액(이하 이 조에서 "총공사금액"이라 한다)이 2천만원 미만인 공사

    나. 연면적이 100제곱미터 이하인 건축물의 건축 또는 연면적이 200제곱미터 이하인 건축물의 대수선에 관한 공사

  3. 가구 내 고용활동 및 달리 분류되지 아니한 자가소비 생산활동

② 제1항 각 호의 어느 하나에 해당하는 사업의 범위에 관하여는 법 또는 이 영에 특별한 규정이 있는 경우 외에는 「통계법」 제22조에 따라 통계청장이 고시하는 산업에 관한 표준분류(이하 "한국표준산업분류표"라 한다)에 따른다.

③ 총공사금액이 2천만원 미만인 건설공사가 설계 변경(사실상의 설계 변경이 있는 경우를 포함한다)으로 인하여 2천만원 이상의 건설공사에 해당하게 되거나 「고용보험 및 산업재해보상보험의 보험료징수 등에 관한 법률」(이하 "고용산재보험

료징수법"이라 한다) 제8조제1항 및 제2항에 따라 일괄적용을 받게 되는 경우에는 그 때부터 법의 규정의 전부를 적용한다. <개정 2021. 6. 8.>

주요판례

❖ **건설산업기본법위반** [대법원 2022. 2. 24., 선고, 2018도3821, 판결]

판시사항

[1] 구 건설산업기본법상 건설업 등록제도의 취지 / 건설업 등록의무가 면제되는 '경미한 건설공사' 중 하나로 공사예정금액이 1,500만 원 미만인 전문 건설공사를 정한 구 건설산업기본법 시행령 제8조 제1항의 해석과 관련하여 분할 발주된 수 개의 공사가 '동일한 공사'로서 공사예정금액 합산 대상에 해당하는지 판단하는 기준

[2] 산업재해보상보험법 및 고용보험법에서 정한 '총공사금액'의 판단 기준을 구 건설산업기본법 시행령 제8조 제1항에서 정한 '동일한 공사'의 해석에 유추적용할 수 있는지 여부(소극)

판결요지

[1] 구 건설산업기본법(2017. 3. 21. 법률 제14708호로 개정되기 전의 것, 이하 '구 건설산업기본법'이라고 한다) 제9조 제1항 본문은 "건설업을 하려는 자는 대통령령이 정하는 업종별로 국토교통부장관에게 등록을 하여야 한다."라고 규정하면서, 제96조 제1호에서 "제9조 제1항에 따른 등록을 하지 아니하거나 부정한 방법으로 등록을 하고 건설업을 한 자"에 대한 처벌규정을 두고 있는데, 이러한 건설업 등록제도의 취지는 건설공사의 적정한 시공과 건설산업의 건전한 발전을 도모하고 무등록업자에 의한 부실시공을 예방하여 국민의 생명과 재산을 보호하고자 하는 것이다.

한편 구 건설산업기본법 제9조 제1항 단서는 건설업 등록제도의 예외로서 "대통령령으로 정하는 경미한 건설공사를 업으로 하려는 경우에는 등록을 하지 아니하고 건설업을 할 수 있다."라고 정하고 있고, 구 건설산업기본법 시행령(2020. 12. 29. 대통령령 제31328호로 개정되기 전의 것) 제8조 제1항은 이러한 '경미한 건설공사' 중 하나로 공사예정금액이 1,500만 원 미만인 전문 건설공사를 정하면서, 동일한 공사를 2 이상의 계약으로 분할하여 발주하는 경우에는 각각의 공사예정금액을 합산한 금액을 공사예정금액으로 하도록 정하고 있다.

이러한 건설업 등록제도의 취지와 관련 규정의 내용 등에 비추어 볼 때, 분할 발주된

수 개의 공사가 '동일한 공사'로서 공사예정금액 합산 대상에 해당하는지 여부는 각 공사계약의 당사자, 공사 목적물, 공사기간, 공사 내용 및 방법, 수 개의 계약으로 분할하여 체결한 경위 등 제반 사정들을 종합적으로 고려하여, 실질적으로 각 공사계약이 하나의 계약으로서 각 공사 사이에 동일성이 인정되는지를 기준으로 판단하여야 한다. 반면 당사자들이 수 개의 공사에 대하여 하나의 공사계약을 체결하였다고 하더라도 각 공사가 목적물, 내용이나 시공방법 등을 달리하여 실질적으로 하나의 공사로 볼 수 없는 경우에는 이를 '동일한 공사'로 평가할 수 없을 것이다.

[2] 산업재해보상보험법 제6조 단서, 구 산업재해보상보험법 시행령(2017. 12. 16. 대통령령 제28506호로 개정되기 전의 것) 제2조 제1항 제3호(가)목, 고용보험법 제8조 제1항 단서, 고용보험법 시행령 제2조 제1항 제2호(가)목은 '고용보험 및 산업재해보상보험의 보험료징수 등에 관한 법률 시행령'(이하 '고용산재보험료징수법 시행령'이라고 한다)에 따른 총공사금액이 2,000만 원 미만인 공사에 관하여는 산업재해보상보험법 및 고용보험법의 적용을 배제하도록 정하고 있고, 고용산재보험료징수법 시행령 제2조 제1항 제2호는 총공사금액이란 총공사를 할 때 계약상의 도급금액을 말하는 것이라고 정하면서, 같은 조 제2항에서 이러한 총공사금액을 산정할 때 최종 목적물의 완성을 위하여 하는 동일한 건설공사를 둘 이상으로 분할하여 도급하는 경우에는 각각의 도급금액을 합산하되, 도급단위별 공사가 시간적 또는 장소적으로 분리되고 독립적으로 행해지는 경우에는 합산하지 않는 것으로 정하고 있다.

그러나 이러한 산업재해보상보험법 및 고용보험법에서 정한 '총공사금액'의 판단 기준을 구 건설산업기본법 시행령(2020. 12. 29. 대통령령 제31328호로 개정되기 전의 것)에서 정한 '동일한 공사'의 해석에 유추적용할 수는 없다.

제3조 적용 제외 근로자

① 법 제10조제1항제2호에서 "해당 사업에서 소정(所定)근로시간이 대통령령으로 정하는 시간 미만인 근로자"란 해당 사업에서 1개월간 소정근로시간이 60시간 미만이거나 1주간의 소정근로시간이 15시간 미만인 근로자를 말한다. <개정 2023. 6. 27.>

② 제1항에도 불구하고 다음 각 호의 어느 하나에 해당하는 근로자는 법 적용 대상으로 한다. <신설 2023. 6. 27.>

  1. 해당 사업에서 3개월 이상 계속하여 근로를 제공하는 근로자

2. 일용근로자

③ 법 제10조제1항제5호에서 "대통령령으로 정하는 사람"이란 「별정우체국법」에 따른 별정우체국 직원을 말한다. <개정 2019. 6. 25., 2021. 6. 8., 2023. 6. 27.>

주요판례

❖ **고용보험가입불인정처분취소청구**[대법원 2022. 10. 27., 선고, 2018두63235, 판결]

판시사항

별정직·임기제 공무원의 고용보험 가입신청기간을 3개월로 제한하고 있는 구 고용보험법 시행령 제3조의2 제2항 단서 조항의 해석

판결요지

구 고용보험법 시행령(2016. 10. 18. 대통령령 제27549호로 개정되기 전의 것) 제3조의2 제2항 단서 조항은 그 신청기간을 임용일부터 3개월로 제한하고 있다. 같은 조 제1항과 제2항 본문에서 소속기관의 장에게 가입대상 공무원이 임용된 후 지체 없이 가입의사를 확인하도록 의무를 부과하고 있고 보험가입 의사가 확인된 경우 소속기관의 장이 직접 가입 신청을 하도록 규정한 취지를 고려하면, 소속기관의 장이 가입대상 공무원에 대한 고용보험 가입의사 확인의무를 게을리함으로써 가입의사를 확인하지도 않은 채 3개월이 도과하는 경우나 임용된 후 3개월 내에 가입의사를 확인하기는 하였으나 그 신청기간 내에 가입신청을 하지 않고 해당 공무원에게 이를 알리지도 않는 경우와 같이 가입대상 공무원의 귀책사유 없이 임용 후 3개월이 경과하여 위 단서 조항에 따라 스스로 신청을 할 기회가 박탈된 경우에는 가입대상 공무원이 그와 같은 사유를 안 날부터 다시 3개월 내에 고용보험 가입신청을 할 수 있다고 해석하는 것이 타당하다.

주요판례

❖ **고용보험가입불인정처분취소청구**[광주고법 2018. 10. 24., 선고, (제주)2018누1338, 판결 : 상고]

판시사항

지방자치단체 일반임기제 공무원으로 근무하던 甲이 최초로 임용된 날로부터 약 2년 9개월이 지난 때에 지방자치단체장에게 고용보험 가입신청을 하였으나, 지방자치단체장이 甲에 대하여 '구 고용보험법 시행령 제3조의2 제2항에 따르면 최초 임용일로부터

3개월의 신청기간이 경과된 후에는 고용보험 가입신청을 할 수 없다'는 이유로 고용보험 가입 불승인 처분을 한 사안에서, 지방자치단체장이 의무를 해태하여 甲의 고용보험 가입의사를 확인하지 않아 임용일부터 3개월이 지났고, 甲이 그와 같은 사유를 알게 된 날부터 3개월 내에 고용보험 가입신청을 하여 적법한 신청기간 내에 가입신청을 하였음에도 이를 받아들이지 않은 위 처분이 위법하다고 한 사례

판결요지

지방자치단체 일반임기제 공무원으로 근무하던 甲이 최초로 임용된 날로부터 약 2년 9개월이 지난 때에 지방자치단체장에게 고용보험 가입신청을 하였으나, 지방자치단체장이 甲에 대하여 '구 고용보험법 시행령(2016. 10. 18. 대통령령 제27549호로 개정되기 전의 것, 이하 같다) 제3조의2 제2항에 따르면 최초 임용일로부터 3개월의 신청기간이 경과된 후에는 고용보험 가입신청을 할 수 없다'는 이유로 고용보험 가입 불승인 처분을 한 사안이다.

여러 사정을 종합하면, 구 고용보험법 시행령 제3조의2 제2항 단서 규정을 '소속기관장이 가입대상 공무원의 가입의사를 확인하지 않거나 가입대상 공무원이 가입의사를 밝혔으나 임용일부터 3개월 내에 가입신청을 하지 않는 등 구 고용보험법 시행령 제3조의2에서 정한 의무를 해태하는 경우처럼 가입대상 공무원의 책임 없는 사유로 구 고용보험법 시행령 제3조의2에서 정한 신청기간 내에 가입대상 공무원이 신청을 하지 못한 경우에는 가입대상 공무원이 그와 같은 사유를 안 날로부터 다시 3개월 내에 가입신청을 할 수 있다'고 해석하는 것이 인간다운 생활을 할 권리, 사회보장·사회복지의 증진에 노력할 국가의 의무를 규정한 헌법 제34조 등 헌법 규범에 부합되는 해석인데, 지방자치단체장이 의무를 해태하여 甲의 고용보험 가입의사를 확인하지 않아 임용일부터 3개월이 지났고, 甲이 그와 같은 사유를 알게 된 날부터 3개월 내에 고용보험 가입신청을 하여 그 신청이 신청기간 내에 제기된 것으로서 적법함에도 이를 받아들이지 않은 위 처분이 위법하다고 한 사례이다.

주요판례

❖ **고용보험료부과처분취소** [광주지법 2007. 12. 13., 선고, 2007구합3176, 판결 : 항소]

판시사항

[1] 고용보험법규상 고용보험료를 적용하거나 적용 제외하기 위한 요건의 해석 방법
[2] 청원경찰에 대한 고용보험료 부과처분이 적법한지 여부(적극)

판결요지

[1] 고용보험료는 사업주로부터 재산권을 박탈하는 것을 목적으로 하며(침익적인 측면) 행정처분에 의해 강제로 부과·징수된다는 점에서(행정처분적 측면) 조세와 유사한 성격을 갖는 공과금이므로, 고용보험료 역시 조세에 준하여 그 적용요건 및 적용제외 요건을 엄격하게 해석하는 것이 헌법상의 대원칙인 법치주의 및 평등의 원칙에 부합한다.

[2] 고용보험 적용제외 근로자에 관한 구 고용보험법(2007. 5. 11. 법률 제8429호로 전문 개정되기 전의 것) 제8조 및 같은 법 시행령 제3조가 청원경찰에 대하여 적용제외를 따로 정하지 아니하였고, 청원경찰에 대해서는 청원주의 재량에 의한 구조조정이 허용되며, 공무원연금과 고용보험은 그 제도의 취지·기능이 동일하지 않다는 사정을 종합하면, 청원경찰에게 공무원연금과 고용보험을 동시에 적용하는 것은 신분상의 특이성 및 직무내용의 성격을 모두 고려한 입법자의 정책적 판단의 결과로서 비합리적인 이중의 과도한 보호라고 볼 수 없으므로, 청원경찰은 고용보험법의 적용을 받으며, 따라서 청원경찰에 대한 고용보험료 부과처분은 적법하다.

제3조의2 별정직·임기제 공무원의 보험 가입

① 별정직 또는 임기제 공무원(이하 "가입대상 공무원"이라 한다)을 임용하는 행정기관(이하 "소속기관"이라 한다)의 장은 가입대상 공무원이 해당 소속기관에 최초로 임용된 경우 지체 없이 법 제10조제1항제3호 단서에 따른 본인의 의사를 확인하여야 한다. 〈개정 2011. 9. 15., 2013. 11. 20., 2019. 6. 25.〉

② 소속기관의 장은 제1항에 따라 보험가입 의사가 있는 것으로 확인된 가입대상 공무원에 대하여 임용된 날부터 3개월 이내에 고용노동부장관에게 고용보험 가입을 신청하여야 한다. 다만, 해당 가입대상 공무원이 원하는 경우에는 같은 기간에 직접 가입을 신청할 수 있으며, 이 경우 고용노동부장관은 가입 신청 사실을 소속기관의 장에게 알려야 한다. 〈개정 2011. 9. 15., 2016. 10. 18.〉

③ 제1항 또는 제2항에 따라 가입을 신청한 경우에 해당 가입대상 공무원은 가입을 신청한 날의 다음 날에 피보험자격을 취득한 것으로 본다. 이 경우 피보험자격을 취득한 공무원이 공무원 신분의 변동에 따라 계속하여 다른 별정직 또는 임기

제 공무원으로 임용된 때에는 별도의 가입신청을 하지 않은 경우에도 고용보험의 피보험자격을 유지한다. 〈개정 2013. 11. 20.〉

④ 고용보험에 가입한 공무원이 고용보험에서 탈퇴하려는 경우에는 고용노동부장관에게 탈퇴신청을 하여야 한다. 이 경우 탈퇴를 신청한 날의 다음 날에 피보험자격을 상실한 것으로 본다. 〈개정 2016. 10. 18.〉

⑤ 제4항에 따라 고용보험에서 탈퇴한 이후에 가입대상 공무원으로 계속 재직하는 동안에는 고용보험에 다시 가입할 수 없으며, 고용보험에서 탈퇴한 이후에는 수급자격을 인정하지 아니한다. 다만, 탈퇴한 공무원이 가입대상 공무원의 직에서 이직(가입대상 공무원 외의 공무원으로 임용된 경우를 포함한다)한 이후에 법과 이 영에 따라 다시 피보험자격을 취득한 경우에는 법 제40조제1항제1호에 따른 피보험 단위기간을 산정하는 경우에 그 이전 가입대상 공무원 재직 시의 피보험기간 중 법 제41조제1항에 따른 보수 지급의 기초가 된 날을 합산하고, 법 제50조에 따라 피보험기간을 산정하는 경우에 탈퇴하기 전의 피보험기간도 같은 조에서 규정하고 있는 피보험기간에 포함하여 산정한다. 〈개정 2011. 9. 15.〉

⑥ 고용보험에 가입한 공무원에 대한 보험료율은 고용산재보험료징수법시행령 제12조제1항제2호에 따른 실업급여의 보험료율로 하되, 소속기관과 고용보험에 가입한 공무원이 각각 2분의 1씩 부담한다. 〈개정 2020. 3. 31., 2021. 6. 8.〉

⑦ 제1항부터 제4항까지의 규정에 따른 보험가입 및 보험가입 탈퇴의 신청절차는 고용노동부령으로 정한다. 〈개정 2010. 7. 12.〉

[본조신설 2008. 9. 18.] [제목개정 2013. 11. 20.]

관련법령 ▶ 「고용산재보험료징수법시행령」 제12조제1항제2호

제12조(고용보험료율)

① 법 제14조제1항에 따른 고용보험료율은 다음 각 호와 같다. 〈개정 2011. 3. 30., 2013. 6. 28., 2019. 9. 17., 2021. 12. 31.〉

  2. 실업급여의 보험료율: 1천분의 18

주요판례

❖ **고용보험피보험자격직권취소처분취소**[대법원 2011. 1. 13., 선고, 2010두20348, 판결]

판시사항

2008. 9. 18. 개정된 구 고용보험법 시행령 제3조의2의 시행일인 2008. 9. 22. 당시 고용보험 가입대상 지방계약직공무원이 고용보험 가입신청 없이 채용계약에서 정한 채용기간이 만료된 후 다시 채용계약을 체결한 경우, 위 시행령 제3조의2 제2항에 규정된 '가입대상 공무원에 대하여 임용된 날'의 의미

판결요지

2008. 9. 18. 대통령령 제21015호로 개정된 구 고용보험법 시행령(2010. 2. 8. 대통령령 제22026호로 개정되기 전의 것) 제3조의2의 시행일인 2008. 9. 22. 당시 고용보험 가입대상 지방계약직공무원으로 재직하고 있는 사람에 대하여 그때부터 3개월 이내에 소속기관의 장 또는 지방계약직공무원 본인의 고용보험 가입신청 없이 채용계약에서 정한 채용기간이 만료된 이상, 그 사람은 지방계약직공무원의 신분을 상실한다고 보아야 하므로, 그 이후 지방자치단체의 장의 재량에 따라 다시 채용계약을 체결하였다면 이와 같이 새로이 채용계약을 체결한 날을 구 고용보험법 시행령 제3조의2 제2항에 규정된 '가입대상 공무원에 대하여 임용된 날'로 보아야 한다.

제3조의3 외국인근로자에 대한 적용 범위

법 제10조의2제2항에 따른 외국인근로자에 대한 법의 적용범위는 다음 각 호의 구분에 따른다. <개정 2023. 6. 27.>

1. 법 제10조의2제2항에 따른 외국인 중 근로계약을 체결한 사람으로서 다음 각 목의 어느 하나에 해당하는 사람: 법의 전부를 적용
    가. 「출입국관리법 시행령」 제12조에 따른 외국인의 체류자격 중 주재(D-7), 기업투자(D-8) 및 무역경영(D-9)의 체류자격을 가진 사람(법에 따른 고용보험에 상응하는 보험료와 급여에 관하여 그 외국인의 본국법이 대한민국 국민에게 적용되지 않는 경우는 제외한다)

나. 「출입국관리법 시행령」제12조의2에 따른 외국인의 체류자격 중 영주(F-5)의 체류자격을 가진 사람

다. 「출입국관리법 시행령」제23조제2항 각 호의 어느 하나에 해당하는 사람

2. 법 제10조의2제2항에 따른 외국인 중 근로계약을 체결한 사람으로서 다음 각 목의 어느 하나에 해당하는 사람: 고용노동부령으로 정하는 바에 따라 보험 가입을 신청한 경우에 법의 전부를 적용

가. 「출입국관리법 시행령」제12조에 따른 외국인의 체류자격 중 재외동포(F-4)의 체류자격을 가진 사람

나. 「출입국관리법 시행령」 제23조제1항에 따른 취업활동을 할 수 있는 체류자격을 가진 사람

3. 법 제10조의2제2항에 따른 외국인 중 법 제77조의2제1항에 따른 문화예술용역 관련 계약(이하 "문화예술용역 관련 계약"이라 한다)을 체결한 외국인(이하 "외국인예술인"이라 한다) 또는 법 제77조의6제1항에 따른 노무제공계약(이하 "노무제공계약"이라 한다)을 체결한 외국인(이하 "외국인노무제공자"라 한다)으로서 다음 각 목의 어느 하나에 해당하는 사람: 법 제1장, 제2장, 제4장, 제5장의2, 제5장의3, 제6장, 제8장 또는 제9장의 예술인 또는 노무제공자에 관한 규정을 적용

가. 「출입국관리법 시행령」제12조의2에 따른 외국인의 체류자격 중 영주(F-5)의 체류자격을 가진 사람

나. 「출입국관리법 시행령」 제23조제2항 각 호의 어느 하나에 해당하는 사람

4. 법 제10조의2제2항에 따른 외국인 중 외국인예술인 또는 외국인노무제공자로서 다음 각 목의 어느 하나에 해당하는 사람: 고용노동부령으로 정하는 바에 따라 보험 가입을 신청한 경우 법 제1장, 제2장, 제4장, 제5장의2, 제5장의3, 제6장, 제8장 또는 제9장의 예술인 또는 노무제공자에 관한 규정을 적용

가. 「출입국관리법 시행령」제12조에 따른 외국인의 체류자격 중 재외동포(F-4)의 체류자격을 가진 사람

나. 「출입국관리법 시행령」 제23조제1항에 따른 취업활동을 할 수 있는 체류자격을 가진 사람

[본조신설 2019. 6. 25.][제목개정 2023. 6. 27.]

| 관련법령 | 「출입국관리법 시행령」 제12조, 제12조2

제12조(일반체류자격)

법 제10조의2제1항제1호에 따른 단기체류자격과 같은 항 제2호에 따른 장기체류자격의 종류, 체류자격에 해당하는 사람 또는 그 체류자격에 따른 활동범위는 각각 별표 1 및 별표 1의2와 같다.

[전문개정 2018. 9. 18.]

제12조의2(영주자격 요건 등)

① 법 제10조의3제2항 각 호 외의 부분에서 "대통령령으로 정하는 영주의 자격에 부합하는 사람"이란 별표 1의3에 해당하는 사람을 말한다.

② 법 제10조의3제3항에서 "대한민국에 특별한 공로가 있는 사람, 과학·경영·교육·문화예술·체육 등 특정 분야에서 탁월한 능력이 있는 사람, 대한민국에 일정금액 이상 투자를 한 사람 등 대통령령으로 정하는 사람"이란 다음 각 호의 어느 하나에 해당하는 사람을 말한다.

 1. 별표 1의3 중 제3호, 제9호, 제10호 또는 제14호부터 제16호까지의 어느 하나에 해당하는 사람
 2. 제1호 외에 법무부장관이 국가이익이나 인도주의(人道主義)에 비추어 법 제10조의3제2항제2호 및 제3호의 요건의 전부 또는 일부를 완화하거나 면제하여야 할 특별한 사정이 있다고 인정하는 사람

③ 법무부장관은 다음 각 호에서 정하는 바에 따라 법 제10조의3제2항제2호 또는 제3호의 요건을 완화하거나 면제할 수 있다. 이 경우 법무부장관은 그 완화 또는 면제의 기준을 정하여 고시한다.

 1. 제2항제1호에 해당하는 사람: 대한민국 사회에 기여한 정도 또는 기여가능성, 투자금액 등을 고려하여 법 제10조의3제2항제2호 또는 제3호의 요건을 완화 또는 면제
 2. 제2항제2호에 해당하는 사람: 대한민국 사회에 기여한 정도, 대한민국 사회와의 유대관계 및 인도적 사유 등을 고려하여 법 제10조의3제2항제2호 또는 제3호의 요건을 완화 또는 면제

| 관련법령 | 「출입국관리법 시행령」 제23조제2항

제23조(외국인의 취업과 체류자격)

② 다음 각 호의 어느 하나에 해당하는 사람은 제1항에도 불구하고 별표 1 및 별표 1의2의

체류자격 구분에 따른 취업활동의 제한을 받지 않는다. 〈개정 2018. 9. 18., 2021. 10. 26., 2022. 12. 27.〉

1. 별표 1의2 중 24. 거주(F-2)의 가목부터 다목까지 및 자목부터 파목까지의 어느 하나에 해당하는 체류자격을 가지고 있는 사람
2. 별표 1의2 중 24. 거주(F-2)의 라목·바목 또는 사목의 체류자격을 가지고 있는 사람으로서 그의 종전 체류자격에 해당하는 분야에서 활동을 계속하고 있는 사람
3. 별표 1의2 중 27. 결혼이민(F-6)의 체류자격을 가지고 있는 사람

> 관련법령 ▶ 「출입국관리법 시행령」 제12조

제12조(일반체류자격) 법

제10조의2제1항제1호에 따른 단기체류자격과 같은 항 제2호에 따른 장기체류자격의 종류, 체류자격에 해당하는 사람 또는 그 체류자격에 따른 활동범위는 각각 별표 1 및 별표 1의2와 같다.

[전문개정 2018. 9. 18.]

> 관련법령 ▶ 「출입국관리법 시행령」 제23조제1항

제23조(외국인의 취업과 체류자격)

① 법 제18조제1항에 따른 취업활동을 할 수 있는 체류자격은 별표 1 중 5. 단기취업(C-4), 별표 1의2 중 14. 교수(E-1)부터 22. 선원취업(E-10)까지 및 29. 방문취업(H-2) 체류자격으로 한다. 이 경우 "취업활동"은 해당 체류자격의 범위에 속하는 활동으로 한다. 〈개정 2018. 9. 18.〉

제4조 대리인

① 사업주는 대리인을 선임하여 사업주가 법과 이 영에 따라 행할 사항을 대리인에게 하게 할 수 있다.
② 사업주는 대리인을 선임하거나 해임하였을 때에는 고용노동부령으로 정하는 바에 따라 고용노동부장관에게 신고하여야 한다. 〈개정 2010. 7. 12.〉

제5조 고용보험 통계의 관리 등

① 고용노동부장관은 법 제11조에 따른 조사·연구와 고용보험의 운영을 통하여 생성된 고용보험 관련 통계(이하 이 조에서 "고용보험 통계"라 한다)를 체계적으로 관리·운영하여야 한다. 〈개정 2010. 7. 12.〉
② 고용노동부장관은 고용보험 통계를 체계적으로 관리·운영하기 위하여 고용보험 통계 전문요원을 둘 수 있다. 〈개정 2010. 7. 12.〉
③ 고용보험 통계 전문요원의 자격, 복무 및 보수 등에 관하여 필요한 사항은 고용노동부장관이 정한다. 〈개정 2010. 7. 12.〉

제6조 업무의 대행

① 고용노동부장관은 법 제11조제2항에 따라 노동시장에 관한 연구와 고용보험(이하 "보험"이라 한다) 관련 업무를 지원하기 위한 조사·연구 사업을 다음 각 호의 기관 또는 단체가 대행하도록 할 수 있다. 〈개정 2009. 12. 30., 2010. 7. 12., 2013. 1. 25.〉
 1. 「정부출연연구기관 등의 설립·운영 및 육성에 관한 법률」제8조에 따라 설립된 보험 관련 정부출연연구기관
 2. 「고용정책 기본법」제18조에 따라 설립된 한국고용정보원
 3. 「고등교육법」제2조에 따른 학교(부설 연구기관을 포함한다)
 4. 그 밖에 노동시장·직업 및 직업능력개발과 보험 관련 업무에 관한 조사·연구를 수행할 수 있는 민간연구기관
② 고용노동부장관은 제1항에 따라 업무를 대행하도록 하는 경우에는 그에 필요한 조사·연구, 관리·운영 등에 드는 경비를 고용보험기금(이하 "기금"이라 한다)에서 지원할 수 있다. 〈개정 2010. 7. 12.〉

관련법령 ▶ 「정부출연연구기관 등의 설립·운영 및 육성에 관한 법률」제8조

제8조(연구기관의 설립)
① 이 법에 따라 설립되는 연구기관은 별표와 같다.
② 연구기관은 주된 사무소의 소재지에서 설립등기를 함으로써 성립한다.

③ 제2항에 따른 설립등기 사항은 다음 각 호와 같다.
  1. 목적(연구 분야를 포함한다. 이하 같다)
  2. 명칭
  3. 주된 사무소
  4. 연구기관의 장의 성명과 주소
  5. 공고의 방법
④ 연구기관의 설립 준비절차에 관하여 필요한 사항은 대통령령으로 정한다.
[전문개정 2011. 8. 4.]

관련법령 ▶ 「고용정책 기본법」 제18조

제18조(한국고용정보원의 설립)
① 고용정보의 수집·제공과 직업에 관한 조사·연구 등 제40조에 따라 위탁받은 업무와 그 밖에 고용지원에 관한 업무를 효율적으로 수행하기 위하여 한국고용정보원을 설립한다.
② 한국고용정보원은 법인으로 한다.
③ 한국고용정보원은 고용노동부장관의 승인을 받아 분사무소를 둘 수 있다. 〈개정 2010. 6. 4.〉
④ 한국고용정보원의 사업은 다음 각 호와 같다. 〈개정 2010. 6. 4., 2014. 1. 21., 2019. 4. 30.〉
  1. 고용 동향, 직업의 현황 및 전망에 관한 정보의 수집·관리
  2. 인력 수급의 동향 및 전망에 관한 정보의 제공
  3. 고용정보시스템 구축 및 운영
  4. 직업지도, 직업심리검사 및 직업상담에 관한 기법(技法)의 연구·개발 및 보급
  5. 고용서비스의 평가 및 지원
  6. 제1호부터 제5호까지의 사업에 관한 국제협력과 그 밖의 부대사업
  7. 그 밖에 고용노동부장관, 다른 중앙행정기관의 장 또는 지방자치단체로부터 위탁받은 사업
⑤ 정부는 예산의 범위에서 한국고용정보원의 설립·운영에 필요한 경비와 제4항제1호부터 제6호까지의 사업에 필요한 경비를 출연할 수 있다. 〈개정 2014. 1. 21.〉
⑥ 한국고용정보원에 관하여 이 법과 「공공기관의 운영에 관한 법률」에 규정된 것 외에는 「민법」 중 재단법인에 관한 규정을 준용한다.
⑦ 한국고용정보원은 업무수행에 필요한 자료의 제공을 국가기관, 지방자치단체, 교육·연구기관, 그 밖의 공공기관에 요청할 수 있다.
⑧ 한국고용정보원의 임직원은 「형법」 제129조부터 제132조까지의 규정을 적용할 때에

는 공무원으로 본다.
⑨ 한국고용정보원의 임직원이나 임직원으로 재직하였던 사람은 그 직무상 알게 된 비밀을 누설하거나 다른 용도로 사용하여서는 아니 된다.

> **관련법령** ▶ 「고등교육법」 제2조

제2조(학교의 종류)
고등교육을 실시하기 위하여 다음 각 호의 학교를 둔다.
1. 대학 2. 산업대학 3. 교육대학 4. 전문대학
5. 방송대학·통신대학·방송통신대학 및 사이버대학(이하 "원격대학"이라 한다)
6. 기술대학 7. 각종학교
[전문개정 2011. 7. 21.]

제6조의2 보험사업 평가기관

① 법 제11조의2제2항에서 "대통령령으로 정하는 기관"이란 다음 각 호의 기관 중에서 고용노동부장관이 지정하는 기관(이하 이 조에서 "평가기관"이라 한다)을 말한다. 〈개정 2010. 7. 12., 2010. 12. 31.〉
  1. 「정부출연연구기관 등의 설립·운영 및 육성에 관한 법률」에 따른 정부출연연구기관
  2. 「공공기관의 운영에 관한 법률」 제4조부터 제6조까지의 규정에 따라 지정·고시된 공공기관
  3. 「고등교육법」 제2조제1호부터 제6호까지의 규정에 해당하는 학교(부설 연구기관을 포함한다)
  4. 민간연구기관
② 고용노동부장관은 평가기관에 대하여 예산의 범위에서 업무 수행에 필요한 비용을 지원할 수 있다. 〈개정 2010. 7. 12.〉
③ 평가기관은 제6조제1항, 제57조제1항 및 제145조제2항부터 제6항까지의 규정에 따른 대행기관 또는 수탁기관에 평가를 위하여 필요한 자료의 제출을 요청할 수 있다. 〈개정 2020. 3. 31.〉

④ 평가기관의 구체적인 업무, 지정기간 등에 관하여 필요한 사항은 <u>고용노동부장관이 정하여 고시한다</u>. 〈개정 2010. 7. 12.〉

[본조신설 2009. 3. 12.]

> **관련법령** ▶ 「공공기관의 운영에 관한 법률」 제4조부터 제6조

제4조(공공기관)

① 기획재정부장관은 국가·지방자치단체가 아닌 법인·단체 또는 기관(이하 "기관"이라 한다)으로서 다음 각 호의 어느 하나에 해당하는 기관을 공공기관으로 지정할 수 있다. 〈개정 2008. 2. 29., 2020. 3. 31., 2020. 6. 9.〉
  1. 다른 법률에 따라 직접 설립되고 정부가 출연한 기관
  2. 정부지원액(법령에 따라 직접 정부의 업무를 위탁받거나 독점적 사업권을 부여받은 기관의 경우에는 그 위탁업무나 독점적 사업으로 인한 수입액을 포함한다. 이하 같다)이 총수입액의 2분의 1을 초과하는 기관
  3. 정부가 100분의 50 이상의 지분을 가지고 있거나 100분의 30 이상의 지분을 가지고 임원 임명권한 행사 등을 통하여 해당 기관의 정책 결정에 사실상 지배력을 확보하고 있는 기관
  4. 정부와 제1호부터 제3호까지의 어느 하나에 해당하는 기관이 합하여 100분의 50 이상의 지분을 가지고 있거나 100분의 30 이상의 지분을 가지고 임원 임명권한 행사 등을 통하여 해당 기관의 정책 결정에 사실상 지배력을 확보하고 있는 기관
  5. 제1호부터 제4호까지의 어느 하나에 해당하는 기관이 단독으로 또는 두개 이상의 기관이 합하여 100분의 50 이상의 지분을 가지고 있거나 100분의 30 이상의 지분을 가지고 임원 임명권한 행사 등을 통하여 해당 기관의 정책 결정에 사실상 지배력을 확보하고 있는 기관
  6. 제1호부터 제4호까지의 어느 하나에 해당하는 기관이 설립하고, 정부 또는 설립 기관이 출연한 기관

② 제1항에도 불구하고 기획재정부장관은 다음 각 호의 어느 하나에 해당하는 기관을 공공기관으로 지정할 수 없다. 〈개정 2007. 12. 14., 2008. 2. 29., 2020. 6. 9.〉
  1. 구성원 상호 간의 상호부조·복리증진·권익향상 또는 영업질서 유지 등을 목적으로 설립된 기관
  2. 지방자치단체가 설립하고, 그 운영에 관여하는 기관

3. 「방송법」에 따른 한국방송공사와 「한국교육방송공사법」에 따른 한국교육방송공사

③ 제1항제2호의 규정에 따른 정부지원액과 총수입액의 산정 기준·방법 및 같은 항 제3호부터 제5호까지의 규정에 따른 사실상 지배력 확보의 기준에 관하여 필요한 사항은 대통령령으로 정한다. 〈개정 2020. 6. 9.〉

제5조(공공기관의 구분)

① 기획재정부장관은 공공기관을 다음 각 호의 구분에 따라 지정한다. 〈개정 2020. 3. 31.〉
  1. 공기업·준정부기관: 직원 정원, 수입액 및 자산규모가 대통령령으로 정하는 기준에 해당하는 공공기관
  2. 기타공공기관: 제1호에 해당하는 기관 이외의 기관

② 제1항제1호에도 불구하고 기획재정부장관은 다른 법률에 따라 책임경영체제가 구축되어 있거나 기관 운영의 독립성, 자율성 확보 필요성이 높은 기관 등 대통령령으로 정하는 기준에 해당하는 공공기관은 기타공공기관으로 지정할 수 있다. 〈신설 2020. 3. 31.〉

③ 기획재정부장관은 제1항의 규정에 따라 공기업과 준정부기관을 지정하는 경우 총수입액 중 자체수입액이 차지하는 비중이 대통령령으로 정하는 기준 이상인 기관은 공기업으로 지정하고, 공기업이 아닌 공공기관은 준정부기관으로 지정한다. 〈개정 2008. 2. 29., 2020. 3. 31.〉

④ 기획재정부장관은 제1항 및 제3항의 규정에 따른 공기업과 준정부기관을 다음 각 호의 구분에 따라 세분하여 지정한다. 〈개정 2008. 2. 29., 2020. 3. 31., 2020. 6. 9.〉
  1. 공기업
    가. 시장형 공기업 : 자산규모와 총수입액 중 자체수입액이 대통령령으로 정하는 기준 이상인 공기업
    나. 준시장형 공기업 : 시장형 공기업이 아닌 공기업
  2. 준정부기관
    가. 기금관리형 준정부기관 : 「국가재정법」에 따라 기금을 관리하거나 기금의 관리를 위탁받은 준정부기관
    나. 위탁집행형 준정부기관 : 기금관리형 준정부기관이 아닌 준정부기관

⑤ 기획재정부장관은 제1항 및 제2항에 따라 기타공공기관을 지정하는 경우 기관의 성격 및 업무 특성 등을 고려하여 기타공공기관 중 일부를 연구개발을 목적으로 하는 기관 등으로 세분하여 지정할 수 있다. 〈개정 2008. 2. 29., 2018. 3. 27., 2020. 3. 31.〉

⑥ 제3항 및 제4항의 규정에 따른 자체수입액 및 총수입액의 구체적인 산정 기준과 방법

및 제5항에 따른 기타공공기관의 종류와 분류의 세부 기준은 대통령령으로 정한다. 〈개정 2018. 3. 27., 2020. 3. 31.〉

제6조(공공기관 등의 지정 절차)

① 기획재정부장관은 매 회계연도 개시 후 1개월 이내에 공공기관을 새로 지정하거나, 지정을 해제하거나, 구분을 변경하여 지정한다. 다만, 회계연도 중이라도 다음 각 호의 구분에 따라 공공기관을 새로 지정하거나, 지정을 해제하거나, 구분을 변경하여 지정할 수 있다. 〈개정 2009. 12. 29.〉

 1. 제4조제1항 각 호의 요건에 해당하는 기관이 신설된 경우: 신규 지정
 2. 공공기관으로 지정된 기관이 민영화, 기관의 통합·폐지·분할 또는 관련 법령의 개정·폐지 등에 따라 이 법의 적용을 받을 필요가 없게 되거나 그 지정을 변경할 필요가 발생한 경우: 지정 해제 또는 구분 변경 지정

② 기획재정부장관은 제1항의 규정에 따라 공기업·준정부기관과 기타공공기관을 새로 지정하거나 지정해제 또는 변경지정하는 때에는 관계 법령에 따라 그 공기업·준정부기관과 기타공공기관의 업무를 관장하는 행정기관(이하 "주무기관"이라 한다)의 장과 협의한 후, 제8조의 규정에 따른 공공기관운영위원회의 심의·의결을 거쳐야 한다. 〈개정 2008. 2. 29.〉

③ 기획재정부장관은 제1항 및 제2항의 규정에 따라 공기업·준정부기관과 기타공공기관을 새로 지정하거나 지정해제 또는 변경지정할 경우 이를 고시하여야 한다. 이 경우 필요하다고 인정하는 때에는 기존의 공기업·준정부기관과 기타공공기관을 함께 고시할 수 있다. 〈개정 2008. 2. 29.〉

④ 공기업·준정부기관과 기타공공기관의 지정(변경지정을 포함한다)·지정해제와 고시 절차 등에 관하여 필요한 사항은 대통령령으로 정한다.

관련법령 ▶ 「고등교육법」제2조제1호부터 제6호

제2조(학교의 종류)

고등교육을 실시하기 위하여 다음 각 호의 학교를 둔다.

1. 대학 2. 산업대학 3. 교육대학 4. 전문대학
5. 방송대학·통신대학·방송통신대학 및 사이버대학(이하 "원격대학"이라 한다)
6. 기술대학

[전문개정 2011. 7. 21.]

제2장 피보험자의 관리

제7조 피보험자격의 취득 또는 상실 신고 등

① 사업주나 하수급인(下受給人)은 법 제15조에 따라 고용노동부장관에게 그 사업에 고용된 근로자의 피보험자격 취득 및 상실에 관한 사항을 신고하려는 경우에는 그 사유가 발생한 날이 속하는 달의 다음 달 15일까지(근로자가 그 기일 이전에 신고할 것을 요구하는 경우에는 지체 없이) 신고해야 한다. 이 경우 사업주나 하수급인이 해당하는 달에 고용한 일용근로자의 근로일수, 임금 등이 적힌 근로내용 확인신고서를 그 사유가 발생한 날의 다음 달 15일까지 고용노동부장관에게 제출한 경우에는 피보험자격의 취득 및 상실을 신고한 것으로 본다. 〈개정 2010. 7. 12., 2020. 8. 27.〉

② 고용산재보험료징수법 제11조제3항에 따라 사업의 개시 또는 종료 신고를 한 사업주는 제1항에 따른 신고기간 내에 고용노동부장관에게 피보험자격의 취득 또는 상실 신고를 해야 한다. 〈개정 2010. 7. 12., 2021. 6. 8.〉

③ 삭제 〈2020. 8. 27.〉

④ 삭제 〈2020. 8. 27.〉

> **관련법령** ▶ 「고용산재보험료징수법」 제11조제3항

제11조(보험관계의 신고)

③ 제8조제1항 및 제2항에 따른 일괄적용사업의 사업주는 그 각각의 사업(제1항에 따라 신고된 사업은 제외한다)의 개시일 및 종료일(사업 종료의 신고는 고용보험의 경우만 한다)부터 각각 14일 이내에 그 개시 및 종료 사실을 공단에 신고하여야 한다. 다만, 사

업의 개시일부터 14일 이내에 끝나는 사업의 경우에는 그 끝나는 날의 전날까지 신고하여야 한다.

제8조 근로자의 피보험자격에 관한 신고

법 제15조제3항에 따라 근로자가 피보험자격의 취득 및 상실 등에 관한 사항을 신고할 때에는 근로계약서 등 고용관계를 증명할 수 있는 서류를 제출하여야 한다.

제9조 피보험자의 전근 신고

사업주는 피보험자를 자신의 하나의 사업에서 다른 사업으로 전보시켰을 때에는 전보일부터 14일 이내에 고용노동부장관에게 신고하여야 한다. 〈개정 2010. 7. 12.〉

제10조 피보험자 이름 등의 변경 신고

① 사업주는 피보험자의 이름이나 주민등록번호가 변경되거나 정정되었을 때에는 변경일이나 정정일부터 14일 이내에 고용노동부장관에게 신고하여야 한다. 〈개정 2010. 7. 12., 2012. 1. 13.〉

② 법 제113조의2제1항 후단에 따른 보장기관 또는 위탁기관은 같은 항 후단에 따른 수급자가 「국민기초생활 보장법」 제8조제2항에 따른 생계급여 수급권자인 수급자(이하 이 조에서 "수급권자인 수급자"라 한다)에서 그 밖의 수급자로 변경되거나 그 밖의 수급자에서 수급권자인 수급자로 변경된 경우에는 그 변경일부터 14일 이내에 고용노동부장관에게 신고하여야 한다. 〈신설 2012. 1. 13., 2017. 6. 27.〉

| 관련법령 | 「국민기초생활 보장법」 제8조제2항 |

제8조(생계급여의 내용 등)
② 생계급여 수급권자는 부양의무자가 없거나, 부양의무자가 있어도 부양능력이 없거나 부양을 받을 수 없는 사람으로서 그 소득인정액이 제20조제2항에 따른 중앙생활보장위원회의 심의·의결을 거쳐 결정하는 금액(이하 이 조에서 "생계급여 선정기준"이라 한다) 이하인 사람으로 한다. 이 경우 생계급여 선정기준은 기준 중위소득의 100분의 30

이상으로 한다. 〈신설 2014. 12. 30.〉

제11조 확인의 청구와 통지

① 피보험자 또는 피보험자였던 사람은 법 제17조제1항에 따라 피보험자격의 취득 또는 상실에 관하여 확인하려면 고용노동부장관에게 이를 청구해야 한다. 〈개정 2010. 7. 12., 2021. 6. 8.〉
② 고용노동부장관은 법 제17조제3항에 따라 피보험자격의 취득 또는 상실에 관하여 확인한 결과를 해당 청구인과 그 청구인을 고용하거나 고용하였던 사업주 또는 하수급인에게 알려야 한다. 〈개정 2010. 7. 12.〉

제11조의2 피보험자격의 취득기준

① 법 제18조제1항에 따라 보험관계가 성립되어 있는 둘 이상의 사업에 동시에 고용되어 있는 근로자는 다음 각 호의 순서에 따라 피보험자격을 취득한다. 다만, 일용근로자와 일용근로자가 아닌 근로자로 동시에 고용되어 있는 경우에는 일용근로자가 아닌 근로자로 고용된 사업에서 우선적으로 피보험자격을 취득한다.
  1. 고용산재보험료징수법 제16조의3에 따른 월평균보수(제21조의3에 따른 고용유지지원금을 받은 근로자의 경우에는 그 지원금 지급이 개시된 연도의 직전 연도의 보수총액을 기준으로 산정한 월평균보수를 말한다)가 많은 사업
  2. 월 소정근로시간이 많은 사업
  3. 근로자가 선택한 사업
② 법 제77조의2제1항에 따른 예술인(이하 "예술인"이라 한다)이 법 제18조제4항에 따라 보험관계가 성립되어 있는 둘 이상의 사업에서 동시에 근로계약, 문화예술용역 관련 계약 또는 노무제공계약을 체결한 경우에는 다음 각 호의 구분에 따라 피보험자격을 취득한다.
  1. 둘 이상의 문화예술용역 관련 계약을 동시에 체결한 경우에는 모든 사업에서 피보험자격을 취득한다.
  2. 문화예술용역 관련 계약과 근로계약 또는 노무제공계약을 동시에 체결한 경

우에는 모든 사업에서 피보험자격을 취득한다.

3. 문화예술용역 관련 계약과 둘 이상의 근로계약을 동시에 체결한 경우에는 제1호 및 제2호에 따르되, 근로자로서의 피보험자격의 이중 취득의 제한에 관하여는 제1항에 따른다.

③ 법 제77조의6제1항에 따른 노무제공자(이하 "노무제공자"라 한다)가 법 제18조제4항에 따라 보험관계가 성립되어 있는 둘 이상의 사업에서 동시에 근로계약, 문화예술용역 관련 계약 또는 노무제공계약을 체결한 경우에는 다음 각 호의 구분에 따라 피보험자격을 취득한다.

1. 둘 이상의 노무제공계약을 동시에 체결한 경우에는 모든 사업에서 피보험자격을 취득한다.
2. 노무제공계약과 근로계약 또는 문화예술용역 관련 계약을 동시에 체결한 경우에는 모든 사업에서 피보험자격을 취득한다.
3. 노무제공계약과 둘 이상의 근로계약을 동시에 체결한 경우에는 제1호 및 제2호에 따르되, 근로자로서의 피보험자격의 이중 취득의 제한에 관하여는 제1항에 따른다.

[본조신설 2023. 6. 27.]

제3장 고용안정·직업능력개발사업

제12조 우선지원 대상기업의 범위

① 법 제19조제2항에서 "대통령령으로 정하는 기준에 해당하는 기업"이란 산업별로 상시 사용하는 근로자수가 별표 1의 기준에 해당하는 기업(이하 "우선지원대상기업"이라 한다)을 말한다. 〈개정 2009. 3. 12., 2012. 10. 29., 2021. 12. 31.〉

★ 별표1 〈우선지원 대상기업의 상시 사용하는 근로자 기준(제12조제1항 관련)〉

산업분류	분류 기호	상시 사용하는 근로자 수
1. 제조업[다만, 산업용 기계 및 장비 수리업(34)은 그 밖의 업종으로 본다]	C	500명 이하
2. 광업 3. 건설업 4. 운수 및 창고업 5. 정보통신업 6. 사업시설 관리, 사업 지원 및 임대 서비스업[다만, 부동산 이외 임대업(76)은 그 밖의 업종으로 본다] 7. 전문, 과학 및 기술 서비스업 8. 보건업 및 사회복지 서비스업	B F H J N M Q	300명 이하
9. 도매 및 소매업 10. 숙박 및 음식점업 11. 금융 및 보험업 12. 예술, 스포츠 및 여가관련 서비스업	G I K R	200명 이하
13. 그 밖의 업종		100명 이하

〈비고〉 업종의 구분 및 분류기호는 「통계법」 제22조에 따라 통계청장이 고시한 한국표준산업분류에 따른다.

1. 삭제 〈2012. 10. 29.〉 ~ 5. 삭제 〈2012. 10. 29.〉

② 제1항에 해당하지 않는 기업으로서 「중소기업기본법」 제2조제1항 및 제3항의 기준에 해당하는 기업은 제1항에도 불구하고 우선지원대상기업으로 본다. 〈개정 2012. 10. 29., 2021. 12. 31.〉

③ 제1항에 따른 우선지원대상기업이 그 규모의 확대 등으로 우선지원대상기업에 해당하지 않게 된 경우 그 사유가 발생한 연도의 다음 연도부터 5년간 우선지원대상기업으로 본다. 〈신설 2010. 12. 31., 2013. 1. 25., 2021. 12. 31.〉

④ 제1항부터 제3항까지의 규정에도 불구하고 「독점규제 및 공정거래에 관한 법률」 제31조제1항에 따라 지정된 상호출자제한기업집단에 속하는 회사는 그 지정된 날이 속하는 보험연도의 다음 보험연도부터 우선지원대상기업으로 보지 않는다. 〈개정 2010. 12. 31., 2016. 12. 30., 2021. 12. 28., 2021. 12. 31.〉

⑤ 제1항에 따라 우선지원대상기업에 해당하는지를 판단하는 경우 그 기준이 되는 사항은 다음 각 호와 같다. 〈개정 2009. 3. 12., 2010. 12. 31., 2012. 1. 13., 2012. 10. 29., 2016. 8. 11., 2021. 12. 31.〉

  1. 상시 사용하는 근로자 수는 그 사업주가 하는 모든 사업에서 전년도 매월 말일 현재의 근로자 수(건설업에서는 일용근로자의 수는 제외한다)의 합계를 전년도의 조업 개월 수로 나누어 산정한 수로 하되, 「공동주택관리법」에 따른 공동주택을 관리하는 사업의 경우에는 각 사업별로 상시 사용하는 근로자의 수를 산정한다. 이 경우 상시 사용하는 근로자 수를 산정할 때 1개월 동안 소정근로시간이 60시간 이상인 단시간근로자는 0.5명으로 하여 산정하고, 60시간 미만인 단시간근로자는 상시 사용하는 근로자 수 산정에서 제외한다.

  2. 하나의 사업주가 둘 이상의 산업의 사업을 경영하는 경우에는 상시 사용하는 근로자의 수가 많은 산업을 기준으로 하며, 상시 사용하는 근로자의 수가 같은 경우에는 임금총액, 매출액 순으로 그 기준을 적용한다.

⑥ 제5항에도 불구하고 보험연도 중에 보험관계가 성립된 사업주에 대해서는 보험관계성립일 현재를 기준으로 우선지원대상기업에 해당하는지를 판단해야 한다. 〈개정 2010. 12. 31., 2021. 12. 31.〉

| 관련법령 | ▶ 「중소기업기본법」제2조제1항 및 제3항

제2조(중소기업자의 범위)

① 중소기업을 육성하기 위한 시책(이하 "중소기업시책"이라 한다)의 대상이 되는 중소기업자는 다음 각 호의 어느 하나에 해당하는 기업 또는 조합 등(이하 "중소기업"이라 한다)을 영위하는 자로 한다. 다만, 「독점규제 및 공정거래에 관한 법률」제31조제1항에 따른 공시대상기업집단에 속하는 회사 또는 같은 법 제33조에 따라 공시대상기업집단의 소속회사로 편입·통지된 것으로 보는 회사는 제외한다.
  1. 다음 각 목의 요건을 모두 갖추고 영리를 목적으로 사업을 하는 기업
     가. 업종별로 매출액 또는 자산총액 등이 대통령령으로 정하는 기준에 맞을 것
     나. 지분 소유나 출자 관계 등 소유와 경영의 실질적인 독립성이 대통령령으로 정하는 기준에 맞을 것
  2. 「사회적기업 육성법」제2조제1호에 따른 사회적기업 중에서 대통령령으로 정하는 사회적기업
  3. 「협동조합 기본법」제2조에 따른 협동조합, 협동조합연합회, 사회적협동조합, 사회적협동조합연합회, 이종(異種)협동조합연합회(이 법 제2조제1항 각 호에 따른 중소기업을 회원으로 하는 경우로 한정한다) 중 대통령령으로 정하는 자
  4. 「소비자생활협동조합법」제2조에 따른 조합, 연합회, 전국연합회 중 대통령령으로 정하는 자
  5. 「중소기업협동조합법」제3조에 따른 협동조합, 사업협동조합, 협동조합연합회 중 대통령령으로 정하는 자

③ 제1항을 적용할 때 중소기업이 그 규모의 확대 등으로 중소기업에 해당하지 아니하게 된 경우 그 사유가 발생한 연도의 다음 연도부터 3년간은 중소기업으로 본다. 다만, 중소기업 외의 기업과 합병하거나 그 밖에 대통령령으로 정하는 사유로 중소기업에 해당하지 아니하게 된 경우에는 그러하지 아니하다.

| 관련법령 | ▶ 「독점규제 및 공정거래에 관한 법률」제31조제1항

제31조(상호출자제한기업집단 등의 지정 등)

① 공정거래위원회는 대통령령으로 정하는 바에 따라 산정한 자산총액이 5조원 이상인 기업집단을 대통령령으로 정하는 바에 따라 공시대상기업집단으로 지정하고, 지정된 공시대상기업집단 중 자산총액이 국내총생산액의 1천분의 5에 해당하는 금액 이상인 기

업집단을 대통령령으로 정하는 바에 따라 상호출자제한기업집단으로 지정한다. 이 경우 공정거래위원회는 지정된 기업집단에 속하는 국내 회사와 그 회사를 지배하는 동일인의 특수관계인인 공익법인에 지정 사실을 대통령령으로 정하는 바에 따라 통지하여야 한다.

제13조 삭제 〈2011. 9. 15.〉

제14조 삭제 〈2010. 12. 31.〉

제15조 삭제 〈2010. 12. 31.〉

제16조 삭제 〈2010. 12. 31.〉

제17조 고용창출에 대한 지원

① 고용노동부장관은 법 제20조에 따라 다음 각 호의 어느 하나에 해당하는 사업주에게 임금의 일부를 지원할 수 있다. 다만, 제1호의 경우에는 근로시간이 감소된 근로자에 대한 임금의 일부와 필요한 시설의 설치비의 일부도 지원할 수 있으며, 제2호의 경우에는 시설의 설치비의 일부도 지원할 수 있다. 〈개정 2011. 9. 15., 2013. 12. 24., 2015. 8. 19., 2015. 12. 4., 2016. 12. 30., 2017. 12. 26., 2019. 12. 31., 2021. 12. 31.〉

1. 근로시간 단축, 교대근로 개편, 정기적인 교육훈련 또는 안식휴가 부여 등(이하 "일자리 함께하기"라 한다)을 통하여 실업자를 고용함으로써 근로자 수가 증가한 경우.
2. 고용노동부장관이 정하는 시설을 설치·운영하여 고용환경을 개선하고 실업자를 고용하여 근로자 수가 증가한 경우.
3. 직무의 분할, 근무체계 개편 또는 시간제직무 개발 등을 통하여 실업자를 근로계약기간을 정하지 않고 시간제로 근무하는 형태로 하여 새로 고용하는 경우
4. 위원회에서 심의·의결한 성장유망업종, 인력수급 불일치 업종, 국내복귀기업 또는 지역특화산업 등 고용지원이 필요한 업종에 해당하는 기업이 실업자를 고용하는 경우
5. 위원회에서 심의·의결한 업종에 해당하는 우선지원대상기업이 고용노동부장관이 정하는 전문적인 자격을 갖춘 자(이하 "전문인력"이라 한다)를 고용하는

경우

6. 제28조에 따른 임금피크제, 제28조의2에 따른 임금을 감액하는 제도 또는 그 밖의 임금체계 개편 등을 통하여 15세 이상 34세 이하의 청년 실업자를 고용하는 경우

7. 고용노동부장관이 「고용상 연령차별 금지 및 고령자고용촉진에 관한 법률」 제2조제1호 또는 제2호에 따른 고령자 또는 준고령자가 근무하기에 적합한 것으로 인정하는 직무에 고령자 또는 준고령자를 새로 고용하는 경우

② 제1항에 따라 지원하는 경우에 지원 대상, 지원 요건, 지원 수준, 지원 기간, 신청 기간, 신청 방법 등 지원에 필요한 사항은 고용노동부장관이 정하여 고시한다. 〈개정 2022. 6. 28.〉

[본조신설 2010. 12. 31.]

[대통령령 제26496호(2015. 8. 19.) 부칙 제2조의 규정에 의하여 이 조제1항제6호는 2018년 12월 31일까지 유효함. 다만, 2018년 12월 31일까지 제17조제1항제6호의 개정규정에 따라 임금피크제 도입 또는 그 밖의 임금체계 개편 등을 통하여 청년 실업자를 고용하는 사업주에 대한 지원에 관하여는 유효기간이 종료된 후에도 제17조제1항제6호의 개정규정을 적용한다.]

관련법령 ▶ 「고용상 연령차별 금지 및 고령자고용촉진에 관한 법률」제2조제1호 또는 제2호

1. "**고령자**"란 인구와 취업자의 구성 등을 고려하여 대통령령으로 정하는 연령 이상인 사람을 말한다.
2. "**준고령자**"란 대통령령으로 정하는 연령 이상인 사람으로서 고령자가 아닌 사람을 말한다.

제18조 고용조정의 지원 내용 등

① 법 제21조제1항 및 제2항에 따라 근로자의 고용안정을 위한 조치를 하는 사업주에게는 지원금이나 장려금을 지급한다.

② 법 제21조제3항에 따라 우선적으로 지원을 할 수 있는 사업주는 다음 각 호의 어느 하나에 해당하는 사업주로 한다. 〈개정 2009. 12. 30.〉

1. 「고용정책 기본법 시행령」 제29조제1항제1호에 따라 고용조정 지원 등이 필요한 업종으로 지정된 업종(이하 이 조에서 "지정업종"이라 한다)에 속하는 사

업을 하는 사업주
2. 제1호에 따른 사업주로부터 지정업종에 속하는 사업의 도급을 받아 제조·수리 등을 하는 사업주로서 매출액의 2분의 1 이상이 그 지정업종과 관련된 사업의 사업주
3. 「고용정책 기본법 시행령」제29조제1항제2호 또는 제3호에 따라 고용조정 지원 등이 필요한 지역으로 지정된 지역(이하 "지정지역"이라 한다)에 위치하는 사업의 사업주

③ 고용노동부장관은 제2항 각 호의 어느 하나에 해당하는 사업주가 고용유지조치 또는 전직 지원을 하는 경우에는 제19조, 제20조, 제20조의2, 제21조, 제21조의2부터 제21조의4까지 및 제22조에도 불구하고 「고용정책 기본법」에 따른 고용정책 심의회(이하 "고용정책심의회"라 한다)의 심의를 거쳐 지원의 요건과 지원의 수준을 달리 정할 수 있다. <개정 2008. 9. 18., 2009. 12. 30., 2010. 7. 12., 2020. 3. 31.>

관련법령 ▶ 「고용정책 기본법 시행령」제29조제1항제1호, 제2호, 제3호

제2조(고용정책심의회 심의사항)
① 「고용정책 기본법」(이하 "법"이라 한다) 제10조제2항제5호다목에서 "대통령령으로 정하는 사항"이란 다음 각 호의 사항을 말한다. <개정 2012. 8. 22.>
  1. 「사회적기업 육성법」제5조에 따른 사회적기업육성기본계획에 따른 연도별 시행계획에 관한 사항
  2. 제1호의 업종이 특정 지역에 밀집되어 그 지역의 고용사정이 현저히 악화되거나 악화될 우려가 있는 지역으로서 그 지역 근로자의 실업 예방 및 재취업 촉진 등의 조치가 필요하다고 인정되는 지역
  3. 많은 구직자가 다른 지역으로 이동하거나 구직자의 수에 비하여 고용기회가 현저히 부족한 지역으로서 그 지역의 고용 개발을 위한 조치가 필요하다고 인정되는 지역

제19조 고용유지지원금의 지급 대상

① 고용노동부장관은 법 제21조제1항에 따라 고용조정이 불가피하게 된 사업주가 그 사업에서 고용하여 피보험자격 취득 후 90일이 지난 피보험자(일용근로자, 「근

로기준법」제26조에 따라 해고가 예고된 자와 경영상 이유에 따른 사업주의 권고에 따라 퇴직이 예정된 자는 제외한다. 이하 이 장에서 같다)에게 다음 각 호의 어느 하나에 해당하는 조치(이하 "고용유지조치"라 한다)를 취하여 그 고용유지조치 기간과 이후 1개월 동안 고용조정으로 피보험자를 이직시키지 않은 경우에 지원금(이하 "고용유지지원금"이라 한다)을 지급한다. <개정 2008. 4. 30., 2009. 3. 12., 2009. 5. 28., 2010. 2. 8., 2010. 7. 12., 2010. 12. 31., 2013. 4. 22., 2013. 12. 24., 2017. 12. 26., 2020. 12. 29.>

1. 근로시간 조정, 교대제(근로자를 조(組)별로 나누어 교대로 근무하게 하는 것을 말한다. 이하 같다) 개편 또는 휴업 등을 통하여 역(曆)에 따른 1개월 단위의 전체 피보험자 총근로시간의 100분의 20을 초과하여 근로시간을 단축하고, 그 단축된 근로시간에 대한 임금을 보전하기 위하여 금품을 지급하는 경우. 이 경우 전체 피보험자 총근로시간 등 근로시간의 산정방법에 관하여 필요한 사항은 고용노동부령으로 정한다.
2. 1개월 이상 휴직을 부여하고 그 휴직기간에 대하여 임금을 보전하기 위해 금품을 지급하는 경우

② 제1항에도 불구하고 사업주가 제1항에 따른 고용유지조치 기간 동안 근로자를 새로 고용하거나 3년 이상 연속하여 같은 달에 고용유지조치를 실시하는 경우에는 관할 직업안정기관의 장이 불가피하다고 인정하는 경우를 제외하고는 해당 달에 대한 고용유지지원금을 지급하지 아니한다. <개정 2013. 4. 22., 2013. 12. 24.>

③ 고용노동부장관은 제1항에도 불구하고 법 제21조제1항에 따라 고용조정이 불가피하게 된 사업주가 다음 각 호의 어느 하나에 해당하는 경우에는 고용유지조치의 대상이 되는 피보험자의 피보험자격 취득 기간을 고용노동부장관이 정하여 고시하는 기간으로 달리 정할 수 있다. <신설 2020. 12. 29.>

1. 제18조제2항 각 호의 어느 하나에 해당하는 사업주인 경우
2. 「재난 및 안전관리 기본법」제3조제1호에 따른 재난 등으로 고용사정이 급격히 악화된 경우

④ 고용노동부장관은 제1항에도 불구하고 파견사업주 또는 도급을 받은 사업주(이하 이 항에서 "수급사업주"라 한다)가 다음 각 호의 어느 하나에 해당하는 경우

에는 사용사업주 또는 도급을 주는 사업주의 사업장에 종사하는 피보험자를 대상으로 그 단축된 근로시간 또는 휴직기간을 산정하여 파견사업주 또는 수급사업주에게 고용유지지원금을 지급한다. 〈신설 2020. 12. 29.〉

1. 「파견근로자 보호 등에 관한 법률」에 따른 파견사업주가 고용유지조치를 실시하고 있는 사용사업주의 사업장에서 종사하는 파견근로자를 대상으로 고용유지조치를 취하여 그 고용유지조치 기간과 이후 1개월 동안 고용조정으로 해당 피보험자를 이직시키지 않은 경우
2. 수급사업주가 고용유지조치를 실시하고 있는 도급을 주는 사업주의 사업장에서 종사하는 피보험자를 대상으로 고용유지조치를 취하여 그 고용유지조치 기간과 이후 1개월 동안 고용조정으로 해당 피보험자를 이직시키지 않은 경우

⑤ 제1항부터 제4항까지에서 규정한 사항 외에 고용유지지원금의 지원 대상, 지원 요건, 지원 수준, 지원 기간, 신청 기간, 신청 방법 등 지원에 필요한 사항은 고용노동부장관이 정하여 고시한다. 〈신설 2022. 6. 28.〉

| 관련법령 ▶ 「재난 및 안전관리 기본법」 제3조제1호 |

제3조(정의)

1. "재난"이란 국민의 생명·신체·재산과 국가에 피해를 주거나 줄 수 있는 것으로서 다음 각 목의 것을 말한다.
   가. **자연재난**: 태풍, 홍수, 호우(豪雨), 강풍, 풍랑, 해일(海溢), 대설, 한파, 낙뢰, 가뭄, 폭염, 지진, 황사(黃砂), 조류(藻類) 대발생, 조수(潮水), 화산활동, 소행성·유성체 등 자연우주물체의 추락·충돌, 그 밖에 이에 준하는 자연현상으로 인하여 발생하는 재해
   나. **사회재난**: 화재·붕괴·폭발·교통사고(항공사고 및 해상사고를 포함한다)·화생방사고·환경오염사고 등으로 인하여 발생하는 대통령령으로 정하는 규모 이상의 피해와 국가핵심기반의 마비, 「감염병의 예방 및 관리에 관한 법률」에 따른 감염병 또는 「가축전염병예방법」에 따른 가축전염병의 확산, 「미세먼지 저감 및 관리에 관한 특별법」에 따른 미세먼지 등으로 인한 피해
   다. 삭제 〈2013. 8. 6.〉

주요판례

❖ **채용장려금부지급처분취소**[대법원 2005. 2. 18., 선고, 2002두4808, 판결]

판시사항

재취업알선계획의 신고시기를 재취업알선대상 근로자의 이직예정일의 전일까지로 규정한 구 고용보험법시행규칙 제27조의2가 상위 법령의 위임의 한계를 벗어난 무효의 규정인지 여부(소극)

판결요지

재취업알선계획의 신고시기를 재취업알선대상 근로자의 이직예정일의 전일까지로 규정한 구 고용보험법시행규칙(2001. 7. 23. 노동부령 제173호로 개정되기 전의 것) 제27조의2는 고용보험법 제16조 제2항, 같은법시행령(2000. 12. 30. 대통령령 제17090호로 개정되기 전의 것) 제19조 제2항 및 '채용장려금의 신청 및 지급에 관하여 필요한 사항은 노동부령으로 정한다.'고 규정한 구 고용보험법시행령 제19조 제6항에 근거한 것이고, 그 신고시기를 재취업알선대상 근로자의 이직예정일의 전일까지로 제한하는 데에 합리성이 인정된다 할 것이므로, 같은법시행규칙 제27조의2가 상위 법령의 위임의 한계를 벗어나서 국민의 권리를 부당하게 제한하는 무효의 규정이라고 할 수 없다.

주요판례

❖ **채용장려금부지급처분취소**[창원지법 2001. 9. 20., 선고, 2001구1786, 판결 : 항소]

판시사항

[1] 재취업알선계획신고서를 재취업알선대상 근로자의 이직예정일의 전일까지 소재지 관할직업안정기관의 장에게 제출하여야 한다고 규정한 고용보험법시행규칙 제27조의2 전문의 규정이 국민의 재산권 보장과 위임의 한계를 넘어선 행정입법으로서 위헌무효인지 여부(적극)

[2] 처분청이 행정처분 이후에 추가한 새로운 사유를 보태어 처분 당시의 흠을 치유시킬 수 있는지 여부(소극)

판결요지

[1] 구 고용보험법시행령(2000. 12. 30. 대통령령 제17090호로 개정되기 전의 것) 제19조 제6항에 따라 제정된 노동부령인 구 고용보험법시행규칙(2001. 7. 23. 노동부령 제173

호로 개정되기 전의 것) 제27조의2 전문은 채용장려금의 신청 및 지급에 관하여 필요한 사항만을 정하도록 되어 있음에도 불구하고 같은법시행령 제19조 제2항의 규정에 의하여 재취업알선계획을 신고하고자 하는 사업주로 하여금 재취업알선계획신고서를 재취업알선대상 근로자의 이직예정일의 전일까지 소재지 관할직업안정기관의 장에게 제출하여야 한다고 규정하고 있어 채용장려금신청의 전제가 되는 재취업알선계획의 신고를 아무런 근거 없이 재취업알선대상 근로자의 이직예정일의 전일까지로 제한하고 있는데, 이는 국민의 채용장려금을 지원받을 권리를 제한하는 규정으로서 법률이나 적어도 대통령령으로 유보된 입법사항에 해당됨에도 그 한계를 일탈하여 노동부령으로 제정되었을 뿐만 아니라 그 신고를 채용장려금의 지원혜택을 받을 수 있는 사업주가 아닌 근로자를 이직시키는 사업주에게만 맡겨두어 채용장려금의 지원 여부가 채용장려금신청자가 아닌 제3자가 언제 재취업알선계획신고를 하였는지 여부에 따라 좌우되게 함으로써 채용장려금의 지원을 둘러싼 법률관계의 불안정을 초래하고 있다고 봄이 상당하므로, 따라서 같은법시행규칙 제27조의2 전문의 규정은 국민의 재산권 보장과 위임의 한계를 넘어선 행정입법으로서 헌법 제23조 제1항, 제37조 제2항, 제95조, 고용보험법 제16조 제1항, 제2항, 같은법시행령 제19조 제1항, 제2항의 각 규정에 위반되어 위헌무효라고 봄이 상당하다.

[2] 행정처분의 적법 여부는 특별한 사정이 없는 한 그 처분 당시를 기준으로 하여 판단하여야 하고, 당해 처분청이 처분 이후에 추가한 새로운 사유를 보태어 처분 당시의 흠을 치유시킬 수는 없다.

제20조 고용유지조치를 위한 계획의 수립 및 신고

① 제19조에 따른 고용유지지원금을 받으려는 사업주는 고용노동부령으로 정하는 바에 따라 다음 각 호의 요건을 갖춘 고용유지조치계획을 역에 따른 1개월 단위로 수립하여 고용유지조치 실시예정일 전날까지 고용노동부장관에게 신고하여야 하며, 신고한 계획 중 고용유지조치 실시예정일, 고용유지조치 대상자, 고용유지조치기간에 지급할 금품 등 고용노동부령으로 정하는 사항을 변경하는 경우에는 변경예정일 전날까지 그 내용을 고용노동부장관에게 신고하여야 한다.
〈개정 2009. 3. 12., 2009. 5. 28., 2010. 2. 8., 2010. 7. 12., 2010. 12. 31., 2013. 4. 22., 2013. 12. 24.〉
 1. 고용유지조치계획의 수립 또는 변경 시 그 사업의 근로자대표와 협의를 거칠

것. 다만, 변경하려는 고용유지조치계획의 내용이 경영 악화 이전의 고용상태로 회복하기 위하여 고용유지조치기간을 단축하거나 고용유지대상자 수를 축소하는 등 근로자에게 불리하지 아니한 경우는 제외한다.
 2. 직전 달(고용유지조치가 시작된 날이 속하는 달은 제외한다)에 대한 고용유지조치계획의 실시 내용 및 관련 증거 서류를 갖출 것
② 사업주는 제1항에도 불구하고 다음 각 호의 어느 하나에 해당하는 부득이한 사유가 있는 경우에는 고용유지조치 실시일 또는 변경일부터 다음 각 호에서 정한 기한까지 신고할 수 있다. 〈개정 2020. 12. 29.〉
 1. 다음 각 목의 어느 하나에 해당하는 경우: 30일
  가. 「재난 및 안전관리기본법」 제60조에 따라 특별재난지역으로 선포된 지역에 소재하는 사업의 사업주가 그 특별재난으로 인하여 고용유지조치를 실시한 경우
  나. 「유아교육법」 제31조, 「초·중등교육법」 제64조 및 「고등교육법」 제61조에 따른 휴업명령 및 휴원·휴교 처분이 있는 경우
  다. 「감염병의 예방 및 관리에 관한 법률」 제49조제1항제2호에 따른 조치가 있는 경우
 2. 제1호 외의 경우로서 다음 각 목의 어느 하나에 해당하는 경우: 3일
  가. 노사대표의 부재 등으로 인하여 고용유지조치계획의 수립·실시 여부에 관한 노사협의가 지연되는 경우
  나. 제품이나 원자재의 50퍼센트 이상을 공급하거나 공급받는 사업이 예상할 수 없는 조업단축이나 폐업을 하는 경우
  다. 천재지변이나 그 밖에 고용노동부장관이 인정하는 부득이한 사유가 발생한 경우
③ 삭제 〈2013. 12. 24.〉
④ 삭제 〈2010. 2. 8.〉
⑤ 삭제 〈2013. 4. 22.〉
[제목개정 2013. 4. 22.]

> 관련법령 ▶ 「재난 및 안전관리기본법」 제60조

제60조(특별재난지역의 선포)
① 중앙대책본부장은 대통령령으로 정하는 규모의 재난이 발생하여 국가의 안녕 및 사회질서의 유지에 중대한 영향을 미치거나 피해를 효과적으로 수습하기 위하여 특별한 조치가 필요하다고 인정하거나 제3항에 따른 지역대책본부장의 요청이 타당하다고 인정하는 경우에는 중앙위원회의 심의를 거쳐 해당 지역을 특별재난지역으로 선포할 것을 대통령에게 건의할 수 있다.
② 제1항에 따라 특별재난지역의 선포를 건의받은 대통령은 해당 지역을 특별재난지역으로 선포할 수 있다.
③ 지역대책본부장은 관할지역에서 발생한 재난으로 인하여 제1항에 따른 사유가 발생한 경우에는 중앙대책본부장에게 특별재난지역의 선포 건의를 요청할 수 있다.

[전문개정 2013. 8. 6.]
[제59조에서 이동, 종전 제60조는 삭제 〈2013. 8. 6.〉]

> 관련법령 ▶ 「유아교육법」 제31조

제31조(휴업 및 휴원 명령)
① 관할청은 재해 등의 긴급한 사유로 정상적인 교육이 불가능하다고 인정하는 경우에는 원장에게 휴업을 명할 수 있다.
② 제1항에 따른 명령을 받은 원장은 지체없이 휴업을 하여야 한다. 〈개정 2010. 3. 24.〉
③ 관할청은 원장이 제1항에 따른 명령에도 불구하고 휴업을 하지 아니하거나 특별히 긴급한 사유가 있는 경우에는 휴원처분을 할 수 있다. 〈개정 2010. 3. 24.〉
④ 제1항과 제2항에 따라 휴업된 유치원은 휴업기간중 해당 유치원에서 교육받는 유아의 등교와 교육이 정지되며, 제3항에 따라 휴원된 유치원은 휴원기간중 단순한 관리업무 외에 유치원의 모든 기능이 정지된다. 〈개정 2010. 3. 24.〉

> 관련법령 ▶ 「초·중등교육법」 제64조

제64조(휴업명령 및 휴교처분)
① 관할청은 재해 등의 긴급한 사유로 정상수업이 불가능하다고 인정하는 경우에는 학교의 장에게 휴업을 명할 수 있다.
② 제1항에 따른 명령을 받은 학교의 장은 지체 없이 휴업을 하여야 한다.
③ 관할청은 학교의 장이 제1항에 따른 명령에도 불구하고 휴업을 하지 아니하거나 특별

히 긴급한 사유가 있는 경우에는 휴교처분을 할 수 있다.
④ 제2항에 따라 휴업한 학교는 휴업기간 중 수업과 학생의 등교가 정지되며, 제3항에 따라 휴교한 학교는 휴교기간 중 단순한 관리 업무 외에는 학교의 모든 기능이 정지된다.
[전문개정 2012. 3. 21.]

관련법령 ▶ 「고등교육법」 제61조

제61조(휴업 및 휴교 명령)
① 교육부장관은 재해 등의 긴급한 사유로 정상수업이 불가능하다고 인정하면 학교의 장에게 휴업을 명할 수 있다. 〈개정 2013. 3. 23.〉
② 제1항에 따른 명령을 받은 학교의 장은 지체 없이 휴업을 하여야 한다.
③ 교육부장관은 학교의 장이 제1항에 따른 명령에도 불구하고 휴업을 하지 아니하거나 특별히 긴급한 사유가 있는 경우에는 휴교처분을 할 수 있다. 〈개정 2013. 3. 23.〉
④ 제1항과 제2항에 따라 휴업한 학교는 휴업기간 중 수업과 학생의 등교가 정지되며, 제3항에 따라 휴교한 학교는 휴교기간 중 단순한 관리 업무 외에는 학교의 모든 기능이 정지된다.
[전문개정 2011. 7. 21.]

관련법령 ▶ 「감염병의 예방 및 관리에 관한 법률」 제49조제1항제2호

제49조(감염병의 예방 조치)
① 질병관리청장, 시·도지사 또는 시장·군수·구청장은 감염병을 예방하기 위하여 다음 각 호에 해당하는 모든 조치를 하거나 그에 필요한 일부 조치를 하여야 하며, 보건복지부장관은 감염병을 예방하기 위하여 제2호, 제2호의2부터 제2호의4까지, 제12호 및 제12호의2에 해당하는 조치를 할 수 있다.
 2. 흥행, 집회, 제례 또는 그 밖의 여러 사람의 집합을 제한하거나 금지하는 것

제20조의2 고용유지조치계획 위반에 대한 지원제한

고용노동부장관은 제20조제1항에 따라 신고하거나 변경신고한 고용유지조치계획과 다르게 고용유지조치를 이행한 사업주에게는 고용노동부령으로 정하는 바에 따라 해당 사실이 발생한 날이 속한 달에 대한 고용유지지원금의 전부 또는 일부를 지

급하지 아니할 수 있다.
[본조신설 2013. 4. 22.]

제21조 고용유지지원금의 금액 등

① 고용유지지원금은 다음 각 호에 해당하는 금액으로 한다. 다만, 고용노동부장관이 실업의 급증 등 고용사정이 악화되어 고용안정을 위하여 필요하다고 인정할 때에는 1년의 범위에서 고용노동부장관이 정하여 고시하는 기간에 사업주가 피보험자의 임금을 보전하기 위하여 지급한 금품의 4분의 3 이상 10분의 9 이하로서 고용노동부장관이 정하여 고시하는 비율(우선지원대상기업에 해당하지 않는 기업(이하 "대규모기업"이라 한다)의 경우에는 3분의 2)에 해당하는 금액으로 한다. 〈개정 2014. 12. 31., 2017. 12. 26., 2020. 4. 28., 2021. 12. 31.〉

1. 근로시간 조정, 교대제 개편, 휴업 또는 휴직 등으로 단축된 근로시간이 역에 따른 1개월의 기간 동안 100분의 50 미만인 경우: 단축된 근로시간 또는 휴직기간에 대하여 사업주가 피보험자의 임금을 보전하기 위하여 지급한 금품의 3분의 2(대규모기업의 경우에는 2분의 1)에 해당하는 금액
2. 근로시간 조정, 교대제 개편, 휴업 또는 휴직 등으로 단축된 근로시간이 역에 따른 1개월의 기간 동안 100분의 50 이상인 경우: 단축된 근로시간 또는 휴직기간에 대하여 사업주가 피보험자의 임금을 보전하기 위하여 지급한 금품의 3분의 2에 해당하는 금액

② 제1항에 따른 고용유지지원금은 그 조치를 실시한 일수(둘 이상의 고용유지조치를 동시에 실시한 날은 1일로 본다)의 합계가 그 보험연도의 기간 중에 180일에 이를 때까지만 각각의 고용유지조치에 대하여 고용유지지원금을 지급한다. 〈개정 2013. 12. 24., 2017. 12. 26.〉

③ 제2항에도 불구하고 2020년 보험연도의 경우 고용유지조치를 실시한 일수의 합계가 240일에 이를 때까지 고용유지지원금을 지급한다. 〈신설 2020. 10. 20.〉

④ 삭제 〈2013. 12. 24.〉

⑤ 제1항에 따라 지급되는 고용유지지원금은 고용유지조치별 대상 근로자 1명당 고용노동부장관이 정하여 고시하는 금액을 초과할 수 없다. 〈개정 2010. 7. 12., 2012. 1. 13.〉

제21조의2 휴업 등에 따른 임금감소 수준

법 제21조제1항 후단에서 "대통령령으로 정하는 수준"이란 평균임금의 100분의 50 미만(지급되는 임금이 없는 경우를 포함한다)을 말한다.
[본조신설 2013. 4. 22.]

제21조의3 휴업 등에 따른 피보험자 지원요건 등

① 고용노동부장관은 법 제21조제1항 후단에 따라 사업주가 고용노동부령으로 정하는 고용조정이 불가피하게 된 사유가 있음에도 고용조정을 하는 대신에 실시한 휴업 또는 휴직(이하 "휴업 등"이라 한다)이 다음 각 호의 어느 하나에 해당하는 경우 해당 피보험자에게 지원금을 지급할 수 있다. 〈개정 2020. 6. 9., 2020. 9. 29., 2020. 12. 29.〉
  1. 다음 각 목의 구분에 따른 피보험자 수에 대하여 30일 이상 휴업을 실시하고, 그 기간 동안 「근로기준법」 제46조제2항에 따라 노동위원회의 승인을 받아 휴업수당을 지급하지 아니하거나 평균임금의 100분의 50 미만에 해당하는 액수의 휴업수당을 지급하는 경우
     가. 전체 피보험자 수가 19명 이하인 경우: 전체 피보험자 수의 100분의 50 이상
     나. 전체 피보험자 수가 20명 이상 99명 이하인 경우: 피보험자 10명 이상
     다. 전체 피보험자 수가 100명 이상 999명 이하인 경우: 전체 피보험자 수의 100분의 10 이상
     라. 전체 피보험자 수가 1000명 이상인 경우: 피보험자 100명 이상
  2. 휴직기간이 시작되기 전 1년 이내에 제19조제1항제1호에 따른 고용유지조치 또는 피보험자의 100분의 20 이상에 대한 같은 항 제2호에 따른 고용유지조치를 3개월 이상 실시한 후 다음 각 목의 구분에 따른 피보험자 수에 대하여 30일 이상 휴직을 실시하고, 그 기간 동안 근로자대표(근로자의 과반수로 조직된 노동조합이 있는 경우에는 그 노동조합, 근로자의 과반수로 조직된 노동조합이 없는 경우에는 근로자의 과반수를 대표하는 자를 말한다. 이하 이 항에서 같다)와의 합의에 따라 휴직수당 등 금품을 지급하지 않는 경우

가. 전체 피보험자 수가 99명 이하인 경우: 피보험자 10명 이상

나. 전체 피보험자 수가 100명 이상 999명 이하인 경우: 전체 피보험자 수의 100분의 10 이상

다. 전체 피보험자 수가 1000명 이상인 경우: 피보험자 100명 이상

3. 휴직기간이 시작되기 전 1년 이내에 제19조제1항제1호에 따른 고용유지조치 또는 피보험자의 100분의 20 이상에 대한 같은 항 제2호에 따른 고용유지조치를 3개월 이상 실시한 후 다음 각 목의 요건을 모두 갖춘 경우(피보험자가 10명 미만인 사업장의 사업주만 해당한다)로서 해당 사업주의 사업장에서 종사하는 피보험자에 대하여 30일 이상 휴직을 실시하고, 그 기간 동안 근로자대표와의 합의에 따라 휴직수당 등 금품을 지급하지 않는 경우

가. 「재난 및 안전관리 기본법」 제3조제1호에 따른 재난 등으로 고용사정이 급격히 악화된 경우

나. 해당 보험연도의 기간 중에 제21조제2항에 따라 180일까지 고용유지지원금을 지급받은 경우

② 제1항에 따른 지원금은 해당 피보험자의 평균임금의 100분의 50 범위에서 사업주가 해당 피보험자에게 지급한 임금 또는 수당 등을 고려하여 고용노동부장관이 정하는 금액으로 한다. 이 경우 지원금은 휴업등 대상 피보험자 1명당 고용노동부장관이 정하여 고시하는 금액을 초과할 수 없다.

③ 제2항에 따른 지원금은 해당 휴업등의 기간 동안 180일 한도로 지급한다.

④ 제1항에 따라 고용노동부장관이 피보험자에게 지원금을 지급하는 경우 사업주는 지원금을 받는 피보험자의 직업능력 개발·향상 등을 위하여 필요한 조치에 관한 내용이 포함된 고용유지조치계획을 수립하여 고용노동부장관에게 제출하여야 한다.

⑤ 고용노동부장관은 「재난 및 안전관리 기본법」 제3조제1호에 따른 재난으로 실업의 급증 등 고용사정이 악화되어 고용안정을 위한 긴급한 조치가 필요할 때에는 제1항제2호에 따른 지원요건에 해당하지 않는 피보험자에 대해서도 2021년 6월 30일까지는 고용정책심의회의 심의를 거쳐 그 지원의 요건과 수준을 고시로

정하여 지원금을 지급할 수 있다. 이 경우 고시로 정하여 지원하는 기간은 6개월 이내로 하되, 필요한 경우 최대 6개월의 범위에서 그 기간을 연장할 수 있다. 〈신설 2020. 6. 9.〉

⑥ 제1항부터 제5항까지에서 규정한 사항 외에 휴업등에 따른 피보험자에 대한 지원금의 지원 대상, 지원 요건, 지원 수준, 지원 기간, 신청 기간, 신청 방법·절차 등 지원에 필요한 사항은 고용노동부장관이 정하여 고시한다. 〈개정 2020. 6. 9., 2022. 6. 28.〉

[본조신설 2013. 4. 22.]
[대통령령 제31324호(2020. 12. 29.) 부칙 제2조의 규정에 의하여 이 조 제1항제3호의 개정규정은 2022년 12월 31일까지 유효함]

관련법령 ▶ 「근로기준법」제46조제2항

제46조(휴업수당)

② 제1항에도 불구하고 부득이한 사유로 사업을 계속하는 것이 불가능하여 노동위원회의 승인을 받은 경우에는 제1항의 기준에 못 미치는 휴업수당을 지급할 수 있다.

관련법령 ▶ 「재난 및 안전관리 기본법」제3조제1호

제3조(정의)

1. "**재난**"이란 국민의 생명·신체·재산과 국가에 피해를 주거나 줄 수 있는 것으로서 다음 각 목의 것을 말한다.

    가. **자연재난**: 태풍, 홍수, 호우(豪雨), 강풍, 풍랑, 해일(海溢), 대설, 한파, 낙뢰, 가뭄, 폭염, 지진, 황사(黃砂), 조류(藻類) 대발생, 조수(潮水), 화산활동, 소행성·유성체 등 자연우주물체의 추락·충돌, 그 밖에 이에 준하는 자연현상으로 인하여 발생하는 재해

    나. **사회재난**: 화재·붕괴·폭발·교통사고(항공사고 및 해상사고를 포함한다)·화생방사고·환경오염사고 등으로 인하여 발생하는 대통령령으로 정하는 규모 이상의 피해와 국가핵심기반의 마비, 「감염병의 예방 및 관리에 관한 법률」에 따른 감염병 또는 「가축전염병예방법」에 따른 가축전염병의 확산, 「미세먼지 저감 및 관리에 관한 특별법」에 따른 미세먼지 등으로 인한 피해

    다. 삭제 〈2013. 8. 6.〉

[전문개정 2010. 6. 8.]

제21조의4 직업능력 개발·향상 조치 등에 대한 지원

① 고용노동부장관은 제21조의3제4항에 따른 고용유지조치계획에 따라 사업주가 피보험자에 대하여 직업능력 개발·향상 등을 위한 조치를 하는 데 필요한 지원을 할 수 있다.
② 제1항에 따른 지원의 신청절차, 지원방법 등에 관하여 필요한 사항은 고용노동부장관이 정한다.
[본조신설 2013. 4. 22.]

제22조 이직예정자 등 재취업 지원

고용노동부장관은 법 제21조제1항에 따라 고용조정이 불가피하게 된 사업주가 단독이나 공동으로 다음 각 호의 어느 하나에 해당하는 사람에게 신속한 재취업을 지원하기 위해 필요한 시설을 직접 갖추거나 그 시설을 갖춘 외부기관에 위탁하여 재취업에 필요한 서비스를 제공하는 경우에는 고용노동부장관이 정하는 바에 따라 그 비용의 일부를 지원할 수 있다. 〈개정 2021. 6. 8.〉
1. 해당 사업의 피보험자로서 고용조정, 정년(停年) 또는 근로계약기간이 끝남에 따른 이직예정자
2. 해당 사업의 피보험자였던 사람으로서 고용조정, 정년 또는 근로계약기간이 끝나 이직한 사람

[전문개정 2010. 12. 31.]

❖ **장려금반환**[서울중앙지법 2004. 9. 16., 선고, 2004나4743, 판결: 확정]

판시사항

[1] 고용보험법 제18조에 의한 '고령자고용촉진장려금'의 귀속 주체 및 그 판단 기준
[2] 아파트 관리회사와 아파트입주자대표회의 사이에 고령자고용촉진장려금을 아파트 관리비용에 충당하기로 하는 합의가 있었다고 보아 위 장려금의 반환을 구하는 관리회사의 청구를 배척한 사례

[3] 아파트 관리회사가 아파트입주자대표회의를 상대로 부당이득으로서 고령자고용촉진장려금의 반환을 구하는 행위는 자신의 선행행위와 모순되어 신의칙상 허용될 수 없다고 한 사례

판결요지

[1] 고용보험법 제18조에 의한 고령자고용촉진장려금은 고령자를 사용하여 사업을 행하는 주체에게 귀속되어야 할 것인데, 사업주에 해당되는지는 관리업무를 사업내용으로 등록 등의 요건을 갖춘 자 또는 입주자자치관리기구로서 당해 고령자를 근로자로 고용하여 임면하고 징계하는 등의 인사권을 가지며, 지휘·감독하고 임금지급 책임을 지는 지위에 있으면서 대외적으로는 사용자로서의 책임을 부담하며, 그 관리업무를 경영하는 지위에 있는지의 여부에 따라 판단된다.

[2] 고령자고용촉진장려금이 아파트 관리회사에게 귀속되기는 하였으나, 관리회사와 아파트입주자대표회의는 위 장려금의 대외적 수급권자가 누구인지를 불문하고 내부적으로는 위 장려금을 아파트의 관리비용에 충당하기로 명시적 내지 묵시적 합의를 하였으므로 관리회사로서는 이러한 합의에 반하여 위 장려금의 반환을 구할 수 없다고 한 사례.

[3] 아파트 관리회사가 관리소장을 통하여 고령자고용촉진장려금을 아파트 관리비 계좌에 입금시켜 이를 관리비용의 일부에 충당·사용하도록 하였음에도, 아파트관리위·수탁계약 종료 후 3년이 지난 시점에 이르러 위 장려금의 귀속 주체가 자신이라고 주장하면서 아파트입주자대표회의를 상대로 그 이익의 반환을 구하는 것은 자신의 선행행위와 모순되어 상대방의 신뢰를 해하는 권리행사이므로 신의칙상 허용될 수 없다고 한 사례.

주요판례

❖ **고령자고용촉진장려금** [대법원 2004. 3. 25., 선고, 2003다67359, 판결]

판시사항

고용보험법 제18조에 의한 '고령자고용촉진장려금'의 귀속 주체 및 그 판단 기준

판결요지

고용보험법 제18조에 의한 '고령자고용촉진장려금'은 고령자들을 사용하여 사업을 행하는 주체에게 귀속되어야 할 것인데, 사업주에 해당되는지는 관리업무를 사업내용으

로 등록 등의 요건을 갖춘 자 또는 입주자자치관리기구로서 당해 고령자를 근로자로 고용하여 임면하고 징계하는 등의 인사권을 가지며, 지휘·감독하고 임금지급 책임을 지는 지위에 있으면서 대외적으로 사용자로서의 책임을 부담하며, 그 관리업무를 경영하는 지위에 있는지의 여부에 따라 판단된다.

제22조의2 고용유지를 위한 노사합의에 대한 지원

① 고용노동부장관은 법 제21조제1항에 따라 고용조정이 불가피하게 된 사업주가 단체협약의 체결, 취업규칙의 변경, 근로계약의 변경 또는 그 밖의 상호 합의를 통해 해당 사업에 고용된 피보험자의 고용을 유지하기로 한 경우에는 예산의 범위에서 사업주에게 필요한 비용을 지원할 수 있다.
② 고용노동부장관은 해당 피보험자가 제21조의3에 따른 피보험자에 대한 지원금의 지급요건에 해당하는 경우에는 그 피보험자를 고용하고 있는 사업주에게 제1항에 따른 지원을 하지 않는다.
③ 제1항에 따른 지원 대상자의 선정, 지원 방법 및 절차 등에 관하여 필요한 사항은 고용노동부장관이 정하여 고시한다. [본조신설 2020. 6. 9.]

주요판례

❖ **신규고용촉진장려금지급거부처분취소** [서울행법 2008. 5. 23., 선고, 2008구합4824, 판결 : 항소]

판시사항

고용보험법령에 정한 신규고용촉진장려금의 지급요건인 '실업기간'에 채용예정자에 대한 직업능력개발훈련 기간이 포함되는지 여부(적극)

판결요지

고용보험법령에 정한 신규고용촉진장려금의 지급요건인 '실업기간'의 산정과 관련하여, 채용예정자가 당해 회사와 근로계약을 체결하기 전에 사업주가 위탁한 교육기관에서 직업능력개발훈련을 받은 기간도 '실업기간'으로 보아야 한다.

제23조 삭제 〈2008. 9. 18.〉

제24조 지역고용촉진 지원금

① 고용노동부장관은 법 제22조에 따라 지정지역으로 사업을 이전하거나 지정지역에서 사업을 신설 또는 증설하는 경우로서 다음 각 호의 요건을 모두 갖추어 사업을 이전, 신설 또는 증설하는 사업주에게 지역고용촉진 지원금을 지급한다. 〈개정 2009. 12. 30., 2010. 7. 12., 2010. 12. 31., 2021. 6. 8., 2022. 2. 17.〉

1. 「고용정책 기본법 시행령」제29조제3항에 따라 고시된 고용조정의 지원 등의 기간(이하 이 조에서 "지정기간"이라 한다)에 사업의 이전, 신설 또는 증설과 그에 따른 근로자의 고용에 관한 지역고용계획을 세워 고용노동부장관에게 신고할 것
2. 제1호에 따라 고용노동부장관에게 신고한 지역고용계획에 따라 시행할 것
3. 지역고용계획이 제출된 날부터 1년 6개월 이내에 이전, 신설 또는 증설된 사업의 조업이 시작될 것
4. 이전, 신설 또는 증설된 사업의 조업이 시작된 날(이하 이 조에서 "조업시작일"이라 한다) 현재 그 지정지역이나 다른 지정지역에 3개월 이상 거주한 구직자를 그 이전, 신설 또는 증설된 사업에 피보험자로 고용할 것
5. 고용정책심의회에서 그 필요성이 인정된 사업일 것
6. 지역고용계획의 실시 상황과 고용된 피보험자에 대한 임금지급 상황이 적힌 서류를 갖추고 시행할 것

② 지역고용촉진 지원금을 받으려는 사업주는 제1항제3호에 따른 조업을 시작하면 고용노동부장관에게 신고하여야 한다. 〈개정 2010. 7. 12.〉

③ 지역고용촉진 지원금은 제1항제4호에 따라 고용된 피보험자에게 지급된 임금의 2분의 1(대규모기업의 경우에는 3분의 1로 한다)에 해당하는 금액으로 하되, 제21조제5항에 따라 고용노동부장관이 고시한 금액을 초과할 수 없다. 〈개정 2010. 12. 31., 2012. 1. 13.〉

④ 지역고용촉진 지원금은 조업시작일부터 1년간 지급한다. 〈개정 2010. 12. 31.〉

⑤ 지역고용촉진 지원금은 하나의 지정기간에 제1항제4호에 따라 고용된 피보험자수가 200명을 초과하는 경우에는 그 초과하는 인원 중 100분의 30에 대하여만 지급한다.

⑥ 지역고용촉진 지원금은 다음 각 호의 어느 하나에 해당하는 경우에는 지급하지 않는다. 〈신설 2010. 12. 31., 2013. 12. 24., 2016. 12. 30., 2020. 8. 27., 2022. 6. 28.〉

1. 제1항제4호에 따라 고용된 피보험자의 고용기간이 6개월 미만인 경우
2. 사업주가 조업시작일 전 3개월부터 조업시작일 후 1년까지 고용조정으로 근로자를 이직시킨 경우
3. 제1항제4호에 따라 구직자를 피보험자로 고용한 사업주가 해당 피보험자의 최종 이직(해당 사업주가 해당 피보험자를 고용하기 전 1년 이내에 이직한 경우로 한정한다. 이하 제4호에서 같다) 당시 사업주와 같은 경우. 다만, 사업주가 「근로기준법」제25조제1항에 따라 해당 근로자를 우선적으로 고용한 경우는 제외한다.
4. 제1항제4호에 따라 구직자를 피보험자로 고용한 사업주가 해당 근로자의 최종 이직 당시 사업주와 합병하거나 그 사업을 넘겨받은 사업주인 경우 등 해당 근로자의 최종 이직 당시 사업과 관련되는 사업주인 경우
4의2. 사업주가 임금 등을 체불하여 「근로기준법」제43조의2에 따라 명단이 공개 중인 경우
5. 사업주가 제1항제4호에 따라 고용된 근로자에게 「최저임금법」제5조에 따른 최저임금액 미만의 임금을 지급한 경우. 다만, 해당 근로자가 같은 법 제7조에 따라 최저임금의 적용이 제외되는 근로자인 경우는 제외한다.
6. 사업주(사업주가 법인인 경우에는 그 대표자를 말한다)가 본인의 배우자 또는 직계존속·비속을 제1항제4호에 따른 근로자로 고용한 경우
7. 그 밖에 법 제22조에 따른 지원 목적에 부합하지 않는다고 고용노동부장관이 정하여 고시하는 대상이나 업종에 해당하는 경우

⑦ 삭제 〈2013. 12. 24.〉

⑧ 지역고용촉진 지원금의 신청 기간 등 신청 및 지급에 필요한 사항은 고용노동부

령으로 정한다. 〈개정 2010. 7. 12., 2010. 12. 31., 2022. 6. 28.〉

> **관련법령** ▶ 「고용정책 기본법 시행령」제29조제3항

제29조(지원대상 업종 및 지역 등)
③ 고용노동부장관이 제1항에 따라 업종이나 지역을 지정·고시하는 경우에는 그 업종 또는 지역에 대한 고용조정 지원 등을 하는 기간을 함께 고시하여야 한다. 〈개정 2010. 7. 12., 2022. 2. 17.〉

> **관련법령** ▶ 「근로기준법」제43조의2

제43조의2(체불사업주 명단 공개)
① 고용노동부장관은 제36조, 제43조, 제51조의3, 제52조제2항제2호, 제56조에 따른 임금, 보상금, 수당, 그 밖의 모든 금품(이하 "임금등"이라 한다)을 지급하지 아니한 사업주(법인인 경우에는 그 대표자를 포함한다. 이하 "체불사업주"라 한다)가 명단 공개 기준일 이전 3년 이내 임금등을 체불하여 2회 이상 유죄가 확정된 자로서 명단 공개 기준일 이전 1년 이내 임금등의 체불총액이 3천만원 이상인 경우에는 그 인적사항 등을 공개할 수 있다. 다만, 체불사업주의 사망·폐업으로 명단 공개의 실효성이 없는 경우 등 대통령령으로 정하는 사유가 있는 경우에는 그러하지 아니하다. 〈개정 2020. 5. 26., 2021. 1. 5.〉
② 고용노동부장관은 제1항에 따라 명단 공개를 할 경우에 체불사업주에게 3개월 이상의 기간을 정하여 소명 기회를 주어야 한다.
③ 제1항에 따른 체불사업주의 인적사항 등에 대한 공개 여부를 심의하기 위하여 고용노동부에 임금체불정보심의위원회(이하 이 조에서 "위원회"라 한다)를 둔다. 이 경우 위원회의 구성·운영 등 필요한 사항은 고용노동부령으로 정한다.
④ 제1항에 따른 명단 공개의 구체적인 내용, 기간 및 방법 등 명단 공개에 필요한 사항은 대통령령으로 정한다.

> **관련법령** ▶ 「최저임금법」제5조, 제7조

제5조(최저임금액)
① 최저임금액(최저임금으로 정한 금액을 말한다. 이하 같다)은 시간·일(日)·주(週) 또는 월(月)을 단위로 하여 정한다. 이 경우 일·주 또는 월을 단위로 하여 최저임금액을 정할 때에는 시간급(時間給)으로도 표시하여야 한다.

② 1년 이상의 기간을 정하여 근로계약을 체결하고 수습 중에 있는 근로자로서 수습을 시작한 날부터 3개월 이내인 사람에 대하여는 대통령령으로 정하는 바에 따라 제1항에 따른 최저임금액과 다른 금액으로 최저임금액을 정할 수 있다. 다만, 단순노무업무로 고용노동부장관이 정하여 고시한 직종에 종사하는 근로자는 제외한다. 〈개정 2017. 9. 19., 2020. 5. 26.〉

③ 임금이 통상적으로 도급제나 그 밖에 이와 비슷한 형태로 정하여져 있는 경우로서 제1항에 따라 최저임금액을 정하는 것이 적당하지 아니하다고 인정되면 대통령령으로 정하는 바에 따라 최저임금액을 따로 정할 수 있다.

[전문개정 2008. 3. 21.]

제7조(최저임금의 적용 제외)

다음 각 호의 어느 하나에 해당하는 사람으로서 사용자가 대통령령으로 정하는 바에 따라 고용노동부장관의 인가를 받은 사람에 대하여는 제6조를 적용하지 아니한다. 〈개정 2010. 6. 4., 2020. 5. 26.〉

1. 정신장애나 신체장애로 근로능력이 현저히 낮은 사람
2. 그 밖에 최저임금을 적용하는 것이 적당하지 아니하다고 인정되는 사람

[전문개정 2008. 3. 21.]

제25조 고령자 고용연장 지원금

① 고용노동부장관은 법 제23조에 따라 다음 각 호의 어느 하나에 해당하는 요건을 갖춘 사업의 사업주에게 고령자 고용연장 지원금을 지급한다. 다만, 상시 사용하는 근로자 수가 300명 이상인 사업의 사업주는 그러하지 아니하다. 〈개정 2008. 12. 31., 2010. 7. 12., 2010. 12. 31., 2013. 1. 25., 2013. 12. 24., 2019. 12. 31.〉

  1. 삭제 〈2010. 12. 31.〉
  2. 정년을 폐지하거나, 기존에 정한 정년을 60세 이상으로 1년 이상 연장할 것. 다만, 정년 폐지 또는 정년 연장 전 3년 이내에 해당 사업장의 정년을 폐지하고 정년을 새로 설정하거나, 기존에 정한 정년을 단축한 경우에는 고령자 고용연장 지원금을 지급하지 아니한다.
  3. 삭제 〈2021. 6. 8.〉

② 삭제 〈2010. 12. 31.〉

③ 삭제 〈2010. 12. 31.〉

④ 제1항제2호의 요건을 갖춘 사업주에게 지급하는 고령자 고용연장 지원금은 고용노동부장관이 매년 임금상승률, 노동시장 여건 등을 고려하여 고시하는 금액에 그 사업주에게 고용되어 18개월 이상을 계속 근무하여 종전의 정년에 이른 후 정년 폐지 또는 연장에 따라 계속 근무하는 근로자 수(제28조에 따라 임금피크제 지원금을 지급받는 자는 제외한다)를 곱하여 산정하며, 다음 각 호의 구분에 따른 기간 동안 지원한다. 〈개정 2010. 7. 12., 2010. 12. 31., 2012. 1. 13., 2013. 1. 25., 2013. 12. 24.〉

1. 정년 폐지의 경우: 정년이 폐지된 근로자의 종전 정년일부터 1년이 경과한 날의 다음날(종전 정년이 58세 미만인 경우는 58세가 되는 날)부터 1년
2. 정년이 연장된 경우: 정년이 연장된 근로자의 종전 정년일의 다음 날부터 다음 각 목의 구분에 따른 기간
   가. 정년연장기간이 1년 이상 3년 미만인 경우: 1년
   나. 정년연장기간이 3년 이상인 경우: 2년

⑤ 삭제 〈2021. 6. 8.〉
⑥ 고령자 고용연장 지원금의 신청 및 지급에 필요한 사항은 고용노동부령으로 정한다. 〈개정 2010. 7. 12., 2010. 12. 31.〉

[제목개정 2010. 12. 31.]

[대통령령 제25022호(2013. 12. 24.) 부칙 제2조제1항의 규정에 의하여 이 조는 2016년 12월 31일까지 유효함. 다만, 2016년 12월 31일까지 고령자 고용연장 지원금 지급요건에 해당하게 된 사업주에 대한 지원금의 지급에 관하여는 유효기간이 지난 후에도 제25조의 개정규정을 적용한다.]

제25조의2 60세 이상 고령자 고용지원금

① 고용노동부장관은 법 제23조에 따라 다음 각 호의 요건을 모두 갖춘 사업의 사업주에게 60세 이상 고령자 고용지원금을 지급한다. 〈개정 2014. 12. 31.〉

1. 정년을 정하지 아니한 사업장일 것
2. 매 분기 그 사업의 월평균 근로자 수에 대한 매월 말일 현재 계속하여 1년 이상 고용된 만 60세 이상 월평균 근로자 수의 비율이 업종별로 고용노동부장관이 정하여 고시하는 비율 이상일 것
3. 사업주가 60세 이상 고령자 고용지원금 신청일 당시 대통령령 제22603호 고용

보험법 시행령 일부개정령 부칙 제18조에 따른 고령자 고용촉진 장려금을 1회 이상 지급받고 그 지급한도 기간 내에 있는 자가 아닐 것

② 제1항에도 불구하고 사업주가 다음 각 호의 어느 하나에 해당하는 경우에는 같은 항에 따른 60세 이상 고령자 고용지원금(이하 "60세 이상 고령자 고용지원금"이라 한다)을 지급하지 아니한다. <개정 2016. 12. 30.>

1. 60세 이상 고령자 고용지원금을 신청하기 전 3개월부터 신청한 후 6개월까지 55세 이상 근로자를 고용조정으로 이직시킨 경우
2. 임금 등을 체불하여 「근로기준법」 제43조의2에 따라 명단이 공개 중인 경우

③ 60세 이상 고령자 고용지원금은 고용노동부장관이 노동시장 여건을 고려하여 고시한 금액에 제1항제2호에 따라 고용노동부장관이 고시한 비율을 초과하여 고용된 만 60세 이상 근로자 수를 곱하여 산정한 금액으로 한다. 다만, 사업주가 분기별로 지급받을 수 있는 지원금의 총액은 본문에 따라 고용노동부장관이 고시한 금액에 그 사업의 근로자 수의 100분의 20(대규모 기업은 100분의 10)에 해당하는 수를 곱하여 산출된 금액을 초과할 수 없다.

④ 60세 이상 고령자 고용지원금의 지급을 위하여 근로자 수를 산정하는 경우에 다음 각 호의 어느 하나에 해당하는 사람은 제외한다. <개정 2017. 12. 26., 2019. 6. 25.>

1. 일용근로자
2. 법 제10조제1항제2호부터 제5호까지의 규정에 해당하는 사람 및 법 제10조의2에 해당하지 않는 외국인근로자
3. 만 60세 이상 근로자로서 「고용정책 기본법」 제29조에 따른 고용유지를 위한 지원금의 지급 대상이 되는 사람

⑤ 60세 이상 고령자 고용지원금의 신청 및 지급에 필요한 사항은 고용노동부령으로 정한다.

[본조신설 2012. 1. 13.]

[대통령령 제23513호(2012. 1. 13.) 부칙 제2조제2항의 규정에 의하여 이 조의 개정규정은 2020년 12월 31일까지 유효함]

| 관련법령 | 「근로기준법」제43조의2

제43조의2(체불사업주 명단 공개)

① 고용노동부장관은 제36조, 제43조, 제51조의3, 제52조제2항제2호, 제56조에 따른 임금, 보상금, 수당, 그 밖의 모든 금품(이하 "임금등"이라 한다)을 지급하지 아니한 사업주(법인인 경우에는 그 대표자를 포함한다. 이하 "체불사업주"라 한다)가 명단 공개 기준일 이전 3년 이내 임금등을 체불하여 2회 이상 유죄가 확정된 자로서 명단 공개 기준일 이전 1년 이내 임금등의 체불총액이 3천만원 이상인 경우에는 그 인적사항 등을 공개할 수 있다. 다만, 체불사업주의 사망·폐업으로 명단 공개의 실효성이 없는 경우 등 대통령령으로 정하는 사유가 있는 경우에는 그러하지 아니하다. 〈개정 2020. 5. 26., 2021. 1. 5.〉
② 고용노동부장관은 제1항에 따라 명단 공개를 할 경우에 체불사업주에게 3개월 이상의 기간을 정하여 소명 기회를 주어야 한다.
③ 제1항에 따른 체불사업주의 인적사항 등에 대한 공개 여부를 심의하기 위하여 고용노동부에 임금체불정보심의위원회(이하 이 조에서 "위원회"라 한다)를 둔다. 이 경우 위원회의 구성·운영 등 필요한 사항은 고용노동부령으로 정한다.
④ 제1항에 따른 명단 공개의 구체적인 내용, 기간 및 방법 등 명단 공개에 필요한 사항은 대통령령으로 정한다.

[본조신설 2012. 2. 1.]

제26조 고용촉진장려금

① 고용노동부장관은 법 제23조에 따라 장애인, 여성가장 등 노동시장의 통상적인 조건에서는 취업이 특히 곤란한 사람의 취업촉진을 위하여 직업안정기관이나 그 밖에 고용노동부령으로 정하는 기관(이하 이 조에서 "직업안정기관 등"이라 한다)에 구직등록을 한 사람으로서 다음 각 호의 어느 하나에 해당하는 실업자를 피보험자로 고용한 사업주에게 고용촉진장려금을 지급한다. 〈개정 2012. 1. 13., 2013. 1. 25., 2016. 12. 30., 2019. 7. 2., 2020. 6. 9., 2021. 6. 8.〉
  1. 고용노동부장관이 고시하는 바에 따라 노동시장의 통상적인 조건에서는 취업이 특히 곤란한 사람을 대상으로 하는 취업지원프로그램을 이수한 사람
  2. 「장애인고용촉진 및 직업재활법」제2조제2호에 따른 중증장애인으로서 1개월 이상 실업상태에 있는 사람

3. 가족 부양의 책임이 있는 여성 실업자 중 고용노동부령으로 정하는 사람으로서 「국민기초생활 보장법 시행령」 제11조제2항 전단에 따른 취업대상자 또는 「한부모가족지원법」 제5조 및 제5조의2에 따른 보호대상자에 해당하고 1개월 이상 실업상태에 있는 사람
4. 섬 지역(제주특별자치도 본도(本島) 및 방파제 또는 교량 등으로 육지와 연결된 섬은 제외한다)에 거주하여 제1호의 취업지원프로그램 참여가 어려운 사람으로서 1개월 이상 실업 상태에 있는 사람
5. 제1호부터 제4호까지의 규정에 따른 요건을 갖추지 못한 실업자 중에서 실업의 급증 등 고용사정이 악화되어 취업촉진을 위한 조치가 필요하다고 고용노동부장관이 인정하는 사람

② 제1항에 따른 고용촉진장려금(이하 "고용촉진장려금"이라 한다)은 사업주가 피보험자를 6개월 이상 고용한 경우에 다음 각 호의 구분에 따라 지급한다. <개정 2016. 12. 30., 2018. 7. 3.>
  1. 고용기간이 6개월 이상 12개월 미만인 경우: 6개월분
  2. 고용기간이 12개월 이상인 경우: 12개월분. 다만, 고용노동부장관이 정하여 고시하는 피보험자에 대한 고용기간이 18개월 이상인 경우에는 다음 각 목의 구분에 따른다.
    가. 고용기간이 18개월 이상 24개월 미만인 경우: 18개월분
    나. 고용기간이 24개월 이상인 경우: 24개월분

③ 고용촉진장려금은 다음 각 호의 어느 하나에 해당하는 경우에는 지급하지 않는다. <개정 2012. 1. 13., 2013. 1. 25., 2016. 12. 30., 2018. 12. 31., 2020. 3. 31., 2022. 6. 28.>
  1. 근로계약기간이 단기간인 경우 등 고용노동부령으로 정하는 경우에 해당하는 사람을 고용하는 경우
  2. 삭제 <2013. 1. 25.>
  3. 대규모기업이 만 29세 이하인 실업자로서 고용노동부장관이 정하는 사람을 고용하는 경우
  4. 사업주가 고용촉진장려금 지급대상자를 고용하기 전 3개월부터 고용 후 1년까지(고용촉진장려금 지급대상자의 고용기간이 1년 미만인 경우에는 그 고

용관계 종료 시까지를 말한다) 고용조정으로 근로자(고용촉진장려금 지급대상 근로자보다 나중에 고용된 근로자는 제외한다)를 이직시키는 경우
5. 고용촉진장려금 지급대상자를 고용한 사업주가 해당 근로자의 이직(해당 사업주가 해당 근로자를 고용하기 전 1년 이내에 이직한 경우에 한정한다. 이하 제6호에서 같다) 당시의 사업주와 같은 경우. 다만, 다음 각 목의 어느 하나에 해당하는 경우에는 그러하지 아니하다.
    가. 사업주가 「근로기준법」 제25조제1항에 따라 해당 근로자를 우선적으로 고용한 경우
    나. 사업주가 일용근로자로 고용하였던 근로자를 기간의 정함이 없는 근로계약을 체결하여 다시 고용한 경우
6. 고용촉진장려금 지급대상자를 고용한 사업주가 해당 근로자의 이직 당시의 사업주와 합병하거나 그 사업을 넘겨받은 사업주인 경우 등 해당 근로자의 이직 당시의 사업과 관련되는 사업주인 경우로서 고용노동부령으로 정하는 경우
7. 사업주가 임금 등을 체불하여 「근로기준법」 제43조의2에 따라 명단이 공개 중인 경우
8. 「장애인고용촉진 및 직업재활법」 제28조에 따른 장애인 고용 의무를 이행하지 않은 사업주가 그 장애인 고용 의무가 이행되기 전까지 같은 법 제2조제1호에 따른 장애인(같은 조 제2호에 따른 중증장애인은 제외한다)을 새로 고용한 경우
9. 그 밖에 법 제23조에 따른 지원 목적에 부합하지 않는다고 고용노동부장관이 정하여 고시하는 대상이나 업종에 해당하는 경우
④ 고용촉진장려금은 제1호의 금액에 제2호의 인원을 곱하여 산정한다. 〈개정 2022. 12. 6.〉
    1. 매년 고용노동부장관이 임금상승률, 노동시장 여건 등을 고려하여 고시하는 금액. 다만, 지급대상이 된 기간 동안 해당 사업주가 제1항 각 호의 피보험자에 대하여 부담하는 보수를 초과할 수 없다.
    2. 고용촉진장려금의 지급대상이 되는 피보험자의 수. 다만, 다음 각 목의 인원을 한도로 한다.
        가. 해당 사업의 직전 보험연도 말일 기준 피보험자 수가 10명 이상인 경우: 그

피보험자 수의 100분의 30(소수점 이하는 버린다)에 해당하는 인원. 다만, 100분의 30에 해당하는 인원이 30명을 넘는 경우에는 30명으로 한다.

나. 해당 사업의 직전 보험연도 말일 기준 피보험자 수가 10명 미만인 경우: 3명

⑤ 삭제 〈2022. 12. 6.〉

⑥ 삭제 〈2022. 12. 6.〉

⑦ 고용촉진장려금의 신청 기간 등 신청 및 지급에 필요한 사항은 <u>고용노동부령</u>으로 정한다. 〈개정 2012. 1. 13., 2016. 12. 30., 2022. 6. 28.〉

⑧ 고용노동부장관은 <u>「재난 및 안전관리 기본법」 제3조제1호</u>에 따른 재난으로 실업의 급증 등 고용사정이 악화되어 고용촉진을 위한 긴급한 조치가 필요할 때에는 제2항부터 제7항까지의 규정(제3항의 경우 제1호, 제4호, 제5호 각 목 외의 부분 본문 및 제6호로 한정한다)에도 불구하고 제1항에 따른 사업주에 대한 지원을 확대하기 위하여 고용정책심의회의 심의를 거쳐 1년의 범위에서 고용기간, 고용촉진장려금의 지급제외 사유, 상한액 및 지급대상 피보험자 수의 한도를 고시로 달리 정할 수 있다. 〈신설 2020. 6. 9.〉

[전문개정 2010. 12. 31.][제목개정 2016. 12. 30.]

주요판례

❖ 고용촉진지원금반환명령 등 취소청구 [대법원 2022. 12. 15., 선고, 2018두63143, 판결]

판시사항

사업주가 구 고용보험법 시행령 제26조 제1항에 따른 고용촉진 지원금을 지급받기 위해 고용해야 하는 사람이 '실업자'여야 한다는 것과 '고용노동부장관이 고시하는 취업지원프로그램을 이수한 사람'이어야 한다는 것이 각각 별개의 요건인지 여부(적극) 및 실업자가 아니면서 위 취업지원프로그램을 이수한 사람을 고용한 경우, 고용촉진 지원금 지급 대상이 되는지 여부(소극)

판결요지

법령의 문언 자체가 비교적 명확한 개념으로 구성되어 있다면 원칙적으로 더 이상 다른 해석방법은 활용할 필요가 없거나 제한될 수밖에 없다.

구 고용보험법 시행령(2016. 12. 30. 대통령령 제27738호로 개정되기 전의 것) 제26조 제1항에 따르면, 사업주가 고용촉진 지원금을 지급받기 위해서는 '실업자', 즉 근로의 의사와 능력이 있음에도 취업하지 못한 상태에 있는 사람을 고용하여야 한다는 점이 분명하다.

또한 위 규정 제1호의 문언상, 사업주가 고용촉진 지원금을 지급받기 위해 고용하여야 하는 사람이 '실업자'여야 한다는 것과 '고용노동부장관이 고시하는 취업지원프로그램을 이수한 사람'이어야 한다는 것은 각각 별개의 요건이다. 따라서 위와 같은 취업지원 프로그램이 실업자가 아닌 사람의 참여를 일부 허용하고 있다고 하더라도, 실업자가 아니면서 그러한 취업지원프로그램을 이수한 사람을 고용한 경우에 고용촉진 지원금 지급 대상이 된다고 해석할 수는 없다.

주요판례

❖ 신규고용촉진장려금반환명령취소청구 [대법원 2012. 9. 13., 선고, 2010두9600, 판결]

판시사항

사업주가 구 고용보험법 시행령 제22조의2 제1항에서 정한 신규고용촉진 장려금 지급대상 근로자를 감원방지기간에 고용조정한 경우, 고용조정 대상 근로자 외에 다른 장려금 지급대상 근로자들에게 지급된 장려금도 취소하여 반환하도록 할 수 있는지 여부(원칙적 소극)

판결요지

사업주가 신규고용촉진 장려금 지급대상 근로자에 관한 감원방지기간 중에 해당 근로자를 고용조정한 경우에, 고용조정 해당 근로자에 관하여는 고용촉진 목적을 달성하지 못하게 되고 또한 고용조정으로 이직시키지 않을 경우에 장려금을 지급하도록 규정한 구 고용보험법 시행령(2007. 10. 17. 대통령령 제20330호로 전부 개정되기 전의 것)의 지급요건을 갖추지 못하게 되므로 그의 실제 근로를 고려할 필요 없이 그에 관하여 지급된 장려금을 전부 취소하여 반환하도록 하는 것이 타당한 반면, 고용조정 대상 근로자 외에 다른 장려금 지급대상 근로자들에 관하여는 비록 그들에 관한 감원방지기간에 위와 같은 고용조정이 발생되었다고 하더라도 그 사유만으로는 그들에 대한 고용촉진 효과에는 영향이 없고 또한 위와 같은 고용조정으로 인한 이른바 대체채용에 관한 제재는 고용조정 대상 해당 근로자에 관한 장려금 취소 및 반환으로 그 취지를 달성할 수 있으므로,

이와 달리 보아야 할 특별한 사정이 없으면, 다른 장려금 지급대상 근로자들에 대하여 지급된 장려금을 취소하여 반환하도록 함에는 신중을 기할 필요가 있고, 오히려 그 장려금은 취소 및 반환 대상에서 제외하는 것이 구 고용보험법(2007. 5. 11. 법률 제8429호로 전부 개정되기 전의 것)에서 수익적 행정처분에 의하여 장려금을 지급하도록 한 입법 취지나 감원방지기간에 고용조정을 한 사업주에 대한 제재 및 그로 인한 불이익을 고려한 형평성에도 맞는다고 볼 수 있는 경우가 대부분이다.

주요판례

❖ **부정 수급액의 반환 및 추가징수 등 취소**[대법원 2011. 8. 18., 선고, 2010두28373, 판결]

판시사항

[1] 사업주가 미리 구직자들을 면접하는 절차를 거친 후 이들로 하여금 직업안정기관 등의 알선 등 구 고용보험법 시행령 제26조 제1항에서 정한 절차를 거치도록 함으로써 위 법령에서 정한 취업 취약계층에 속하는 사람들에 해당하는지 등을 확인한 다음 고용하여 신규고용촉진 장려금을 지급받는 것이 허용되는지 여부(원칙적 적극)

[2] 사업주가 신규고용촉진 장려금 지급 여부와 무관하게 취업 취약계층에 속하는 사람들을 즉시 고용할 의사를 확정적으로 가지고 있음에도 이를 숨긴 채 형식적으로 직업안정기관 등의 알선 등을 거쳐 신규고용촉진 장려금을 지급받은 것이, 구 고용보험법 제35조에서 정한 '거짓이나 그 밖의 부정한 방법'으로 신규고용촉진 장려금을 지원받은 경우에 해당하는지 여부(적극) 및 이러한 사유를 근거로 한 행정청의 환수처분 등 불이익한 행정처분에 대하여 사업주가 처분 취소를 구하는 항고소송을 제기한 경우, 위 사유에 관한 증명책임자(=행정청)

[3] 甲 주식회사가 고용지원센터 알선 전에 乙, 丙을 면접한 후 이들로 하여금 고용지원센터의 알선 등 신규고용촉진 장려금을 지급받을 수 있는 절차와 요건을 갖추도록 한 다음 고용하였으나 실제 채용과정을 밝히지 않고 신규고용촉진 장려금을 지급받은 사안에서, 위 행위가 구 고용보험법 제35조에서 정한 '거짓이나 그 밖의 부정한 방법'으로 신규고용촉진 장려금을 지원받은 경우에 해당한다고 본 원심판결에 법리오해의 위법이 있다고 한 사례

판결요지

[1] 신규고용촉진 장려금 제도의 입법 취지, 알선의 의미, 취업 취약계층에 속하는 사람들의 노동시장 경쟁력 및 신규고용촉진 장려금이 이들의 고용 시 참작되는 비중 등을 고려해 보면, 사업주가 직업안정기관 등 알선에 앞서 구직자를 미리 면접하는 절차를 거쳤다 하더라도 이들을 현 상태에서는 그대로 고용할 수 없고, 신규고용촉진 장려금을 지급받을 수 있는 경우에 한하여 고용할 수 있다고 판단하여 이들로 하여금 직업안정기관 등의 알선 등 구 고용보험법 시행령(2010. 2. 8. 대통령령 제22026호로 개정되기 전의 것) 제26조 제1항이 규정하는 절차를 거치도록 함으로써 위 법령에서 정한 취업 취약계층에 속하는 사람에 해당하는지 등을 확인한 이후에 비로소 고용하여 신규고용촉진 장려금을 지급받는 것도 허용된다.

[2] 취업 취약계층에 속하는 사람들이 사업주가 요구하는 자격과 능력을 갖추고 있어서 사업주가 신규고용촉진 장려금 지급 여부와 무관하게 이들을 즉시 고용할 의사를 확정적으로 가진 경우도 있을 수 있는데, 그럼에도 사업자가 이러한 사실을 숨긴 채 형식적으로 직업안정기관 등의 알선 등을 거쳐 신규고용촉진 장려금을 지급받는 것은 구 고용보험법(2010. 6. 4. 법률 제10339호로 개정되기 전의 것) 제35조에서 정한 '거짓이나 그 밖의 부정한 방법'으로 신규고용촉진 장려금을 지원받은 경우에 해당한다. 만일 행정청이 이러한 사유를 들어 사업주를 상대로 환수처분 등 불이익한 행정처분을 하고 이에 대하여 사업주가 처분 취소를 구하는 항고소송을 제기한 경우, 사업주가 직업안정기관 등의 알선에 앞서 취업 취약계층에 속하는 사람들을 즉시 고용할 의사를 가지고 있었음에도 이를 숨기고 형식적으로 알선 절차를 거쳐 신규고용촉진 장려금을 지급받은 것이라는 점에 관한 증명책임은 행정처분이 적법하다는 것을 주장하는 행정청에 있다.

[3] 甲 주식회사가 고용지원센터 알선 전에 乙, 丙을 면접한 후 이들로 하여금 고용지원센터의 알선 등 신규고용촉진 장려금을 지급받을 수 있는 절차와 요건을 갖추도록 한 다음 고용하였으나 관할 노동청장에게는 실제 채용과정을 밝히지 않고 신규고용촉진 장려금을 지급받은 사안에서, 甲 회사가 乙, 丙을 면접한 후 즉시 고용할 의사는 없고 고용지원센터의 알선을 거쳐 신규고용촉진 장려금을 받을 수 있는 경우에 한하여 고용할 의사를 가졌을 수도 있으므로, 면접절차를 거쳤다고 하여 곧바로 甲 회사가 乙, 丙을 고용할 의사를 확정적으로 가졌다고 단정할 수 없고, 甲 회사가 고용지원센터 알선 등 구 고용보험법 시행령(2010. 2. 8. 대통령령 제22026호로 개정되기 전의 것) 제

26조 제1항에서 정한 절차와 요건을 갖추도록 한 후 고용하여 신규고용촉진 장려금을 지급받는 것도 적법하며, 甲 회사가 신규고용촉진 장려금을 신청하면서 관할 노동청장에게 고용안정센터 알선 전에 면접을 거친 사실을 밝히지 아니하였다고 하여 구 고용보험법(2010. 6. 4. 법률 제10339호로 개정되기 전의 것) 제35조에서 정한 '거짓이나 그 밖의 부정한 방법'으로 신규고용촉진 장려금을 지원받은 경우에 해당한다고 할 수 없다는 이유로, 이와 달리 본 원심판결에 법리오해의 위법이 있다고 한 사례.

> **관련법령** 「장애인고용촉진 및 직업재활법」 제2조제2호

제2조(정의)
2. **"중증장애인"**이란 장애인 중 근로 능력이 현저하게 상실된 사람으로서 대통령령으로 정하는 기준에 해당하는 사람을 말한다.

> **관련법령** 「국민기초생활 보장법 시행령」 제11조제2항

제11조(생계급여의 조건 제시방법 및 결과 통지)
② 제1항에도 불구하고 시장·군수·구청장은 조건부수급자의 근로능력, 자활욕구 및 가구여건 등이 취업에 적합한 경우 그 조건부수급자(이하 "취업대상자"라 한다)의 취업을 촉진하기 위하여 해당 특별자치시·특별자치도·시·군·구(자치구를 말한다. 이하 같다)를 관할하는 직업안정기관의 장이 지정하는 자활사업에 참가할 것을 생계급여의 조건으로 취업대상자에게 제시하여야 한다. 이 경우 시장·군수·구청장은 자활사업 참가에 관한 사실을 직업안정기관의 장에게 지체 없이 서면(전자문서를 포함한다)으로 통지하여야 한다. 〈개정 2015. 4. 20.〉

> **관련법령** 「한부모가족지원법」 제5조 및 제5조의2

제5조(지원대상자의 범위)
① 이 법에 따른 지원대상자는 제4조제1호·제1호의2 및 제2호부터 제5호까지의 규정에 해당하는 자로서 여성가족부령으로 정하는 자로 한다. 〈개정 2008. 2. 29., 2010. 1. 18., 2011. 4. 12., 2014. 1. 21.〉
② 제1항에 따른 지원대상자 중 아동의 연령을 초과하는 자녀가 있는 한부모가족의 경우 그 자녀를 제외한 나머지 가족구성원을 지원대상자로 한다. 〈신설 2011. 4. 12., 2014. 1. 21.〉

[전문개정 2007. 10. 17.]
[제목개정 2014. 1. 21.]

제5조의2(지원대상자의 범위에 대한 특례)

① 혼인 관계에 있지 아니한 자로서 출산 전 임신부와 출산 후 해당 아동을 양육하지 아니하는 모는 제5조에도 불구하고 제19조제1항제3호의 미혼모자가족복지시설을 이용할 때에는 이 법에 따른 지원대상자가 된다. 〈개정 2011. 4. 12., 2014. 1. 21., 2018. 1. 16.〉

② 다음 각 호의 어느 하나에 해당하는 아동과 그 아동을 양육하는 조부 또는 조모로서 여성가족부령으로 정하는 자는 제5조에도 불구하고 이 법에 따른 지원대상자가 된다. 〈개정 2008. 2. 29., 2010. 1. 18., 2011. 4. 12., 2014. 1. 21.〉

   1. 부모가 사망하거나 생사가 분명하지 아니한 아동
   2. 부모가 정신 또는 신체의 장애·질병으로 장기간 노동능력을 상실한 아동
   3. 부모의 장기복역 등으로 부양을 받을 수 없는 아동
   4. 부모가 이혼하거나 유기하여 부양을 받을 수 없는 아동
   5. 제1호부터 제4호까지에 규정된 자에 준하는 자로서 여성가족부령으로 정하는 아동

③ 국내에 체류하고 있는 외국인 중 대한민국 국적의 아동을 양육하고 있는 모 또는 부로서 대통령령으로 정하는 사람이 제5조에 해당하면 이 법에 따른 지원대상자가 된다.
   〈개정 2014. 1. 21., 2020. 10. 20.〉

[전문개정 2007. 10. 17.]
[제목개정 2014. 1. 21.]

> **관련법령** ▶ 「근로기준법」제25조제1항

제25조(우선 재고용 등)

① 제24조에 따라 근로자를 해고한 사용자는 근로자를 해고한 날부터 3년 이내에 해고된 근로자가 해고 당시 담당하였던 업무와 같은 업무를 할 근로자를 채용하려고 할 경우 제24조에 따라 해고된 근로자가 원하면 그 근로자를 우선적으로 고용하여야 한다.

> **관련법령** ▶ 「근로기준법」제43조의2

제43조의2(체불사업주 명단 공개)

① 고용노동부장관은 제36조, 제43조, 제51조의3, 제52조제2항제2호, 제56조에 따른 임금, 보상금, 수당, 그 밖의 모든 금품(이하 "임금 등"이라 한다)을 지급하지 아니한 사업주(법인인 경우에는 그 대표자를 포함한다. 이하 "체불사업주"라 한다)가 명단 공개 기준일 이전 3년 이내 임금등을 체불하여 2회 이상 유죄가 확정된 자로서 명단 공개 기준일 이전 1년 이내 임금등의 체불총액이 3천만원 이상인 경우에는 그 인적사항 등을 공개할 수 있

다. 다만, 체불사업주의 사망·폐업으로 명단 공개의 실효성이 없는 경우 등 대통령령으로 정하는 사유가 있는 경우에는 그러하지 아니하다. <개정 2020. 5. 26., 2021. 1. 5.>
② 고용노동부장관은 제1항에 따라 명단 공개를 할 경우에 체불사업주에게 3개월 이상의 기간을 정하여 소명 기회를 주어야 한다.
③ 제1항에 따른 체불사업주의 인적사항 등에 대한 공개 여부를 심의하기 위하여 고용노동부에 임금체불정보심의위원회(이하 이 조에서 "위원회"라 한다)를 둔다. 이 경우 위원회의 구성·운영 등 필요한 사항은 고용노동부령으로 정한다.
④ 제1항에 따른 명단 공개의 구체적인 내용, 기간 및 방법 등 명단 공개에 필요한 사항은 대통령령으로 정한다. [본조신설 2012. 2. 1.]

> **관련법령** ▶ 「장애인고용촉진 및 직업재활법」 제28조

제28조(사업주의 장애인 고용 의무)

① 상시 50명 이상의 근로자를 고용하는 사업주(건설업에서 근로자 수를 확인하기 곤란한 경우에는 공사 실적액이 고용노동부장관이 정하여 고시하는 금액 이상인 사업주)는 그 근로자의 총수(건설업에서 근로자 수를 확인하기 곤란한 경우에는 대통령령으로 정하는 바에 따라 공사 실적액을 근로자의 총수로 환산한다)의 100분의 5의 범위에서 대통령령으로 정하는 비율(이하 "의무고용률"이라 한다) 이상에 해당(그 수에서 소수점 이하는 버린다)하는 장애인을 고용하여야 한다. <개정 2010. 6. 4.>
② 제1항에도 불구하고 특정한 장애인의 능력에 적합하다고 인정되는 직종에 대하여는 장애인을 고용하여야 할 비율을 대통령령으로 따로 정할 수 있다. 이 경우 그 비율은 의무고용률로 보지 아니한다.
③ 의무고용률은 전체 인구 중 장애인의 비율, 전체 근로자 총수에 대한 장애인 근로자의 비율, 장애인 실업자 수 등을 고려하여 5년마다 정한다.
④ 제1항에 따른 상시 고용하는 근로자 수 및 건설업에서의 공사 실적액 산정에 필요한 사항은 대통령령으로 정한다.

> **관련법령** ▶ 「장애인고용촉진 및 직업재활법」 제2조제1호

제2조(정의)

1. "**장애인**"이란 신체 또는 정신상의 장애로 장기간에 걸쳐 직업생활에 상당한 제약을 받는 사람으로서 대통령령으로 정하는 기준에 해당하는 사람을 말한다.

| 관련법령 ▶ | 「재난 및 안전관리 기본법」제3조제1호 |

제3조(정의)

1. "**재난**"이란 국민의 생명·신체·재산과 국가에 피해를 주거나 줄 수 있는 것으로서 다음 각 목의 것을 말한다.

    가. **자연재난**: 태풍, 홍수, 호우(豪雨), 강풍, 풍랑, 해일(海溢), 대설, 한파, 낙뢰, 가뭄, 폭염, 지진, 황사(黃砂), 조류(藻類) 대발생, 조수(潮水), 화산활동, 소행성·유성체 등 자연우주물체의 추락·충돌, 그 밖에 이에 준하는 자연현상으로 인하여 발생하는 재해

    나. **사회재난**: 화재·붕괴·폭발·교통사고(항공사고 및 해상사고를 포함한다)·화생방사고·환경오염사고 등으로 인하여 발생하는 대통령령으로 정하는 규모 이상의 피해와 국가핵심기반의 마비, 「감염병의 예방 및 관리에 관한 법률」에 따른 감염병 또는 「가축전염병예방법」에 따른 가축전염병의 확산, 「미세먼지 저감 및 관리에 관한 특별법」에 따른 미세먼지 등으로 인한 피해

    다. 삭제 〈2013. 8. 6.〉

제27조 삭제 〈2008. 9. 18.〉

제28조 임금피크제 지원금

① 고용노동부장관은 법 제23조에 따라 다음 각 호의 어느 하나에 해당하는 경우(이하 이 조에서 "임금피크제"라 한다)에는 근로자에게 임금피크제 지원금을 지급한다. 다만, 제2호에 해당하는 경우에는 사업주에게도 임금피크제 지원금을 지급한다. 〈개정 2010. 12. 31., 2013. 1. 25., 2013. 12. 24., 2014. 12. 31., 2021. 6. 8.〉

  1. 사업주가 근로자대표의 동의를 받아 정년을 60세 이상으로 연장하거나 정년을 56세 이상 60세 미만으로 연장하면서 55세 이후부터 일정나이, 근속시점 또는 임금액을 기준으로 임금을 줄이는 제도를 시행하는 경우
  2. 사업주가 제1호에 따른 제도를 시행하거나 제4호에 따라 정년퇴직 후 3개월 이내에 고용(이하 이 조 및 제28조의4에서 "재고용"이라 한다)하면서 주당 소정근로시간을 15시간 이상 30시간 이하로 단축하는 경우

3. 삭제 〈2013. 12. 24.〉

4. 정년을 55세 이상으로 정한 사업주가 정년에 이른 사람을 재고용(재고용기간이 1년 미만인 경우는 제외한다)하면서 정년퇴직 이후부터 임금을 줄이는 경우

② 제1항에 따른 임금피크제 지원금은 해당 사업주에 고용되어 18개월 이상을 계속 근무한 사람으로서 피크임금(임금피크제의 적용으로 임금이 최초로 감액된 날이 속하는 연도의 직전 연도 임금을 말한다. 이하 이 조에서 같다)과 해당 연도의 임금을 비교하여 다음 각 호의 구분에 따른 비율 이상 낮아진 사람(해당 연도 임금이 고용노동부장관이 고시하는 금액 이상인 경우는 제외한다)에게 지급한다. 〈개정 2010. 7. 12., 2010. 12. 31., 2012. 1. 13., 2013. 1. 25., 2013. 12. 24., 2015. 12. 4., 2021. 6. 8.〉

1. 제1항제1호의 경우: 정년 연장기간에 따라 다음 각 목의 구분에 따른 비율. 다만, 상시 사용하는 근로자 수가 300명 미만인 사업은 100분의 10으로 한다.

    가. 임금피크제 적용일부터 1년까지: 100분의 10

    나. 임금피크제 적용일부터 1년 초과 2년까지: 100분의 15

    다. 임금피크제 적용일부터 2년 초과 이후: 100분의 20

2. 제1항제2호의 경우: 100분의 30

3. 제1항제4호의 경우: 100분의 20. 다만, 상시 사용하는 근로자 수가 300명 미만인 사업은 100분의 10으로 한다.

③ 제1항에 따른 임금피크제 지원금은 해당 근로자의 피크임금과 해당 연도 임금의 차액, 임금인상률과 제1항제2호에 따른 소정근로시간 단축으로 인한 사업주의 노무비용 증가액 등을 고려하여 고용노동부장관이 고시하는 금액으로 한다. 〈개정 2010. 7. 12., 2010. 12. 31., 2014. 12. 31.〉

④ 제1항에 따른 임금피크제 지원금은 임금피크제가 적용되는 날부터 5년 동안 지급한다. 다만, 고용기간이 5년보다 짧은 경우에는 그 고용기간 동안 지급하고, 제1항제1호에 따른 임금피크제 시행 이후 제1항제4호에 따라 재고용한 경우에도 최대 지급 기간은 통산하여 5년으로 한다. 〈개정 2013. 12. 24.〉

⑤ 제1항에 따른 임금피크제 지원금의 금액산정, 신청 및 지급 등에 필요한 사항은 고용노동부령으로 정한다. 〈개정 2010. 12. 31.〉

[제목개정 2010. 12. 31.]

[대통령령 제25022호(2013. 12. 24.) 부칙 제2조제2항의 규정에 의하여 이 조는 다음 구분에 따라 유효함. 다만, 제1호 및 제2호에 따른 날까지 임금피크제 지원금 지급요건에 해당하게 된 근로자에 대한 지원금의 지급에 관하여는 유효기간이 지난 후에도 제28조의 개정규정을 적용한다. 1. 상시 300명 이상의 근로자를 사용하는 사업 또는 사업장, 「공공기관의 운영에 관한 법률」제4조에 따른 공공기관, 「지방공기업법」제49조에 따른 지방공사 및 같은 법 제76조에 따른 지방공단: 2015년 12월 31일. 2. 상시 300명 미만의 근로자를 사용하는 사업 또는 사업장, 국가 및 지방자치단체: 2016년 12월 31일]

제28조의2 정년을 60세 이상으로 정한 사업 또는 사업장에서의 임금 감액에 따른 지원금

① 고용노동부장관은 법 제23조에 따라 정년을 60세 이상으로 정한 사업 또는 사업장에서 55세 이후부터 임금을 감액하는 제도를 시행하는 경우 임금이 감소한 해당 근로자에게 임금을 감액하는 제도가 적용되는 날부터 2018년 12월 31일까지 지원금을 지급한다. 다만, 해당 근로자의 고용기간이 2018년 12월 31일 전에 종료되는 경우는 그 고용기간 동안 지급한다.

② 제1항에 따른 지원금은 해당 사업주에 고용되어 18개월 이상을 계속 근무한 사람으로서 피크임금(제1항에 따른 제도의 시행으로 임금이 최초로 감액된 날이 속하는 연도의 직전 연도 임금을 말한다. 이하 이 조에서 같다)과 해당 연도의 임금을 비교하여 100분의 10 이상 낮아진 근로자(해당 연도 임금이 고용노동부장관이 고시하는 금액 이상인 경우는 제외한다)에게 지급한다. 〈개정 2021. 6. 8.〉

③ 제1항에 따른 지원금은 해당 근로자의 피크임금과 해당 연도 임금의 차액 및 임금인상률 등을 고려하여 고용노동부령으로 정하는 기준에 따라 고용노동부장관이 정하여 고시하는 금액으로 한다.

④ 제1항에 따른 지원금의 신청 및 지급 등에 필요한 사항은 고용노동부령으로 정한다.

[본조신설 2015. 12. 4.]

제28조의3 삭제 〈2019. 12. 31.〉

제28조의4 고령자 계속고용장려금

① 고용노동부장관은 법 제23조에 따라 사업주가 정년을 연장 또는 폐지하거나 정년의 변경 없이 정년에 도달한 근로자를 계속하여 고용하거나 재고용하는 경우에는 그 비용의 일부를 지원할 수 있다.
② 제1항에 따른 지원 대상, 지원 요건, 지원 수준, 지원 기간, 신청 기간, 신청 방법·절차 등 지원에 필요한 사항은 고용노동부장관이 정하여 고시한다. 〈개정 2022. 6. 28.〉
[본조신설 2019. 12. 31.]

제28조의5 고령자 고용지원금

① 고용노동부장관은 법 제23조에 따라 60세 이상인 근로자를 고용노동부령으로 정하는 기준 이상으로 고용하는 사업주에 대해서 그 고용에 필요한 비용의 일부를 지원할 수 있다.
② 제1항에 따른 지원 대상, 지원 요건, 지원 수준, 지원 기간, 신청 기간, 신청 방법·절차 등 지원에 필요한 사항은 고용노동부장관이 정하여 고시한다. 〈개정 2022. 6. 28.〉
[본조신설 2021. 12. 31.]

제29조 출산육아기 고용안정장려금

① 고용노동부장관은 법 제23조에 따라 다음 각 호에 해당하는 사업주에게 출산육아기 고용안정장려금을 지급한다. 〈개정 2012. 1. 13., 2012. 7. 10., 2013. 1. 25., 2013. 12. 24., 2014. 6. 17., 2014. 9. 30., 2015. 6. 30., 2016. 12. 30., 2018. 7. 3., 2018. 12. 31., 2019. 12. 31., 2020. 3. 31., 2021. 12. 31., 2022. 6. 28.〉

1. 삭제 〈2018. 12. 31.〉
2. 피보험자인 근로자에게 「남녀고용평등과 일·가정 양립 지원에 관한 법률」 제19조에 따른 육아휴직 또는 같은 법 제19조의2에 따른 육아기 근로시간 단축(이하 "육아휴직등"이라 한다)을 30일 「근로기준법」 제74조제1항에 따른 출산전후휴가(이하 "출산전후휴가"라 한다)의 기간과 중복되는 기간은 제외한다]

이상 허용한 우선지원대상기업의 사업주
3. 피보험자인 근로자에게 출산전후휴가, 「근로기준법」제74조제3항에 따른 유산·사산 휴가(이하 "유산·사산 휴가"라 한다) 또는 육아기 근로시간 단축을 30일 이상 부여하거나 허용하고 대체인력을 고용한 경우로서 다음 각 목의 요건을 모두 갖춘 우선지원대상기업의 사업주

  가. 다음의 어느 하나에 해당할 것

   1) 출산전후휴가, 유산·사산 휴가 또는 육아기 근로시간 단축의 시작일 전 2개월이 되는 날(출산전후휴가에 연이어 유산·사산 휴가 또는 육아기 근로시간 단축을 시작하는 경우에는 출산전후휴가 시작일 전 2개월이 되는 날) 이후 새로 대체인력을 고용하여 30일 이상 계속 고용한 경우

   2) 피보험자인 근로자에게 임신 중에 60일을 초과하여 근로시간 단축을 허용하고 대체인력을 고용한 경우로서 그 근로자가 근로시간 단축 종료에 연이어 출산전후휴가, 유산·사산 휴가 또는 육아기 근로시간 단축을 시작한 이후에도 같은 대체인력을 계속 고용한 경우. 이 경우 대체인력을 고용한 기간은 30일 이상이어야 한다.

  나. 삭제 〈2020. 3. 31.〉

  다. 새로 대체인력을 고용하기 전 3개월부터 고용 후 1년까지(해당 대체인력의 고용기간이 1년 미만인 경우에는 그 고용관계 종료 시까지를 말한다) 고용조정으로 다른 근로자(새로 고용한 대체인력보다 나중에 고용된 근로자는 제외한다)를 이직시키지 아니할 것

② 고용노동부장관은 제1항에도 불구하고 다음 각 호에 해당하는 사업주에게는 출산육아기 고용안정장려금을 지급하지 않는다. 〈신설 2022. 6. 28.〉

 1. 「부패방지 및 국민권익위원회의 설치와 운영에 관한 법률」제2조제1호가목부터 다목까지에 해당하는 기관 및 「공공기관의 운영에 관한 법률」제4조부터 제6조까지의 규정에 따라 지정·고시된 공공기관의 사업주

 2. 임금 등을 체불하여 「근로기준법」제43조의2에 따라 명단이 공개 중인 사업주

 3. 그 밖에 법 제23조에 따른 지원 목적에 부합하지 않는다고 고용노동부장관이

정하여 고시하는 대상이나 업종의 사업주

③ 제1항제2호에 따른 출산육아기 고용안정장려금은 육아휴직등의 허용에 따른 사업주의 노무비용부담, 육아휴직등의 대상 자녀의 나이 등을 고려하여 매년 고용노동부장관이 정하여 고시하는 금액에 근로자가 사용한 육아휴직등의 개월 수를 곱하여 산정한 금액으로 한다. 〈개정 2012. 1. 13., 2013. 1. 25., 2015. 6. 30., 2016. 12. 30., 2020. 3. 31., 2021. 12. 31., 2022. 6. 28.〉

④ 제1항제3호에 따른 출산육아기 고용안정장려금(이하 "대체인력지원금"이라 한다. 이하 이 조에서 같다)은 대체 인력채용에 따른 사업주의 노무비용부담을 고려하여 고용노동부장관이 정하여 고시하는 금액에 출산전후휴가, 유산·사산 휴가 또는 육아기 근로시간 단축을 사용한 기간(출산전후휴가, 유산·사산 휴가 또는 육아기 근로시간 단축을 사용하기 전 2개월간의 업무 인수인계기간을 포함한다) 중 대체인력을 사용한 개월 수를 곱하여 산정한 금액으로 하되, 이 영 또는 다른 법령에 따라 국가 또는 지방자치단체가 해당 대체인력 채용에 대하여 사업주에게 지급하는 지원금 또는 장려금 등이 있는 경우에는 그 지원금 또는 장려금 등의 금액을 뺀 금액으로 한다. 이 경우 대체인력지원금의 금액은 사업주가 해당 대체인력에게 지급한 임금액을 초과할 수 없다. 〈개정 2012. 7. 10., 2013. 1. 25., 2013. 12. 24., 2015. 6. 30., 2016. 12. 30., 2018. 12. 31., 2021. 12. 31.〉

⑤ 제1항에 따른 출산육아기 고용안정장려금은 다음 각 호의 구분에 따라 지급한다. 〈신설 2020. 3. 31., 2021. 12. 31.〉

1. 제1항제2호에 해당하는 경우: 제3항에 따른 출산육아기 고용안정장려금의 100분의 50에 해당하는 금액은 사업주가 제1항제2호의 요건을 갖추면 지급하고, 나머지 금액은 해당 사업주가 육아휴직등을 사용한 근로자를 육아휴직등이 끝난 후 6개월 이상 피보험자로 계속 고용하는 경우에 합산하여 한꺼번에 지급한다.

2. 제1항제3호에 해당하는 경우: 다음 각 목의 구분에 따른 금액은 사업주가 제1항제3호의 요건을 갖추면 지급하고, 나머지 금액은 해당 사업주가 출산전후휴가, 유산·사산 휴가 또는 육아기 근로시간 단축을 사용한 근로자를 출산전후휴가, 유산·사산 휴가 또는 육아기 근로시간 단축이 끝난 후 1개월 이상 피

보험자로 계속 고용하는 경우(사업주가 해당 근로자의 자기 사정으로 인하여 1개월 이상 계속 고용하지 못한 경우를 포함한다)에 합산하여 한꺼번에 지급한다.

가. 업무 인수인계기간: 제4항에 따른 대체인력지원금의 100분의 100
나. 출산전후휴가, 유산·사산 휴가 또는 육아기 근로시간 단축의 기간: 제4항에 따른 대체인력지원금의 100분의 50

⑥ 제1항에 따른 출산육아기 고용안정장려금의 신청 기간 등 신청 및 지급 등에 필요한 사항은 고용노동부령으로 정한다. 〈개정 2013. 1. 25., 2016. 12. 30., 2020. 3. 31., 2022. 6. 28.〉

[전문개정 2010. 12. 31.][제목개정 2016. 12. 30.]

관련법령 ▶ 「남녀고용평등과 일·가정 양립 지원에 관한 법률」제19조

제19조(육아휴직)

① 사업주는 임신 중인 여성 근로자가 모성을 보호하거나 근로자가 만 8세 이하 또는 초등학교 2학년 이하의 자녀(입양한 자녀를 포함한다. 이하 같다)를 양육하기 위하여 휴직(이하 "육아휴직"이라 한다)을 신청하는 경우에 이를 허용하여야 한다. 다만, 대통령령으로 정하는 경우에는 그러하지 아니하다. 〈개정 2010. 2. 4., 2014. 1. 14., 2019. 8. 27., 2021. 5. 18.〉
② 육아휴직의 기간은 1년 이내로 한다.
③ 사업주는 육아휴직을 이유로 해고나 그 밖의 불리한 처우를 하여서는 아니 되며, 육아휴직 기간에는 그 근로자를 해고하지 못한다. 다만, 사업을 계속할 수 없는 경우에는 그러하지 아니하다.
④ 사업주는 육아휴직을 마친 후에는 휴직 전과 같은 업무 또는 같은 수준의 임금을 지급하는 직무에 복귀시켜야 한다. 또한 제2항의 육아휴직 기간은 근속기간에 포함한다.
⑤ 기간제근로자 또는 파견근로자의 육아휴직 기간은 「기간제 및 단시간근로자 보호 등에 관한 법률」제4조에 따른 사용기간 또는 「파견근로자 보호 등에 관한 법률」제6조에 따른 근로자파견기간에서 제외한다. 〈신설 2012. 2. 1., 2019. 4. 30., 2020. 5. 26.〉
⑥ 육아휴직의 신청방법 및 절차 등에 관하여 필요한 사항은 대통령령으로 정한다. 〈개정 2012. 2. 1.〉

[전문개정 2007. 12. 21.]

관련법령 ▶ 「근로기준법」제74조제1항

제74조(임산부의 보호)
① 사용자는 임신 중의 여성에게 출산 전과 출산 후를 통하여 90일(한 번에 둘 이상 자녀를 임신한 경우에는 120일)의 출산전후휴가를 주어야 한다. 이 경우 휴가 기간의 배정은 출산 후에 45일(한 번에 둘 이상 자녀를 임신한 경우에는 60일) 이상이 되어야 한다. 〈개정 2012. 2. 1., 2014. 1. 21.〉

관련법령 ▶ 「근로기준법」제74조제3항

제74조(임산부의 보호)
③ 사용자는 임신 중인 여성이 유산 또는 사산한 경우로서 그 근로자가 청구하면 대통령령으로 정하는 바에 따라 유산·사산 휴가를 주어야 한다. 다만, 인공 임신중절 수술(「모자보건법」제14조제1항에 따른 경우는 제외한다)에 따른 유산의 경우는 그러하지 아니하다. 〈개정 2012. 2. 1.〉

관련법령 ▶ 「부패방지 및 국민권익위원회의 설치와 운영에 관한 법률」제2조제1호

제2조(정의)
1. "**공공기관**"이란 다음 각 목의 어느 하나에 해당하는 기관·단체를 말한다. 다만, 마목의 경우에는 제5장을 적용하는 경우에 한정하여 공공기관으로 본다.
   가. 「정부조직법」에 따른 각급 행정기관과 「지방자치법」에 따른 지방자치단체의 집행기관 및 지방의회
   나. 「지방교육자치에 관한 법률」에 따른 교육행정기관
   다. 「국회법」에 따른 국회, 「법원조직법」에 따른 각급 법원, 「헌법재판소법」에 따른 헌법재판소, 「선거관리위원회법」에 따른 각급 선거관리위원회, 「감사원법」에 따른 감사원, 「고위공직자범죄수사처 설치 및 운영에 관한 법률」에 따른 고위공직자범죄수사처(이하 "수사처"라 한다)
   라. 「공직자윤리법」제3조의2에 따른 공직유관단체(이하 "공직유관단체"라 한다)
   마. 「초·중등교육법」, 「고등교육법」, 「유아교육법」, 그 밖의 다른 법령에 따라 설치된 각급 사립학교 및 「사립학교법」에 따른 학교법인으로서 국가나 지방자치단체로부터 출연금 또는 보조금을 받는 기관

관련법령 ▶ 「공공기관의 운영에 관한 법률」 제4조부터 제6조

제4조(공공기관)

① 기획재정부장관은 국가·지방자치단체가 아닌 법인·단체 또는 기관(이하 "기관"이라 한다)으로서 다음 각 호의 어느 하나에 해당하는 기관을 공공기관으로 지정할 수 있다. 〈개정 2008. 2. 29., 2020. 3. 31., 2020. 6. 9.〉
   1. 다른 법률에 따라 직접 설립되고 정부가 출연한 기관
   2. 정부지원액(법령에 따라 직접 정부의 업무를 위탁받거나 독점적 사업권을 부여받은 기관의 경우에는 그 위탁업무나 독점적 사업으로 인한 수입액을 포함한다. 이하 같다)이 총수입액의 2분의 1을 초과하는 기관
   3. 정부가 100분의 50 이상의 지분을 가지고 있거나 100분의 30 이상의 지분을 가지고 임원 임명권한 행사 등을 통하여 해당 기관의 정책 결정에 사실상 지배력을 확보하고 있는 기관
   4. 정부와 제1호부터 제3호까지의 어느 하나에 해당하는 기관이 합하여 100분의 50 이상의 지분을 가지고 있거나 100분의 30 이상의 지분을 가지고 임원 임명권한 행사 등을 통하여 해당 기관의 정책 결정에 사실상 지배력을 확보하고 있는 기관
   5. 제1호부터 제4호까지의 어느 하나에 해당하는 기관이 단독으로 또는 두개 이상의 기관이 합하여 100분의 50 이상의 지분을 가지고 있거나 100분의 30 이상의 지분을 가지고 임원 임명권한 행사 등을 통하여 해당 기관의 정책 결정에 사실상 지배력을 확보하고 있는 기관
   6. 제1호부터 제4호까지의 어느 하나에 해당하는 기관이 설립하고, 정부 또는 설립 기관이 출연한 기관
② 제1항에도 불구하고 기획재정부장관은 다음 각 호의 어느 하나에 해당하는 기관을 공공기관으로 지정할 수 없다. 〈개정 2007. 12. 14., 2008. 2. 29., 2020. 6. 9.〉
   1. 구성원 상호 간의 상호부조·복리증진·권익향상 또는 영업질서 유지 등을 목적으로 설립된 기관
   2. 지방자치단체가 설립하고, 그 운영에 관여하는 기관
   3. 「방송법」에 따른 한국방송공사와 「한국교육방송공사법」에 따른 한국교육방송공사
③ 제1항제2호의 규정에 따른 정부지원액과 총수입액의 산정 기준·방법 및 같은 항 제3호부터 제5호까지의 규정에 따른 사실상 지배력 확보의 기준에 관하여 필요한 사항은 대통령령으로 정한다. 〈개정 2020. 6. 9.〉

제5조(공공기관의 구분)

① 기획재정부장관은 공공기관을 다음 각 호의 구분에 따라 지정한다. 〈개정 2020. 3. 31.〉
   1. 공기업·준정부기관: 직원 정원, 수입액 및 자산규모가 대통령령으로 정하는 기준에 해당하는 공공기관
   2. 기타공공기관: 제1호에 해당하는 기관 이외의 기관
② 제1항제1호에도 불구하고 기획재정부장관은 다른 법률에 따라 책임경영체제가 구축되어 있거나 기관 운영의 독립성, 자율성 확보 필요성이 높은 기관 등 대통령령으로 정하는 기준에 해당하는 공공기관은 기타공공기관으로 지정할 수 있다. 〈신설 2020. 3. 31.〉
③ 기획재정부장관은 제1항의 규정에 따라 공기업과 준정부기관을 지정하는 경우 총수입액 중 자체수입액이 차지하는 비중이 대통령령으로 정하는 기준 이상인 기관은 공기업으로 지정하고, 공기업이 아닌 공공기관은 준정부기관으로 지정한다. 〈개정 2008. 2. 29., 2020. 3. 31.〉
④ 기획재정부장관은 제1항 및 제3항의 규정에 따른 공기업과 준정부기관을 다음 각 호의 구분에 따라 세분하여 지정한다. 〈개정 2008. 2. 29., 2020. 3. 31., 2020. 6. 9.〉
   1. 공기업
      가. 시장형 공기업 : 자산규모와 총수입액 중 자체수입액이 대통령령으로 정하는 기준 이상인 공기업
      나. 준시장형 공기업 : 시장형 공기업이 아닌 공기업
   2. 준정부기관
      가. 기금관리형 준정부기관 : 「국가재정법」에 따라 기금을 관리하거나 기금의 관리를 위탁받은 준정부기관
      나. 위탁집행형 준정부기관 : 기금관리형 준정부기관이 아닌 준정부기관
⑤ 기획재정부장관은 제1항 및 제2항에 따라 기타공공기관을 지정하는 경우 기관의 성격 및 업무 특성 등을 고려하여 기타공공기관 중 일부를 연구개발을 목적으로 하는 기관 등으로 세분하여 지정할 수 있다. 〈개정 2008. 2. 29., 2018. 3. 27., 2020. 3. 31.〉
⑥ 제3항 및 제4항의 규정에 따른 자체수입액 및 총수입액의 구체적인 산정 기준과 방법 및 제5항에 따른 기타공공기관의 종류와 분류의 세부 기준은 대통령령으로 정한다. 〈개정 2018. 3. 27., 2020. 3. 31.〉

제6조(공공기관 등의 지정 절차)

① 기획재정부장관은 매 회계연도 개시 후 1개월 이내에 공공기관을 새로 지정하거나, 지정을 해제하거나, 구분을 변경하여 지정한다. 다만, 회계연도 중이라도 다음 각 호의 구

분에 따라 공공기관을 새로 지정하거나, 지정을 해제하거나, 구분을 변경하여 지정할 수 있다. 〈개정 2009. 12. 29.〉
1. 제4조제1항 각 호의 요건에 해당하는 기관이 신설된 경우: 신규 지정
2. 공공기관으로 지정된 기관이 민영화, 기관의 통합·폐지·분할 또는 관련 법령의 개정·폐지 등에 따라 이 법의 적용을 받을 필요가 없게 되거나 그 지정을 변경할 필요가 발생한 경우: 지정 해제 또는 구분 변경 지정

② 기획재정부장관은 제1항의 규정에 따라 공기업·준정부기관과 기타공공기관을 새로 지정하거나 지정해제 또는 변경지정하는 때에는 관계 법령에 따라 그 공기업·준정부기관과 기타공공기관의 업무를 관장하는 행정기관(이하 "주무기관"이라 한다)의 장과 협의한 후, 제8조의 규정에 따른 공공기관운영위원회의 심의·의결을 거쳐야 한다. 〈개정 2008. 2. 29.〉

③ 기획재정부장관은 제1항 및 제2항의 규정에 따라 공기업·준정부기관과 기타공공기관을 새로 지정하거나 지정해제 또는 변경지정할 경우 이를 고시하여야 한다. 이 경우 필요하다고 인정하는 때에는 기존의 공기업·준정부기관과 기타공공기관을 함께 고시할 수 있다. 〈개정 2008. 2. 29.〉

④ 공기업·준정부기관과 기타공공기관의 지정(변경지정을 포함한다)·지정해제와 고시 절차 등에 관하여 필요한 사항은 대통령령으로 정한다.

제30조 삭제 〈2010. 12. 31.〉

제31조 삭제 〈2010. 12. 31.〉

제32조 삭제 〈2013. 12. 24.〉

제32조의2 삭제 〈2010. 2. 8.〉

제33조 고용관리 진단 등 지원

① 고용노동부장관은 법 제25조제1항제1호에 따라 피보험자, 피보험자였던 사람 또는 그 밖에 취업할 의사를 가진 사람(이하 "피보험자등"이라 한다)의 고용안정과 취업의 촉진 등을 위하여 임금체계 개편과 직무재설계 등에 관하여 전문기관의 진단을 받는 사업주나 노사단체에 대하여 그 진단에 드는 비용의 전부 또는

일부를 예산의 범위에서 지원할 수 있다. 〈개정 2010. 7. 12., 2017. 12. 26., 2021. 6. 8.〉

② 제1항에 따른 지원 대상자의 선정, 지원수준, 그 밖에 지원에 필요한 사항은 고용노동부장관이 정한다. 〈개정 2010. 7. 12.〉

제34조 삭제 〈2010. 12. 31.〉

제35조 고용안정과 취업의 촉진

법 제25조제1항제3호에서 "대통령령으로 정하는 사업"이란 다음 각 호의 사업을 말한다. 〈개정 2009. 3. 12., 2009. 5. 28., 2010. 2. 8., 2010. 12. 31., 2014. 12. 31., 2015. 12. 4., 2016. 7. 19., 2017. 6. 27., 2019. 12. 24., 2019. 12. 31., 2020. 3. 31., 2020. 6. 9.〉

1. 피보험자 등의 고용안정과 취업의 촉진에 관한 교육사업·홍보사업
2. 피보험자 등의 고용안정 및 취업 촉진을 위한 직업소개, 직업진로지도, 채용지원, 장기근속지원 및 전직지원서비스사업 등 취업지원사업
3. 고령자·여성·장애인인 피보험자등의 고용환경개선사업
4. 건설근로자의 고용안정 등에 대한 지원사업
5. 다음 각 목의 어느 하나에 해당하는 사람의 고용안정 등에 대한 지원사업
   가. 「기간제 및 단시간근로자 보호 등에 관한 법률」제2조제1호의 기간제근로자(이하 "기간제근로자"라 한다)
   나. 「파견근로자 보호 등에 관한 법률」제2조제5호의 파견근로자
   다. 「산업안전보건법」제17조에 따른 안전관리자
   라. 「산업안전보건법」제18조에 따른 보건관리자
   마. 「근로기준법」제2조제1항제9호의 단시간근로자
   바. 계약의 형식에 관계없이 「근로기준법」제2조제1항제1호에 따른 근로자와 유사하게 노무를 제공함에도 「근로기준법」 등이 적용되지 않는 사람으로서 타인의 사업을 위하여 다른 사람을 사용하지 않고 그 운영에 필요한 노무를 직접 제공하고 그 대가를 받아 생활하는 사람
6. 「근로기준법」제2조제1항제9호의 단시간근로자로의 전환을 지원하는 사업

7. 피보험자등의 근무형태 변경 등 고용환경개선을 통한 일·가정 양립 지원사업
8. 고용유지조치에 따라 사업주가 피보험자의 임금을 보전하는 데에 드는 비용에 대한 대부사업(고용노동부장관이 정하여 고시하는 기간으로 한정한다)

> **관련법령** 「기간제 및 단시간근로자 보호 등에 관한 법률」 제2조제1호

제2조(정의)
1. "**기간제근로자**"라 함은 기간의 정함이 있는 근로계약(이하 "기간제 근로계약"이라 한다)을 체결한 근로자를 말한다.

> **관련법령** 「파견근로자 보호 등에 관한 법률」 제2조제5호

제2조(정의)
5. "**파견근로자**"란 파견사업주가 고용한 근로자로서 근로자파견의 대상이 되는 사람을 말한다.

> **관련법령** 「산업안전보건법」 제17조, 18조

제17조(안전관리자)
① 사업주는 사업장에 제15조제1항 각 호의 사항 중 안전에 관한 기술적인 사항에 관하여 사업주 또는 안전보건관리책임자를 보좌하고 관리감독자에게 지도·조언하는 업무를 수행하는 사람(이하 "안전관리자"라 한다)을 두어야 한다.
② 안전관리자를 두어야 하는 사업의 종류와 사업장의 상시근로자 수, 안전관리자의 수·자격·업무·권한·선임방법, 그 밖에 필요한 사항은 대통령령으로 정한다.
③ 대통령령으로 정하는 사업의 종류 및 사업장의 상시근로자 수에 해당하는 사업장의 사업주는 안전관리자에게 그 업무만을 전담하도록 하여야 한다. ⟨신설 2021. 5. 18.⟩
④ 고용노동부장관은 산업재해 예방을 위하여 필요한 경우로서 고용노동부령으로 정하는 사유에 해당하는 경우에는 사업주에게 안전관리자를 제2항에 따라 대통령령으로 정하는 수 이상으로 늘리거나 교체할 것을 명할 수 있다. ⟨개정 2021. 5. 18.⟩
⑤ 대통령령으로 정하는 사업의 종류 및 사업장의 상시근로자 수에 해당하는 사업장의 사업주는 제21조에 따라 지정받은 안전관리 업무를 전문적으로 수행하는 기관(이하 "안전관리전문기관"이라 한다)에 안전관리자의 업무를 위탁할 수 있다. ⟨개정 2021. 5. 18.⟩

제18조(보건관리자)

① 사업주는 사업장에 제15조제1항 각 호의 사항 중 보건에 관한 기술적인 사항에 관하여 사업주 또는 안전보건관리책임자를 보좌하고 관리감독자에게 지도·조언하는 업무를 수행하는 사람(이하 "보건관리자"라 한다)을 두어야 한다.
② 보건관리자를 두어야 하는 사업의 종류와 사업장의 상시근로자 수, 보건관리자의 수·자격·업무·권한·선임방법, 그 밖에 필요한 사항은 대통령령으로 정한다.
③ 대통령령으로 정하는 사업의 종류 및 사업장의 상시근로자 수에 해당하는 사업장의 사업주는 보건관리자에게 그 업무만을 전담하도록 하여야 한다. 〈신설 2021. 5. 18.〉
④ 고용노동부장관은 산업재해 예방을 위하여 필요한 경우로서 고용노동부령으로 정하는 사유에 해당하는 경우에는 사업주에게 보건관리자를 제2항에 따라 대통령령으로 정하는 수 이상으로 늘리거나 교체할 것을 명할 수 있다. 〈개정 2021. 5. 18.〉
⑤ 대통령령으로 정하는 사업의 종류 및 사업장의 상시근로자 수에 해당하는 사업장의 사업주는 제21조에 따라 지정받은 보건관리 업무를 전문적으로 수행하는 기관(이하 "보건관리전문기관"이라 한다)에 보건관리자의 업무를 위탁할 수 있다. 〈개정 2021. 5. 18.〉

> **관련법령** ▶ 「근로기준법」 제2조제1항제9호

제2조(정의)

9. "단시간근로자"란 1주 동안의 소정근로시간이 그 사업장에서 같은 종류의 업무에 종사하는 통상 근로자의 1주 동안의 소정근로시간에 비하여 짧은 근로자를 말한다.

제35조의2 교육사업·홍보사업의 지원

① 고용노동부장관은 법 제25조에 따라 제35조제1호에 따른 교육사업 또는 홍보사업을 실시하려는 사람에게 그에 필요한 비용의 일부를 예산의 범위에서 지원할 수 있다.
② 고용노동부장관은 제1항에 따라 지원을 하려면 대상 사업의 종류·내용, 지원의 내용과 수준 및 신청 방법 등을 미리 공고하여야 한다.

[본조신설 2017. 6. 27.]

제36조 취업지원사업의 지원

① 고용노동부장관은 법 제25조와 이 영 제35조제2호에 따라 다음 각 호의 자가 실시하는 취업지원사업에 드는 비용을 예산의 범위에서 지원할 수 있다. 〈개정 2010. 7. 12.〉
  1. 「직업안정법」 제18조에 따라 무료직업소개사업을 하는 자와 같은 법 제19조에 따라 유료직업소개사업을 하는 자
  2. 「직업안정법」 제23조에 따라 직업정보제공사업을 하는 자
  3. 그 밖에 고용노동부장관이 취업지원사업을 할 능력이 있다고 인정하는 자
② 고용노동부장관은 제1항에 따라 지원을 하려면 대상 사업의 종류·내용, 대상 피보험자등의 범위, 지원의 내용과 수준 및 신청 방법 등을 미리 공고하여야 한다.
〈개정 2009. 3. 12., 2010. 7. 12.〉

관련법령 ▶ 「직업안정법」 제18조, 19조, 23조

제18조(무료직업소개사업)

① 무료직업소개사업은 소개대상이 되는 근로자가 취업하려는 장소를 기준으로 하여 국내 무료직업소개사업과 국외 무료직업소개사업으로 구분하되, 국내 무료직업소개사업을 하려는 자는 주된 사업소의 소재지를 관할하는 특별자치도지사·시장·군수 및 구청장에게 신고하여야 하고, 국외 무료직업소개사업을 하려는 자는 고용노동부장관에게 신고하여야 한다. 신고한 사항을 변경하려는 경우에도 또한 같다. 〈개정 2010. 6. 4.〉
② 제1항에 따라 무료직업소개사업을 하려는 자는 대통령령으로 정하는 비영리법인 또는 공익단체이어야 한다.
③ 제1항에 따른 신고 사항, 신고 절차, 그 밖에 신고에 필요한 사항은 대통령령으로 정한다.
④ 제1항에도 불구하고 다음 각 호의 어느 하나에 해당하는 직업소개의 경우에는 신고를 하지 아니하고 무료직업소개사업을 할 수 있다. 〈개정 2021. 8. 17.〉
  1. 「한국산업인력공단법」에 따른 한국산업인력공단이 하는 직업소개
  2. 「장애인고용촉진 및 직업재활법」에 따른 한국장애인고용공단이 장애인을 대상으로 하는 직업소개
  3. 교육 관계법에 따른 각급 학교의 장, 「국민 평생 직업능력 개발법」에 따른 공공직업훈련시설의 장이 재학생·졸업생 또는 훈련생·수료생을 대상으로 하는 직업소개
  4. 「산업재해보상보험법」에 따른 근로복지공단이 업무상 재해를 입은 근로자를 대상

으로 하는 직업소개

⑤ 제1항 및 제4항에 따라 무료직업소개사업을 하는 자 및 그 종사자는 구인자가 구인신청 당시 「근로기준법」제43조의2에 따라 명단이 공개 중인 체불사업주인 경우 그 사업주에게 직업소개를 하지 아니하여야 한다. 〈신설 2015. 1. 20.〉

[전문개정 2009. 10. 9.]

제19조(유료직업소개사업)

① 유료직업소개사업은 소개대상이 되는 근로자가 취업하려는 장소를 기준으로 하여 국내 유료직업소개사업과 국외 유료직업소개사업으로 구분하되, 국내 유료직업소개사업을 하려는 자는 주된 사업소의 소재지를 관할하는 특별자치도지사·시장·군수 및 구청장에게 등록하여야 하고, 국외 유료직업소개사업을 하려는 자는 고용노동부장관에게 등록하여야 한다. 등록한 사항을 변경하려는 경우에도 또한 같다. 〈개정 2010. 6. 4.〉

② 제1항에 따라 등록을 하고 유료직업소개사업을 하려는 자는 둘 이상의 사업소를 둘 수 없다. 다만, 사업소별로 직업소개 또는 직업상담에 관한 경력, 자격 또는 소양이 있다고 인정되는 사람 등 대통령령으로 정하는 사람을 1명 이상 고용하는 경우에는 그러하지 아니하다.

③ 제1항에 따른 등록을 하고 유료직업소개사업을 하는 자는 고용노동부장관이 결정·고시한 요금 외의 금품을 받아서는 아니 된다. 다만, 고용노동부령으로 정하는 고급·전문인력을 소개하는 경우에는 당사자 사이에 정한 요금을 구인자로부터 받을 수 있다. 〈개정 2010. 6. 4.〉

④ 고용노동부장관이 제3항에 따른 요금을 결정하려는 경우에는 「고용정책 기본법」에 따른 고용정책심의회(이하 "고용정책심의회"라 한다)의 심의를 거쳐야 한다. 〈개정 2010. 6. 4.〉

⑤ 제1항에 따른 유료직업소개사업의 등록기준이 되는 인적·물적 요건과 그 밖에 유료직업소개사업에 관한 사항은 대통령령으로 정한다.

⑥ 제1항에 따른 등록을 하고 유료직업소개사업을 하는 자 및 그 종사자는 다음 각 호의 사항을 준수하여야 한다. 〈개정 2015. 1. 20., 2020. 5. 26.〉

　1. 구인자가 구인신청 당시 「근로기준법」제43조의2에 따라 명단이 공개 중인 체불사업주인 경우 구직자에게 그 사실을 고지할 것
　2. 구인자의 사업이 행정관청의 허가·신고·등록 등이 필요한 사업인 경우에는 그 허가·신고·등록 등의 여부를 확인할 것
　3. 그 밖에 대통령령으로 정하는 사항

[전문개정 2009. 10. 9.]

제23조(직업정보제공사업의 신고)

① 직업정보제공사업을 하려는 자(제18조에 따라 무료직업소개사업을 하는 자와 제19조에 따라 유료직업소개사업을 하는 자는 제외한다)는 고용노동부장관에게 신고하여야 한다. 신고 사항을 변경하는 경우에도 또한 같다. 〈개정 2010. 6. 4.〉
② 제1항에 따른 신고 사항, 신고 절차, 그 밖에 신고에 필요한 사항은 대통령령으로 정한다.
[전문개정 2009. 10. 9.]

제37조 고령자 등의 고용환경 개선 지원

① 고용노동부장관은 법 제25조와 이 영 제35조제3호에 따라 고령자, 여성 또는 장애인인 피보험자등의 고용안정과 취업의 촉진을 위하여 관련 시설 및 장비를 설치하거나 개선하려는 사업주에게 그에 필요한 비용의 일부를 예산의 범위에서 지원하거나 대부할 수 있다. 〈개정 2010. 7. 12.〉
② 제1항에 따른 지원이나 대부의 대상자 선정과 요건, 그 밖에 지원이나 대부에 필요한 사항은 고용노동부장관이 정한다. 〈개정 2010. 7. 12.〉

주요판례

❖ **직업능력개발훈련비용지원금환수및지급제한처분취소**
[대법원 2006. 10. 27., 선고, 2004두6105, 판결]

판시사항

[1] 1인당 훈련비를 허위로 기재하여 노동부로부터 직업능력개발훈련비용을 지원받은 경우, 교육을 담당한 업체에 실제로 지급한 총액을 초과하지 않았더라도 구 고용보험법 제20조의2 제1항, 제26조의3 소정의 '허위 기타 부정한 방법'으로 훈련비용을 지급받은 것에 해당한다고 한 사례
[2] 구 고용보험법 시행령 제26조 제1항, 제2항, 제37조 등이 모법의 규정에 위반되는 것인지 여부(소극)
[3] 노동부장관이 허위 기타 부정한 방법으로 직업능력개발사업의 지원을 받은 자에 대하여 반환을 명할 수 있는 금액의 범위

[참조조문]

[1] 고용보험법 제20조의2 제1항(2005. 12. 7. 법률 제7705호로 삭제), 제26조의3
[2] 고용보험법 제20조의2 제1항(2005. 12. 7. 법률 제7705호로 삭제), 제26조의3, 구 고용보험법 시행령(2002. 12. 30. 대통령령 제17853호로 개정되기 전의 것) 제26조 제1항, 제2항, 제37조
[3] 고용보험법 제20조의2 제1항(2005. 12. 7. 법률 제7705호로 삭제), 제26조의3, 구 고용보험법 시행령(2002. 12. 30. 대통령령 제17853호로 개정되기 전의 것) 제26조 제1항, 제2항, 제37조

[참조판례]

[3] 대법원 2003. 11. 28. 선고 2003두9640 판결

제37조의2 고용안정 지원사업 등에 대한 지원

① 고용노동부장관은 법 제25조에 따라 제35조제2호 및 제5호부터 제7호까지의 규정에 따른 사업을 하려는 사업주에게 그에 필요한 비용의 일부를 예산의 범위에서 지원할 수 있다. 〈개정 2015. 12. 4., 2017. 6. 27.〉

② 제1항에 따른 고용안정 지원사업의 지원 대상, 지원 요건, 지원 수준, 지원 기간, 신청 기간, 신청 방법 등 지원에 필요한 사항은 고용노동부장관이 정하여 고시한다. 〈개정 2022. 6. 28.〉

[본조신설 2014. 12. 31.]
[제목개정 2017. 6. 27.]

제37조의3 우선지원대상기업의 고용유지 비용의 대부

① 고용노동부장관은 법 제25조 및 이 영 제35조제8호에 따라 고용유지조치를 실시하는 우선지원대상기업의 사업주가 피보험자의 임금을 보전하는 데에 드는 비용에 대하여 예산의 범위에서 대부할 수 있다. 〈개정 2021. 12. 31.〉

② 고용노동부장관은 제1항에 따른 대부 대상자 해당 여부에 대한 확인 절차를 거친 후 대부 여부를 결정한다.

③ 제1항 및 제2항에서 규정한 사항 외에 대부 결정의 취소, 대부금액의 상환 등 대

부제도의 운영에 필요한 세부사항은 고용노동부장관이 정하여 고시한다.

[본조신설 2020. 6. 9.]
[제목개정 2021. 12. 31.]

제38조 고용촉진 시설의 지원

① 법 제26조에서 "그 밖에 대통령령으로 정하는 고용촉진 시설"이란 다음 각 호의 시설을 말한다. 〈개정 2009. 12. 30., 2010. 7. 12., 2020. 3. 31.〉

1. 「고용정책 기본법」제11조제4항에 따라 지방자치단체가 설치·운영하는 취업취약계층에 대한 고용서비스 제공에 필요한 시설
2. 「고등교육법」제2조제1호·제2호 및 제4호에 따른 학교 중 고용노동부장관이 지정한 학교가 운영하는 취업지원 시설
3. 「초·중등교육법 시행령」제90조 및 제91조에 따른 특수목적고등학교와 특성화고등학교 중 고용노동부장관이 지정한 학교
4. 「고용상 연령차별금지 및 고령자고용촉진에 관한 법률」제11조에 따른 고령자인 재은행
5. 그 밖에 피보험자등의 고용안정, 고용촉진 및 사업주의 인력 확보를 위한 시설로서 고용노동부령으로 정하는 고용촉진 시설

② 고용노동부장관은 법 제26조에 따라 고용촉진 시설을 설치·운영하는 자에게 해당 시설의 설치·운영에 필요한 비용의 일부를 지원할 수 있다. 〈개정 2009. 12. 30., 2010. 7. 12.〉

③ 제1항에 따른 고용촉진 시설의 지원에 필요한 사항은 고용노동부장관이 정한다. 〈개정 2010. 7. 12.〉

④ 고용노동부장관은 법 제26조에 따라 사업주가 단독이나 공동으로 설치·운영하는 어린이집의 운영비용 중 일부를 고용노동부령으로 정하는 바에 따라 지원할 수 있다. 이 경우 우선지원대상기업의 사업주와 우선지원대상기업의 수가 100분의 50 이상인 사업주단체로서 다음 각 호의 어느 하나에 해당하는 기준을 충족하는 사업주단체에 대해서는 지원의 수준을 높게 정할 수 있다. 〈개정 2022. 12. 6.〉

1. 매월 말일 기준으로 해당 사업주단체가 설치·운영하는 직장어린이집에서 보

육하는 영유아 중 우선지원대상기업 소속 피보험자(「영유아보육법」에 따른 보호자인 피보험자로 한정한다)의 영유아(이하 이 조에서 "우선지원영유아"라 한다) 수의 비율이 100분의 50 이상인 경우
2. 매월 말일 기준으로 해당 사업주단체가 설치·운영하는 직장어린이집에서 보육하는 영유아 중 우선지원영유아 수의 비율이 100분의 50 미만인 경우로서 다음 각 목의 요건을 모두 갖춘 경우
   가. 제1호에 따른 지원을 받은 적이 있을 것
   나. 해당 직장어린이집에 입소 신청한 우선지원영유아 중 입소하지 못하고 있는 우선지원영유아가 없을 것
⑤ 고용노동부장관은 법 제26조에 따라 어린이집을 단독이나 공동으로 설치하려는 사업주나 사업주단체에 대하여 고용노동부장관이 정하는 바에 따라 그 설치비용을 융자하거나 일부 지원할 수 있다. 이 경우 다음 각 호의 사업주나 사업주단체에 대하여는 융자나 지원의 수준을 높게 정할 수 있다. 〈개정 2010. 2. 8., 2010. 7. 12., 2011. 12. 8., 2013. 12. 24., 2021. 12. 31., 2022. 12. 6.〉
1. 우선지원대상기업의 사업주
2. 제4항 후단에 따른 사업주단체
3. 장애아동 또는 영아를 위한 어린이집을 설치하려는 사업주나 사업주단체

관련법령 ▶ 「고용정책 기본법」제11조제4항

제11조(직업안정기관의 설치 등)
④ 국가 또는 지방자치단체는 대통령령으로 정하는 바에 따라 취업취약계층에 대한 고용서비스 제공에 필요한 시설을 설치·운영할 수 있다.

관련법령 ▶ 「고등교육법」제2조제1호

제2조(학교의 종류)
고등교육을 실시하기 위하여 다음 각 호의 학교를 둔다.
1. 대학
[전문개정 2011. 7. 21.]

관련법령 ▶ 「초·중등교육법 시행령」제90조 및 제91조

제90조(특수목적고등학교)

① 교육감은 다음 각 호의 어느 하나에 해당하는 학교중에서 특수분야의 전문적인 교육을 목적으로 하는 고등학교(이하 "특수목적고등학교"라 한다)를 지정·고시할 수 있다. 다만, 제10호의 학교 중 국립의 고등학교는 교육부장관이 지정·고시한다. 〈개정 2001. 1. 29., 2001. 3. 2., 2007. 5. 16., 2010. 6. 29., 2013. 3. 23.〉

1. 삭제~ 4. 삭제 〈2010. 6. 29.〉
5. 과학 인재 양성을 위한 과학계열의 고등학교
6. 외국어에 능숙한 인재 양성을 위한 외국어계열의 고등학교와 국제 전문 인재 양성을 위한 국제계열의 고등학교
7. 예술인 양성을 위한 예술계열의 고등학교와 체육인 양성을 위한 체육계열의 고등학교
8. 삭제 〈2010. 6. 29.〉
9. 삭제 〈2010. 6. 29.〉
10. 산업계의 수요에 직접 연계된 맞춤형 교육과정을 운영하는 고등학교(이하 "산업수요 맞춤형 고등학교"라 한다)

② 특수목적고등학교로 지정받으려는 법인 또는 학교의 장은 다음 각 호의 사항이 포함된 신청서를 작성하여 교육부장관 또는 교육감에게 제출하여야 한다. 〈개정 2010. 6. 29., 2013. 3. 23., 2013. 10. 30.〉

1. 학교운영에 관한 계획
2. 교육과정 운영에 관한 계획(산업수요 맞춤형 고등학교는 산학연계에 관한 계획을 포함한다)
3. 학과를 두려는 학교의 경우 학과 설치에 관한 계획
4. 입학전형 실시에 관한 계획
5. 교원배치에 관한 계획
5의2. 교장 공모에 관한 계획(산업수요 맞춤형 고등학교만 해당한다)
6. 그 밖에 특수목적고등학교의 운영 등에 관하여 교육부장관 또는 교육감이 정하여 고시하는 사항

③ 교육감이 제1항제5호, 제6호 및 제10호(공립·사립의 고등학교만 해당한다)의 특수목적고등학교를 지정·고시하고자 하는 경우에는 미리 교육부장관의 동의를 받아야 한다. 〈신설 2007. 5. 16., 2008. 2. 29., 2010. 6. 29., 2013. 3. 23., 2014. 12. 9.〉

④ 교육감은 특수목적고등학교가 다음 각 호의 어느 하나에 해당하는 경우에는 그 지정을 취소할 수 있다. 다만, 제1항 단서에 따라 교육부장관이 지정·고시한 국립학교인 경우에는 교육부장관이 관계 중앙행정기관의 장과 협의하여 지정을 취소할 수 있다. 〈개정 2014. 2. 18., 2020. 2. 28.〉
  1. 거짓이나 그 밖의 부정한 방법으로 회계를 집행한 경우
  2. 부정한 방법으로 학생을 선발한 경우
  3. 교육과정을 부당하게 운영하는 등 지정 목적을 위반한 중대한 사유가 발생한 경우
  4. 지정 목적 달성이 불가능한 사유의 발생 등으로 인하여 학교의 신청이 있는 경우
  5. 교육감이 5년마다 시·도 교육규칙으로 정하는 바에 따라 해당 학교(제1항제6호의 특수목적고등학교는 제외한다) 운영 성과 등을 평가하여 지정 목적의 달성이 불가능하다고 인정되는 경우
⑤ 교육감이 제1항제5호, 제6호 및 제10호(공립·사립의 고등학교만 해당한다)의 특수목적고등학교의 지정을 취소하는 경우에는 미리 교육부장관의 동의를 받아야 한다. 〈신설 2011. 6. 7., 2013. 3. 23., 2014. 12. 9.〉
⑥ 교육부장관은 제3항 또는 제5항에 따른 특수목적고등학교의 지정 또는 지정 취소에 대한 동의 여부를 결정하려는 경우에는 제105조의3에 따른 특수목적고등학교 등 지정위원회의 심의를 거쳐야 한다. 〈신설 2014. 12. 9.〉
⑦ 교육감은 제4항 본문에 따라 특수목적고등학교의 지정을 취소하는 경우 해당 학교의 장과 협의하여 지정 취소 당시 재학 중인 학생에 대해서는 해당 학교를 졸업할 때까지 당초 계획된 교육과정이 운영되도록 하여야 한다. 다만, 해당 학교가 제1항 단서에 따라 교육부장관이 지정·고시한 국립학교인 경우에는 교육부장관이 관계 중앙행정기관의 장 및 해당 학교의 장과 협의하여 당초 계획된 교육과정이 운영되도록 하여야 한다. 〈신설 2014. 2. 18., 2014. 12. 9.〉
⑧ 교육감이 지정하는 특수목적고등학교의 학급 수, 학생 수 및 시설기준 등 특수목적고등학교의 지정 기준은 교육감이 정하여 고시한다. 〈신설 2010. 6. 29., 2011. 6. 7., 2014. 2. 18., 2014. 12. 9.〉
⑨ 제1항부터 제8항까지에서 규정한 사항 외에 특수목적고등학교의 지정, 지정 취소 및 운영에 필요한 사항은 교육부령으로 정한다. 〈신설 2010. 6. 29., 2011. 6. 7., 2013. 3. 23., 2014. 2. 18., 2014. 12. 9.〉

[대통령령 제30494호(2020. 2. 28.) 부칙 제2조의 규정에 의하여 이 조 제4항제5호의 개정규정 중 같은 조 제1항제6호의 특수목적고등학교를 제외하는 부분은 2025년 2월 28일까지 유효함]

제91조(특성화고등학교)

① 교육감은 소질과 적성 및 능력이 유사한 학생을 대상으로 특정분야의 인재양성을 목적으로 하는 교육 또는 자연현장실습 등 체험위주의 교육을 전문적으로 실시하는 고등학교(이하 "특성화고등학교"라 한다)를 지정·고시할 수 있다. 〈개정 2001. 1. 29., 2001. 10. 20.〉
② 특성화고등학교 지정 신청서의 제출, 교육감의 해당 학교 평가에 따른 지정 취소에 관하여는 제90조제2항 및 같은 조 제4항제5호를 준용한다. 이 경우 "특수목적고등학교"는 "특성화고등학교"로 본다. 〈개정 2014. 2. 18., 2014. 12. 9.〉
③ 제1항 및 제2항에서 규정한 사항 외에 특성화고등학교의 지정 및 운영에 필요한 사항은 시·도 교육규칙으로 정한다. 〈신설 2010. 6. 29.〉

관련법령 ▶ 「고용상 연령차별금지 및 고령자고용촉진에 관한 법률」 제11조

제11조(고령자인재은행의 지정)

① 고용노동부장관은 다음 각 호의 단체 또는 기관 중 고령자의 직업지도와 취업알선 또는 직업능력개발훈련 등에 필요한 전문 인력과 시설을 갖춘 단체 또는 기관을 고령자인재은행으로 지정할 수 있다. 〈개정 2010. 2. 4., 2010. 6. 4., 2021. 8. 17.〉
  1. 「직업안정법」 제18조에 따라 무료직업소개사업을 하는 비영리법인이나 공익단체
  2. 「국민 평생 직업능력 개발법」 제16조에 따라 직업능력개발훈련을 위탁받을 수 있는 대상이 되는 기관
② 제1항제1호 및 제2호에 모두 해당하는 고령자인재은행의 사업범위는 다음 각 호의 사업 모두로 하고, 제1항제1호에만 해당하는 고령자인재은행의 사업범위는 제1호, 제2호 및 제4호의 사업만으로 하며, 제1항제2호에만 해당하는 고령자인재은행의 사업범위는 제3호 및 제4호의 사업만으로 한다. 〈개정 2010. 2. 4., 2010. 6. 4.〉
  1. 고령자에 대한 구인·구직 등록, 직업지도 및 취업알선
  2. 취업희망 고령자에 대한 직업상담 및 정년퇴직자의 재취업 상담
  3. 고령자의 직업능력개발훈련
  4. 그 밖에 고령자 고용촉진을 위하여 필요하다고 인정하여 고용노동부장관이 정하는 사업
③ 고용노동부장관은 고령자인재은행에 대하여 직업안정 업무를 하는 행정기관이 수집한 구인·구직 정보, 지역 내의 노동력 수급상황, 그 밖에 필요한 자료를 제공할 수 있다. 〈개정 2010. 6. 4.〉
④ 고용노동부장관은 고령자인재은행에 대하여 예산의 범위에서 소요 경비의 전부 또는

일부를 지원할 수 있다. 〈개정 2010. 6. 4.〉

⑤ 제1항에 따른 고령자인재은행의 지정기준과 지정절차 등에 필요한 사항은 대통령령으로 정한다.

[전문개정 2008. 3. 21.]

주요 판례

❖ 지원금교부결정취소처분취소 [울산지법 2020. 11. 19., 선고, 2019구합7465, 판결 : 항소]

판시사항

甲 주식회사가 산업단지에서 다른 사업장과 함께 사업주단체를 구성하여 직장어린이집을 공동으로 운영하기 위해 대표사업주로서 근로복지공단으로부터 직장어린이집 시설설치비 지원금을 지급받아 乙 어린이집을 설치·운영하던 중 강제경매로 乙 어린이집이 매각되자, 근로복지공단이 甲 회사에 대하여 乙 어린이집 매매를 이유로 구 직장어린이집 등 설치·운영 규정에 따라 시설설치비 지원결정을 취소하고 지원금 전액을 반환하라는 처분을 한 사안에서, 乙 어린이집에 관한 시설설치비 지원금 전부를 환수하는 것은 재량권을 일탈·남용한 것으로서 위법하다고 한 사례

판결요지

甲 주식회사가 산업단지에서 다른 사업장과 함께 사업주단체를 구성하여 직장어린이집을 공동으로 운영하기 위해 대표사업주로서 근로복지공단으로부터 직장어린이집 시설설치비 지원금을 지급받아 乙 어린이집을 설치·운영하던 중 강제경매로 乙 어린이집이 매각되자, 근로복지공단이 甲 회사에 대하여 乙 어린이집 매매를 이유로 구 직장어린이집 등 설치·운영 규정에 따라 시설설치비 지원결정을 취소하고 지원금 전액을 반환하라는 처분을 한 사안이다.

구 직장어린이집 등 설치·운영 규정(2020. 7. 8. 고용노동부 예규 제173호로 개정되기 전의 것) 제38조 제1항 및 [별표 3]에 따르면, 지원받은 시설을 매매한 경우에는 단순히 지급받은 지원금을 반환하도록 정하고 있어 규정 형식이나 체제 또는 문언에 비추어 지원받은 시설을 매매하는 등 경우의 지원금 반환명령은 기속행위가 아니라 재량행위에 해당하는 점, 乙 어린이집이 매각되기 이전까지의 기간에 상응하는 시설설치비 지원금은 그 목적대로 집행된 것으로 보이는데, 직장어린이집을 타에 매매함으로써 처분제한 조건을 위반하였다는 이유로 시설설치비 지원결정을 취소하고 시설설치비 반환명령을 할

때에는 매매에 이른 경위 등 다른 사정들과 함께 지원금이 일부 그 목적대로 집행된 사정을 감안하여 범위를 결정함이 타당한 점, 甲 회사는 적극적으로 자신의 이익을 위하여 乙 어린이집을 임의로 매각한 것이 아니라 乙 어린이집의 경영위탁보증금이나 乙 어린이집 건설을 위한 부지 매입비용 명목의 채무를 갚지 못하여 개시된 강제경매절차로 매각된 것이므로, 시설설치비 지원금의 집행 및 이로 인하여 취득한 재산을 사후에 엄격하게 관리함으로써 시설설치비 지원금 예산의 편성 및 집행 등에 있어 적정하고 효율적인 관리를 도모하고자 하는 관련 법령의 취지에 크게 반한다고 볼 수 없는 점, 乙 어린이집이 강제경매절차에서 매각됨으로 인하여 乙 어린이집의 존속이나 운영이 중단되었다거나 큰 차질이 빚어졌다고 볼 만한 아무런 자료도 없는 점, 시설설치비 지원금 전액에 관한 시설설치비 지원결정을 취소하고 이를 반환하도록 한다면 원고가 입게 되는 손해가 위 처분으로 인하여 달성하고자 하는 공익에 비하여 중하지 않다고 볼 수 없는 점 등을 종합하면, 乙 어린이집에 관한 시설설치비 지원금 전부를 환수하는 것은 재량권을 일탈·남용한 것으로서 위법하다고 한 사례이다.

주요판례

❖ **지원금교부결정취소처분취소**[울산지법 2020. 11. 19., 선고, 2019구합7465, 판결 : 항소]

판시사항

甲 주식회사가 산업단지에서 다른 사업장과 함께 사업주단체를 구성하여 직장어린이집을 공동으로 운영하기 위해 대표사업주로서 근로복지공단으로부터 직장어린이집 시설설치비 지원금을 지급받아 乙 어린이집을 설치·운영하던 중 강제경매로 乙 어린이집이 매각되자, 근로복지공단이 甲 회사에 대하여 乙 어린이집 매매를 이유로 구 직장어린이집 등 설치·운영 규정에 따라 시설설치비 지원결정을 취소하고 지원금 전액을 반환하라는 처분을 한 사안에서, 乙 어린이집에 관한 시설설치비 지원금 전부를 환수하는 것은 재량권을 일탈·남용한 것으로서 위법하다고 한 사례

판결요지

甲 주식회사가 산업단지에서 다른 사업장과 함께 사업주단체를 구성하여 직장어린이집을 공동으로 운영하기 위해 대표사업주로서 근로복지공단으로부터 직장어린이집 시설설치비 지원금을 지급받아 乙 어린이집을 설치·운영하던 중 강제경매로 乙 어린이집이 매각되자, 근로복지공단이 甲 회사에 대하여 乙 어린이집 매매를 이유로 구 직장어린이

집 등 설치·운영 규정에 따라 시설설치비 지원결정을 취소하고 지원금 전액을 반환하라는 처분을 한 사안이다.

구 직장어린이집 등 설치·운영 규정(2020. 7. 8. 고용노동부 예규 제173호로 개정되기 전의 것) 제38조 제1항 및 [별표 3]에 따르면, 지원받은 시설을 매매한 경우에는 단순히 지급받은 지원금을 반환하도록 정하고 있어 규정 형식이나 체제 또는 문언에 비추어 지원받은 시설을 매매하는 등 경우의 지원금 반환명령은 기속행위가 아니라 재량행위에 해당하는 점, 乙 어린이집이 매각되기 이전까지의 기간에 상응하는 시설설치비 지원금은 그 목적대로 집행된 것으로 보이는데, 직장어린이집을 타에 매매함으로써 처분제한 조건을 위반하였다는 이유로 시설설치비 지원결정을 취소하고 시설설치비 반환명령을 할 때에는 매매에 이른 경위 등 다른 사정들과 함께 지원금이 일부 그 목적대로 집행된 사정을 감안하여 범위를 결정함이 타당한 점, 甲 회사는 적극적으로 자신의 이익을 위하여 乙 어린이집을 임의로 매각한 것이 아니라 乙 어린이집의 경영위탁보증금이나 乙 어린이집 건설을 위한 부지 매입비용 명목의 채무를 갚지 못하여 개시된 강제경매절차로 매각된 것이므로, 시설설치비 지원금의 집행 및 이로 인하여 취득한 재산을 사후에 엄격하게 관리함으로써 시설설치비 지원금 예산의 편성 및 집행 등에 있어 적정하고 효율적인 관리를 도모하고자 하는 관련 법령의 취지에 크게 반한다고 볼 수 없는 점, 乙 어린이집이 강제경매절차에서 매각됨으로 인하여 乙 어린이집의 존속이나 운영이 중단되었다거나 큰 차질이 빚어졌다고 볼 만한 아무런 자료도 없는 점, 시설설치비 지원금 전액에 관한 시설설치비 지원결정을 취소하고 이를 반환하도록 한다면 원고가 입게 되는 손해가 위 처분으로 인하여 달성하고자 하는 공익에 비하여 중하지 않다고 볼 수 없는 점 등을 종합하면, 乙 어린이집에 관한 시설설치비 지원금 전부를 환수하는 것은 재량권을 일탈·남용한 것으로서 위법하다고 한 사례이다.

주요판례

❖ **설치비지원결정취소처분 등 취소청구의소**[대법원 2019. 9. 26., 선고, 2017두48406, 판결]

판시사항

[1] 사업주단체로서 직장어린이집 시설설치비를 지원받으려면 사업주단체에 속한 모든 사업주가 고용보험에 가입한 사업장의 사업주이어야 하는지 여부(원칙적 적극) 및 고용보험의 피보험자인 근로자를 고용하지 않은 사업장의 사업주가 시설설치비

를 지원받는 사업주단체에 속할 자격이 있는지 여부(원칙적 소극)
[2] 구 고용보험법 제35조 제1항이 부정행위가 있은 경우 반환명령을 반드시 하도록 할 것인지에 대하여도 대통령령에 위임한 것인지 여부(적극)
[3] 제재적 행정처분이 재량권의 범위를 일탈·남용하였는지 판단하는 방법 및 제재적 행정처분의 기준이 부령 형식으로 되어 있는 경우, 그 기준에 따른 처분이 적법한지 판단하는 방법
[4] 판결서의 이유에 당사자의 모든 주장이나 공격·방어방법에 관한 판단이 표시되어야 하는지 여부(소극) 및 법원의 판결에 당사자가 주장한 사항에 대한 구체적·직접적인 판단이 표시되어 있지 않지만 판결 이유의 전반적인 취지로 주장의 인용 여부를 알 수 있는 경우 또는 실제로 판단을 하지 않았지만 주장이 배척될 것이 분명한 경우, 판단누락의 위법이 있는지 여부(소극)

판결요지

[1] 직장어린이집 시설설치비 지원에 관한 고용보험법 제26조, 고용보험법 시행령 제38조 제5항, 구 직장어린이집 설치·운영 규정(2013. 12. 26. 고용노동부예규 제63호로 개정되기 전의 것, 이하 같다) 제20조 제1항 제1호, 제2호, 제23조 제1항, 제24조 제1항, 제25조 제1항의 내용과 체계, 입법 목적 등을 종합하여 보면, 고용보험법상 직장어린이집과 같은 고용촉진 시설에 관한 지원은 일과 육아를 병행해야 하는 근로자를 고용하고 있는 사업장의 사업주에게 직장어린이집 설치비용을 직접 지원하여 일·가정 양립, 피보험자 등의 고용안정·고용촉진 및 사업주의 인력 확보를 지원하기 위한 것이므로, 구 직장어린이집 설치·운영 규정 자체에서 특별히 달리 취급하고 있는 '산업단지형 공동직장어린이집'의 경우가 아닌 한, 사업주단체로서 직장어린이집 시설설치비를 지원받으려면 사업주단체에 속한 모든 사업주가 고용보험에 가입한 사업장의 사업주이어야 하고, 고용보험의 피보험자인 근로자를 고용하지 않은 사업장의 사업주는 원칙적으로 시설설치비를 지원받는 사업주단체에 속할 자격이 없다고 봄이 타당하다.
[2] 구 고용보험법(2008. 12. 31. 법률 제9315호로 개정되고 2015. 1. 20. 법률 제13041호로 개정되기 전의 것) 제35조 제1항은 부정수급자에 대한 제재의 정도를 강화하기 위하여 '부정수급자에게 대통령령으로 정하는 바에 따라 그 지원을 제한하거나 부정수급액을 반환하도록 명할 수 있다'고 규정하고, 그 위임에 따른 구 고용보험법 시행령

(2013. 12. 24. 대통령령 제25022호로 개정되기 전의 것) 제56조 제1항은 '이미 지급받은 부정수급액에 대해서는 반환을 명하여야 한다'고 규정하고 있다. 위 규정은 실업의 예방, 고용의 촉진 및 근로자의 직업능력의 개발과 향상 등과 같은 고용보험법 목적과 취지 및 내용 등을 감안할 때 부정행위가 있는 경우 반환명령을 반드시 하도록 할 것인지 여부에 대하여도 대통령령에 위임하고 있다고 봄이 타당하다.

[3] 제재적 행정처분이 재량권의 범위를 일탈하였거나 남용하였는지는, 처분사유인 위반행위의 내용과 위반의 정도, 처분에 의하여 달성하려는 공익상의 필요와 개인이 입게 될 불이익 및 이에 따르는 여러 사정 등을 객관적으로 심리하여 공익침해의 정도와 처분으로 인하여 개인이 입게 될 불이익을 비교·교량하여 판단하여야 한다. 이러한 제재적 행정처분의 기준이 부령 형식으로 규정되어 있더라도 그것은 행정청 내부의 사무처리준칙을 규정한 것에 지나지 않아 대외적으로 국민이나 법원을 기속하는 효력이 없다. 따라서 그 처분의 적법 여부는 처분기준만이 아니라 관계 법령의 규정 내용과 취지에 따라 판단하여야 한다. 그러므로 처분기준에 부합한다 하여 곧바로 처분이 적법한 것이라고 할 수는 없지만, 처분기준이 그 자체로 헌법 또는 법률에 합치되지 않거나 그 기준을 적용한 결과가 처분사유인 위반행위의 내용 및 관계 법령의 규정과 취지에 비추어 현저히 부당하다고 인정할 만한 합리적인 이유가 없는 한, 섣불리 그 기준에 따른 처분이 재량권의 범위를 일탈하였다거나 재량권을 남용한 것으로 판단해서는 안 된다.

[4] 판결서의 이유에는 주문이 정당하다는 것을 인정할 수 있을 정도로 당사자의 주장, 그 밖의 공격·방법에 관한 판단을 표시하면 되고, 당사자의 모든 주장이나 공격·방어방법에 관하여 판단할 필요가 없다. 따라서 법원의 판결에 당사자가 주장한 사항에 대한 구체적·직접적인 판단이 표시되어 있지 않더라도 판결 이유의 전반적인 취지에 비추어 주장을 인용하거나 배척하였음을 알 수 있는 정도라면 판단누락이라고 할 수 없다. 설령 실제로 판단을 하지 않은 부분이 있더라도 주장이 배척될 것임이 분명한 때에는 판결 결과에 영향이 없어 판단누락의 잘못을 이유로 파기할 필요가 없다.

제39조 일괄적용사업의 특례

고용산재보험료징수법 제8조에 따라 일괄적용되는 사업의 경우에는 개별 사업을 하나의 사업으로 보아 제17조, 제19조, 제24조, 제25조, 제25조의2, 제26조 및 제29조를 적용한다. <개정 2008. 9. 18., 2010. 12. 31., 2011. 9. 15., 2020. 3. 31., 2021. 6. 8.>

> 관련법령 ▶ 「고용산재보험료징수법」 제8조

제8조(사업의 일괄적용)

① 제5조제1항 또는 같은 조 제3항에 따른 보험의 당연가입자인 사업주가 하는 각각의 사업이 다음 각 호의 요건에 해당하는 경우에는 이 법을 적용할 때 그 사업의 전부를 하나의 사업으로 본다.
  1. 사업주가 동일인일 것
  2. 각각의 사업은 기간이 정하여져 있을 것
  3. 사업의 종류 등이 대통령령으로 정하는 요건에 해당할 것
② 제1항에 따른 일괄적용을 받는 사업주 외의 사업주가 제1항제1호의 요건에 해당하는 사업(산재보험의 경우에는 고용노동부장관이 정하는 사업종류가 같은 경우로 한정한다)의 전부를 하나의 사업으로 보아 이 법을 적용받으려는 경우에는 공단의 승인을 받아야 하며, 승인을 받은 경우에는 공단이 그 사업의 사업주로부터 일괄적용관계 승인신청서를 접수한 날의 다음 날부터 일괄적용을 받는다. 이 경우 일괄적용관계가 제3항에 따라 해지되지 아니하면 그 사업주는 그 보험연도 이후의 보험연도에도 계속 그 사업 전부에 대하여 일괄적용을 받는다. <개정 2010. 6. 4., 2021. 1. 26.>
③ 제2항에 따라 일괄적용을 받고 있는 사업주가 그 일괄적용관계를 해지하려는 경우에는 공단의 승인을 받아야 한다. 이 경우 일괄적용관계 해지의 효력은 다음 보험연도의 보험관계부터 발생한다.
④ 제1항에 따라 일괄적용을 받는 사업주가 제1항제3호의 요건에 해당하지 아니하게 된 경우에는 제2항에 따라 일괄적용승인을 받은 것으로 보아 이 법을 적용하며, 사업주가 그 일괄적용관계를 해지하려는 경우에는 제3항에 따른다.
[전문개정 2009. 12. 30.]

제40조 지원금 등의 상호조정

① 제19조에 따른 고용유지지원금의 지급요건에 해당하는 사업주가 그 고용유지조치기간에 제17조에 따른 비용 지원, 제22조의2제1항에 따른 비용 지원, 제26조에 따른 고용촉진장려금, 제28조의4에 따른 고령자 계속고용장려금 또는 제28

조의5에 따른 고령자 고용지원금의 지급요건에 해당하는 조치를 한 경우에는 제19조에 따른 고용유지 지원금을 지급하고, 그 밖의 지원금 또는 장려금은 지급하지 않는다. 〈개정 2008. 9. 18., 2010. 2. 8., 2010. 12. 31., 2011. 9. 15., 2016. 12. 30., 2020. 3. 31., 2020. 6. 9., 2021. 6. 8., 2021. 12. 31.〉

② 사업주가 동일한 근로자로 인하여 다음 각 호에 따른 지원금 또는 장려금 중 둘 이상의 지원금 또는 장려금 지급 요건에 동시에 해당하게 된 경우에는 해당 사업주의 신청에 의하여 하나의 지원금 또는 장려금만 지급한다. 다만, 제17조제1항제4호에 따라 고용지원이 필요한 업종에 해당하는 기업의 사업주가 고용노동부장관이 정하는 연령의 청년(이하 이 조에서 "청년"이라 한다) 실업자를 추가로 고용하는 경우 지원되는 지원금과 제35조제2호에 따라 중소기업에 취업한 청년의 장기근속을 지원하기 위하여 지원되는 지원금의 지급 요건에 동시에 해당하게 된 경우에는 중복하여 지급할 수 있다. 〈개정 2015. 12. 4., 2016. 12. 30., 2017. 12. 12., 2018. 10. 2., 2018. 12. 31., 2019. 12. 31., 2020. 3. 31., 2021. 12. 31.〉

1. 제17조제1항제3호부터 제7호까지의 규정에 따른 지원금
2. 제24조에 따른 지역고용촉진 지원금
3. 제25조에 따른 고령자 고용연장 지원금
4. 제25조의2에 따른 60세 이상 고령자 고용지원금
5. 제26조에 따른 고용촉진장려금
6. 제28조의4에 따른 고령자 계속고용장려금
6의2. 제28조의5에 따른 고령자 고용지원금
7. 제29조제1항제3호에 따른 출산육아기 고용안정장려금
8. 제35조제1호부터 제7호까지의 규정에 따른 사업주에 대한 지원금
9. 제38조제4항에 따른 직장어린이집 운영비용 지원금

③ 제17조제1항제1호 및 제2호에 따른 비용 지원의 지급 요건에 동시에 해당하는 사업주가 있으면 그 사업주의 신청에 따라 하나의 지원금을 지급한다. 〈개정 2008. 9. 18., 2010. 12. 31., 2011. 9. 15.〉

④ 제3항에 해당하는 각 지원금 중 어느 하나의 지원금을 받고 있는 사업주가 해당 지원금을 받는 기간에 제2항에 따른 각 지원금 또는 장려금 중 어느 하나의 지원

금 또는 장려금의 지급 요건에 해당하는 경우에는 그 사업주의 신청에 의하여 제2항에 따른 각 지원금 또는 장려금 중 해당하는 지원금 또는 장려금의 금액에 고용노동부장관이 정하여 고시하는 비율을 곱하여 산정한 금액을 지급한다. 〈개정 2010. 7. 12., 2010. 12. 31., 2016. 12. 30.〉

⑤ 대통령령 제22603호 고용보험법 시행령 일부개정령 부칙 제18조에 따른 고령자 고용촉진 장려금을 지급받을 수 있는 사업주가 제25조의2에 따른 60세 이상 고령자 고용지원금의 지급 요건을 충족하는 경우에는 해당 사업주의 신청에 따라 하나의 지원금만을 지급한다. 〈신설 2012. 1. 13.〉

⑥ 근로자가 제28조 또는 제28조의2에 따른 지원금 중 둘 이상의 지원금 지급 요건에 동시에 해당하는 경우에는 해당 근로자의 선택에 따라 하나의 지원금을 지급한다. 〈개정 2015. 12. 4., 2019. 12. 31.〉

[제목개정 2010. 12. 31.]

[대통령령 제23513호(2012. 1. 13.) 부칙 제2조제2항의 규정에 의하여 이 조 제5항의 개정규정은 2020년 12월 31일까지 유효함]

제40조의2 지원의 제한

법 제26조의2에서 "대통령령으로 정하는 경우"란 사업주가 근로자를 새로 고용하거나 고용유지조치를 하여 다음 각 호의 어느 하나에 해당하게 된 경우를 말한다.

1. 「북한이탈주민의 보호 및 정착지원에 관한 법률」에 따라 지원금 등 금전적 지원을 받는 경우
2. 「산업재해보상보험법」에 따라 지원금 등 금전적 지원을 받는 경우
3. 「장애인고용촉진 및 직업재활법」에 따라 지원금 등 금전적 지원을 받는 경우
4. 그 밖에 국가 또는 지방자치단체로부터 금전적 지원을 받는 경우

[본조신설 2011. 9. 15.]

제41조 사업주에 대한 직업능력개발 훈련비용의 지원

① 법 제27조제1항에서 "대통령령으로 정하는 직업능력개발 훈련"이란 「국민 평생 직업능력 개발법」제24조제1항에 따라 인정받은 직업능력개발훈련과정으로서 다

음 각 호의 어느 하나에 해당하는 훈련 또는 「산업현장 일학습병행 지원에 관한 법률」 제15조제2항에 따라 인정받은 일학습병행과정을 말한다. <개정 2010. 7. 12., 2010. 12. 31., 2012. 1. 13., 2016. 12. 30., 2020. 3. 31., 2020. 8. 27., 2020. 9. 29., 2021. 6. 8., 2021. 12. 31., 2022. 2. 17.>

1. 피보험자(법 제2조제1호나목에 따른 피보험자(이하 "자영업자인 피보험자"라 한다)는 제외한다)를 대상으로 실시하는 직업능력개발 훈련
2. 피보험자가 아닌 사람으로서 해당 사업주에게 고용된 사람을 대상으로 실시하는 직업능력개발 훈련
3. 해당 사업이나 그 사업과 관련되는 사업에서 고용하려는 사람을 대상으로 실시하는 직업능력개발 훈련
4. 직업안정기관에 구직등록한 사람을 대상으로 실시하는 직업능력개발 훈련
5. 해당 사업에 고용된 피보험자(자영업자인 피보험자는 제외한다)에게 유급휴가(「근로기준법」 제60조의 연차 유급휴가가 아닌 경우로서 휴가기간 중 같은 법 시행령 제6조에 따른 통상임금(이하 "통상임금"이라 한다)에 해당하는 금액 이상의 임금을 지급한 경우를 말한다)를 주어 실시하는 직업능력개발 훈련으로서 다음 각 목의 어느 하나에 해당하는 훈련
   가. 우선지원대상기업의 사업주나 상시 사용하는 근로자 수가 150명 미만인 사업주(이하 이 호에서 "우선지원대상기업사업주등"이라 한다)가 해당 근로자를 대상으로 계속하여 5일 이상의 유급휴가를 주어 20시간 이상 실시하는 훈련
   나. 우선지원대상기업사업주등이 해당 근로자를 대상으로 계속하여 30일 이상의 유급휴가를 주어 120시간 이상 실시하면서 대체인력을 고용하는 훈련
   다. 삭제 <2021. 6. 8.>
   라. 우선지원대상기업사업주등이 아닌 사업주가 1년 이상 재직하고 있는 근로자를 대상으로 계속하여 60일 이상의 유급휴가를 주어 180시간 이상 실시하는 훈련
   마. 삭제 <2021. 6. 8.>
   바. 사업주가 기능·기술을 장려하기 위하여 근로자 중 생산직 또는 관련 직에

종사하는 근로자로서 고용노동부장관이 고시하는 자를 대상으로 유급휴가를 주어 20시간 이상 실시하는 훈련

② 제1항에 따른 직업능력개발 훈련의 지원금은 다음 각 호의 금액으로 한다. 〈개정 2020. 8. 27.〉

1. 제1항 각 호의 어느 하나에 해당하는 직업능력개발 훈련에 대한 지원금: 훈련비(고용노동부장관이 고시하는 기준에 해당하는 비용에 한정한다)에 사업 규모 등을 고려하여 고용노동부장관이 고시하는 비율을 곱하여 산정한 금액. 다만, 다음 각 목의 직업능력개발 훈련에 대한 지원금은 본문에 따른 금액에 다음 각 목의 구분에 따른 금액을 더한 금액으로 한다.

   가. 제1항제3호 및 제4호에 해당하는 직업능력개발 훈련: 고용노동부장관이 정하여 고시하는 훈련수당

   나. 제1항제5호에 해당하는 직업능력개발 훈련: 유급휴가기간 중에 지급한 임금 및 제1항제5호나목에 따른 대체인력에게 지급한 임금 중 고용노동부장관이 정하여 고시하는 금액

2. 「산업현장 일학습병행 지원에 관한 법률」제15조제2항에 따라 인정받은 일학습병행과정에 대한 지원금: 고용노동부장관이 고시하는 훈련비에 훈련의 종류·직종, 사업 규모 등을 고려하여 고용노동부장관이 고시하는 비율을 곱하여 산정한 금액에 고용노동부장관이 고시하는 숙식비·훈련장려금을 더한 금액

③ 법 제27조제2항제6호에서 "대통령령으로 정하는 사람"이란 다음 각 호의 어느 하나에 해당하는 사람을 말한다. 〈개정 2017. 6. 27.〉

1. 생산직 또는 생산 관련 직에 종사하는 근로자로서 고용노동부장관이 기능·기술을 장려하기 위하여 필요하다고 인정하여 고시하는 사람

2. 법 제20조에 따른 고용창출을 위하여 사업주가 근로자를 조(組)별로 나누어 교대로 근로하게 하는 교대제를 새로 실시하거나 조를 늘려 교대제를 실시(4조 이하로 실시하는 경우로 한정한다)한 이후 교대제의 적용을 새로 받게 되는 근로자로서 고용노동부장관이 정하여 고시하는 사람

3. 고용노동부장관이 정한 직업능력개발 훈련 및 평가를 받는 것을 조건으로 고용한 근로자

④ 고용노동부장관은 법 제27조제2항 각 호에 해당하는 근로자를 대상으로 직업능력개발 훈련을 실시하는 사업주에 대하여 훈련에 필요한 비용을 우대하여 지원하려는 경우에는 훈련비, 훈련기간 중 훈련대상자 및 대체인력에게 지급한 임금, 그 밖에 훈련에 필요한 비용을 고려한 지원수준을 정하여 고시하여야 한다. 〈신설 2017. 6. 27.〉
⑤ 직업능력개발 훈련의 훈련비와 훈련수당의 지원범위, 지원상한액 및 지원신청 절차와 그 밖에 지원에 필요한 사항은 고용노동부령으로 정한다. 〈개정 2010. 7. 12., 2017. 6. 27.〉

> **관련법령** 「국민 평생 직업능력 개발법」제24조제1항

제24조(직업능력개발훈련과정의 인정 및 인정취소 등)
① 제20조 및 제23조에 따라 직업능력개발훈련을 실시하려는 자(직업능력개발훈련을 위탁받아 실시하려는 자를 포함한다)는 그 직업능력개발훈련과정에 대하여 고용노동부장관으로부터 인정을 받아야 한다. 〈개정 2010. 5. 31., 2010. 6. 4.〉
[전문개정 2008. 12. 31.] [제목개정 2010. 5. 31.]

> **관련법령** 「산업현장 일학습병행 지원에 관한 법률」제15조제2항

제15조(일학습병행과정 개발 및 인정 등)
② 제1항에 따라 일학습병행과정을 개발한 학습기업의 사업주는 고용노동부장관으로부터 해당 일학습병행과정이 제11조에 따른 교육훈련기준을 충족함을 인정받아야 한다.

> **관련법령** 「근로기준법」제60조

제60조(연차 유급휴가)
① 사용자는 1년간 80퍼센트 이상 출근한 근로자에게 15일의 유급휴가를 주어야 한다. 〈개정 2012. 2. 1.〉
② 사용자는 계속하여 근로한 기간이 1년 미만인 근로자 또는 1년간 80퍼센트 미만 출근한 근로자에게 1개월 개근 시 1일의 유급휴가를 주어야 한다. 〈개정 2012. 2. 1.〉
③ 삭제 〈2017. 11. 28.〉
④ 사용자는 3년 이상 계속하여 근로한 근로자에게는 제1항에 따른 휴가에 최초 1년을 초과하는 계속 근로 연수 매 2년에 대하여 1일을 가산한 유급휴가를 주어야 한다. 이 경우

가산휴가를 포함한 총 휴가 일수는 25일을 한도로 한다.
⑤ 사용자는 제1항부터 제4항까지의 규정에 따른 휴가를 근로자가 청구한 시기에 주어야 하고, 그 기간에 대하여는 취업규칙 등에서 정하는 통상임금 또는 평균임금을 지급하여야 한다. 다만, 근로자가 청구한 시기에 휴가를 주는 것이 사업 운영에 막대한 지장이 있는 경우에는 그 시기를 변경할 수 있다.
⑥ 제1항 및 제2항을 적용하는 경우 다음 각 호의 어느 하나에 해당하는 기간은 출근한 것으로 본다. <개정 2012. 2. 1., 2017. 11. 28.>
   1. 근로자가 업무상의 부상 또는 질병으로 휴업한 기간
   2. 임신 중의 여성이 제74조제1항부터 제3항까지의 규정에 따른 휴가로 휴업한 기간
   3. 「남녀고용평등과 일·가정 양립 지원에 관한 법률」제19조제1항에 따른 육아휴직으로 휴업한 기간
⑦ 제1항·제2항 및 제4항에 따른 휴가는 1년간(계속하여 근로한 기간이 1년 미만인 근로자의 제2항에 따른 유급휴가는 최초 1년의 근로가 끝날 때까지의 기간을 말한다) 행사하지 아니하면 소멸된다. 다만, 사용자의 귀책사유로 사용하지 못한 경우에는 그러하지 아니하다. <개정 2020. 3. 31.>

> **관련법령** 「근로기준법 시행령」제6조

제6조(통상임금)

① 법과 이 영에서 "통상임금"이란 근로자에게 정기적이고 일률적으로 소정(所定)근로 또는 총 근로에 대하여 지급하기로 정한 시간급 금액, 일급 금액, 주급 금액, 월급 금액 또는 도급 금액을 말한다.
② 제1항에 따른 통상임금을 시간급 금액으로 산정할 경우에는 다음 각 호의 방법에 따라 산정된 금액으로 한다. <개정 2018. 6. 29.>
   1. 시간급 금액으로 정한 임금은 그 금액
   2. 일급 금액으로 정한 임금은 그 금액을 1일의 소정근로시간 수로 나눈 금액
   3. 주급 금액으로 정한 임금은 그 금액을 1주의 통상임금 산정 기준시간 수(1주의 소정근로시간과 소정근로시간 외에 유급으로 처리되는 시간을 합산한 시간)로 나눈 금액
   4. 월급 금액으로 정한 임금은 그 금액을 월의 통상임금 산정 기준시간 수(1주의 통상임금 산정 기준시간 수에 1년 동안의 평균 주의 수를 곱한 시간을 12로 나눈 시간)로 나눈 금액
   5. 일·주·월 외의 일정한 기간으로 정한 임금은 제2호부터 제4호까지의 규정에 준하여

산정된 금액
6. 도급 금액으로 정한 임금은 그 임금 산정 기간에서 도급제에 따라 계산된 임금의 총액을 해당 임금 산정 기간(임금 마감일이 있는 경우에는 임금 마감 기간을 말한다)의 총 근로 시간 수로 나눈 금액
7. 근로자가 받는 임금이 제1호부터 제6호까지의 규정에서 정한 둘 이상의 임금으로 되어 있는 경우에는 제1호부터 제6호까지의 규정에 따라 각각 산정된 금액을 합산한 금액

③ 제1항에 따른 통상임금을 일급 금액으로 산정할 때에는 제2항에 따른 시간급 금액에 1일의 소정근로시간 수를 곱하여 계산한다.

> **관련법령** ▶ 「산업현장 일학습병행 지원에 관한 법률」 제15조제2항

제15조(일학습병행과정 개발 및 인정 등)
② 제1항에 따라 일학습병행과정을 개발한 학습기업의 사업주는 고용노동부장관으로부터 해당 일학습병행과정이 제11조에 따른 교육훈련기준을 충족함을 인정받아야 한다.

제42조 비용 지원의 한도

① 법 제28조에 따라 사업주가 지원받을 수 있는 직업능력개발 훈련비용의 연간 총액은 그 사업주가 고용산재보험료징수법 제13조제1항제1호 및 제16조의3에 따라 부담하는 해당 연도 고용보험료 중 고용안정·직업능력개발사업의 보험료 또는 그 사업주가 고용산재보험료징수법 제13조제1항제1호 및 제17조제1항에 따라 해당 연도에 납부해야 할 고용보험 개산보험료 중 고용안정·직업능력개발사업의 보험료의 100분의 100(우선지원대상기업의 경우에는 100분의 240)에 해당하는 금액으로 한다. 다만, 제18조제2항 각 호의 어느 하나에 해당하는 사업주에게 지원할 수 있는 비용의 총 한도는 그 사업주가 부담하는 해당 연도 고용보험료 중 고용안정·직업능력개발사업의 보험료 또는 그 사업주가 해당 연도에 납부해야 할 고용보험 개산보험료 중 고용안정·직업능력개발사업의 보험료의 100분의 130(우선지원대상기업의 경우에는 100분의 300)으로 할 수 있다. 〈개정 2010. 12. 31., 2016. 7. 19., 2021. 6. 8., 2021. 12. 31.〉

② 사업주가 자신의 사업 외의 다른 사업에 고용된 근로자를 대상으로 「국민 평생 직업능력 개발법」 제24조에 따라 훈련과정을 인정받아 훈련을 실시하는 경우에는 제1항에 따른 지원금 외에 그 사업주가 부담하는 해당 연도 고용보험료 중 고용안정·직업능력개발사업의 보험료 또는 그 사업주가 해당 연도에 납부하여야 할 고용보험 개산보험료 중 고용안정·직업능력개발사업의 보험료의 100분의 80까지 추가로 지원할 수 있다. 〈개정 2010. 12. 31., 2016. 7. 19., 2022. 2. 17.〉

③ 제1항과 제2항에도 불구하고 지원금액이 기업의 규모·업종 등을 고려하여 고용노동부장관이 정하는 비용지원한도 최소금액에 미달하는 경우에는 고용노동부장관이 정하는 비용지원한도 최소금액을 지원금액으로 한다. 〈개정 2010. 7. 12.〉

④ 다음 각 호의 어느 하나에 해당하는 지원금은 제1항부터 제3항까지의 규정에 따라 해당 사업주가 지원받을 수 있는 직업능력개발 훈련비용지원의 한도액에 포함되지 않는다. 〈개정 2013. 12. 24., 2016. 7. 19., 2018. 7. 3., 2020. 9. 29., 2021. 6. 8., 2021. 12. 31., 2022. 2. 17.〉

  1. 제41조제1항제1호에 따른 직업능력개발 훈련으로서 다음 각 목의 직업능력개발 훈련의 지원금

    가. 제52조제1항제13호의 현장 훈련 지원 사업으로 실시하는 현장 훈련(훈련기간이 6개월 이상인 경우로 한정한다)

    나. 「국민 평생 직업능력 개발법 시행령」 제3조제1항제1호의 양성훈련으로 실시하는 직업능력개발 훈련

  2. 제41조제1항제3호 및 제4호에 따른 직업능력개발 훈련의 지원금

  3. 제41조제1항제5호가목 및 나목에 따른 직업능력개발 훈련의 지원금 중 다음 각 목의 어느 하나에 해당하는 지원금

    가. 제41조제2항에 따라 지원되는 유급휴가기간 중에 지급한 임금 및 대체인력에게 지급한 임금의 일부에 해당하는 금액

    나. 직업능력개발 훈련의 분야 및 기간 등을 고려하여 고용노동부장관이 고시하는 직업능력개발 훈련의 훈련비

  4. 「산업현장 일학습병행 지원에 관한 법률」 제15조제2항에 따라 인정받은 일학습병행과정 훈련

⑤ 제2항부터 제4항까지의 규정에도 불구하고, 법 제35조제4항에 따라 직업능력개발 사업의 지원이 제한되는 사업주에 대해서는 「국민 평생 직업능력 개발법」제55조제2항에 따른 지원 또는 융자 제한 기간의 종료일이 속한 보험연도부터 3년간 제2항부터 제4항까지의 규정을 적용하지 않는다. 〈신설 2015. 6. 30., 2020. 8. 27., 2022. 2. 17.〉

관련법령 ▶ 「고용산재보험료징수법」 제13조제1항제1호 및 제16조의3, 제17조제1항

제13조(보험료)
① 보험사업에 드는 비용에 충당하기 위하여 보험가입자로부터 다음 각 호의 보험료를 징수한다. 〈개정 2010. 1. 27.〉
  1. 고용안정·직업능력개발사업 및 실업급여의 보험료(이하 "고용보험료"라 한다)

[전문개정 2009. 12. 30.]

제16조의3(월별보험료의 산정)
① 공단이 제16조의2제1항에 따라 매월 부과하는 보험료(이하 "월별보험료"라 한다)는 근로자 또는 예술인의 개인별 월평균보수에 고용보험료율 및 산재보험료율을 각각 곱한 금액을 합산하여 산정한다. 다만, 월평균보수를 산정하기 곤란한 일용근로자 등 대통령령으로 정하는 사람에 대한 월별보험료는 대통령령으로 정하는 바에 따라 산정한 금액을 개인별 월평균보수로 보아 산정한다. 〈개정 2020. 6. 9., 2021. 1. 5., 2022. 6. 10., 2022. 12. 31.〉
② 제1항의 월평균보수는 사업주가 지급한 보수·보수액 및 제2조제3호 단서에 따른 금품을 기준으로 산정한다. 이 경우 월평균보수의 산정방법, 적용기간 등은 대통령령으로 정하는 바에 따른다. 〈개정 2020. 6. 9., 2022. 12. 31.〉
③ 삭제 〈2020. 6. 9.〉
④ 삭제 〈2020. 6. 9.〉

[본조신설 2010. 1. 27.]

제17조(건설업 등의 개산보험료의 신고와 납부)
① 제16조의2제2항에 따른 사업주(이하 이 조부터 제19조까지에서 같다)는 보험연도마다 그 1년 동안(보험연도 중에 보험관계가 성립한 경우에는 그 성립일부터 그 보험연도 말일까지의 기간)에 사용할 근로자(고용보험료를 산정하는 경우에는 「고용보험법」제10조 및 제10조의2에 따른 적용 제외 근로자는 제외한다. 이하 이 조에서 같다)에게 지

급할 보수총액의 추정액(대통령령으로 정하는 경우에는 전년도에 사용한 근로자에게 지급한 보수총액)에 고용보험료율 및 산재보험료율을 각각 곱하여 산정한 금액(이하 "개산보험료"라 한다)을 대통령령으로 정하는 바에 따라 그 보험연도의 3월 31일(보험연도 중에 보험관계가 성립한 경우에는 그 보험관계의 성립일부터 70일, 건설공사 등 기간이 정하여져 있는 사업으로서 70일 이내에 끝나는 사업의 경우에는 그 사업이 끝나는 날의 전날)까지 공단에 신고·납부하여야 한다. 다만, 그 보험연도의 개산보험료 신고·납부 기한이 제19조에 따른 확정보험료 신고·납부 기한보다 늦은 경우에는 그 보험연도의 확정보험료 신고·납부 기한을 그 보험연도의 개산보험료 신고·납부 기한으로 한다. 〈개정 2010. 1. 27., 2019. 1. 15.〉

관련법령 ▶ 「국민 평생 직업능력 개발법」제24조

제24조(직업능력개발훈련과정의 인정 및 인정취소 등)

① 제20조 및 제23조에 따라 직업능력개발훈련을 실시하려는 자(직업능력개발훈련을 위탁받아 실시하려는 자를 포함한다)는 그 직업능력개발훈련과정에 대하여 고용노동부장관으로부터 인정을 받아야 한다. 〈개정 2010. 5. 31., 2010. 6. 4.〉

② 고용노동부장관은 제1항에 따라 직업능력개발훈련과정의 인정을 받은 자가 다음 각 호의 어느 하나에 해당하면 시정을 명하거나 그 훈련과정의 인정을 취소할 수 있다. 다만, 제1호부터 제4호까지 및 제4호의2의 규정에 해당하는 경우에는 인정을 취소하여야 한다. 〈개정 2010. 5. 31., 2012. 2. 1., 2020. 3. 31., 2021. 8. 17., 2022. 1. 11.〉

1. 거짓이나 그 밖의 부정한 방법으로 제1항에 따른 인정을 받은 경우
2. 거짓이나 그 밖의 부정한 방법으로 비용 또는 융자를 받았거나 받으려고 한 경우
3. 직업능력개발훈련을 위탁한 사업주·사업주단체등으로부터 거짓이나 그 밖의 부정한 방법으로 비용을 받았거나 받으려고 한 경우
4. 직업능력개발훈련을 위탁한 사업주·사업주단체등이 거짓이나 그 밖의 부정한 방법으로 훈련비용을 지원 또는 융자받게 한 경우

4의2. 제21조제1항을 위반하여 경제적 이익등을 제공한 경우

5. 제1항에 따라 인정받은 내용을 위반하여 직업능력개발훈련을 실시한 경우
6. 시정명령에 따르지 아니한 경우
7. 제10조의2에 따른 조치를 취하지 아니한 경우
8. 제58조에 따른 보고 및 자료 제출 명령에 따르지 아니하거나 거짓으로 따른 경우

9. 제58조에 따른 관계 공무원의 출입에 의한 관계 서류의 조사를 거부·방해·기피하거나 질문에 거짓으로 답변하는 경우
③ 제2항에 따라 인정이 취소된 자(제2항제2호부터 제4호까지의 규정에 해당하여 인정이 취소된 자 중 비용이 대통령령으로 정하는 금액 미만인 경우는 제외한다)에 대하여는 그 취소일부터 5년의 범위에서 제16조제1항에 따른 직업능력개발훈련의 위탁과 제1항 및 제19조에 따른 인정을 하지 아니할 수 있다. 〈신설 2010. 5. 31.〉
④ 제1항에 따른 직업능력개발훈련과정에 대한 인정의 범위·요건·내용 및 유효기간, 그 밖에 필요한 사항은 대통령령으로 정한다. 〈신설 2010. 5. 31.〉
⑤ 제2항 및 제3항에 따른 시정명령 및 인정취소의 세부기준, 인정취소 사유별 구체적인 인정 제한기간, 그 밖에 필요한 사항은 고용노동부령으로 정한다. 〈신설 2010. 5. 31., 2012. 2. 1.〉
[전문개정 2008. 12. 31.] [제목개정 2010. 5. 31.]

> **관련법령** ▶ 「국민 평생 직업능력 개발법 시행령」 제3조제1항제1호

제3조(직업능력개발훈련의 구분 및 실시방법)
① 직업능력개발훈련은 훈련의 목적에 따라 다음 각 호와 같이 구분한다. 〈개정 2022. 2. 17.〉
  1. 양성(養成)훈련: 직업에 필요한 기초적 직무수행능력을 습득시키기 위하여 실시하는 직업능력개발훈련

> **관련법령** ▶ 「산업현장 일학습병행 지원에 관한 법률」 제15조제2항

제15조(일학습병행과정 개발 및 인정 등)
② 제1항에 따라 일학습병행과정을 개발한 학습기업의 사업주는 고용노동부장관으로부터 해당 일학습병행과정이 제11조에 따른 교육훈련기준을 충족함을 인정받아야 한다.

> **관련법령** ▶ 「국민 평생 직업능력 개발법」 제55조제2항

제55조(부정행위에 따른 지원·융자 또는 수강의 제한)
② 고용노동부장관은 제17조, 제18조, 제20조, 제22조 및 제23조에 따라 비용의 지원 또는 융자를 받으려고 하거나 이미 받은 사람, 사업주, 사업주단체등, 산업부문별 인적자원개발협의체 또는 직업능력개발단체가 다음 각 호의 어느 하나에 해당하면 거짓이나 그 밖의 부정한 방법으로 비용의 지원 또는 융자를 받으려고 하거나 이미 받은 날(제2호에 해당하는 경우에는 인정이 취소된 날)부터 5년의 범위에서 고용노동부령으로 정

하는 기간 동안 제12조 및 제15조에 따른 직업능력개발훈련의 수강을 제한하거나 제17조, 제18조, 제20조, 제22조 및 제23조에 따른 지원 또는 융자를 아니할 수 있다. 〈개정 2012. 2. 1., 2020. 3. 31., 2021. 8. 17., 2022. 1. 11.〉
1. 거짓이나 그 밖의 부정한 방법으로 비용을 지원·융자받았거나 지원·융자받으려 한 경우
2. 제16조에 따라 직업능력개발훈련을 위탁받아 실시하는 자 또는 제19조 및 제24조에 따라 직업능력개발훈련과정의 인정을 받아 직업능력개발훈련을 실시하는 자와 공모하여 제19조제2항 각 호 또는 제24조제2항 각 호의 어느 하나에 해당하는 행위를 하여 인정이 취소된 경우
3. 제21조제2항을 위반하여 경제적 이익등을 제공받은 경우

[전문개정 2010. 5. 31.] [제25조에서 이동 〈2010. 5. 31.〉]

제43조 근로자의 직업능력 개발을 위한 지원

① 고용노동부장관은 법 제29조제1항에 따라 다음 각 호의 어느 하나에 해당하는 피보험자등이 「국민 평생 직업능력 개발법」 제2조제1호에 따른 직업능력개발훈련(이하 "직업능력개발훈련"이라 한다)을 수강한 경우에는 고용노동부령으로 정하는 바에 따라 필요한 비용의 전부나 일부를 지원할 수 있다. 〈개정 2009. 3. 12., 2010. 7. 12., 2010. 12. 31., 2011. 9. 15., 2012. 1. 13., 2013. 12. 24., 2015. 6. 30., 2017. 6. 27., 2019. 6. 25., 2021. 12. 31., 2022. 2. 17.〉
1. 우선지원대상기업에 고용된 피보험자 등
2. 법 제27조제2항 각 호의 어느 하나에 해당하는 피보험자 등
3. 자영업자인 피보험자 등
4. 직업안정기관의 장에게 취업훈련을 신청한 날부터 180일 이내에 이직 예정인 피보험자 등
5. 경영상의 이유로 90일 이상 무급 휴직 중인 피보험자 등
6. 대규모기업에 고용된 사람으로서 45세 이상이거나 고용노동부장관이 정하여 고시하는 소득액 미만인 피보험자 등
7. 법 제27조에 따라 사업주가 실시하는 직업능력개발훈련을 수강하지 못한 기간이 3년 이상인 피보험자 등

8. 「남녀고용평등과 일·가정 양립 지원에 관한 법률」제19조에 따른 육아휴직 중인 피보험자 등

② 제1항에 따른 직업능력개발훈련에 드는 비용은 해당 훈련을 받는 피보험자등이나 훈련을 실시하는 기관에 지급할 수 있다. 다만, 훈련을 받는 피보험자등이 고용노동부장관이 정하는 바에 따라 「여신전문금융업법」제2조제3호에 따른 신용카드(이하 "신용카드"라 한다)를 사용하여 훈련비용을 결제하고 신용카드를 발급한 신용카드업자가 그 훈련비용을 훈련을 실시하는 기관에 지급한 경우에 고용노동부장관은 그 훈련을 받는 피보험자등을 대신하여 훈련비용을 해당 신용카드업자에게 지급할 수 있다. 〈신설 2013. 12. 24., 2017. 6. 27., 2021. 6. 8.〉

③ 제1항에 따라 훈련비용을 지원받을 수 있는 훈련과정의 범위와 지원절차 등에 관하여 필요한 사항은 고용노동부령으로 정한다. 〈개정 2008. 4. 30., 2010. 7. 12.〉

[제목개정 2013. 12. 24.]

> **관련법령** 「국민 평생 직업능력 개발법」제2조제1호

제2조(정의)

1. "**직업능력개발훈련**"이란 모든 국민에게 평생에 걸쳐 직업에 필요한 직무수행능력(지능정보화 및 포괄적 직업·직무기초능력을 포함한다)을 습득·향상시키기 위하여 실시하는 훈련을 말한다.

[전문개정 2008. 12. 31.]

> **관련법령** 「남녀고용평등과 일·가정 양립 지원에 관한 법률」제19조

제19조(육아휴직)

① 사업주는 임신 중인 여성 근로자가 모성을 보호하거나 근로자가 만 8세 이하 또는 초등학교 2학년 이하의 자녀(입양한 자녀를 포함한다. 이하 같다)를 양육하기 위하여 휴직(이하 "육아휴직"이라 한다)을 신청하는 경우에 이를 허용하여야 한다. 다만, 대통령령으로 정하는 경우에는 그러하지 아니하다. 〈개정 2010. 2. 4., 2014. 1. 14., 2019. 8. 27., 2021. 5. 18.〉

② 육아휴직의 기간은 1년 이내로 한다.

③ 사업주는 육아휴직을 이유로 해고나 그 밖의 불리한 처우를 하여서는 아니 되며, 육아휴직 기간에는 그 근로자를 해고하지 못한다. 다만, 사업을 계속할 수 없는 경우에는 그

러하지 아니하다.
④ 사업주는 육아휴직을 마친 후에는 휴직 전과 같은 업무 또는 같은 수준의 임금을 지급하는 직무에 복귀시켜야 한다. 또한 제2항의 육아휴직 기간은 근속기간에 포함한다.
⑤ 기간제근로자 또는 파견근로자의 육아휴직 기간은 「기간제 및 단시간근로자 보호 등에 관한 법률」제4조에 따른 사용기간 또는 「파견근로자 보호 등에 관한 법률」제6조에 따른 근로자파견기간에서 제외한다. 〈신설 2012. 2. 1., 2019. 4. 30., 2020. 5. 26.〉
⑥ 육아휴직의 신청방법 및 절차 등에 관하여 필요한 사항은 대통령령으로 정한다. 〈개정 2012. 2. 1.〉
[전문개정 2007. 12. 21.]

관련법령 ▶ 「여신전문금융업법」제2조제3호

제2조(정의)

3. "**신용카드**"란 이를 제시함으로써 반복하여 신용카드가맹점에서 다음 각 목을 제외한 사항을 결제할 수 있는 증표(證票)로서 신용카드업자(외국에서 신용카드업에 상당하는 영업을 영위하는 자를 포함한다)가 발행한 것을 말한다.
   가. 금전채무의 상환
   나. 「자본시장과 금융투자업에 관한 법률」제3조제1항에 따른 금융투자상품 등 대통령령으로 정하는 금융상품
   다. 「게임산업진흥에 관한 법률」제2조제1호의2에 따른 사행성게임물의 이용 대가 및 이용에 따른 금전의 지급. 다만, 외국인(「해외이주법」제2조에 따른 해외이주자를 포함한다)이 「관광진흥법」에 따라 허가받은 카지노영업소에서 외국에서 신용카드업에 상당하는 영업을 영위하는 자가 발행한 신용카드로 결제하는 것은 제외한다.
   라. 그 밖에 사행행위 등 건전한 국민생활을 저해하고 선량한 풍속을 해치는 행위로 대통령령으로 정하는 사항의 이용 대가 및 이용에 따른 금전의 지급

[전문개정 2009. 2. 6.]

제44조 삭제 〈2011. 9. 15.〉

제45조 능력개발비용의 대부

① 고용노동부장관은 법 제29조제1항에 따라 피보험자(자영업자인 피보험자는 해당 연도 대부사업 공고일 현재 보험가입 후 합산하여 180일이 지난 사람으로 한정한다)가 자기 비용으로 다음 각 호의 어느 하나에 해당하는 학교나 시설에 입학하거나 재학하는 경우에는 해당 학자금의 전부나 일부를 예산의 범위에서 대부할 수 있다. 〈개정 2008. 6. 5., 2009. 3. 12., 2010. 7. 12., 2010. 8. 25., 2012. 1. 13., 2021. 6. 8., 2022. 2. 17.〉
  1. 「국민 평생 직업능력 개발법」에 따른 기능대학
  2. 「평생교육법」제33조제3항에 따른 전문대학 또는 대학졸업자와 동등한 학력·학위가 인정되는 원격대학형태의 평생교육시설
  3. 「고등교육법」제2조에 따른 학교
② 고용노동부장관은 피보험자가 직업능력개발훈련을 수강하는 경우 그 수강료의 전부나 일부를 예산의 범위에서 대부할 수 있다. 다만, 다음 각 호의 어느 하나에 해당하는 과정을 수강하는 경우는 제외한다. 〈개정 2010. 7. 12.〉
  1. 세미나, 심포지엄 등 정보 교류 활동 또는 시사·일반상식 등 교양과정
  2. 취미활동, 오락과 스포츠 등을 목적으로 하는 과정
  3. 그 밖에 고용노동부장관이 직업능력개발훈련과정으로 적합하지 아니하다고 인정하는 과정
③ 제2항에 따른 직업능력개발훈련 중 외국어 과정에 대하여 수강료를 대부받을 수 있는 사람의 범위는 고용노동부장관이 정한다. 〈개정 2010. 7. 12., 2021. 6. 8.〉
④ 제1항부터 제3항까지의 규정에 따른 대부금의 이율, 대부기간 등 대부조건은 고용노동부장관이 기획재정부장관과 협의하여 정한다. 〈개정 2008. 2. 29., 2010. 7. 12.〉
⑤ 제1항부터 제3항까지의 규정에 따른 대부 대상자의 선정, 대부절차, 대부횟수, 그 밖에 대부에 필요한 사항은 고용노동부령으로 정한다. 〈개정 2010. 7. 12.〉

관련법령 ▶ 「평생교육법」제33조제3항

제33조(원격대학형태의 평생교육시설)
③ 제1항에 따라 전문대학 또는 대학졸업자와 동등한 학력·학위가 인정되는 원격대학형

태의 평생교육시설을 설치하고자 하는 경우에는 대통령령으로 정하는 바에 따라 교육부장관의 인가를 받아야 한다. 이를 폐쇄하고자 하는 경우에는 교육부장관에게 신고하여야 한다. 〈개정 2008. 2. 29., 2013. 3. 23.〉

> **관련법령** ▶ 「고등교육법」제2조

제2조(학교의 종류)
고등교육을 실시하기 위하여 다음 각 호의 학교를 둔다.
1. 대학 2. 산업대학 3. 교육대학 4. 전문대학
5. 방송대학·통신대학·방송통신대학 및 사이버대학(이하 "원격대학"이라 한다)
6. 기술대학 7. 각종학교

[전문개정 2011. 7. 21.]

제46조 능력개발비용의 지원

① 고용노동부장관은 법 제29조제1항에 따라 제45조제1항 각 호의 어느 하나에 해당하는 학교나 시설에 입학하거나 재학하는 우선지원대상기업의 피보험자(자영업자인 피보험자는 제외한다) 중 성적이 우수한 사람에게 예산의 범위에서 학자금의 전부나 일부를 지원할 수 있다. 〈개정 2010. 7. 12., 2012. 1. 13., 2021. 6. 8., 2021. 12. 31.〉

② 제1항에 따른 지원 대상자의 선발, 지원 금액과 지원 방법 등에 관하여 필요한 사항은 고용노동부장관이 정한다. 〈개정 2010. 7. 12.〉

제47조 취업훈련의 지원

① 고용노동부장관은 법 제29조제2항에 따라 창업 또는 취업을 위하여 직업능력개발훈련의 수강이 필요하다고 인정되는 실업자에게 취업훈련을 실시할 수 있다. 〈개정 2010. 7. 12., 2011. 9. 15., 2013. 12. 24.〉
  1. 삭제 ~ 4. 삭제 〈2013. 12. 24.〉

② 제1항에 따른 취업훈련에 드는 비용은 해당 훈련을 받는 사람이나 훈련을 실시하는 기관에 지급할 수 있다. 다만, 훈련을 받은 사람이 고용노동부장관이 정하는 바에 따라 신용카드를 사용하여 훈련비용을 결제하고 신용카드를 발급한 신용

카드업자가 그 훈련비용을 훈련을 실시하는 기관에 지급한 경우에 고용노동부장관은 그 훈련을 받는 자를 대신하여 훈련비용을 해당 신용카드업자에게 지급할 수 있다. 〈개정 2008. 12. 3., 2010. 7. 12., 2021. 6. 8.〉

③ 고용노동부장관은 제1항에 따른 취업훈련을 수강하는 실업자가 법 제43조제1항에 따른 구직급여의 수급자격이 없는 경우에는 훈련수당을 지급할 수 있다. 〈개정 2010. 7. 12., 2011. 9. 15., 2013. 12. 24.〉

④ 고용노동부장관은 제1항에 따른 취업훈련을 수강하는 피보험자였던 실업자에게 해당 훈련비의 전부나 일부를 대부할 수 있다. 〈개정 2010. 7. 12., 2011. 9. 15., 2013. 12. 24., 2021. 6. 8.〉

⑤ 제4항에 따른 대부 대상자의 선정, 대부절차, 대부횟수, 그 밖에 대부에 관하여 필요한 사항은 고용노동부령으로 정한다. 〈개정 2010. 7. 12.〉

⑥ 제1항에 따른 취업훈련의 실시기관이나 그 밖에 취업훈련의 실시에 필요한 사항은 고용노동부령으로 정한다. 〈개정 2010. 7. 12., 2011. 9. 15.〉

[제목개정 2011. 9. 15.]

제47조의2 직업능력개발훈련 중 생계비 대부

① 법 제29조제3항에서 "대통령령으로 정하는 저소득 피보험자등"이란 다음 각 호의 어느 하나에 해당하는 사람 중 소득수준 및 종전의 대부실적 등을 고려하여 고용노동부장관이 정하여 고시하는 선정기준에 해당하는 사람을 말한다. 〈개정 2020. 6. 9.〉

1. 법 제2조제1호가목에 따른 피보험자로서 휴직수당 등 금품을 받지 않고 휴직 중인 사람
2. 자영업자인 피보험자
3. 법 제27조제2항 각 호의 어느 하나에 해당하는 피보험자 등
4. 법 제29조제3항에 따른 생계비 대부 신청 시 실업상태에 있는 피보험자 등이었던 사람(법 제4장에 따른 실업급여를 수급하고 있는 사람은 제외한다)
5. 제35조제5호바목에 해당하는 피보험자 등
6. 그 밖에 생계비 대부가 필요하다고 고용노동부장관이 인정하는 피보험자 등

② 법 제29조제3항에 따른 생계비는 예산의 범위에서 대부할 수 있다.
③ 고용노동부장관은 직업능력개발훈련에 따른 생계비의 대부를 신청하는 사람에 대하여 제1항에 따른 대부 대상자 해당 여부의 확인절차를 거친 후에 대부 여부를 결정하여야 한다. 〈개정 2010. 7. 12.〉
④ 제3항에 따른 대부의 신청·결정 절차에 관한 사항, 대부결정의 취소에 관한 사항, 대부금액 및 상환방법, 그 밖에 대부제도의 운영에 필요한 사항은 고용노동부장관이 정하여 고시한다. 〈개정 2010. 7. 12.〉

[본조신설 2009. 3. 12.]

제48조 직업능력개발훈련시설 등에 대한 비용 대부

① 고용노동부장관은 법 제30조에 따라 직업능력개발 훈련을 실시하고 있거나 실시하려는 사업주, 사업주단체, 근로자단체, 「국민 평생 직업능력 개발법」제32조에 따라 고용노동부장관의 허가를 받아 설립한 직업능력개발훈련법인과 같은 법 제2조제3호나목에 따른 지정직업훈련시설을 설치·운영하는 자에게 직업능력개발훈련시설의 설치와 장비 구입에 필요한 비용을 예산의 범위에서 대부할 수 있다. 〈개정 2010. 7. 12., 2021. 6. 8., 2022. 2. 17.〉
② 제1항에 따른 대부금의 이율, 대부기간 등 대부 조건은 고용노동부장관이 기획재정부장관과 협의하여 정한다. 이 경우 우선지원대상기업의 사업주나 해당 기업의 사업주단체와 제52조제1항제6호에 따른 직업능력개발사업을 실시하거나 실시하려는 사업주나 사업주단체에는 대부금의 이율을 달리 정할 수 있다. 〈개정 2008. 2. 29., 2010. 7. 12., 2021. 12. 31.〉
③ 제1항에 따른 비용의 대부한도, 대부 절차 등에 관하여 필요한 사항은 고용노동부령으로 정한다. 〈개정 2010. 7. 12.〉

> **관련법령** ▶ 「국민 평생 직업능력 개발법」제32조

제32조(직업능력개발훈련법인의 설립 등)
① 고용노동부장관은 다음 각 호에 따른 직업능력개발사업을 목적으로 하는 비영리법인(이하 "직업능력개발훈련법인"이라 한다)의 설립을 허가할 수 있다. 〈개정 2010. 6. 4.〉

1. 직업능력개발훈련
2. 근로자의 직업능력개발을 위한 조사·연구사업
3. 직업능력개발훈련 과정 및 매체 등의 개발·보급사업

② 고용노동부장관은 직업능력개발훈련법인이 다음 각 호의 어느 하나에 해당하면 시정을 명하거나 그 법인의 설립허가를 취소할 수 있다. 다만, 제1호부터 제3호까지의 경우 중 어느 하나에 해당하면 그 허가를 취소하여야 한다. 〈개정 2010. 5. 31., 2010. 6. 4.〉
1. 거짓이나 그 밖의 부정한 방법으로 설립허가를 받은 경우
2. 설립허가 조건을 위반한 경우
3. 목적 달성이 불가능한 경우
4. 목적사업 외의 사업을 한 경우
5. 제16조제3항에 따른 위탁의 제한 또는 제19조제3항·제24조제3항에 따른 인정의 제한을 받거나 제31조제1항에 따라 지정직업훈련시설의 지정이 취소된 경우
6. 이 법 또는 이 법에 따른 명령이나 정관을 위반한 경우
7. 정당한 사유 없이 설립허가를 받은 날부터 6개월 이내에 목적사업을 시작하지 아니하거나 1년 이상 사업실적이 없는 경우

③ 고용노동부장관은 직업능력개발훈련법인이 수익사업을 하는 경우 다음 각 호의 어느 하나에 해당하면 그 법인에 그 수익사업의 시정이나 정지를 명할 수 있다. 〈개정 2010. 6. 4.〉
1. 수익을 목적사업 외의 사업에 사용한 경우
2. 해당 사업을 계속하는 것이 직업능력개발훈련법인의 목적에 위배된다고 인정되는 경우

④ 직업능력개발훈련법인의 정관에 적을 사항 및 허가의 요건·기준 등에 관하여 필요한 사항은 대통령령으로 정한다.

⑤ 직업능력개발훈련법인에 관하여 이 법에서 규정하지 아니한 사항에 대하여는 「민법」 중 재단법인에 관한 규정을 준용한다.

[전문개정 2008. 12. 31.]

관련법령 ▶ 「국민 평생 직업능력 개발법」 제2조제3호나목

나. 지정직업훈련시설: 직업능력개발훈련을 위하여 설립·설치된 직업전문학교·실용전문학교 등의 시설로서 제28조에 따라 고용노동부장관이 지정한 시설

[전문개정 2008. 12. 31.]

제49조 직업능력개발훈련시설 등의 지원

① 고용노동부장관은 법 제30조에 따라 사업주, 사업주단체나 그 연합체가 「국민 평생 직업능력 개발법」 제15조에 따른 국가기간·전략산업직종 등 고용노동부장관이 고시하는 직종의 훈련을 실시하기 위하여 단독이나 공동으로 직업능력개발훈련시설을 설치하거나 장비를 구입하는 경우 또는 같은 법 제2조제3호가목에 따라 공공직업훈련시설을 설치한 공공단체가 노후 시설을 개·보수하거나 장비를 구입하는 경우 해당 시설 설치와 장비 구입에 필요한 비용의 일부를 예산의 범위에서 지원할 수 있다. 이 경우 우선지원대상기업에 속하는 사업주나 해당 기업의 사업주단체와 제52조제1항제6호에 따른 직업능력개발사업을 실시하는 사업주나 사업주단체를 우대할 수 있다. 〈개정 2010. 7. 12., 2020. 3. 31., 2021. 12. 31., 2022. 2. 17.〉

② 제1항에 따른 비용의 지원한도와 절차 등에 관하여 필요한 사항은 고용노동부령으로 정한다. 〈개정 2010. 7. 12.〉

> **관련법령** ▶ 「국민 평생 직업능력 개발법」 제15조

제15조(국가기간·전략산업직종에 대한 직업능력개발훈련의 실시)

① 국가와 지방자치단체는 다음 각 호의 직종(이하 "국가기간·전략산업직종"이라 한다)에 대한 원활한 인력수급을 위하여 필요한 직업능력개발훈련을 실시할 수 있다. 〈개정 2010. 5. 31., 2010. 6. 4.〉

1. 국가경제의 기간(基幹)이 되는 산업 중 인력이 부족한 직종
2. 정보통신산업·자동차산업 등 국가전략산업 중 인력이 부족한 직종
3. 그 밖에 산업현장의 인력수요 증대에 따라 인력을 양성할 필요가 있다고 고용노동부장관이 고시하는 직종

② 국가기간·전략산업직종의 선정기준 및 절차, 훈련대상, 훈련과정의 요건, 훈련수당, 그 밖에 직업능력개발훈련에 필요한 사항은 대통령령으로 정한다. 〈개정 2010. 5. 31.〉

[전문개정 2008. 12. 31.] [제목개정 2010. 5. 31.]

> **관련법령** ▶ 「국민 평생 직업능력 개발법」 제2조제3호가목

3. **"직업능력개발훈련시설"** 이란 다음 각 목의 시설을 말한다.
    가. 공공직업훈련시설: 국가·지방자치단체 및 대통령령으로 정하는 공공단체(이하 "공

공단체"라 한다)가 직업능력개발훈련을 위하여 설치한 시설로서 제27조에 따라 고용노동부장관과 협의하거나 고용노동부장관의 승인을 받아 설치한 시설

[전문개정 2008. 12. 31.]

제50조 삭제 〈2008. 4. 30.〉

제51조 자격검정 사업의 지원

① 고용노동부장관은 법 제31조제1항제2호에 따라 다음 각 호의 어느 하나에 해당하는 사업을 실시하는 자에게 그 사업의 실시에 필요한 비용의 전부 또는 일부를 지원할 수 있다. 〈개정 2008. 9. 18., 2010. 7. 12.〉
  1. 사업주가 근로자의 기술향상을 위하여 실시하는 자격검정 사업
  2. 「국가기술자격법」에 따른 국가기술자격 검정기관이 피보험자의 자격취득 편의를 위하여 실시하는 사업

② 제1항제1호에 따른 자격검정 사업은 다음 각 호의 모든 요건을 갖추어야 한다. 〈개정 2010. 7. 12.〉
  1. 사업주가 단독이나 공동으로 해당 사업 및 해당 사업과 관련된 사업의 근로자를 대상으로 실시하는 자격검정일 것
  2. 자격 종목이 해당 사업에 필요한 지식 및 기능과 직접 관련될 것
  3. 해당 자격을 취득한 근로자에게는 승진·승급·보수 등에서 우대할 수 있는 규정을 제정하여 시행하고 있을 것
  4. 해당 자격을 취득하려고 하는 근로자에게 검정 사업과 관련하여 검정수수료 등 모든 비용을 받지 아니할 것
  5. 자격검정이 영리를 목적으로 하는 것이 아닐 것
  6. 그 밖에 고용노동부령으로 정하는 요건을 갖출 것

③ 제1항에 따른 비용의 지원신청과 지원방법 등에 관하여 필요한 사항은 고용노동부령으로 정한다. 〈개정 2010. 7. 12.〉

제52조 직업능력개발의 촉진

① 법 제31조제1항제3호에서 "대통령령으로 정하는 사업"이란 다음 각 호의 사업을 말한다. 〈개정 2009. 3. 12., 2010. 2. 8., 2010. 7. 12., 2010. 8. 25., 2012. 1. 13., 2020. 3. 31., 2021. 12. 31., 2022. 2. 17.〉

1. 직업능력개발사업에 관한 조사·연구사업
2. 직업능력개발사업을 위한 교육·홍보사업
3. 직업능력개발을 위한 훈련 매체의 개발·편찬과 보급사업
4. 사업주단체, 근로자단체나 그 연합체가 협력하여 실시하는 직업능력개발사업
5. 인적자원개발 우수기업 인증제 지원사업
6. 사업주, 사업주단체 또는 「고등교육법」 제2조에 따른 학교 등이 직업능력개발훈련을 실시하는 둘 이상의 사업주와 협약을 체결하여 그 근로자를 위하여 수행하는 직업능력개발사업
7. 「국민 평생 직업능력 개발법」 제36조와 제37조에 따른 직업능력개발훈련교사 및 같은 법 시행령 제19조제1항제7호에 따른 인력개발담당자의 양성 및 능력개발을 위하여 실시하는 교육훈련사업
8. 「국민 평생 직업능력 개발법」 제12조에 따라 실시하는 직업능력개발훈련
9. 「국민 평생 직업능력 개발법」 제40조에 따라 기능대학에 두는 교육·훈련과정에 따라 실시하는 교육·훈련
10. 우선지원대상기업의 사업주나 근로자의 핵심직무능력 향상을 위하여 실시하는 직업능력개발훈련(고용노동부장관이 정하는 우수훈련과정으로 한정한다)
11. 우선지원대상기업 근로자가 직무 지식을 습득할 기회를 확대하거나 그 기업 내의 직무 지식을 원활하게 축적·공유할 수 있도록 하는 등의 학습조직화를 촉진하기 위하여 실시하는 직업능력개발사업
12. 우선지원대상기업의 사업주나 인력개발담당자의 인적자원 개발역량을 높이기 위하여 실시하는 직업능력개발사업
13. 우선지원대상기업에 대한 체계적인 현장 훈련 지원 사업

14. 삭제 〈2010. 12. 31.〉
15. 그 밖에 직업능력개발의 촉진을 위한 사업

② 고용노동부장관은 제1항제6호에 따른 직업능력개발사업이 수행되는 경우 협약을 체결한 사업주들이 제42조제1항부터 제3항까지의 규정에 따라 각각 받을 수 있는 연간 직업능력개발 훈련비용 지원 한도액 중 고용노동부장관이 정하여 고시하는 비율의 금액(이하 이 항에서 "개별금액"이라 한다)의 합계액을 해당 직업능력개발사업의 수행 주체에게 직접 지원한다. 이 경우 개별금액은 협약을 체결한 사업주들이 제42조제1항부터 제3항까지의 규정에 따른 비용지원의 한도에서 각각 지원받은 것으로 본다. 〈신설 2012. 1. 13.〉

③ 제1항에 따른 비용의 지원신청과 지원방법 등에 관하여 필요한 사항은 고용노동부장관이 정한다. 〈개정 2010. 7. 12., 2012. 1. 13.〉

관련법령 ▶ 「고등교육법」 제2조

제2조(학교의 종류)
고등교육을 실시하기 위하여 다음 각 호의 학교를 둔다.
1. 대학 2. 산업대학 3. 교육대학 4. 전문대학
5. 방송대학·통신대학·방송통신대학 및 사이버대학(이하 "원격대학"이라 한다)
6. 기술대학 7. 각종학교
[전문개정 2011. 7. 21.]

관련법령 ▶ 「국민 평생 직업능력 개발법」 제36조와 제37조

제36조(직업능력개발훈련교사의 양성)
① 국가, 지방자치단체, 공공단체 또는 고용노동부장관이 고시하는 법인·단체는 직업능력개발훈련교사 양성을 위한 훈련과정을 설치·운영할 수 있다. 이 경우 국가 및 지방자치단체가 아닌 자가 훈련과정을 설치·운영하려면 고용노동부장관의 승인을 받아야 한다. 〈개정 2010. 6. 4., 2016. 1. 27.〉

② 제1항에 따라 승인을 받으려는 자는 다음 각 호의 요건을 갖추어야 한다. 〈개정 2016. 1. 27.〉
  1. 직업능력개발훈련교사 양성을 위한 훈련과정을 적절하게 운영할 수 있는 인력·시설 및 장비를 갖추고 있을 것
  2. 해당 승인을 받으려는 자는 그 훈련과정을 적절하게 운영할 수 있는 교육훈련 경력

을 갖춘 자일 것

3. 제29조 각 호에 따른 결격사유에 해당하지 아니할 것
4. 그 밖에 직업능력개발훈련교사 양성을 위하여 필요하다고 대통령령으로 정하는 요건을 갖출 것

③ 고용노동부장관은 제1항에 따라 승인을 받은 자가 다음 각 호의 어느 하나에 해당하는 경우에는 시정을 명하거나 그 승인을 취소할 수 있다. 다만, 제1호 또는 제2호에 해당하는 경우에는 그 승인을 취소하여야 한다. 〈개정 2010. 6. 4.〉

1. 거짓이나 그 밖의 부정한 방법으로 승인을 받은 경우
2. 제29조 각 호의 어느 하나에 해당하게 된 경우. 다만, 제29조제10호에 해당하는 경우로서 3개월 이내에 그 임원을 바꾸어 임명한 경우는 제외한다.
3. 제2항에 따른 승인 요건을 충족하지 못하게 된 경우
4. 정당한 사유 없이 계속하여 1년 이상 직업능력개발훈련교사 양성을 위한 훈련을 실시하지 아니한 경우
5. 시정명령에 따르지 아니한 경우
6. 그 밖에 이 법 또는 이 법에 따른 명령을 위반한 경우

④ 제1항에 따른 훈련과정의 종류, 승인의 절차, 제2항제1호·제2호에 따른 승인 요건의 세부 기준, 제3항에 따른 시정명령·승인취소의 세부 기준 등에 관하여 필요한 사항은 고용노동부령으로 정한다. 〈개정 2010. 6. 4., 2016. 1. 27.〉

[전문개정 2008. 12. 31.]

제37조(직업능력개발훈련교사등의 능력개발)

① 고용노동부장관은 직업능력개발훈련교사등의 능력개발을 위하여 직업능력개발사업을 할 수 있다. 〈개정 2010. 6. 4., 2020. 3. 31.〉

② 다음 각 호의 훈련 또는 훈련과정에서 가르치는 직업능력개발훈련교사등은 제1항에 따른 직업능력개발사업으로서 고용노동부장관이 실시하는 보수(補修)교육을 정기적으로 받아야 한다. 〈신설 2020. 3. 31.〉

1. 제16조에 따라 국가 또는 지방자치단체로부터 위탁받아 실시하는 직업능력개발훈련
2. 제19조에 따라 고용노동부장관으로부터 인정받는 직업능력개발훈련과정 및 계좌적합훈련과정
3. 제24조에 따라 고용노동부장관으로부터 인정받는 제20조제1항제1호의 근로자 직업능력개발훈련과정(사업주로부터 위탁받아 실시하는 훈련과정에 한정한다)

③ 고용노동부장관은 직업능력개발훈련교사등의 능력개발을 위한 직업능력개발사업을 하는 자에게 필요한 비용을 지원하거나 융자할 수 있다.〈개정 2010. 6. 4., 2020. 3. 31.〉
④ 제1항부터 제3항까지에 따른 보수교육 등 사업의 내용·방법 및 기준, 지원의 요건·내용·절차 및 수준에 관하여 필요한 사항은 대통령령으로 정한다. 〈개정 2020. 3. 31.〉
[전문개정 2008. 12. 31.] [제목개정 2020. 3. 31.]

> **관련법령** ▶ 「국민 평생 직업능력 개발법 시행령」 제19조제1항7호

제19조(사업주 및 사업주단체등에 대한 직업능력개발사업 지원)
① 법 제20조제1항제7호에서 "대통령령으로 정하는 사업"이란 다음 각 호와 같다. 〈
   7. 법 제33조제2항에 따른 직업능력개발훈련교사(이하 "직업능력개발훈련교사"라 한다) 및 인력개발담당자(직업능력개발훈련시설 및 기업 등에서 직업능력개발사업의 기획·운영·평가 등을 하는 사람을 말한다. 이하 같다)의 능력개발사업

> **관련법령** ▶ 「국민 평생 직업능력 개발법」 제12조

제12조(직업능력개발훈련 지원 등)
① 국가와 지방자치단체는 국민의 고용창출, 고용촉진 및 고용안정을 위하여 직업능력개발훈련을 실시하거나 직업능력개발훈련을 받는 사람에게 비용을 지원할 수 있다. 이 경우 제3조제4항 각 호에 해당하는 사람에 대하여는 우선적으로 지원될 수 있도록 하여야 한다. 〈개정 2010. 5. 31., 2021. 8. 17.〉
   1. 삭제 ~ 6. 삭제 〈2021. 8. 17.〉
② 제1항에 따라 실시하는 직업능력개발훈련의 대상, 훈련과정의 요건, 훈련수당, 그 밖에 직업능력개발훈련에 필요한 사항은 대통령령으로 정한다.
[전문개정 2008. 12. 31.] [제목개정 2010. 5. 31., 2021. 8. 17.]

> **관련법령** ▶ 「국민 평생 직업능력 개발법」 제40조

제40조(과정의 구분 등)
① 기능대학의 교육·훈련과정은 다음 각 호의 과정으로 구분한다. 〈개정 2012. 2. 1.〉
   1. 다기능기술자과정: 둘 이상의 직종에 관한 기능과 지식을 고르게 보유함으로써 제품의 개발로부터 제작에 이르는 전 공정에서 생산성 향상과 기술적 문제의 해결에 기여할 수 있는 인력을 양성하기 위한 교육·훈련과정

1의2. 학위전공심화과정: 기능대학 또는 전문대학을 졸업한 사람의 계속교육을 촉진·지원하고 학사학위를 수여하는 전공심화과정
2. 직업훈련과정
   가. 기능장과정: 전공분야의 최상급 숙련기능 및 생산관리기법에 관한 지식을 보유함으로써 작업관리 및 소속 기능인의 지도·감독 등의 업무를 수행하는 생산현장의 중간관리자를 양성하기 위한 직업훈련과정
   나. 직업능력개발훈련의 과정
   다. 그 밖에 다기능기술자과정 및 학위전공심화과정 외의 교육·훈련과정
② 기능대학의 장(이하 "학장"이라 한다)은 다기능기술자과정과 직업훈련과정이 균형을 이루도록 노력하여야 한다.
③ 기능대학은 제1항에 따른 교육·훈련과정 외에 다음 각 호의 사업을 수행할 수 있다. 〈개정 2012. 2. 1.〉
   1. 직업능력개발사업(직업능력개발훈련은 제외한다)
   2. 중소기업기술지도 및 창업보육센터 운영 등 산학협력사업
   3. 고용노동부장관, 다른 중앙행정기관의 장, 지방자치단체의 장 또는 사업주 등이 위탁하는 사업
   4. 교육·훈련생의 직업상담 및 고용촉진사업
   5. 그 밖에 지역주민의 평생능력개발 등 지역발전에 기여할 수 있는 사업
④ 다기능기술자과정, 학위전공심화과정 및 직업훈련과정의 설치·운영에 관한 사항은 대통령령으로 정한다. 〈개정 2012. 2. 1.〉
[본조신설 2010. 5. 31.] [종전 제40조는 제58조로 이동 〈2010. 5. 31.〉]

제53조 직업능력개발훈련사업의 위탁 실시

① 고용노동부장관은 법 제31조제2항에 따라 직업능력개발훈련사업을 위탁하여 실시하려는 때에는 매년 위탁하려는 직업능력개발훈련사업의 계획을 세워야 한다. 〈개정 2010. 7. 12.〉
② 제1항에 따른 직업능력개발훈련사업은 「국민 평생 직업능력 개발법」 제15조에 따른 국가기간·전략산업직종에 대한 직업능력개발훈련(이하 "국가기간·전략산업직종훈련"이라 한다)으로 본다. 〈개정 2010. 12. 31., 2022. 2. 17.〉

③ 국가기간·전략산업직종훈련은 「국민 평생 직업능력 개발법 시행령」제12조 각 호에 따른 시설이나 기관에 위탁하여 실시한다. 〈개정 2010. 12. 31., 2022. 2. 17.〉

④ 국가기간·전략산업직종훈련의 훈련대상, 훈련절차, 훈련비와 훈련수당의 지원 등 국가기간·전략산업직종훈련의 실시 등에 필요한 사항은 고용노동부령으로 정한다. 〈개정 2010. 7. 12., 2010. 12. 31.〉

> **관련법령** ▶ 「국민 평생 직업능력 개발법」제15조

제15조(국가기간·전략산업직종에 대한 직업능력개발훈련의 실시)

① 국가와 지방자치단체는 다음 각 호의 직종(이하 "국가기간·전략산업직종"이라 한다)에 대한 원활한 인력수급을 위하여 필요한 직업능력개발훈련을 실시할 수 있다. 〈개정 2010. 5. 31., 2010. 6. 4.〉

1. 국가경제의 기간(基幹)이 되는 산업 중 인력이 부족한 직종
2. 정보통신산업·자동차산업 등 국가전략산업 중 인력이 부족한 직종
3. 그 밖에 산업현장의 인력수요 증대에 따라 인력을 양성할 필요가 있다고 고용노동부장관이 고시하는 직종

② 국가기간·전략산업직종의 선정기준 및 절차, 훈련대상, 훈련과정의 요건, 훈련수당, 그 밖에 직업능력개발훈련에 필요한 사항은 대통령령으로 정한다. 〈개정 2010. 5. 31.〉

[전문개정 2008. 12. 31.] [제목개정 2010. 5. 31.]

> **관련법령** ▶ 「국민 평생 직업능력 개발법 시행령」제12조

제12조(직업능력개발훈련을 위탁받을 수 있는 기관)

법 제16조제1항에서 "대통령령으로 정하는 자"란 다음 각 호와 같다.

1. 직업능력개발훈련시설
2. 「고등교육법」제2조에 따른 학교
3. 「평생교육법」에 따라 인가·등록·신고 또는 보고된 평생교육시설
4. 「학원의 설립·운영 및 과외교습에 관한 법률」제2조의2제1항제2호에 따른 평생직업교육학원
5. 그 밖에 법 제12조 또는 법 제15조에 따른 직업능력개발훈련을 위탁하여 실시하려는 기관의 장이 그 직업능력개발훈련을 실시할 능력이 있다고 인정하는 시설 또는 기관

[전문개정 2009. 3. 31.]

제54조 건설근로자의 직업능력개발 지원

① 고용노동부장관은 법 제32조에 따라 건설업의 사업주나 사업주단체가, 일정한 사업장에 고용되지 아니한 건설근로자로서 고용노동부장관이 정하여 고시하는 사람의 직업능력의 개발·향상을 위해 직업능력개발훈련을 실시하는 경우에는 해당 비용의 일부를 지원하고, 건설근로자에게 훈련기간 중 훈련수당을 지급한 경우에는 그에 관하여 필요한 비용을 지원할 수 있다. 〈개정 2010. 7. 12., 2021. 6. 8.〉
② 제1항에 따른 직업능력개발 훈련비용의 지원에 관하여는 제41조제2항을 준용한다.

제55조 지방자치단체 등에 대한 지원

① 법 제34조에서 "대통령령으로 정하는 비영리법인·단체"란 법률에 따라 설립되거나 국가나 지방자치단체의 허가·인가를 받아 설립된 비영리법인과 「비영리민간단체 지원법」에 따라 등록한 비영리단체를 말한다.
② 고용노동부장관은 법 제34조에 따라 지방자치단체나 제1항에 따른 비영리법인·단체가 지역 내 피보험자등의 고용안정·고용촉진과 직업능력개발을 위한 사업을 실시하는 경우에는 예산의 범위에서 그 비용의 전부나 일부를 지원할 수 있다. 〈개정 2010. 7. 12.〉
③ 고용노동부장관은 제2항에 따라 비용을 지원하려면 대상 사업의 종류·내용, 지원의 요건·내용·수준 및 신청 방법 등을 미리 공고하여야 한다. 〈개정 2010. 7. 12.〉

제56조 부정행위에 따른 지원금 등의 지급 제한

① 고용노동부장관은 법 제35조제1항에 따라 거짓이나 그 밖의 부정한 방법으로 제17조, 제19조, 제21조의3, 제21조의4, 제22조, 제22조의2, 제24조, 제25조, 제25조의2, 제26조, 제28조, 제28조의2, 제28조의4, 제28조의5, 제29조, 제33조, 제35조, 제35조의2, 제36조, 제37조, 제37조의2, 제38조 및 제55조에 따른 지원금 또는 장려

금을 받거나 받으려는 자에게는 해당 지원금 또는 장려금 중 지급되지 않은 금액 또는 지급받으려는 지원금 또는 장려금을 지급하지 않으며, 거짓이나 그 밖의 부정한 방법으로 이미 지급받은 지원금 또는 장려금에 대해서는 반환을 명해야 한다. 〈개정 2010. 12. 31., 2011. 9. 15., 2013. 12. 24., 2014. 12. 31., 2016. 7. 19., 2016. 12. 30., 2019. 12. 31., 2020. 3. 31., 2020. 6. 9., 2021. 12. 31.〉

② 법 제35조제1항에 따라 거짓이나 그 밖의 부정한 방법으로 제1항에 따른 각 지원금 또는 장려금 중 어느 하나의 지원금 또는 장려금을 받거나 받으려 한 자에 대하여 고용노동부장관은 제1항에 따른 반환명령 또는 지급 제한을 한 날부터 1년의 범위에서 새로 지원하게 되는 제1항에 따른 각 지원금 또는 장려금 중 어느 하나에 해당하는 지원금 또는 장려금에 대해서는 별표 2에 따른 기간 동안 지급을 제한한다. 다만, 그 부정한 방법의 정도, 동기 및 결과 등을 고려하여 그 지급제한 기간의 3분의1까지 감경할 수 있다. 〈개정 2010. 2. 8., 2010. 7. 12., 2010. 12. 31., 2012. 10. 29., 2016. 12. 30.〉

★ 고용보험법 시행령 [별표 2] 〈개정 2012.10.29〉
〈부정행위에 따른 지원금의 지급제한 기간(제56조제2항 관련)〉

구분		지급 제한 기간
거짓이나 그 밖의 부정한 방법으로 지급받거나 받으려고 한 금액	300만원 미만	3개월
	300만원 이상 500만원 미만	6개월
	500만원 이상 1,000만원 미만	9개월
	1,000만원 이상	12개월

③ 제1항에 따른 반환(법 제35조제2항에 따른 추가징수를 포함한다. 이하 이 조에서 같다)명령을 받은 자는 그 통지를 받은 날부터 30일 이내에 통지받은 금액을 납부하여야 한다. 이 경우 납부방식은 일시 납부를 원칙으로 하되, 납부금액이 1천만원을 초과하는 경우에는 고용노동부장관이 정하는 바에 따라 나누어 낼 수 있다. 〈개정 2010. 2. 8., 2010. 7. 12., 2010. 12. 31.〉

④ 제1항 및 제3항이나 「국민 평생 직업능력 개발법」제56조(기금으로 지원 또는 융자된 금액에 대한 반환명령으로 한정한다)에 따라 반환 명령을 받은 자가 정해진

기간까지 납부 의무를 이행하지 아니한 경우에는 그 기간의 종료일부터 그 의무를 이행하는 날까지 법에 따른 지원금 또는 장려금 또는 같은 법에 따른 직업능력개발훈련 비용을 지급하지 않는다. 〈개정 2010. 2. 8., 2010. 8. 25., 2010. 12. 31., 2016. 12. 30., 2021. 6. 8., 2022. 2. 17.〉

주요판례

❖ 지원금교부결정취소처분취소 [울산지법 2020. 11. 19., 선고, 2019구합7465, 판결 : 항소]

판시사항

甲 주식회사가 산업단지에서 다른 사업장과 함께 사업주단체를 구성하여 직장어린이집을 공동으로 운영하기 위해 대표사업주로서 근로복지공단으로부터 직장어린이집 시설설치비 지원금을 지급받아 乙 어린이집을 설치·운영하던 중 강제경매로 乙 어린이집이 매각되자, 근로복지공단이 甲 회사에 대하여 乙 어린이집 매매를 이유로 구 직장어린이집 등 설치·운영 규정에 따라 시설설치비 지원결정을 취소하고 지원금 전액을 반환하라는 처분을 한 사안에서, 乙 어린이집에 관한 시설설치비 지원금 전부를 환수하는 것은 재량권을 일탈·남용한 것으로서 위법하다고 한 사례

판결요지

甲 주식회사가 산업단지에서 다른 사업장과 함께 사업주단체를 구성하여 직장어린이집을 공동으로 운영하기 위해 대표사업주로서 근로복지공단으로부터 직장어린이집 시설설치비 지원금을 지급받아 乙 어린이집을 설치·운영하던 중 강제경매로 乙 어린이집이 매각되자, 근로복지공단이 甲 회사에 대하여 乙 어린이집 매매를 이유로 구 직장어린이집 등 설치·운영 규정에 따라 시설설치비 지원결정을 취소하고 지원금 전액을 반환하라는 처분을 한 사안이다.
구 직장어린이집 등 설치·운영 규정(2020. 7. 8. 고용노동부 예규 제173호로 개정되기 전의 것) 제38조 제1항 및 [별표 3]에 따르면, 지원받은 시설을 매매한 경우에는 단순히 지급받은 지원금을 반환하도록 정하고 있어 규정 형식이나 체제 또는 문언에 비추어 지원받은 시설을 매매하는 등 경우의 지원금 반환명령은 기속행위가 아니라 재량행위에 해당하는 점, 乙 어린이집이 매각되기 이전까지의 기간에 상응하는 시설설치비 지원금은 그 목적대로 집행된 것으로 보이는데, 직장어린이집을 타에 매매함으로써 처분제한 조건을 위반하였다는 이유로 시설설치비 지원결정을 취소하고 시설설치비 반환명령을 할

때에는 매매에 이른 경위 등 다른 사정들과 함께 지원금이 일부 그 목적대로 집행된 사정을 감안하여 범위를 결정함이 타당한 점, 甲 회사는 적극적으로 자신의 이익을 위하여 乙 어린이집을 임의로 매각한 것이 아니라 乙 어린이집의 경영위탁보증금이나 乙 어린이집 건설을 위한 부지 매입비용 명목의 채무를 갚지 못하여 개시된 강제경매절차로 매각된 것이므로, 시설설치비 지원금의 집행 및 이로 인하여 취득한 재산을 사후에 엄격하게 관리함으로써 시설설치비 지원금 예산의 편성 및 집행 등에 있어 적정하고 효율적인 관리를 도모하고자 하는 관련 법령의 취지에 크게 반한다고 볼 수 없는 점, 乙 어린이집이 강제경매절차에서 매각됨으로 인하여 乙 어린이집의 존속이나 운영이 중단되었다거나 큰 차질이 빚어졌다고 볼 만한 아무런 자료도 없는 점, 시설설치비 지원금 전액에 관한 시설설치비 지원결정을 취소하고 이를 반환하도록 한다면 원고가 입게 되는 손해가 위 처분으로 인하여 달성하고자 하는 공익에 비하여 중하지 않다고 볼 수 없는 점 등을 종합하면, 乙 어린이집에 관한 시설설치비 지원금 전부를 환수하는 것은 재량권을 일탈·남용한 것으로서 위법하다고 한 사례이다.

주요판례

❖ **지원금교부결정취소처분취소**[울산지법 2020. 11. 19., 선고, 2019구합7465, 판결 : 항소]

판시사항

甲 주식회사가 산업단지에서 다른 사업장과 함께 사업주단체를 구성하여 직장어린이집을 공동으로 운영하기 위해 대표사업주로서 근로복지공단으로부터 직장어린이집 시설설치비 지원금을 지급받아 乙 어린이집을 설치·운영하던 중 강제경매로 乙 어린이집이 매각되자, 근로복지공단이 甲 회사에 대하여 乙 어린이집 매매를 이유로 구 직장어린이집 등 설치·운영 규정에 따라 시설설치비 지원결정을 취소하고 지원금 전액을 반환하라는 처분을 한 사안에서, 乙 어린이집에 관한 시설설치비 지원금 전부를 환수하는 것은 재량권을 일탈·남용한 것으로서 위법하다고 한 사례

판결요지

甲 주식회사가 산업단지에서 다른 사업장과 함께 사업주단체를 구성하여 직장어린이집을 공동으로 운영하기 위해 대표사업주로서 근로복지공단으로부터 직장어린이집 시설설치비 지원금을 지급받아 乙 어린이집을 설치·운영하던 중 강제경매로 乙 어린이집이 매각되자, 근로복지공단이 甲 회사에 대하여 乙 어린이집 매매를 이유로 구 직장어린이

집 등 설치·운영 규정에 따라 시설설치비 지원결정을 취소하고 지원금 전액을 반환하라는 처분을 한 사안이다.

구 직장어린이집 등 설치·운영 규정(2020. 7. 8. 고용노동부 예규 제173호로 개정되기 전의 것) 제38조 제1항 및 [별표 3]에 따르면, 지원받은 시설을 매매한 경우에는 단순히 지급받은 지원금을 반환하도록 정하고 있어 규정 형식이나 체제 또는 문언에 비추어 지원받은 시설을 매매하는 등 경우의 지원금 반환명령은 기속행위가 아니라 재량행위에 해당하는 점, 乙 어린이집이 매각되기 이전까지의 기간에 상응하는 시설설치비 지원금은 그 목적대로 집행된 것으로 보이는데, 직장어린이집을 타에 매매함으로써 처분제한 조건을 위반하였다는 이유로 시설설치비 지원결정을 취소하고 시설설치비 반환명령을 할 때에는 매매에 이른 경위 등 다른 사정들과 함께 지원금이 일부 그 목적대로 집행된 사정을 감안하여 범위를 결정함이 타당한 점, 甲 회사는 적극적으로 자신의 이익을 위하여 乙 어린이집을 임의로 매각한 것이 아니라 乙 어린이집의 경영위탁보증금이나 乙 어린이집 건설을 위한 부지 매입비용 명목의 채무를 갚지 못하여 개시된 강제경매절차로 매각된 것이므로, 시설설치비 지원금의 집행 및 이로 인하여 취득한 재산을 사후에 엄격하게 관리함으로써 시설설치비 지원금 예산의 편성 및 집행 등에 있어 적정하고 효율적인 관리를 도모하고자 하는 관련 법령의 취지에 크게 반한다고 볼 수 없는 점, 乙 어린이집이 강제경매절차에서 매각됨으로 인하여 乙 어린이집의 존속이나 운영이 중단되었다거나 큰 차질이 빚어졌다고 볼 만한 아무런 자료도 없는 점, 시설설치비 지원금 전액에 관한 시설설치비 지원결정을 취소하고 이를 반환하도록 한다면 원고가 입게 되는 손해가 위 처분으로 인하여 달성하고자 하는 공익에 비하여 중하지 않다고 볼 수 없는 점 등을 종합하면, 乙 어린이집에 관한 시설설치비 지원금 전부를 환수하는 것은 재량권을 일탈·남용한 것으로서 위법하다고 한 사례이다.

주요판례

❖ 신규고용촉진장려금반환명령등취소 [대법원 2013. 11. 28., 선고, 2012두16565, 판결]

판시사항

2008. 12. 31. 법률 제9315호로 개정된 구 고용보험법 제35조 제1항의 위임에 근거한 구 고용보험법 시행령 제56조 제2항에 의하여 반환 대상이 되는 '지급제한기간에 지급된 지원금 등'이 거짓이나 그 밖의 부정한 방법으로 지원받은 금액으로 제한되는지 여

부(적극)

> 판결요지

구 고용보험법(2008. 12. 31. 법률 제9315호로 개정되기 전의 것, 이하 '구법'이라 한다) 제35조 제1항하에서는 구 고용보험법 시행령(2007. 10. 17. 대통령령 제20330호로 개정되고 2010. 2. 8. 대통령령 제22026호로 개정되기 전의 것, 이하 같다) 제56조 제2항에 의하여 반환의 대상이 되는 '지급제한기간 동안 지급된 지원금 등'은 지급제한기간 동안 그 지급청구권이 발생하여 지급된 것이면 충분하고, 거짓이나 그 밖의 부정한 방법으로 지급된 것일 필요는 없었다. 그런데 구 고용보험법(2008. 12. 31. 법률 제9315호로 개정되고 2010. 6. 4. 법률 제10339호로 개정되기 전의 것, 이하 '개정법'이라 한다) 제35조 제1항은 구법 제35조 제1항과 달리 반환명령의 범위를 '거짓이나 그 밖의 부정한 방법으로 지원받은 금액'으로 제한하고 있다. 그 문언의 취지상 개정법 제35조 제1항은 '지원받은 금액의 반환명령'은 거짓이나 그 밖의 부정한 방법으로 지원받은 금액에 한정하여 대통령령의 규율에 위임한 것으로 보아야 한다. 한편 하위법령은 그 규정이 상위법령의 규정에 명백히 저촉되어 무효인 경우를 제외하고는 관련 법령의 내용과 입법 취지 및 연혁 등을 종합적으로 살펴서 그 의미를 상위법령에 합치되는 것으로 해석하여야 하므로, 이와 같은 개정법 제35조 제1항의 위임에 근거한 구 고용보험법 시행령 제56조 제2항에 의하여 반환의 대상이 되는 '지급제한기간에 지급된 지원금 등'은 모법과 같이 거짓이나 그 밖의 부정한 방법으로 지원받은 금액으로 제한된다고 해석해야 한다.

제57조 업무의 대행

① 법 제36조에서 "대통령령으로 정하는 자"란 다음 각 호의 자를 말한다. 〈개정 2010. 8. 25., 2022. 2. 17.〉
  1. 「한국산업인력공단법」에 따른 한국산업인력공단(이하 "한국산업인력공단"이라 한다)
  2. 「국민 평생 직업능력 개발법」에 따른 기능대학
  3. 「국민 평생 직업능력 개발법」제23조에 따른 직업능력개발단체
② 고용노동부장관은 법 제36조에 따라 업무를 대행하게 하는 경우에는 업무 수행에 드는 경비를 기금에서 지원한다. 〈개정 2010. 7. 12.〉

| 관련법령 | ▶ 「국민 평생 직업능력 개발법」제23조

제23조(직업능력개발단체의 직업능력개발사업 지원)
① 고용노동부장관은 대통령령으로 정하는 비영리법인 또는 비영리단체(이하 "직업능력개발단체"라 한다)가 실시하는 직업능력개발사업에 필요한 비용을 지원하거나 융자할 수 있다. <개정 2010. 6. 4.>
② 제1항에 따른 지원 또는 융자의 요건·내용·절차 및 수준에 관하여 필요한 사항은 대통령령으로 정한다. [전문개정 2008. 12. 31.]

제4장 실업급여

제58조 실업급여 지급에 관한 결정·통지

직업안정기관의 장은 실업급여의 지급 여부를 결정한 경우에는 그 청구인에게 서면으로 알려야 한다. 다만, 실업급여를 지급하기로 결정한 경우에는 제62조에 따른 보험 수급자격증에 그 사실을 적어 내줌으로써 통지를 갈음할 수 있으며, 청구인의 동의가 있는 경우에는 정보통신망을 이용하여 통지할 수 있다. 〈개정 2016. 12. 30., 2021. 6. 8.〉

제58조의2 실업급여수급계좌

① 법 제37조의2제1항 단서에서 "대통령령으로 정하는 불가피한 사유"란 다음 각 호의 모두에 해당하는 것을 말한다. 〈개정 2021. 6. 8.〉
  1. 수급자격자가 제65조제8호에 해당하는 사람으로서 그 수급자격자가 금융기관을 이용할 수 없는 지역에 거주하는 사람일 것
  2. 제1호의 사유로 실업급여의 신청일부터 14일 이내에 수급자격자에게 금융기관을 통하여 실업급여를 지급하는 것이 불가능할 것
② 직업안정기관의 장은 법 제37조의2제1항 단서에 따라 정보통신장애나 제1항의 사유로 인하여 실업급여를 법 제37조의2제1항 본문에 따른 수급자격자 명의의 지정된 계좌(이하 "실업급여수급계좌"라 한다)로 이체할 수 없을 때에는 해당 실업급여 금액을 수급자격자에게 직접 현금으로 지급할 수 있다.
③ 직업안정기관의 장은 제61조에 따라 수급자격 인정신청을 한 사람에게 신청인

이 원하는 경우에는 해당 실업급여를 실업급여수급계좌로 받을 수 있다는 사실을 안내하여야 한다.

[본조신설 2015. 4. 20.]

제58조의3 압류금지 실업급여 액수

법 제38조제2항에서 "대통령령으로 정하는 액수"란 법 제37조의2제1항에 따라 실업급여수급계좌에 입금된 금액 전액을 말한다. 〈개정 2017. 12. 26.〉

[본조신설 2015. 4. 20.]

제59조 급여원부의 작성

① 직업안정기관의 장은 실업급여를 지급한 경우에는 그 급여를 받은 수급자격자별로 급여원부(給與原簿)를 작성하여야 한다.
② 직업안정기관의 장은 보험과 관계있는 자가 청구하는 경우에는 급여원부를 열람시키고, 필요하다고 인정하면 증명서를 내주어야 한다.

제60조 기준기간의 연장 사유

법 제40조제2항제1호에서 "그 밖에 대통령령으로 정하는 사유"란 다음 각 호의 사유를 말한다. 다만, 법 제2조제5호 단서에 따라 고용노동부장관이 정하는 금품을 지급받는 경우는 제외한다. 〈개정 2010. 7. 12., 2019. 9. 17.〉
1. 사업장의 휴업
2. 임신·출산·육아에 따른 휴직
3. 휴직이나 그 밖에 이와 유사한 상태로서 고용노동부장관이 정하여 고시하는 사유

제60조의2 피보험 단위기간 산정

① 법 제41조제3항에 해당하는 근로자인 피보험자의 피보험 단위기간은 다음의 계

산식을 충족하면 법 제40조제1항제1호의 피보험 단위기간의 요건을 갖춘 것으로 본다. <개정 2023. 6. 27.>

1. 근로자로서의 피보험 단위기간(일 단위로 한다) + 180일 ≤ 예술인으로서의 피보험 단위기간(월 단위로 한다) + 9개월 + 노무제공자로서의 피보험 단위기간(월 단위로 한다) + 12개월

② 법 제41조제3항에 해당하는 근로자인 피보험자가 다음 각 호에 해당하는 경우에는 해당 호에 따라 제1항의 계산식을 산정한다. <개정 2023. 6. 27.>

1. 법 제40조제2항에 따른 기준기간 동안에 근로자, 예술인 및 노무제공자로 동시에 보험에 가입된 경우: 근로자로서의 피보험 단위기간에만 포함하여 산정
2. 법 제40조제2항에 따른 기준기간 동안에 예술인 및 노무제공자로 동시에 보험에 가입된 경우: 예술인 또는 노무제공자의 피보험 단위기간 중 근로자인 피보험자에게 유리한 피보험 단위기간에만 포함하여 산정

[본조신설 2021. 6. 8.]

제61조 구직신청과 수급자격 인정신청

① 법 제42조에 따라 실업을 신고하려는 사람은 전산망을 통하여 「직업안정법」제9조에 따른 구직신청을 해야 한다. <개정 2011. 9. 15., 2021. 6. 8.>

② 제1항에 따라 구직신청을 한 사람은 수급자격 인정신청서를 자신의 거주지를 관할하는 직업안정기관의 장에게 제출하되, 다음 각 호의 어느 하나에 해당하는 경우에는 해당 직업안정기관의 장에게 제출할 수 있다. <신설 2011. 9. 15., 2012. 1. 13.>

1. 취업을 희망하는 지역 관할 직업안정기관의 장에게 제출하려는 경우
2. 이직 전 사업장 관할 직업안정기관의 장에게 제출하려는 경우
3. 거주지 관할 직업안정기관보다 교통이 편리하다고 인정되는 인근 지역 관할 직업안정기관의 장에게 제출하려는 경우

③ 제1항에 따라 실업을 신고하려는 사람이 법 제42조제3항에 따라 사업주로부터 이직확인서를 발급받은 경우에는 이를 소재지 관할 직업안정기관의 장에게 제출해야 한다. <개정 2011. 9. 15., 2020. 8. 27., 2020. 12. 29., 2021. 6. 8.>

④ 제2항에 따라 수급자격 인정신청서를 받은 직업안정기관(이하 "신청지 관할 직업안정기관"이라 한다)의 장은 법 제44조제2항에 따라 직업안정기관에 출석하여 실업의 인정을 받아야 할 날(이하 "실업인정일"이라 한다)을 지정하여 해당 신고인에게 알려야 한다. 〈개정 2011. 9. 15.〉

| 관련법령 ▶ 「직업안정법」제9조 |

제9조(구직의 신청)
① 직업안정기관의 장은 구직신청의 수리를 거부하여서는 아니 된다. 다만, 그 신청 내용이 법령을 위반한 경우에는 그러하지 아니하다.
② 직업안정기관의 장은 구직자의 요청이 있거나 필요하다고 인정하여 구직자의 동의를 받은 경우에는 직업상담 또는 직업적성검사를 할 수 있다.
[전문개정 2009. 10. 9.]

제62조 수급자격의 인정

① 직업안정기관의 장은 제61조에 따라 수급자격 인정신청서를 받은 경우에 그 신청인이 법 제43조제1항에 따른 구직급여의 수급자격이 인정되면 최초의 실업인정일에 보험 수급자격증(이하 "수급자격증"이라 한다)을 내주어야 한다. 〈개정 2021. 6. 8.〉
② 직업안정기관의 장은 수급자격 인정신청서를 제출한 사람이 법 제43조제1항에 따른 구직급여의 수급자격이 인정되지 않는 경우에는 그 신청인에게 해당 사실을 알려야 한다. 〈개정 2021. 6. 8.〉
③ 수급자격자가 제1항에 따라 발급받은 수급자격증이 헐어 못쓰게 되거나 잃어버린 경우에는 신청지 관할 직업안정기관의 장에게 재발급을 신청하여야 한다. 〈개정 2011. 9. 15.〉
④ 수급자격자가 이름, 주민등록번호, 주소나 거소를 변경하거나 정정한 경우에는 신청지 관할 직업안정기관의 장에게 신고하여야 한다. 이 경우 직업안정기관의 장은 수급자격증의 관련 사항을 수정하여 반환하여야 한다. 〈개정 2011. 9. 15.〉
⑤ 제1항에 따라 수급자격증을 발급받은 사람은 수급자격 인정의 근거가 된 수급자

격 인정명세서를 발급하여 줄 것을 해당 수급자격을 인정한 직업안정기관의 장에게 청구할 수 있다. 〈개정 2021. 6. 8.〉

제62조의2 둘 이상의 피보험자격 취득 시 수급자격의 인정

법 제43조의2제2항 단서에서 "대통령령으로 정하는 바에 따른 소득감소"란 다음 각 호의 요건을 모두 갖춘 소득감소를 말한다.
1. 가장 나중에 상실한 피보험자격이 법 제77조의2제2항제2호 단서에 따른 단기예술인(이하 "단기예술인"이라 한다), 법 제77조의6제2항제2호 단서에 따른 단기노무제공자(이하 "단기노무제공자"라 한다) 또는 법 제77조의7제1항에 따른 노무제공플랫폼을 통해 노무를 제공하는 노무제공자에 해당할 것
2. 가장 나중에 상실한 피보험자격의 이직일 이전 1개월 동안 해당 피보험자격으로부터 발생한 소득이 법 제43조의2제1항에 따라 수급자격을 인정받으려는 사람이 선택한 피보험자격의 이직일 이전 1개월 동안 해당 피보험자격으로부터 발생한 소득의 100분의 50 미만일 것
3. 가장 나중에 상실한 피보험자격의 이직일 이전 1개월 동안 해당 피보험자격으로부터 발생한 1일 평균소득이 이직일 당시 적용되던 「최저임금법」에 따른 시간 단위에 해당하는 최저임금액에 소정근로시간 8시간을 곱한 금액에 100분의 80을 곱한 금액 이하일 것

[본조신설 2023. 6. 27.]

제63조 실업의 인정

① 수급자격자가 법 제44조제2항에 따라 실업의 인정을 받으려면 실업인정일에 신청지 관할 직업안정기관에 출석하여 실업인정신청서에 직전 실업인정일의 다음 날부터 해당 실업인정일까지의 재취업활동 내용을 적은 후 수급자격증을 첨부하여 제출하여야 한다. 〈개정 2011. 9. 15.〉
② 직업안정기관의 장은 제1항에 따라 실업을 인정한 경우에는 그 사실을 수급자격증에 적어 반환하여야 한다.

③ 제1항에 따른 재취업활동 인정기준은 고용노동부령으로 정한다. 〈개정 2010. 7. 12.〉

제64조 실업인정의 특례사유

법 제44조제2항제2호에서 "대통령령으로 정하는 사유"란 다음 각 호의 어느 하나에 해당하는 경우를 말한다. 〈개정 2021. 6. 8.〉
1. 천재지변이 발생한 경우
2. 월간 구직급여 수급자격의 인정을 신청한 사람의 수를 매월 말일의 피보험자수로 나누어 얻은 비율(이하 "수급자격신청률"이라 한다)이 연속하여 2개월간 100분의 1을 초과하는 경우
3. 법 제53조에 따른 특별연장급여의 지급이 결정된 경우

제65조 실업인정의 특례자

법 제44조제2항제3호에서 "그 밖에 대통령령으로 정하는 수급자격자"란 다음 각 호의 어느 하나에 해당하는 사람을 말한다. 〈개정 2010. 7. 12., 2010. 12. 31., 2011. 9. 15., 2013. 1. 25., 2013. 12. 24., 2016. 12. 30., 2019. 7. 2., 2021. 6. 8.〉
1. 취업 또는 구인자와의 면접이나 그 밖의 부득이한 사유로 실업인정일에 직업안정기관에 출석할 수 없는 사람으로서 실업인정일의 전일까지 신청지 관할 직업안정기관에 출석하여 실업인정일의 변경을 신청한 사람
2. 취업 또는 구인자와의 면접이나 그 밖의 부득이한 사유로 실업인정일 또는 그 전일까지 출석할 수 없었던 사람으로서 해당 사유가 없어진 날부터 14일 이내에 신청지 관할 직업안정기관에 출석하여 실업인정일의 변경을 신청한 사람
3. 7일 이상 계속적으로 취업하여 실업인정일 또는 그 전일까지 출석할 수 없었던 사람으로서 취업일을 증명할 수 있는 서류를 첨부하여 취업한 날부터 2개월 이내에 우편, 팩스 또는 정보통신망 등을 이용하여 실업의 인정을 신청한 사람. 다만, 실업의 인정을 신청한 날 현재 법 제15조에 따른 피보험자격의 취득신고가 되어 있는 경우에는 취업일을 증명할 수 있는 서류의 첨부를 생략할 수 있다.

4. 수급자격자의 착오로 실업인정일에 직업안정기관에 출석할 수 없었던 사람으로서 해당 실업인정일부터 14일 이내에 출석하여 실업인정일의 변경을 신청한 사람(해당 수급자격자의 법 제48조에 따른 수급기간 내에 한 번만 인정한다)
5. 다음 각 목의 어느 하나에 해당하는 사유로 직업안정기관의 장이 실업인정일을 변경하는 것이 적당하다고 인정한 사람
   가. 법 제48조에 따른 수급기간이 종료된 경우
   나. 「관공서의 공휴일에 관한 규정」에 따른 관공서의 공휴일인 경우
   다. 그 밖에 부득이한 사정이 있는 경우
6. 법 제87조제1항에 따른 심사·재심사 또는 소송에 의하거나 직업안정기관의 장의 직권에 따라 실업급여에 관한 처분이 취소·변경된 자
7. 해당 실업인정일부터 30일 이내에 취업하기로 확정된 사람
8. 섬 지역(제주특별자치도 본도 및 방파제 또는 교량 등으로 육지와 연결된 섬은 제외한다)에 거주하는 사람으로서 실업인정의 특례를 신청한 사람
9. 정보통신망을 통하여 직접 재취업활동 및 소득발생 여부를 신고할 수 있다고 직업안정기관의 장이 인정하는 사람

제66조 증명서에 따른 실업의 인정

① 수급자격자가 법 제44조제3항 제1호·제2호 또는 제4호에 따라 실업의 인정을 받으려면 그 사유가 없어진 후 14일 이내에 신청지 관할 직업안정기관에 출석하여 실업인정신청서에 수급자격증과 출석할 수 없었던 사유를 적은 증명서를 첨부하여 제출하여야 한다. 〈개정 2011. 9. 15.〉

② 제1항의 증명서에 적을 사항과 발급자 등에 관하여 필요한 사항은 고용노동부령으로 정한다. 〈개정 2010. 7. 12.〉

③ 수급자격자가 법 제44조제3항제3호에 따라 실업의 인정을 받으려면 직접 또는 대리인을 통하여 실업인정신청서에 수급자격증과 직업훈련 등의 실시기관이 내준 증명서를 첨부하여 관할 직업안정기관의 장에게 제출하여야 한다.

제67조 수급자격자의 취업촉진을 위한 조치

법 제44조제4항 전단에서 "재취업활동에 관한 계획의 수립 지원, 직업소개 등 대통령령으로 정하는 조치"란 수급자격자의 취업을 촉진하기 위하여 필요한 다음 각 호의 조치를 말한다.

1. 재취업활동에 관한 계획의 수립 지원
2. 실업급여 등 보험에 관한 안내와 교육
3. 직업적성검사, 직업정보제공 등 재취업을 위하여 미리 준비할 사항에 대한 심층 상담과 지도
4. 구인·훈련 등 고용정보의 탐색과 활용 요령, 이력서 작성과 면접 요령 등 재취업 활동 방법의 지도
5. 일자리 정보제공, 직업소개, 동행면접, 채용 관련 행사의 참석 기회의 제공
6. 훈련의 필요 여부 상담, 적합한 훈련과정의 안내, 훈련 지시 등 재취업을 촉진하기 위하여 필요한 조치

제68조 급여기초 임금일액의 상한액

① 법 제45조제5항에 따라 구직급여의 산정 기초가 되는 임금일액이 11만원을 초과하는 경우에는 11만원을 해당 임금일액으로 한다. 〈개정 2014. 12. 31., 2017. 3. 27., 2017. 12. 26., 2018. 12. 31., 2019. 9. 17.〉

② 고용노동부장관은 제1항에 따른 금액이 적용된 후 물가상승률과 경기변동, 임금상승률 등을 고려하여 조정이 필요하다고 판단되면 해당 금액의 변경을 고려하여야 한다. 〈개정 2010. 7. 12.〉

제69조 취업의 신고

① 수급자격자는 법 제47조제1항에 따라 취업한 사실이 있는 경우에는 취업한 날 이후 최초의 실업인정일에 제출하는 실업인정신청서에 그 사실을 적어야 한다. 〈개정 2019. 6. 25.〉

② 삭제 <2019. 6. 25.>
[제목개정 2019. 6. 25.]

제70조 수급기간의 연기 사유

법 제48조제2항에서 "그 밖에 대통령령으로 정하는 사유"란 다음 각 호의 사유를 말한다. <개정 2010. 7. 12., 2011. 9. 15.>

1. 본인의 질병이나 부상(법 제63조에 따라 상병급여를 받은 경우의 질병이나 부상은 제외한다)
2. 배우자의 질병이나 부상
3. 본인과 배우자의 직계존속 및 직계비속의 질병이나 부상
4. 배우자의 국외발령 등에 따른 동거 목적의 거소 이전
5. 「병역법」에 따른 의무복무
6. 범죄혐의로 인한 구속이나 형의 집행(법 제58조제1호가목에 따라 수급자격이 없는 자는 제외한다)
7. 제1호부터 제6호까지의 규정에 준하는 경우로서 고용노동부령으로 정하는 사유

[제목개정 2012. 1. 13.]

제71조 수급기간의 연기 신청

① 법 제48조제2항에 따라 취업할 수 없는 사실을 신고하려는 사람은 직접 또는 대리인을 통하여 수급기간 내에 수급기간 연기신청서에 수급자격증(수급자격증을 발급 받은 경우로 한정한다)을 첨부하여 신청지 관할 직업안정기관의 장에게 제출해야 한다. 다만, 천재지변, 「병역법」에 따른 병역의무 이행, 그 밖의 부득이한 사유가 있는 경우에는 그 사유가 없어진 날부터 30일 이내에 제출해야 한다. <개정 2011. 9. 15., 2012. 1. 13., 2021. 6. 8.>

② 제1항에도 불구하고 「산업재해보상보험법」제40조에 따라 요양급여를 받는 경우에는 해당 최초 요양일에 법 제48조제2항에 따른 신고를 한 것으로 본다. <개정 2008. 6. 25.>

③ 직업안정기관의 장은 제1항에 따른 신고가 수급기간의 연기사유에 해당한다고

인정하면 수급기간 연기통지서를 신고자에게 내주고, 수급자격증에 필요한 사항을 적은 후 반환하여야 한다. 〈개정 2012. 1. 13.〉
④ 제3항에 따라 수급기간 연기 통지를 받은 사람이 그 수급기간 연기 사유가 없어지거나 수급기간 연기신청서에 적은 내용 중 고용노동부령으로 정하는 사항의 변경이 있는 경우에는 지체 없이 해당 사실을 신청지 관할 직업안정기관의 장에게 신고하고 수급기간 연기통지서와 수급자격증을 제출해야 한다. 〈개정 2010. 7. 12., 2011. 9. 15., 2012. 1. 13., 2021. 6. 8.〉
⑤ 직업안정기관의 장은 제4항에 따른 신고를 받은 경우에는 수급기간 연기통지서와 수급자격증에 해당 사항을 적어 반환하여야 한다. 〈개정 2012. 1. 13.〉
[제목개정 2012. 1. 13.]

> **관련법령** 「산업재해보상보험법」제40조

제40조(요양급여)

① 요양급여는 근로자가 업무상의 사유로 부상을 당하거나 질병에 걸린 경우에 그 근로자에게 지급한다.
② 제1항에 따른 요양급여는 제43조제1항에 따른 산재보험 의료기관에서 요양을 하게 한다. 다만, 부득이한 경우에는 요양을 갈음하여 요양비를 지급할 수 있다.
③ 제1항의 경우에 부상 또는 질병이 3일 이내의 요양으로 치유될 수 있으면 요양급여를 지급하지 아니한다.
④ 제1항의 요양급여의 범위는 다음 각 호와 같다. 〈개정 2010. 6. 4.〉
  1. 진찰 및 검사
  2. 약제 또는 진료재료와 의지(義肢)나 그 밖의 보조기의 지급
  3. 처치, 수술, 그 밖의 치료   4. 재활치료
  5. 입원   6. 간호 및 간병
  7. 이송   8. 그 밖에 고용노동부령으로 정하는 사항
⑤ 제2항 및 제4항에 따른 요양급여의 범위나 비용 등 요양급여의 산정 기준은 고용노동부령으로 정한다. 〈개정 2010. 6. 4.〉
⑥ 업무상의 재해를 입은 근로자가 요양할 산재보험 의료기관이 제43조제1항제2호에 따른 상급종합병원인 경우에는 「응급의료에 관한 법률」제2조제1호에 따른 응급환자이

거나 그 밖에 부득이한 사유가 있는 경우를 제외하고는 그 근로자가 상급종합병원에서 요양할 필요가 있다는 의학적 소견이 있어야 한다. 〈개정 2010. 5. 20.〉

제71조의2 대기기간

법 제49조제2항에서 "대통령령으로 정하는 기간"이란 2주를 말한다.
[본조신설 2023. 6. 27.]

제72조 훈련연장급여 지급

법 제51조제2항 후단에서 "대통령령으로 정하는 기간"이란 2년을 말한다.

제73조 개별연장급여의 지급 등

① 법 제52조제1항에서 "대통령령으로 정하는 사람"이란 다음 각 호의 요건을 모두 갖춘 수급자격자를 말한다. 〈개정 2010. 2. 8., 2010. 7. 12., 2021. 6. 8.〉
  1. 법 제42조제1항에 따른 실업신고일부터 구직급여의 지급이 끝날 때까지 직업안정기관의 장의 직업소개(직업안정기관의 장이 실시하는 심층상담이나 집단상담에 참여한 경우를 포함한다)에 3회 이상 응하였으나 취업되지 않은 사람으로서 다음 각 목의 어느 하나에 해당하는 부양가족이 있는 사람
     가. 18세 미만이나 65세 이상인 사람
     나. 「장애인고용촉진 및 직업재활법」에 따른 장애인
     다. 1개월 이상의 요양이 요구되는 환자
     라. 소득이 없는 배우자
     마. 학업 중인 사람으로서 고용노동부장관이 정하여 고시하는 사람
  2. 삭제 〈2010. 2. 8.〉
  3. 급여기초 임금일액과 본인과 배우자의 재산합계액이 각각 고용노동부장관이 정하여 고시한 기준 이하인 사람

② 법 제52조제2항에 따라 개별연장급여 지급일수는 최대한 60일로 하되, 일정 기간 동안 실업급여를 반복하여 수급한 정도를 고려하여 고용노동부장관이 정하는 기준에 따라 그 지급기간을 60일 미만으로 정할 수 있다. 〈개정 2010. 12. 31.〉
③ 수급자격자가 법 제52조에 따른 개별연장급여를 지급받으려는 경우에는 구직급여일수 종료일까지 개별연장급여 신청서에 수급자격증을 첨부하여 신청지 관할 직업안정기관의 장에게 제출하여야 한다. 〈개정 2011. 9. 15.〉
④ 제1항에 따른 개별연장급여의 지급에 필요한 사항은 고용노동부령으로 정한다. 〈개정 2010. 7. 12.〉

제74조 특별연장급여 지급

법 제53조제1항 본문에서 "대통령령으로 정하는 사유"란 다음 각 호의 어느 하나에 해당하는 경우를 말한다. 다만, 제1호부터 제3호까지의 경우는 그와 같은 상황이 계속될 것으로 예상되는 경우로 한정한다. 〈개정 2009. 3. 12., 2021. 6. 8.〉

1. 매월의 구직급여 지급을 받은 사람의 수(법 제51조부터 제53조까지의 규정에 따라 훈련연장급여, 개별연장급여 또는 특별연장급여를 지급받는 사람의 수는 제외한다)를 해당 월의 말일의 피보험자수로 나누어 얻은 비율이 연속하여 3개월 동안 각각 100분의 3을 초과하는 경우
2. 매월의 수급자격신청률이 연속하여 3개월 동안 100분의 1을 초과하는 경우
3. 매월의 실업률이 연속하여 3개월 동안 100분의 6을 초과하는 경우
4. 실업의 급증 등에 따른 고용사정의 급격한 악화로 고용정책심의회에서 법 제53조에 따른 특별연장급여의 지급이 필요하다고 의결한 경우

제74조의2 국민연금 보험료의 지원 절차 등

① 「국민연금법」제24조에 따른 국민연금공단(이하 "국민연금공단"이라 한다)은 같은 법 제19조의2제1항에 따라 구직급여를 받는 기간을 국민연금 가입기간으로 추가 산입한 경우에는 법 제55조의2제1항 및 「국민연금법」제19조의2제3항 후단

에 따라 기금에서 지원하는 금액(같은 항 전단에 따른 연금보험료에 같은 법 시행령 제25조의5제2항에 따른 기금의 부담비율을 곱한 금액을 말한다)을 산정하여 이를 고용노동부장관에게 통보해야 한다. 〈개정 2021. 6. 8.〉

② 고용노동부장관은 제1항에 따른 통보를 받으면 해당 금액을 국민연금공단에 교부하여야 한다.

③ 고용노동부장관은 제2항에 따라 교부한 금액이 적절하게 사용되었는지를 확인하기 위하여 국민연금공단에 필요한 자료의 제공을 요청할 수 있다. 이 경우 국민연금공단은 특별한 사유가 없으면 이에 따라야 한다. [본조신설 2016. 7. 19.]

> **관련법령** ▶ 「국민연금법」 제24조

제24조(국민연금공단의 설립)

보건복지부장관의 위탁을 받아 제1조의 목적을 달성하기 위한 사업을 효율적으로 수행하기 위하여 국민연금공단(이하 "공단"이라 한다)을 설립한다. 〈개정 2008. 2. 29., 2010. 1. 18.〉

> **관련법령** ▶ 「국민연금법」 제19조의2제1항

제19조의2(실업에 대한 가입기간 추가 산입)

① 다음 각 호의 요건을 모두 갖춘 사람이 「고용보험법」 제37조제1항에 따른 구직급여를 받는 경우로서 구직급여를 받는 기간을 가입기간으로 산입하기 위하여 국민연금공단에 신청하는 때에는 그 기간을 가입기간에 추가로 산입한다. 다만, 추가로 산입하는 기간은 1년을 초과할 수 없다.

1. 18세 이상 60세 미만인 사람 중 가입자 또는 가입자였을 것
2. 대통령령으로 정하는 재산 또는 소득이 보건복지부장관이 정하여 고시하는 기준 이하일 것

[본조신설 2015. 1. 28.]

> **관련법령** ▶ 「국민연금법」 제55조의2제1항

제55조의2(국민연금 보험료의 지원)

① 고용노동부장관은 「국민연금법」 제19조의2제1항에 따라 구직급여를 받는 기간을 국

민연금 가입기간으로 추가 산입하려는 수급자격자에게 국민연금 보험료의 일부를 지원할 수 있다.

> **관련법령** ▶ 「국민연금법」 제19조의2제3항

제19조의2(실업에 대한 가입기간 추가 산입)

③ 가입자 또는 가입자였던 사람은 제1항에 따라 구직급여를 받는 기간을 가입기간으로 추가 산입하려는 경우 인정소득을 기준으로 연금보험료를 납부하여야 한다. 이 경우 국가는 연금보험료의 전부 또는 일부를 일반회계, 제101조에 따른 국민연금기금 및 「고용보험법」 제78조에 따른 고용보험기금에서 지원할 수 있다.

[본조신설 2015. 1. 28.]

> **관련법령** ▶ 「국민연금법 시행령」 제25조의5제2항

제25조의5(실업에 대한 가입기간 추가 산입에 따른 연금보험료의 지원범위 등)

② 법 제19조의2제3항 후단에 따라 일반회계, 법 제101조에 따른 국민연금기금 및 「고용보험법」 제78조에 따른 고용보험기금에서 부담하는 비율은 보건복지부장관과 고용노동부장관이 협의하여 정한다.

[본조신설 2015. 6. 30.]

제75조 구직급여의 지급절차

① 수급자격자는 신청지 관할 직업안정기관에 출석하는 최초의 실업인정일에 구직급여를 받기를 원하는 금융기관과 계좌(법 제37조의2제1항 본문에 따라 구직급여를 실업급여수급계좌로 받으려는 경우에는 실업급여수급계좌를 말한다. 이하 이 조에서 같다)를 지정하여 신고하여야 한다. 신고한 금융기관 또는 계좌를 변경하려는 경우에도 또한 같다. 〈개정 2011. 9. 15., 2015. 4. 20.〉

② 구직급여는 수급자격자가 지정한 금융기관의 계좌에 입금하는 방법으로 지급한다.

제76조 지급되지 않은 구직급여의 청구

① 법 제57조제1항에 따라 지급되지 않은 구직급여의 지급을 청구하려는 사람(이하 "미지급급여청구자"라 한다)은 미지급 실업급여 청구서를 사망한 수급자격자의 신청지 관할 직업안정기관의 장에게 제출해야 한다. 〈개정 2011. 9. 15., 2021. 6. 8.〉
② 법 제57조제2항에 따라 미지급급여청구자가 사망한 수급자격자의 실업의 인정을 받으려면 사망한 수급자격자의 신청지 관할 직업안정기관에 출석하여 미지급 실업급여 청구서를 제출하고 해당 수급자격자에 대한 실업의 인정을 받아야 한다. 〈개정 2011. 9. 15., 2021. 6. 8.〉
③ 미지급급여청구자가 제1항에 따라 미지급 실업급여 청구서를 제출할 때에는 사망한 수급자격자가 구직급여를 받기 위해 필요한 신고나 서류 제출을 해야 한다. 〈개정 2021. 6. 8.〉

[제목개정 2021. 6. 8.]

제77조 준용

미지급급여청구자에 대한 구직급여의 지급절차에 관하여는 제75조를 준용한다. 이 경우 "신청지 관할 직업안정기관"은 "사망한 수급자격자의 신청지 관할 직업안정기관"으로 보고, "수급자격자"는 "미지급급여청구자"로 본다. 〈개정 2011. 9. 15., 2021. 6. 8.〉

제78조 삭제 〈2015. 6. 30.〉

제79조 구직급여의 지급정지 절차

① 직업안정기관의 장은 다음 각 호의 어느 하나에 해당하는 사람에게는 구직급여의 지급이 정지될 수 있음을 고용노동부령으로 정하는 바에 따라 사전에 알려야 한다. 〈개정 2010. 7. 12., 2021. 6. 8.〉

1. 법 제60조제1항에 따라 직업안정기관의 장이 소개하는 직업에 취직하는 것을 거부하는 수급자격자
   2. 법 제60조제1항에 따라 직업안정기관의 장이 지시한 직업능력개발훈련 등을 거부하는 수급자격자
   3. 법 제60조제2항에 따라 직업안정기관의 장이 실시하는 재취업 촉진을 위한 직업 지도를 거부하는 수급자격자
② 직업안정기관의 장은 제1항에 따른 고지에도 불구하고 법 제60조제1항 및 제2항에 따른 취직, 직업능력개발훈련 등을 두 번 이상 거부하는 경우에는 구직급여의 지급을 정지하여야 한다.
③ 직업안정기관의 장은 제2항에 따라 구직급여의 지급을 정지할 때에는 다음번 실업인정일의 전일까지 지급정지의 사유·기간 등을 수급자격자에게 알려야 하며, 그 지급정지기간에 대하여는 실업을 인정하지 아니한다.

제80조 구직급여의 지급 제한이 완화되는 부정행위

법 제61조제2항 본문에서 "대통령령으로 정하는 사유"란 수급자격자에 대한 다음 각 호의 어느 하나에 해당하는 사유를 말한다. 〈개정 2020. 12. 8.〉
1. 실업을 인정받으려는 기간(이하 "실업인정대상기간"이라 한다) 중에 근로를 제공한 사실을 실업인정을 신청할 때 신고하지 않거나 사실과 다르게 신고한 경우
2. 실업인정을 신청할 때 실업인정대상기간 중의 재취업 활동 내용을 사실과 다르게 신고한 경우

제80조의2 새로운 수급자격에 따른 구직급여의 지급 제한

법 제61조제5항에 따라 새로운 수급자격에 따른 구직급여를 지급하지 않는 기간은 다음 각 호의 구분에 따른다.
1. 구직급여를 받지 못한 횟수가 3회인 경우: 1년
2. 구직급여를 받지 못한 횟수가 4회인 경우: 2년

3. 구직급여를 받지 못한 횟수가 5회 이상인 경우: 3년
[본조신설 2020. 8. 27.]

제81조 구직급여의 반환 등

① 직업안정기관의 장은 다음 각 호의 어느 하나에 해당하는 조치를 했을 때에는 지체 없이 이를 해당 수급자격자 또는 수급자격자였던 사람(법 제62조제3항에 따른 사업주를 포함한다)에게 알려야 한다. 〈개정 2020. 8. 27.〉
  1. 법 제61조에 따른 구직급여의 지급 제한
  2. 법 제62조제1항·제3항 및 제4항에 따른 구직급여의 반환 명령
  3. 법 제62조제2항 및 제3항에 따른 추가 징수
  4. 법 제62조제5항에 따른 지급받을 구직급여의 반환금·추가징수금에의 충당

② 제1항제2호 및 제3호에 해당하는 조치를 받은 자는 제1항에 따른 통보를 받은 날부터 30일 이내에 해당 금액을 내야 한다. 다만, 낼 금액이 고용노동부장관이 정하는 금액 이상인 경우에는 본인이 신청하면 분할 납부하게 할 수 있다. 〈개정 2010. 7. 12., 2020. 8. 27.〉

③ 직업안정기관의 장은 법 제62조제1항 및 제2항에 따른 반환금과 추가징수금을 납부해야 하는 사람에게 법 제44조에 따라 지급받을 구직급여가 있는 경우 법 제62조제5항에 따라 해당 구직급여의 10분의 1에 해당하는 금액을 해당 반환금·추가징수금에 충당한다. 다만, 해당 반환금·추가징수금을 납부해야 하는 사람이 본문에 따른 금액 이상을 충당하기로 서면 동의하면 그 동의한 금액을 충당할 수 있다. 〈신설 2020. 8. 27.〉

④ 직업안정기관의 장은 법 제62조제4항에 따른 반환금을 납부해야 하는 사람에게 법 제44조에 따라 지급받을 구직급여가 있는 경우 법 제62조제5항에 따라 해당 구직급여의 전부 또는 일부를 반환금에 충당하기로 서면 동의하면 그 동의한 금액을 충당할 수 있다. 〈신설 2020. 8. 27.〉

⑤ 제2항 단서에 따른 분할 납부의 절차, 납부기한 등은 고용노동부장관이 정한다.
〈개정 2010. 7. 12., 2020. 8. 27.〉

제82조 상병급여의 지급 청구와 지급 제외

① 수급자격자는 법 제63조제1항에 따라 상병급여(傷病給與)의 지급을 청구하려는 경우 직접 또는 대리인을 통하여 그 취업할 수 없는 사유가 없어진 날부터 14일(법 제48조에 따른 수급기간이 그 취업할 수 없는 기간 내에 끝난 경우에는 수급기간 종료 후 30일) 이내에 신청지 관할 직업안정기관의 장에게 상병급여 청구서에 수급자격증과 질병 또는 부상이나 출산에 관한 증명서를 첨부하여 제출하여야 한다. 다만, 천재지변이나 그 밖의 부득이한 사유가 있는 경우에는 그 사유가 없어진 날부터 7일 이내에 제출하여야 한다. 〈개정 2011. 9. 15.〉

② 법 제63조제4항에서 "대통령령으로 정하는 보상 또는 급여"란 다음 각 호의 보상과 급여를 말한다.
  1. 「국가배상법」제3조제2항제2호에 따른 휴업배상
  2. 「의사상자 등 예우 및 지원에 관한 법률」제8조에 따른 보상금

> **관련법령** ▶ 「국가배상법」제3조제2항제2호

제3조(배상기준)

② 제2조제1항을 적용할 때 타인의 신체에 해를 입힌 경우에는 피해자에게 다음 각 호의 기준에 따라 배상한다.
  2. 제1호의 요양으로 인하여 월급액이나 월실수입액 또는 평균임금의 수입에 손실이 있는 경우에는 요양기간 중 그 손실액의 휴업배상(休業賠償)

> **관련법령** ▶ 「의사상자 등 예우 및 지원에 관한 법률」제8조

제8조(보상금)

① 국가는 의상자 및 의사자유족에게 보상금을 지급한다. 다만, 다른 법률에 따라 국가 또는 지방자치단체로부터 보상금을 지급받은 때에는 그 금액에 상당한 보상금을 지급하지 아니한다.

② 보상금의 지급수준은 「통계법」제3조제2호에 따라 통계청장이 지정하여 고시하는 통계 중 가계조사통계의 전국가구 가계소비지출액 등을 고려하여 의사상자의 의로운 행위에 대한 희생과 부상의 정도에 상응하게 결정하여야 한다.

③ 보상금은 일시금으로 지급하되, 지급액·지급방법이나 그 밖에 지급에 관하여 필요한 사항은 대통령령으로 정한다.

제83조 준용

상병급여에 관하여는 제69조, 제75조부터 제80조까지, 제80조의2 및 제81조를 준용한다. 이 경우 제69조 중 "실업인정신청서"는 "상병급여 청구서"로, 제75조부터 제80조까지, 제80조의2 및 제81조 중 "구직급여"는 "상병급여"로 본다. <개정 2020. 12. 8.>

제84조 조기재취업 수당의 지급기준

① 법 제64조제1항에서 "대통령령으로 정하는 기준"이란 수급자격자가 법 제49조의 대기기간이 지난 후 재취업한 날의 전날을 기준으로 법 제50조에 따른 소정급여일수를 2분의 1 이상 남기고 재취업한 경우로서 다음 각 호의 어느 하나에 해당하는 경우를 말한다. <개정 2010. 2. 8., 2010. 7. 12., 2013. 12. 24.>
　1. 12개월 이상 계속하여 고용된 경우. 다만, 수급자격자가 최후에 이직한 사업의 사업주나 그와 관련된 사업주로서 고용노동부령으로 정하는 사업주에게 재고용되거나 법 제42조에 따른 실업의 신고일 이전에 채용을 약속한 사업주에게 고용된 경우는 제외한다.
　2. 12개월 이상 계속하여 사업을 영위한 경우. 이 경우 수급자격자가 법 제44조제2항에 따라 해당 수급기간에 해당 사업을 영위하기 위한 준비활동을 재취업활동으로 신고하여 실업으로 인정받았을 때로 한정한다.
② 법 제64조제2항에서 "대통령령으로 정하는 기간"이란 2년을 말한다.

주요판례

❖ **고용 보험 조기 재취업수당 부지급 처분취소** [대법원 2011. 12. 8., 선고, 2009두19892, 판결]

판시사항

주식회사의 대표이사에 취임하는 것이 구 고용보험법 시행령 제84조 제1항 제1호에서 정한 '고용되는 직업에 취직한 경우'에 해당하는지 여부(원칙적 적극)

판결요지

구직급여의 수급자격자가 소정급여일수분의 구직급여를 모두 지급받기 이전에 취업한 경우 그에게 취업촉진 수당의 일종으로서 지급하는 조기재취업수당에 관한 구 고용보험법(2007. 12. 21. 법률 제8781호로 개정되기 전의 것, 이하 '법'이라 한다) 제64조 제1항, 구 고용보험법 시행령(2008. 2. 29. 대통령령 제20681호로 개정되기 전의 것, 이하 '시행령'이라 한다) 제84조 제1항, 제86조 제1항, 구 고용보험법 시행규칙(2008. 4. 30. 노동부령 제299호로 개정되기 전의 것) 제109조 제2항의 내용, 형식 및 목적 등과 아울러, ① 조기재취업수당은 구직급여 수급자격자가 구직급여를 모두 지급받기 전에 재취직이든 자영업의 영위이든 취업의 형태를 불문하고 안정적으로 재취업하여 소득을 얻을 수 있게 된 경우에는 그에게 소정급여일수분의 구직급여 중 미지급된 부분의 일정 비율에 상당하는 금전을 지급함으로써 실직기간을 최소화시키고 안정된 재취업을 장려하기 위한 것이므로, 수급자격자가 주식회사의 대표이사에 취임하여 안정적으로 재취업하였다면 이 역시 위와 같은 취지에 부합하는 것으로서 조기재취업수당이 지급되는 것으로 봄이 상당한 점, ② 시행령 제84조 제1항 제1호의 '고용되는 직업에 취직한 경우'는 법 제64조 제1항의 '안정된 직업에 재취직한 경우'에 대응하는 규정으로서 그 취업이 반드시 민법 제655조 이하에 규정된 고용의 성질을 가지는 것에 한정된다고 볼 수 없는 점, ③ 주식회사의 대표이사는 이사 가운데 회사를 대표하는 이로서 회사와의 관계에서 민법의 위임에 관한 규정이 그에 준용되므로(상법 제382조 참조) 다른 특별한 사정이 없는 한 그 취임이 민법상 고용에 해당한다고 보기 어려우나, 그렇다고 해서 스스로 영리를 목적으로 하는 사업을 영위하는 것이라고 단정할 수 없는 점, ④ 시행령 제84조 제1항 제1호와 제2호의 구분은 재취직과 자영업의 영위 사이에 재취업의 진정성 및 안정성을 확인하는 방법이나 내용의 차이에 기인한 것으로 보이는데, 주식회사의 대표이사에 취임한 경우에 그 취업의 진정성 등은 이사 또는 대표이사 선임결의의 내용, 해당 주식회사 목적사업의 지속가능성 등을 기초로 확인할 수 있으므로, 제1호의 '고용되는 직업에 취직한 경우'에 그 취업의 진정성 등을 근로계약 내용, 고용주 사업의 지속가능성 등을 기초로 확인할 수 있는 것과 유사한 점 등에 비추어 보면, 주식회사 대표이사의 취임은, 해당 주식회사의 사업이 실질적으로 영리를 목적으로 하는 대표이사 개인의 사업과 같다고 볼 수 있는 특별한 사정이 없는 한, 시행령 제84조 제1항 제1호의 '고용되는 직업에 취직한 경우'에 해당한다고 보아야 할 것이다.

제85조 조기재취업 수당의 금액

① 법 제64조제3항에 따른 조기재취업 수당의 금액은 구직급여일액에 미지급일수의 2분의 1을 곱한 금액으로 한다.
② 삭제 〈2013. 12. 24.〉[전문개정 2010. 2. 8.]

제86조 조기재취업 수당의 청구 등

① 수급자격자가 법 제64조에 따른 조기재취업 수당을 지급받으려면 조기재취업 수당청구서에 고용노동부령으로 정하는 서류를 첨부하여 신청지 관할 직업안정기관의 장에게 제출하여야 한다. 〈개정 2010. 7. 12., 2011. 9. 15., 2012. 1. 13.〉
② 제1항에 따른 조기재취업 수당청구서는 법 제64조제1항에 따라 안정된 직업에 재취직하거나 스스로 영리를 목적으로 사업을 시작한 날부터 12개월 이후에 제출하여야 한다. 〈개정 2010. 2. 8., 2013. 12. 24.〉
③ 조기재취업 수당의 지급절차에 관하여는 제75조를 준용한다.

제87조 재취업촉진 활동 장려금

① 고용노동부장관은 법 제64조제5항에 따라 직업안정기관의 직원이 제67조에 따른 조치를 하여 해당 수급자가 소정급여일수를 남기고 안정된 직업에 재취업한 경우에는 해당 실적을 평가하여 예산의 범위에서 재취업촉진 활동 장려금을 지급할 수 있다. 〈개정 2010. 7. 12.〉
② 제1항에 따른 재취업촉진 활동 장려금을 지급하기 위한 실적평가, 지급대상자 선정, 지급방법과 금액 등에 관하여 필요한 사항은 고용노동부장관이 정한다. 〈개정 2010. 7. 12.〉

제88조 직업능력개발 수당

① 법 제65조제3항에 따른 직업능력개발 수당은 수급자격자가 직업안정기관의 장이 지시한 직업훈련 등을 받은 날로서 구직급여의 지급대상이 되는 날에 대하여

지급한다.

② 제1항에 따른 직업능력개발 수당의 금액은 교통비, 식대 등 직업훈련 등의 수강에 필요한 비용을 고려하여 고용노동부장관이 결정하여 고시하는 금액으로 한다. 〈개정 2010. 7. 12.〉

③ 직업능력개발 수당은 해당 수급자격자에 대한 구직급여의 지급일에 지급한다. 이 경우 직업능력개발 수당의 지급절차에 관하여는 제75조를 준용한다.

④ 직업능력개발 수당의 청구절차는 고용노동부령으로 정한다. 〈개정 2010. 7. 12.〉

제89조 광역 구직활동비

① 법 제66조제1항에 따른 광역 구직활동비는 수급자격자가 다음 각 호의 요건을 모두 갖춘 경우에 지급한다. 〈개정 2010. 7. 12.〉

　1. 구직활동에 드는 비용이 구직활동을 위하여 방문하는 사업장의 사업주로부터 지급되지 아니하거나 지급되더라도 그 금액이 광역 구직활동비의 금액에 미달할 것

　2. 수급자격자의 거주지로부터 구직활동을 위하여 방문하는 사업장까지의 거리가 고용노동부령으로 정하는 거리 이상일 것. 이 경우 거리는 거주지로부터 사업장까지의 통상적인 거리에 따라 계산하되, 수로(水路)의 거리는 실제 거리의 2배로 본다.

② 광역 구직활동비의 청구절차는 고용노동부령으로 정한다. 이 경우 광역 구직활동비의 지급절차에 관하여는 제75조를 준용한다. 〈개정 2010. 7. 12.〉

제90조 이주비

① 법 제67조제1항에 따른 이주비는 수급자격자가 다음 각 호의 요건을 모두 갖춘 경우에 지급한다. 〈개정 2010. 7. 12., 2011. 9. 15.〉

　1. 취업하거나 직업훈련 등을 받게 된 경우로서 고용노동부장관이 정하는 기준에 따라 신청지 관할 직업안정기관의 장이 주거의 변경이 필요하다고 인정할 것

    2. 해당 수급자격자를 고용하는 사업주로부터 주거의 이전에 드는 비용이 지급되지 아니하거나 지급되더라도 그 금액이 이주비에 미달할 것
    3. 취업을 위한 이주인 경우 1년 이상의 근로계약기간을 정하여 취업할 것
② 이주비의 청구절차는 고용노동부령으로 정한다. 이 경우 이주비의 지급절차에 관하여는 제75조를 준용한다. 〈개정 2010. 7. 12.〉

제91조 취업촉진 수당의 지급 제한이 완화되는 부정행위

법 제68조제2항 본문에서 "제47조제1항에 따른 신고의무의 불이행 또는 거짓의 신고 등 대통령령으로 정하는 사유"란 제80조 각 호의 어느 하나에 해당하는 경우를 말한다. 〈개정 2021. 6. 8.〉

제92조 준용

법 제64조부터 법 제67조까지의 규정에 따른 취업촉진 수당에 관하여는 제76조제1항 제3항 및 제81조를 준용한다. 이 경우 "구직급여"는 "취업촉진 수당"으로, "수급자격자"는 "취업촉진 수당을 지급받을 수 있는 사람"으로, "구직급여액"은 "취업촉진 수당액"으로 본다. 〈개정 2021. 6. 8.〉

제93조 사무의 위탁

직업안정기관의 장은 수급자격자의 신청에 따라 필요하다고 인정하면 그 자에게 행하는 실업급여에 관한 사무를 다른 직업안정기관의 장에게 위탁할 수 있다.

제93조의2 준용

자영업자인 피보험자의 실업급여에 관하여는 제58조, 제58조의2, 제58조의3, 제59조, 제61조(제3항은 제외한다), 제62조, 제62조의2, 제63조부터 제67조까지, 제69조

부터 제71조까지, 제75조부터 제77조까지, 제79조부터 제83조까지, 제88조부터 제92조까지의 규정을 각각 준용한다. <개정 2021. 6. 8., 2023. 6. 27.>

[본조신설 2012. 1. 13.]

제5장 육아휴직 급여 등

제94조 육아휴직 급여 신청기간의 연장 사유

법 제70조제2항 단서에서 "대통령령으로 정하는 사유"란 다음 각 호의 어느 하나에 해당하는 사유를 말한다. 〈개정 2012. 1. 13.〉

1. 천재지변
2. 본인이나 배우자의 질병·부상
3. 본인이나 배우자의 직계존속 및 직계비속의 질병·부상
4. 「병역법」에 따른 의무복무
5. 범죄혐의로 인한 구속이나 형의 집행

제95조 육아휴직 급여

① 법 제70조제1항에 따른 육아휴직 급여는 육아휴직 시작일을 기준으로 한 월 통상임금의 100분의 80에 해당하는 금액을 월별 지급액으로 한다. 다만, 해당 금액이 150만원을 넘는 경우에는 150만원으로 하고, 해당 금액이 70만원보다 적은 경우에는 70만원으로 한다. 〈개정 2021. 12. 31.〉

② 「남녀고용평등과 일·가정 양립 지원에 관한 법률」 제19조의4제1항에 따라 육아휴직을 분할하여 사용하는 경우에는 각각의 육아휴직 사용기간을 합산한 기간을 제1항에 따른 육아휴직 급여의 지급대상 기간으로 본다. 〈개정 2017. 8. 29., 2020. 3. 31.〉

③ 육아휴직 급여의 지급대상 기간이 1개월을 채우지 못하는 경우에는 제1항에 따

른 월별 지급액을 해당 월에 휴직한 일수에 비례하여 계산한 금액을 지급액으로 한다. 〈개정 2017. 8. 29., 2021. 12. 31.〉

④ 제1항 및 제3항에 따른 육아휴직 급여의 100분의 75에 해당하는 금액(다음 각 호의 어느 하나에 해당하는 경우에는 각 호의 구분에 따른 금액을 말한다)은 매월 지급하고, 그 나머지 금액은 육아휴직 종료 후 해당 사업장에 복직하여 6개월 이상 계속 근무한 경우에 합산하여 일시불로 지급한다. 다만, 법 제58조제2호다목에 따른 고용노동부령으로 정하는 정당한 사유로 6개월 이상 계속 근무하지 못한 경우에도 그 나머지 금액을 지급한다. 〈개정 2015. 6. 30., 2017. 6. 27., 2017. 8. 29., 2020. 3. 31., 2021. 12. 31.〉

1. 제1항에 따라 육아휴직 급여를 지급하는 경우로서 육아휴직 급여의 100분의 75에 해당하는 금액이 제1항 단서에 따른 최소 지급액보다 적은 경우: 제1항 단서에 따른 최소 지급액
2. 제3항에 따라 육아휴직 급여를 지급하는 경우로서 육아휴직 급여의 100분의 75에 해당하는 금액이 제1항 단서에 따른 최소 지급액을 일수에 비례하여 계산한 금액보다 적은 경우: 제1항 단서에 따른 최소 지급액을 일수에 비례하여 계산한 금액

[전문개정 2010. 12. 31.]

> **관련법령** 「남녀고용평등과 일·가정 양립 지원에 관한 법률」제19조의4제1항

제19조의4(육아휴직과 육아기 근로시간 단축의 사용형태)

① 근로자는 육아휴직을 2회에 한정하여 나누어 사용할 수 있다. 이 경우 임신 중인 여성 근로자가 모성보호를 위하여 육아휴직을 사용한 횟수는 육아휴직을 나누어 사용한 횟수에 포함하지 아니한다. 〈개정 2020. 12. 8., 2021. 5. 18.〉

[전문개정 2019. 8. 27.]

제95조의2 두 번째 육아휴직자에 대한 육아휴직 급여에 관한 한시적 특례

① 제95조제1항에도 불구하고 2022년 12월 31일까지 같은 자녀에 대하여 피보험자인 부모가 순차적으로 육아휴직을 하는 경우 두 번째 육아휴직을 한 피보험자에

게 지급하는 육아휴직 급여의 월별 지급액은 다음 각 호의 구분에 따라 산정한 금액으로 한다.

1. 육아휴직 시작일부터 3개월까지: 육아휴직 시작일을 기준으로 한 월 통상임금에 해당하는 금액. 다만, 해당 금액이 250만원을 넘는 경우에는 250만원으로 하고, 해당 금액이 70만원보다 적은 경우에는 70만원으로 한다.
2. 육아휴직 4개월째부터 육아휴직 종료일까지: 육아휴직 시작일을 기준으로 한 월 통상임금의 100분의 50에 해당하는 금액. 다만, 해당 금액이 120만원을 넘는 경우에는 120만원으로 하고, 해당 금액이 70만원보다 적은 경우에는 70만원으로 한다.

② 제1항에도 불구하고 같은 자녀에 대하여 부모의 육아휴직 기간이 겹치는 경우에는 그 기간 동안의 육아휴직 급여에 대해서는 제95조제1항을 적용한다.

③ 제1항 및 제2항을 적용할 때 임신 중인 여성 근로자가 임신을 이유로 육아휴직을 하는 경우에는 임신 중인 태아를 자녀로 보고, 임신 중인 여성 근로자와 그 배우자를 부모로 본다.

④ 제1항제1호에 따른 육아휴직 급여는 제95조제4항에도 불구하고 육아휴직 급여의 월별 지급액 전부를 매월 지급한다.

[전문개정 2021. 12. 31.]

제95조의3 출생 후 12개월 이내의 자녀에 대한 육아휴직 급여 등의 특례

① 제95조제1항 및 제95조의2제1항 제2항에도 불구하고 같은 자녀에 대하여 자녀의 출생 후 12개월이 될 때까지 피보험자인 부모가 모두 육아휴직을 하는 경우 그 부모인 피보험자의 육아휴직 급여의 월별 지급액은 다음 각 호의 구분에 따라 산정한 금액으로 한다.

1. 육아휴직 시작일부터 3개월까지: 육아휴직 시작일을 기준으로 한 각 피보험자의 월 통상임금에 해당하는 금액. 이 경우 그 월별 지급액의 상한액은 다음 각 목의 구분에 따르며, 그 월별 지급액의 하한액은 부모 각각에 대하여 70만원으로 한다.

가. 부모가 육아휴직을 사용한 기간이 각각 1개월인 경우: 부모 각각에 대하여 월 200만원

나. 부모가 육아휴직을 사용한 기간이 각각 2개월인 경우: 부모 각각에 대하여 첫 번째 달은 월 200만원, 두 번째 달은 월 250만원

다. 부모가 육아휴직을 사용한 기간이 각각 3개월인 경우: 부모 각각에 대하여 첫 번째 달은 월 200만원, 두 번째 달은 월 250만원, 세 번째 달은 월 300만원

2. 육아휴직 4개월째부터 육아휴직 종료일까지: 육아휴직 시작일을 기준으로 한 각 피보험자의 월 통상임금의 100분의 80에 해당하는 금액. 다만, 해당 금액이 150만원을 넘는 경우에는 150만원으로 하고, 해당 금액이 70만원보다 적은 경우에는 70만원으로 한다.

② 제1항을 적용할 때 임신 중인 여성 근로자가 임신을 이유로 육아휴직을 하는 경우에는 임신 중인 태아를 자녀로 보고, 임신 중인 여성 근로자와 그 배우자를 부모로 본다.

③ 제95조제1항에도 불구하고 「한부모가족지원법」 제4조제1호의 모 또는 부에 해당하는 피보험자가 육아휴직을 하는 경우 그 육아휴직 급여는 다음 각 호의 구분에 따른다.

1. 육아휴직 시작일부터 3개월까지: 육아휴직 시작일을 기준으로 한 월 통상임금에 해당하는 금액. 다만, 해당 금액이 250만원을 넘는 경우에는 250만원으로 하고, 해당 금액이 70만원보다 적은 경우에는 70만원으로 한다.

2. 육아휴직 4개월째부터 종료일까지: 육아휴직 시작일을 기준으로 한 월 통상임금의 100분의 80에 해당하는 금액. 다만, 해당 금액이 150만원을 넘는 경우에는 150만원으로 하고, 해당 금액이 70만원보다 적은 경우에는 70만원으로 한다.

④ 제1항제1호 및 제3항제1호에 따른 육아휴직 급여는 제95조제4항에도 불구하고 육아휴직 급여의 월별 지급액 전부를 매월 지급한다.

[본조신설 2021. 12. 31.]

> 관련법령 ▶ 「한부모가족지원법」 제4조제1호

제4조(정의)
1. "모" 또는 "부"란 다음 각 목의 어느 하나에 해당하는 자로서 아동인 자녀를 양육하는 자를 말한다.
   가. 배우자와 사별 또는 이혼하거나 배우자로부터 유기(遺棄)된 자
   나. 정신이나 신체의 장애로 장기간 노동능력을 상실한 배우자를 가진 자
   다. 교정시설·치료감호시설에 입소한 배우자 또는 병역복무 중인 배우자를 가진 사람
   라. 미혼자[사실혼(事實婚) 관계에 있는 자는 제외한다]
   마. 가목부터 라목까지에 규정된 자에 준하는 자로서 여성가족부령으로 정하는 자
[전문개정 2007. 10. 17.]

제96조 육아휴직 급여기간 중 취업의 신고 등

피보험자는 법 제70조제3항에 따라 이직 또는 취업을 한 날 이후 최초로 제출하는 육아휴직 급여 신청서에 이직 또는 취업을 한 사실을 적어야 한다. 〈개정 2019. 6. 25.〉

제97조 준용

법 제70조제1항에 따라 지급된 육아휴직 급여의 지급 제한 또는 반환명령 등에 관하여는 제81조를 준용한다. 이 경우 "구직급여"는 "육아휴직 급여"로 본다.

제98조 육아휴직 급여의 감액

고용노동부장관은 법 제73조제3항에 따라 피보험자가 「남녀고용평등과 일·가정 양립 지원에 관한 법률」제19조에 따른 육아휴직 기간 중 사업주로부터 육아휴직을 이유로 금품을 지급받은 경우로서 매월 단위로 육아휴직 기간 중 지급받은 금품과 다음 각 호의 구분에 따른 금액을 합한 금액이 육아휴직 시작일을 기준으로 한 월 통상임금을 초과한 경우에는 그 초과하는 금액을 다음 각 호의 구분에 따른 금액에서 빼고 지급한다. 〈개정 2008. 4. 30., 2010. 7. 12., 2010. 12. 31., 2015. 6. 30., 2018. 10. 2., 2019. 6. 25.,

2021. 12. 31.〉
1. 제95조제1항, 제95조의2제1항제2호 또는 제95조의3제1항제2호·제3항제2호에 따른 육아휴직 급여(제95조제3항을 적용하여 일수에 비례하여 계산한 육아휴직 급여를 포함한다)의 경우: 육아휴직 급여의 100분의 75에 해당하는 금액. 다만, 그 금액이 제95조제1항 단서, 제95조의2제1항제2호 단서, 제95조의3제1항제2호 단서 또는 같은 조 제3항제2호 단서에 따른 최소 지급액보다 적은 경우에는 그 최소 지급액으로 한다.
2. 제95조의2제1항제1호, 제95조의3제1항제1호 또는 같은 조 제3항제1호에 따른 육아휴직 급여(제95조제3항을 적용하여 일수에 비례하여 계산한 육아휴직 급여를 포함한다)의 경우: 육아휴직 급여의 100분의 100에 해당하는 금액

> **관련법령** ▶ 「남녀고용평등과 일·가정 양립 지원에 관한 법률」제19조

제19조(육아휴직)

① 사업주는 임신 중인 여성 근로자가 모성을 보호하거나 근로자가 만 8세 이하 또는 초등학교 2학년 이하의 자녀(입양한 자녀를 포함한다. 이하 같다)를 양육하기 위하여 휴직(이하 "육아휴직"이라 한다)을 신청하는 경우에 이를 허용하여야 한다. 다만, 대통령령으로 정하는 경우에는 그러하지 아니하다. 〈개정 2010. 2. 4., 2014. 1. 14., 2019. 8. 27., 2021. 5. 18.〉
② 육아휴직의 기간은 1년 이내로 한다.
③ 사업주는 육아휴직을 이유로 해고나 그 밖의 불리한 처우를 하여서는 아니 되며, 육아휴직 기간에는 그 근로자를 해고하지 못한다. 다만, 사업을 계속할 수 없는 경우에는 그러하지 아니하다.
④ 사업주는 육아휴직을 마친 후에는 휴직 전과 같은 업무 또는 같은 수준의 임금을 지급하는 직무에 복귀시켜야 한다. 또한 제2항의 육아휴직 기간은 근속기간에 포함한다.
⑤ 기간제근로자 또는 파견근로자의 육아휴직 기간은 「기간제 및 단시간근로자 보호 등에 관한 법률」제4조에 따른 사용기간 또는 「파견근로자 보호 등에 관한 법률」제6조에 따른 근로자파견기간에서 제외한다. 〈신설 2012. 2. 1., 2019. 4. 30., 2020. 5. 26.〉
⑥ 육아휴직의 신청방법 및 절차 등에 관하여 필요한 사항은 대통령령으로 정한다. 〈개정 2012. 2. 1.〉
[전문개정 2007. 12. 21.]

제99조 육아휴직 급여의 사무의 위탁

직업안정기관의 장은 피보험자의 신청에 따라 필요하다고 인정하면 그 자에게 행하는 육아휴직 급여에 관한 사무를 다른 직업안정기관의 장에게 위탁하여 처리할 수 있다.

제100조 출산전후휴가 급여 등 신청기간의 연장 사유

법 제75조제2호 단서에 따른 출산전후휴가 급여, 유산·사산 휴가 급여 또는 배우자 출산휴가 급여(이하 "출산전후휴가 급여 등"이라 한다) 신청기간의 연장 사유에 관하여는 제94조를 준용한다. 〈개정 2012. 7. 10., 2016. 12. 30., 2019. 9. 17.〉
[제목개정 2012. 7. 10.]

제101조 출산전후휴가 급여 등의 상·하한액

법 제76조제2항에 따라 피보험자에게 지급하는 출산전후휴가 급여 등의 상한액과 하한액은 다음 각 호와 같다. 〈개정 2008. 4. 30., 2012. 7. 10., 2014. 6. 17., 2016. 12. 30., 2019. 9. 17.〉
1. **상한액**: 다음 각 목의 사항을 고려하여 매년 고용노동부장관이 고시하는 금액
   가. 출산전후휴가 급여 등 수급자들의 평균적인 통상임금 수준
   나. 물가상승률
   다. 「최저임금법」에 따른 최저임금
   라. 그 밖에 고용노동부장관이 필요하다고 인정하는 사항
2. **하한액**: 출산전후휴가, 유산·사산 휴가 또는 「남녀고용평등과 일·가정 양립 지원에 관한 법률」 제18조의2에 따른 배우자 출산휴가(이하 "배우자 출산휴가"라 한다)의 시작일 당시 적용되던 「최저임금법」에 따른 시간 단위에 해당하는 최저임금액(이하 "시간급 최저임금액"이라 한다)보다 그 근로자의 시간급 통상임금이 낮은 경우에는 시간급 최저임금액을 시간급 통상임금으로 하여 산정된 출산전후휴가 급여 등의 지원기간 중 통상임금에 상당하는 금액

[제목개정 2012. 7. 10.]

> **관련법령** 「남녀고용평등과 일·가정 양립 지원에 관한 법률」제18조의2

제18조의2(배우자 출산휴가)
① 사업주는 근로자가 배우자의 출산을 이유로 휴가(이하 "배우자 출산휴가"라 한다)를 청구하는 경우에 10일의 휴가를 주어야 한다. 이 경우 사용한 휴가기간은 유급으로 한다. 〈개정 2012. 2. 1., 2019. 8. 27.〉
② 제1항 후단에도 불구하고 출산전후휴가급여 등이 지급된 경우에는 그 금액의 한도에서 지급의 책임을 면한다. 〈신설 2019. 8. 27.〉
③ 배우자 출산휴가는 근로자의 배우자가 출산한 날부터 90일이 지나면 청구할 수 없다. 〈개정 2019. 8. 27.〉
④ 배우자 출산휴가는 1회에 한정하여 나누어 사용할 수 있다. 〈신설 2019. 8. 27.〉
⑤ 사업주는 배우자 출산휴가를 이유로 근로자를 해고하거나 그 밖의 불리한 처우를 하여서는 아니 된다. 〈신설 2019. 8. 27.〉
[본조신설 2007. 12. 21.]

제102조 준용

출산전후휴가기간(법 제76조의2에 따른 근로계약 종료일로부터 해당 출산전후휴가 종료일까지의 기간을 포함한다) 또는 유산·사산휴가기간 중의 취업의 신고 등에 관하여는 제96조를 준용한다. 이 경우 "육아휴직 급여"는 "출산전후휴가 급여 등"으로 본다. 〈개정 2012. 7. 10., 2021. 6. 8.〉

제103조 준용

법 제75조에 따라 지급된 출산전후휴가 급여 등의 지급 제한, 반환명령 등에 관하여는 제81조를 준용한다. 이 경우 "구직급여"는 "출산전후휴가 급여 등"으로 본다. 〈개정 2012. 7. 10.〉

제104조 출산전후휴가 급여 등의 감액

고용노동부장관은 법 제77조에 따라 준용되는 법 제73조제3항에 따라 피보험자가 출산전후휴가 기간 또는 유산·사산 휴가 기간, 배우자 출산휴가 기간 중 사업주로부터 통상임금에 해당하는 금품을 지급받은 경우로서 사업주로부터 받은 금품과 법 제75조에 따른 출산전후휴가 급여 등을 합한 금액이 휴가 시작일을 기준으로 한 통상임금을 초과한 경우 그 초과하는 금액을 출산전후휴가 급여 등에서 빼고 지급한다. 다만, 휴가기간 중에 통상임금이 인상된 피보험자에게 사업주가 인상된 통상임금과 출산전후휴가 급여 등의 차액을 지급했을 때에는 그렇지 않다. 〈개정 2010. 7. 12., 2012. 7. 10., 2019. 9. 17.〉
[제목개정 2012. 7. 10.]

제104조의2 육아기 근로시간 단축 급여

① 법 제73조의2제2항 단서에 따른 육아기 근로시간 단축 급여 신청기간의 연장 사유에 관하여는 제94조를 준용한다. 이 경우 "육아휴직급여"는 "육아기 근로시간 단축 급여"로 본다.

② 법 제73조의2제3항에 따른 육아기 근로시간 단축 급여액은 다음의 계산식에 따라 산정한다. 다만, 육아기 근로시간 단축 급여의 지급대상 기간이 1개월을 채우지 못하는 경우에는 다음의 계산식에 따라 산출된 금액을 그 달의 일수로 나누어 산출한 금액에 그 달에 육아기 근로시간 단축을 사용한 일수를 곱하여 산정한다. 〈개정 2014. 9. 30., 2017. 12. 26., 2019. 9. 17.〉

(매주 최초 5시간 단축분) 육아기 근로시간 단축 개시일을 기준으로 「근로기준법」에 따라 산정한 월 통상금액에 해당하는 금액(200만원을 상한액으로 하고 50만원을 하한액으로 한다)	×	$\dfrac{5}{\text{단축 전 소정근로시간}}$
(나머지 근로시간 단축분) 육아기 근로시간 단축 개시일을 기준으로 「근로기준법」에 따라 산정한 월 통상임금의 100분의 80에 해당하는 금액 (150만원을 상한액으로 하고, 50만원을 하한액으로 한다)	×	$\dfrac{\text{단축정 소정근로시간} - \text{단축 후 소정근로시간} - 5}{\text{단축 전 소정근로시간}}$

[본조신설 2011. 9. 15.]
[종전 제104조의2는 제104조의5로 이동 〈2011. 9. 15.〉]

제104조의3 준용

① 법 제73조의2제1항에 따른 육아기 근로시간 단축 급여의 지급 제한, 반환명령 등에 관하여는 제81조를 준용한다. 이 경우 "구직급여"는 "육아기 근로시간 단축 급여"로 본다.
② 육아기 근로시간 단축기간 중의 취업의 신고 등에 관하여는 제96조를 준용한다. 이 경우 "육아휴직 급여"는 "육아기 근로시간 단축 급여"로 본다.

[본조신설 2011. 9. 15.]

제104조의4 육아기 근로시간 단축 급여의 감액

고용노동부장관은 법 제74조제2항에 따라 피보험자가 「남녀고용평등과 일·가정 양립 지원에 관한 법률」제19조의2에 따른 육아기 근로시간 단축기간 중 매월 단위로 사업주로부터 지급받은 금품(임금과 육아기 근로시간 단축을 이유로 지급받은 금품)과 법 제73조의2에 따른 육아기 근로시간 단축 급여를 합한 금액이 다음 각 호의 구분에 따른 통상임금을 초과한 경우에는 그 초과하는 금액을 육아기 근로시간 단축 급여에서 빼고 지급한다. <개정 2018. 10. 2.>

1. 육아기 근로시간 단축기간 중 통상임금 인상이 없는 경우: 육아기 근로시간 단축 시작일의 직전 월을 기준으로 한 월 통상임금
2. 육아기 근로시간 단축기간 중 통상임금이 인상된 경우: 다음 각 목의 구분에 따른 통상임금
   가. 통상임금이 인상된 날의 전날 까지: 육아기 근로시간 단축 시작일의 직전 월을 기준으로 한 월 통상임금
   나. 통상임금이 인상된 날 이후: 통상임금이 인상된 날을 기준으로 한 월 통상임금

[본조신설 2011. 9. 15.]

▶ **관련법령** 「남녀고용평등과 일·가정 양립 지원에 관한 법률」제19조의2

제19조의2(육아기 근로시간 단축)

① 사업주는 근로자가 만 8세 이하 또는 초등학교 2학년 이하의 자녀를 양육하기 위하여

근로시간의 단축(이하 "육아기 근로시간 단축"이라 한다)을 신청하는 경우에 이를 허용하여야 한다. 다만, 대체인력 채용이 불가능한 경우, 정상적인 사업 운영에 중대한 지장을 초래하는 경우 등 대통령령으로 정하는 경우에는 그러하지 아니하다. 〈개정 2012. 2. 1., 2019. 8. 27.〉

② 제1항 단서에 따라 사업주가 육아기 근로시간 단축을 허용하지 아니하는 경우에는 해당 근로자에게 그 사유를 서면으로 통보하고 육아휴직을 사용하게 하거나 출근 및 퇴근 시간 조정 등 다른 조치를 통하여 지원할 수 있는지를 해당 근로자와 협의하여야 한다. 〈개정 2012. 2. 1., 2019. 8. 27.〉

③ 사업주가 제1항에 따라 해당 근로자에게 육아기 근로시간 단축을 허용하는 경우 단축 후 근로시간은 주당 15시간 이상이어야 하고 35시간을 넘어서는 아니 된다. 〈개정 2019. 8. 27.〉

④ 육아기 근로시간 단축의 기간은 1년 이내로 한다. 다만, 제19조제1항에 따라 육아휴직을 신청할 수 있는 근로자가 제19조제2항에 따른 육아휴직 기간 중 사용하지 아니한 기간이 있으면 그 기간을 가산한 기간 이내로 한다. 〈개정 2019. 8. 27.〉

⑤ 사업주는 육아기 근로시간 단축을 이유로 해당 근로자에게 해고나 그 밖의 불리한 처우를 하여서는 아니 된다.

⑥ 사업주는 근로자의 육아기 근로시간 단축기간이 끝난 후에 그 근로자를 육아기 근로시간 단축 전과 같은 업무 또는 같은 수준의 임금을 지급하는 직무에 복귀시켜야 한다.

⑦ 육아기 근로시간 단축의 신청방법 및 절차 등에 관하여 필요한 사항은 대통령령으로 정한다.

[본조신설 2007. 12. 21.]

제5장의2 예술인인 피보험자에 대한 고용보험 특례

⟨신설 2020. 12. 8.⟩

제104조의5 예술인인 피보험자의 범위

① 법 제77조의2제1항에서 "대통령령으로 정하는 사람"이란 다음 각 호의 어느 하나에 해당하는 사람을 말한다.

1. 「예술인 복지법」 제2조제2호에 따른 예술인
2. 「예술인 복지법 시행령」 제2조제1항 각 호의 어느 하나에 해당하나 예술 활동 증명을 받지 못하였거나 예술 활동 증명의 유효기간이 지난 사람으로서 문화예술 분야에서 창작, 실연(實演), 기술지원 등의 활동을 하고 있거나 하려는 사람

② 법 제77조의2제2항제2호 본문에서 "대통령령으로 정하는 소득 기준"이란 다음 각 호와 같다.

1. 법 제77조의2제1항에 따른 예술인(이하 "예술인"이라 한다)과 사업주가 체결한 「예술인 복지법」 제4조의4에 따른 문화예술용역 관련 계약(이하 "문화예술용역 관련 계약"이라 한다)의 월평균소득(예술인이 문화예술용역 관련 계약에서 지급받기로 한 금액을 계약기간으로 나누어 월 단위로 산정한 금액을 말한다. 이하 같다)이 50만원 이상일 것
2. 제1호에 따른 소득 기준을 충족하지 못하는 예술인이 둘 이상의 문화예술용역 관련 계약을 체결한 경우로서 같은 기간에 해당하는 문화예술용역 관련 계약의 월평균소득을 합산(본인이 합산하기를 원하는 경우만 해당한다)하여 그 합계액이 50만원 이상일 것

③ 제2항제2호에 따라 예술인은 둘 이상의 문화예술용역 관련 계약의 월평균소득을 합산하기를 원하는 경우에는 고용노동부령으로 정하는 바에 따라 문화예술용역 관련 계약의 월평균소득의 합계액이 50만원 이상이 되는 날이 속하는 달의 다음 달 15일까지 고용노동부장관에게 합산 신청을 해야 한다.

④ 제3항에 따라 합산 신청을 받은 고용노동부장관은 해당 예술인이 제2항제2호에 따른 소득 기준을 충족하는지를 확인하여 그 결과를 해당 사업주(소득 기준을 충족하는 경우만 해당한다) 및 예술인에게 통보해야 한다. 이 경우 예술인이 제3항에 따라 합산 신청을 한 때에 해당 사업주가 제104조의6제1항에 따라 그 예술인의 피보험자격 취득에 관한 신고를 한 것으로 본다.

[본조신설 2020. 12. 8.]
[종전 제104조의5는 제104조의11로 이동 〈2020. 12. 8.〉]

관련법령 ▶ 「예술인 복지법」제2조제2호

제2조(정의)

2. "예술인"이란 예술 활동을 업(業)으로 하여 국가를 문화적, 사회적, 경제적, 정치적으로 풍요롭게 만드는 데 공헌하는 사람으로서 문화예술 분야에서 대통령령으로 정하는 바에 따라 창작, 실연(實演), 기술지원 등의 활동을 증명할 수 있는 사람을 말한다.

[전문개정 2016. 2. 3.]

관련법령 ▶ 「예술인 복지법 시행령」제2조제1항

제2조(예술 활동의 증명)

① 「예술인 복지법」(이하 "법"이라 한다) 제2조제2호에서 "대통령령으로 정하는 바에 따라 창작, 실연(實演), 기술지원 등의 활동을 증명할 수 있는 사람"이란 다음 각 호의 어느 하나에 해당하는 사람으로서 제2항부터 제4항까지의 규정에 따른 절차 및 세부 기준 등에 따라 창작, 실연, 기술지원 등의 활동을 증명할 수 있는 사람을 말한다. 〈개정 2014. 12. 3., 2016. 5. 3.〉

1. 「저작권법」제2조제1호 및 제25호에 따른 공표된 저작물이 있는 사람
2. 예술 활동으로 얻은 소득이 있는 사람
3. 삭제 ~ 5. 삭제 〈2014. 3. 28.〉
6. 그 밖에 제1호 및 제2호에 준하는 예술 활동 실적이 있는 사람

| 관련법령 | 「예술인 복지법」 제4조의4 |

제4조의4(문화예술용역 관련 계약)
① 문화예술용역과 관련된 계약의 당사자는 대등한 입장에서 공정하게 계약을 체결하고, 신의에 따라 성실하게 계약을 이행하여야 한다. 〈개정 2019. 12. 3.〉
② 제1항에 따른 계약의 당사자는 다음 각 호의 사항을 계약서에 명시하여야 하며, 서명 또는 기명날인한 계약서를 서로 주고받아야 한다.
  1. 계약 금액
  2. 계약 기간·갱신·변경 및 해지에 관한 사항
  3. 계약 당사자의 권리 및 의무에 관한 사항
  4. 업무·과업의 내용, 시간 및 장소 등 용역의 범위에 관한 사항
  5. 수익의 배분에 관한 사항
  6. 분쟁해결에 관한 사항
③ 제5조에 따른 표준계약서를 사용하는 경우에는 제1항 및 제2항에 따라 계약을 체결한 것으로 본다.
④ 문화체육관광부장관은 문화예술기획업자등이 제2항을 위반한 경우 같은 항 각 호에 따른 계약서 명시사항의 기재, 서명 또는 기명날인한 계약서의 교부, 그 밖에 시정을 위하여 필요한 조치를 명할 수 있다. 〈신설 2019. 12. 3.〉
[본조신설 2016. 2. 3.] [제4조의3에서 이동 〈2019. 12. 3.〉]

제104조의6 예술인의 피보험자격에 관한 신고

① 예술인과 문화예술용역 관련 계약을 체결한 사업주는 법 제77조의5제1항에서 준용하는 법 제15조에 따라 그 사업과 관련된 예술인의 피보험자격 취득 및 상실에 관한 사항을 그 사유가 발생한 날이 속하는 달의 다음 달 15일까지(예술인이 그 기일 이전에 신고할 것을 요구하는 경우에는 지체 없이) 고용노동부장관에게 신고해야 한다.
② 제1항에도 불구하고 법 제77조의2제2항제2호 단서에 따른 단기예술인(이하 "단기예술인"이라 한다)과 문화예술용역 관련 계약을 체결한 사업주가 해당 계약기간에 제공된 문화예술용역 일수, 계약금액 등이 적힌 노무제공내용 확인신고

서를 그 사유가 발생한 날이 속하는 달의 다음 달 15일까지 고용노동부장관에게 제출한 경우에는 해당 단기예술인의 피보험자격의 취득 및 상실에 관한 사항을 신고한 것으로 본다.

③ 예술인은 법 제77조의5제1항에서 준용하는 법 제15조제3항에 따라 피보험자격의 취득 및 상실에 관한 사항을 신고하는 경우에는 문화예술용역 관련 계약서 등 문화예술용역 관련 계약 관계를 증명할 수 있는 서류를 제출해야 한다.

④ 법 제77조의2제3항 각 호 외의 부분에서 "대통령령으로 정하는 사업"이란 국가, 지방자치단체 또는 「공공기관의 운영에 관한 법률」에 따른 공공기관(해당 문화예술용역 관련 계약 기간 중에 공공기관에서 제외된 경우에는 그 계약이 종료 또는 해지될 때까지는 제외된 공공기관을 포함한다)이 발주하는 문화예술용역 관련 사업을 말한다.

⑤ 법 제77조의2제3항에 따라 발주자 또는 원수급인은 원수급인 또는 하수급인이 사용하는 예술인에 대하여 다음 각 호의 구분에 따라 해당 예술인의 피보험자격 취득 및 상실에 관한 사항을 신고해야 한다.

1. 하나의 사업에 다수의 도급이 이루어져 원수급인이 다수인 경우: 발주자가 원수급인 및 하수급인이 사용하는 예술인의 피보험자격 취득 및 상실에 관한 사항을 신고할 것
2. 하나의 사업이 여러 차례의 도급으로 이루어져 하수급인이 다수인 경우: 원수급인이 하수급인이 사용하는 예술인의 피보험자격 취득 및 상실에 관한 사항을 신고할 것

⑥ 법 제77조의2제4항에서 "대통령령으로 정하는 관련 자료, 정보"란 다음 각 호의 자료와 정보를 말한다.

1. 원수급인과 하수급인 또는 하수급인 사이에 체결된 하도급계약서
2. 문화예술용역 관련 계약서
3. 사용하는 예술인의 명부

⑦ 법 제77조의2제5항에 따라 예술인이 보험관계가 성립되어 있는 둘 이상의 사업에서 동시에 근로계약, 문화예술용역 관련 계약 또는 법 제77조의6제1항에 따른

노무제공계약(이하 "노무제공계약"이라 한다)을 체결한 경우에는 다음 각 호의 구분에 따라 피보험자격을 취득한다. <개정 2021. 6. 8., 2022. 6. 28.>
1. 둘 이상의 문화예술용역 관련 계약을 동시에 체결한 경우에는 모든 사업에서 피보험자격을 취득한다.
2. 문화예술용역 관련 계약과 근로계약 또는 노무제공계약을 동시에 체결한 경우에는 모든 사업에서 피보험자격을 취득한다.
3. 문화예술용역 관련 계약과 둘 이상의 근로계약을 동시에 체결한 경우에는 제1호 및 제2호에 따르되, 근로자로서의 피보험자격의 이중 취득의 제한에 관하여는 법 제18조에 따른다.

[본조신설 2020. 12. 8.]

제104조의7 예술인인 피보험자 관련 변경 신고 및 확인의 청구 등

예술인인 피보험자의 이름과 주민등록번호의 변경·정정 신고, 피보험자격의 취득·상실에 관한 확인의 청구·통지 등에 관하여는 제10조제1항 및 제11조를 준용한다. 이 경우 제11조제2항 중 "고용하거나 고용하였던 사업주 또는 하수급인"은 "사용하거나 사용하였던 사업주 또는 발주자나 원수급인"으로 본다.

[본조신설 2020. 12. 8.]

제104조의8 예술인인 피보험자의 구직급여 수급요건 등

① 법 제77조의3제1항제3호 단서에서 "대통령령으로 정하는 바에 따른 소득감소"란 다음 각 호의 어느 하나에 해당하는 소득감소가 있는 경우를 말한다. 다만, 고용노동부장관은 「재난 및 안전관리 기본법」에 따른 재난 등 사회적·경제적 위기가 발생한 경우에는 제1호 및 제2호에 따른 소득감소를 비교하는 시점을 달리 정하여 고시할 수 있다. <개정 2021. 6. 8., 2022. 12. 6.>
1. 이직일이 속한 달의 직전 3개월 동안에 이직할 당시의 문화예술용역 관련 계약(이하 "최종 계약"이라 한다. 이하 이 항에서 같다)으로부터 발생한 소득이 전년도 같은 기간에 최종 계약으로부터 발생한 소득(최종 계약이 없는 경우

에는 전년도 같은 기간에 유효한 다른 문화예술용역 관련 계약으로부터 발생한 소득을 말한다)보다 100분의 20 이상 감소한 경우
2. 다음 각 목에 해당하는 소득 감소가 모두 이루어진 경우
   가. 이직일이 속한 달의 직전 3개월 동안에 최종 계약으로부터 발생한 소득의 월평균금액이 이직일이 속한 연도의 전년도에 최종 계약으로부터 발생한 소득의 월평균금액[최종 계약이 없는 경우에는 그 전년도에 유효한 다른 문화예술용역 관련 계약(계약 기간이 1개월 이상인 것만 해당한다)으로부터 발생한 소득의 월평균금액을 말한다. 이하 나목에서 "전년도 월평균금액"이라 한다]보다 작을 것
   나. 이직일이 속한 달의 직전 12개월 동안에 최종 계약으로부터 발생한 월별 소득이 전년도 월평균금액보다 100분의 20 이상 작은 달이 5개월 이상일 것
② 예술인이 이직일 이전 24개월 동안 근로자·예술인·노무제공자 중 둘 이상에 해당하는 사람으로 종사한 경우 법 제77조의3제2항에 따른 피보험 단위기간은 다음의 계산식을 충족하면 같은 조 제1항제1호의 피보험 단위기간의 요건을 갖춘 것으로 본다. 〈개정 2021. 6. 8., 2023. 6. 27.〉
1. 예술인으로서의 피보험 단위기간(월 단위로 한다) + 9개월 ≤ 근로자로서의 피보험 단위기간(일 단위로 한다) + 180일 + 노무제공자로서의 피보험단위기간(월 단위로 한다) + 12개월
③ 제2항의 예술인이 다음 각 호에 해당하는 경우에는 해당 호에 따라 제2항의 계산식을 산정한다. 〈신설 2021. 6. 8.〉
   1. 법 제77조의5제2항에서 준용하는 법 제40조제2항제1호에 따른 기준기간 동안에 근로자, 예술인 및 법 제77조의6제1항에 따른 노무제공자로 동시에 보험에 가입된 경우: 예술인으로서의 피보험 단위기간에만 포함하여 산정
   2. 법 제77조의5제2항에서 준용하는 법 제40조제2항제1호에 따른 기준기간 동안에 근로자 및 법 제77조의6제1항에 따른 노무제공자로 동시에 보험에 가입된 경우: 근로자 또는 노무제공자의 피보험 단위기간 중 예술인인 피보험자에게 유리한 피보험 단위기간에만 포함하여 산정

④ 법 제77조의3제5항에서 "대통령령으로 정하는 금액"이란 6만 6천원을 말한다. 〈개정 2021. 6. 8.〉
⑤ 법 제77조의3제6항 단서에서 "대통령령으로 정하는 기간"이란 4주를 말한다. 〈개정 2021. 6. 8.〉
⑥ 법 제77조의3제7항 단서에 따른 단기예술인의 피보험기간은 다음 각 호의 구분에 따라 산정한다. 〈개정 2021. 6. 8.〉
  1. 해당 달의 노무제공일수가 11일 이상인 경우: 1개월로 산정
  2. 해당 달의 노무제공일수가 10일 이하인 경우: 월별 노무제공일수를 더하여 22로 나눈 기간으로 산정
⑦ 실업인정대상기간 중 취업 등으로 발생한 소득은 법 제77조의3제8항 및 다음 각 호의 구분에 따라 해당 금액을 감액하고 구직급여를 지급해야 한다. 〈개정 2021. 6. 8., 2022. 6. 28.〉
  1. 예술인 피보험자가 다음 각 목의 어느 하나에 해당하여 취업 등을 한 것으로 보는 경우: 해당 근로일수, 노무제공일수 또는 영업일수에 그에 해당하는 구직급여일액을 곱한 금액 전부
    가. 1개월 소정근로시간을 60시간 이상 또는 1주일 소정근로시간을 15시간 이상으로 정하여 근로를 제공하는 경우
    나. 3개월 이상 계속하여 근로를 제공하는 경우
    다. 일용근로자로서 근로를 제공하거나 단기예술인 또는 법 제77조의6제2항제2호 단서에 따른 단기노무제공자로서 노무를 제공하는 경우
    라. 문화예술용역 관련 계약(월평균소득이 50만원 이상인 것을 말한다) 또는 노무제공계약(제104조의11제2항제1호에 따른 월보수액이 80만원 이상인 것을 말한다)을 새로 체결하여 노무를 제공하는 경우
    마. 상업·농업 등 가업에 종사(무급 가사종사자를 포함한다)하거나 다른 사람의 사업에 참여하여 근로를 제공함으로써 다른 사업에 상시 취직하기가 곤란하다고 인정되는 경우
    바. 「소득세법」, 「부가가치세법」 또는 「법인세법」에 따라 사업자등록을 한 경우. 다만, 휴업신고를 하는 등 실제 사업을 하지 않았음을 증명한 경우와 부동

산임대업 중 근로자를 고용하지 않고 임대사무실도 두지 않은 경우는 제외한다.

사. 그 밖에 사회통념상 취업을 하였다고 인정되는 경우

2. 제1호 외의 경우로서 실업인정대상기간 중 발생한 1일 평균소득이 고용노동부장관이 고시한 금액을 넘는 경우: 해당 실업인정대상기간 중 발생한 1일 평균소득에서 고용노동부장관이 고시한 금액을 뺀 금액을 모두 더한 금액

⑧ 예술인인 피보험자의 구직급여에 관하여는 다음 각 호의 구분에 따른 규정을 준용한다. 〈개정 2021. 6. 8.〉

1. 구직신청, 수급자격의 인정, 실업의 인정, 취업의 신고, 수급기간, 구직급여의 지급 등에 관하여는 제58조, 제58조의2, 제58조의3, 제59조, 제60조, 제61조부터 제63조까지, 제64조(제3호는 제외한다), 제65조부터 제67조까지, 제69조부터 제71조까지, 제75조, 제76조, 제79조, 제80조, 제80조의2, 제81조 및 제82조

2. 상병급여에 관하여는 제69조, 제75조부터 제80조까지, 제80조의2 및 제81조. 이 경우 제69조 중 "실업인정신청서"는 "상병급여 청구서"로, 제75조부터 제80조까지, 제80조의2 및 제81조 중 "구직급여"는 "상병급여"로 본다.

3. 미지급급여청구자에 대한 구직급여의 지급절차에 관하여는 제75조. 이 경우 "신청지 관할 직업안정기관"은 "사망한 수급자격자의 신청지 관할 직업안정기관"으로, "수급자격자"는 "미지급급여청구자"로 본다.

[본조신설 2020. 12. 8.]

제104조의9 예술인의 출산전후급여 등의 지급요건 등

① 고용노동부장관은 법 제77조의4제2항에 따라 예술인인 피보험자 또는 피보험자였던 사람이 다음 각 호의 요건을 모두 갖춘 경우에 출산전후급여 등(이하 "출산전후급여 등"이라 한다)을 지급한다. 〈개정 2021. 6. 8., 2022. 12. 6.〉

1. 다음 각 목의 구분에 따른 요건을 갖출 것

가. 출산 또는 유산·사산을 한 날 현재 피보험자인 예술인: 출산 또는 유산·사산을 한 날 이전에 예술인으로서의 피보험 단위기간이 합산하여 3개월 이

상일 것

나. 출산 또는 유산·사산을 한 날 현재 피보험자가 아닌 예술인: 출산 또는 유산·사산을 한 날 이전 18개월 동안 예술인으로서의 피보험 단위기간이 합산하여 3개월 이상일 것

2. 제2항에 따른 출산전후급여 등의 지급기간에 노무제공을 하지 않을 것. 다만, 그 지급기간 중 노무제공 또는 자영업으로 발생한 소득이 각각 <u>고용노동부장관이 정하여 고시하는</u> 금액 미만인 경우에는 노무제공을 하지 않은 것으로 본다.

3. 출산 또는 유산·사산을 한 날부터 12개월 이내에 출산전후급여 등을 신청할 것. 다만, 다음 각 목의 어느 하나에 해당하는 사유로 그 기간까지 신청할 수 없었던 경우에는 그 사유가 끝난 날부터 30일 이내에 신청해야 한다.

  가. 천재지변
  나. 본인, 배우자 또는 본인·배우자의 직계존속·직계비속의 질병이나 부상
  다. 범죄 혐의로 인한 구속이나 형의 집행

② 출산전후급여 등의 지급기간은 다음 각 호의 구분에 따른다. 〈개정 2021. 6. 8., 2022. 12. 6.〉

1. 예술인인 피보험자 또는 피보험자였던 사람이 출산한 경우: 출산 전과 후를 연속하여 90일(한 번에 둘 이상의 자녀를 임신한 경우에는 120일)로 하되, 출산 후에 45일(한 번에 둘 이상의 자녀를 임신한 경우에는 60일) 이상이 되도록 할 것

2. 예술인인 피보험자 또는 피보험자였던 사람이 유산 또는 사산한 경우: 다음 각 목에 해당하는 기간

  가. 임신기간이 11주 이내인 경우: 유산 또는 사산한 날부터 5일
  나. 임신기간이 12주 이상 15주 이내인 경우: 유산 또는 사산한 날부터 10일
  다. 임신기간이 16주 이상 21주 이내인 경우: 유산 또는 사산한 날부터 30일
  라. 임신기간이 22주 이상 27주 이내인 경우: 유산 또는 사산한 날부터 60일
  마. 임신기간이 28주 이상인 경우: 유산 또는 사산한 날부터 90일

③ 출산전후급여 등은 출산 또는 유산·사산한 날부터 소급하여 1년(출산 또는 유산·사산을 한 날 현재 피보험자가 아닌 예술인의 경우에는 18개월) 동안의 월평균

보수에 해당하는 금액을 기준으로 제2항 각 호의 구분에 따른 기간에 대하여 산정한 금액으로 하되, 그 상한액과 하한액은 다음 각 호의 사항을 고려하여 고용노동부장관이 정하여 고시한다. 〈개정 2022. 12. 6.〉

1. 제101조에 따른 출산전후휴가 급여 등의 상한액과 하한액
2. 예술인인 피보험자의 월평균보수 수준
3. 물가상승률
4. 그 밖에 고용노동부장관이 필요하다고 인정하는 사항

④ 예술인인 피보험자 또는 피보험자였던 사람이 같은 출산 또는 유산·사산을 이유로 다음 각 호에 해당하는 금액을 지급받은 경우에는 제3항에도 불구하고 그 지급받은 금액을 제외하고 출산전후급여 등을 지급한다. 〈개정 2021. 6. 8., 2022. 12. 6.〉

1. 법 제75조에 따라 근로자로서 지급받은 출산전후휴가 급여 등
2. 법 제76조에 따른 출산전후휴가 급여 등의 지급기간에 법 제77조에서 준용하는 법 제73조제3항에 따라 근로자로서 해당 사업주로부터 지급받은 금품
3. 법 제77조의9제1항에 따라 법 제77조의6제1항에 따른 노무제공자로서 지급받은 출산전후급여 등 및 출산전후급여 등의 지급기간에 노무제공자로서 해당 사업주로부터 지급받은 금품
4. 제2항에 따른 출산전후급여 등의 지급기간에 예술인으로서 해당 사업주로부터 지급받은 금품

⑤ 제1항에 따라 지급된 출산전후급여 등의 반환 명령, 추가 징수 및 반환금·추가징수금에의 충당에 관하여는 제81조를 준용한다. 이 경우 "구직급여"는 "출산전후급여 등"으로 본다. 〈신설 2021. 6. 8.〉

[본조신설 2020. 12. 8.]
[제목개정 2022. 12. 6.]

제104조의10 예술인의 피보험자격확인 등의 심사 등

예술인의 구직급여 및 출산전후급여 등의 심사, 심사위원회 및 재심사에 관하여는 다음 각 호의 구분에 따른 규정을 준용한다. 〈개정 2021. 6. 8.〉

1. 심사에 관하여는 제121조부터 제129조까지의 규정
2. 심사위원회 및 재심사에 관하여는 다음 각 목의 구분에 따른 규정
   가. 심사위원회 위원의 기피 신청, 재심사 청구의 보정 등에 관하여는 제123조, 제124조 및 제126조부터 제128조까지의 규정. 이 경우 제123조 중 "심사관"은 "심사위원회 위원"으로, "고용노동부장관"은 "심사위원회 위원장"으로, 제124조 및 제128조 중 "심사청구인"은 "재심사청구인"으로, 제124조·제126조 및 제128조 중 "심사관"은 "심사위원회 위원장"으로, 제126조부터 제128조까지의 규정 중 "심사청구"는 "재심사청구"로 본다.
   나. 심사위원회의 위원 및 운영에 관한 사항 등에 관하여는 제130조부터 제141조까지의 규정

[본조신설 2020. 12. 8.]
[제목개정 2023. 6. 27.]

제5장의3 노무제공자인 피보험자에 대한 고용보험 특례

⟨신설 2021. 6. 8.⟩

제104조의11 노무제공자인 피보험자의 범위

① 법 제77조의6제1항에서 "대통령령으로 정하는 직종에 종사하는 사람"이란 다음 각 호의 어느 하나에 해당하는 사람을 말한다. ⟨개정 2021. 12. 31., 2022. 6. 28., 2023. 6. 27.⟩

1. 보험을 모집하는 사람으로서 다음 각 목의 어느 하나에 해당하는 사람
   가. 「보험업법」 제84조제1항에 따라 등록한 보험설계사
   나. 「우체국 예금·보험에 관한 법률」에 따른 우체국보험의 모집을 전업으로 하는 사람
2. 「통계법」 제22조에 따라 통계청장이 고시하는 직업에 관한 표준분류(이하 "한국표준직업분류표"라 한다)의 세세분류에 따른 학습지 방문강사, 교육교구 방문강사 등 회원의 가정 등을 직접 방문하여 아동이나 학생 등을 가르치는 사람
3. 한국표준직업분류표의 세분류에 따른 택배원인 사람으로서 택배사업[소화물을 집화(集貨)·수송 과정을 거쳐 배송하는 사업을 말한다. 이하 제11호라목에서 같다]에서 집화 또는 배송 업무를 하는 사람
4. 「대부업 등의 등록 및 금융이용자 보호에 관한 법률」 제3조제1항 단서에 따른 대출모집인
5. 「여신전문금융업법」 제14조의2제1항제2호에 따른 신용카드회원모집인(전업

으로 하는 사람만 해당한다)
6. 「방문판매 등에 관한 법률」 제2조제2호에 따른 방문판매원 또는 같은 조 제8호에 따른 후원방문판매원으로서 상시적으로 방문판매업무를 하는 사람. 다만, 자가 소비를 위한 방문판매원·후원방문판매원 및 제2호 또는 제7호에 동시에 해당하는 사람은 제외한다.
7. 한국표준직업분류표의 세세분류에 따른 대여 제품 방문점검원
8. 가전제품의 판매를 위한 배송 업무를 주로 수행하고 가전제품의 설치, 시운전 등을 통해 작동상태를 확인하는 사람
9. 「초·중등교육법」 제2조에 따른 학교에서 운영하는 방과후학교의 과정을 담당하는 강사
10. 「건설기계관리법」 제3조제1항에 따라 등록된 건설기계를 직접 운전하는 사람
11. 「화물자동차 운수사업법」에 따른 화물차주로서 다음 각 목의 어느 하나에 해당하는 사람
    가. 「자동차관리법」 제3조제1항제4호에 따른 특수자동차로 수출입 컨테이너 또는 시멘트를 운송하는 사람
    나. 「자동차관리법」 제2조제1호 본문에 따른 피견인자동차 또는 제3조에 따른 일반형 화물자동차로 「화물자동차 운수사업법 시행령」 제4조의7제1항에 따른 안전운송원가가 적용되는 철강재를 운송하는 사람
    다. 「자동차관리법」 제3조에 따른 일반형 화물자동차 또는 특수용도형 화물자동차로 「물류정책기본법」 제29조제1항에 따른 위험물질을 운송하는 사람
    라. 택배사업에서 택배사업자나 「화물자동차 운수사업법」에 따른 운수사업자(이하 이 호에서 "운수사업자"라 한다)로부터 업무를 위탁받아 「자동차관리법」 제3조제1항제3호의 일반형 화물자동차 또는 특수용도형 화물자동차로 물류센터 간 화물 운송 업무를 하는 사람
    마. 「자동차관리법」 제3조제1항제3호의 일반형 화물자동차 또는 특수용도형 화물자동차로 같은 법에 따른 자동차를 운송하는 사람
    바. 「자동차관리법」 제3조제1항제3호의 특수용도형 화물자동차로 밀가루 등

곡물 가루, 곡물 또는 사료를 운송하는 사람

사. 「유통산업발전법」에 따른 대규모점포나 준대규모점포를 운영하는 사업 또는 체인사업에서 그 사업주나 운수사업자와 노무제공계약을 체결하여 「자동차관리법」 제3조제1항제3호의 일반형 화물자동차 또는 특수용도형 화물자동차로 상품을 물류센터로 운송하거나 점포 또는 소비자에게 배송하는 업무를 하는 사람

아. 「유통산업발전법」에 따른 무점포판매업을 운영하는 사업에서 그 사업주나 운수사업자와 노무제공계약을 체결하여 「자동차관리법」 제3조제1항제3호의 일반형 화물자동차 또는 특수용도형 화물자동차로 상품을 물류센터로 운송하거나 소비자에게 배송하는 업무를 하는 사람

자. 한국표준산업분류표의 중분류에 따른 음식점 및 주점업을 운영하는 사업(여러 점포를 직영하는 사업 또는 「가맹사업거래의 공정화에 관한 법률」에 따른 가맹사업으로 한정한다)에서 그 사업주나 운수사업자와 노무제공계약을 체결하여 「자동차관리법」 제3조제1항제3호의 일반형 화물자동차 또는 특수용도형 화물자동차로 식자재나 식품 등을 물류센터로 운송하거나 점포로 배송하는 업무를 하는 사람

차. 한국표준산업분류표의 세분류에 따른 기관 구내식당업을 운영하는 사업에서 그 사업주나 운수사업자와 노무제공계약을 체결하여 「자동차관리법」 제3조제1항제3호의 일반형 화물자동차 또는 특수용도형 화물자동차로 식자재나 식품 등을 물류센터로 운송하거나 기관 구내식당으로 배송하는 업무를 하는 사람

12. 한국표준직업분류표의 세분류에 따른 택배원으로서 퀵서비스업자(소화물을 집화·수송 과정을 거치지 않고 배송하는 사업을 말한다)로부터 업무를 의뢰받아 배송 업무를 하는 사람. 다만, 다음 각 목의 사람은 제외한다.

　가. 제3호에 해당하는 사람

　나. 「자동차관리법」 제3조제1항제3호의 화물자동차로 배송 업무를 하는 사람

13. 대리운전업자(자동차 이용자의 요청에 따라 목적지까지 유상으로 그 자동

차를 운전하도록 하는 사업의 사업주를 말한다)로부터 업무를 의뢰받아 대리운전 업무를 하는 사람
14. 「소프트웨어 진흥법」에 따른 소프트웨어사업에서 노무를 제공하는 같은 법에 따른 소프트웨어기술자
15. 「관광진흥법」 제38조제1항 단서에 따른 관광통역안내의 자격을 가진 사람으로서 외국인 관광객을 대상으로 관광안내를 하는 사람
16. 「도로교통법」에 따른 어린이통학버스를 운전하는 사람
17. 「체육시설의 설치·이용에 관한 법률」 제7조에 따라 직장체육시설로 설치된 골프장 또는 같은 법 제19조에 따라 체육시설업의 등록을 한 골프장에서 골프 경기를 보조하는 골프장 캐디

② 법 제77조의6제2항제2호 본문에서 "대통령령으로 정하는 소득 기준"이란 다음 각 호와 같다. <개정 2022. 6. 28., 2023. 6. 27.>
1. 노무제공자와 사업주가 체결한 노무제공계약에 따라 발생한 월보수액(해당 사업주가 노무제공계약을 새로 체결한 경우에는 고용산재보험료징수법 시행령 제19조의7제3항제2호의2에 따라 신고한 보수액을 말하고, 그 신고 이후에는 사업주가 매월 노무제공자에게 지급하는 보수액을 말한다. 이하 같다)이 80만원 이상일 것
2. 제1호에 따른 소득 기준을 충족하지 못하는 노무제공자가 둘 이상의 노무제공계약을 체결한 경우로서 같은 기간에 해당하는 노무제공계약의 월보수액을 합산(본인이 합산하기를 원하는 경우만 해당한다)하여 그 합계액이 80만원 이상일 것

③ 노무제공자가 제2항제2호에 따라 둘 이상의 노무제공계약의 월보수액을 합산하기를 원하는 경우에는 고용노동부령으로 정하는 바에 따라 노무제공계약의 월보수액의 합계액이 80만원 이상이 되는 날이 속하는 달의 다음 달 15일까지 고용노동부장관에게 합산 신청을 해야 한다.

④ 고용노동부장관은 제3항에 따라 합산 신청을 받은 경우 해당 노무제공자가 제2항제2호에 따른 소득 기준을 충족하는지를 확인하여 그 결과를 해당 사업주(소

득 기준을 충족하는 경우만 해당한다) 및 노무제공자에게 통보해야 한다. 이 경우 노무제공자가 제3항에 따라 합산 신청을 한 때에 해당 사업주가 제104조의12 제1항에 따라 그 노무제공자의 피보험자격 취득에 관한 신고를 한 것으로 본다.

[본조신설 2021. 6. 8.]
[종전 제104조의11은 제104조의17로 이동 〈2021. 6. 8.〉]

관련법령 ▶ 「보험업법」제84조제1항

제84조(보험설계사의 등록)
① 보험회사·보험대리점 및 보험중개사(이하 이 절에서 "보험회사등" 이라 한다)는 소속 보험설계사가 되려는 자를 금융위원회에 등록하여야 한다.

관련법령 ▶ 「통계법」제22조

제22조(표준분류)
① 통계청장은 통계작성기관이 동일한 기준에 따라 통계를 작성할 수 있도록 국제표준분류를 기준으로 산업, 직업, 질병·사인(死因) 등에 관한 표준분류를 작성·고시하여야 한다. 이 경우 통계청장은 미리 관계 기관의 장과 협의하여야 한다.
② 통계작성기관의 장은 통계를 작성하는 때에는 통계청장이 제1항에 따라 작성·고시하는 표준분류에 따라야 한다. 다만, 통계의 작성목적상 불가피하게 표준분류와 다른 기준을 적용하고자 하는 때에는 미리 통계청장의 동의를 받아야 한다.
③ 통계청장은 표준분류의 내용을 변경하거나 요약·발췌하여 발간함으로써 표준분류의 내용이 사실과 다르게 전달될 우려가 있다고 인정되는 경우에는 그 발간자에 대하여 시정을 명할 수 있다.

관련법령 ▶ 「대부업 등의 등록 및 금융이용자 보호에 관한 법률」제3조제1항

제3조(등록 등)
① 대부업 또는 대부중개업(이하 "대부업등" 이라 한다)을 하려는 자(여신금융기관은 제외한다)는 영업소별로 해당 영업소를 관할하는 특별시장·광역시장·특별자치시장·도지사 또는 특별자치도지사(이하 "시·도지사"라 한다)에게 등록하여야 한다. 다만, 여신금융기관과 위탁계약 등을 맺고 대부중개업을 하는 자(그 대부중개업을 하는 자가 법인인 경우 그 법인과 직접 위탁계약 등을 맺고 대부를 받으려는 자를 모집하는 개인을

포함하며, 이하 "대출모집인"이라 한다)는 해당 위탁계약 범위에서는 그러하지 아니하다. <개정 2012. 12. 11.>
[전문개정 2009. 1. 21.]

> **관련법령** ▶ 「여신전문금융업법」 제14조의2제1항제2호

제14조의2(신용카드회원의 모집)
① 신용카드회원을 모집할 수 있는 자는 다음 각 호의 어느 하나에 해당하는 자이어야 한다.
  2. 신용카드업자를 위하여 신용카드 발급계약의 체결을 중개(仲介)하는 자(이하 "모집인"이라 한다)

[전문개정 2009. 2. 6.]

> **관련법령** ▶ 「방문판매 등에 관한 법률」 제2조제2호

제2조(정의)
2. "**방문판매자**"란 방문판매를 업으로 하기 위하여 방문판매조직을 개설하거나 관리·운영하는 자(이하 "방문판매업자"라 한다)와 방문판매업자를 대신하여 방문판매업무를 수행하는 자(이하 "방문판매원"이라 한다)를 말한다.

> **관련법령** ▶ 「초·중등교육법」 제2조

제2조(학교의 종류)
초·중등교육을 실시하기 위하여 다음 각 호의 학교를 둔다. <개정 2019. 12. 3.>
1. 초등학교 2. 중학교·고등공민학교 3. 고등학교·고등기술학교
4. 특수학교 5. 각종학교

[전문개정 2012. 3. 21.]

> **관련법령** ▶ 「건설기계관리법」 제3조제1항

제3조(등록 등)
① 건설기계의 소유자는 대통령령으로 정하는 바에 따라 건설기계를 등록하여야 한다.

[전문개정 2009. 12. 29.]

> **관련법령** ▶ 「자동차관리법」제3조제1항제4호

제3조(자동차의 종류)

① 자동차는 다음 각 호와 같이 구분한다. 〈개정 2011. 5. 24., 2013. 3. 23., 2019. 8. 27., 2020. 6. 9.〉

    4. **특수자동차**: 다른 자동차를 견인하거나 구난작업 또는 특수한 용도로 사용하기에 적합하게 제작된 자동차로서 승용자동차·승합자동차 또는 화물자동차가 아닌 자동차

[전문개정 2009. 2. 6.]

> **관련법령** ▶ 「화물자동차 운수사업법」제5조의4제2항

제5조의4(화물자동차 안전운송원가 및 화물자동차 안전운임의 공표)

② 국토교통부장관은 매년 10월 31일까지 위원회의 심의·의결을 거쳐 다음 각 호의 운송품목에 대하여 다음 연도에 적용할 화물자동차 안전운임을 공표하여야 한다.

    1. 「자동차관리법」제3조에 따른 특수자동차로 운송되는 수출입 컨테이너

    2. 「자동차관리법」제3조에 따른 특수자동차로 운송되는 시멘트

[본조신설 2018. 4. 17.] [법률 제15602호(2018. 4. 17.) 부칙 제2조의 규정에 의하여 이 조 중 화물자동차 안전운임에 관한 부분은 2022년 12월 31일까지 유효함]

> **관련법령** ▶ 「자동차관리법」제2조제1호

제2조(정의)

1. "**자동차**"란 원동기에 의하여 육상에서 이동할 목적으로 제작한 용구 또는 이에 견인되어 육상을 이동할 목적으로 제작한 용구(이하 "피견인자동차"라 한다)를 말한다. 다만, 대통령령으로 정하는 것은 제외한다.

[전문개정 2009. 2. 6.]

> **관련법령** ▶ 「화물자동차 운수사업법 시행령」제4조의7제1항

제4조의7(화물자동차 안전운송원가 대상 품목 등)

① 법 제5조의4제1항에서 "대통령령으로 정하는 운송품목"이란 다음 각 호의 품목을 말한다.

    1. 「자동차관리법」제2조제1호에 따른 피견인자동차의 경우: 철강재

    2. 「자동차관리법」제3조에 따른 일반형 화물자동차의 경우: 해당 화물자동차로 운송할 수 있는 모든 품목

② 국토교통부장관은 위원회의 심의·의결을 거친 화물자동차 안전운송원가 및 화물자동차 안전운임을 관보에 고시해야 한다.

> 관련법령 ▶ 「자동차관리법」 제3조

제3조(자동차의 종류)

① 자동차는 다음 각 호와 같이 구분한다. 〈개정 2011. 5. 24., 2013. 3. 23., 2019. 8. 27., 2020. 6. 9.〉

1. **승용자동차**: 10인 이하를 운송하기에 적합하게 제작된 자동차
2. **승합자동차**: 11인 이상을 운송하기에 적합하게 제작된 자동차. 다만, 다음 각 목의 어느 하나에 해당하는 자동차는 승차인원과 관계없이 이를 승합자동차로 본다.
   가. 내부의 특수한 설비로 인하여 승차인원이 10인 이하로 된 자동차
   나. 국토교통부령으로 정하는 경형자동차로서 승차인원이 10인 이하인 전방조종자동차
   다. 삭제 〈2019. 8. 27.〉
3. **화물자동차**: 화물을 운송하기에 적합한 화물적재공간을 갖추고, 화물적재공간의 총 적재화물의 무게가 운전자를 제외한 승객이 승차공간에 모두 탑승했을 때의 승객의 무게보다 많은 자동차
4. **특수자동차**: 다른 자동차를 견인하거나 구난작업 또는 특수한 용도로 사용하기에 적합하게 제작된 자동차로서 승용자동차·승합자동차 또는 화물자동차가 아닌 자동차
5. **이륜자동차**: 총배기량 또는 정격출력의 크기와 관계없이 1인 또는 2인의 사람을 운송하기에 적합하게 제작된 이륜의 자동차 및 그와 유사한 구조로 되어 있는 자동차

② 제1항에 따른 구분의 세부기준은 자동차의 크기·구조, 원동기의 종류, 총배기량 또는 정격출력 등에 따라 국토교통부령으로 정한다. 〈신설 2011. 5. 24., 2013. 3. 23.〉

③ 제1항에 따른 자동차의 종류는 국토교통부령으로 정하는 바에 따라 세분할 수 있다. 〈개정 2011. 5. 24., 2013. 3. 23.〉

[전문개정 2009. 2. 6.]

> 관련법령 ▶ 「물류정책기본법」 제29조제1항

제29조(위험물질운송안전관리센터의 설치·운영)

① 국토교통부장관은 다음 각 호에 따른 물질(이하 "위험물질"이라 한다)의 안전한 도로운송을 위하여 위험물질을 운송하는 차량(이하 "위험물질 운송차량"이라 한다)을 통합적으로 관리하는 센터(이하 "위험물질운송안전관리센터"라 한다)를 설치·운영한다. 이 경우 국토교통부장관은 대통령령으로 정하는 바에 따라 「한국교통안전공단법」에 따른 한국교통안전공단(이하 "한국교통안전공단"이라 한다)에 위험물질운송안전관리센터

의 설치·운영을 대행하게 할 수 있다. 〈개정 2017. 10. 24.〉
1. 「위험물안전관리법」제2조제1항제1호에 따른 위험물
2. 「화학물질관리법」제2조제7호에 따른 유해화학물질
3. 「고압가스 안전관리법」제2조에 따른 고압가스
4. 「원자력안전법」제2조제18호에 따른 방사성폐기물
5. 「폐기물관리법」제2조제4호에 따른 지정폐기물
6. 「농약관리법」제2조제1호·제3호에 따른 농약과 원제(原劑)
7. 그 밖에 대통령령으로 정하는 물질

[본조신설 2017. 3. 21.]

관련법령 ▶ 「**자동차관리법**」**제3조제1항제3호**

제3조(자동차의 종류)

① 자동차는 다음 각 호와 같이 구분한다. 〈개정 2011. 5. 24., 2013. 3. 23., 2019. 8. 27., 2020. 6. 9.〉
  3. **화물자동차**: 화물을 운송하기에 적합한 화물적재공간을 갖추고, 화물적재공간의 총 적재화물의 무게가 운전자를 제외한 승객이 승차공간에 모두 탑승했을 때의 승객의 무게보다 많은 자동차

[전문개정 2009. 2. 6.]

관련법령 ▶ 「**체육시설의 설치·이용에 관한 법률**」**제7조, 제19조**

제7조(직장체육시설)

① 직장의 장은 직장인의 체육 활동에 필요한 체육시설을 설치·운영하여야 한다.
② 제1항에 따른 직장의 범위와 체육시설의 설치 기준은 대통령령으로 정한다.

제19조(체육시설업의 등록)

① 제12조에 따른 사업계획의 승인을 받은 자가 제11조에 따른 시설을 갖춘 때에는 영업을 시작하기 전에 대통령령으로 정하는 바에 따라 시·도지사에게 그 체육시설업의 등록을 하여야 한다. 등록 사항(문화체육관광부령으로 정하는 경미한 등록 사항을 제외한다)을 변경하려는 때에도 또한 같다. 〈개정 2008. 2. 29.〉
② 시·도지사는 골프장업 또는 스키장업에 대한 사업계획의 승인을 받은 자가 그 승인을 받은 사업시설 중 대통령령으로 정하는 규모 이상의 시설을 갖추었을 때에는 제1항에

도 불구하고 문화체육관광부령으로 정하는 기간에 나머지 시설을 갖출 것을 조건으로 그 체육시설업을 등록하게 할 수 있다. 〈개정 2008. 2. 29.〉

> **관련법령** ▶ 「고용산재보험료징수법 시행령」 제19조의7제3항제2호의2

제19조의7(보수총액 등의 신고)
③ 사업주가 법 제16조의10제3항 본문에 따라 근로자를 새로 고용하거나 예술인과 문화예술용역 관련 계약을 체결하거나 노무제공자와 노무제공계약을 체결한 경우 신고해야 할 사항은 다음 각 호와 같다. 〈개정 2021. 6. 8.〉
2의2. 노무제공자의 노무제공이 개시된 날이 속하는 달에 지급된 보수액

제104조의12 노무제공자의 피보험자격에 관한 신고 등

① 노무제공자와 노무제공계약을 체결한 사업주는 법 제77조의10제1항에서 준용하는 법 제15조에 따라 그 사업과 관련된 노무제공자의 피보험자격 취득 및 상실에 관한 사항을 그 사유가 발생한 날이 속하는 달의 다음 달 15일까지(노무제공자가 그 기일 이전에 신고할 것을 요구하는 경우에는 지체 없이) 고용노동부장관에게 신고해야 한다.

② 제1항에도 불구하고 노무제공자와 노무제공계약을 체결한 사업주가 해당 노무제공계약 기간에 고용산재보험료징수법시행령 제56조의6제7항에 따라 「산업재해보상보험법」 제10조에 따른 근로복지공단(이하 "근로복지공단"이라 한다)에 월 보수액을 신고한 경우에는 그 사업과 관련된 노무제공자의 피보험자격 취득 및 상실에 관한 사항을 신고한 것으로 본다. 〈신설 2021. 12. 31., 2022. 12. 14.〉

③ 제1항에도 불구하고 법 제77조의6제2항제2호 단서에 따른 단기노무제공자(이하 "단기노무제공자"라 한다)와 노무제공계약을 체결한 사업주가 해당 계약 기간에 제공된 노무제공일수, 노무제공대가 등이 적힌 노무제공내용 확인신고서를 그 사유가 발생한 날이 속하는 달의 다음 달 15일까지 고용노동부장관에게 제출한 경우에는 해당 단기노무제공자의 피보험자격의 취득 및 상실에 관한 사항을 신고한 것으로 본다. 〈개정 2021. 12. 31.〉

④ 노무제공자는 법 제77조의10제1항에서 준용하는 법 제15조제3항에 따라 피보험자격의 취득 및 상실에 관한 사항을 신고하는 경우에는 노무제공계약서 등 노무제공계약 관계를 증명할 수 있는 서류를 제출해야 한다. 〈개정 2021. 12. 31.〉

⑤ 법 제77조의6제3항에 따라 노무제공자가 보험관계가 성립되어 있는 둘 이상의 사업에서 동시에 근로계약, 문화예술용역 관련 계약 또는 노무제공계약을 체결한 경우에는 다음 각 호의 구분에 따라 피보험자격을 취득한다. 〈개정 2021. 12. 31.〉

 1. 둘 이상의 노무제공계약을 동시에 체결한 경우에는 모든 사업에서 피보험자격을 취득한다.
 2. 노무제공계약과 근로계약 또는 문화예술용역 관련 계약을 동시에 체결한 경우에는 모든 사업에서 피보험자격을 취득한다.
 3. 노무제공계약과 둘 이상의 근로계약을 동시에 체결한 경우에는 제1호 및 제2호에 따르되, 근로자로서의 피보험자격의 이중 취득의 제한에 관하여는 법 제18조에 따른다.

[본조신설 2021. 6. 8.]

> **관련법령** 「고용산재보험료징수법시행령」 제56조의6제7항

⑦ 사업주 또는 노무제공플랫폼사업자는 법 제48조의3제5항에 따라 노무제공자의 노무제공 내용과 월 보수액을 고용노동부령으로 정하는 바에 따라 노무제공일이 속하는 달의 다음 달 말일까지 공단에 신고해야 한다. 〈신설 2022. 12. 14.〉

> **관련법령** 「산업재해보상보험법」 제10조

제10조(근로복지공단의 설립)
고용노동부장관의 위탁을 받아 제1조의 목적을 달성하기 위한 사업을 효율적으로 수행하기 위하여 근로복지공단(이하 "공단"이라 한다)을 설립한다. 〈개정 2010. 6. 4.〉

제104조의13 노무제공플랫폼사업자의 노무제공자 피보험자격 신고 등

① 노무제공플랫폼사업자의 노무제공자에 대한 피보험자격 취득 및 상실에 관한 사항의 신고를 그 사유가 발생한 날이 속하는 달의 다음 달 15일까지(노무제공

자가 그 기일 이전에 신고할 것을 요구하는 경우에는 지체 없이) 고용노동부장관에게 해야 한다. <개정 2023. 6. 27.>

② 제1항에도 불구하고 노무제공플랫폼사업자가 노무제공계약 기간에 고용산재보험료징수법시행령 제56조의6제7항에 따라 근로복지공단에 월 보수액을 신고한 경우에는 노무제공자에 대한 피보험자격 취득 및 상실에 관한 사항을 신고한 것으로 본다. <개정 2022. 12. 14.>

③ 제1항에도 불구하고 노무제공플랫폼사업자가 피보험자격 취득 및 상실에 관한 사항을 신고해야 하는 대상이 단기노무제공자인 경우로서 노무제공사업의 사업주와 단기노무제공자가 체결한 노무제공계약 기간에 제공된 노무제공일수, 노무제공대가 등이 적힌 노무제공내용 확인신고서를 그 사유가 발생한 날이 속하는 달의 다음 달 15일까지 고용노동부장관에게 제출한 경우에는 해당 단기노무제공자의 피보험자격 취득 및 상실에 관한 사항을 신고한 것으로 본다.

④ 법 제77조의7제2항제2호에서 "사업장의 명칭·주소 등 대통령령으로 정하는 자료 또는 정보"란 다음 각 호의 자료 또는 정보를 말한다.
 1. 사업장의 명칭·주소
 2. 사업주(법인인 경우에는 대표자를 말한다)의 이름
 3. 사업주의 사업자등록번호(법인인 경우에는 법인등록번호를 포함한다)

⑤ 법 제77조의7제2항제3호에서 "노무제공자의 이름·직종·보수 등 대통령령으로 정하는 자료 또는 정보"란 다음 각 호의 자료 또는 정보를 말한다.
 1. 노무제공자의 이름·직종
 2. 노무제공자의 주민등록번호(외국인인 경우에는 외국인등록번호를 말한다)
 3. 노무제공계약의 시작일 또는 종료일
 4. 노무제공횟수 및 노무제공일수
 5. 월보수액(단기노무제공자의 경우에는 노무제공대가를 말한다)

[본조신설 2021. 12. 31.]
[종전 제104조의13은 제104조의14로 이동 <2021. 12. 31.>]

> 관련법령 ▶ 「고용산재보험료징수법시행령」 제56조의6제7항

제56조의6(노무제공자 고용보험 특례)

⑦ 사업주 또는 노무제공플랫폼사업자는 법 제48조의3제5항에 따라 노무제공자의 노무제공 내용과 월 보수액을 고용노동부령으로 정하는 바에 따라 노무제공일이 속하는 달의 다음 달 말일까지 공단에 신고해야 한다. 〈신설 2022. 12. 14.〉

[본조신설 2021. 6. 8.] [종전 제56조의6은 제56조의7로 이동 〈2021. 6. 8.〉]

제104조의14 노무제공자인 피보험자 관련 변경 신고 및 확인의 청구 등

노무제공자인 피보험자의 이름과 주민등록번호의 변경·정정 신고, 피보험자격의 취득·상실에 관한 확인의 청구·통지 등에 관하여는 제10조제1항 및 제11조를 준용한다.

[본조신설 2021. 6. 8.]
[제104조의13에서 이동, 종전 제104조의14는 제104조의15로 이동 〈2021. 12. 31.〉]

제104조의15 노무제공자인 피보험자의 구직급여 수급요건 등

① 법 제77조의8제1항제3호 단서에서 "대통령령으로 정하는 바에 따른 소득감소"란 다음 각 호의 어느 하나에 해당하는 소득감소가 있는 경우를 말한다. 다만, 고용노동부장관은 「재난 및 안전관리 기본법」에 따른 재난 등 사회적·경제적 위기가 발생한 경우에는 제1호 및 제2호에 따른 소득감소를 비교하는 시점을 달리 정하여 고시할 수 있다. 〈개정 2022. 12. 6.〉

1. 이직일이 속한 달의 직전 3개월 동안에 이직할 당시의 노무제공계약(이하 "최종계약"이라 한다. 이하 이 항에서 같다)으로부터 발생한 소득이 전년도 같은 기간에 최종계약으로부터 발생한 소득(최종계약이 없는 경우에는 전년도 같은 기간에 유효한 다른 노무제공계약으로부터 발생한 소득을 말한다)보다 100분의 30 이상 감소한 경우
2. 다음 각 목에 해당하는 소득 감소가 모두 이루어진 경우
    가. 이직일이 속한 달의 직전 3개월 동안에 최종계약으로부터 발생한 보수액

의 월평균금액이 이직일이 속한 연도의 전년도에 최종계약으로부터 발생한 보수액의 월평균금액[최종계약이 없는 경우에는 그 전년도에 유효한 다른 노무제공계약(계약 기간이 1개월 이상인 것만 해당한다)으로부터 발생한 보수액의 월평균금액을 말한다. 이하 나목에서 "전년도 월평균금액"이라 한대보다 작을 것

나. 이직일이 속한 달의 직전 12개월 동안에 최종계약으로부터 발생한 월별 보수액이 전년도 월평균금액보다 100분의 30 이상 작은 달이 5개월 이상일 것

② 노무제공자가 이직일 이전 24개월 동안 근로자·예술인·노무제공자 중 둘 이상에 해당하는 사람으로 종사한 경우 법 제77조의8제2항에 따른 피보험 단위기간은 다음의 계산식을 충족하면 같은 조 제1항제1호의 피보험 단위기간의 요건을 갖춘 것으로 본다.

1. 노무제공자로서의 피보험 단위기간(월 단위로 한다) + 12개월 ≤ 근로자로서의 피보험 단위기간(일 단위로 한다) + 180일 + 예술인으로서의 피보험 단위기간(월 단위로 한다) + 9개월

③ 제2항의 노무제공자가 다음 각 호에 해당하는 경우에는 해당 호에 따라 제2항의 계산식을 산정한다.

1. 법 제77조의10제2항에서 준용하는 법 제40조제2항제1호에 따른 기준기간 동안에 근로자, 예술인 및 노무제공자로 동시에 보험에 가입된 경우: 노무제공자로서의 피보험 단위기간에만 포함하여 산정

2. 법 제77조의10제2항에서 준용하는 법 제40조제2항제1호에 따른 기준기간 동안에 근로자 및 예술인으로 동시에 보험에 가입된 경우: 근로자 또는 예술인의 피보험 단위기간 중 노무제공자인 피보험자에게 유리한 피보험 단위기간에만 포함하여 산정

④ 법 제77조의8제5항 후단에서 "대통령령으로 정하는 금액"이란 6만6천원을 말한다.

⑤ 법 제77조의8제6항 단서에서 "대통령령으로 정하는 기간"이란 다음 각 호와 같다.

1. 제1항제1호 또는 제2호에 따른 소득 감소의 정도가 100분의 30 이상 100분의

50 미만인 경우: 4주

2. 제1항제1호 또는 제2호에 따른 소득 감소의 정도가 100분의 50 이상인 경우: 2주

⑥ 법 제77조의8제7항 단서에 따른 단기노무제공자의 피보험기간은 다음 각 호의 구분에 따라 산정한다.

1. 해당 달의 노무제공일수가 11일 이상인 경우: 1개월로 산정
2. 해당 달의 노무제공일수가 10일 이하인 경우: 월별 노무제공일수를 더하여 22로 나눈 기간으로 산정

⑦ 실업인정대상기간 중 취업 등으로 발생한 소득은 법 제77조의8제8항 및 다음 각 호의 구분에 따라 해당 금액을 감액하고 구직급여를 지급해야 한다.

1. 노무제공자인 피보험자가 제104조의8제7항제1호 각 목에 해당하여 취업 등을 한 것으로 보는 경우: 해당 근로일수, 노무제공일수 또는 영업일수에 그에 해당하는 구직급여일액을 곱한 금액 전부
2. 제1호 외의 경우로서 실업인정대상기간 중 발생한 1일 평균소득이 고용노동부장관이 고시한 금액을 넘는 경우: 해당 실업인정대상기간 중 발생한 1일 평균소득에서 고용노동부장관 고시에 따라 산정된 금액을 뺀 금액을 모두 더한 금액

⑧ 노무제공자인 피보험자의 구직급여에 관하여는 다음 각 호의 구분에 따른 규정을 준용한다. <개정 2023. 6. 27.>

1. 구직신청, 수급자격의 인정, 실업의 인정, 취업의 신고, 수급기간, 구직급여의 지급 등에 관하여는 제58조, 제58조의2, 제58조의3, 제59조, 제60조, 제61조, 제62조, 제62조의2, 제63조, 제64조(제3호는 제외한다), 제65조부터 제67조까지, 제69조부터 제71조까지, 제75조, 제76조, 제79조, 제80조, 제80조의2, 제81조 및 제82조
2. 상병급여에 관하여는 제69조, 제75조부터 제80조까지, 제80조의2 및 제81조. 이 경우 제69조 중 "실업인정신청서"는 "상병급여 청구서"로, 제75조부터 제80조까지, 제80조의2 및 제81조 중 "구직급여"는 "상병급여"로 본다.
3. 미지급급여청구자에 대한 구직급여의 지급절차에 관하여는 제75조. 이 경우 "신청지 관할 직업안정기관"은 "사망한 수급자격자의 신청지 관할 직업안정

기관"으로, "수급자격자"는 "미지급급여청구자"로 본다.

[본조신설 2021. 6. 8.]
[제104조의14에서 이동, 종전 제104조의15는 제104조의16으로 이동 〈2021. 12. 31.〉]

제104조의16 노무제공자의 출산전후급여 등의 지급요건 등

① 고용노동부장관은 법 제77조의9제2항에 따라 노무제공자인 피보험자 또는 피보험자였던 사람이 다음 각 호의 요건을 모두 갖춘 경우에 출산전후급여 등을 지급한다. 〈개정 2022. 12. 6.〉
　1. 다음 각 목의 구분에 따른 요건을 갖출 것
　　가. 출산 또는 유산·사산을 한 날 현재 피보험자인 노무제공자: 출산 또는 유산·사산을 한 날 이전에 노무제공자로서의 피보험 단위기간이 합산하여 3개월 이상일 것
　　나. 출산 또는 유산·사산을 한 날 현재 피보험자가 아닌 노무제공자: 출산 또는 유산·사산을 한 날 이전 18개월 동안 노무제공자로서의 피보험 단위기간이 합산하여 3개월 이상일 것
　2. 제2항에 따른 출산전후급여 등의 지급기간에 노무제공을 하지 않을 것. 다만, 그 지급기간 중 노무제공 또는 자영업으로 발생한 소득이 각각 고용노동부장관이 정하여 고시하는 금액 미만인 경우에는 노무제공을 하지 않은 것으로 본다.
　3. 출산 또는 유산·사산을 한 날부터 12개월 이내에 출산전후급여 등을 신청할 것. 다만, 다음 각 목의 어느 하나에 해당하는 사유로 그 기간까지 신청할 수 없었던 경우에는 그 사유가 끝난 날부터 30일 이내에 신청해야 한다.
　　가. 천재지변
　　나. 본인, 배우자 또는 본인·배우자의 직계존속·직계비속의 질병이나 부상
　　다. 범죄 혐의로 인한 구속이나 형의 집행
② 출산전후급여 등의 지급기간은 제104조의9제2항에 따른다. 이 경우 "예술인"을 "노무제공자"로 한다. 〈개정 2022. 12. 6.〉

③ 출산전후급여 등은 출산 또는 유산·사산한 날부터 소급하여 1년(출산 또는 유산·사산을 한 날 현재 피보험자가 아닌 노무제공자의 경우에는 18개월) 동안의 월평균보수에 해당하는 금액을 기준으로 제104조의9제2항 각 호의 구분에 따른 기간에 대하여 산정한 금액으로 하되, 그 상한액과 하한액은 다음 각 호의 사항을 고려하여 고용노동부장관이 정하여 고시한다. 〈개정 2022. 12. 6.〉

1. 제101조에 따른 출산전후휴가 급여 등의 상한액과 하한액
2. 노무제공자인 피보험자의 월평균보수 수준
3. 물가상승률
4. 그 밖에 고용노동부장관이 출산전후급여 등의 산정에 필요하다고 인정하는 사항

④ 제3항에도 불구하고 법 제77조의9제1항 단서에 따라 노무제공자인 피보험자 또는 피보험자였던 사람이 같은 출산 또는 유산·사산을 이유로 다음 각 호에 해당하는 금액을 지급받은 경우에는 그 지급받은 금액을 제외하고 출산전후급여 등을 지급한다. 〈개정 2022. 12. 6.〉

1. 법 제75조에 따라 근로자로서 지급받은 출산전후휴가 급여 등
2. 법 제76조에 따른 출산전후휴가 급여 등의 지급기간에 법 제77조에서 준용하는 법 제73조제3항에 따라 근로자로서 해당 사업주로부터 지급받은 금품
3. 법 제77조의4제1항에 따라 예술인으로서 지급받은 출산전후급여 등
4. 제104조의9제2항에 따른 출산전후급여 등의 지급기간에 예술인으로서 해당 사업주로부터 지급받은 금품
5. 제2항에 따른 출산전후급여 등의 지급기간에 노무제공자로서 해당 사업주로부터 지급받은 금품

⑤ 제1항에 따라 지급된 출산전후급여 등의 반환 명령, 추가 징수 및 반환금·추가징수금에의 충당에 관하여는 제81조를 준용한다. 이 경우 "구직급여"는 "출산전후급여 등"으로 본다.

[본조신설 2021. 6. 8.]
[제목개정 2022. 12. 6.]
[제104조의15에서 이동, 종전 제104조의16은 제104조의17로 이동 〈2021. 12. 31.〉]

제104조의17 노무제공자의 피보험자격확인 등의 심사 등

노무제공자의 피보험자격 확인·구직급여·출산전후급여 등의 심사, 심사위원회 및 재심사에 관하여는 다음 각 호의 구분에 따른 규정을 준용한다.

1. 심사에 관하여는 제121조부터 제129조까지의 규정
2. 심사위원회 및 재심사에 관하여는 다음 각 목의 구분에 따른 규정

   가. 심사위원회 위원의 기피 신청, 재심사 청구의 보정 등에 관하여는 제123조, 제124조 및 제126조부터 제128조까지의 규정. 이 경우 제123조 중 "심사관"은 "심사위원회 위원"으로, "고용노동부장관"은 "심사위원회 위원장"으로, 제124조 및 제128조 중 "심사청구인"은 "재심사청구인"으로, 제124조·제126조 및 제128조 중 "심사관"은 "심사위원회 위원장"으로, 제126조부터 제128조까지의 규정 중 "심사청구"는 "재심사청구"로 본다.

   나. 심사위원회의 위원 및 운영 등에 관하여는 제130조부터 제141조까지의 규정

[본조신설 2021. 6. 8.]
[제104조의16에서 이동, 종전 제104조의17은 제104조의18로 이동 〈2021. 12. 31.〉]

제6장 고용보험기금

제104조의18 기금 관리·운용 전문위원

① 고용노동부장관은 법 제79조에 따라 기금을 체계적·안정적으로 관리·운용하기 위하여 자산운용 전문위원을 둘 수 있다. 〈개정 2010. 7. 12.〉
② 자산운용 전문위원의 자격, 복무 및 보수 등에 관한 사항은 고용노동부장관이 정한다. 〈개정 2010. 7. 12.〉
[본조신설 2009. 3. 12.]
[제104조의17에서 이동 〈2021. 12. 31.〉]

제105조 기금의 운용사업 등

① 법 제79조제3항제5호에서 "그 밖에 대통령령으로 정하는 기금 증식 방법"이란 「자본시장과 금융투자업에 관한 법률」 제4조에 따른 증권의 매입을 말한다. 〈개정 2008. 7. 29.〉
② 법 제79조제4항에서 "대통령령으로 정하는 수준"이란 1년 만기 정기예금 이자율(「은행법」에 따라 설립된 은행 중 전국을 영업구역으로 하는 은행이 적용하는 이자율로 한다)이나 예상물가상승률 등을 고려하여 고용노동부장관이 정하는 수익률을 말한다. 〈개정 2010. 7. 12., 2010. 11. 15.〉

> **관련법령** 「자본시장과 금융투자업에 관한 법률」 제4조

제4조(증권)
① 이 법에서 "증권"이란 내국인 또는 외국인이 발행한 금융투자상품으로서 투자자가 취

득과 동시에 지급한 금전등 외에 어떠한 명목으로든지 추가로 지급의무(투자자가 기초자산에 대한 매매를 성립시킬 수 있는 권리를 행사하게 됨으로써 부담하게 되는 지급의무를 제외한다)를 부담하지 아니하는 것을 말한다. 다만, 다음 각 호의 어느 하나에 해당하는 증권은 제2편제5장, 제3편제1장(제8편부터 제10편까지의 규정 중 제2편제5장, 제3편제1장의 규정에 따른 의무 위반행위에 대한 부분을 포함한다) 및 제178조·제179조를 적용하는 경우에만 증권으로 본다. 〈개정 2013. 5. 28., 2015. 7. 24.〉

1. 투자계약증권
2. 지분증권, 수익증권 또는 증권예탁증권 중 해당 증권의 유통 가능성, 이 법 또는 금융관련 법령에서의 규제 여부 등을 종합적으로 고려하여 대통령령으로 정하는 증권

② 제1항의 증권은 다음 각 호와 같이 구분한다.
1. 채무증권 2. 지분증권 3. 수익증권 4. 투자계약증권 5. 파생결합증권 6. 증권예탁증권

③ 이 법에서 "채무증권"이란 국채증권, 지방채증권, 특수채증권(법률에 의하여 직접 설립된 법인이 발행한 채권을 말한다. 이하 같다), 사채권(「상법」제469조제2항제3호에 따른 사채의 경우에는 제7항제1호에 해당하는 것으로 한정한다. 이하 같다), 기업어음증권(기업이 사업에 필요한 자금을 조달하기 위하여 발행한 약속어음으로서 대통령령으로 정하는 요건을 갖춘 것을 말한다. 이하 같다), 그 밖에 이와 유사(類似)한 것으로서 지급청구권이 표시된 것을 말한다. 〈개정 2013. 5. 28.〉

④ 이 법에서 "지분증권"이란 주권, 신주인수권이 표시된 것, 법률에 의하여 직접 설립된 법인이 발행한 출자증권, 「상법」에 따른 합자회사·유한책임회사·유한회사·합자조합·익명조합의 출자지분, 그 밖에 이와 유사한 것으로서 출자지분 또는 출자지분을 취득할 권리가 표시된 것을 말한다. 〈개정 2013. 5. 28.〉

⑤ 이 법에서 "수익증권"이란 제110조의 수익증권, 제189조의 수익증권, 그 밖에 이와 유사한 것으로서 신탁의 수익권이 표시된 것을 말한다.

⑥ 이 법에서 "투자계약증권"이란 특정 투자자가 그 투자자와 타인(다른 투자자를 포함한다. 이하 이 항에서 같다) 간의 공동사업에 금전등을 투자하고 주로 타인이 수행한 공동사업의 결과에 따른 손익을 귀속받는 계약상의 권리가 표시된 것을 말한다.

⑦ 이 법에서 "파생결합증권"이란 기초자산의 가격·이자율·지표·단위 또는 이를 기초로 하는 지수 등의 변동과 연계하여 미리 정하여진 방법에 따라 지급하거나 회수하는 금전등이 결정되는 권리가 표시된 것을 말한다. 다만, 다음 각 호의 어느 하나에 해당하는 것은 제외한다. 〈개정 2013. 5. 28., 2016. 3. 29., 2017. 4. 18., 2022. 12. 31.〉

1. 발행과 동시에 투자자가 지급한 금전등에 대한 이자, 그 밖의 과실(果實)에 대하여만 해당 기초자산의 가격·이자율·지표·단위 또는 이를 기초로 하는 지수 등의 변동과 연계된 증권
2. 제5조제1항제2호에 따른 계약상의 권리(제5조제1항 각 호 외의 부분 단서에서 정하는 금융투자상품은 제외한다)
3. 해당 사채의 발행 당시 객관적이고 합리적인 기준에 따라 미리 정하는 사유가 발생하는 경우 주식으로 전환되거나 그 사채의 상환과 이자지급 의무가 감면된다는 조건이 붙은 것으로서 제165조의11제1항에 따라 주권상장법인이 발행하는 사채
3의2. 「은행법」제33조제1항제2호부터 제4호까지의 규정에 따른 상각형 조건부자본증권, 은행주식 전환형 조건부자본증권 및 은행지주회사주식 전환형 조건부자본증권
3의3. 「금융지주회사법」제15조의2제1항제2호 또는 제3호에 따른 상각형 조건부자본증권 또는 전환형 조건부자본증권
3의4. 「보험업법」제114조의2제1항제1호에서 제3호까지의 규정에 따른 상각형 조건부자본증권, 보험회사주식 전환형 조건부자본증권 및 금융지주회사주식 전환형 조건부자본증권
4. 「상법」제469조제2항제2호, 제513조 및 제516조의2에 따른 사채
5. 그 밖에 제1호부터 제3호까지, 제3호의2부터 제3호의4까지 및 제4호에 따른 금융투자상품과 유사한 것으로서 대통령령으로 정하는 금융투자상품

⑧ 이 법에서 "증권예탁증권"이란 제2항제1호부터 제5호까지의 증권을 예탁받은 자가 그 증권이 발행된 국가 외의 국가에서 발행한 것으로서 그 예탁받은 증권에 관련된 권리가 표시된 것을 말한다.

⑨ 제2항 각 호의 어느 하나에 해당하는 증권에 표시될 수 있거나 표시되어야 할 권리는 그 증권이 발행되지 아니한 경우에도 그 증권으로 본다.

⑩ 이 법에서 "기초자산"이란 다음 각 호의 어느 하나에 해당하는 것을 말한다.
1. 금융투자상품
2. 통화(외국의 통화를 포함한다)
3. 일반상품(농산물·축산물·수산물·임산물·광산물·에너지에 속하는 물품 및 이 물품을 원료로 하여 제조하거나 가공한 물품, 그 밖에 이와 유사한 것을 말한다)
4. 신용위험(당사자 또는 제삼자의 신용등급의 변동, 파산 또는 채무재조정 등으로 인

한 신용의 변동을 말한다)
5. 그 밖에 자연적·환경적·경제적 현상 등에 속하는 위험으로서 합리적이고 적정한 방법에 의하여 가격·이자율·지표·단위의 산출이나 평가가 가능한 것

제106조 기금의 계산

기금은 「국가회계법」 제11조에서 정하는 바에 따라 계산한다. 〈개정 2011. 9. 15.〉

제107조 기금의 용도 등

① 법 제80조제1항제7호에서 "대통령령으로 정하는 경비"란 다음 각 호의 경비를 말한다. 〈개정 2021. 6. 8.〉
  1. 보험사업의 관리·운영에 드는 경비
  2. 기금의 관리·운용에 드는 경비
  3. 고용산재보험료징수법 제33조에 따른 보험사무대행기관에 대한 교부금
  4. 법과 고용산재보험료징수법에 따른 사업이나 업무의 위탁수수료 지급금
② 법 제80조제1항제6호에 따른 출연금은 월 단위로 출연금을 받을 자가 다음 달에 쓸 출연금의 금액을 신청한 경우에 고용노동부장관이 그 신청금액을 검토하여 타당성이 인정되는 금액을 지급한다. 〈개정 2010. 7. 12.〉
③ 법 제80조제1항제6호에 따른 출연금을 받은 자(이하 이 조에서 "피출연자"라 한다)는 그 출연금을 별도의 계정을 설치하여 관리하여야 하며, 그 계정에서 발생한 이자수입은 고용노동부장관에게 반납하여야 한다. 다만, 고용노동부장관의 승인을 받은 경우에는 피출연자가 대행하거나 위탁받아 하는 사업(이하 이 조에서 "출연금의 목적사업"이라 한다)에 사용할 수 있다. 〈개정 2010. 7. 12.〉
④ 보험연도 내에 출연금의 목적사업에 사용되지 않고 남은 출연금은 다른 법령에서 달리 정한 바가 없으면 고용노동부장관에게 반납하여야 한다. 다만, 고용노동부장관의 승인을 받은 경우에는 다음 연도에 이월하여 출연금의 목적사업에 사용할 수 있다. 〈개정 2010. 7. 12.〉
⑤ 피출연자가 출연금을 출연금의 목적사업이 아닌 용도로 사용한 경우에 고용노

동부장관은 그에 해당하는 금액을 반환하도록 요구할 수 있다. 〈개정 2010. 7. 12.〉
⑥ 피출연자는 매 분기의 다음 달 10일까지 그 분기의 출연금 집행실적을 고용노동부장관에게 보고하여야 한다. 〈개정 2010. 7. 12.〉

[전문개정 2008. 9. 18.]

> **관련법령** ▶ 「고용산재보험료징수법」 제33조

제33조(보험사무대행기관)

① 사업주 등을 구성원으로 하는 단체로서 특별법에 따라 설립된 단체, 「민법」제32조에 따라 고용노동부장관의 허가를 받아 설립된 법인 및 그 밖에 대통령령으로 정하는 기준에 해당하는 법인, 공인노무사 또는 세무사(이하 "법인등"이라 한다)는 사업주로부터 위임을 받아 보험료 신고, 고용보험 피보험자에 관한 신고 등 사업주가 지방고용노동관서 또는 공단에 대하여 하여야 할 보험에 관한 사무(이하 "보험사무"라 한다)를 대행할 수 있다. 이 경우 보험사무를 위임할 수 있는 사업주의 범위 및 법인등에 위임할 수 있는 업무의 범위는 대통령령으로 정한다. 〈개정 2010. 6. 4., 2014. 3. 24.〉
② 법인 등이 제1항에 따라 보험사무를 대행하려는 경우에는 대통령령으로 정하는 바에 따라 공단의 인가를 받아야 한다.
③ 제2항에 따라 인가를 받은 법인등(이하 "보험사무대행기관"이라 한다)이 인가받은 사항을 변경하려고 하는 경우 수탁대상지역 등 대통령령으로 정하는 사항에 관하여는 공단의 인가를 받아야 하며, 소재지 등 고용노동부령으로 정하는 사항은 공단에 신고하여야 한다. 〈개정 2010. 6. 4.〉
④ 보험사무대행기관이 제1항에 따른 업무의 전부 또는 일부를 폐지하려면 공단에 신고하여야 한다.
⑤ 공단은 보험사무대행기관이 다음 각 호의 어느 하나에 해당하는 경우에는 그 인가를 취소할 수 있다. 다만, 제1호에 해당하는 경우에는 인가를 취소하여야 한다. 〈개정 2022. 6. 10.〉
   1. 거짓이나 그 밖의 부정한 방법으로 인가를 받은 경우
   2. 정당한 사유 없이 계속하여 2개월 이상 보험사무를 중단한 경우
   3. 보험사무를 거짓이나 그 밖의 부정한 방법으로 운영한 경우
   4. 그 밖에 이 법 또는 이 법에 따른 명령을 위반한 경우
⑥ 제4항에 따라 업무가 전부 폐지되거나 제5항에 따라 인가가 취소된 보험사무대행기관은 폐지신고일 또는 인가취소일부터 1년의 범위에서 대통령령으로 정하는 기간 동안

은 보험사무대행기관으로 다시 인가받을 수 없다. <신설 2022. 6. 10.>

⑦ 그 밖에 보험사무대행기관의 인가 취소 등에 필요한 사항은 대통령령으로 정한다. <신설 2022. 6. 10.>

[전문개정 2009. 12. 30.]

제108조 기금 지급의 위탁

고용노동부장관은 기금의 지원금·장려금의 지급, 대부금의 교부, 훈련비용과 훈련수당의 지급, 실업급여의 지급에 관한 업무를 다음 각 호의 어느 하나에 해당하는 기관이나 체신관서에 위탁하여 할 수 있다. <개정 2010. 7. 12., 2010. 11. 15., 2012. 1. 6., 2016. 10. 25.>

1. 「은행법」제8조에 따른 인가를 받은 은행
2. 「농업협동조합법」에 따른 농협은행
3. 「수산업협동조합법」에 따른 수협은행
4. 「상호저축은행법」에 따른 상호저축은행
5. 「새마을금고법」에 따른 새마을금고
6. 「신용협동조합법」에 따른 신용협동조합

[전문개정 2008. 4. 30.]

제109조 기금운용 계획

법 제81조제1항에 따른 기금운용 계획에는 다음 각 호의 사항이 포함되어야 한다.

1. 기금의 수입과 지출에 관한 사항
2. 해당 연도의 사업계획·지출원인행위계획과 자금계획에 관한 사항
3. 전년도 이월자금의 처리에 관한 사항
4. 적립금에 관한 사항
5. 그 밖에 기금운용에 필요한 사항

제110조 기금운용 결과의 공표

고용노동부장관은 법 제81조제2항에 따라 매년 기금의 운용 결과를 서울특별시에 본사를 두고 있는 1개 이상의 경제 분야 특수일간신문, 관보, 인터넷 홈페이지 또는 방송 등을 통하여 공표해야 한다. 〈개정 2010. 7. 12., 2020. 11. 24.〉

[제목개정 2020. 11. 24.]

제111조 기금의 회계기관

① 고용노동부장관은 기금의 수입과 지출에 관한 사무를 수행하게 하기 위하여 소속 공무원 중에서 기금수입징수관, 기금재무관, 기금지출관 및 기금출납공무원을 임명한다. 〈개정 2010. 7. 12.〉
② 기금수입징수관과 기금재무관은 기금의 관리·운용에 따르는 계약, 수입·지출의 원인이 되는 행위 및 기금수입금의 징수·결정에 관한 업무를 담당하며, 기금지출관 및 기금출납공무원은 기금의 관리·운용에 따르는 수입과 지출업무를 담당한다.
③ 고용노동부장관은 기금수입징수관, 기금재무관, 기금지출관 및 기금출납공무원을 임명하였을 때에는 감사원장과 한국은행총재에게 알려야 한다. 〈개정 2010. 7. 12.〉

제112조 거래은행의 지정

기금지출관은 해당 소재지에 있는 한국은행(본점, 지점, 출장소, 국고대리점을 포함한다. 이하 같다)을, 해당 소재지에 한국은행이 없는 경우에는 가까운 거리에 있는 한국은행을 그가 발행하는 수표의 지급인으로 지정하여야 한다.

제113조 기금수입금의 수납절차

① 기금수입징수관이 기금의 수입금을 징수하려면 납부 의무자에게 한국은행의 기금계정에 내도록 알려야 한다. 다만, 사업주가 정하여진 기한까지 스스로 낼

경우에는 그러하지 아니하다.
② 한국은행은 기금의 수입금을 수납하였을 때에는 납입자에게 영수증을 내주고, 수납통지서를 지체 없이 기금수입징수관에게 보내야 한다.
③ 한국은행은 제2항에 따라 수납한 기금의 수입금을 국고금 취급절차에 따라 한국은행 본점에 설치되어 있는 기금계정에 집중시켜야 한다.

제114조 기금의 지출절차

① 기금재무관이 지출원인행위를 하였을 때에는 그 지출원인행위에 관한 서류를 기금지출관에게 보내야 한다.
② 기금지출관이 지출원인행위에 따라 기금을 지출할 때에는 한국은행으로 하여금 채권자나 법령에서 정하는 바에 따라 국고금의 지급사무를 위탁받아 처리하는 자의 금융기관 예금계좌로 이체하는 방법으로 지급하게 하여야 한다.
③ 기금재무관이 지출원인행위를 한 후 부득이한 사유로 해당 회계연도 내에 지출하지 못한 금액은 다음 연도에 이월하여 지출할 수 있다.

제115조 현금 취급의 금지

기금지출관과 기금출납공무원은 현금을 보관하거나 출납할 수 없다. 다만, 「국고금관리법」제22조제4항과 같은 법 제24조에 따른 경우에는 그러하지 아니하다.

관련법령 ▶ 「국고금관리법」제22조제4항, 제24조

제22조(지출의 절차)
④ 지출관은 정보통신의 장애나 그 밖의 불가피한 사유로 제3항에 따른 방법으로 지급할 수 없는 경우에는 대통령령으로 정하는 바에 따라 현금등을 채권자에게 직접 지급할 수 있다.
[전문개정 2011. 4. 4.]
제24조(관서운영경비의 지급)
① 중앙관서의 장 또는 그 위임을 받은 공무원은 관서를 운영하는 데 드는 경비로서 그 성

질상 제22조에서 규정한 절차에 따라 지출할 경우 업무수행에 지장을 가져올 우려가 있는 경비(이하 "관서운영경비"라 한다)는 필요한 자금을 출납공무원으로 하여금 지출관으로부터 교부받아 지급하게 할 수 있다.
② 제1항에 따라 관서운영경비를 교부받아 지급하는 출납공무원(이하 "관서운영경비출납공무원"이라 한다)은 대통령령으로 정하는 바에 따라 제1항에 따라 교부된 자금의 범위에서 지급원인행위를 할 수 있다.
③ 관서운영경비는 관서운영경비출납공무원이 아니면 지급할 수 없다.
④ 관서운영경비출납공무원은 관서운영경비를 금융회사등에 예치하여 관리하여야 한다.
⑤ 관서운영경비출납공무원이 관서운영경비를 지급하려는 경우에는 정부구매카드(「여신전문금융업법」제2조제3호 및 제6호에 따른 신용카드·직불카드 또는 「전자금융거래법」제2조제13호에 따른 직불전자지급수단으로서 대통령령으로 정하는 바에 따라 관서운영경비를 지급하기 위하여 사용되는 것을 말한다. 이하 같다)를 사용하여야 한다. 다만, 경비의 성질상 정부구매카드를 사용할 수 없는 경우에는 대통령령으로 정하는 바에 따라 현금지급 등의 방법으로 지급할 수 있다. 〈개정 2016. 12. 27.〉
⑥ 관서운영경비의 범위, 지급절차 및 정부구매카드의 사용방법 등에 필요한 사항은 대통령령으로 정한다.
[전문개정 2011. 4. 4.]

제116조 기금의 지출원인행위 한도액 등의 배정

① 고용노동부장관은 제109조제2호에 따른 분기별 지출원인행위계획의 범위에서 각 기금재무관에게 분기별 지출원인행위 한도액을 배정하여야 한다. 〈개정 2010. 7. 12.〉
② 고용노동부장관은 제109조제2호에 따른 월별 자금계획의 범위에서 각 기금지출관에게 「국고금관리법 시행령」제49조제2항에 따라 작성한 월별세부자금계획서에 따라 자금을 배정하여야 한다. 〈개정 2010. 7. 12., 2011. 9. 15.〉

| 관련법령 ▶ | 「국고금관리법 시행령」제49조제2항 |

제49조(월별 세부자금계획의 작성 및 변경)
② 중앙관서별 월별 세부자금계획서는 중앙관서별 월별 자금계획의 과목 구분에 준하여

5일 단위로 작성하되, 다음 각 호의 사항을 명백히 하여야 한다.
1. 자금소요일, 금액, 사유
2. 그 밖에 자금소요 전망을 위하여 필요한 사항

제117조 기금의 운용상황 보고

① 기금수입징수관은 기금징수액보고서를, 기금재무관은 기금지출원인행위액 보고서를, 기금지출관은 기금지출액보고서를 매월 말일을 기준으로 작성하여 다음 달 20일까지 고용노동부장관에게 제출하여야 한다. 〈개정 2010. 7. 12.〉
② 제1항의 보고 외에 기금의 운용관리에 필요한 보고에 관한 사항은 고용노동부장관이 정한다. 〈개정 2010. 7. 12.〉

제118조 기금의 결산보고

고용노동부장관은 매 회계연도의 기금 결산에 관한 다음 각 호의 서류를 작성하여 위원회의 심의를 거쳐 다음 회계연도 2월 말까지 기획재정부장관에게 제출하여야 한다. 〈개정 2008. 2. 29., 2010. 7. 12., 2011. 9. 15.〉
1. 기금결산의 개황과 분석에 관한 서류
2. 재정상태표, 재정운영표, 순자산변동표 등 재무제표
3. 기금의 운용 계획과 실적의 대비표
4. 수입과 지출계산서
5. 그 밖에 결산의 내용을 명백히 하기 위하여 필요한 서류

제119조 적립금 등의 출납

법 제84조에 따른 기금의 적립금과 여유금의 출납에 필요한 사항은 고용노동부령으로 정한다. 〈개정 2010. 7. 12.〉

제120조 「국가재정법」 및 「국고금 관리법」의 준용

기금의 운용·관리에 관하여 법과 이 영에서 규정하지 않은 사항에 관하여는 「국가재정법」 및 「국고금 관리법」에 따른다. <개정 2021. 6. 8.>

[제목개정 2021. 6. 8.]

제7장 심사 및 재심사의 청구

제121조 심사관의 자격

법 제89조에 따른 고용보험심사관(이하 "심사관"이라 한다)은 고용노동부 소속 공무원으로서 다음 각 호의 어느 하나에 해당하는 사람 중에서 임명한다. 〈개정 2010. 7. 12., 2021. 6. 8.〉

1. 고용노동부에서 일반직 5급 이상 공무원이나 고위공무원단에 속하는 일반직공무원으로서 보험에 관한 심사 또는 재심사의 청구에 관련된 업무에 1년 이상 종사한 사람
2. 고용노동부에서 일반직 5급 이상 공무원이나 고위공무원단에 속하는 일반직공무원으로서 보험 업무에 2년 이상 종사한 사람
3. 그 밖에 제1호나 제2호의 사람에 해당하는 자격이 있다고 고용노동부장관이 인정하는 사람

제122조 심사관의 배치·직무

① 심사관은 고용노동부에 둔다. 〈개정 2010. 7. 12.〉
② 심사관은 고용노동부장관이 지정하는 심사업무와 심사청구에 대한 사례 연구를 담당한다. 〈개정 2010. 7. 12.〉

제123조 기피 신청의 방식

① 법 제89조제4항에 따른 심사관에 대한 기피 신청은 그 사유를 구체적으로 밝힌 서면으로 하여야 한다.
② 고용노동부장관은 제1항에 따라 기피 신청을 받으면 15일 이내에 그에 대한 결정을 하여 신청인에게 알려야 한다. 〈개정 2010. 7. 12.〉

제124조 청구인의 지위승계 신고

법 제89조제5항에 따라 심사청구인의 지위를 승계한 자는 승계사실을 증명할 수 있는 서류를 첨부하여 서면으로 심사관에게 신고하여야 한다.

제125조 심사청구의 방식

① 법 제91조에 따른 심사청구 문서에는 다음 각 호의 사항을 적어야 한다.
  1. 청구인의 이름과 주소
  2. 피청구인인 처분청의 명칭
  3. 심사청구 대상인 처분의 내용
  4. 처분이 있었던 것을 안 날
  5. 피청구인인 처분청에 따른 심사청구에 관한 통지의 유무와 통지의 내용
  6. 심사청구의 취지와 이유
  7. 심사청구 연월일
② 심사의 청구가 선정 대표자나 대리인에 의하여 제기되는 것일 때에는 제1항의 사항 외에 그 선정 대표자나 대리인의 이름과 주소를 적어야 하며, 선정 대표자나 대리인 자격은 서면으로 소명하여야 한다. 〈개정 2010. 12. 31.〉
③ 제1항의 서면에는 청구인이나 대리인이 기명날인하여야 한다.

제126조 심사청구의 보정

① 법 제92조제2항 본문에 따른 심사청구 보정명령은 다음 각 호의 사항을 적은 문서로 하여야 한다.
　1. 보정할 사항
　2. 보정이 요구되는 이유
　3. 보정 기간
　4. 그 밖에 필요한 사항
② 심사관은 법 제92조제2항 단서에 따라 직권으로 심사청구를 보정한 경우에는 그 사실을 당사자에게 알려야 한다.

제127조 원처분의 집행정지 통지

법 제93조제2항에 따른 집행정지 통지 문서에는 다음 각 호의 사항을 적어야 한다.
1. 심사청구 사건명
2. 집행정지 대상 처분과 집행정지 내용
3. 청구인의 이름과 주소
4. 피청구인인 처분청의 명칭
5. 집행정지 이유

제128조 심리를 위한 조사

① 법 제94조제1항에 따른 심사청구에 대한 심리를 위한 조사의 신청은 다음 각 호의 사항을 적은 문서로 하여야 한다.
　1. 심사청구 사건명
　2. 신청의 취지와 이유
　3. 출석이 요구되는 관계인의 이름과 주소(법 제94조제1항제1호의 경우에만 적는다)

4. 제출이 요구되는 문서, 그 밖의 물건의 소유자나 보관자의 이름과 주소(법 제94조제1항제2호의 경우에만 적는다)
  5. 감정이 요구되는 사항과 그 이유(법 제94조제1항제3호의 경우에만 적는다)
  6. 출입할 사업장이나 그 밖의 장소, 질문할 사업주·종업원이나 그 밖의 관계인, 검사할 문서나 그 밖의 물건(법 제94조제1항제4호의 경우에만 적는다)
② 심사관은 법 제94조제1항에 따라 증거조사를 한 경우에는 증거조사 조서를 작성하여야 한다. 이 경우 법 제94조제1항제1호에 따라 심사청구인이나 관계인으로부터 진술을 받을 때에는 진술조서를 작성하여 첨부하여야 한다.
③ 제2항의 증거조사 조서에는 다음 각 호의 사항을 적고, 심사관이 기명날인하여야 한다.
  1. 사건표시
  2. 조사 일시와 장소
  3. 조사대상과 조사방법
  4. 조사 결과

제129조 결정서

법 제96조에 따른 심사청구에 대한 결정은 다음 각 호의 사항을 적고 심사관이 서명 또는 날인한 결정서에 의하여야 한다. <개정 2011. 9. 15.>
1. 사건번호와 사건명
2. 청구인의 이름과 주소
3. 피청구인인 처분청의 명칭
4. 주문
5. 청구 취지
6. 이유
7. 결정 연월일

제130조 심사위원회 위원의 위촉·임명

① 법 제99조제1항에 따른 고용보험심사위원회(이하 "심사위원회"라 한다)의 위원 중 근로자를 대표하는 위원은 총연합단체인 노동조합에서, 사용자를 대표하는 위원은 전국적 규모의 사용자단체에서 추천한 사람 중에서 고용노동부장관의 제청으로 각각 대통령이 위촉한다. <개정 2010. 7. 12., 2021. 6. 8.>

② 심사위원회의 위원 중 근로자를 대표하는 위원, 사용자를 대표하는 위원과 당연직 위원 외의 위원은 다음 각 호의 어느 하나에 해당하는 사람 중에서 고용노동부장관의 제청으로 대통령이 위촉한다. 다만, 상임위원은 제3호나 제4호에 해당하는 사람 중에서 고용노동부장관의 제청으로 대통령이 임명한다. <개정 2010. 7. 12., 2021. 6. 8.>

1. 판사·검사 또는 변호사의 자격이 있는 사람
2. 「고등교육법」에 따른 대학에서 부교수 이상으로 재직하고 있거나 재직했던 사람
3. 3급 이상의 공무원이나 고위공무원단에 속하는 일반직공무원으로 재직하고 있거나 재직했던 사람
4. 노동관계 업무에 15년 이상 종사한 사람으로서 고용노동부장관이 자격이 있다고 인정하는 사람
5. 사회보험 또는 고용문제에 관한 학식과 경험이 있는 사람 중에서 고용노동부장관이 자격이 있다고 인정하는 사람

③ 고용노동부장관은 보험 업무를 담당하는 고용노동부의 3급 공무원이나 고위공무원단에 속하는 일반직공무원 1명을 심사위원회의 당연직 위원으로 지정한다. <개정 2010. 7. 12.>

제131조 위원의 임기

① 심사위원회 위원의 임기는 3년으로 하되, 연임할 수 있다.
② 위원이 궐위된 경우 보궐위원의 임기는 전임자 임기의 남은 기간으로 한다. 다만, 상임위원(위원장을 포함한다)이 궐위된 경우 보궐위원의 임기는 새로 시작

한다.

③ 위원은 제1항에 따른 임기가 만료된 경우에도 후임자가 위촉될 때까지 그 직무를 수행할 수 있다.

[전문개정 2008. 9. 18.]

제132조 위원의 처우

심사위원회 회의에 출석한 상임위원과 당연직 위원 외의 위원에게는 예산의 범위에서 그 직무수행을 위하여 필요한 수당과 여비를 지급할 수 있다. 이 경우 여비는 공무원여비규정을 표준으로 삼아 지급한다.

제133조 위원장과 부위원장

① 심사위원회에는 위원장과 부위원장 각 1명을 둔다.

② 심사위원회 위원장은 상임위원 중에서 고용노동부장관의 제청으로 대통령이 임명하고, 부위원장은 위원 중에서 호선한다. <개정 2010. 7. 12.>

제134조 직무

① 위원장은 심사위원회를 대표하며, 심사위원회의 사무를 총괄한다.

② 부위원장은 위원장을 보좌하며, 위원장이 부득이한 사유로 직무를 수행할 수 없을 때에는 그 직무를 대행한다.

제135조 회의

① 심사위원회 회의는 위원장 또는 부위원장, 당연직 위원과 위원장이 회의를 할 때마다 지정하는 노·사 대표 각 1명의 위원을 포함하여 9명 이내로 구성·운영한다.

② 심사위원회의 위원장은 회의를 소집하려면 회의 개최 5일 전까지 회의 일시, 장소와 안건을 각 위원에게 서면으로 알려야 한다. 다만, 긴급을 요하는 경우에는

그러하지 아니하다.

③ 심사위원회의 회의는 제1항에 따라 구성된 구성원 과반수의 출석으로 개의하고, 출석위원 과반수의 찬성으로 의결한다.

제136조 전문위원의 배치

① 고용노동부장관은 법 제99조제9항에 따라 심사위원회의 재심사 업무에 필요한 전문적인 조사·연구를 위해 전문위원을 둘 수 있다. 〈개정 2008. 4. 30., 2010. 7. 12., 2021. 6. 8.〉

② 전문위원의 자격·복무와 보수 등에 관하여 필요한 사항은 고용노동부령으로 정한다. 〈개정 2008. 4. 30., 2010. 7. 12.〉

[제목개정 2008. 4. 30.]

제137조 통지

법 제101조제1항에 따른 심리기일(審理期日)과 장소는 문서로 알리되, 직접 전달하거나 등기우편으로 보내야 한다.

제138조 심리비공개의 신청

법 제101조제3항 단서에 따른 심리의 비공개 신청은 그 취지와 이유를 적은 문서로 하여야 한다.

제139조 심리조서

① 법 제101조제4항에 따른 심리조서에는 다음 각 호의 사항을 적어야 한다.
   1. 사건번호와 사건명
   2. 심리일시와 장소
   3. 출석한 위원 이름

4. 출석한 당사자나 대리인 이름
5. 심리 내용
6. 그 밖에 필요한 사항

② 제1항의 심리조서에는 작성 연월일을 적고, 위원장이 서명하거나 날인하여야 한다.

③ 법 제101조제5항에 따른 열람신청은 문서로 하여야 한다.

제140조 재심사청구의 방식

① 법 제87조에 따른 재심사청구는 다음 각 호의 사항을 적은 문서로 하여야 한다.
  1. 청구인의 이름과 주소
  2. 제125조제1항제2호부터 제4호까지의 규정에 따른 사항
  3. 결정을 한 심사관 이름
  4. 결정이 있었던 것을 안 날
  5. 결정을 한 심사관에 의한 재심사 청구에 관한 고지의 유무와 고지의 내용
  6. 재심사청구 취지와 이유
  7. 재심사청구 연월일

② 재심사청구가 선정 대표자나 대리인에 의하여 제기되는 것일 때에는 제1항의 사항 외에 그 선정 대표자나 대리인의 이름과 주소를 적어야 하며, 선정 대표자나 대리인 자격은 서면으로 소명하여야 한다. 〈개정 2010. 12. 31.〉

③ 제1항의 서면에는 청구인이나 대리인이 기명날인하여야 한다.

제141조 재결서

재심사청구에 대한 재결서에는 다음 각 호의 사항을 적고, 심사위원회 위원장과 재결에 참여한 위원이 서명 또는 날인하여야 한다. 〈개정 2011. 9. 15.〉

1. 사건번호와 사건명
2. 청구인의 이름과 주소

3. 원처분청 명칭

4. 심사청구에 대한 결정을 한 심사관의 이름

5. 주문

6. 청구 취지

7. 이유

8. 재결 연월일

제142조 준용

심사위원회와 재심사에 관하여는 제123조, 제124조, 제126조부터 제128조까지의 규정을 준용한다. 이 경우 제123조 중 "심사관"은 "심사위원회 위원"으로, "고용노동부장관"은 "심사위원회 위원장"으로, 제124조와 제128조 중 "심사청구인"은 "재심사청구인"으로, 제124조·제126조·제128조 중 "심사관"은 "심사위원회 위원장"으로, 제126조부터 제128조까지 중 "심사청구"는 "재심사청구"로 본다.
〈개정 2010. 7. 12.〉

제8장 보칙

제142조의2 제공요청 대상 자료 등의 범위

법 제110조제1항에 따라 요청할 수 있는 자료 또는 정보는 다음 각 호의 어느 하나에 해당하는 자료 또는 정보로 한다. <개정 2021. 12. 31., 2022. 5. 9., 2023. 6. 27.>

1. 각종 연금·보험 및 임금에 관한 다음 각 목의 자료 또는 정보
   가. 「공무원연금법」에 따른 공무원연금 가입에 관한 자료
   나. 「국민연금법」에 따른 사업장가입자의 신고 자료 및 월별 연금보험료 부과 자료
   다. 「국민건강보험법」에 따른 사업장 신고 자료 및 직장가입자의 월별 보험료액 자료
   라. 「군인연금법」에 따른 군인연금 가입에 관한 자료
   마. 「별정우체국법」에 따른 별정우체국 직원의 연금 가입에 관한 자료
   바. 「사립학교교직원 연금법」에 따른 사립학교교직원의 연금 가입에 관한 자료
   사. 「산업재해보상보험법」에 따른 산재보험급여 자료 및 노무제공자에 관한 자료
   아. 「임금채권보장법」에 따른 체불임금에 관한 자료
2. 가족관계·근로자·장애인·외국인 등에 관한 다음 각 목의 자료 또는 정보
   가. 「가족관계의 등록 등에 관한 법률」에 따른 가족관계등록 전산정보 자료와 가족관계기록사항에 관한 증명서
   나. 「국적법」에 따른 국적 취득 및 국적 상실 등에 관한 자료
   다. 「병역법」에 따른 병역 복무 자료
   라. 「외국인근로자의 고용 등에 관한 법률」에 따른 외국인근로자의 근로계약 해지

및 그 밖에 고용과 관련된 자료
　　마. 「장애인고용촉진 및 직업재활법」에 따른 장애인 증명 자료
　　바. 「재외동포의 출입국과 법적 지위에 관한 법률」에 따른 재외국민 및 외국국적동포의 국내거소신고 자료
　　사. 「주민등록법」에 따른 주민등록 자료
　　아. 「출입국관리법」에 따른 외국인등록 자료와 출입국정보 및 외국인 해고·퇴직 등에 관한 신고 자료
3. 부동산·자동차·선박·항공기 등에 관한 다음 각 목의 자료 또는 정보
　　가. 「건설기계관리법」에 따른 건설기계등록원부 등본, 건설기계사업 등록 자료
　　나. 「건축법」에 따른 건축물대장 등본
　　다. 「공간정보의 구축 및 관리 등에 관한 법률」에 따른 토지대장 및 임야대장 등본
　　라. 「농지법」에 따른 농지대장
　　마. 「동산·채권 등의 담보에 관한 법률」에 따른 담보등기부
　　바. 「부동산등기법」에 따른 토지등기사항증명서·건물등기사항증명서
　　사. 「비송사건절차법」, 「상업등기법」 등에 따른 법인등기사항증명서
　　아. 「선박등기법」에 따른 선박등기사항증명서
　　자. 「선박법」에 따른 선박원부
　　차. 「자동차관리법」에 따른 자동차등록원부
　　카. 「중견기업 성장촉진 및 경쟁력 강화에 관한 특별법」에 따른 중견기업 관련 자료
　　타. 「특허권 등의 등록령」에 따른 등록원부
　　파. 「항공안전법」에 따른 항공기등록원부
4. 그 밖의 고용보험 피보험자격 관리에 필요한 다음 각 목의 자료 또는 정보
　　가. 「국민기초생활 보장법」에 따른 수급자격 및 자활근로 대상 여부에 관한 자료
　　나. 「사회복지사업법」에 따른 사회복지법인 및 사회복지시설과 그 종사자에 관한 자료
　　다. 「사회서비스 이용 및 이용권 관리에 관한 법률」에 따른 사회서비스 제공자 및 그 종사자에 관한 자료

라. 「영유아보육법」에 따른 어린이집 및 보육교직원, 보육영유아와 그 보호자에 관한 자료

[본조신설 2020. 8. 27.]

제143조 진찰비용

직업안정기관의 장은 법 제111조에 따라 진찰을 받을 것을 명하는 경우에는 그 진찰에 드는 실비를 지급할 수 있다.

제144조 삭제 〈2012. 1. 13.〉

제144조의2 시범사업의 실시 대상

법 제114조에 따라 고용노동부장관은 고용안정·직업능력개발사업을 시범사업으로 실시할 수 있다. 〈개정 2017. 8. 29.〉

[본조신설 2010. 12. 31.]

제145조 권한의 위임 등

① 법 제115조에 따라 고용노동부장관은 다음 각 호의 사항에 관한 권한을 직업안정기관의 장에게 위임한다. 〈개정 2010. 2. 8., 2010. 7. 12., 2011. 9. 15., 2011. 12. 8., 2011. 12. 30., 2012. 7. 10., 2013. 12. 24., 2014. 12. 31., 2016. 10. 18., 2018. 7. 3., 2020. 8. 27., 2020. 12. 8., 2021. 6. 8., 2023. 6. 27.〉

1. 삭제 〈2016. 10. 18.〉
2. 삭제 〈2016. 10. 18.〉
3. 삭제 〈2019. 2. 12.〉
4. 법 제20조에 따른 고용창출의 지원(제4항에 따라 위탁하는 것은 제외한다)
5. 법 제21조에 따른 고용조정의 지원
6. 법 제22조에 따른 지역 고용의 촉진

7. 법 제23조에 따른 고령자등 고용촉진의 지원
8. 법 제24조에 따른 건설근로자 등의 고용안정 지원
9. 법 제31조제2항에 따른 직업능력개발 훈련 사업의 실시
10. 법 제33조에 따른 고용정보의 제공과 고용 지원 기반의 구축 등(고용안정·직업능력개발에 관한 기반의 구축, 전문인력의 배치사업과 제6항에 따라 위탁된 사업은 제외한다)
11. 법 제35조에 따른 부정행위에 따른 지원의 제한 등
12. 법 제70조와 법 제73조에 따른 육아휴직 급여의 지급과 지급 제한
12의2. 법 제73조의2에 따른 육아기 근로시간 단축 급여의 지급과 법 제74조제2항에서 준용하는 법 제73조에 따른 육아기 근로시간 단축 급여의 지급 제한
13. 법 제75조에 따른 출산전후휴가 급여등의 지급과 법 제77조제1항에서 준용하는 법 제73조에 따른 출산전후휴가 급여 등의 지급 제한
13의2. 법 제76조의2에 따른 출산전후휴가 급여 등에 상당하는 금액의 지급과 법 제77조제2항에서 준용하는 법 제73조(같은 조 제1항은 제외한다)에 따른 출산전후휴가 급여 등에 상당하는 금액의 지급 제한
13의3. 법 제77조의3에 따른 예술인인 피보험자에 대한 구직급여의 지급과 법 제77조의5제2항에서 준용하는 법 제61조에 따른 구직급여의 지급 제한
13의4. 법 제77조의4에 따른 예술인인 피보험자에 대한 출산전후급여 등의 지급과 법 제77조의5제3항에서 준용하는 법 제62조 및 제73조제4항에 따른 출산전후급여 등의 반환명령과 지급 제한
13의5. 법 제77조의8에 따른 노무제공자인 피보험자에 대한 구직급여의 지급과 법 제77조의10제2항에서 준용하는 법 제61조에 따른 구직급여의 지급 제한
13의6. 법 제77조의9에 따른 노무제공자인 피보험자에 대한 출산전후급여 등의 지급과 법 제77조의10제3항에서 준용하는 법 제62조 및 제73조제4항에 따른 출산전후급여 등의 반환명령과 지급 제한
14. 법 제108조에 따른 보고, 관계 서류의 제출 및 출석의 요구(위임된 사무처리를 위하여 필요한 경우로 한정한다)

15. 법 제109조에 따른 사무소 출입, 관계인에 대한 질문과 서류의 조사(위임된 사무 처리를 위하여 필요한 경우로 한정한다)와 이와 관련된 조사 전 통지와 조사 결과 통지
16. 법 제110조에 따른 자료 제출의 요청(위임된 사무처리를 위하여 필요한 경우로 한정한다)
17. 법 제112조에 따른 포상금의 지급
18. 법 제118조에 따른 과태료의 부과·징수
19. 제4조에 따른 대리인 선임·해임의 신고 수리(대리인이 법 제15조에 관한 사항을 대리하는 경우는 제외한다)
20. 제35조에 따른 고용안정과 취업촉진 사업

20의2. 삭제 〈2014. 12. 31.〉

21. 제36조에 따른 취업지원사업에 대한 지원
22. 제38조제2항에 따른 고용촉진 시설(제38조제1항제2호 및 같은 항 제3호의 고용촉진시설로 한정한다)에 대한 비용 지원
23. 삭제 〈2015. 6. 30.〉
24. 제43조에 따른 근로자의 직업능력 개발을 위한 지원
25. 삭제 〈2011. 9. 15.〉
26. 제47조에 따른 취업훈련의 지원

② 법 제115조에 따라 고용노동부장관은 다음 각 호의 사항에 관한 권한을 근로복지공단에 위탁한다. 〈개정 2009. 3. 12., 2009. 5. 28., 2010. 7. 12., 2010. 12. 31., 2011. 12. 8., 2015. 6. 30., 2016. 10. 18., 2016. 12. 30., 2019. 2. 12., 2020. 6. 9., 2020. 8. 27., 2020. 12. 8., 2021. 6. 8., 2021. 12. 31., 2023. 6. 27.〉

1. 법 제15조에 따른 피보험자격에 관한 신고의 수리 등
2. 삭제 〈2020. 8. 27.〉
2의2. 법 제17조(법 제77조의5제1항 및 제77조의10제1항에서 준용하는 경우를 포함한다)에 따른 피보험자격의 확인
2의3. 법 제77조의2 및 제77조의5제1항에 따른 예술인인 피보험자의 피보험자격 신고의 접수

2의4. 법 제77조의6, 제77조의7 및 제77조의10제1항에 따른 노무제공자인 피보험자의 피보험자격 신고의 접수
3. 법 제108조에 따른 보고, 관계 서류의 제출 및 출석의 요구(위탁된 사무처리를 위하여 필요한 경우로 한정한다)
4. 법 제109조에 따른 사무소 출입, 관계인에 대한 질문과 서류의 조사(위탁된 사무 처리를 위하여 필요한 경우로 한정한다)
4의2. 삭제 〈2010. 2. 8.〉
5. 법 제110조에 따른 자료 제출의 요청(위탁된 사무 처리를 위하여 필요한 경우로 한정한다)
5의2. [제5호의2는 제11호로 이동 〈2016. 10. 18.〉]
6. 제3조의2제2항에 따른 가입대상 공무원에 대한 보험 가입 신청의 수리 및 가입 신청 사실의 통보
7. 제3조의2제4항에 따른 고용보험 가입 공무원의 탈퇴신청의 수리
8. 제4조에 따른 대리인 선임·해임의 신고 수리(대리인이 법 제15조에 관한 사항을 대리하는 경우에 한정한다)
8의2. 제35조제7호에 따른 일·가정 양립 지원사업을 위한 대부금의 관리·운용에 관한 사항
8의3. 제37조의3에 따른 우선지원대상기업의 고용유지 비용의 대부에 관한 사항
9. 제38조제4항에 따른 어린이집 운영비용의 지원
10. 제38조제5항에 따른 어린이집 설치비용의 융자·지원 및 융자금·지원금의 관리·운용에 관한 사항
11. 제45조에 따른 능력개발비용의 대부에 관한 사항
12. 제47조의2에 따른 직업능력개발훈련 중 생계비 대부와 대부금의 관리·운용에 관한 사항
13. 제104조의6제4항 및 제6항에 따른 15세 미만인 예술인의 고용보험 가입 및 탈퇴 신청의 접수 및 처리
14. 제104조의12제4항 및 제6항에 따른 15세 미만인 노무제공자의 고용보험 가

입 및 탈퇴 신청의 접수 및 처리

③ 법 제115조에 따라 고용노동부장관은 다음 각 호의 사항에 관한 권한을 한국산업인력공단에 위탁한다. 〈개정 2009. 3. 12., 2010. 7. 12., 2011. 12. 30., 2012. 1. 13., 2021. 12. 31.〉

1. 법 제27조에 따른 사업주에 대한 직업능력개발 훈련의 지원
2. 법 제31조제1항제2호에 따른 숙련기술 장려 사업 중 민간 기능경기대회 비용의 지원
3. 법 제108조에 따른 보고, 관계 서류의 제출 및 출석의 요구(위탁된 사무 처리를 위하여 필요한 경우로 한정한다)
4. 법 제109조에 따른 사무소 출입, 관계인에 대한 질문 및 서류의 조사(위탁된 사무 처리를 위하여 필요한 경우로 한정한다)
5. 법 제110조에 따른 자료 제출의 요청(위탁된 사무 처리를 위하여 필요한 경우로 한정한다)
6. 삭제 〈2010. 12. 31.〉
7. 제46조에 따른 능력개발비용의 지원에 관한 사항
8. 제48조에 따른 직업능력개발훈련시설 등에 대한 비용 대부와 대부금의 관리·운용에 관한 사항
9. 제49조에 따른 직업능력개발훈련시설 등에 대한 비용 지원과 지원금의 관리·운용에 관한 사항(지원결정에 관한 사항은 제외한다)
10. 삭제 〈2008. 4. 30.〉
11. 제51조제1항제1호에 따른 자격검정 사업에 대한 비용 지원에 관한 사항
11의2. 제52조제1항제3호에 따른 훈련 매체의 개발·편찬과 보급사업
12. 제52조제1항제5호에 따른 인적자원개발 우수기업 인증제 지원 사업
13. 제52조제1항제6호에 따른 사업주, 사업주단체 등이 중소기업과 공동으로 중소기업 근로자 등을 위하여 실시하는 직업능력개발사업
14. 제52조제1항제10호의 우선지원대상기업의 사업주나 근로자의 핵심 직무능력 향상을 위하여 실시하는 직업능력개발훈련
15. 제52조제1항제11호의 우선지원대상기업의 학습조직화를 촉진하기 위하여

실시하는 직업능력개발사업

16. **제52조제1항제12호**의 우선지원대상기업의 사업주나 인력개발 담당자의 인적자원 개발역량을 높이기 위하여 실시하는 직업능력개발사업
17. **제52조제1항제13호**에 따른 우선지원대상기업에 대한 체계적인 현장 훈련 지원 사업
18. 삭제 〈2010. 12. 31.〉

④ **법 제115조**에 따라 고용노동부장관은 제17조에 따른 고용창출사업에 대한 지원, **제37조**에 따른 고령자 등의 고용환경 개선 지원, **제38조제2항**에 따른 고용촉진 시설(**제38조제1항제5호**의 고용촉진 시설로 한정한다)에 대한 비용 지원, **제52조제1항제4호**에 따른 사업주단체, 근로자단체 또는 그 연합체가 협력하여 실시하는 직업능력개발사업의 지원과 **제55조**에 따른 지방자치단체 등에 대한 지원 권한의 일부를 「**한국산업안전보건공단법**」에 따른 한국산업안전보건공단, 근로복지공단, 한국산업인력공단, 「**장애인고용촉진 및 직업재활법**」에 따른 한국장애인고용공단(이하 "한국장애인고용공단"이라 한다), 「**정부출연연구기관 등의 설립·운영 및 육성에 관한 법률**」 제8조에 따라 설립된 한국노동연구원(이하 "한국노동연구원"이라 한다), 그 밖에 고용노동부장관이 정하여 고시하는 관계 전문기관이나 비영리법인에 위탁할 수 있으며, 이에 따른 위탁대상기관의 선정기준 등은 **고용노동부령으로 정한다**. 〈개정 2009. 1. 14., 2009. 12. 31., 2010. 7. 12., 2010. 12. 31.〉

⑤ **법 제115조**에 따라 고용노동부장관은 **제33조**에 따른 고용관리 진단 등 지원의 업무를 한국산업인력공단, 한국장애인고용공단, 한국노동연구원 또는 관계 전문기관 등 고용노동부장관이 지정·고시하는 기관에 위탁한다. 〈개정 2008. 9. 18., 2009. 12. 31., 2010. 2. 8., 2010. 7. 12.〉

⑥ **법 제115조**에 따라 고용노동부장관은 **법 제15조제6항**에 따른 장비 등의 지원, 법 **제33조**에 따른 고용정보의 제공과 고용 지원 기반의 구축 등에 관한 권한 중 다음 각 호의 사항에 관한 권한을 「**고용정책 기본법**」 제18조에 따라 설립된 한국고용정보원에 위탁한다. 〈개정 2009. 12. 30., 2010. 7. 12.〉

1. 고용정보의 수집·분석과 직업안정기관에의 제공
2. 직업·훈련 상담 등 직업 지도에 관한 기법의 연구·개발과 보급

3. 고용정보의 제공, 직업지도, 직업소개의 평가와 지원
4. 고용안정·직업능력개발에 관한 기반의 구축 중 고용보험사업에 관련된 전산망의 운용

⑦ 법 제115조에 따라 고용노동부장관은 제35조제4호에 따른 건설근로자의 고용안정 등에 대한 지원사업의 업무를 「건설근로자의 고용개선 등에 관한 법률」 제9조에 따른 건설근로자공제회에 위탁한다. 〈신설 2010. 2. 8., 2010. 7. 12.〉

⑧ 근로복지공단의 이사장, 한국산업인력공단의 이사장과 한국장애인고용공단의 이사장은 제2항부터 제5항까지의 규정에 따라 위탁받은 업무를 수행하기 위하여 그 상임이사 중에서 기금수입 담당이사와 기금지출원인행위 담당이사를 임명하고, 그 직원 중에서 기금지출직원과 기금출납 직원을 임명하며, 그 임명 사실을 고용노동부장관에게 보고하여야 한다. 이 경우 각 직책의 자가 수행하는 직무는 다음 각 호와 같다. 〈개정 2009. 12. 31., 2010. 2. 8., 2010. 7. 12.〉

1. 기금수입 담당이사 : 기금수입징수관의 직무
2. 기금지출원인행위 담당이사 : 기금재무관의 직무
3. 기금지출직원 : 기금지출관의 직무
4. 기금출납직원 : 기금출납공무원의 직무

⑨ 고용노동부장관은 제8항에 따른 기금수입 담당이사, 기금지출원인 담당이사, 기금지출직원 및 기금출납직원의 임명 사실을 감사원장과 한국은행총재에게 알려야 한다. 〈개정 2010. 2. 8., 2010. 7. 12.〉

| 관련법령 | 「건설근로자의 고용개선 등에 관한 법률」 제9조 |

제9조(건설근로자공제회의 설립 등)

① 제8조에 따라 공제사업을 실시하는 자는 고용노동부장관의 인가를 받아 건설근로자공제회(이하 "공제회"라 한다)를 설립하여야 한다. 〈개정 2010. 6. 4.〉
② 공제회는 법인으로 한다.
③ 공제회의 설립·운영 및 감독 등에 관하여는 「민법」 중 재단법인에 관한 규정을 준용한다.
④ 공제회의 정관 기재사항은 대통령령으로 정하며, 정관을 변경하려면 이사회 의결을 거쳐 고용노동부장관의 허가를 받아야 한다. 〈신설 2011. 7. 25.〉

⑤ 공제회의 이사장은 이사회에서 선출한다. 〈신설 2011. 7. 25.〉
[전문개정 2007. 12. 27.]

관련법령 「개인정보 보호법 시행령」 제19조

제19조(고유식별정보의 범위)

법 제24조제1항 각 호 외의 부분에서 "대통령령으로 정하는 정보"란 다음 각 호의 어느 하나에 해당하는 정보를 말한다. 다만, 공공기관이 법 제18조제2항제5호부터 제9호까지의 규정에 따라 다음 각 호의 어느 하나에 해당하는 정보를 처리하는 경우의 해당 정보는 제외한다. 〈개정 2016. 9. 29., 2017. 6. 27., 2020. 8. 4.〉

1. 「주민등록법」 제7조의2제1항에 따른 주민등록번호
2. 「여권법」 제7조제1항제1호에 따른 여권번호
3. 「도로교통법」 제80조에 따른 운전면허의 면허번호
4. 「출입국관리법」 제31조제5항에 따른 외국인등록번호

제145조의2 고유식별정보의 처리

① 고용노동부장관(제145조에 따라 고용노동부장관의 권한·업무를 위임·위탁받은 자를 포함한다)은 다음 각 호의 사무를 수행하기 위해 불가피한 경우 「개인정보 보호법 시행령」 제19조에 따른 주민등록번호 또는 외국인등록번호가 포함된 자료를 처리할 수 있다. 〈개정 2012. 7. 10., 2016. 7. 19., 2017. 3. 27., 2019. 6. 25., 2020. 12. 8., 2021. 6. 8., 2021. 12. 31., 2023. 6. 27.〉

1. 법 제10조제1항제3호 단서 및 이 영 제3조의2에 따른 별정직·임기제 공무원의 고용보험 가입 또는 탈퇴에 관한 사무
1의2. 다음 각 목에 해당하는 사람의 고용보험 가입에 관한 사무
   가. 법 제10조의2제1항에 따른 외국인근로자
   나. 법 제10조의2제2항 및 이 영 제3조의3에 따른 근로계약 체결 외국인, 외국인예술인 및 외국인노무제공자
2. 법 제15조에 따른 피보험자격의 취득·상실 등의 신고에 관한 사무
3. 삭제 〈2020. 8. 27.〉

4. 법 제17조에 따른 피보험자격의 확인에 관한 사무
5. 법 제20조에 따른 고용기회 확대 사업주에 대한 지원에 관한 사무
6. 법 제21조에 따른 고용안정을 위한 조치를 한 사업주에 대한 지원에 관한 사무
7. 법 제22조에 따른 지역 고용촉진 사업주에 대한 지원에 관한 사무
8. 법 제23조에 따른 고령자등 고용촉진의 지원에 관한 사무
9. 법 제25조에 따른 고용안정 및 취업촉진 사업을 실시하는 자에 대한 지원 및 대부에 관한 사무
10. 법 제26조에 따른 고용촉진시설의 지원에 관한 사무
11. 법 제27조에 따른 사업주에 대한 직업능력개발 훈련비용의 지원에 관한 사무
12. 법 제29조에 따른 피보험자등에 대한 직업능력개발 지원 등에 관한 사무
13. 법 제30조에 따른 직업능력개발 훈련 시설의 설치, 장비구입 비용 등의 대부·지원에 관한 사무
14. 법 제31조에 따른 직업능력개발의 촉진 사업을 실시하는 자에 대한 지원에 관한 사무
15. 법 제35조에 따른 부정행위를 이유로 한 지원금의 반환명령 또는 추가징수에 관한 사무
15의2. 법 제55조의2에 따른 국민연금 보험료의 지원에 관한 사무
16. 법 제70조에 따른 육아휴직 급여의 지급에 관한 사무
17. 법 제73조의2에 따른 육아기 근로시간 단축 급여의 지급에 관한 사무
18. 법 제75조에 따른 출산전후휴가 급여등 및 법 제76조의2에 따른 출산전후휴가 급여등에 상당하는 금액의 지급에 관한 사무
19. 법 제75조의2에 따른 출산전후휴가 급여 등의 대위 신청에 관한 사무
19의2. 법 제77조의2 및 제77조의5제1항에 따른 예술인인 피보험자의 피보험자격 신고에 관한 사무
19의3. 법 제77조의6, 제77조의7 및 제77조의10제1항에 따른 노무제공자인 피보험자의 피보험자격 신고에 관한 사무
20. 법 제108조에 따른 보고 등의 요구에 관한 사무

21. 법 제109조에 따른 조사 등에 관한 사무
22. 법 제110조에 따른 자료 제출의 요청에 관한 사무
23. 법 제112조에 따른 부정행위의 신고 및 신고포상금의 지급에 관한 사무
24. 제4조에 따른 대리인 선임 또는 해임 신고에 관한 사무
25. 제10조, 제104조의7 및 제104조의14에 따른 피보험자 이름 등의 변경 신고에 관한 사무

② 직업안정기관의 장은 다음 각 호의 사무를 수행하기 위해 불가피한 경우 「개인정보 보호법 시행령」 제19조제1호 또는 제4호에 따른 주민등록번호 또는 외국인등록번호가 포함된 자료를 처리할 수 있다. <개정 2020. 8. 27., 2020. 12. 8., 2021. 6. 8.>

1. 법 제62조·제74조·제77조에 따른 부정행위를 이유로 한 구직급여 등의 반환명령 및 추가징수에 관한 사무
2. 법 제42조에 따른 실업의 신고(이직확인서의 확인에 관한 사무를 포함한다)에 관한 사무
3. 법 제43조에 따른 수급자격의 인정에 관한 사무
4. 법 제44조에 따른 실업의 인정 등에 관한 사무
5. 법 제48조 및 이 영 제71조에 따른 수급기간의 연기 등에 관한 사무
6. 법 제52조에 따른 개별연장급여의 지급에 관한 사무
7. 법 제57조에 따른 미지급 구직급여의 지급에 관한 사무
8. 법 제63조에 따른 상병급여의 지급에 관한 사무
9. 법 제64조에 따른 조기재취업 수당의 지급에 관한 사무
10. 법 제66조에 따른 광역 구직활동비의 지급에 관한 사무
11. 법 제67조에 따른 이주비의 지급에 관한 사무
12. 법 제77조의3, 제77조의4 및 제77조의5제2항·제3항에 따른 구직급여와 출산전후급여등의 지급에 관한 사무
13. 법 제77조의8, 제77조의9 및 제77조의10제2항·제3항에 따른 구직급여와 출산전후급여등의 지급에 관한 사무

③ 심사관은 법 제87조제1항에 따른 심사청구에 관한 사무를 수행하기 위하여 불가

피한 경우 「개인정보 보호법 시행령」 제19조제1호 또는 제4호에 따른 주민등록번호 또는 외국인등록번호가 포함된 자료를 처리할 수 있다.

④ 심사위원회는 다음 각 호의 사무를 수행하기 위하여 불가피한 경우 「개인정보 보호법 시행령」 제19조제1호 또는 제4호에 따른 주민등록번호 또는 외국인등록번호가 포함된 자료를 처리할 수 있다.

1. 법 제87조제1항에 따른 재심사 청구에 관한 사무
2. 법 제101조제5항·제6항에 따른 심리조서 열람에 관한 사무

[전문개정 2012. 1. 13.]

제145조의3 삭제 〈2020. 3. 3.〉

제146조 과태료의 부과기준

법 제118조제1항부터 제3항까지의 규정에 따른 과태료의 부과기준은 별표 3과 같다.

[전문개정 2013. 8. 6.]

★ 별표3 〈과태료의 부과기준(제146조 관련)〉

1. 일반기준
    가. 위반행위의 횟수에 따른 과태료의 가중된 부과기준은 최근 1년간 같은 위반행위(제2호가목의 위반행위는 제외한다)로 과태료 부과처분을 받은 경우에 적용한다. 이 경우 기간의 계산은 위반행위에 대하여 과태료 부과처분을 받은 날과 그 처분 후 다시 같은 위반행위를 하여 적발된 날을 기준으로 한다.
    나. 가목에 따라 가중된 부과처분을 하는 경우 가중처분의 적용 차수는 그 위반행위 전 부과처분 차수(가목에 따른 기간 내에 과태료 부과처분이 둘 이상 있었던 경우에는 높은 차수를 말한다)의 다음 차수로 한다.
    다. 부과권자는 다음의 어느 하나에 해당하는 경우에는 제2호에 따른 과태료 금액의 2분의 1 범위에서 그 금액을 줄일 수 있다. 다만, 과태료를 체납하고 있는 위반행위자의 경우에는 그렇지 않다.
        1) 위반행위가 사소한 부주의나 오류로 인한 것으로 인정되는 경우
        2) 위반의 내용·정도가 경미하여 사회적 피해가 적다고 인정되는 경우
        3) 위반행위자가 법 위반상태를 시정하거나 해소하기 위하여 노력한 사실이 인정되는 경우
        4) 그 밖에 위반행위의 정도, 위반행위의 동기와 그 결과 등을 고려하여 과태료 금액을 줄일 필요가 있다고 인정되는 경우
    라. 부과권자는 다음의 어느 하나에 해당하는 경우에는 제2호에 따른 과태료 금액의 2분의 1 범위에서 그 금액을 가중할 수 있다. 다만, 법 제118조제1항부터 제3항까지의 규정에 따른 과태료

금액의 상한을 넘을 수 없다.
1) 위반의 내용·정도가 중대하여 근로자 등에게 미치는 피해가 크다고 인정되는 경우
2) 위반행위의 정도, 위반행위의 동기와 그 결과 등을 고려하여 과태료 금액을 가중할 필요가 있다고 인정되는 경우

2. 개별기준

위반행위	근거 법조문	과태료 금액		
		1차 위반	2차 위반	3차 이상 위반
가. 법 제15조(법 제77조의5제1항 및 제77조의10제1항에서 준용하는 경우를 포함한다), 법 제77조의2제3항 및 제77조의7제1항을 위반하여 신고를 하지 않거나 거짓으로 신고한 경우	법 제118조제1항제1호			
1) 신고를 하지 않은 경우(기간 내에 신고를 하지 않은 경우를 포함한다)		피보험자 1명당 3만원. 다만, 과태료 금액의 합산액은 100만원을 넘을 수 없다.	피보험자 1명당 3만원. 다만, 과태료 금액의 합산액은 100만원을 넘을 수 없다.	피보험자 1명당 3만원. 다만, 과태료 금액의 합산액은 100만원을 넘을 수 없다.
2) 거짓으로 신고한 경우		피보험자 1명당 5만원. 다만, 과태료 금액의 합산액은 100만원을 넘을 수 없다.	피보험자 1명당 8만원. 다만, 과태료 금액의 합산액은 200만원을 넘을 수 없다.	피보험자 1명당 10만원. 다만, 과태료 금액의 합산액은 300만원을 넘을 수 없다.
나. 법 제42조제3항 후단(법 제77조의5제2항 및 제77조의10제2항에서 준용하는 경우를 포함한다)을 위반하여 이직확인서를 발급하여 주지 않거나 거짓으로 작성하여 발급하여 준 경우	법 제118조제1항제2호			
1) 이직확인서를 발급하여 주지 않은 경우		10만원	20만원	30만원
2) 거짓으로 이직확인서를 작성하여 발급하여 준 경우		100만원	200만원	300만원
다. 법 제43조제4항 후단(법 제77조의5제2항 및 제77조의10제2항에서 준용하는 경우를 포	법 제118조제1항제3호			

함한다)을 위반하여 이직확인서를 제출하지 않거나 거짓으로 작성하여 제출한 경우 1) 이직확인서를 제출하지 않은 경우 2) 거짓으로 이직확인서를 작성하여 제출한 경우		10만원 100만원	20만원 200만원	30만원 300만원
라. 법 제77조의7제2항을 위반하여 자료 또는 정보의 제공 요청에 따르지 않은 경우	법 제118조제1항제7호	100만원	200만원	300만원
마. 법 제77조의7제5항을 위반하여 노무제공자의 피보험자격의 신고와 관련된 자료 또는 정보를 보관하지 않은 경우	법 제118조제1항제8호	50만원	50만원	50만원
바. 법 제87조(법 제77조의5제3항 및 제77조의10제3항에서 준용하는 경우를 포함한다)에 따른 심사 또는 재심사의 청구를 받아 하는 심사관 및 심사위원회의 질문에 답변하지 않거나 거짓으로 진술한 경우 또는 검사를 거부·방해하거나 기피한 경우	법 제118조제3항	50만원	50만원	50만원
사. 법 제108조제1항(법 제77조의5제3항 및 제77조의10제3항에서 준용하는 경우를 포함한다)에 따른 요구에 따르지 않고 보고를 하지 않거나 거짓으로 보고한 경우, 같은 요구에 따르지 않고 문서를 제출하지 않거나 거짓으로 적은 문서를 제출한 경우 또는 출석하지 않은 경우	법 제118조제1항제4호	200만원	200만원	200만원
아. 법 제108조제2항(법 제77조의5제3항 및 제77조의10제3항에서 준용하는 경우를 포함한다)에 따른 요구에 따르지 않고 증명서를 내주지 않은 경우	법 제118조제1항제5호	200만원	200만원	200만원
자. 법 제108조제3항(법 제77조의5제3항 및 제77조의10제3항에서 준용하는 경우를 포함한다)에 따라 요구된 보고를 하지 않거나 거짓으로 보고한 경우, 문서를 제출하지 않거나 거짓으로 적은 문서를 제출한 경우 또는 출석하지 않은 경우	법 제118조제2항제1호	50만원	50만원	50만원
차. 사업주, 보험사무대행기관의 대표자 또는 대리인·사용인, 그 밖의 종업원이 법 제109조제1항(법 제77조의5제3항 및 제77조의10제3항에서 준용하는 경우를 포함한다)에 따른 질문에 답변하지 않거나 거짓으로 진술한 경우 또는 조사를 거부·방해하거나 기피한 경우	법 제118조제1항제6호	200만원	200만원	200만원
카. 피보험자, 수급자격자 또는 지급되지 않은 실업급여의 지급을 청구하는 자가 법 제109조제1항(법 제77조의5제3항 및 제77조의	법 제118조제2항제2호	50만원	50만원	50만원

10제3항에서 준용하는 경우를 포함한다)에 따른 질문에 답변하지 않거나 거짓으로 진술한 경우 또는 검사를 거부·방해하거나 기피한 경우			

제3부

고용보험법 시행규칙

[시행 2023. 9. 1.]
[고용노동부령 제386호, 2023. 6. 30., 일부개정]

제1장 총칙

제1조 목적

이 규칙은 「고용보험법」 및 같은 법 시행령에서 위임된 사항과 그 시행에 필요한 사항을 규정함을 목적으로 한다.

제1조의2 별정직·임기제 공무원의 고용보험 가입·탈퇴 신청

① 「고용보험법 시행령」(이하 "영"이라 한다) 제3조의2제1항에 따른 소속기관(이하 "소속기관"이라 한다)의 장이나 별정직 또는 임기제 공무원(이하 "가입대상 공무원"이라 한다)이 영 제3조의2제2항에 따라 고용보험(이하 "보험"이라 한다) 가입을 신청하려는 경우에는 별지 제1호서식의 별정직·임기제 공무원 고용보험 가입 신청서에 가입대상 공무원의 재직증명서를 첨부하여 「산업재해보상보험법」 제10조에 따른 근로복지공단(이하 "근로복지공단"이라 한다)에 제출해야 한다. 〈개정 2013. 12. 30., 2016. 11. 17., 2023. 6. 30.〉

② 보험에 가입한 공무원이 영 제3조의2제4항에 따라 보험에서 탈퇴하려는 경우에는 별지 제1호서식의 별정직·임기제 공무원 고용보험 가입탈퇴 신청서를 근로복지공단에 제출해야 한다. 〈개정 2013. 12. 30., 2016. 11. 17., 2023. 6. 30.〉

③ 제1항 및 제2항에 따른 신청서를 받은 근로복지공단은 「전자정부법」 제36조제1항에 따른 행정정보의 공동이용을 통하여 신청인의 주민등록표 초본을 확인해야 한다. 다만, 신청인이 확인에 동의하지 않는 경우에는 그 서류를 첨부하도록

해야 한다. <개정 2011. 1. 3., 2016. 11. 17., 2018. 5. 8., 2023. 6. 30.>

[본조신설 2008. 9. 19.][제목개정 2013. 12. 30.]
[제2조의2에서 이동 <2023. 6. 30.>]

제2조 외국인근로자 등의 고용보험 가입·탈퇴 신청

① 사업주나 하수급인「고용보험 및 산업재해보상보험의 보험료징수 등에 관한 법률」 (이하 "고용산재보험료징수법"이라 한다. 이하 같다) 제9조에 따라 원수급인이 사업주로 된 사업의 하수급인을 말한다. 이하 같다)은 그가 사용하고 있는 다음 각 호에 해당하는 외국인(이하 이 조 및 제10조에서 "외국인근로자 등"이라 한다)이 「고용보험법」(이하 "법"이라 한다) 제10조의2제1항 단서 및 영 제3조의3 제2호에 따라 보험에 가입하려는 경우에는 별지 제1호의2서식의 외국인 고용보험 가입 신청서를 근로복지공단에 제출해야 한다. 이 경우 가입신청을 한 날의 다음 날에 피보험자격을 취득한 것으로 본다. <개정 2008. 4. 30., 2016. 11. 17., 2019. 7. 16., 2021. 7. 1., 2023. 6. 30.>

1. 법 제10조의2제1항 본문에 따른 외국인근로자
2. 영 제3조의3제2호에 따른 외국인

② 제1항에도 불구하고 사업주나 하수급인은 법 제10조의2제1항 단서 및 영 제3조의3제2호에 따라 보험에 가입하려는 사람이 일용근로자인 경우에는 영 제7조제1항 후단에 따른 근로내용 확인신고서 제출 기한까지 별지 제1호의2서식의 외국인 고용보험 가입 신청서와 별지 제7호서식의 근로내용 확인신고서를 제출할 수 있다. 이 경우 그 가입의 사유가 발생한 날에 피보험자격을 취득한 것으로 본다. <신설 2008. 4. 30., 2019. 7. 16., 2021. 7. 1., 2023. 6. 30.>

③ 사업주나 하수급인은 보험에 가입한 외국인근로자 등이 보험에서 탈퇴하려는 경우에는 별지 제1호의2서식의 고용보험 가입탈퇴 신청서를 제출해야 한다. 이 경우 가입탈퇴 신청을 한 날의 다음날에 피보험자격을 상실한 것으로 본다. <신설 2008. 4. 30., 2018. 7. 11., 2023. 6. 30.>

④ 제1항 및 제2항에 따른 신청서를 받은 근로복지공단은 「전자정부법」 제36조제1항에 따른 행정정보의 공동이용을 통하여 「출입국관리법」 제88조에 따른 외국

인등록 사실증명을 확인하여야 한다. 다만, 신청인이 확인에 동의하지 아니하는 경우에는 그 서류를 첨부하도록 하여야 한다. 〈개정 2008. 4. 30., 2011. 1. 3., 2016. 11. 17., 2023. 6. 30.〉
[제목개정 2023. 6. 30.]

> **관련법령** ▶ 「고용보험 및 산업재해보상보험의 보험료징수 등에 관한 법률」(제9조)

제9조(도급사업의 일괄적용)

① 건설업 등 대통령령으로 정하는 사업이 여러 차례의 도급에 의하여 시행되는 경우에는 그 원수급인을 이 법을 적용받는 사업주로 본다. 다만, 대통령령으로 정하는 바에 따라 공단의 승인을 받은 경우에는 하수급인을 이 법을 적용받는 사업주로 본다.
② 제1항에 따른 사업이 국내에 영업소를 두지 아니하는 외국의 사업주로부터 하도급을 받아 시행되는 경우에는 국내에 영업소를 둔 최초 하수급인을 이 법을 적용받는 사업주로 본다.

[전문개정 2009. 12. 30.]

> **관련법령** ▶ 「산업재해보상보험법」제10조

제10조(근로복지공단의 설립)

고용노동부장관의 위탁을 받아 제1조의 목적을 달성하기 위한 사업을 효율적으로 수행하기 위하여 근로복지공단(이하 "공단"이라 한다)을 설립한다. 〈개정 2010. 6. 4.〉

> **관련법령** ▶ 「출입국관리법」제88조

제88조(사실증명의 발급 및 열람)

① 지방출입국·외국인관서의 장, 시·군·구(자치구가 아닌 구를 포함한다. 이하 이 조에서 같다) 및 읍·면·동 또는 재외공관의 장은 이 법의 절차에 따라 출국 또는 입국한 사실 유무에 대하여 법무부령으로 정하는 바에 따라 출입국에 관한 사실증명을 발급할 수 있다. 다만, 출국 또는 입국한 사실이 없는 사람에 대하여는 특히 필요하다고 인정되는 경우에만 이 법의 절차에 따른 출국 또는 입국 사실이 없다는 증명을 발급할 수 있다. 〈개정 2012. 1. 26., 2014. 3. 18., 2016. 3. 29.〉
② 지방출입국·외국인관서의 장, 시·군·구 또는 읍·면·동의 장은 이 법의 절차에 따라 외국인등록을 한 외국인 및 그의 법정대리인 등 법무부령으로 정하는 사람에게 법무부령으로 정하는 바에 따라 외국인등록 사실증명을 발급하거나 열람하게 할 수 있다. 〈개정

2014. 3. 18., 2016. 3. 29.〉
[전문개정 2010. 5. 14.]
[제목개정 2016. 3. 29.]

제2조의2 　외국인예술인의보험 가입·탈퇴 신청

① 법 제10조의2제2항에 따른 외국인 중 법 제77조의2제1항에 따른 예술인(이하 이 조에서 "외국인예술인"이라 한다)과 법 제77조의2제1항에 따른 문화예술용역 관련 계약(이하 "문화예술용역 관련 계약"이라 한다)을 체결한 사업주(법 제77조의2제3항에 해당하는 경우에는 그 발주자 또는 원수급인을 말한다. 이하 이 조, 제6조 및 제125조의3에서 같다)가 영 제3조의3제4호에 따라 보험 가입을 신청하려는 경우에는 별지 제1호의3서식의 외국인예술인 고용보험 가입신청서를 근로복지공단에 제출해야 한다. 다만, 해당 외국인예술인이 법 제77조의2제2항제2호 단서에 따른 단기예술인(이하 "단기예술인"이라 한다)인 경우에는 별지 제1호의3서식의 외국인예술인 고용보험 가입신청서와 별지 제7호의2서식의 노무제공내용 확인신고서를 그 사유가 발생한 날이 속하는 달의 다음 달 15일까지 제출해야 한다.

② 제1항에도 불구하고 외국인예술인이 직접 보험 가입을 신청하려는 경우에는 별지 제1호의3서식의 외국인예술인 고용보험 가입신청서(단기예술인인 경우에는 별지 제7호의2서식의 노무제공내용 확인신고서를 포함한다)에 계약서 등 문화예술용역 관련 계약 관계를 증명할 수 있는 서류를 첨부하여 근로복지공단에 제출해야 한다.

③ 제1항 및 제2항에 따라 보험 가입을 신청한 외국인예술인은 가입을 신청한 날의 다음 날에 피보험자격을 취득한 것으로 본다. 다만, 해당 외국인예술인이 단기예술인인 경우에는 문화예술용역 관련 계약에 따라 노무를 제공한 날에 피보험자격을 취득한 것으로 본다.

④ 보험에 가입한 외국인예술인이 보험에서 탈퇴하려는 경우에는 별지 제1호의3서식의 고용보험 가입탈퇴 신청서를 근로복지공단에 제출해야 한다. 이 경우 탈퇴를 신청한 날의 다음 날에 피보험자격을 상실한 것으로 본다.

⑤ 제1항, 제2항 및 제4항에 따라 보험 가입 또는 탈퇴 신청을 받은 근로복지공단은 「전자정부법」 제36조제1항에 따른 행정정보의 공동이용을 통하여 「출입국관리법」 제88조제2항에 따른 외국인등록 사실증명을 확인해야 한다. 다만, 신청인이 확인에 동의하지 않는 경우에는 그 서류를 첨부하도록 해야 한다.
[본조신설 2023. 6. 30.]
[종전 제2조의2는 제1조의2로 이동 <2023. 6. 30.>]

관련법령 ▶ 「전자정부법」 제36조제1항

제36조(행정정보의 효율적 관리 및 이용)
① 행정기관등의 장은 수집·보유하고 있는 행정정보를 필요로 하는 다른 행정기관등과 공동으로 이용하여야 하며, 다른 행정기관등으로부터 신뢰할 수 있는 행정정보를 제공받을 수 있는 경우에는 같은 내용의 정보를 따로 수집하여서는 아니 된다.

제2조의3 외국인노무제공자의 보험 가입·탈퇴 신청

① 법 제10조의2제2항에 따른 외국인 중 법 제77조의6제1항에 따른 노무제공자(이하 이 조에서 "외국인노무제공자"라 한다)와 법 제77조의6제1항에 따른 노무제공계약(이하 "노무제공계약"이라 한다)을 체결한 사업의 사업주(이하 "노무제공사업의 사업주"라 한다) 및 법 제77조의7제1항에 따른 노무제공플랫폼사업자(이하 "노무제공플랫폼사업자"라 한다)가 영 제3조의3제4호에 따라 보험 가입을 신청하려는 경우에는 별지 제1호의4서식의 외국인노무제공자 고용보험 가입신청서를 근로복지공단에 제출해야 한다. 다만, 해당 외국인노무제공자가 법 제77조의6제2항제2호 단서에 따른 단기노무제공자(이하 "단기노무제공자"라 한다)인 경우에는 별지 제1호의4서식의 외국인노무제공자 고용보험 가입신청서와 별지 제7호의2서식의 노무제공내용 확인신고서를 그 사유가 발생한 날이 속하는 달의 다음 달 15일까지 제출해야 한다.
② 제1항에도 불구하고 외국인노무제공자가 직접 보험 가입을 신청하려는 경우에는 별지 제1호의4서식의 외국인노무제공자 고용보험 가입신청서(단기노무제공자인 경우에는 별지 제7호의2서식의 노무제공내용 확인신고서를 포함한다)

에 계약서 등 노무제공계약 관계를 증명할 수 있는 서류를 첨부하여 근로복지공단에 제출해야 한다.
③ 제1항 및 제2항에 따라 보험 가입을 신청한 경우 해당 외국인노무제공자는 가입을 신청한 날의 다음 날에 피보험자격을 취득한 것으로 본다. 다만, 해당 외국인노무제공자가 단기노무제공자인 경우에는 노무제공계약에 따라 노무를 제공한 날에 피보험자격을 취득한 것으로 본다.
④ 보험에 가입한 외국인노무제공자가 보험에서 탈퇴하려는 경우에는 별지 제1호의4서식의 고용보험 가입탈퇴 신청서를 근로복지공단에 제출해야 한다. 이 경우 탈퇴를 신청한 날의 다음 날에 피보험자격을 상실한 것으로 본다.
⑤ 제1항, 제2항 및 제4항에 따라 보험 가입 또는 탈퇴 신청을 받은 근로복지공단은 「전자정부법」 제36조제1항에 따른 행정정보의 공동이용을 통하여 「출입국관리법」 제88조제2항에 따른 외국인등록 사실증명을 확인해야 한다. 다만, 신청인이 확인에 동의하지 않는 경우에는 그 서류를 첨부하도록 해야 한다.
[본조신설 2023. 6. 30.]

제3조 대리인 선임 또는 해임의 신고

영 제4조제2항에 따른 대리인 선임이나 해임의 신고는 별지 제2호서식의 대리인 선임·해임 신고서에 따른다.

제2장 피보험자 관리

제4조 원수급인의 하수급인에 관한 자료 제출

① 「고용보험법」(이하 "법"이라 한다) 제15조제2항 각 호 외의 부분 후단에 따라 원수급인이 하수급인에 관한 자료를 제출하려면 하도급계약을 체결한 날부터 14일 이내에 별지 제3호서식의 하수급인 명세서에 하도급계약서 사본과 다음 각 호의 구분에 따른 등록증 사본을 첨부하여 근로복지공단에 제출해야 한다. 〈개정 2016. 11. 17., 2022. 6. 30.〉

1. 「건설산업기본법」에 따른 건설사업자: 같은 법 제9조의2제1항에 따른 건설업 등록증
2. 「주택법」제4조에 따른 주택건설사업자: 같은 법 시행령 제15조제2항에 따른 주택건설사업자 등록증
3. 「전기공사업법」에 따른 공사업자: 같은 법 제4조제4항에 따른 전기공사업 등록증
4. 「정보통신공사업법」에 따른 정보통신공사업자: 같은 법 제14조제3항에 따른 정보통신공사업 등록증
5. 「소방시설공사업법」에 따른 소방시설업자: 같은 법 제4조제3항에 따른 소방시설업 등록증
6. 「문화재수리 등에 관한 법률」제14조에 따른 문화재수리업자: 같은 법 제14조제7항에 따른 문화재수리업 등록증

② 근로복지공단은 제1항에 따른 하수급인 명세서를 받으면 하수급인관리번호 등

을 적은 별지 제4호서식의 하수급인 확인서를 원수급인과 하수급인에게 각각 내주어야 한다. 〈개정 2016. 11. 17.〉

> **관련법령** ▶ 「건설산업기본법」 제9조의2

제9조의2(등록증의 발급 등)
① 국토교통부장관은 건설업 등록을 하면 국토교통부령으로 정하는 바에 따라 건설업 등록증 및 건설업 등록수첩을 발급하여야 한다. 〈개정 2013. 3. 23.〉
[전문개정 2011. 5. 24.]

> **관련법령** ▶ 「주택법 시행령」 제15조제2항

제15조(주택건설사업 등의 등록 절차)
② 국토교통부장관은 법 제4조에 따라 주택건설사업 또는 대지조성사업의 등록을 한 자 (이하 "등록사업자")

> **관련법령** ▶ 「정보통신공사업법」 제14조 공사업의 등록 등

제14조(공사업의 등록 등)
③ 시·도지사는 제1항에 따른 등록을 받았을 때에는 등록증과 등록수첩을 발급한다.
[전문개정 2009. 3. 25.]

> **관련법령** ▶ 「소방시설공사업법」 제4조제3항

제4조(소방시설업의 등록)
③ 제1항에 따른 소방시설업의 등록신청과 등록증·등록수첩의 발급·재발급 신청, 그 밖에 소방시설업 등록에 필요한 사항은 행정안전부령으로 정한다. 〈개정 2013. 3. 23., 2014. 11. 19., 2017. 7. 26.〉

> **관련법령** ▶ 「문화재수리 등에 관한 법률」 제14조제7항

제14조(문화재수리업자등의 등록)
⑦ 시·도지사는 제1항에 따라 문화재수리업등의 등록을 하면 등록증 및 등록수첩을 발급하여야 한다. 〈개정 2018. 12. 24.〉

제5조 피보험자격의 취득·상실신고 등

① 영 제7조제1항 전단 및 같은 조 제2항에 따라 사업주나 하수급인이 근로자의 피보험자격의 취득 또는 상실에 관한 사항을 신고하려면 다음 각 호의 구분에 따른 신고서를 근로복지공단에 제출해야 한다. 〈개정 2008. 4. 30., 2016. 11. 17., 2020. 12. 10., 2021. 7. 1.〉

1. 피보험자격의 취득의 경우: 별지 제5호서식의 고용보험 근로자 피보험자격 취득 신고서
2. 피보험자격의 상실의 경우: 별지 제6호서식의 고용보험 근로자 피보험자격 상실 신고서

② 영 제7조제1항 후단에 따른 일용근로자의 근로내용 확인신고서는 별지 제7호서식에 따른다. 〈신설 2008. 4. 30.〉

③ 삭제 〈2020. 8. 28.〉

④ 영 제8조에 따라 근로자가 피보험자격의 취득과 상실 등에 관한 사항을 신고하려면 별지 제10호서식의 고용보험 피보험자격 신고서를 근로복지공단에 제출해야 한다. 〈개정 2008. 4. 30., 2016. 11. 17., 2020. 12. 10., 2021. 7. 1.〉

[제목개정 2008. 4. 30.]

제6조 피보험자격 취득·상실 신고 결과의 통지

① 근로복지공단은 법 제15조제1항부터 제3항까지, 영 제3조의2제2항·제4항 및 이 규칙 제2조제1항·제2항·제4항의 규정에 따라 신고 또는 신청 받은 사항을 다음 각 호의 구분에 따라 사업주, 소속기관의 장 및 피보험자에게 문서(전자문서를 포함한다)로 각각 알려야 한다. 〈개정 2015. 7. 1., 2016. 11. 17., 2018. 12. 31.〉

1. 사업주 또는 소속기관의 장에게는 별지 제11호서식의 고용보험 피보험자격 취득·상실 신고명세 통지서(일용근로자를 사용하는 사업주에게는 별지 제12호서식의 고용보험 피보험자격 신고명세 통지서)
2. 피보험자에게는 별지 제13호서식의 고용보험 피보험자격 취득·상실 신고사실 통지서(일용근로자의 경우는 별지 제14호서식의 고용보험 피보험자격 신

고사실 통지서)

② 제1항제1호에도 불구하고 근로복지공단은 사업주가 제7조에 따라 정보통신망을 활용하여 피보험자격의 취득·상실 신고를 하고 그 결과를 확인할 수 있는 경우에는 해당 사업주에게 그 신고 결과의 통지를 생략할 수 있다. 〈신설 2015. 7. 1., 2016. 11. 17.〉

제7조 전자적 방법에 따른 신고

법 제15조제5항에 따라 사업주·원수급인 또는 하수급인은 고용노동부장관이 설치·운영하는 정보통신망을 활용하여 피보험자격의 취득·상실에 관한 신고를 할 수 있다. 〈개정 2010. 7. 12., 2015. 7. 1.〉

제8조 전자적 방법에 따른 신고의 지원

① 법 제15조제6항에 따라 고용노동부장관은 전자적 방법으로 피보험자격의 취득·상실에 관한 사항을 신고하려는 사업주·원수급인이나 하수급인에게 예산의 범위에서 다음 각 호의 장비를 지원할 수 있다. 〈개정 2010. 7. 12., 2019. 10. 15.〉
  1. 건설고용보험카드
  2. 건설고용보험카드 판독기와 그 부대 물품
② 제1항에 따른 지원을 받으려는 자는 별지 제15호서식의 건설고용보험카드 발급 신청서와 별지 제16호서식의 건설고용보험카드 판독기 설치 신청서를 근로복지공단에 제출하여야 한다. 〈개정 2016. 11. 17., 2019. 10. 15.〉
③ 제2항에 따른 신청을 받은 근로복지공단은 예산의 범위에서 해당 사업장의 규모 등을 고려하여 필요하다고 인정되는 장비 등을 지원할 수 있다. 이 경우 지원 대수와 지원방법 등에 관하여 필요한 사항은 고용노동부장관이 정한다. 〈개정 2010. 7. 12., 2016. 11. 17.〉

제9조 피보험자의 전근 신고

영 제9조에 따른 피보험자의 전근신고는 별지 제17호서식의 피보험자 전근 신고서에 따른다.

제10조 전산입력자료에 따른 대체 신고 등

제1조의2, 제2조, 제2조의2, 제2조의3, 제5조부터 제9조까지, 제82조의2, 제125조의3 및 제125조의9에 따른 신고 및 제출은 별지 제18호서식의 전산입력자료 대체 신고서에 별지 제5호서식·별지 제5호의2서식(별정직·임기제 공무원의 경우에는 별지 제1호서식, 외국인근로자등의 경우에는 별지 제1호의2서식, 외국인예술인·15세 미만 예술인의 경우에는 별지 제1호의3서식, 외국인노무제공자·15세 미만 노무제공자의 경우에는 별지 제1호의4서식, 일용근로자의 경우에는 별지 제7호서식, 단기예술인 및 단기노무제공자의 경우에는 별지 제7호의2서식을 포함한다), 별지 제6호서식·별지 제6호의2서식, 별지 제17호서식 및 별지 제75호의4서식의 내용이 포함된 전산입력 자료를 첨부하여 제출함으로써 해당 신고 및 제출을 대신할 수 있다.
[전문개정 2023. 6. 30.]

제11조 피보험자의 이름 등 변경신고

영 제10조제1항에 따른 변경·정정신고 또는 같은 조 제2항에 따른 변경신고는 별지 제19호서식·별지 제19호의2서식의 고용보험 피보험자 내용 변경 신고서에 따른다.
〈개정 2011. 1. 3., 2012. 1. 20., 2021. 7. 1.〉

제12조 피보험자격의 확인청구

영 제11조제1항에 따른 피보험자격의 취득이나 상실에 관한 확인청구는 별지 제20호서식의 고용보험 피보험자격확인 청구서에 따른다.

제13조 피보험자격의 취득·상실 확인통지

근로복지공단은 영 제11조제2항에 따른 피보험자격의 취득이나 상실에 관한 확인통지를 하는 경우 별지 제21호서식과 별지 제22호서식의 고용보험 피보험자격 취득·상실 확인통지서(일용근로자는 별지 제23호서식과 별지 제24호서식의 고용보험 피보험자격 확인통지서)에 따른다. 〈개정 2019. 2. 12.〉

제14조 자영업자의 피보험자격 취득·상실 기준

① 법 제18조제3항에 따라 법 제2조제1호가목 및 나목에 동시에 해당하는 자영업자의 피보험자격의 취득·상실에 관하여는 법 제13조제2항 및 제14조제2항을 준용한다.
[전문개정 2023. 6. 30.]

> **관련법령** ▶ 「고용산재보험료징수법」 제16조의3제2항

제16조의3(월별보험료의 산정)
② 제1항의 월평균보수는 사업주가 지급한 보수·보수액 및 제2조제3호 단서에 따른 금품을 기준으로 산정한다. 이 경우 월평균보수의 산정방법, 적용기간 등은 대통령령으로 정하는 바에 따른다. 〈개정 2020. 6. 9., 2022. 12. 31.〉

제3장 고용안정·직업능력개발사업

> **제15조 삭제** 〈2011. 9. 16.〉
> **제16조 삭제** 〈2011. 9. 16.〉
> **제17조 삭제** 〈2011. 1. 3.〉
> **제18조 삭제** 〈2011. 1. 3.〉
> **제19조 삭제** 〈2011. 1. 3.〉
> **제20조 삭제** 〈2008. 9. 19.〉
> **제21조 삭제** 〈2008. 9. 19.〉
> **제22조 삭제** 〈2008. 9. 19.〉

제23조 하도급 사업주의 신고

영 제18조제2항제2호에 해당하는 사업주가 영 제19조제1항제1호에 따른 고용유지지원금을 받으려면 제31조에 따른 고용유지조치계획 신고서에 별지 제31호서식의 하도급 사업주 신고서를 첨부하여 제출하여야 한다. 〈개정 2013. 12. 30.〉

제24조 고용조정이 불가피하게 된 사업주

① 영 제19조제1항 각 호 외의 부분과 영 제22조 각 호 외의 부분에 따른 고용조정이 불가피하게 된 사업주는 다음 각 호의 어느 하나에 해당하는 사업주로 한다. 〈개정 2010. 7. 12., 2011. 1. 3., 2013. 1. 25., 2013. 4. 24., 2020. 12. 31.〉

1. 영 제20조제1항에 따라 신고한 고용유지조치계획에 따라 실시하는 영 제19조제1항에 따른 고용유지조치(이하 "고용유지조치"라 한다)의 첫 날이 속하는 달의 직전 달(이하 이 조에서 "기준달"이라 한다) 말일의 해당 사업의 재고량이 직전 연도 월평균 재고량에 비하여 100분의 50 이상 증가한 사업의 사업주
2. 기준달의 생산량이 기준달이 속하는 연도 직전 연도의 같은 달의 생산량, 기준달 직전 3개월의 월평균 생산량 또는 기준달이 속하는 연도 직전 연도의 월평균 생산량 중 어느 하나에 비하여 100분의 15 이상 감소한 사업의 사업주
3. 기준달의 매출액이 기준달이 속하는 연도 직전 연도의 같은 달의 매출액, 기준달 직전 3개월의 월평균 매출액 또는 기준달이 속하는 연도 직전 연도의 월평균 매출액 중 어느 하나에 비하여 100분의 15 이상 감소한 사업의 사업주
4. 기준달의 재고량과 기준달 직전 2분기의 분기별 월평균 재고량이 계속 증가 추세에 있거나 기준달의 매출액과 기준달 직전 2분기의 분기별 월평균 매출액이 계속 감소 추세에 있는 사업의 사업주
5. 사업의 일부 부서의 폐지·감축이나 일부 생산라인의 폐지 등으로 사업 규모를 축소한 사업의 사업주
6. 자동화 시설 등을 설치하거나 작업형태나 생산방식을 변경한 사업의 사업주
7. 경영이 악화된 사업을 인수한 사업주로서 종전 사업 근로자의 100분의 60 이상이 그 사업에 재배치되고 종전 사업의 근로자가 그 사업 지분의 100분의 50을 초과하여 취득하고 있는 사업의 사업주
8. 해당 업종, 지역경제 상황의 악화 등을 고려하여 고용조정이 불가피하다고 직업안정기관의 장이 인정한 사업의 사업주

② 제1항제1호부터 제3호까지의 규정에도 불구하고 「재난 및 안전관리 기본법」 제3조제1호에 따른 재난 등으로 급격히 악화된 고용사정이 6개월 이상 계속되는 경우에는 고용노동부장관은 재고량 증가, 생산량 감소 또는 매출액 감소를 비교하는 시점을 각각 달리 정하여 고시할 수 있다. 〈신설 2020. 12. 31.〉

> **관련법령** ▶ 「재난 및 안전관리 기본법」제3조제1호

제3조(정의)
1. "**재난**"이란 국민의 생명·신체·재산과 국가에 피해를 주거나 줄 수 있는 것으로서 다음 각 목의 것을 말한다.
   가. **자연재난**: 태풍, 홍수, 호우(豪雨), 강풍, 풍랑, 해일(海溢), 대설, 한파, 낙뢰, 가뭄, 폭염, 지진, 황사(黃砂), 조류(藻類) 대발생, 조수(潮水), 화산활동, 소행성·유성체 등 자연우주물체의 추락·충돌, 그 밖에 이에 준하는 자연현상으로 인하여 발생하는 재해
   나. **사회재난**: 화재·붕괴·폭발·교통사고(항공사고 및 해상사고를 포함한다)·화생방사고·환경오염사고 등으로 인하여 발생하는 대통령령으로 정하는 규모 이상의 피해와 국가핵심기반의 마비, 「감염병의 예방 및 관리에 관한 법률」에 따른 감염병 또는 「가축전염병예방법」에 따른 가축전염병의 확산, 「미세먼지 저감 및 관리에 관한 특별법」에 따른 미세먼지 등으로 인한 피해
   다. 삭제 〈2013. 8. 6.〉

제25조 전체 피보험자에 대한 총근로시간의 산정방법

① 영 제19조제1항제1호에 따른 전체 피보험자 총근로시간은 사업주가 고용유지조치를 시작한 날이 속한 달의 전체 피보험자의 소정근로시간(「근로기준법」에 따른 소정근로시간을 말한다)의 합계로 한다. 〈개정 2022. 6. 30.〉
② 제1항에도 불구하고 「근로기준법」제53조에 따른 연장근로가 반복적으로 이루어진 경우 그 전체 피보험자 총근로시간은 사업주가 고용유지조치를 시작한 날이 속한 달의 직전 3개월부터 직전 1개월까지의 기간 동안 전체 피보험자가 근로한 시간의 합계를 월평균한 것으로 본다.

[전문개정 2020. 12. 31.]

> **관련법령** ▶ 「근로기준법」제53조

제53조(연장 근로의 제한)
① 당사자 간에 합의하면 1주 간에 12시간을 한도로 제50조의 근로시간을 연장할 수 있다.
② 당사자 간에 합의하면 1주 간에 12시간을 한도로 제51조 및 제51조의2의 근로시간을

연장할 수 있고, 제52조제1항제2호의 정산기간을 평균하여 1주 간에 12시간을 초과하지 아니하는 범위에서 제52조제1항의 근로시간을 연장할 수 있다. 〈개정 2021. 1. 5.〉
③ 상시 30명 미만의 근로자를 사용하는 사용자는 다음 각 호에 대하여 근로자대표와 서면으로 합의한 경우 제1항 또는 제2항에 따라 연장된 근로시간에 더하여 1주 간에 8시간을 초과하지 아니하는 범위에서 근로시간을 연장할 수 있다. 〈신설 2018. 3. 20.〉
  1. 제1항 또는 제2항에 따라 연장된 근로시간을 초과할 필요가 있는 사유 및 그 기간
  2. 대상 근로자의 범위
④ 사용자는 특별한 사정이 있으면 고용노동부장관의 인가와 근로자의 동의를 받아 제1항과 제2항의 근로시간을 연장할 수 있다. 다만, 사태가 급박하여 고용노동부장관의 인가를 받을 시간이 없는 경우에는 사후에 지체 없이 승인을 받아야 한다. 〈개정 2010. 6. 4., 2018. 3. 20.〉
⑤ 고용노동부장관은 제4항에 따른 근로시간의 연장이 부적당하다고 인정하면 그 후 연장시간에 상당하는 휴게시간이나 휴일을 줄 것을 명할 수 있다. 〈개정 2010. 6. 4., 2018. 3. 20.〉
⑥ 제3항은 15세 이상 18세 미만의 근로자에 대하여는 적용하지 아니한다. 〈신설 2018. 3. 20.〉
⑦ 사용자는 제4항에 따라 연장 근로를 하는 근로자의 건강 보호를 위하여 건강검진 실시 또는 휴식시간 부여 등 고용노동부장관이 정하는 바에 따라 적절한 조치를 하여야 한다. 〈신설 2021. 1. 5.〉

[법률 제15513호(2018. 3. 20.) 부칙 제2조의 규정에 의하여 이 조 제3항 및 제6항은 2022년 12월 31일까지 유효함.]

제26조 삭제 〈2013. 4. 24.〉

제27조 삭제 〈2018. 7. 11.〉

제28조 고용유지지원금의 지급신청 방법

영 제19조제1항제1호 및 제2호의 규정에 따른 고용유지조치를 실시한 사업주가 고용유지지원금을 받으려면 별지 제32호서식 및 별지 제34호서식의 고용유지지원금 신청서 중 해당 신청서를 작성하고 다음 각 호의 서류를 첨부하여 소재지 관할 직업안정기관의 장에게 제출하여야 한다. 〈개정 2009. 5. 28., 2011. 1. 3., 2013. 4. 24., 2013. 12. 30., 2018. 7. 11., 2020. 12. 31.〉

1. 근로자의 월별 임금대장 사본 1부
2. 출퇴근 현황을 증명하는 서류 사본 1부(영 제19조제1항제1호만 해당한다)
3. 삭제 〈2018. 7. 11.〉
4. 휴직근로자의 휴직수당 지급대장 사본과 휴직을 증명하는 서류 각 1부(영 제19조제1항제2호만 해당한다)
5. 삭제 〈2011. 1. 3.〉

제29조 고용유지지원금의 지급신청 시기

① 영 제19조제1항제1호에 따라 근로시간을 단축한 사업주는 역(曆)에 따른 1개월을 단위로 해당 고용유지조치를 실시한 달의 다음 달 말일까지 고용유지지원금의 지급을 신청하여야 한다. 〈개정 2013. 4. 24.〉

② 영 제19조제1항제2호에 따라 고용유지조치를 실시한 사업주는 그 고용유지조치를 실시한 후 매 1개월이 되는 날을 기준으로 그 1개월 동안 실시한 고용유지조치에 대한 고용유지지원금의 지급신청을 그 후 1개월 이내에 하여야 한다. 〈개정 2009. 5. 28., 2011. 1. 3., 2013. 4. 24., 2013. 12. 30., 2018. 7. 11., 2020. 12. 31.〉

③ 삭제 〈2018. 7. 11.〉

제30조 삭제 〈2013. 4. 24.〉

제31조 고용유지조치계획의 신고 등

① 영 제20조제1항에 따라 고용유지조치계획을 신고하거나 변경신고하려는 사업주는 별지 제36호서식 및 별지 제38호서식의 고용유지조치 계획·계획변경 신고서 중 해당 신고서를 작성하고 다음 각 호의 서류를 첨부하여 소재지 관할 직업안정기관의 장에게 제출해야 한다. 〈개정 2009. 4. 1., 2009. 5. 28., 2011. 1. 3., 2013. 4. 24., 2013. 12. 30., 2020. 12. 31., 2021. 7. 1.〉

1. 매출액 장부, 생산 재고대장 등 제24조에 따른 고용조정이 불가피함을 증명

하는 서류 사본 1부
2. 영 제20조제1항제1호에 따라 사업주가 근로자 대표와 협의하였음을 증명하는 서류 사본 1부
3. 취업규칙, 단체협약 등 사업장의 소정근로시간 기준을 확인할 수 있는 서류 1부(영 제19조제1항제1호에 따라 사업주가 고용유지조치를 실시하는 경우만 해당한다)
4. 연장근로시간을 확인할 수 있는 서류 1부(제25조제2항의 경우만 해당한다)
5. 파견 또는 도급 관계에 있음을 증명할 수 있는 서류 1부(영 제19조제4항에 따라 파견사업주 또는 도급을 받은 사업주가 고용유지조치를 실시하는 경우만 해당한다)

② 영 제20조제1항 각 호 외의 부분에서 "고용노동부령으로 정하는 사항"이란 다음 각 호의 사항을 말한다. 〈신설 2013. 4. 24.〉
1. 고용유지조치 실시예정일
2. 고용유지조치 대상자
3. 고용유지조치기간에 지급할 금품
4. 고용유지조치의 내용

③ 삭제 〈2020. 12. 31.〉

제32조 삭제 〈2013. 12. 30.〉

제32조의2 고용유지조치계획 위반에 대한 지원제한

고용노동부장관은 영 제20조의2에 따라 사업주가 다음 각 호의 어느 하나에 해당하는 사항을 신고하거나 변경신고한 고용유지조치계획과 다르게 이행한 경우, 고용유지조치계획보다 초과하여 이행한 사항에 대해서는 고용유지조치계획의 내용에 따라, 고용유지조치계획보다 미달하여 이행한 사항에 대해서는 실제 이행한 내용에 따라 각각 고용유지지원금을 산정·지급한다. 다만, 다음 각 호의 어느 하나를 고용유지조치계획보다 100분의 50 미만으로 이행한 경우에는 해당 달의 고용유지지

원금의 전부를 지급하지 않는다. <개정 2021. 7. 1.>
1. 고용유지조치 대상자 수
2. 고용유지조치기간
3. 고용유지조치기간에 지급한 금품

[본조신설 2013. 4. 24.]

제33조 삭제 <2013. 12. 30.>

제34조 휴업 등의 고용유지조치 요건

① 영 제21조의3제1항 각 호 외의 부분에서 "고용노동부령으로 정하는 고용조정이 불가피하게 된 사유"란 다음 각 호의 어느 하나에 해당하는 경우를 말한다. <개정 2021. 7. 1.>

1. 영 제21조의3제4항에 따라 사업주가 고용유지조치계획을 수립하여 고용노동부장관에게 제출한 날이 속하는 달의 직전 달(이하 이 조에서 "기준달"이라 한다) 말일의 해당 사업의 재고량이 직전 연도 월평균 재고량에 비하여 100분의 50 이상 증가한 경우
2. 기준달의 생산량이 기준달이 속하는 연도 직전 연도의 같은 달의 생산량, 기준달 직전 3개월의 월평균 생산량 또는 기준달이 속하는 연도 직전 연도의 월평균 생산량 중 어느 하나에 비하여 100분의 30 이상 감소한 경우
3. 기준달의 매출액이 기준달이 속하는 연도 직전 연도의 같은 달의 매출액, 기준달 직전 3개월의 월평균 매출액 또는 기준달이 속하는 연도 직전 연도의 월평균 매출액 중 어느 하나에 비하여 100분의 30 이상 감소한 경우
4. 기준달의 재고량과 기준달 직전 2분기의 분기별 월평균 재고량이 계속하여 각각 100분의 20 이상 증가 추세에 있거나, 기준달의 매출액과 기준달 직전 2분기의 분기별 월평균 매출액이 계속하여 각각 100분의 20 이상 감소 추세에 있는 경우
5. 해당 업종, 지역경제 상황의 악화 등을 고려하여 고용조정이 불가피하다고 직

업안정기관의 장이 인정한 경우

② 제1항제1호부터 제3호까지의 규정에도 불구하고 「재난 및 안전관리 기본법」제3조제1호에 따른 재난 등으로 급격히 악화된 고용사정이 6개월 이상 계속되는 경우 고용노동부장관은 재고량 증가, 생산량 감소 또는 매출액 감소를 비교하는 시점을 각각 달리 정하여 고시할 수 있다. 〈신설 2021. 7. 1.〉

[본조신설 2013. 4. 24.]

관련법령 ▶ 「재난 및 안전관리 기본법」제3조제1호

1. "**재난**"이란 국민의 생명·신체·재산과 국가에 피해를 주거나 줄 수 있는 것으로서 다음 각 목의 것을 말한다.
   가. **자연재난**: 태풍, 홍수, 호우(豪雨), 강풍, 풍랑, 해일(海溢), 대설, 한파, 낙뢰, 가뭄, 폭염, 지진, 황사(黃砂), 조류(藻類) 대발생, 조수(潮水), 화산활동, 소행성·유성체 등 자연우주물체의 추락·충돌, 그 밖에 이에 준하는 자연현상으로 인하여 발생하는 재해
   나. **사회재난**: 화재·붕괴·폭발·교통사고(항공사고 및 해상사고를 포함한다)·화생방사고·환경오염사고 등으로 인하여 발생하는 대통령령으로 정하는 규모 이상의 피해와 국가핵심기반의 마비, 「감염병의 예방 및 관리에 관한 법률」에 따른 감염병 또는 「가축전염병예방법」에 따른 가축전염병의 확산, 「미세먼지 저감 및 관리에 관한 특별법」에 따른 미세먼지 등으로 인한 피해

> **제35조 삭제** 〈2011. 1. 3.〉
> **제36조 삭제** 〈2011. 1. 3.〉
> **제37조 삭제** 〈2008. 9. 19.〉
> **제38조 삭제** 〈2008. 9. 19.〉

제39조 지역고용계획의 신고

영 제24조제1항제1호에 따라 지역고용계획을 신고하려는 사업주는 별지 제44호서식의 지역고용계획 신고서를 이전되거나 신설 또는 증설된 사업의 소재지 관할 직업안정기관의 장에게 제출하여야 한다. 신고한 사항을 변경할 때에는 별지 제44호

서식의 지역고용계획변경 신고서를 같은 직업안정기관의 장에게 제출하여야 한다. <개정 2011. 1. 3.>

제40조 조업시작의 신고

영 제24조제2항에 따라 조업시작을 신고하려는 사업주는 별지 제45호서식의 지역고용 조업시작 신고서를 이전, 신설 또는 증설된 사업의 조업이 시작된 날(이하 "조업시작일"이라 한다)부터 1개월 이내에 소재지 관할 직업안정기관의 장에게 제출하여야 한다. <개정 2011. 1. 3.>

제41조 지역고용촉진 지원금의 신청

① 영 제24조에 따라 지역고용촉진 지원금을 지급받으려는 사업주는 별지 제46호서식의 지역고용촉진 지원금 신청서에 다음 각 호의 서류를 첨부하여 조업시작일이 속한 달의 다음 달부터 3개월마다 소재지 관할 직업안정기관의 장에게 제출해야 한다. 이 경우 소재지 관할 직업안정기관의 장은 「전자정부법」제36조제1항에 따른 행정정보의 공동이용을 통하여 영 제24조제1항제4호에 따라 고용된 피보험자(이하 이 조 및 제41조의2에서 "근로자"라 한다)의 주민등록표 초본을 확인해야 하며, 근로자가 확인에 동의하지 않는 경우에는 이를 첨부하도록 해야 한다. <개정 2011. 1. 3., 2018. 5. 8., 2020. 8. 28., 2022. 6. 30.>
  1. 근로자의 월별 임금대장 사본 및 임금지급을 증명할 수 있는 서류
  2. 근로계약서 사본
② 제1항의 지역고용촉진 지원금 지급 신청 기간은 해당 사업주의 조업시작일부터 1년 6개월 이내로 한다. <신설 2022. 6. 30.>

관련법령 「전자정부법」제36조제1항

① 행정기관 등의 장은 수집·보유하고 있는 행정정보를 필요로 하는 다른 행정기관 등과 공동으로 이용하여야 하며, 다른 행정기관등으로부터 신뢰할 수 있는 행정정보를 제공

받을 수 있는 경우에는 같은 내용의 정보를 따로 수집하여서는 아니 된다.

제41조의2 삭제 〈2022. 6. 30.〉

제42조 고령자 고용연장 지원금의 지급 신청

영 제25조제1항제2호에 따른 고령자 고용연장 지원금을 지급받으려는 사업주는 별지 제48호서식의 고령자 고용연장 지원금 신청서에 다음 각 호의 서류를 첨부하여 정년 폐지 또는 연장에 따라 계속 근무한 날 이후 매 분기의 다음 달 말일까지 소재지 관할 직업안정기관의 장에게 제출해야 한다.
1. 사업장의 정년을 폐지하거나 기존에 정한 정년을 60세 이상으로 1년 이상 연장한 사실을 증명할 수 있는 서류 1부
2. 정년을 폐지하거나 연장한 고령자의 월별 임금대장 사본 1부

[전문개정 2021. 7. 1.]

제43조 60세 이상 고령자 고용지원금의 지급 신청

영 제25조의2에 따른 60세 이상 고령자 고용지원금을 지급받으려는 사업주는 별지 제48호의2서식의 60세 이상 고령자 고용지원금 신청서에 다음 각 호의 서류를 첨부하여 매 분기의 다음 달 말일까지 소재지 관할 직업안정기관의 장에게 제출하여야 한다.
1. 생년월일과 재직기간이 적힌 만 60세 이상 근로자 명부 사본 1부
2. 만 60세 이상 근로자의 월별 임금대장과 근로계약서 사본 각 1부
3. 사업 개시 이후 근로자의 정년을 설정한 사실이 없음을 확인할 수 있는 서류 사본 1부

[본조신설 2012. 1. 20.]

제44조 고용촉진장려금의 지급요건

① 영 제26조제1항 각 호 외의 부분에서 "고용노동부령으로 정하는 기관"이란 다음 각 호의 어느 하나에 해당하는 기관으로서 「직업안정법」에 따른 직업소개를 직접 수행하는 기관을 말한다. <개정 2008. 12. 31., 2010. 7. 12., 2011. 1. 3., 2011. 12. 30., 2013. 1. 25., 2021. 7. 1., 2022. 6. 30.>

1. 직업안정기관 외의 국가나 지방자치단체
2. 「한국산업인력공단법」에 따른 한국산업인력공단(이하 "공단"이라 한다)
3. 「장애인고용촉진 및 직업재활법」에 따른 한국장애인고용공단 및 같은 법 제16조의 취업알선전산망을 통하여 취업알선업무를 수행하는 같은 법 제9조제2항에 따른 장애인 직업재활 실시 기관
4. 「고용상 연령차별금지 및 고령자고용촉진에 관한 법률」제11조에 따른 고령자인재은행 또는 같은 법 제11조의2에 따른 중견전문인력 고용지원센터
5. 삭제 <2011. 1. 3.>

② 영 제26조제1항제3호에서 "고용노동부령으로 정하는 사람"이란 다음 각 호의 어느 하나에 해당하는 사람을 말한다. <개정 2011. 1. 3., 2021. 7. 1.>

1. 배우자가 없는 여성으로서 본인과 배우자였던 사람의 60세 이상의 직계존속(직계존속이 여성인 경우에는 55세 이상으로 한다)이나 18세 미만의 직계비속을 부양하고 있는 사람. 이 경우 그 직계존속이나 직계비속이 주민등록표상 세대를 같이 하는 경우만 해당한다.
2. 근로능력이 없는 배우자(주민등록표상 세대를 같이 하는 경우만 해당한다)를 부양하고 있는 사람
3. 배우자가 없는 여성으로서 본인과 배우자였던 사람의 직계존속·직계비속이나 형제·자매 중 근로능력이 없는 사람(주민등록표상 세대를 같이 하는 사람만 해당한다)를 부양하고 있는 사람

③ 영 제26조제3항제1호에서 "근로계약기간이 단기간인 경우 등 고용노동부령으로 정하는 경우에 해당하는 사람"이란 다음 각 호의 어느 하나에 해당하는 근로자를 말한다. <개정 2010. 2. 9., 2010. 7. 12., 2011. 1. 3., 2011. 9. 16., 2013. 1. 25., 2013. 12. 30.,

2016. 12. 30., 2017. 6. 28., 2018. 7. 11., 2018. 12. 31., 2022. 6. 30., 2022. 12. 9.〉

1. 근로계약 기간을 정한 근로자. 다만, 다음 각 목의 어느 하나에 해당하는 경우는 제외한다.

    가. 사업의 완료 또는 특정한 업무의 완성에 필요한 기간을 정한 경우로서 근로계약기간이 2년을 초과하는 경우

    나. 휴직·파견 등으로 결원이 발생하여 그 근로자가 복귀할 때까지 그 업무를 대신할 필요가 있는 경우로서 근로계약기간이 2년을 초과하는 경우

    다. 삭제 〈2013. 1. 25.〉

    라. 그 밖에 노동시장의 통상적인 조건에서는 취업이 특히 곤란한 사람의 취업촉진을 위하여 사업주가 근로계약 기간을 정하여 고용하더라도 지원이 필요하다고 <u>고용노동부장관이 인정하여 고시한</u> 경우로서 근로계약기간이 1년 이상인 경우

2. 삭제 〈2022. 6. 30.〉

3. 「최저임금법」 제5조에 따른 최저임금액 등을 고려하여 <u>고용노동부장관이 정하여 고시하는</u> 보수 기준 미만인 근로자

4. 사업주의 배우자 및 직계존속·비속

④ 영 제26조제3항제6호에서 "고용노동부령으로 정하는 경우"란 다음 각 호의 어느 하나에 해당하는 경우를 말한다. 〈개정 2008. 9. 19., 2010. 2. 9., 2010. 7. 12., 2011. 1. 3., 2013. 1. 25.〉

1. 이직 전 사업이 인수·합병·분할된 경우에는 인수·합병·분할된 사업의 사업주인 경우

2. 이직 전 사업의 사업주와 다른 사업의 사업주가 어느 한 쪽의 발행주식이나 출자지분의 100분의 30 이상을 소유하고 있는 관계에 있는 경우에는 그 다른 사업의 사업주인 경우

3. 이직 전 사업의 시설·설비나 그 임차권을 유상이나 무상으로 양도받은 사업주인 경우

4. 이직 전 사업과 자본·자금·인사 사업의 내용에서 밀접한 관계가 있는 등 양 사업 간에 실질적인 동일성이 인정되는 사업의 사업주인 경우

5. 그 밖에 이직 전 사업주와 밀접한 관련성이 있다고 인정되는 사업주인 경우

⑤ 삭제 〈2011. 1. 3.〉

[제목개정 2016. 12. 30.]

제45조 고용촉진장려금의 신청

① 영 제26조제1항에 따라 고용촉진장려금을 지급받으려는 사업주는 고용노동부장관이 정하여 고시하는 고용촉진장려금 지급 신청서를 새로 근로자를 고용한 날이 속하는 달의 다음 달부터 6개월마다 소재지 관할 직업안정기관의 장에게 제출해야 한다. 〈개정 2008. 4. 30., 2008. 9. 19., 2009. 5. 28., 2010. 2. 9., 2011. 1. 3., 2012. 1. 20., 2013. 1. 25., 2016. 12. 30., 2022. 6. 30.〉

1. 삭제 〈2013. 1. 25.〉 ~ 7. 삭제 〈2011. 1. 3.〉

② 사업주가 제1항에 따른 신청서를 제출할 때에는 다음 각 호의 서류를 첨부해야 한다. 이 경우 소재지 관할 직업안정기관의 장은 「전자정부법」제36조제1항에 따른 행정정보의 공동이용을 통하여 주민등록표 등본을 확인해야 하며, 신청인이 확인에 동의하지 않는 경우에는 주민등록표 등본을 첨부하도록 해야 한다. 〈신설 2012. 1. 20., 2022. 6. 30., 2022. 12. 9.〉

1. 삭제 〈2022. 12. 9.〉

2. 삭제 〈2022. 12. 9.〉

3. 새로 고용한 근로자가 중증장애인임을 증명하는 서류 1부(영 제26조제1항제2호에 해당하는 사람을 고용하는 경우만 해당한다)

4. 새로 고용한 근로자의 가족관계증명서 및 해당 근로자가 가족부양의 책임이 있음을 증명하는 서류(영 제26조제1항제3호에 해당하는 사람을 고용하는 경우만 해당한다)

5. 「한부모가족지원법 시행규칙」제3조의3에 따른 한부모가족증명서 1부(영 제26조제1항제3호에 해당하는 사람 중 「한부모가족지원법」에 따른 보호대상자를 고용한 경우만 해당한다)

③ 제1항의 고용촉진장려금 지급 신청 기간은 해당 사업주가 새로 근로자를 고용한

날부터 12개월 이내로 한다. 〈신설 2022. 6. 30.〉

④ 직업안정기관의 장은 신규고용 대상자의 구직등록이나 알선과정에서 신규고용 대상자와 사업주에게 고용촉진장려금의 지급대상 여부 및 지급기준 등에 관한 사항을 알려주어야 한다. 〈신설 2008. 4. 30., 2011. 1. 3., 2016. 12. 30., 2022. 6. 30.〉

[제목개정 2016. 12. 30.]

제46조 삭제 〈2008. 9. 19.〉
제47조 삭제 〈2008. 9. 19.〉
제48조 삭제 〈2011. 1. 3.〉

제49조 임금피크제 지원금 등의 금액 산정

영 제28조제2항 및 제28조의2제2항에 따른 피크임금과 해당 연도 임금과의 차액 산정은 「소득세법」 제20조제1항에 따른 근로소득(같은 법 제12조제3호에 따른 비과세소득은 제외한다)을 기준으로 하되, 다음 각 호의 어느 하나에 해당하는 사유로 임금이 낮아진 경우에는 영 제28조제2항 또는 제28조의2제2항에 따른 임금의 감액으로 보지 않는다. 〈개정 2010. 7. 12., 2011. 1. 3., 2015. 12. 7., 2018. 12. 31., 2021. 7. 1.〉

1. 징계처분 등 근로자의 귀책사유
2. 질병이나 부상
3. 사업장의 휴업
4. 삭제 〈2008. 9. 19.〉
5. 쟁의행위
6. 제1호부터 제5호까지에 준하는 사유로서 고용노동부장관이 정하여 고시하는 사유

[제목개정 2015. 12. 7.]

관련법령 ▶ 「소득세법」 제20조제1항

제20조(근로소득)

① 근로소득은 해당 과세기간에 발생한 다음 각 호의 소득으로 한다. 〈개정 2016. 12. 20.〉

1. 근로를 제공함으로써 받는 봉급·급료·보수·세비·임금·상여·수당과 이와 유사한 성질의 급여
2. 법인의 주주총회·사원총회 또는 이에 준하는 의결기관의 결의에 따라 상여로 받는 소득
3. 「법인세법」에 따라 상여로 처분된 금액
4. 퇴직함으로써 받는 소득으로서 퇴직소득에 속하지 아니하는 소득
5. 종업원 등 또는 대학의 교직원이 지급받는 직무발명보상금(제21조제1항제22호의2에 따른 직무발명보상금은 제외한다)

관련법령 ▶ 「소득세법」제12조제3호

제12조(비과세소득)
다음 각 호의 소득에 대해서는 소득세를 과세하지 아니한다.
3. 근로소득과 퇴직소득 중 다음 각 목의 어느 하나에 해당하는 소득
   가. 대통령령으로 정하는 복무 중인 병(兵)이 받는 급여
   나. 법률에 따라 동원된 사람이 그 동원 직장에서 받는 급여
   다. 「산업재해보상보험법」에 따라 수급권자가 받는 요양급여, 휴업급여, 장해급여, 간병급여, 유족급여, 유족특별급여, 장해특별급여, 장의비 또는 근로의 제공으로 인한 부상·질병·사망과 관련하여 근로자나 그 유족이 받는 배상·보상 또는 위자(慰藉)의 성질이 있는 급여
   라. 「근로기준법」 또는 「선원법」에 따라 근로자·선원 및 그 유족이 받는 요양보상금, 휴업보상금, 상병보상금(傷病補償金), 일시보상금, 장해보상금, 유족보상금, 행방불명보상금, 소지품 유실보상금, 장의비 및 장제비
   마. 「고용보험법」에 따라 받는 실업급여, 육아휴직 급여, 육아기 근로시간 단축 급여, 출산전후휴가 급여 등, 「제대군인 지원에 관한 법률」에 따라 받는 전직지원금, 「국가공무원법」·「지방공무원법」에 따른 공무원 또는 「사립학교교직원 연금법」·「별정우체국법」을 적용받는 사람이 관련 법령에 따라 받는 육아휴직수당
   바. 「국민연금법」에 따라 받는 반환일시금(사망으로 받는 것만 해당한다) 및 사망일시금
   사. 「공무원연금법」, 「공무원 재해보상법」, 「군인연금법」, 「군인 재해보상법」, 「사립학교교직원 연금법」 또는 「별정우체국법」에 따라 받는 공무상요양비·요양급여·장해일시금·비공무상 장해일시금·비직무상 장해일시금·장애보상금·사망조위금·사

망보상금·유족일시금·퇴직유족일시금·유족연금일시금·퇴직유족연금일시금·퇴역유족연금일시금·순직유족연금일시금·유족연금부가금·퇴직유족연금부가금·퇴역유족연금부가금·유족연금특별부가금·퇴직유족연금특별부가금·퇴역유족연금특별부가금·순직유족보상금·직무상유족보상금·위험직무순직유족보상금·재해부조금·재난부조금 또는 신체·정신상의 장해·질병으로 인한 휴직기간에 받는 급여

아. 대통령령으로 정하는 학자금

자. 대통령령으로 정하는 실비변상적(實費辨償的) 성질의 급여

차. 외국정부(외국의 지방자치단체와 연방국가인 외국의 지방정부를 포함한다. 이하 같다) 또는 대통령령으로 정하는 국제기관에서 근무하는 사람으로서 대통령령으로 정하는 사람이 받는 급여. 다만, 그 외국정부가 그 나라에서 근무하는 우리나라 공무원의 급여에 대하여 소득세를 과세하지 아니하는 경우만 해당한다.

카. 「국가유공자 등 예우 및 지원에 관한 법률」 또는 「보훈보상대상자 지원에 관한 법률」에 따라 받는 보훈급여금·학습보조비

타. 「전직대통령 예우에 관한 법률」에 따라 받는 연금

파. 작전임무를 수행하기 위하여 외국에 주둔 중인 군인·군무원이 받는 급여

하. 종군한 군인·군무원이 전사(전상으로 인한 사망을 포함한다. 이하 같다)한 경우 그 전사한 날이 속하는 과세기간의 급여

거. 국외 또는 「남북교류협력에 관한 법률」에 따른 북한지역에서 근로를 제공하고 받는 대통령령으로 정하는 급여

너. 「국민건강보험법」, 「고용보험법」 또는 「노인장기요양보험법」에 따라 국가, 지방자치단체 또는 사용자가 부담하는 보험료

더. 생산직 및 그 관련 직에 종사하는 근로자로서 급여 수준 및 직종 등을 고려하여 대통령령으로 정하는 근로자가 대통령령으로 정하는 연장근로·야간근로 또는 휴일근로를 하여 받는 급여

러. 근로자가 사내급식이나 이와 유사한 방법으로 제공받는 식사 기타 음식물 또는 근로자(식사 기타 음식물을 제공받지 아니하는 자에 한정한다)가 받는 월 20만원 이하의 식사대

머. 근로자 또는 그 배우자의 출산이나 6세 이하(해당 과세기간 개시일을 기준으로 판단한다) 자녀의 보육과 관련하여 사용자로부터 받는 급여로서 월 10만원 이내의 금액

버. 「국군포로의 송환 및 대우 등에 관한 법률」에 따른 국군포로가 받는 보수 및 퇴직일

시금

서. 「교육기본법」제28조제1항에 따라 받는 장학금 중 대학생이 근로를 대가로 지급받는 장학금(「고등교육법」제2조제1호부터 제4호까지의 규정에 따른 대학에 재학하는 대학생에 한정한다)

어. 「발명진흥법」제2조제2호에 따른 직무발명으로 받는 다음의 보상금(이하 "직무발명보상금"이라 한다)으로서 대통령령으로 정하는 금액

    1) 「발명진흥법」제2조제2호에 따른 종업원등(이하 이 조, 제20조 및 제21조에서 "종업원등"이라 한다)이 같은 호에 따른 사용자등으로부터 받는 보상금

    2) 대학의 교직원 또는 대학과 고용관계가 있는 학생이 소속 대학에 설치된 「산업교육진흥 및 산학연협력촉진에 관한 법률」제25조에 따른 산학협력단(이하 이 조에서 "산학협력단"이라 한다)으로부터 같은 법 제32조제1항제4호에 따라 받는 보상금

저. 대통령령으로 정하는 복리후생적 성질의 급여

[전문개정 2009. 12. 31.]

제50조 임금피크제 지원금의 신청

① 영 제28조에 따라 임금피크제 지원금을 지급받으려는 근로자는 별지 제52호서식의 임금피크제 지원금 신청서에, 임금피크제 지원금을 지급받으려는 사업주는 별지 제52호의2서식의 임금피크제 지원금 신청서(근로시간단축 사업주 지원)에 다음 각 호의 서류를 모두 첨부하여 다음 연도 1월 말일까지(해당 연도 중에 분기별 또는 월별로 지급받으려는 경우에는 각각 매분기 또는 매월 다음 달 말일까지) 소재지 관할 직업안정기관의 장에게 제출하여야 한다. 다만, 제1호의 서류는 최초로 신청하는 경우에만 첨부한다. 〈개정 2011. 1. 3., 2012. 1. 20., 2013. 1. 25., 2014. 6. 17., 2014. 12. 31.〉

  1. 영 제28조제1항에 따른 임금피크제를 적용받는 근로자에 해당함을 증명하는 서류 1부

  2. 영 제28조제2항에 따른 피크임금과 해당 연도의 임금을 비교하여 임금이 같은 항 각 호의 구분에 따른 비율 이상 낮아진 사실을 증명하는 서류 1부

② 제1항에 따른 임금피크제 지원금 중 근로자에게 지급하는 지원금은 사업주가 근

로자를 대신하여 신청할 수 있다. 〈개정 2011. 1. 3., 2014. 12. 31.〉
[제목개정 2011. 1. 3.]

제50조의2 정년을 60세 이상으로 정한 사업 또는 사업장에서의 임금 감액에 따른 지원금의 신청

① 영 제28조의2에 따라 지원금을 지급받으려는 근로자는 별지 제52호의3서식의 임금피크제 지원금 신청서에 다음 각 호의 서류를 첨부하여 다음 연도 1월 말일까지(해당 연도 중에 분기별 또는 월별로 지급받으려는 경우에는 각각 매분기 또는 해당 월의 다음 달 말일까지) 소재지 관할 직업안정기관의 장에게 제출하여야 한다. 다만, 제1호의 서류는 최초로 신청하는 경우에만 첨부한다.

1. 영 제28조의2제1항에 따른 임금피크제를 적용받는 근로자에 해당함을 증명하는 서류 1부
2. 영 제28조의2제2항에 따른 피크임금과 해당 연도의 임금을 비교하여 임금이 100분의 10 이상 낮아진 사실을 증명하는 서류 1부

② 제1항에 따른 지원금은 사업주가 근로자를 대신하여 신청할 수 있다.
[본조신설 2015. 12. 7.]

제50조의3 고령자 고용지원금 지원 기준

영 제28조의5제1항에서 "고용노동부령으로 정하는 기준 이상으로 고용하는 사업주"란 해당 사업에서 매 분기 고용하고 있는 60세 이상인 월평균 근로자 수가 지원금 최초 산정일이 속한 분기의 직전 분기 마지막 날 이전 3년 동안의 60세 이상인 월평균 근로자 수 이상으로 고용하는 사업주를 말한다.
[본조신설 2021. 12. 31.]

제51조 출산육아기 고용안정장려금의 신청

① 영 제29조에 따라 출산육아기 고용안정장려금을 지급받으려는 사업주는 고용노

동부장관이 정하여 고시하는 고용안정장려금 지급 신청서에 다음 각 호의 구분에 따른 서류를 첨부하여 소재지 관할 직업안정기관의 장에게 제출하여야 한다. 〈개정 2013. 1. 25., 2013. 12. 30., 2014. 9. 30., 2016. 12. 30.〉

1. 삭제 〈2018. 12. 31.〉
2. 영 제29조제1항제2호 및 제3호에 해당하는 경우: 다음 각 목의 서류
   가. 피보험자의 출산전후휴가, 영 제29조제1항제2호에 따른 육아휴직등(이하 "육아휴직 등"이라 한다) 또는 같은 항 제3호에 따른 유산·사산휴가(이하 "유산·사산휴가"라 한다) 실시를 증명하는 서류 사본 1부
   나. 삭제 〈2012. 1. 20.〉
   다. 새로 고용한 대체인력의 근로계약서 사본과 월별 임금대장 사본 각 1부(영 제29조제1항제3호에 해당하는 경우만 해당한다)

② 제1항에 따른 출산육아기 고용안정장려금은 다음 각 호의 구분에 따라 신청한다. 〈개정 2020. 3. 31., 2021. 12. 31.〉

1. 영 제29조제1항제2호에 해당하는 경우: 영 제29조제3항에 따라 산정한 금액의 100분의 50에 해당하는 금액은 육아휴직등을 시작한 날이 속하는 달의 다음 달부터 3개월마다 신청하고, 나머지 금액은 육아휴직등이 끝난 후 6개월이 지난 날부터 한꺼번에 신청
2. 영 제29조제1항제3호에 해당하는 경우: 다음 각 목의 구분에 따라 신청한다.
   가. 영 제29조제5항제2호가목에 따른 업무 인수인계기간에 해당하는 금액: 출산전후휴가, 유산·사산휴가 또는 육아기 근로시간 단축을 시작한 후 30일이 지난 날부터 신청
   나. 영 제29조제5항제2호나목에 따른 출산전후휴가, 유산·사산휴가 또는 육아기 근로시간 단축의 기간에 해당하는 금액: 출산전후휴가, 유산·사산휴가 또는 육아기 근로시간 단축을 시작한 날이 속하는 달의 다음 달부터 3개월마다 신청
   다. 가목 및 나목에 해당하는 금액을 제외한 나머지 금액: 출산전후휴가, 유산·사산휴가 또는 육아기 근로시간 단축이 끝난 후 1개월이 지난 날부터 한꺼번에 신청

3. 제1호 또는 제2호나목에도 불구하고 영 제29조제3항 또는 제4항에 따라 각각 산정한 금액의 100분의 50에 해당하는 금액 중 출산전후휴가, 유산·사산휴가 또는 육아휴직등의 기간에 신청하지 못한 금액은 출산전후휴가, 유산·사산휴가 또는 육아휴직등이 끝난 다음 날부터 신청할 수 있다.
③ 제1항 및 제2항에 따른 출산육아기 고용안정장려금 지급 신청 기간은 육아휴직등, 출산전후휴가, 유산·사산휴가 또는 육아기 근로시간 단축의 종료일부터 12개월 이내로 한다. 다만, 제2항제1호 및 같은 항 제2호다목에 따른 나머지 금액의 지급 신청 기간은 다음 각 호의 구분에 따른다. <신설 2022. 6. 30.>
　　1. 제2항제1호에 따른 나머지 금액: 육아휴직등이 끝난 후 6개월이 지난 날부터 12개월 이내
　　2. 제2항제2호다목에 따른 나머지 금액: 출산전후휴가, 유산·사산휴가 또는 육아기 근로시간 단축이 끝난 후 1개월이 지난 날부터 12개월 이내

[전문개정 2011. 1. 3.]
[제목개정 2016. 12. 30.]

제52조 출산육아기 고용안정장려금의 지급방법

영 제29조제3항과 제4항에 따른 출산전후휴가, 육아휴직등 또는 유산·사산휴가의 개월 수와 대체인력을 사용한 개월 수는 역(曆)에 의하여 계산한다. 이 경우 1개월에 이르지 못하고 남은 출산전후휴가, 육아휴직등 또는 유산·사산휴가 기간 또는 대체인력 사용 기간이 있는 경우에는 그 일수를 해당 월의 총 일수로 나누어 계산한다.
<개정 2011. 1. 3., 2012. 1. 20., 2013. 12. 30., 2016. 12. 30.>
[전문개정 2008. 4. 30.]
[제목개정 2016. 12. 30.]

제53조 삭제 〈2011. 1. 3.〉

제54조 삭제 〈2011. 1. 3.〉

제55조 삭제 〈2013. 12. 30.〉

제56조 삭제 〈2013. 12. 30.〉

제56조의2 삭제 〈2010. 2. 9.〉

제57조 삭제 〈2011. 1. 3.〉

제57조의2 삭제 〈2011. 1. 3.〉

제58조 고용촉진 시설

영 제38조제1항제5호에서 "고용노동부령으로 정하는 고용촉진 시설"이란 법률에 따라 설립되었거나 국가나 지방자치단체로부터 허가·인가를 받아 설립된 비영리법인이 운영하는 고용촉진 시설을 말한다. 〈개정 2010. 7. 12., 2021. 7. 1.〉

[제목개정 2021. 7. 1.]

제59조 직장어린이집의 지원

① 고용노동부장관은 사업주가 단독으로 설치·운영하거나 다른 사업주와 공동으로 설치·운영하는 「영유아보육법」 제10조제4호에 따른 직장어린이집으로서 다음 각 호의 요건을 모두 충족하는 경우에는 영 제38조제4항에 따라 고용노동부장관이 정하는 운영비의 일부와 보육교사, 직장어린이집의 원장과 조리원(이하 "보육교사등"이라 한다)에 대한 인건비(위탁 운영하는 직장어린이집의 보육교사 등에 대한 인건비를 포함한다. 이하 이 조에서 같다)의 일부를 지원한다. 다만, 고용노동부장관이 정하는 운영비에 대한 지원은 법 제19조제2항에 따른 우선지원대상기업(이하 "우선지원대상기업"이라 한다)의 사업주와 영 제38조제4항 후단에 따른 사업주단체에 대한 영유아보육 및 교육에 직접적으로 필요한 운영비로 한정하고, 직장어린이집의 원장에 대한 인건비 지원은 매월 말일 기준으로 보육

영유아의 수가 20명 이상인 경우에만 한다. 〈개정 2008. 4. 30., 2010. 2. 9., 2010. 7. 12., 2011. 1. 3., 2013. 1. 25., 2013. 12. 30., 2015. 7. 1., 2018. 12. 31., 2019. 10. 15., 2020. 12. 31., 2021. 12. 31., 2022. 12. 9.〉

1. 「영유아보육법」 제13조에 따라 시장·군수·구청장의 인가를 받은 직장어린이집일 것
2. 「영유아보육법」 제21조에 따른 자격을 가진 직장어린이집의 원장과 보육교사일 것
3. 매월 말일을 기준으로 직장어린이집을 설치·운영하는 사업장 소속의 피보험자의 영유아 수가 전체 보육 영유아 수의 3분의 1 이상이거나 4분의 1 이상이면서 피보험자(다른 사업장 소속 피보험자를 포함한다)의 영유아의 수가 2분의 1 이상일 것

② 제1항에 따른 고용노동부장관이 정하는 운영비의 지원금액과 보육교사등에 대한 인건비의 지원금액은 사업 규모, 보육 중인 영유아의 나이와 「남녀고용평등과 일·가정 양립 지원에 관한 법률」 제6조제1항제2호에 따른 남녀고용평등 우수기업 여부 등을 고려하여 <u>고용노동부장관이 정하여 고시하는</u> 금액으로 한다. 다만, 고용보험의 피보험자가 아닌 사람의 영유아가 포함된 경우에는 그 비율(매월 말일을 기준으로 한다)에 해당하는 금액을 빼고 지급한다. 〈개정 2008. 4. 30., 2010. 2. 9., 2010. 7. 12., 2011. 1. 3., 2018. 12. 31., 2020. 12. 31., 2021. 7. 1.〉

③ 삭제 〈2015. 12. 7.〉

④ 삭제 〈2015. 12. 7.〉

⑤ 제1항과 제2항에도 불구하고 그 직장어린이집이 「영유아보육법」이나 다른 법령에 따라 <u>고용노동부장관이 정하는</u> 운영비와 보육교사등의 인건비에 대한 비용을 지원받고 있는 경우에는 지원금을 지급하지 않는다. 다만, 「영유아보육법」이나 다른 법령에 따른 비용 지원액이 이 조에 따라 지급받을 수 있는 지원금에 미달하는 경우에는 그 차액을 지급할 수 있다. 〈개정 2011. 1. 3., 2013. 1. 25., 2014. 9. 30., 2018. 12. 31., 2020. 6. 19.〉

⑥ 제5항에도 불구하고 「영유아보육법」 제43조의2제1항에 따른 휴원명령에 따라 <u>고용노동부장관이 정하는</u> 기간 이상 휴원하는 등 <u>고용노동부장관이 정하여 고시하는</u> 사유로 직장어린이집이 「영유아보육법」이나 다른 법령에 따라 비용을 지원

받은 경우 그 비용 지원액은 제5항 「영유아보육법」이나 다른 법령에 따른 비용 지원액에 산입하지 않을 수 있다. 〈신설 2020. 6. 19.〉
⑦ 제1항, 제2항 및 제5항에서 규정한 사항 외에 직장어린이집에 대한 지원금의 지급에 필요한 사항은 고용노동부장관이 정한다. 〈개정 2010. 7. 12., 2013. 1. 25., 2014. 9. 30., 2015. 12. 7., 2020. 6. 19.〉

[제목개정 2013. 1. 25.]

제60조 사업주에 대한 직업능력개발 훈련비용의 지원 신청

① 영 제41조에 따라 고용노동부장관이 정하여 고시하는 금액 또는 비율을 정할 때에는 「국민 평생 직업능력 개발법」에 따른 훈련의 종류·대상자·방법·과정, 「산업현장 일학습병행 지원에 관한 법률」제3조제1호에 따른 일학습병행의 종류·직종 등을 고려해야 한다. 〈개정 2022. 2. 17.〉

② 영 제41조제2항에 따른 직업능력개발 훈련의 지원금을 받으려는 사업주는 다음 각 호의 구분에 따라 신청해야 한다.

1. 영 제41조제2항제1호에 따른 지원금: 별지 제58호서식의 사업주 직업능력개발 훈련비용 지원 신청서(전자문서로 된 신청서를 포함한다)를 훈련이 끝난 후 또는 매 3개월 동안의 훈련 실시 후 30일 이내에 그 사업장의 소재지를 관할하는 공단 분사무소에 제출할 것. 다만, 사업주가 직업능력개발 훈련을 훈련기관에 위탁하여 실시한 경우에는 해당 훈련기관이 별지 제58호의2서식의 훈련기관용 사업주 직업능력개발 훈련비용 지원 신청서(전자문서로 된 신청서를 포함한다)에 따라 직업능력개발 훈련비용(영 제41조제2항제1호 각 목 외의 부분 본문에 따른 금액을 말한다)의 지급을 신청할 수 있다.

2. 영 제41조제2항제2호에 따른 지원금: 별지 제58호의3서식의 일학습병행과정 지원금 신청서(전자문서로 된 신청서를 포함한다)를 「산업현장 일학습병행 지원에 관한 법률」제15조제2항에 따라 인정받은 일학습병행과정(이하 "일학습병행과정"이라 한다)에 대해 월별 과정이 끝나는 매월 말일까지 사업장의 소재지를 관할하는 공단 분사무소에 제출할 것. 다만, 사업주가 「산업현장 일학습병행 지원에 관한 법률」제16조에 따른 일학습병행 공동훈련센터에 같은 법

제3조제1호나목에 따른 사업장 외 교육훈련을 위탁하여 실시한 경우에는 해당 일학습병행 공동훈련센터가 해당 지원금의 지급을 신청할 수 있다.

③ 제2항제2호 단서에 따른 일학습병행 공동훈련센터가 「산업현장 일학습병행 지원에 관한 법률」제17조제3호에 따른 산업교육기관(「고등교육법」제2조제1호·제4호에 따른 대학 또는 전문대학에 한정한다)에 해당하고, 일학습병행과정이 학위와 연계되어 실시되는 경우에는 제2항제2호 본문에도 불구하고 일학습병행과정이 시작되기 전에 미리 해당 지원금의 지급을 신청할 수 있다.

④ 제2항 및 제3항에 따라 지급 신청을 받은 공단은 이를 검토하여 해당 지원금의 지급 여부를 결정하고, 별지 제59호서식의 사업주 직업능력개발 훈련비용 지급결정 통지서 또는 별지 제59호의2서식의 일학습병행과정 지원금 지급결정 통지서에 따라 그 신청인에게 각각 알려야 한다.

⑤ 공단은 제4항에 따라 해당 지원금을 지급하기로 결정한 경우에는 제2항제1호 단서 및 제2호 단서에 따라 위탁하여 실시한 훈련기관 또는 일학습병행 공동훈련센터에 해당 지원금을 직접 지급할 수 있다. [전문개정 2020. 8. 28.]

> **관련법령** ▶ 「산업현장 일학습병행 지원에 관한 법률」제3조제1호

1. "**일학습병행**"이란 사업주가 근로자를 고용하여 해당 근로자가 담당 직무를 수행하도록 하면서 다음 각 목의 교육훈련을 모두 제공하고, 해당 근로자는 교육훈련의 평가에 따라 자격을 인정받도록 하는 직업교육훈련을 말한다.
   가. 해당 기업의 생산시설·장비를 활용하여 사업장 내의 전문적인 기술·지식이 있는 사람 등이 해당 근로자의 직무수행에 필요한 지식, 기술 및 소양 등을 전수하는 교육훈련(이하 "도제식 현장 교육훈련"이라 한다)
   나. 해당 기업의 근로장소 또는 생산시설과 분리된 직업능력개발시설이나 교육훈련기관에서 실시되는 교육훈련(이하 "사업장 외 교육훈련"이라 한다)

> **관련법령** ▶ 「산업현장 일학습병행 지원에 관한 법률」제15조제2항

제15조(일학습병행과정 개발 및 인정 등)
② 제1항에 따라 일학습병행과정을 개발한 학습기업의 사업주는 고용노동부장관으로부터 해당 일학습병행과정이 제11조에 따른 교육훈련기준을 충족함을 인정받아야 한다.

| 관련법령 | 「산업현장 일학습병행 지원에 관한 법률」제16조

제16조(일학습병행 공동훈련센터의 지정)
① 고용노동부장관은 학습기업들이 공동으로 일학습병행을 할 수 있도록 제17조에 따른 시설 또는 기관을 일학습병행을 위한 공동교육훈련시설(이하 "일학습병행 공동훈련센터"라 한다)로 지정할 수 있다. 다만, 「산업교육진흥 및 산학연협력촉진에 관한 법률」 제2조제2호가목에 따른 산업교육기관을 일학습병행 공동훈련센터로 지정하는 경우 교육부장관과 협의하여야 한다.
② 일학습병행 공동훈련센터는 다음 각 호의 업무를 수행한다.
  1. 학습기업의 일학습병행과정 개발 지원
  2. 학습기업의 도제식 현장 교육훈련의 개발 및 운영 지원
  3. 학습기업으로부터 위탁받은 사업장 외 교육훈련의 실시
  4. 학습기업의 지정 신청, 일학습병행과정의 인정 신청 등 일학습병행 실시의 지원
  5. 그 밖에 학습기업이 일학습병행과정을 효율적으로 운영하기 위하여 필요하다고 고용노동부장관이 정하는 사항
③ 일학습병행 공동훈련센터의 신청·지정 요건 및 절차에 필요한 사항은 고용노동부장관이 정하여 고시한다.

| 관련법령 | 「산업현장 일학습병행 지원에 관한 법률」 제3조제1호나목

제3조(정의)
이 법에서 사용하는 용어의 뜻은 다음과 같다. 〈개정 2021. 8. 17.〉
1. **"일학습병행"**이란 사업주가 근로자를 고용하여 해당 근로자가 담당 직무를 수행하도록 하면서 다음 각 목의 교육훈련을 모두 제공하고, 해당 근로자는 교육훈련의 평가에 따라 자격을 인정받도록 하는 직업교육훈련을 말한다.
  나. 해당 기업의 근로장소 또는 생산시설과 분리된 직업능력개발시설이나 교육훈련기관에서 실시되는 교육훈련(이하 "사업장 외 교육훈련"이라 한다)

| 관련법령 | 「산업현장 일학습병행 지원에 관한 법률」제17조제3호
3. 「산업교육진흥 및 산학연협력촉진에 관한 법률」제2조제2호의 산업교육기관

| 관련법령 ▶ | 「고등교육법」제2조제1호·제4호 |

1. 대학
4. 전문대학

제61조 근로자 직업능력개발을 위한 지원

① 영 제43조제1항에 따라 직업능력개발을 위한 지원을 받을 수 있는 사람은 다음 각 호의 요건을 갖춘 직업능력개발 훈련과정 중 고용노동부장관이 인정한 과정을 수강한 사람으로 한다. 〈개정 2008. 4. 30., 2009. 4. 1., 2010. 7. 12., 2011. 9. 16., 2013. 12. 30.〉

  1. 영 제45조제2항 각 호의 어느 하나에 해당하는 과정이 아닐 것
  2. 훈련일수가 2일 이상이고 훈련시간이 16시간 이상일 것

② 삭제 〈2015. 12. 7.〉

③ 영 제43조제1항에 따라 직업능력개발을 위한 지원을 받으려는 사람은 영 제43조제2항 단서에 따른 신용카드(이하 "내일배움카드"라 한다)를 발급받아야 한다. 〈개정 2015. 12. 7., 2019. 12. 31.〉

④ 제1항에 따라 직업능력개발을 위한 지원을 받을 수 있는 사람으로서 내일배움카드를 발급받은 사람을 지원하기 위하여 그 사람의 거주지나 훈련기관 소재지 관할 직업안정기관의 장이 지급하는 비용은 고용노동부장관이 정하여 고시한 금액으로 한다. 〈개정 2008. 4. 30., 2010. 7. 12., 2011. 9. 16., 2013. 12. 30., 2015. 12. 7., 2019. 12. 31.〉

⑤ 삭제 〈2015. 12. 7.〉

⑥ 제1항에 따른 근로자 직업능력개발 지원금의 지급 대상이 되는 훈련과정의 인정절차 및 내일배움카드의 발급절차, 지원한도 등에 관하여 필요한 사항은 고용노동부장관이 정한다. 〈개정 2010. 7. 12., 2011. 9. 16., 2013. 12. 30., 2015. 12. 7., 2019. 12. 31.〉

[제목개정 2013. 12. 30.]

제62조 삭제 〈2011. 9. 16.〉
제63조 삭제 〈2011. 9. 16.〉

제64조 능력개발비용의 대부

① 영 제45조제1항에 따른 대부대상자의 선정은 대학생, 대학원생 순위로 한다. 이 경우 대학생 사이나 대학원생 사이의 순위는 다음 각 호에 따른다. <개정 2010. 7. 12., 2011. 1. 3., 2013. 4. 24., 2021. 7. 1., 2021. 12. 31.>

1. 다음 각 목의 어느 하나에 해당하는 사람
   가. 「숙련기술장려법」 제11조에 따른 대한민국명장(이하 이 조에서 "대한민국명장"이라 한다)
   나. 「숙련기술장려법」 제20조에 따른 전국기능경기대회 또는 지방기능경기대회 입상자
   다. 「숙련기술장려법」 제21조에 따른 국제기능올림픽대회 입상자
   라. 「장애인고용촉진 및 직업재활법」 제26조의2·제26조의3에 따른 장애인 기능경기 대회 또는 국제장애인기능올림픽대회 입상자
   마. 그 밖에 「숙련기술장려법」 제23조에 따른 민간기능경기대회 중 고용노동부장관이 인정하는 기능경기대회 입상자
2. 「장애인고용촉진 및 직업재활법」에 따른 장애인
3. 우선지원대상기업 소속 근로자로서 산업단지에 근무하거나 「산업교육진흥 및 산학협력촉진에 관한 법률」 제8조에 따라 설치·운영하는 계약에 의한 직업교육훈련과정(이하 이 조에서 "계약학과"라 한다)에 재학 중인 근로자
4. 우선지원대상기업 소속 근로자
5. 고용노동부장관이 선정하여 공고한 노사문화 우수기업, 남녀고용평등 우수기업 또는 장애인고용 우수기업 소속 근로자
6. 「건설근로자의 고용개선 등에 관한 법률」 제2조제2호에 따른 건설근로자 중 일용근로자
7. 피보험기간이 장기인 근로자

② 영 제45조제1항과 제2항에 따른 능력개발비용의 대부금은 다음 각 호에 따른다.
   1. 영 제45조제1항에 따른 능력개발비용의 대부금은 「고등교육법」 제11조에 따른 수업료와 그 밖의 납부금(이하 "학자금"이라 한다)의 전액으로 한다. 다만, 사

업주·학교 또는 제3자로부터 학자금의 일부를 장학금이나 보조금으로 지원받거나 국가·지방자치단체 및 「공공기관의 운영에 관한 법률」에 따른 공공기관으로부터 지원 또는 대부받은 경우에는 그 지원받거나 대부받은 금액을 뺀 금액으로 한다.
  2. 영 제45조제2항에 따른 능력개발비용의 대부금은 그 훈련과정에 대한 수강료 전액으로 한다. 이 경우 1명당 대부금은 그 보험연도 내 300만원을 한도로 한다.
③ 능력개발비용을 대부받으려는 사람은 고용노동부장관이 정하는 기간까지 별지 제63호서식의 능력개발대부금 대부 신청서에 다음 각 호의 서류를 모두 첨부하여 근로복지공단 이사장에게 제출해야 한다. 〈개정 2010. 7. 12., 2011. 1. 3., 2021. 7. 1., 2021. 12. 31.〉
  1. 학자금(수강료를 포함한다)의 납입고지서나 영수증 사본
  2. 대한민국명장, 기능경기대회입상자, 장애인, 우선지원대상기업 소속 근로자로서 산업단지에 근무하거나 계약학과에 재학 중인 근로자, 노사문화 우수기업이나 남녀고용평등 우수기업 소속 근로자임을 증명하는 서류(해당자로 한정한다)
④ 제3항에 따라 신청을 받은 근로복지공단 이사장은 학자금의 대부 여부를 검토하여 그 결과를 신청인에게 알려야 한다. 〈개정 2011. 1. 3.〉
⑤ 근로복지공단 이사장은 제4항에 따른 대부대상자가 다음 각 호의 어느 하나에 해당하는 경우에는 대부대상자에서 제외할 수 있다. 이 경우 제2호에 해당하는 경우에는 지급받은 대부금 전액을 상환하도록 명하여야 한다. 〈신설 2012. 1. 20.〉
  1. 제4항에 따라 대부가 가능하다는 통보를 받고도 정당한 사유 없이 고용노동부장관이 정하는 기간 내에 대부약정을 체결하지 아니한 경우
  2. 거짓이나 그 밖의 부정한 방법으로 대부를 받은 경우
⑥ 제1항부터 제5항까지의 규정에 따른 대부대상자의 선정·확정, 대부금 지급, 그 밖에 대부제도 운영에 필요한 사항은 고용노동부장관이 정한다. 〈개정 2010. 7. 12., 2012. 1. 20.〉

관련법령 ▶ 「숙련기술장려법」제11조

제11조(대한민국명장의 선정 및 우대 등)
① 정부는 다음 각 호의 요건을 모두 갖춘 사람을 대한민국명장으로 선정할 수 있다. 이 경우 대한민국명장으로 선정된 사람에게는 한 차례만 일시장려금을 지급하는 등 우대할 수 있다. 〈개정 2016. 1. 27.〉
  1. 대통령령으로 정하는 직종에서 15년 이상 종사한 사람
  2. 제1호에 따른 직종에서 최고의 숙련기술을 보유하였다고 인정되는 사람
  3. 숙련기술의 발전이나 숙련기술자의 지위 향상에 크게 기여하였다고 인정되는 사람
② 제1항에 따라 대한민국명장으로 선정된 사람은 숙련기술을 통하여 해당 산업의 발전에 이바지하고 다른 사람의 모범이 될 수 있도록 노력하여야 하며, 대한민국명장으로서의 품위를 유지하여야 한다.
③ 대한민국명장이 아닌 자는 대한민국명장 또는 이와 유사한 명칭을 사용하지 못한다.
④ 고용노동부장관은 대한민국명장이 제16조제1항에 따른 사업체 지원 및 제18조에 따른 사회적 인식 제고 사업에 참여하는 경우 이에 필요한 지원을 할 수 있다. 〈개정 2016. 1. 27.〉
⑤ 제1항 및 제2항에 따른 대한민국명장의 선정요건에 관한 사항, 선정을 위한 심사절차, 우대내용 및 품위유지 내용 등은 대통령령으로 정한다.

관련법령 ▶ 「숙련기술장려법」제20조

제20조(국내기능경기대회)
① 고용노동부장관, 특별시장·광역시장·특별자치시장·도지사 또는 특별자치도지사(이하 "시·도지사"라 한다)는 숙련기술자의 사기진작 및 상호 이해의 증진과 숙련기술 수준의 향상을 위하여 국내기능경기대회를 개최할 수 있다. 〈개정 2016. 1. 27.〉
② 제1항에 따른 국내기능경기대회는 고용노동부장관이 개최하는 전국기능경기대회와 시·도지사가 개최하는 지방기능경기대회로 구분한다. 〈개정 2016. 1. 27.〉
③ 고용노동부장관은 지방기능경기대회의 개최에 필요한 비용의 일부를 지원할 수 있다. 〈개정 2016. 1. 27.〉
④ 제1항에 따른 국내기능경기대회의 참가자격과 그 밖에 개최에 필요한 사항은 대통령령으로 정한다.

> **관련법령** 「숙련기술장려법」제21조

제21조(국제기능올림픽대회)

① 고용노동부장관은 숙련기술자의 국제교류를 통하여 숙련기술의 수준을 향상시키고 참가국과의 이해를 증진하기 위하여 국제기능올림픽대회를 국내에서 개최하거나 국제기능올림픽대회에 선수단을 파견할 수 있다. 〈개정 2016. 1. 27.〉
② 국제기능올림픽대회에 참가할 선수는 전국기능경기대회에서 입상한 사람 중에서 선발함을 원칙으로 한다.
③ 국제기능올림픽대회에 참가할 선수의 선발기준과 그 밖에 참가에 필요한 사항은 고용노동부령으로 정한다. 〈개정 2016. 1. 27.〉
④ 삭제 〈2016. 1. 27.〉
⑤ 고용노동부장관은 국내에서 개최되는 국제기능올림픽대회의 준비 및 운영을 위하여 필요한 경우 관계 중앙행정기관 및 지방자치단체와 그 밖의 공공단체에 행정적·재정적인 지원을 요청할 수 있다. 〈개정 2016. 1. 27.〉

> **관련법령** 「장애인고용촉진 및 직업재활법」제26조의2·제26조의3

제26조의2(장애인 기능경기 대회 개최)

① 고용노동부장관 및 특별시장·광역시장·특별자치시장·도지사 또는 특별자치도지사는 사회와 기업의 장애인고용에 대한 관심을 촉구하고 장애인의 기능을 향상시키기 위하여 장애인 기능경기 대회를 개최할 수 있다.
② 고용노동부장관은 제1항에 따른 장애인 기능경기 대회의 개최에 필요한 비용의 일부를 지원할 수 있다.
③ 제1항에 따른 장애인 기능경기 대회의 참가자격 등 참가와 개최에 필요한 사항은 대통령령으로 정한다.
[본조신설 2017. 4. 18.]

제26조의3(국제장애인기능올림픽대회 개최 등)

① 고용노동부장관은 장애인의 국제교류를 통하여 기능 수준을 향상시키고 사회참여를 증진시키기 위하여 국제장애인기능올림픽대회에 선수단을 파견하거나 국내에서 대회를 개최할 수 있다.
② 제1항에 따른 국제장애인기능올림픽대회에 참가할 선수의 선발기준 등 참가와 개최에 필요한 사항은 대통령령으로 정한다.

③ 고용노동부장관은 국내에서 개최되는 제1항에 따른 국제장애인기능올림픽대회의 준비 및 운영을 위하여 필요한 경우 관계 중앙행정기관 및 지방자치단체와 그 밖의 「공공기관의 운영에 관한 법률」에 따른 공공기관 등 법인·기관·단체에 행정적·재정적 지원을 요청할 수 있다.
[본조신설 2017. 4. 18.]

> **관련법령** 「산업교육진흥 및 산학협력촉진에 관한 법률」제8조

제8조(계약에 의한 직업교육훈련과정 등의 설치·운영)
① 산업교육기관은 다음 각 호의 어느 하나의 경우에는 국가, 지방자치단체 또는 산업체등과의 계약에 의하여 권역별로, 산업교육기관간 또는 산업교육기관별로 직업교육훈련과정 또는 학과 등을 설치·운영할 수 있다. 이 경우 새로운 학과·학부를 설치할 필요가 있는 때에는 그에 앞서 이미 설치되어 있는 학과·학부나 유사한 학과·학부를 우선 활용하여야 한다. 〈개정 2017. 11. 28.〉
  1. 국가, 지방자치단체 또는 산업체등이 채용을 조건으로 학자금 지원계약을 체결하고, 특별한 교육과정의 운영을 요구하는 경우
  2. 국가, 지방자치단체 또는 산업체등이 그 소속 직원의 재교육이나 직무능력 향상 또는 전직(轉職) 교육을 위하여 그 경비의 전부 또는 일부를 부담하면서 교육을 의뢰하는 경우
  3. 국가, 지방자치단체 또는 산업체등이 산업사회의 요구에 부응하는 인력 양성을 위하여 학생 선발기준의 공동 마련, 교육과정·교재의 공동개발 및 산업체등 인사의 교육 참여 등을 통한 교육과정의 운영을 요구하는 경우
② 산업교육기관의 장은 제1항에 따라 계약에 의한 학과 및 학부(이하 "계약학과등"이라 한다)를 설치·운영하는 경우 대통령령으로 정하는 바에 따라 그 설치·운영계획을 교육부장관에게 신고하여야 한다. 〈신설 2015. 3. 27.〉
③ 산업교육기관의 장은 계약학과등을 폐지하는 경우 대통령령으로 정하는 바에 따라 그 폐지계획을 교육부장관에게 신고하여야 한다. 〈신설 2015. 3. 27.〉
④ 산업교육기관과 산업체등은 제1항 각 호의 계약학과등의 설치기준을 지켜야 한다. 〈신설 2015. 3. 27., 2022. 12. 13.〉
⑤ 국가와 지방자치단체는 제1항에 따른 직업교육훈련과정 등의 설치·운영에 필요한 비용의 전부 또는 일부를 지원할 수 있다. 〈신설 2017. 11. 28.〉

⑥ 제1항에 따른 직업교육훈련과정 등의 설치·운영 및 학생선발방법, 정원, 납부금, 제5항에 따른 비용 지원 등에 필요한 사항은 대통령령으로 정한다. 〈개정 2015. 3. 27., 2017. 11. 28.〉
[전문개정 2007. 12. 21.]

> **관련법령** 「건설근로자의 고용개선 등에 관한 법률」제2조제2호

2. **"건설근로자"**란 「근로기준법」제2조에 따른 근로자로서 건설업에 종사하는 자를 말한다.

> **관련법령** 「고등교육법」제11조

제11조(등록금 및 등록금심의위원회)

① 학교의 설립자·경영자는 수업료와 그 밖의 납부금(이하 "등록금"이라 한다)을 현금 또는 「여신전문금융업법」제2조에 따른 신용카드, 직불카드, 선불카드에 의한 결제로 납부 받을 수 있다. 이 경우 학생은 학칙으로 정하는 바에 따라 해당 학기에 납부하여야 할 등록금을 2회 이상으로 분할하여 납부할 수 있다. 〈개정 2016. 12. 20., 2019. 12. 3.〉

② 제1항에도 불구하고 학교(제30조에 따른 대학원대학은 제외한다)의 설립자·경영자는 해당 학교에 입학 또는 편입학하는 사람(제29조에 따라 대학원에 두는 학위과정, 연구과정 및 제29조의3에 따라 통합된 학위과정에 입학 또는 편입학하는 사람은 제외한다)으로부터 입학금을 받을 수 없다. 〈신설 2019. 12. 3.〉

③ 각 학교는 등록금을 책정하기 위하여 교직원(사립대학의 경우에는 학교법인이 추천하는 재단인사를 포함한다), 학생, 관련 전문가 등으로 구성되는 등록금심의위원회를 설치·운영하여야 한다. 이 경우 학생 위원은 전체 위원 정수(定數)의 10분의 3 이상, 구성단위별 위원은 10분의 5 미만이 되도록 하고, 관련 전문가 위원을 선임할 때에는 학칙으로 정하는 바에 따라 학교를 대표하는 측과 학생을 대표하는 측이 협의하여야 한다. 〈개정 2011. 9. 15., 2019. 12. 3., 2020. 10. 20.〉

④ 학교는 「재난 및 안전관리 기본법」제3조제1호에 따른 재난으로 인하여 학교시설의 이용 및 실험·실습이 제한되거나 수업시수가 감소하는 등 학사운영이 정상적으로 이루어지지 아니한 경우 등록금을 면제·감액할 수 있다. 〈신설 2020. 10. 20.〉

⑤ 학교는 특별한 사정이 없으면 등록금심의위원회의 심의결과를 최대한 반영하여야 한다. 〈신설 2011. 9. 15., 2019. 12. 3., 2020. 10. 20.〉

⑥ 제3항의 등록금심의위원회는 「교육관련기관의 정보공개에 관한 특례법」제6조제1항제8호의2의 등록금 및 학생 1인당 교육비 산정근거, 도시근로자 평균가계소득, 제7조의2제1항의 연도별 지원계획, 등록금 의존율(대학교육비에서 등록금이 차지하는 비율

을 말한다) 등을 고려하여 해당 연도의 등록금을 적정하게 산정하여야 한다. 〈개정 2011. 9. 15., 2016. 3. 2., 2019. 12. 3., 2020. 10. 20., 2021. 3. 23., 2021. 9. 24.〉

⑦ 제4항에 따른 등록금의 면제·감액 규모는 등록금심의위원회에서 논의하여야 한다. 〈신설 2020. 10. 20.〉

⑧ 등록금심의위원회는 등록금 산정을 위하여 필요한 경우 대통령령으로 정하는 바에 따라 학교의 장에게 관련 자료의 제출을 요청할 수 있다. 이 경우 학교의 장은 정당한 사유가 없으면 요청받은 날부터 7일 이내에 관련 자료를 제출하여야 한다. 〈신설 2011. 9. 15., 2019. 12. 3., 2020. 10. 20.〉

⑨ 등록금심의위원회는 회의의 일시, 장소, 발언 요지 및 결정 사항 등이 기록된 회의록을 작성·보존하고 대통령령으로 정하는 바에 따라 이를 공개하여야 한다. 다만, 개인의 사생활을 현저히 침해할 우려가 있다고 인정되는 사항 등 대통령령으로 정하는 사항에 대하여는 위원 정수의 3분의 2 이상의 의결로 회의록의 전부 또는 일부를 공개하지 아니할 수 있다. 〈신설 2011. 9. 15., 2019. 12. 3., 2020. 10. 20.〉

⑩ 각 학교는 등록금의 인상률이 직전 3개 연도 평균 소비자 물가상승률의 1.5배를 초과하게 하여서는 아니 된다. 〈개정 2011. 9. 15., 2019. 12. 3., 2020. 10. 20.〉

⑪ 제10항에도 불구하고 각 학교가 등록금의 인상률을 직전 3개 연도 평균 소비자 물가상승률의 1.5배를 초과하여 인상한 경우에는 교육부장관은 해당 학교에 행정적·재정적 제재 등 불이익을 줄 수 있다. 〈개정 2011. 9. 15., 2013. 3. 23., 2019. 12. 3., 2020. 10. 20.〉

⑫ 제1항의 등록금의 징수, 제3항의 등록금심의위원회의 설치·운영, 제10항의 등록금 인상률의 산정방법 및 제11항의 행정적·재정적 제재 등 필요한 사항은 교육부령으로 정한다. 〈개정 2011. 9. 15., 2013. 3. 23., 2019. 12. 3., 2020. 10. 20.〉

[전문개정 2011. 7. 21.]

제65조 취업훈련의 실시기관 등

① 영 제47조제1항에 따른 취업훈련을 실시할 수 있는 기관은 다음 각 호의 어느 하나에 해당하는 시설이나 기관으로 한다. 〈개정 2010. 7. 12., 2011. 1. 3., 2011. 9. 16., 2022. 2. 17.〉

1. 「국민 평생 직업능력 개발법 시행령」제12조 각 호에 따른 시설이나 기관
2. 그 밖에 「직업교육훈련 촉진법」 등 다른 법령에 따라 직업능력개발훈련을 실시할 수 있는 시설 또는 기관

3. 삭제 〈2011. 1. 3.〉

4. 삭제 〈2011. 1. 3.〉

② 고용노동부장관은 취업훈련을 실시하려는 경우 제1항 각 호에 따른 훈련실시 기관과 훈련 위탁계약을 체결할 수 있다. 〈개정 2010. 7. 12., 2011. 9. 16.〉

③ 제2항에 따른 훈련위탁계약에 따라 훈련을 실시하는 기관은 훈련생의 모집, 훈련실시상황의 신고, 훈련생에 대한 출석확인, 취업정보의 제공, 재해보험가입 등 훈련관리를 위하여 고용노동부장관이 정하는 사항을 지켜야 한다. 〈개정 2010. 7. 12.〉

④ 고용노동부장관은 훈련실시기관이 거짓이나 그 밖의 부정한 방법으로 훈련위탁계약을 체결하거나 제3항을 위반하는 경우 시정요구, 위탁계약 해지 및 일정기간 위탁배제 등의 제재조치를 할 수 있다. 〈개정 2010. 7. 12.〉

⑤ 제2항부터 제4항까지의 규정에 따른 훈련위탁계약의 체결, 훈련관리 및 제재조치에 필요한 사항은 고용노동부장관이 정한다. 〈개정 2010. 7. 12.〉

[제목개정 2011. 9. 16.]

관련법령 ▶ 「국민 평생 직업능력 개발법 시행령」 제12조

제12조(직업능력개발훈련을 위탁받을 수 있는 기관)

법 제16조제1항에서 "대통령령으로 정하는 자"란 다음 각 호와 같다. 〈개정 2010. 7. 12., 2010. 8. 25., 2011. 12. 30., 2020. 7. 14.〉

1. 직업능력개발훈련시설
2. 「고등교육법」 제2조에 따른 학교
3. 「평생교육법」에 따라 인가·등록·신고 또는 보고된 평생교육시설
4. 「학원의 설립·운영 및 과외교습에 관한 법률」 제2조의2제1항제2호에 따른 평생직업교육학원
5. 그 밖에 법 제12조 또는 법 제15조에 따른 직업능력개발훈련을 위탁하여 실시하려는 기관의 장이 그 직업능력개발훈련을 실시할 능력이 있다고 인정하는 시설 또는 기관

[전문개정 2009. 3. 31.]

제66조 취업훈련의 대상자

① 영 제47조제1항에 따른 취업훈련의 대상자는 실업자로서 직업안정기관에 취업훈련을 신청한 사람 중에서 선정하되, 그 우선순위는 다음 각 호와 같다. 〈개정 2011. 1. 3., 2011. 9. 16., 2013. 12. 30., 2021. 12. 31.〉
　1. 「장애인고용촉진 및 직업재활법」제2조제1호에 따른 장애인
　2. 직업안정기관 또는 지방자치단체(지방자치단체가 실시하는 훈련인 경우만 해당한다)에 구직등록을 한 후 6개월 이상 실업 상태에 있는 사람
　3. 피보험기간이 3개월 이상인 사람
　4. 「고용상 연령차별금지 및 고령자고용촉진에 관한 법률」제2조제1호에 따른 고령자 및 같은 조 제2호에 따른 준고령자
　5. 우선지원대상기업에서 이직한 사람
　6. 피보험기간이 장기인 사람

② 제1항에도 불구하고 다음 각 호의 어느 하나에 해당하는 사람은 취업훈련 대상자에서 제외한다. 〈개정 2010. 8. 30., 2011. 1. 3., 2011. 9. 16., 2022. 2. 17.〉
　1. 「국민 평생 직업능력 개발법」제55조에 따라 수강 또는 지원·융자의 제한 처분을 받은 사실이 있는 경우 그 제한 기간 중에 있는 사람
　2. 삭제 〈2011. 1. 3.〉
　3. 삭제 〈2019. 12. 31.〉
　4. 정부로부터 훈련비 등의 지원을 받는 훈련과정을 수강 중인 사람

[제목개정 2011. 9. 16.]

관련법령 ▶ 「장애인고용촉진 및 직업재활법」제2조제1호

1. "**장애인**"이란 신체 또는 정신상의 장애로 장기간에 걸쳐 직업생활에 상당한 제약을 받는 사람으로서 대통령령으로 정하는 기준에 해당하는 사람을 말한다.

관련법령 ▶ 「고용상 연령차별금지 및 고령자고용촉진에 관한 법률」제2조제1호

1. "**고령자**"란 인구와 취업자의 구성 등을 고려하여 대통령령으로 정하는 연령 이상인 사람을 말한다.

| 관련법령 | 「국민 평생 직업능력 개발법」제55조

제55조(부정행위에 따른 지원·융자 또는 수강의 제한)

① 국가 또는 지방자치단체는 제12조 또는 제15조에 따른 직업능력개발훈련을 받고 있거나 받은 사람이 다음 각 호의 어느 하나에 해당하면 거짓이나 부정한 방법으로 훈련비용 및 훈련수당을 지원받았거나 지원받으려고 한 날(제2호의 경우에는 위탁계약이 해지된 날)부터 5년의 범위에서 고용노동부령으로 정하는 기간 동안 제12조 및 제15조에 따른 직업능력개발훈련의 수강을 제한하거나 제17조 및 제18조에 따른 지원 또는 융자를 아니할 수 있다. 〈개정 2012. 2. 1., 2021. 8. 17., 2022. 1. 11.〉

1. 거짓이나 그 밖의 부정한 방법으로 훈련비용 및 훈련수당을 지원받았거나 지원받으려 한 경우
2. 직업능력개발훈련을 위탁받은 자와 공모하여 제16조제2항 각 호의 어느 하나에 해당하는 행위를 하여 위탁계약이 해지된 경우

② 고용노동부장관은 제17조, 제18조, 제20조, 제22조 및 제23조에 따라 비용의 지원 또는 융자를 받으려고 하거나 이미 받은 사람, 사업주, 사업주단체등, 산업부문별 인적자원개발협의체 또는 직업능력개발단체가 다음 각 호의 어느 하나에 해당하면 거짓이나 그 밖의 부정한 방법으로 비용의 지원 또는 융자를 받으려고 하거나 이미 받은 날(제2호에 해당하는 경우에는 인정이 취소된 날)부터 5년의 범위에서 고용노동부령으로 정하는 기간 동안 제12조 및 제15조에 따른 직업능력개발훈련의 수강을 제한하거나 제17조, 제18조, 제20조, 제22조 및 제23조에 따른 지원 또는 융자를 아니할 수 있다. 〈개정 2012. 2. 1., 2020. 3. 31., 2021. 8. 17., 2022. 1. 11.〉

1. 거짓이나 그 밖의 부정한 방법으로 비용을 지원·융자받았거나 지원·융자받으려 한 경우
2. 제16조에 따라 직업능력개발훈련을 위탁받아 실시하는 자 또는 제19조 및 제24조에 따라 직업능력개발훈련과정의 인정을 받아 직업능력개발훈련을 실시하는 자와 공모하여 제19조제2항 각 호 또는 제24조제2항 각 호의 어느 하나에 해당하는 행위를 하여 인정이 취소된 경우
3. 제21조제2항을 위반하여 경제적 이익등을 제공받은 경우

[전문개정 2010. 5. 31.]
[제25조에서 이동 〈2010. 5. 31.〉]

제67조 삭제 〈2008. 9. 19.〉

제68조 훈련비와 훈련수당의 지급

① 영 제47조제2항에 따른 훈련비의 지급 수준은 훈련대상, 훈련직종, 훈련성과 등을 고려하여 고용노동부장관이 정한다. 〈개정 2010. 7. 12.〉

② 영 제47조제3항에 따른 훈련수당은 다음 각 호의 요건을 모두 갖춘 사람에게 지급하되, 지급 수준은 훈련직종, 훈련수강 횟수, 훈련생의 생활수준 등을 고려하여 고용노동부장관이 정한다. 〈개정 2010. 7. 12., 2019. 12. 31., 2021. 7. 1.〉

1. 실업급여 수급자격이 없는 사람
2. 고용노동부장관이 정하는 훈련시간 이상인 과정을 수강하는 사람
3. 훈련기간 동안 매 단위 월의 출석일수가 100분의 80 이상인 사람

③ 직업안정기관의 장은 제2항에 따라 훈련수당을 지급하는 경우 다음 각 호와 같은 기준에 따라 훈련수당을 줄여 지급하거나 지급하지 아니한다.

1. 삭제 〈2019. 12. 31.〉
2. 삭제 〈2019. 12. 31.〉
3. 중도 탈락한 경우: 중도 탈락한 날 이후의 훈련수당 미지급
4. 공공근로사업에 참여하고 있는 경우: 참여기간 동안 훈련수당 미지급
5. 삭제 〈2019. 12. 31.〉
6. 훈련시작 1주일 이내에 과정을 변경한 경우: 훈련 시작 후 변경 시까지의 기간에 대하여서는 미지급
7. 중간 편입하는 경우: 실제 출석일수에 따라 훈련수당 지급

④ 제1항부터 제3항까지의 규정에 따른 훈련비와 훈련수당의 지급절차 등에 관하여 필요한 사항은 고용노동부장관이 정한다. 〈개정 2010. 7. 12.〉

제69조 실업자취업훈련비의 대부

① 영 제47조제4항에 따른 훈련비를 대부받으려는 사람은 훈련종료일 2개월 전까

지 별지 제64호서식의 실업자취업훈련비 대부 신청서에 훈련수강과 수강료(자기비용 부담분) 등에 관한 증거서류를 첨부하여 훈련기관의 소재지 관할 직업안정기관의 장에게 제출해야 한다. 〈개정 2021. 7. 1.〉

② 제1항에 따른 신청을 받은 직업안정기관의 장은 훈련비의 대부 여부를 검토하여 그 결과를 신청일부터 10일 이내에 신청인에게 알려야 한다.

③ 영 제47조제4항에 따른 대부금은 훈련수강료 중 정부지원금 외에 훈련생이 부담하는 금액의 전액으로 한다. 이 경우 1명당 대부금은 그 보험연도 내 300만원을 한도로 한다.

④ 직업안정기관의 장은 신청인이 다음 각 호의 어느 하나에 해당하는 경우 대부결정을 취소할 수 있다.
  1. 거짓이나 그 밖에 부정한 방법으로 대부금을 지급받은 경우
  2. 대부금을 지급받기 전에 그 훈련과정에서 제적된 경우

⑤ 제2항부터 제4항까지의 규정에 따른 대부대상자의 선정, 대부금의 지급, 대부결정의 취소, 대부금의 상환방법, 그 밖에 대부에 필요한 사항은 고용노동부장관이 정한다. 〈개정 2010. 7. 12.〉

제70조 직업능력개발훈련시설 등에 대한 비용대부

① 영 제48조제1항에 따른 직업능력개발훈련시설(이하 "훈련시설"이라 한다)의 설치에 필요한 비용의 대부를 받을 수 있는 자는 다음 각 호의 어느 하나에 해당하는 자로 한다. 〈개정 2017. 8. 29., 2020. 12. 10.〉
  1. 훈련시설을 건축하려는 자 또는 건축 중인 자로서 다음 각 목의 요건을 모두 갖춘 자
    가. 훈련시설 부지의 소유권자 또는 훈련시설의 부지를 15년 이상 사용가능하도록 등기를 마친 지상권자
    나. 대부신청일부터 1년 이내에 훈련시설의 건축 착공이 가능한 자 또는 대부신청 당시 행정관청으로부터 훈련시설에 대한 사용검사증명서를 받지 아니한 자

2. 건물 전체나 일부를 훈련시설로 구입하려는 자로서 다음 각 목의 요건을 모두 갖춘 자
   가. 「감정평가 및 감정평가사에 관한 법률」제2조제4호에 따른 감정평가법인등으로부터 구입대상 건물의 구입시점을 기준으로 향후 10년 이상 사용할 수 있다는 확인을 받은 자
   나. 구입건물에 대한 대지의 소유권을 취득하였거나 취득예정인 자나, 구입건물의 대지를 30년 이상 사용가능하도록 등기를 마친 지상권자

② 영 제48조제1항에 따른 비용의 대부대상은 「국민 평생 직업능력 개발법」제2조제1호에 따른 직업능력개발훈련에 필요한 훈련시설이나 그 밖의 편의시설 또는 장비로 한다. <개정 2022. 2. 17.>

③ 대부금액은 훈련시설의 설치와 장비를 구입하는 데 드는 비용에 100분의 90을 곱한 금액으로 하되, 60억원을 한도로 한다.

④ 제1항부터 제3항까지의 규정 외에 대부금 지급과 정산 등 대부에 관하여 필요한 사항은 고용노동부장관이 정한다. <개정 2010. 7. 12.>

관련법령 ▶ 「감정평가 및 감정평가사에 관한 법률」제2조제4호

제2조(정의)
4. "**감정평가법인 등**"이란 제21조에 따라 사무소를 개설한 감정평가사와 제29조에 따라 인가를 받은 감정평가법인을 말한다.

관련법령 ▶ 「국민 평생 직업능력 개발법」제2조제1호

1. "**직업능력개발훈련**"이란 모든 국민에게 평생에 걸쳐 직업에 필요한 직무수행능력(지능정보화 및 포괄적 직업·직무기초능력을 포함한다)을 습득·향상시키기 위하여 실시하는 훈련을 말한다.

제71조 대부절차 등

① 직업능력개발훈련시설 등에 대한 비용의 대부를 신청하려는 자는 별지 제65호

서식의 직업능력개발훈련 시설·장비자금 대부 신청서에 직업능력개발 훈련 시설·장비투자계획서를 첨부하여 공단 이사장에게 제출하여야 한다. 〈개정 2011. 1. 3., 2011. 12. 30.〉

② 공단 이사장은 제1항에 따라 신청을 받으면 대부의 적정 여부와 대부금액을 결정하고 그 결과를 신청인에게 알려야 한다.

③ 제2항에 따라 대부대상자로 선정된 자(이하 "대부대상자"라 한다)가 대부결정 금액 범위에서 투자계획을 변경하려면 그 변경사유서와 변경된 투자계획서를 공단 이사장에게 제출하여 승인을 받아야 한다.

④ 공단 이사장은 대부대상자가 다음 각 호의 어느 하나에 해당하면 대부결정을 취소할 수 있다.
　1. 거짓이나 그 밖에 부정한 방법으로 대부를 받은 경우
　2. 대부금을 신청 목적 외의 용도에 사용한 경우
　3. 대부결정일부터 1년 이내에 대부를 받지 아니한 경우
　4. 특별한 사유 없이 최초 대부일부터 1개월 이내에 투자계획서에 따른 투자를 하지 아니한 경우
　5. 지급받은 대부금으로 훈련시설을 설치하거나 장비를 구입하였음에도 불구하고 2년간 훈련을 실시하지 아니한 경우
　6. 운영 부실이나 그 밖의 사유로 훈련시설을 매각하였거나 매각 중인 경우로서 대부신청 목적을 이룰 수 없다고 인정되는 경우

⑤ 제4항에 따른 대부결정의 취소에 따른 반환절차에 관하여 필요한 사항은 고용노동부장관이 정한다. 〈개정 2010. 7. 12.〉

제72조 **삭제** 〈2008. 4. 30.〉

제73조 **삭제** 〈2008. 4. 30.〉

제74조 자격검정사업의 요건

영 제51조제2항제6호에서 "그 밖에 고용노동부령으로 정하는 요건"이란 다음 각 호의 요건 모두를 말한다.〈개정 2010. 7. 12.〉

1. 해당 자격에 대하여 2회 이상의 검정 실적이 있을 것
2. 사업주가 근로자의 기술향상을 위하여 실시하는 자격검정 사업(이하 "사업내 자격검정사업"이라 한다) 시행을 위한 규정(이하 "사업내 자격검정사업실시규정"이라 한다)을 제정하여 실시할 것
3. 제2호의 사업내 자격검정사업실시규정에 다음 각 목의 사항을 포함할 것
   가. 사업내 자격검정사업의 운영목적 및 자격종목의 직무내용에 관한 사항
   나. 자격종목, 검정방법, 합격결정기준 및 검정에 응시할 수 있는 자격에 관한 사항
   다. 자격검정의 실시 횟수, 시기 및 장소에 관한 사항
   라. 사업내 자격검정사업의 운영에 필요한 조직에 관한 사항
   마. 자격검정을 실시하는 경우 출제, 채점 및 감독에 관한 사항
   바. 합격자의 사후관리에 관한 사항
   사. 공정한 검정의 실시 확보에 관한 사항
   아. 자격 취득자의 우대에 관한 사항
   자. 그 밖에 자격검정 실시에 필요한 사항

제75조 사업내 자격검정사업의 지원신청 및 지원방법 등

① 영 제51조제3항에 따라 자격검정사업의 비용을 지원받으려는 자는 자격종목별로 별지 제67호서식의 사업내 자격검정사업 신고서에 다음의 서류를 첨부하여 공단 이사장에게 제출하여야 한다.
   1. 전년도(신고서 제출일을 기준으로 직전 보험회계연도를 말한다)의 결산서류
   2. 자격검정실시계획서
   3. 사업내 자격검정실시규정
② 공단 이사장은 제1항에 따른 신고서를 받은 날부터 2개월 이내에 영 제51조제2항

과 제74조의 요건을 갖추었는지 여부를 확인하고, 그 결과를 고용노동부장관과 해당 신청인에게 알려야 한다. <개정 2010. 7. 12.>
③ 제2항에 따라 사업내 자격검정사업의 요건을 갖춘 것으로 확인 통지를 받은 사업주가 사업장의 명칭·소재지 또는 사업내 자격검정실시규정을 변경하거나 자격검정 종목의 명칭을 변경하려는 경우에는 미리 별지 제68호서식의 사업내 자격검정사업 변경 신고서를 공단 이사장에게 제출하여야 한다. 이 경우 공단 이사장은 신고서를 받은 날부터 1개월 이내에 변경 내용을 확인하고 영 제51조제2항 및 제74조의 요건을 갖추었는지 여부를 해당 신청인에게 알려야 한다.
④ 사업주가 자격검정 종목을 폐지한 경우에는 지체 없이 별지 제68호서식의 사업내 자격검정사업 폐지 신고서를 공단 이사장에게 제출하여야 한다.
⑤ 공단 이사장은 다음 각 호의 어느 하나에 해당하는 경우에는 해당 사업장의 명칭, 소재지 및 자격종목 등을 인터넷 홈페이지 등에 공고하여야 한다.
  1. 제2항에 따라 사업내 자격검정사업 신고에 대한 확인통지를 한 경우
  2. 제3항에 따라 변경신고에 대한 확인을 한 경우
  3. 제4항에 따른 폐지 신고를 한 경우
⑥ 공단 이사장은 사업주가 사업내 자격검정사업을 해당 자격종목의 사업내 자격검정실시규정에 따라 실시하고 있는지 여부 등을 점검·확인하고, 그 결과를 통보할 수 있다. 이 경우 공단 이사장이 점검·확인에 필요하다고 인정하는 경우에는 해당 사업주에게 관련 서류의 제출을 요구할 수 있으며, 점검 결과 필요한 경우에는 자격검정관련 자료의 제공 및 자문 등 기술지원을 할 수 있다.
⑦ 사업주가 사업내 자격검정사업 시행에 따른 지원금(이하 "사업내자격검정사업 지원금"이라 한다)을 지급받으려면 해당 연도 사업내 자격검정사업을 끝낸 후 별지 제69호서식의 사업내 자격검정사업 지원금 신청서에 다음 각 호의 서류를 첨부하여 공단 이사장에게 제출하여야 한다. 다만, 사업내 자격검정종목 개발비용에 대한 지원금은 제2항에 따른 확인통지를 받은 즉시 신청할 수 있다.
  1. 자격검정결과보고서 1부
  2. 계좌번호가 적힌 통장 사본 1부

⑧ 공단 이사장은 제7항에 따라 사업내 자격검정사업 지원금 지급신청을 받으면 2개월 이내에 사업내 자격검정사업 지원금 지원 여부와 지원금액을 결정하고, 그 결과를 별지 제70호서식의 사업내 자격검정사업 지원금 지급 결정 통지서에 따라 해당 사업주에게 알려야 한다.

⑨ 공단 이사장은 제2항에 따라 확인통지한 경우에도 다음 각 호의 어느 하나에 해당하면 비용지원을 하지 아니한다. 이 경우 그 사실을 별지 제70호서식의 사업내 자격검정사업 지원금 부지급 결정 통지서에 따라 해당 사업주에게 알려야 한다.

1. 영 제51조제2항과 제74조의 사업내 자격검정사업의 요건에 적합하지 아니하게 자격검정을 실시한 경우
2. 신고한 사업내 자격검정실시규정에 따라 자격검정을 실시하지 아니한 경우
3. 사업주가 제3항에 따른 변경신고를 하지 아니하고 사업내 자격검정사업을 시행한 경우
4. 정당한 이유 없이 2년 이상 자격검정을 실시하지 아니한 경우

⑩ 공단 이사장은 제7항과 제8항에 따른 사업내 자격검정사업 지원금 지급결정 관련 사항, 제3항에 따른 변경신고 확인사항 및 제6항에 따른 점검 결과 등을 매 분기마다 다음 달 5일까지 고용노동부장관에게 통보하여야 한다. <개정 2010. 7. 12.>

제76조 국가기간·전략산업직종훈련의 실시 등

① 영 제53조에 따른 국가기간·전략산업직종훈련(이하 "국가기간·전략산업직종훈련"이라 한다)을 받을 수 있는 사람은 제66조제2항 각 호에 해당하지 않는 사람으로 한다.

② 국가기간·전략산업직종훈련에 관하여는 제65조제2항부터 제5항까지의 규정과 제68조를 준용한다.

[전문개정 2021. 7. 1.]

제77조 지원금이나 직업능력개발 훈련비용의 지급결정 및 통지

직업안정기관의 장은 다음 각 호의 지원금이나 직업능력개발 훈련비용을 지급하거나 지급하지 아니하기로 결정한 경우에는 별지 제71호서식의 지원금·직업능력개발 훈련비용 지급·부지급 결정 통지서에 따라 신청인에게 그 내용을 알려야 한다. <개정 2008. 9. 19., 2011. 1. 3., 2011. 9. 16., 2013. 12. 30., 2021. 7. 1.>

1. 영 제17조·제19조·제22조·제24조부터 제26조까지·제28조·제29조·제36조·제37조 및 제38조에 따른 지원금
2. 영 제43조·제45조·제47조부터 제49조까지·제51조·제53조 및 제54조에 따른 직업능력개발 훈련비용

[제목개정 2011. 1. 3.]

제78조 부정행위에 따른 추가징수 등

① 법 제35조제2항에 따른 추가징수액은 다음 각 호의 구분에 따른 금액으로 한다. <개정 2009. 4. 1., 2010. 2. 9., 2010. 7. 12., 2020. 8. 28.>

1. 다음 각 목의 어느 하나에 해당하는 경우에는 거짓이나 그 밖의 부정한 방법으로 지급받은 금액의 5배
   가. 근무한 사실이 없는 사람을 피보험자로 등록하여 지원금을 지급받은 경우
   나. 부정행위 적발일 전 최근 5년 동안 거짓이나 그 밖의 부정한 방법으로 지원금을 지급받거나 지급받으려고 신청하여 법 제35조제1항에 따라 고용노동부장관으로부터 지급제한 또는 반환명령을 받은 사실이 있는 경우
   다. 그 밖에 가목 및 나목에 준하는 것으로 그 위반행위의 정도, 동기 및 결과 등을 고려하여 직업안정기관의 장이 거짓이나 그 밖의 부정한 방법으로 지원금을 지급받거나 지급받으려고 한 것에 고의 또는 중대한 과실이 있다고 판단되는 경우
2. 제1호에 해당하는 경우를 제외하고 거짓이나 그 밖의 부정한 방법으로 지원금을 지급받은 경우에는 그 금액의 2배
3. 삭제 <2020. 8. 28.>

② 부정행위자 본인이나 사업장에 대한 조사 전까지 거짓이나 그 밖의 부정행위를 자진 신고한 자에게는 제1항에 따른 추가징수를 하지 아니할 수 있다.

제79조 지급 제한 등의 통지

영 제56조에 따른 지원금의 지급 제한, 반환명령 및 추가징수에 관한 통지는 별지 제72호서식의 지원금 지급 제한, 반환명령 및 추가징수 결정 통지서로 하고, 직업능력개발 훈련비용의 지급 제한, 반환명령 및 추가징수에 관한 통지는 별지 제73호서식의 훈련비·훈련수당 지급 제한, 반환명령 및 추가징수 결정 통지서로 한다. 〈개정 2011. 1. 3.〉

제80조 고용보험료체납에 따른 지원 제한

법에 따른 고용안정·직업능력개발사업의 지원을 받으려는 자가 지원금이나 직업능력개발 훈련비용을 신청할 때까지 고용산재보험료징수법 제13조제1항제1호에 따른 고용보험료(이하 "고용보험료"라 한다)를 체납하면 법 제35조제5항에 따라 지원금이나 직업능력개발 훈련비용을 지급하지 않는다. 〈개정 2011. 1. 3., 2020. 8. 28., 2021. 7. 1., 2023. 7. 14.〉
[제목개정 2023. 7. 14.]

제80조의2 고용보험료 체납에 따른 지원 제한의 특례

① 제80조에도 불구하고 고용산재보험료징수법 제39조 및 같은 법 시행규칙 제40조제5호에 따라 연장된 고용보험료 납부기한이 2023년 1월 1일 전에 만료된 경우로서 다음 각 호의 어느 하나에 해당하는 경우에는 지원금이나 직업능력개발 훈련비용을 지급할 수 있다.
  1. 체납고용보험료(연장된 고용보험료 납부기한이 2023년 1월 1일 전이고, 그 납부기한까지 내지 않고 체납한 고용보험료를 말한다. 이하 이 조에서 같다)의 100분의 30 이상을 2023년 1월 1일부터 2023년 7월 31일까지의 기간에 낸 경우
  2. 체납고용보험료등(체납고용보험료와 그 가산금 및 연체금을 말한다. 이하 이

조에서 같다)에 대하여 2023년 1월 1일부터 2023년 7월 31일까지의 기간에 고용산재보험료징수법 제27조의3제1항제2호에 따라 분할 납부를 신청하고, 같은 조 제3항에 따라 분할 납부의 승인을 받은 날부터 3회 연속 분할 납부금을 연체 없이 전액 낸 경우

② 제1항에도 불구하고 다음 각 호의 구분에 따른 경우에는 지원금이나 직업능력개발 훈련비용의 지급 대상에서 제외하며, 지급 중인 경우에는 장래를 향하여 지급을 중단할 수 있다.
  1. 제1항제1호의 경우: 다음 각 목의 어느 하나에 해당하는 경우
     가. 남은 체납고용보험료등에 대하여 2023년 10월 31일까지 고용산재보험료징수법 제27조의3제1항제2호에 따른 분할 납부 신청을 하지 않은 경우(남은 체납고용보험료등을 완납한 경우는 제외한다)
     나. 남은 체납고용보험료등에 대하여 고용산재보험료징수법 제27조의3제3항에 따라 분할 납부의 승인을 받은 날 이후 분할 납부금을 정당한 사유 없이 총 2회 이상 내지 않거나 고용산재보험료징수법 제16조의3에 따른 월별보험료 중 월별 고용보험료를 체납한 경우
  2. 제1항제2호의 경우: 다음 각 목의 어느 하나에 해당하는 경우
     가. 3회 연속 분할 납부금을 연체 없이 전액 낸 이후 분할 납부금을 정당한 사유 없이 총 2회 이상 내지 않은 경우
     나. 고용산재보험료징수법 제27조의3제3항에 따라 분할 납부 승인을 받은 날 이후 고용산재보험료징수법 제16조의3에 따른 월별 보험료 중 월별 고용보험료를 체납한 경우

[본조신설 2023. 7. 14.]

제4장 실업급여

제81조 실업급여 지급결정 등의 통지

영 제58조에 따른 실업급여의 지급 여부에 관한 결정통지는 별지 제74호서식의 실업급여 지급(부지급) 결정 통지서로 한다.

제82조 실업신고와 수급자격 인정신청서

① 법 제42조제1항 단서에서 "「재난 및 안전관리 기본법」 제3조제1호의 재난으로 출석하기 어려운 경우 등 고용노동부령으로 정하는 사유가 있는 경우"란 다음 각 호의 어느 하나에 해당하는 경우를 말한다. <신설 2023. 6. 30.>
  1. 「재난 및 안전관리 기본법」 제3조제1호의 재난으로 출석하기 어려운 경우
  2. 제1호에 준하는 경우로서 직업안정기관의 장이 출석이 어렵다고 인정하는 경우
② 영 제61조에 따른 수급자격 인정신청서는 별지 제75호서식에 따른다. <개정 2021. 7. 1., 2023. 6. 30.>
[제목개정 2021. 7. 1.]

제82조의2 이직확인서의 발급 등

① 실업을 신고하기 위하여 이직하기 전 사업의 사업주에게 법 제42조제3항에 따른 이직확인서(이하 "이직확인서"라 한다)의 발급을 요청하려는 사람은 별지 제75호의3서식에 따른 이직확인서 발급요청서를 작성하여 해당 사업주에게 제출해

야 한다.

② 제1항에 따라 이직확인서 발급요청서를 제출받은 사업주는 제출받은 날부터 10일 이내에 별지 제75호의4서식에 따른 피보험자 이직확인서를 발급해야 한다. 다만, 이직확인서 발급요청서를 제출받은 사업주가 해당 피보험자 이직확인서를 직업안정기관의 장에게 제출하거나 해당 사업주 또는 하수급인이 영 제7조제1항 후단에 따라 별지 제7호서식의 일용근로자의 근로내용 확인신고서를 고용노동부장관에게 제출한 경우에는 해당 피보험자 이직확인서를 발급한 것으로 본다. 〈개정 2022. 6. 30.〉

③ 영 제61조제1항 및 제2항에 따라 실업을 신고하려는 사람이 사업주로부터 제2항 본문에 따른 기간 내에 피보험자 이직확인서를 발급하지 못한 경우에는 법 제43조제1항에 따른 수급자격의 인정 신청을 관할하는 직업안정기관의 장에게 제출하지 않을 수 있다.

④ 직업안정기관의 장은 제3항에 따라 피보험자 이직확인서가 제출되지 않은 경우 법 제43조제4항에 따라 수급자격의 인정 여부를 결정하기 위하여 필요하면 신청인이 이직하기 전 사업의 사업주에게 피보험자 이직확인서의 제출을 요청할 수 있다.

⑤ 제4항에 따라 제출 요청을 받은 사업주는 그 요청을 받은 날부터 10일 이내에 별지 제75호의4서식에 따른 피보험자 이직확인서를 제출해야 한다. 다만, 해당 사업주나 하수급인이 영 제7조제1항 후단에 따라 별지 제7호서식의 일용근로자의 근로내용 확인신고서를 고용노동부장관에게 제출한 경우에는 해당 피보험자 이직확인서를 제출한 것으로 본다. 〈개정 2022. 6. 30.〉

⑥ 영 제61조제3항 또는 이 조 제5항에 따라 피보험자 이직확인서를 제출받은 직업안정기관의 장은 피보험자의 피보험 단위기간, 이직 사유 및 평균임금 등을 확인해야 한다.

⑦ 직업안정기관의 장은 제5항에 따라 해당 피보험자 이직확인서를 확인한 결과 실업 신고인이 이직일 이전 18개월 동안에 영 제60조 각 호에 따른 사유로 계속하여 30일 이상 보수를 지급받지 못한 사실이 있으면 실업 신고인에게 의사의 진단서

나 그 밖에 그 사유를 증명할 수 있는 서류를 제출하게 할 수 있다.
[본조신설 2020. 8. 28.]

제83조 수급자격증 등

① 영 제62조제1항에 따른 고용보험 수급자격증(이하 "수급자격증"이라 한다)은 별지 제76호서식에 따른다.
② 수급자격자가 법 제50조에 따른 소정급여일수의 일부나 법 제51조부터 제53조까지의 규정에 따른 구직급여의 연장지급일수의 일부를 남기고 취업하는 경우에는 법 제48조에 따른 수급기간에 재이직하거나 스스로 영리를 목적으로 하는 사업(이하 "자영업"이라 한다)을 그만 두어 그 수급자격에 따른 구직급여를 계속하여 지급받는 경우를 위하여 제1항의 수급자격증을 보관하여야 한다.
③ 영 제62조제2항에 따른 수급자격 불인정 통지서는 별지 제77호서식에 따른다.
④ 영 제62조제3항에 따른 수급자격증의 재발급신청은 별지 제78호서식의 수급자격증 재발급 신청서에 따른다. 〈개정 2012. 1. 20.〉
⑤ 직업안정기관의 장은 수급자격증을 재발급하는 경우에 수급자격증을 재발급하는 사실과 재발급일자를 그 수급자격증에 적어야 한다.
⑥ 영 제62조제4항에 따라 이름, 주민등록번호 및 주소·거소의 변경 또는 정정 신고를 하려면 별지 제79호서식의 수급자격증 기재사항 변경·정정 신고서에 변경·정정 사실을 증명할 수 있는 서류와 수급자격증을 첨부하여 영 제61조제2항에 따라 수급자격 인정신청서를 받은 직업안정기관(이하 "신청지 관할 직업안정기관"이라 한다)의 장에게 제출하여야 한다. 이 경우 신고서를 제출받은 직업안정기관의 장은 「전자정부법」 제36조제1항에 따른 행정정보의 공동이용을 통하여 주민등록표 초본을 확인하여야 하며, 신청인이 확인에 동의하지 아니하는 경우에는 이를 첨부하도록 하여야 한다. 〈개정 2011. 1. 3., 2011. 9. 16., 2018. 5. 8.〉
⑦ 영 제62조제5항에 따른 수급자격 인정명세서의 발급 청구는 별지 제80호서식의 수급자격 인정명세서 발급 청구서에 따른다. 이 경우 발급 청구서를 받은 직업안정기관의 장은 별지 제81호 서식의 수급자격 인정명세서를 내주어야 한다.

| 관련법령 | ▶ 「전자정부법」 제36조제1항

제36조(행정정보의 효율적 관리 및 이용)
① 행정기관등의 장은 수집·보유하고 있는 행정정보를 필요로 하는 다른 행정기관등과 공동으로 이용하여야 하며, 다른 행정기관등으로부터 신뢰할 수 있는 행정정보를 제공받을 수 있는 경우에는 같은 내용의 정보를 따로 수집하여서는 아니 된다.

제84조 실업인정의 신청

영 제63조 및 영 제66조에 따른 실업인정의 신청은 다음 각 호의 서류를 첨부하여 별지 제82호서식의 실업인정신청서로 한다.
1. 수급자격증 1부
2. 제90조 각 호에 따른 증명서 각 1부(해당하는 경우만 제출한다)
3. 제91조에 따른 직업능력개발 훈련 등 수강증명서 1부(해당하는 경우만 제출한다)

제85조 직업능력개발 훈련 등 수강자에 대한 실업인정의 특례

① 법 제44조제2항제1호에 따른 직업능력개발 훈련 등을 받는 수급자격자(직업능력개발 훈련 등의 기간이 28일 미만인 사람은 제외한다)에 대한 실업은 그 훈련기관을 관할하는 직업안정기관의 장(이하 "훈련기관 관할 직업안정기관의 장"이라 한다)이 월 1회 지정한 날에 그 이전 1개월간의 각각의 날(이미 실업인정의 대상이된 날은 제외한다)에 대하여 인정한다. <개정 2021. 7. 1.>
② 훈련기관 관할 직업안정기관의 장은 직업능력개발 훈련 등의 대상자로 선발된 수급자격자에게 실업을 인정받아야 할 날(이하 "실업인정일"이라 한다)을 정하여 알려야 한다.
③ 제1항과 제2항에도 불구하고 직업능력개발 훈련 등의 기간에 대한 마지막 실업인정일이 그 훈련의 종료일과 다른 경우에는 그 훈련의 종료일을 실업인정일로 정하여 알릴 수 있다. 이 경우 훈련기관 관할 직업안정기관의 장은 직전 실업인정일 다음 날부터 훈련종료일까지의 각각의 날에 대하여 실업을 인정하여야 한다.

④ 직업능력개발 훈련 등을 받는 수급자격자가 실업을 인정받으려면 별지 제82호서식의 실업인정신청서에 수급자격증과 직업능력개발 훈련 등의 실시기관이 발급하는 별지 제83호서식의 직업능력개발 훈련 등 수강증명서(이하 "수강증명서"라 한다)를 첨부하여 훈련기관 관할 직업안정기관의 장에게 제출해야 한다. <개정 2021. 7. 1.>

⑤ 훈련기관 관할 직업안정기관의 장은 직업능력개발 훈련 등을 받는 수급자격자가 직업능력개발 훈련 등으로 인하여 직업안정기관에 출석하는 것이 적당하지 아니하다고 인정되면 그 대리인으로 하여금 제4항에 따른 서류를 제출하게 할 수 있다.

제86조 대량실업 등에 따른 실업인정의 특례

① 고용노동부장관은 영 제64조 각 호에 따른 실업인정의 특례사유가 발생하면 실업인정의 특례를 적용할 기간을 정하여 고시하여야 한다. <개정 2010. 7. 12.>

② 영 제64조에 따라 실업인정의 특례 사유가 발생한 경우의 수급자격자(제85조를 적용받는 수급 자격자는 제외한다)에 대한 실업의 인정은 직업안정기관의 장이 4주간에 1회를 하되, 그 이전 4주간의 각각의 날에 대하여 실업을 인정한다.

③ 직업안정기관의 장은 제1항에 따른 실업인정의 특례가 적용되는 수급자격자에게 실업인정일을 정하여 알려야 한다.

제87조 재취업활동의 인정기준

① 영 제63조제3항에 따라 다음 각 호의 어느 하나에 해당하는 경우에 적극적인 재취업활동을 한 것으로 본다. <개정 2010. 7. 12., 2022. 2. 17.>
  1. 구인업체를 방문하거나 우편·인터넷 등을 이용하여 구인에 응모한 경우
  2. 채용관련 행사에 참여하여 채용을 위한 면접에 응한 경우
  3. 직업능력개발 훈련 등을 받는 경우 중 고용노동부장관이 정한 경우
  4. 직업안정기관에서 실시하는 직업지도 프로그램에 참여한 경우

5. 해당 실업인정일부터 30일 이내에 취업하기로 확정된 경우
6. 「국민 평생 직업능력 개발법」에 따른 직업능력개발 훈련시설(법인을 포함한다)이나 「학원의 설립·운영 및 과외교습에 관한 법률」에 따른 학원 등에서 재취업을 위하여 수강 중인 경우로서 따로 재취업활동이 필요하지 아니하다고 직업안정기관의 장이 인정하는 경우
7. 구인업체가 부족한 경우 등 노동시장의 여건상 고용정보의 제공이 어려운 경우로서 직업지도를 위하여 필요하다고 판단되어 직업안정기관의 장이 소개한 사회봉사활동에 참여하는 경우
8. 고용노동부장관이 정하는 바에 따라 자영업 준비활동을 한 경우
9. 직업안정기관의 지원을 받아 재취업활동에 관한 계획을 수립하는 경우
10. 제1호부터 제9호까지의 규정에 준하는 경우로서 고용노동부장관이 정하는 경우

② 제1항에도 불구하고 수급자격자가 다음 각 호의 어느 하나에 해당하는 경우에는 근로의 의사와 능력을 가지고 적극적인 재취업활동을 하지 않은 것으로 보아 실업을 인정하지 않는다. ⟨개정 2009. 4. 1., 2010. 7. 12., 2021. 7. 2.⟩
1. 임신·출산·육아·노약자의 간호, 그 밖의 가사상의 이유로 이직한 사람 중 그 이직 원인이 아직 소멸되었다고 보기 어려운 경우
2. 질병·부상 등 정신적·육체적 조건으로 통상 취업이 곤란하다고 인정되는 경우
3. 「산업재해보상보험법」제52조에 따른 휴업급여의 지급 대상이 되는 경우
4. 직업안정기관의 장이 미리 지정하여 준 직업소개나 직업지도를 위한 출석일에 정당한 사유 없이 출석하지 아니한 경우(출석하지 아니한 기간으로 한정한다)
5. 제1호부터 제4호까지의 규정에 준하는 경우로서 고용노동부장관이 정하는 경우

관련법령 ▶ 「산업재해보상보험법」제52조

제52조(휴업급여)

휴업급여는 업무상 사유로 부상을 당하거나 질병에 걸린 근로자에게 요양으로 취업하지

못한 기간에 대하여 지급하되, 1일당 지급액은 평균임금의 100분의 70에 상당하는 금액으로 한다. 다만, 취업하지 못한 기간이 3일 이내이면 지급하지 아니한다.

제88조 재취업활동 등에 따른 실업인정의 특례

① 영 제65조제1호부터 제4호까지의 규정에 따라 실업인정일의 변경을 신청하려는 수급자격자는 별지 제79호서식의 실업인정일 변경 신청서에 그 사유를 적어 제출해야 한다. 이 경우 직업안정기관의 장은 필요하다고 인정하면 신청서에 적힌 사유를 증명할 수 있는 자료의 제출을 요구할 수 있다. 〈개정 2021. 7. 1.〉

② 영 제65조제5호에 따라 직업안정기관의 장이 실업인정일을 변경할 때에는 변경된 실업인정일 을 그 수급자격자에게 미리 알려야 한다.

③ 제1항이나 제2항에 따라 실업인정일이 변경된 수급자격자에 대한 실업인정은 다음 각 호의 기준에 따른다. 다만, 영 제65조제3호에 따라 실업인정일의 변경을 신청한 경우에는 직전 실업인정일의 다음 날부터 취업한 날의 전날까지의 각각의 날에 대하여 실업을 인정한다.

  1. 변경된 실업인정일에는 직전 실업인정일의 다음 날부터 변경된 실업인정일까지의 각각의 날에 대하여 실업을 인정할 것

  2. 제1호의 변경된 실업인정일 직후의 실업인정일에는 변경된 실업인정일의 다음 날부터 직업안정기관의 장이 지정한 실업인정일까지의 각각의 날에 대하여 실업을 인정할 것

④ 영 제65조제6호에 해당하는 수급자격자에 대한 실업인정은 다음 각 호의 기준에 따르되, 재취업활동에 대한 확인을 생략할 수 있다.

  1. 실업인정에 관한 처분이 취소·변경된 경우에는 취소·변경된 처분에 따른 실업인정기간의 각각의 날에 대하여 실업을 인정할 것

  2. 수급자격에 관한 처분이 취소·변경된 경우에는 취소·변경된 처분에 따라 수급자격이 인정된 날부터 실업하고 있었던 날에 대하여 실업을 인정할 것

  3. 부정행위에 따른 급여의 지급 제한에 관한 처분이 취소·변경된 경우에는 취소·변경된 처분에 따라 급여의 지급 제한이 해제된 날을 포함하여 실업하고

있었던 날에 대하여 실업을 인정할 것. 다만, 법 제61조제2항 본문에 따라 그 실업의 인정을 받으려는 기간(이하 "실업인정 대상기간" 이라 한다) 에 대한 급여의 지급이 제한된 경우에는 취소·변경된 처분에 따라 해제된 지급 제한기간 동안 실업하고 있었던 날에 대하여 실업을 인정할 것

4. 훈련 거부 등에 따른 급여의 지급 제한에 관한 처분이 취소·변경된 경우에는 취소·변경된 처분에 따라 해제된 급여의 지급 정지기간 동안 실업하고 있었던 날에 대하여 실업을 인정할 것

제89조 섬 거주자 등에 대한 실업인정의 특례

① 영 제65조제8호 및 제9호에 따라 실업인정의 특례를 신청하려는 수급자격자는 최초 실업인정일 이후에 별지 제84호서식의 실업인정특례 신청서에 그 사유를 적어 신청지 관할 직업안정기관의 장에게 제출하여야 한다. 이 경우 신청지 관할 직업안정기관의 장은 「전자정부법」 제36조제1항에 따른 행정정보의 공동이용을 통하여 주민등록표 초본을 확인하여야 하며, 신청인이 확인에 동의하지 아니하는 경우에는 이를 첨부하도록 하여야 한다. 〈개정 2011. 1. 3., 2011. 9. 16., 2018. 5. 8.〉

② 제1항에 따른 사유가 없어지면 지체 없이 이를 신청지 관할 직업안정기관의 장에게 신고하여야 한다. 〈신설 2011. 1. 3., 2011. 9. 16.〉

③ 직업안정기관의 장은 제1항에 따른 신청서를 받으면 별지 제85호서식의 실업인정특례 인정(불인정) 통지서에 따라 그 인정 여부를 신청인에게 알려야 한다. 이 경우 실업인정의 특례가 적용되는 수급자격자에게는 실업인정일이나 실업인정을 신청할 수 있는 기간을 정하여 알려야 한다. 〈개정 2011. 1. 3.〉

④ 영 제65조제8호 및 제9호에 해당하는 수급자격자에 대한 실업인정은 신청지 관할 직업안정기관의 장이 지정한 기간에 우편·팩스 또는 정보통신망을 이용하여 그 지정한 기간의 각각의 날에 대하여 한다. 〈개정 2011. 1. 3., 2011. 9. 16., 2016. 12. 30.〉

⑤ 영 제65조제8호에 따라 실업인정을 받으려는 수급자격자는 별지 제82호서식의 실업인정신청서를 신청지 관할 직업안정기관의 장에게 제출하여야 한다. 〈개정 2011. 1. 3., 2011. 9. 16.〉

⑥ 영 제65조제9호에 따라 정보통신망을 통해 실업인정을 받으려는 수급자격자는 신청지 관할 직업안정기관의 장이 지정한 날에 「전자서명법」 제2조제6호에 따른 인증서 등을 활용하여 정보통신망을 통해 직접 재취업활동 및 소득발생 여부를 성실히 신고해야 한다. 〈신설 2011. 1. 3., 2011. 9. 16., 2016. 12. 30., 2020. 8. 28., 2021. 7. 1.〉

⑦ 직업안정기관의 장은 제1항부터 제3항까지의 규정에 따라 실업인정 특례 신청에 대한 인정 여부의 결정과 실업의 인정 등을 위하여 필요한 경우 수급자격자에게 출석을 요구하거나 사실을 증명하는 자료의 제출을 요구할 수 있다. 〈개정 2011. 1. 3.〉

[제목개정 2011. 1. 3., 2019. 10. 15.]

| 관련법령 | 「전자서명법」 제2조제6호 |

6. "인증서"란 전자서명생성정보가 가입자에게 유일하게 속한다는 사실 등을 확인하고 이를 증명하는 전자적 정보를 말한다.

제90조 증명서의 기재사항

법 제44조제3항과 영 제66조제1항에 따른 증명서의 기재사항과 그 발급자는 다음 각 호와 같다. 〈개정 2021. 7. 1.〉

1. 법 제44조제3항제1호에 해당하는 사람의 경우에는 다음 각 목의 사항을 적은 의사나 그 밖에 진료를 담당한 사람의 증명서
   가. 질병이나 부상의 상태와 명칭
   나. 초진과 완치 연월일
2. 법 제44조제3항제2호에 해당하는 사람의 경우에는 다음 각 목의 사항을 적은 구인자의 증명서
   가. 구인자의 이름과 주소(법인의 경우에는 법인의 명칭과 주된 사무소의 소재지)
   나. 면접 일시
3. 법 제44조제3항제4호에 해당하는 사람의 경우에는 다음 각 목의 사항을 적은 시장·군수·구청장(자치구의 구청장을 말한다)의 증명서나 직업안정기관의 장이 적당하다고 인정하는 사람의 증명서
   가. 천재지변이나 그 밖의 부득이한 사유와 그 기간

나. 수급자격자가 관할 직업안정기관에 출석할 수 없었던 기간

제91조 직업능력개발 훈련 등 수강증명서

법 제44조제3항 및 영 제66조제3항에 따른 증명서는 별지 제83호서식의 수강증명서에 따른다. <개정 2021. 7. 1.>

제91조의2 이직 전 1일 소정근로시간의 산정

① 법 제45조제4항 후단에 따른 이직 전 1일 소정근로시간(이하 "이직 전의 1일 평균 소정근로시간"이라 한다)의 산정은 다음 각 호의 구분에 따른다. <개정 2022. 12. 9.>
  1. 수급자격자의 소정근로시간이 일(日) 단위로 정해진 경우: 해당 소정근로시간
  2. 수급자격자의 소정근로시간이 주(週) 단위의 기간으로 정해진 경우: (주 소정근로시간 + 해당 기간 유급휴일의 소정근로시간 합계) ÷ 48시간 × 8시간
  3. 수급자격자의 소정근로시간이 월 단위의 기간으로 정해진 경우: (월 소정근로시간 + 해당 기간 유급휴일의 소정근로시간 합계) ÷ 209시간 × 8시간
  4. 소정근로시간이 주마다 다른 경우: (이직 전 4주 동안의 소정근로시간 + 해당 기간 유급휴일의 소정근로시간 합계) ÷ 28
② 제1항에서 정한 사항 외에 이직 전의 1일 평균 소정근로시간의 산정에 필요한 사항은 고용노동부장관이 정한다.

[본조신설 2015. 7. 1.]

제92조 취업의 인정기준

법 제47조에 따라 수급자격자가 다음 각 호의 어느 하나에 해당하는 경우에는 취업한 것으로 본다. <개정 2010. 7. 12., 2013. 1. 25., 2018. 12. 31., 2019. 12. 31., 2020. 12. 10., 2021. 7. 1., 2023. 6. 30.>
  1. 1개월간의 소정근로시간을 60시간 이상(1주간의 소정근로시간을 15시간 이상으로 정하는 경우를 포함한다)으로 정하고 근로를 제공하는 경우

2. 3개월 이상 계속하여 근로를 제공하는 경우
3. 일용근로자로서 근로를 제공하거나 단기예술인 또는 단기노무제공자로서 노무를 제공하는 경우
4. 근로 제공의 대가로 임금 등 어떠한 명칭으로든지 법 제46조에 따른 구직급여일액 이상을 수령하는 경우
5. 문화예술용역 관련 계약으로서 영 제104조의5제2항제1호에 따른 월평균소득이 50만원 이상인 문화예술용역 관련 계약을 새로 체결하여 노무를 제공하는 경우
6. 노무제공계약으로서 영 제104조의11제2항제1호에 따른 월보수액이 80만원 이상인 노무제공계약을 새로 체결하여 노무를 제공하는 경우
7. 상업·농업 등 가업에 종사(무급 가사종사자를 포함한다)하거나 다른 사람의 사업에 참여하여 근로를 제공함으로써 다른 사업에 상시 취직하기가 곤란하다고 인정되는 경우
8. 「소득세법」, 「부가가치세법」 또는 「법인세법」에 따라 사업자등록을 한 경우(사업자등록을 한 경우라도 휴업신고를 하는 등 실제 사업을 하지 아니하였음을 증명한 경우와 부동산임대업 중 근로자를 고용하지 아니하고 임대사무실도 두지 아니한 경우는 제외한다)
9. 그 밖에 사회통념상 취업을 하였다고 인정되는 경우

제92조의2 수급기간의 연기 사유

영 제70조제7호에서 "고용노동부령으로 정하는 사유"란 「재난 및 안전관리 기본법」 제38조에 따른 심각 경보 발령을 말한다.
[본조신설 2020. 3. 31.]

관련법령 ▶ 「재난 및 안전관리 기본법」 제38조

제38조(위기경보의 발령 등)
① 재난관리주관기관의 장은 대통령령으로 정하는 재난에 대한 징후를 식별하거나 재난 발생이 예상되는 경우에는 그 위험 수준, 발생 가능성 등을 판단하여 그에 부합되는 조치를 할 수 있도록 위기경보를 발령할 수 있다. 다만, 제34조의5제1항제1호 단서의 상

황인 경우에는 행정안전부장관이 위기경보를 발령할 수 있다. 〈개정 2017. 7. 26.〉
② 제1항에 따른 위기경보는 재난 피해의 전개 속도, 확대 가능성 등 재난상황의 심각성을 종합적으로 고려하여 관심·주의·경계·심각으로 구분할 수 있다. 다만, 다른 법령에서 재난 위기경보의 발령 기준을 따로 정하고 있는 경우에는 그 기준을 따른다.
③ 재난관리주관기관의 장은 심각 경보를 발령 또는 해제할 경우에는 행정안전부장관과 사전에 협의하여야 한다. 다만, 긴급한 경우에 재난관리주관기관의 장은 우선 조치한 후 지체 없이 행정안전부장관과 협의하여야 한다. 〈개정 2017. 7. 26.〉
④ 재난관리책임기관의 장은 제1항에 따른 위기경보가 신속하게 발령될 수 있도록 재난과 관련한 위험정보를 얻으면 즉시 행정안전부장관, 재난관리주관기관의 장, 시·도지사 및 시장·군수·구청장에게 통보하여야 한다. 〈개정 2017. 7. 26.〉
[전문개정 2016. 1. 7.]

제93조 수급기간의 연기사유 신고

① 영 제71조제1항에 따른 신고는 수급자격증(수급자격증을 발급받은 경우만 해당한다. 이하 이 조에서 같다)을 첨부하여 별지 제86호서식의 수급기간 연기사유 신고서로 한다. 〈개정 2012. 1. 20.〉
② 영 제71조제3항에 따른 수급기간 연기통지서는 별지 제87호서식에 따른다. 〈개정 2012. 1. 20., 2021. 7. 1.〉
③ 영 제71조제4항에 따른 수급기간의 연기사유의 변경 등 신고는 수급자격증과 제2항에 따른 수급기간 연기통지서를 첨부하여 별지 제86호서식의 수급기간 연기사유 변경 등 신고서로 한다. 〈개정 2012. 1. 20., 2021. 7. 1.〉
④ 영 제71조제4항에서 "고용노동부령으로 정하는 사항"이란 수급기간 연기기간을 말한다. 〈개정 2010. 7. 12., 2012. 1. 20.〉
[제목개정 2012. 1. 20.]

제94조 훈련연장급여의 지급대상 등

① 직업안정기관의 장은 법 제51조제1항에 따라 다음 각 호의 요건을 모두 갖춘 수급자격자에게는 직업능력개발 훈련 등을 받도록 지시할 수 있다. 〈개정 2008. 4. 30., 2020. 4. 28., 2021. 7. 1.〉

1. 직업능력개발 훈련을 받으면 재취업을 하기가 쉽다고 인정될 것
2. 「국가기술자격법」 제13조제1항에 따른 기술자격증이 없거나 기술자격증이 있는 경우에도 그 기술에 대한 노동시장의 수요가 급격히 감소했을 것
3. 최근 1년간 직업능력개발 훈련을 받지 않았을 것
4. 법 제42조제1항에 따른 실업의 신고일부터 직업안정기관의 장의 직업소개 또는 직업상담(심층상담 또는 집단상담으로 한정한다)에 3회 이상 응했으나 취업되지 않았을 것

② 직업안정기관의 장은 제1항에도 불구하고 다음 각 호의 어느 하나의 경우에 해당하는 수급자격자가 제1항제1호의 요건을 갖춘 경우 직업능력개발 훈련 등을 받도록 지시할 수 있다. 다만, 6개월 이상의 직업능력개발 훈련 등을 받도록 지시하거나 2개 이상의 직업능력개발 훈련 등을 연속하여 받도록 지시하는 경우에는 그렇지 않다. 〈신설 2018. 8. 31., 2020. 4. 28.〉

1. 「고용정책 기본법」 제32조 및 같은 법 시행령 제29조제1항에 따라 고용노동부장관이 지정·고시하는 업종에 종사하다 이직한 경우
2. 「고용정책 기본법」 제32조 및 같은 법 시행령 제29조제1항에 따라 고용노동부장관이 지정·고시하는 지역에 거주하거나 이직 당시 근로하던 사업장 소재지가 그 지역인 경우

③ 제1항에 따른 직업안정기관의 장은 그 직업능력개발 훈련과정이 시작되기 전에 제1항에 따른 직업능력개발 훈련지시를 해야 한다. 〈개정 2018. 8. 31., 2020. 4. 28.〉

④ 제1항에 따른 직업능력개발 훈련지시에 따라 직업능력개발 훈련을 받는 경우 훈련기관 소재지 관할 직업안정기관의 장은 그 수급자격자의 훈련 출석상황을 매월 점검해야 한다. 이 경우 훈련기관 소재지 관할 직업안정기관의 장은 그 수급자가 부상·질병이나 그 밖의 정당한 사유 없이 매월 실제로 출석한 날이 출석해야 할 날의 100분의 80 미만이면 제1항에 따른 직업안정기관의 장에게 이를 알려야 하며, 통지를 받은 직업안정기관의 장은 별지 제88호서식의 직업능력개발 훈련지시 철회 통지서에 따라 직업능력개발 훈련지시를 철회해야 한다. 〈개정 2018. 8. 31., 2020. 4. 28., 2021. 7. 1.〉

⑤ 제1항에 따른 훈련은 대상자의 재취업의 용이성과 지역별 특성을 고려하여 「국

민 평생 직업능력 개발법」에 따른 직업능력개발 훈련시설(법인을 포함한다), 「고등교육법」에 따른 학교, 「학원의 설립·운영 및 과외교습에 관한 법률」에 따른 학원 또는 「평생교육법」에 따른 평생교육기관에서 실시하는 훈련을 대상으로 하되, 훈련과정이나 훈련직종은 고용노동부장관이 정하여 고시한다. 〈개정 2008. 4. 30., 2010. 7. 12., 2018. 8. 31., 2021. 7. 1., 2022. 2. 17.〉

⑥ 제1항에 따라 직업능력개발 훈련 등을 지시할 때에는 고용노동부장관이 정하여 고시하는 자를 우선 고려해야 한다. 〈신설 2008. 4. 30., 2010. 7. 12., 2018. 8. 31., 2020. 4. 28.〉

관련법령 ▶ 「국가기술자격법」제13조제1항

제13조(국가기술자격증)

① 주무부장관은 제10조제1항 본문에 따라 국가기술자격을 취득한 사람에게 국가기술자격증을 발급한다. 〈개정 2014. 5. 20.〉

[전문개정 2010. 5. 31.]

관련법령 ▶ 「고용정책 기본법」제32조

제32조(업종별·지역별 고용조정의 지원 등)

① 고용노동부장관은 국내외 경제사정의 변화 등으로 고용사정이 급격히 악화되거나 악화될 우려가 있는 업종 또는 지역에 대하여 다음 각 호의 사항을 지원할 수 있다. 〈개정 2014. 1. 21.〉

  1. 사업주의 고용조정
  2. 근로자의 실업 예방
  3. 실업자의 재취업 촉진
  4. 그 밖에 고용안정과 실업자의 생활안정을 위하여 필요한 지원

② 제1항에 해당하는 업종 중에서 급격한 고용감소 등으로 특별한 지원이 필요하다고 인정되는 업종에 속하는 사업주나 사업주단체·근로자단체 또는 그 단체의 연합체 등은 해당 업종을 특별고용지원업종으로 지정하여 줄 것을 고용노동부장관에게 신청할 수 있다. 〈개정 2021. 8. 17.〉

③ 제1항에 해당하는 지역 중에서 급격한 고용감소 등으로 특별한 지원이 필요하다고 인정되는 지역의 지방자치단체의 장은 해당 지역을 고용위기지역으로 지정하여 줄 것을 고용노동부장관에게 신청할 수 있다. 〈신설 2021. 8. 17.〉

④ 고용노동부장관은 제2항 및 제3항에 따른 신청을 받은 경우 정책심의회의 심의를 거쳐 해당 업종 또는 지역을 기간을 정하여 특별고용지원업종 또는 고용위기지역으로 지정할 수 있다. 〈신설 2021. 8. 17.〉
⑤ 고용노동부장관은 제4항에 따른 지정기간 중이더라도 고용사정이 호전되는 등 특별한 지원의 필요성이 없어진 때에는 정책심의회의 심의를 거쳐 그 지정을 해제할 수 있다. 〈신설 2021. 8. 17.〉
⑥ 제1항부터 제4항까지에 따른 지원 조치, 지정기간 및 지정기간의 연장 등에 필요한 사항은 대통령령으로 정한다. 〈신설 2021. 8. 17.〉

관련법령 ▶ 「고용정책 기본법 시행령」 제29조

제29조(지원대상 업종 및 지역 등)

① 법 제32조제1항에 따라 고용조정 지원 등이 필요한 업종 또는 지역은 다음 각 호의 업종 또는 지역 중에서 고용노동부장관이 정하여 고시한 기준에 따라 지정·고시하는 업종 또는 지역으로 한다. 〈개정 2010. 7. 12., 2012. 8. 22., 2022. 2. 17.〉
　1. 사업의 전환이나 사업의 축소·정지·폐업으로 인하여 고용량이 현저히 감소하거나 감소할 우려가 있는 업종
　2. 제1호의 업종이 특정 지역에 밀집되어 그 지역의 고용사정이 현저히 악화되거나 악화될 우려가 있는 지역으로서 그 지역 근로자의 실업 예방 및 재취업 촉진 등의 조치가 필요하다고 인정되는 지역
　3. 많은 구직자가 다른 지역으로 이동하거나 구직자의 수에 비하여 고용기회가 현저히 부족한 지역으로서 그 지역의 고용 개발을 위한 조치가 필요하다고 인정되는 지역
② 법 제32조제3항에 따라 고용위기지역의 지정을 신청하려는 지방자치단체의 장은 미리 신청 지역을 관할하는 직업안정기관의 장과 협의를 하고 지역고용심의회의 심의를 거쳐야 한다. 다만, 법 제10조제1항 후단에 따라 「노사관계 발전 지원에 관한 법률」제3조제1항에 따른 지역 노사민정 간 협력 활성화를 위한 협의체를 거친 경우에는 지역고용심의회 심의를 거친 것으로 본다. 〈신설 2022. 2. 17.〉
③ 고용노동부장관이 제1항에 따라 업종이나 지역을 지정·고시하는 경우에는 그 업종 또는 지역에 대한 고용조정 지원 등을 하는 기간을 함께 고시하여야 한다. 〈개정 2010. 7. 12., 2022. 2. 17.〉
④ 고용노동부장관이 제1항에 따라 업종이나 지역을 지정·고시할 때에는 미리 관계 중앙행정기관의 장과 협의한 후 정책심의회의 심의를 거쳐야 한다. 〈개정 2010. 7. 12., 2022. 2. 17.〉

제95조 개별연장급여 신청

영 제73조제3항에 따른 개별연장급여의 신청은 다음 각 호의 서류를 첨부하여 별지 제89호서식의 개별연장급여 신청서로 한다. 이 경우 신청지 관할 직업안정기관의 장은 「전자정부법」 제36조제1항에 따른 행정정보의 공동이용을 통하여 주민등록표 등(초)본을 확인하여야 하며, 신청인이 확인에 동의하지 아니하는 경우에는 이를 첨부하도록 하여야 한다. 〈개정 2011. 1. 3., 2011. 9. 16.〉

1. 수급자격증
2. 본인·배우자의 재산 규모를 증명할 수 있는 자료

관련법령 ▶ 「전자정부법」 제36조제1항

제36조(행정정보의 효율적 관리 및 이용)
① 행정기관등의 장은 수집·보유하고 있는 행정정보를 필요로 하는 다른 행정기관등과 공동으로 이용하여야 하며, 다른 행정기관등으로부터 신뢰할 수 있는 행정정보를 제공받을 수 있는 경우에는 같은 내용의 정보를 따로 수집하여서는 아니 된다.

제96조 훈련연장급여 등의 지급 통지

직업안정기관의 장은 법 제51조부터 제53조까지의 규정에 따라 훈련연장급여·개별연장급여 또는 특별연장급여를 지급하려면 미리 수급자격자에게 그 사실을 알리고 해당 급여를 지급하는 경우에 실업인정일 등을 수급자격증에 적어 내주어야 한다.

제97조 특별연장급여의 지급이 제외되는 자의 범위

법 제53조제1항 단서에서 "고용노동부령으로 정하는 수급자격자"란 다음 각 호의 어느 하나에 해당하는 자를 말한다. 〈개정 2010. 7. 12.〉

1. 이직 당시 지급받은 금품의 명칭이 무엇이든 영 제68조에 따른 급여기초 임금일액 상한액의 24개월분(730일분) 이상의 금품을 지급받은 수급자격자

2. 영 제47조제3항에 따른 실업자 취업훈련수당이 특별연장급여액을 초과하는 등의 사유로 특별 연장급여를 받지 아니하려는 수급자격자

제98조 특별연장급여의 실시기간

법 제53조에 따라 실시하는 특별연장급여의 실시기간은 6개월 이내로 한다.

제99조 구직급여 지급 계좌의 신고

영 제75조제1항에 따른 금융기관과 계좌의 신고나 그 변경신고는 별지 제82호서식의 실업인정신청서에 따른다.

제100조 미지급 구직급여 청구서

영 제76조제1항에 따른 미지급급여청구자가 법 제57조제1항에 따라 지급되지 않은 구직급여의 지급을 청구하려면 별지 제90호서식의 미지급 실업급여 청구서에 다음 각 호의 서류를 첨부하여 사망한 수급자격자의 신청지 관할 직업안정기관의 장에게 제출해야 한다. 이 경우 사망한 수급자격자의 신청지 관할 직업안정기관의 장은 「전자정부법」 제36조제1항에 따른 행정정보이용을 통해 주민등록표 등본을 확인해야 하며, 신청인이 확인에 동의하지 않는 경우에는 이를 첨부하도록 해야 한다. 〈개정 2011. 1. 3., 2011. 9. 16., 2021. 7. 1.〉

1. 사망사실을 증명할 수 있는 서류 1부
2. 삭제 〈2019. 7. 16.〉
3. 가족관계증명서 및 기본증명서(주민등록표 등본만으로 수급권자 확인이 어려운 경우에만 해당한다)

관련법령 ▶ 「전자정부법」 제36조제1항

제36조(행정정보의 효율적 관리 및 이용)
① 행정기관 등의 장은 수집·보유하고 있는 행정정보를 필요로 하는 다른 행정기관 등과

공동으로 이용하여야 하며, 다른 행정기관등으로부터 신뢰할 수 있는 행정정보를 제공 받을 수 있는 경우에는 같은 내용의 정보를 따로 수집하여서는 아니 된다.

제101조 이직 사유에 따른 수급자격의 제한 기준

① 법 제58조제1호나목에서 "고용노동부령으로 정하는 기준에 해당하는 경우"란 별표 1의2를 말한다. 〈개정 2022. 6. 30.〉

② 법 제58조제2호다목에서 "고용노동부령으로 정하는 정당한 사유"란 별표 2를 말한다. 〈개정 2022. 6. 30.〉

③ 법 제77조의5제2항에서 준용하는 법 제58조제2호다목에서 "고용노동부령으로 정하는 정당한 사유"란 별표 2의2를 말한다. 〈신설 2022. 6. 30.〉

④ 법 제77조의10제2항에서 준용하는 법 제58조제2호다목에서 "고용노동부령으로 정하는 정당한 사유"란 별표 2의3을 말한다. 〈신설 2022. 6. 30.〉

> ★ 고용보험법 시행규칙 [별표 1의2] 〈개정 2010.2.9〉
> 〈사업에 막대한 지장을 초래하거나 재산상 손해를 끼친 경우〉(제101조제1항 관련)

1. 납품업체로부터 금품이나 향응을 받고 불량품을 납품받아 생산에 차질을 가져온 경우
2. 사업의 기밀이나 그 밖의 정보를 경쟁관계에 있는 다른 사업자 등에게 제공한 경우
3. 거짓 사실을 날조·유포하거나 불법 집단행동을 주도하여 사업에 막대한 지장을 초래하거나 재산상 손해를 끼친 경우
4. 직책을 이용하여 공금을 착복·장기유용·횡령하거나 배임한 경우
5. 제품이나 원료 등을 절취하거나 불법 반출한 경우
6. 인사·경리·회계담당 직원이 근로자의 근무상황 실적을 조작하거나 거짓 서류 등을 작성하여 사업에 막대한 지장을 초래하거나 재산상 손해를 끼친 경우
7. 사업장의 기물을 고의로 파손하여 사업에 막대한 지장을 초래하거나 재산상 손해를 끼친 경우
8. 영업용 차량을 사업주의 위임이나 동의 없이 다른 사람에게 대리운전하게 하여 교통사고를 일으킨 경우

★ 고용보험법 시행규칙 [별표 2] <개정 2022. 6. 30.>
<근로자의 수급자격이 제한되지 아니하는 정당한 이직 사유(제101조제2항 관련)>

1. 다음 각 목의 어느 하나에 해당하는 사유가 이직일 전 1년 이내에 2개월 이상 발생한 경우
   가. 실제 근로조건이 채용 시 제시된 근로조건이나 채용 후 일반적으로 적용받던 근로조건보다 낮아지게 된 경우
   나. 임금체불이 있는 경우
   다. 소정근로에 대하여 지급받은 임금이 「최저임금법」에 따른 최저임금에 미달하게 된 경우
   라. 「근로기준법」 제53조에 따른 연장 근로의 제한을 위반한 경우
   마. 사업장의 휴업으로 휴업 전 평균임금의 70퍼센트 미만을 지급받은 경우
2. 사업장에서 종교, 성별, 신체장애, 노조활동 등을 이유로 불합리한 차별대우를 받은 경우
3. 사업장에서 본인의 의사에 반하여 성희롱, 성폭력, 그 밖의 성적인 괴롭힘을 당한 경우
3의2. 「근로기준법」 제76조의2에 따른 직장 내 괴롭힘을 당한 경우
4. 사업장의 도산·폐업이 확실하거나 대량의 감원이 예정되어 있는 경우
5. 다음 각 목의 어느 하나에 해당하는 사정으로 사업주로부터 퇴직을 권고받거나, 인원 감축이 불가피하여 고용조정계획에 따라 실시하는 퇴직 희망자의 모집으로 이직하는 경우
   가. 사업의 양도·인수·합병
   나. 일부 사업의 폐지나 업종전환
   다. 직제개편에 따른 조직의 폐지·축소
   라. 신기술의 도입, 기술혁신 등에 따른 작업형태의 변경
   마. 경영의 악화, 인사 적체, 그 밖에 이에 준하는 사유가 발생한 경우
6. 다음 각 목의 어느 하나에 해당하는 사유로 통근이 곤란(통근 시 이용할 수 있는 통상의 교통수단으로는 사업장으로의 왕복에 드는 시간이 3시간 이상인 경우를 말한다)하게 된 경우
   가. 사업장의 이전
   나. 지역을 달리하는 사업장으로의 전근
   다. 배우자나 부양하여야 할 친족과의 동거를 위한 거소 이전
   라. 그 밖에 피할 수 없는 사유로 통근이 곤란한 경우
7. 부모나 동거 친족의 질병·부상 등으로 30일 이상 본인이 간호해야 하는 기간에 기업의 사정상 휴가나 휴직이 허용되지 않아 이직한 경우
8. 「산업안전보건법」 제2조제2호에 따른 "중대재해"가 발생한 사업장으로서 그 재해와 관련된 고용노동부장관의 안전보건상의 시정명령을 받고도 시정기간까지 시정하지 아니하여 같은 재해 위험에 노출된 경우
9. 체력의 부족, 심신장애, 질병, 부상, 시력·청력·촉각의 감퇴 등으로 피보험자가 주어진 업무를 수행하는 것이 곤란하고, 기업의 사정상 업무종류의 전환이나 휴직이 허용되지 않아 이직한 것이 의

사의 소견서, 사업주 의견 등에 근거하여 객관적으로 인정되는 경우
10. 임신, 출산, 만 8세 이하 또는 초등학교 2학년 이하의 자녀(입양한 자녀를 포함한다)의 육아, 「병역법」에 따른 의무복무 등으로 업무를 계속적으로 수행하기 어려운 경우로서 사업주가 휴가나 휴직을 허용하지 않아 이직한 경우
11. 사업주의 사업 내용이 법령의 제정·개정으로 위법하게 되거나 취업 당시와는 달리 법령에서 금지하는 재화 또는 용역을 제조하거나 판매하게 된 경우
12. 정년의 도래나 계약기간의 만료로 회사를 계속 다닐 수 없게 된 경우
13. 그 밖에 피보험자와 사업장 등의 사정에 비추어 그러한 여건에서는 통상의 다른 근로자도 이직했을 것이라는 사실이 객관적으로 인정되는 경우

★ 고용보험법 시행규칙 [별표 2의2] <신설 2022. 6. 30.>
<예술인의 수급자격이 제한되지 않는 정당한 이직 사유(제101조제3항 관련)>

1. 다음 각 목의 어느 하나에 해당하는 사유가 이직일 전 1년 이내에 2개월 이상 발생한 경우
   가. 피보험자가 계약조건 변경에 동의하지 않았음에도 문화예술용역 관련 계약(이하 이 표에서 "계약"이라 한다)을 체결한 사업의 사업주(이하 이 표에서 "사업주"라 한다)가 일방적으로 계약 중 보수, 계약기간 등 계약조건에 준하는 내용에 대해 계약 당시의 조건보다 20퍼센트 이상을 변경하려는 경우
   나. 계약에 따라 지급되어야 하는 금액이 지급되지 않았거나 지연되어 지급된 경우
2. 사업주에게 또는 사업장에서 종교, 성별, 신체장애, 노조활동 등을 이유로 불합리한 차별대우를 받은 경우
3. 사업주에게 또는 사업장에서 본인의 의사에 반하여 성희롱, 성폭력, 그 밖의 성적인 괴롭힘을 당한 경우 또는 사업장 내에서의 우월적 지위를 활용한 신체적·정신적 고통을 받은 경우
4. 계약 대상 사업의 중단·폐지·해지·종료 또는 사업장의 도산·폐업이 확실하거나 대량의 계약 해지가 예정되어 있는 경우
5. 다음 각 목의 어느 하나에 해당하는 사정으로 사업주로부터 계약 해지를 권고 받은 경우
   가. 사업의 양도·인수·합병
   나. 일부 사업의 폐지나 업종전환
   다. 직제 개편에 따른 조직의 폐지·축소
   라. 신기술의 도입, 기술혁신 등에 따른 계약조건의 변경
   마. 경영의 악화, 그 밖에 이에 준하는 사유가 발생한 경우
6. 다음 각 목의 어느 하나에 해당하는 사유로 계약에 따른 사업장 또는 노무제공장소로의 이동 등이 곤란(이동 시 이용할 수 있는 통상의 교통수단으로 왕복에 드는 시간이 3시간 이상인 경우를 말한다)하게 된 경우

가. 사업장의 이전
나. 계약 당시와 지역을 달리하는 곳으로의 노무제공장소의 변경
다. 배우자나 부양해야 할 친족과의 동거를 위한 거소 이전
라. 그 밖에 피할 수 없는 사유로 사업장 또는 노무제공장소로 이동이 곤란한 경우
7. 부모나 동거 친족의 질병·부상 등으로 30일 이상 본인이 간호를 해야 하고 사업주의 사정상 계약조건의 변경이 불가능하여 계약을 유지할 수 없는 경우
8. 「산업안전보건법」에 따른 "중대재해"가 발생한 사업장으로서 그 재해와 관련된 고용노동부장관의 안전보건상의 시정명령을 받고도 시정기간까지 시정을 하지 않아 같은 재해 위험에 노출된 경우
9. 체력의 부족, 심신장애, 질병, 부상, 시력·청력·촉각의 감퇴 등으로 피보험자가 계약사항을 수행하는 것이 곤란하고, 사업주의 사정상 계약조건의 변경이 불가능하여 이직한 것이 의사의 소견서, 사업주 의견 등에 근거하여 객관적으로 인정되는 경우
10. 임신, 출산, 만 8세 이하 또는 초등학교 2학년 이하의 자녀(입양한 자녀를 포함한다)의 육아, 「병역법」에 따른 의무복무 등으로 계약사항을 계속적으로 수행하기 어려운 경우로서 사업주의 사정상 계약조건의 변경이 불가능하여 계약을 유지할 수 없는 경우
11. 계약을 체결한 사업 내용이 법령의 제정·개정으로 위법하게 되거나 계약 당시와는 달리 법령에서 금지하는 재화 또는 용역을 판매하거나 제공하게 된 경우
12. 계약기간 만료 등 피보험자의 책임 없는 사유로 인해 노무를 계속 제공할 수 없는 경우
13. 그 밖에 피보험자와 사업장 등의 사정에 비추어 그러한 여건에서는 통상의 다른 예술인도 이직했을 것이라는 사실이 객관적으로 인정되는 경우

★ 고용보험법 시행규칙 [별표 2의3] <신설 2022. 6. 30.>
〈노무제공자의 수급자격이 제한되지 않는 정당한 이직 사유(제101조제4항 관련)〉

1. 다음 각 목의 어느 하나에 해당하는 사유가 이직일 전 1년 이내에 2개월 이상 발생한 경우
    가. 피보험자가 계약조건 변경에 동의하지 않았음에도 노무제공계약을 체결한 사업의 사업주(이하 이 표에서 "사업주"라 한다)가 일방적으로 노무제공계약 중 보수, 계약기간 등 계약조건에 준하는 내용에 대해 계약 당시의 조건보다 20퍼센트 이상을 변경하려는 경우
    나. 계약에 따라 지급되어야 하는 금액이 지급되지 않았거나 지연되어 지급된 경우
2. 사업주에게 또는 사업장에서 종교, 성별, 신체장애, 노조활동 등을 이유로 불합리한 차별대우를 받은 경우
3. 사업주에게 또는 사업장에서 본인의 의사에 반하여 성희롱, 성폭력, 그 밖의 성적인 괴롭힘을 당한 경우 또는 사업장 내에서의 우월적 지위를 활용한 신체적·정신적 고통을 받은 경우
4. 노무제공계약 대상 사업의 중단·폐지·해지·종료 또는 사업장의 도산·폐업이 확실하거나 대량의 계약 해지가 예정되어 있는 경우

5. 다음 각 목의 어느 하나에 해당하는 사정으로 사업주로부터 계약 해지를 권고 받은 경우
   가. 사업의 양도·인수·합병
   나. 일부 사업의 폐지나 업종전환
   다. 직제 개편에 따른 조직의 폐지·축소
   라. 신기술의 도입, 기술혁신 등에 따른 계약조건의 변경
   마. 경영의 악화, 그 밖에 이에 준하는 사유가 발생한 경우
6. 다음 각 목의 어느 하나에 해당하는 사유로 노무제공계약에 따른 사업장 또는 노무제공장소로의 이동 등이 곤란(이동 시 이용할 수 있는 통상의 교통수단으로 왕복에 드는 시간이 3시간 이상인 경우를 말한다)하게 된 경우
   가. 사업장의 이전
   나. 계약 당시와 지역을 달리하는 곳으로의 노무제공장소의 변경
   다. 배우자나 부양해야 할 친족과의 동거를 위한 거소 이전
   라. 그 밖에 피할 수 없는 사유로 사업장 또는 노무제공장소로 이동이 곤란한 경우
7. 부모나 동거 친족의 질병·부상 등으로 30일 이상 본인이 간호를 해야 하고 사업주의 사정상 계약조건의 변경이 불가능하여 계약을 유지할 수 없는 경우
8. 「산업안전보건법」에 따른 "중대재해"가 발생한 사업장으로서 그 재해와 관련된 고용노동부장관의 안전보건상의 시정명령을 받고도 시정기간까지 시정을 하지 않아 같은 재해 위험에 노출된 경우
9. 체력의 부족, 심신장애, 질병, 부상, 시력·청력·촉각의 감퇴 등으로 피보험자가 계약사항을 수행하는 것이 곤란하고, 사업주 사정상 계약조건의 변경이 불가능하여 이직한 것이 의사의 소견서, 사업주 의견 등에 근거하여 객관적으로 인정되는 경우
10. 임신, 출산, 만 8세 이하 또는 초등학교 2학년 이하의 자녀(입양한 자녀를 포함한다)의 육아, 「병역법」에 따른 의무복무 등으로 계약사항을 계속적으로 수행하기 어려운 경우로서 사업주의 사정상 계약조건의 변경이 불가능하여 계약을 유지할 수 없는 경우
11. 노무제공계약을 체결한 사업 내용이 법령의 제정·개정으로 위법하게 되거나 계약 당시와는 달리 법령에서 금지하는 재화 또는 용역을 판매하거나 제공하게 된 경우
12. 계약기간 만료 등 피보험자의 책임 없는 사유로 인해 노무를 계속 제공할 수 없는 경우
13. 그 밖에 피보험자와 사업장 등의 사정에 비추어 그러한 여건에서는 통상의 다른 노무제공자도 이직했을 것이라는 사실이 객관적으로 인정되는 경우

주요판례

❖ **고용보험수급자격불인정처분취소**[서울행법 2014. 7. 3., 선고, 2014구합2270, 판결 : 확정]

판시사항

甲 주식회사에 인바운드 상담원(텔레마케터)으로 입사하여 근무하던 중 멀티부서로 부서이동을 지시받자 퇴사한 乙이 지방고용노동청 지청장에게 고용보험 수급자격 인정신청을 하였으나 불인정처분을 받은 사안에서, 乙은 고용보험법 시행규칙 제101조 제2항 [별표 2] 제1호(가)목에 따른 정당한 이직 사유에 해당하므로, 위 처분은 위법하다고 한 사례

판결요지

甲 주식회사에 인바운드 상담원(텔레마케터)으로 입사하여 근무하던 중 멀티부서로 부서이동을 지시받자 퇴사한 乙이 지방고용노동청 지청장에게 고용보험 수급자격 인정신청을 하였으나 고용보험법 제58조에서 정한 수급자격 제한사유가 있다는 이유로 고용보험 수급자격 불인정처분을 받은 사안에서, 甲 회사는 매월 소속 근로자에게 실적급에 관한 규정에 따라 정기적으로 실적급을 지급할 의무가 있으므로, 실적급은 임금에 포함되는 점, 멀티부서로 이동하게 되면 실적급의 지급구조상 월 평균 임금이 46% 이상 하락하게 되는 점 등을 고려하면, 乙은 단체협약이나 취업규칙 등에 비추어 2개월 이상 근로조건 저하가 발생할 것이 장래에 확정된 경우로서 고용보험법 시행규칙 제101조 제2항 [별표 2] 제1호(가)목에 따라 수급자격이 제한되지 않는 정당한 이직 사유인 '이직일 전 1년 이내에 2개월 이상 실제 근로조건이 채용 시 제시된 근로조건이나 채용 후 일반적으로 적용받던 근로조건보다 낮아진 경우'에 해당하므로, 위 처분은 위법하다고 한 사례.

제102조 삭제 〈2015. 7. 1.〉

제103조 급여의 지급 제한 등 통지

① 영 제79조제1항에 따른 구직급여 지급정지에 관한 사전고지는 별지 제91호서식의 구직급여 지급정지 사전고지서에 따른다.
② 영 제79조제3항에 따른 구직급여 지급정지에 관한 통지는 별지 제92호서식의 구

직급여 지급 정지 결정 통지서에 따른다.

제104조 부정행위에 따른 구직급여 반환명령의 기준

직업안정기관의 장은 법 제62조제1항에 따라 거짓이나 그 밖의 부정한 방법으로 구직급여를 지급받은 사람에게 다음 각 호의 기준에 따라 반환을 명해야 한다. <개정 2013. 1. 25., 2021. 7. 1.>

1. 지급받은 구직급여 전부의 반환을 명할 것
2. 제1호에도 불구하고 영 제80조 각 호에 해당하는 사람(1회의 부정행위로 한 정한다)의 경우에는 그 사유로 인정받은 실업기간에 대하여 지급받은 구직급여만 반환을 명할 것. 다만, 법 제2조제6호에 따른 일용근로자로서 근로를 제공하여 영 제80조제1호의 사유에 해당하는 사람이 실업을 인정받으려는 기간 중에 근로를 제공한 사실을 신고하였으나 신고한 근로제공일수와 그 기간 중에 실제로 인정받은 근로일수의 차이가 3일 이내인 경우에는 부정행위의 횟수에 관계없이 그 사유로 인정받은 실업기간에 대하여 지급받은 구직급여만 반환을 명해야 한다.
3. 제2호 본문과 단서에도 불구하고 영 제80조제1호의 사유에 해당하는 사람이 법 제47조제2항에 따라 직업안정기관의 장이 본인이나 사업장에 대한 조사를 하기 전까지 그 부정행위를 자진 신고하는 경우에는 그 실업인정대상기간 중 근로를 제공한 날에 대하여 실업인정을 받아 지급받은 구직급여만 반환을 명할 것(1회의 자진 신고로 한정한다)

주요판례

❖ **실업급여지급제한 및 반환명령처분취소**[대법원 2020. 5. 14., 선고, 2020두31323, 판결]

판시사항

[1] 제재적 행정처분이 재량권의 범위를 일탈·남용하였는지 판단하는 방법 및 제재적 행정처분의 기준이 부령 형식으로 되어 있는 경우, 그 기준에 따른 처분이 적법한지 판단하는 방법

[2] 처분을 할 것인지 여부와 처분의 정도에 관하여 재량이 인정되는 금전 부과처분이

재량권을 일탈·남용한 것인 경우, 법원이 처분의 적정한 정도를 판단하여 적정하다고 인정되는 부분을 초과한 부분만 취소할 수 있는지 여부(소극)
[3] 고용보험법이 '거짓이나 그 밖의 부정한 방법으로 지급받은 구직급여액'의 1배를 초과하는 금액에 대해서도 반환명령과 추가징수를 통해 환수할 수 있도록 규정한 취지
[4] 고용보험법 시행규칙 제104조, 제105조 중 취업 사실 신고의무 위반을 처분사유로 하는 부분이 그 자체로 헌법이나 법률에 위배되는지 여부(소극)

[참조조문]
[1] 행정소송법 제1조[행정처분일반], 제27조
[2] 행정소송법 제27조, 제27조[행정소송재판일반]
[3] 고용보험법 제62조 제1항
[4] 고용보험법 제47조 제1항, 제62조 제1항, 고용보험법 시행규칙 제104조, 제105조

[참조판례]
[1] 대법원 2019. 9. 26. 선고 2017두48406 판결(공2019하, 2055) / [2] 대법원 2009. 6. 23. 선고 2007두18062 판결(공2009하, 1224), 대법원 2019. 10. 31. 선고 2017두62600 판결

제105조 부정행위에 따른 추가징수 등

① 법 제62조제2항에 따른 추가징수액은 거짓이나 그 밖의 부정한 방법으로 지급받은 구직급여액에 다음 표의 구분에 따른 비율을 곱한 금액으로 한다. <개정 2020. 8. 28.>

구분		비율
거짓이나 그 밖의 부정한 방법으로 구직급여를 받거나 받으려고 한 사람이 그 구직급여를 받은 날 또는 법 제44조제2항에 따른 실업인정에 관한 신고를 한 날부터 소급하여 10년 동안 법 제61조제1항 본문에 따라 구직급여의 지급 제한을 받은 횟수	3회 미만	100분의 100
	3회 이상~5회 미만	100분의 150
	5회 이상	100분의 200

② 제1항에 따른 구직급여의 지급 제한을 받은 횟수에 법 제62조제2항 단서에 따른 사업주와 공모하여 거짓이나 그 밖의 부정한 방법으로 구직급여를 지급받은 경우에 해당하여 구직급여의 지급 제한을 받은 횟수가 포함되어 있으면 그 추가징

수액은 거짓이나 그 밖의 부정한 방법으로 지급받은 구직급여액에 다음 각 호의 구분에 따른 비율을 곱한 금액으로 한다. 〈신설 2020. 8. 28.〉

1. 3회 미만의 경우: 100분의 300
2. 3회 이상 5회 미만의 경우: 100분의 400
3. 5회 이상의 경우: 100분의 500

③ 제1항 및 제2항에도 불구하고 다음 각 호의 어느 하나에 해당하는 경우의 추가징수액은 제1항 및 제2항에 따라 산정한 추가징수액에 다음 각 호의 구분에 따른 비율을 곱한 금액으로 한다. 〈신설 2020. 8. 28., 2021. 7. 1.〉

1. 최종 이직 당시 일용근로자였던 사람으로서 법 제40조제1항제5호가목에 따른 근로일수를 3일 이내로 초과한 경우: 100분의 30
2. 최종 이직 당시 건설일용근로자(「통계법」제22조제1항에 따라 통계청장이 고시하는 한국표준산업분류의 대분류상 건설업에 종사한 사람을 말한다)로서 법 제40조제1항제5호나목에 따른 연속하여 근로내역이 없어야 하는 14일의 기간 중에 실제 근로한 날이 3일 이내인 경우: 100분의 30
3. 제1호 또는 제2호에 해당하지 않는 경우로서 부정행위 조사에 성실히 따르고, 법 제62조에 따라 반환명령을 받은 금액 및 추가징수액의 즉시 납부를 서면으로 확약한 경우: 100분의 60

④ 제1항부터 제3항까지의 규정에도 불구하고 다음 각 호의 어느 하나에 해당하는 사람에 대하여는 추가징수를 면제할 수 있다. 〈개정 2011. 9. 16., 2020. 8. 28.〉

1. 부정행위자 본인이나 사업장에 대한 조사 전까지 부정행위를 자진 신고한 사람
2. 영 제80조 각 호의 어느 하나의 사유에 해당하는 사람(1회의 부정행위로 한정한다)
3. 직업안정기관의 장이 생계가 현저히 곤란하다고 인정하는 사람

관련법령 ▶ 「통계법」제22조제1항

① 통계청장은 통계작성기관이 동일한 기준에 따라 통계를 작성할 수 있도록 국제표준분류를 기준으로 산업, 직업, 질병·사인(死因) 등에 관한 표준분류를 작성·고시하여야 한다. 이 경우 통계청장은 미리 관계 기관의 장과 협의하여야 한다.

❖ 실업급여지급제한 및 반환명령처분취소 [대법원 2020. 5. 14., 선고, 2020두31323, 판결]

판시사항

[1] 제재적 행정처분이 재량권의 범위를 일탈·남용하였는지 판단하는 방법 및 제재적 행정처분의 기준이 부령 형식으로 되어 있는 경우, 그 기준에 따른 처분이 적법한지 판단하는 방법

[2] 처분을 할 것인지 여부와 처분의 정도에 관하여 재량이 인정되는 금전 부과처분이 재량권을 일탈·남용한 것인 경우, 법원이 처분의 적정한 정도를 판단하여 적정하다고 인정되는 부분을 초과한 부분만 취소할 수 있는지 여부(소극)

[3] 고용보험법이 '거짓이나 그 밖의 부정한 방법으로 지급받은 구직급여액'의 1배를 초과하는 금액에 대해서도 반환명령과 추가징수를 통해 환수할 수 있도록 규정한 취지

[4] 고용보험법 시행규칙 제104조, 제105조 중 취업 사실 신고의무 위반을 처분사유로 하는 부분이 그 자체로 헌법이나 법률에 위배되는지 여부(소극)

[참조조문]

[1] 행정소송법 제1조[행정처분일반], 제27조
[2] 행정소송법 제27조, 제27조[행정소송재판일반]
[3] 고용보험법 제62조 제1항
[4] 고용보험법 제47조 제1항, 제62조 제1항, 고용보험법 시행규칙 제104조, 제105조

[참조판례]

[1] 대법원 2019. 9. 26. 선고 2017두48406 판결(공2019하, 2055) / [2] 대법원 2009. 6. 23. 선고 2007두18062 판결(공2009하, 1224), 대법원 2019. 10. 31. 선고 2017두62600 판결

제106조 지급 제한 등의 통지

① 영 제81조에 따른 구직급여의 지급 제한, 구직급여의 반환명령 및 구직급여액에 상당하는 금액의 추가징수에 관한 통지는 별지 제93호서식의 실업급여 지급제한, 반환명령 및 추가징수 결정 통지서에 따른다.

② 법 제62조제4항에 따라 잘못 지급된 구직급여금액을 징수하는 경우에는 별지 제94호서식의 실업급여 과오급반환 결정 통지서에 따른다. <개정 2020. 8. 28.>

제107조 상병급여의 청구와 지급

① 영 제82조제1항에 따른 상병급여 청구서는 별지 제95호서식에 따른다. 다만, 출산을 이유로 상병급여를 청구하는 경우에는 별지 제96호서식에 출산에 관한 증명서를 첨부하여야 한다.
② 영 제82조제1항에 따라 상병급여 청구서에 첨부하여야 할 질병·부상에 관한 증명서에 관하여는 제90조제1호를 준용한다.
③ 상병급여에 관하여는 제99조, 제100조, 제103조부터 제106조까지의 규정을 준용한다. 이 경우 "구직급여"는 "상병급여"로, "구직급여액"은 "상병급여액"으로 본다.

제107조의2 국민연금 가입기간 추가 산입의 신청

① 「국민연금법 시행규칙」제12조의2제1항에 따라 직업안정기관의 장에게 구직급여를 받는 기간을 국민연금 가입기간으로 추가 산입하여 줄 것을 신청하려는 사람은 영 제61조제2항에 따른 수급자격 인정 신청을 하거나 영 제63조 또는 제66조에 따른 실업의 인정 신청을 할 때 이를 함께 신청하여야 한다.
② 제1항에 따른 국민연금 가입기간 추가 산입 신청은 별지 제75호서식의 수급자격 인정(국민연금 가입기간 추가 산입) 신청서, 별지 제75호의2서식의 자영업자 수급자격 인정(국민연금 가입기간 추가 산입) 신청서 또는 별지 제82호서식의 실업인정(국민연금 가입기간 추가 산입) 신청서에 따른다.

[본조신설 2016. 7. 21.]

관련법령 ▶ 「국민연금법 시행규칙」제12조의2제1항

제12조의2(실업에 대한 가입기간 추가 산입 신청 등)
① 법 제19조의2제1항 및 영 제25조의3제1항에 따라 실업에 대한 가입기간 추가 산입을 신청하려는 사람은 별지 제11호의3서식의 실업에 대한 가입기간 추가 산입 신청서를

공단에 제출하여야 한다. 이 경우 영 제25조의6에 따라 업무를 위탁 받은 직업안정기관에 실업에 대한 가입기간 추가 산입을 신청하려는 사람은 고용노동부령으로 정하는 신청서를 제출하여야 한다.

제108조 관련 사업주의 범위

① 영 제84조제1항제1호 단서에서 "고용노동부령으로 정하는 사업주"란 해당 수급자격자의 최종 이직 당시의 사업주와 합병·분할되거나 그 사업을 넘겨받은 사업주를 말한다. 〈개정 2013. 12. 30.〉

② 삭제 〈2013. 12. 30.〉

제109조 조기재취업 수당 청구서

① 영 제86조제1항에 따른 조기재취업 수당 청구서는 별지 제97호서식에 따른다.

② 영 제86조제1항에서 "고용노동부령으로 정하는 서류"란 수급자격증과 다음 각 호의 어느 하나에 해당하는 서류를 말한다. 〈개정 2010. 7. 12., 2016. 12. 30., 2019. 12. 31.〉

 1. 근로계약서 또는 재직증명서 등 고용기간을 증명할 수 있는 서류(사업에 고용된 경우만 해당한다). 다만, 고용노동부장관이 설치·운영하는 정보통신망을 통해 고용기간의 증명이 가능한 경우에는 서류를 첨부하지 않을 수 있다.
 2. 사업설명서, 사무실 임대계약서나 과세증명자료 등 사업을 실질적으로 하고 있음을 증명하는 서류(자영업을 하는 경우에만 해당한다)

③ 제1항에 따른 청구서를 받은 신청지 관할 직업안정기관의 장은 「전자정부법」 제36조제1항에 따른 행정정보의 공동이용을 통하여 사업자등록증(자영업을 하는 경우에만 해당한다)을 확인하여야 한다. 다만, 청구인이 확인에 동의하지 아니하면 그 서류를 첨부하도록 하여야 한다. 〈개정 2011. 1. 3., 2011. 9. 16.〉

> **관련법령** 「전자정부법」 제36조제1항

제36조(행정정보의 효율적 관리 및 이용)

① 행정기관 등의 장은 수집·보유하고 있는 행정정보를 필요로 하는 다른 행정기관등과 공

동으로 이용하여야 하며, 다른 행정기관등으로부터 신뢰할 수 있는 행정정보를 제공받을 수 있는 경우에는 같은 내용의 정보를 따로 수집하여서는 아니 된다.

주요판례

❖ 고용 보험 조기 재취업수당 부지급 처분취소 [대법원 2011. 12. 8., 선고, 2009두19892, 판결]

판시사항

주식회사의 대표이사에 취임하는 것이 구 고용보험법 시행령 제84조 제1항 제1호에서 정한 '고용되는 직업에 취직한 경우'에 해당하는지 여부(원칙적 적극)

판결요지

구직급여의 수급자격자가 소정급여일수분의 구직급여를 모두 지급받기 이전에 취업한 경우 그에게 취업촉진 수당의 일종으로서 지급하는 조기재취업수당에 관한 구 고용보험법(2007. 12. 21. 법률 제8781호로 개정되기 전의 것, 이하 '법'이라 한다) 제64조 제1항, 구 고용보험법 시행령(2008. 2. 29. 대통령령 제20681호로 개정되기 전의 것, 이하 '시행령'이라 한다) 제84조 제1항, 제86조 제1항, 구 고용보험법 시행규칙(2008. 4. 30. 노동부령 제299호로 개정되기 전의 것) 제109조 제2항의 내용, 형식 및 목적 등과 아울러, ① 조기재취업수당은 구직급여 수급자격자가 구직급여를 모두 지급받기 전에 재취직이든 자영업의 영위이든 취업의 형태를 불문하고 안정적으로 재취업하여 소득을 얻을 수 있게 된 경우에는 그에게 소정급여일수분의 구직급여 중 미지급된 부분의 일정 비율에 상당하는 금전을 지급함으로써 실직기간을 최소화시키고 안정된 재취업을 장려하기 위한 것이므로, 수급자격자가 주식회사의 대표이사에 취임하여 안정적으로 재취업하였다면 이 역시 위와 같은 취지에 부합하는 것으로서 조기재취업수당이 지급되는 것으로 봄이 상당한 점, ② 시행령 제84조 제1항 제1호의 '고용되는 직업에 취직한 경우'는 법 제64조 제1항의 '안정된 직업에 재취직한 경우'에 대응하는 규정으로서 그 취업이 반드시 민법 제655조 이하에 규정된 고용의 성질을 가지는 것에 한정된다고 볼 수 없는 점, ③ 주식회사의 대표이사는 이사 가운데 회사를 대표하는 이로서 회사와의 관계에서 민법의 위임에 관한 규정이 그에 준용되므로(상법 제382조 참조) 다른 특별한 사정이 없는 한 그 취임이 민법상 고용에 해당한다고 보기 어려우나, 그렇다고 해서 스스로 영리를 목적으로 하는 사업을 영위하는 것이라고 단정할 수 없는 점, ④ 시행령 제84조 제1항 제1호와 제2호의 구분은 재취직과 자영업의 영위 사이에 재취업의 진정성 및 안정성을 확인하는 방법이나 내용의 차이에 기인한 것으로 보이는데, 주식회사의 대표이사에 취임한 경우에 그 취업의 진정성 등은 이사 또는 대표이사 선임결의의 내용, 해당 주식회사 목적사업의 지속가능성 등을 기초로 확인할 수 있으므로, 제1호의 '고용되는 직업에 취직한 경우'에 그 취업의 진정성 등을 근로계약 내용, 고용주 사업의 지속가능성 등을 기초로 확인할 수 있는 것과 유사한 점 등에 비추어 보면, 주식회사 대표이사의 취임은, 해당 주식회사의 사업이 실질적으로 영리를 목적으로 하는 대표이사 개인의 사업과 같다고 볼 수 있는 특별한 사정이 없는 한, 시행령 제84조 제1항 제1호의 '고용되는 직업에 취직한 경우'에 해당한다고 보아야 할 것이다.

제110조 직업능력개발 수당의 청구

영 제88조에 따라 직업능력개발 수당을 지급받으려는 수급자격자는 제85조제2항 및 제3항에 따른 실업인정일에 수급자격증과 수강증명서를 제출하여야 한다.

제111조 광역 구직활동비의 산정

① 영 제89조제1항제2호에서 "고용노동부령으로 정하는 거리"란 25킬로미터를 말한다. 〈개정 2010. 7. 12., 2018. 8. 31.〉
② 법 제66조제1항에 따른 광역 구직활동비는 운임과 숙박료로 나누어 산정한다.
③ 제2항의 운임은 철도·자동차나 선박의 이용에 필요한 철도운임·자동차운임이나 선박운임으로 구분한다. 이 경우 운임의 계산방법은 수급자격자의 거주지로부터 방문하는 사업장까지의 정상적인 경로에 따라 계산하고, 숙박료는 숙박이 필요하다고 인정되는 경우 숙박한 밤의 수에 따라 계산한다.
④ 제2항의 운임은 실비로 지급하고(계산 기준은 각 교통수단별로 중등급의 수준으로 한다), 숙박료는 고용노동부장관이 정하여 고시하는 금액을 기준으로 계산한다. 〈개정 2010. 7. 12.〉
⑤ 수급자격자의 구직활동에 드는 비용이 방문하는 사업장의 사업주로부터 지급되는 경우에는 제2항부터 제4항까지의 규정에 따라 산정된 금액에서 그 금액을 공제하여 지급한다.

제112조 광역 구직활동비의 청구

① 영 제89조제2항에 따라 수급자격자가 광역 구직활동비를 지급받으려면 별지 제98호서식의 광역 구직활동비 청구서에 수급자격증을 첨부하여 신청지 관할 직업안정기관의 장에게 제출하여야 한다. 〈개정 2011. 9. 16.〉
② 제1항의 광역 구직활동비 청구서는 광역구직활동이 끝난 날부터 14일 이내에 제출하여야 한다. 다만, 천재지변이나 그 밖의 부득이한 사유가 있는 경우에는 그 사유가 없어진 날부터 7일 이내에 제출하여야 한다.
③ 직업안정기관의 장은 광역 구직활동비를 지급받으려는 수급자격자에게 운임 영수증, 숙박료 영수증 등 광역 구직활동을 증명할 수 있는 서류나 그 밖의 자료의 제출을 요구할 수 있다. 〈개정 2023. 6. 30.〉

제113조 이주비의 산정

① 법 제67조에 따른 이주비는 수급자격자의 거주지로부터 새로운 거주지까지의 정상적인 경로에 따라 산정한다.
② 이주비는 이주거리에 따라 고용노동부장관이 정하여 고시하는 금액으로 계산한다. 〈개정 2010. 5. 28., 2010. 7. 12.〉
③ 주거 이전에 드는 비용이 그 수급자격자를 고용하는 사업주로부터 지급되었거나 지급되기로 되어 있는 경우에는 제1항과 제2항에 따라 산정된 금액에서 그 금액을 공제하여 지급한다.

제114조 이주비의 청구

① 영 제90조제2항에 따라 수급자격자가 이주비를 지급받으려면 별지 제99호서식의 이주비 청구서(그 수급자격자를 고용하는 사업주의 확인을 받은 것이어야 한다)에 다음 각 호의 서류를 첨부하여 새로운 거주지의 소재지 관할 직업안정기관의 장에게 제출해야 한다. 이 경우 관할 직업안정기관의 장은 「전자정부법」 제

36조제1항에 따른 행정정보의 공동이용을 통하여 주민등록표 등본을 확인해야 하며, 신청인이 확인에 동의하지 않는 경우에는 주민등록표 등본을 첨부하도록 해야 한다. <개정 2023. 6. 30.>
1. 수급자격증 사본 1부
2. 영수증 등 이사화물의 운송 명세(이동구간·이동거리·운송비 등을 말한다)를 확인할 수 있는 서류

② 제1항의 이주비 청구서는 이주한 날부터 14일 이내에 제출하여야 한다. 다만, 천재지변이나 그 밖의 부득이한 사유가 있는 경우에는 그 사유가 없어진 날부터 7일 이내에 제출하여야 한다.

> **관련법령** ▶ 「전자정부법」 제36조제1항

제36조(행정정보의 효율적 관리 및 이용)
① 행정기관 등의 장은 수집·보유하고 있는 행정정보를 필요로 하는 다른 행정기관등과 공동으로 이용하여야 하며, 다른 행정기관등으로부터 신뢰할 수 있는 행정정보를 제공받을 수 있는 경우에는 같은 내용의 정보를 따로 수집하여서는 아니 된다.

제115조 준용

취업촉진수당에 관하여는 제100조, 제104조부터 제106조까지의 규정을 준용한다. 이 경우 "구직급여"는 "취업촉진수당"으로, "구직급여액"은 "취업촉진수당액"으로 본다.

제115조의2 폐업사유에 따른 수급자격의 제한

법 제69조의7제2호의 "고용노동부령으로 정하는 사유로 폐업한 경우"란 다음 각 호의 어느 하나에 해당하는 경우를 말한다. <개정 2022. 6. 30.>
1. 법 제2조제1호나목에 따른 자영업자인 피보험자(이하 "자영업자인 피보험자"라 한다)가 본인의 사업장 또는 사업장 내의 주요 생산·판매시설 등에 대하여 「형법」 제13장의 죄를 범하여 금고 이상의 형을 선고받고 폐업한 경우

2. 자영업자인 피보험자가 본인의 사업과 관련하여 형법 제347조, 제350조, 제351조(제347조 및 제350조의 상습범으로 한정한다), 제355조, 제356조 또는 「특정경제범죄 가중처벌 등에 관한 법률」제3조에 따라 징역형을 선고받고 폐업한 경우

[본조신설 2012. 1. 20.]

> **관련법령** 「특정경제범죄 가중처벌 등에 관한 법률」제3조

제3조(특정재산범죄의 가중처벌)

① 「형법」제347조(사기), 제347조의2(컴퓨터등 사용사기), 제350조(공갈), 제350조의2(특수공갈), 제351조(제347조, 제347조의2, 제350조 및 제350조의2의 상습범만 해당한다), 제355조(횡령·배임) 또는 제356조(업무상의 횡령과 배임)의 죄를 범한 사람은 그 범죄행위로 인하여 취득하거나 제3자로 하여금 취득하게 한 재물 또는 재산상 이익의 가액(이하 이 조에서 "이득액"이라 한다)이 5억원 이상일 때에는 다음 각 호의 구분에 따라 가중처벌한다. 〈개정 2016. 1. 6., 2017. 12. 19.〉

1. 이득액이 50억원 이상일 때: 무기 또는 5년 이상의 징역
2. 이득액이 5억원 이상 50억원 미만일 때: 3년 이상의 유기징역

② 제1항의 경우 이득액 이하에 상당하는 벌금을 병과(倂科)할 수 있다.

[전문개정 2012. 2. 10.]

제115조의3 수급자격이 인정되는 폐업사유

① 법 제69조의7제3호에서 "매출액 등이 급격하게 감소하는 등 고용노동부령으로 정하는 사유"란 다음 각 호의 어느 하나에 해당하는 경우를 말한다. 〈개정 2021. 7. 1., 2022. 12. 9.〉

1. 다음 각 목의 어느 하나에 해당하는 사유로 폐업한 경우

    가. 폐업한 날이 속하는 달의 직전 6개월 동안 연속하여 매월 적자가 지속된 경우

    나. 폐업한 날이 속하는 달의 직전 3개월(이하 "기준월"이라 한다)의 월평균 매출액이 기준월이 속하는 연도 직전 연도 중 같은 기간의 월평균 매출액 또는 기준월이 속하는 연도 직전 연도의 월평균 매출액 중 어느 하나에 비하여 100분의 20 이상 감소한 경우. 다만, 고용노동부장관은 「재난 및 안전

관리 기본법」에 따른 재난 등 사회적·경제적 위기가 발생한 경우에는 매출액의 감소를 비교하는 시점을 달리 정하여 고시할 수 있다.

　　다. 기준월의 월평균 매출액과 기준월 직전 2분기의 분기별 월평균 매출액이 계속 감소 추세에 있는 경우

2. 「대·중소기업 상생협력 촉진에 관한 법률」제32조에 따라 사업조정을 신청한 업종에 종사하는 자영업자인 피보험자가 폐업한 경우

3. 자유무역협정 체결에 따른 무역피해 업종에 종사하는 자영업자인 피보험자가 다음 각 목의 어느 하나에 해당하는 경우로서 더 이상의 사업을 영위하는 것이 곤란하다고 판단되어 폐업한 경우

　　가. 「자유무역협정 체결에 따른 무역조정 지원에 관한 법률」제6조에 따라 무역조정지원기업으로 지정된 사업주

　　나. 「자유무역협정 체결에 따른 농어업인 등의 지원에 관한 특별법」제9조에 따라 폐업 지원을 받은 농어업인

4. 그 밖에 생산량, 영업이익, 가동률, 재고 등을 종합적으로 고려하여 제1호부터 제3호까지의 사유에 준한다고 인정되는 사유로 폐업한 경우

② 법 제69조의7제4호의 "그 밖에 고용노동부령으로 정하는 정당한 사유"란 다음 각 호의 어느 하나에 해당하는 경우를 말한다.

1. 예상하기 어려운 대규모의 태풍, 홍수, 대설 등 자연재해로 인하여 폐업한 경우

2. 부모나 동거하고 있는 친족의 질병·부상 등으로 자영업자인 피보험자가 30일 이상 직접 간호하여야 하고, 간호하는 기간 동안 다른 사람에게 사업을 운영하게 할 수 없어 폐업한 경우

3. 의사의 소견서 등에 따라 체력의 부족, 심신장애, 질병, 부상 등으로 영업을 수행할 수 없다고 인정되어 폐업한 경우

4. 부양하여야 하는 배우자나 친족과 동거하기 위하여 거소(居所)를 이전한 경우로서 통상의 교통수단으로 출퇴근을 하는 데에 3시간 이상이 걸려 폐업한 경우

5. 병역복무를 위하여 징집되거나 소집되어 폐업한 경우

6. 그 밖에 통상의 자영업자인 피보험자의 경우에도 해당 사유가 발생하였다면

폐업하였을 것이라고 인정되는 사유로 폐업한 경우

[본조신설 2012. 1. 20.]

제115조의4 자영업자인 피보험자에 대한 실업급여 지급제한의 기준

법 제69조의8에 따라 자영업자인 피보험자가 해당 고용보험가입기간 동안 고용보험료를 별표 2의4의 구분에 따른 횟수 이상 체납한 경우에는 실업급여를 지급하지 않는다. 다만, 자영업자인 피보험자가 법 제44조에 따른 최초의 실업인정일까지 체납한 고용보험료 및 그에 따른 연체금을 전부 납부한 경우에는 실업급여를 지급한다. 〈개정 2021. 7. 1., 2022. 6. 30., 2023. 7. 14.〉

★ 고용보험법 시행규칙 [별표 2의4] 〈개정 2022. 6. 30.〉
〈자영업자 실업급여 지급이 제한되는 보험료 체납 횟수〉

구분		체납 횟수
피보험기간	1년 이상~2년 미만	1회
	2년 이상~3년 미만	2회
	3년 이상	3회

제115조의5 준용

자영업자인 피보험자의 실업급여에 관하여는 제81조부터 제93조까지, 제99조, 제100조, 제103조부터 제107조까지, 제110조부터 제115조까지의 규정을 준용한다. 이 경우 제82조에서 "별지 제75호서식"은 "별지 제75호의2서식"으로 보고, 제83조제3항에서 "별지 제77호서식"은 "별지 제77호의2서식"으로 보며, 같은 조 제7항 후단에서 "별지 제81호서식"은 "별지 제81호의2서식"으로 보고, 제87조제2항제1호에서 "이직"은 "폐업"으로 본다. 〈개정 2021. 7. 1.〉

[본조신설 2012. 1. 20.]

제5장 육아휴직 급여 등

제116조 육아휴직 등 급여의 신청

① 법 제70조제1항에 따른 육아휴직 급여 또는 법 제73조의2제1항에 따른 육아기 근로시간 단축 급여(이하 "육아휴직 등 급여"라 한다)를 지급받으려는 사람은 별지 제100호서식의 육아휴직(육아기 근로시간 단축) 급여 신청서에 다음 각 호의 서류를 모두 첨부하여 신청인의 거주지나 사업장의 소재지 관할 직업안정기관의 장에게 제출해야 한다. 이 경우 신청인의 거주지나 사업장의 소재지 관할 직업안정기관의 장은 「전자정부법」 제36조제1항에 따른 행정정보의 공동이용을 통하여 주민등록표 등본, 가족관계증명서 또는 한부모가족증명서(영 제95조의3제3항에 따라 육아휴직 급여를 신청하는 경우만 해당한다)를 확인해야 하며, 신청인이 확인에 동의하지 않는 경우에는 이를 첨부하도록 해야 한다. 〈개정 2008. 4. 30., 2011. 1. 3., 2011. 9. 16., 2014. 9. 30., 2016. 12. 30., 2020. 3. 31., 2021. 11. 19., 2021. 12. 31.〉

1. 법 제70조제1항에 따라 육아휴직 급여를 지급받으려는 경우
   가. 제118조에 따른 육아휴직 확인서 1부(최초 1회로 한정한다)
   나. 통상임금을 확인할 수 있는 증명자료(임금대장, 근로계약서 등) 사본 1부
   다. 육아휴직 기간 동안 사업주로부터 금품을 지급받은 경우 이를 확인할 수 있는 자료의 사본 1부
   라. 육아휴직 신청 당시 임신 중이었음을 증명할 수 있는 서류(임신 중인 여성근로자의 육아휴직에 대하여 육아휴직 급여를 지급받으려는 경우만 해당한다)

마. 영 제95조의2제1항에 따라 육아휴직 급여를 신청하는 경우 같은 자녀에 대하여 신청인이 아닌 부(父) 또는 모(母)가 육아휴직을 한 사실을 확인할 수 있는 증명자료 사본 1부

바. 영 제95조의3제1항에 따라 육아휴직 급여를 신청하는 경우 같은 자녀에 대하여 신청인이 아닌 부모가 육아휴직을 한 사실을 확인할 수 있는 증명자료 사본 1부. 이 경우 임신 중인 여성 근로자가 임신을 이유로 육아휴직을 하는 경우에는 임신 중인 태아를 자녀로 보고, 임신 중인 여성 근로자와 그 배우자는 부모로 본다.

사. 영 제95조의3제3항에 따라 육아휴직 급여를 신청하는 경우 「한부모가족지원법」 제4조제1호 각 목의 어느 하나에 해당하는 모 또는 부임을 확인할 수 있는 증명자료 사본 1부

2. 법 제73조의2제1항에 따라 육아기 근로시간 단축 급여를 지급받으려는 경우
   가. 제118조에 따른 육아기 근로시간 단축 확인서 1부(최초 1회로 한정한다)
   나. 육아기 근로시간 단축 전·후의 소정근로시간, 통상임금 등의 근로조건을 확인할 수 있는 증명자료(임금대장, 근로계약서 등) 사본 1부
   다. 육아기 근로시간 단축기간 동안 사업주로부터 지급받은 금품을 확인할 수 있는 자료(단축된 소정근로시간을 초과한 근로를 이유로 지급받은 금품은 별도로 확인할 수 있어야 함) 사본 1부

② 육아휴직 등 급여는 매월 단위로 지급을 신청해야 한다. 이 경우 해당 월 중에 실시한 육아휴직분 또는 육아기 근로시간 단축분에 대한 육아휴직등 급여의 지급 신청은 다음 달 말일까지 해야 한다. 〈개정 2011. 9. 16., 2021. 11. 19.〉

③ 법 제70조제3항에서 "고용노동부령으로 정하는 기준에 해당하는 취업을 한 사실이 있는 경우"란 다음 각 호 중 어느 하나에 해당하는 경우를 말한다. 〈신설 2019. 7. 16., 2021. 12. 31.〉
   1. 1주 동안의 소정근로시간이 15시간 이상인 경우
   2. 자영업을 통한 소득 또는 근로를 제공하여 그 대가로 받은 금품이 영 제95조제1항 단서에 따른 월 상한액 이상인 경우

[제목개정 2011. 9. 16.]

> 관련법령 ▶ 「전자정부법」제36조제1항

제36조(행정정보의 효율적 관리 및 이용)
① 행정기관등의 장은 수집·보유하고 있는 행정정보를 필요로 하는 다른 행정기관등과 공동으로 이용하여야 하며, 다른 행정기관등으로부터 신뢰할 수 있는 행정정보를 제공받을 수 있는 경우에는 같은 내용의 정보를 따로 수집하여서는 아니 된다.

제117조 육아휴직 등 급여의 지급 등

① 직업안정기관의 장은 제116조제1항에 따른 육아휴직(육아기 근로시간 단축) 급여 신청서를 받으면 법 제70조제1항 또는 제73조의2제1항에 따른 요건을 갖추었는지 여부와 법 제73조 또는 제74조제2항에 따른 지급 제한 등의 사유가 있는지 여부를 검토한 후 별지 제101호서식의 육아휴직(육아기 근로시간 단축) 급여 지급(부지급) 결정 통지서에 따라 신청인에게 그 지급 여부를 알려야 한다. 〈개정 2011. 9. 16.〉
② 육아휴직 등 급여는 피보험자가 지정한 금융기관의 계좌에 입금하는 방법으로 지급한다. 〈개정 2011. 9. 16.〉
③ 직업안정기관의 장은 육아휴직 등 급여를 지급한 경우 그 급여를 지급한 피보험자별로 급여원부를 작성하여야 한다. 〈개정 2011. 9. 16.〉
④ 직업안정기관의 장은 보험에 관계있는 자의 청구가 있는 경우에는 급여원부를 열람하게 하고, 필요하다고 인정하면 육아휴직 등 급여의 지급에 관한 증명서를 내주어야 한다. 〈개정 2011. 9. 16.〉
[제목개정 2011. 9. 16.]

제118조 육아휴직 등의 확인

① 사업주는 법 제71조 또는 제74조제2항에 따라 피보험자가 육아휴직등에 대한 확인을 요구하는 경우 별지 제102호서식의 육아휴직(육아기 근로시간 단축) 확인서(이하 "육아휴직등확인서"라 한다)를 발급하여 주어야 한다. 〈개정 2011. 9. 16., 2017. 8. 29.〉

② 제1항에도 불구하고 사업주가 정당한 이유 없이 피보험자에게 육아휴직등확인서를 발급하지 아니하는 경우 직업안정기관의 장은 사업주에게 육아휴직등확인서의 발급을 직접 요구할 수 있다. 〈신설 2017. 8. 29.〉

[제목개정 2011. 9. 16.]

제118조의2 육아휴직 등 기간 중 취업사실 미기재 등에 따른 지급제한 범위

법 제73조제5항 또는 제74조에 따라 육아휴직 또는 육아기 근로시간 단축(이하 이 조에서 "육아휴직 등"이라 한다) 기간 중 취업한 사실을 적지 않거나 거짓으로 적은 경우 지급이 제한되는 육아휴직 등 급여의 범위는 다음 각 호에 따른다.
1. 육아휴직등 기간 중 취업한 사실을 적지 않거나 거짓으로 적은 것이 1회인 경우: 해당 취업한 기간 동안에 해당하는 육아휴직등 급여
2. 육아휴직등 기간 중 취업한 사실을 적지 않거나 거짓으로 적은 것이 2회인 경우: 두 번째 취업한 사실이 있는 월의 육아휴직등 급여
3. 육아휴직등 기간 중 취업한 사실을 적지 않거나 거짓으로 적은 것이 3회 인 경우: 세 번째 취업한 사실을 적지 않거나 거짓으로 적어 육아휴직등 급여를 지급받았거나 지급받으려고 한 날 이후의 모든 육아휴직 등 급여

[본조신설 2019. 7. 16.]

제119조 육아휴직 등 급여의 부정행위에 따른 추가징수 등

법 제62조제1항 및 제74조에 따른 육아휴직등 급여의 부정수급으로 인한 추가징수에 관하여는 제105조를 준용하되, 같은 조 제3항제1호 및 제4항제2호는 제외한다. 이 경우 "구직급여액"은 "육아휴직등 급여액"으로 본다. 〈개정 2020. 8. 28.〉

[전문개정 2011. 9. 16.]

제120조 지급 제한 등의 통지

① 영 제97조 또는 제104조의3제1항에 따른 육아휴직등 급여의 지급 제한, 육아휴직등 급여의 반환명령 및 육아휴직등 급여액에 상당하는 금액의 추가징수에 관

한 통지는 별지 제103호서식의 육아휴직(육아기 근로시간 단축) 급여 지급 제한, 반환명령 및 추가징수 결정 통지서에 따른다. 〈개정 2011. 9. 16.〉

②법 제62조제3항 및 법 제74조에 따라 잘못 지급된 육아휴직등 급여금액을 징수하는 경우에는 별지 제104호서식의 육아휴직(육아기 근로시간 단축) 급여 과오급 반환 결정 통지서에 따른다. 〈개정 2011. 9. 16.〉

제121조 출산전후휴가 급여 등의 신청

①법 제75조에 따른 출산전후휴가 급여 등(이하 "출산전후휴가 급여 등"이라 한다)을 지급받으려는 자는 별지 제105호서식의 출산전후휴가 급여 등 신청서에 다음 각 호의 서류를 모두 첨부하여 신청인의 거주지나 사업장의 소재지 관할 직업안정기관의 장에게 제출해야 한다. 다만, 제4호의 서류는 유산·사산휴가의 경우에만 첨부한다. 〈개정 2008. 4. 30., 2013. 1. 25., 2019. 9. 30., 2020. 12. 10.〉

1. 제123조에 따른 출산전후(유산·사산)휴가 확인서 또는 배우자 출산휴가 확인서 1부(최초 1회만 해당한다)
2. 통상임금을 확인할 수 있는 자료(임금대장, 근로계약서 등) 사본 1부
3. 휴가기간 동안 사업주로부터 금품을 지급받은 경우 이를 확인할 수 있는 자료
4. 유산이나 사산을 하였음을 증명할 수 있는 의료기관(「의료법」제3조에 따른 의료기관을 말한다. 이하 같다)의 진단서(임신기간이 적혀 있어야 한다) 1부

②제1항에 따른 신청서를 받은 신청인의 거주지나 사업장의 소재지 관할 직업안정기관의 장은 「전자정부법」제36조제1항에 따른 행정정보의 공동이용을 통하여 주민등록표 등본을 확인하여야 하며, 신청인이 확인에 동의하지 아니하는 경우에는 이를 첨부하도록 하여야 한다. 〈신설 2011. 1. 3.〉

③제1항에 따른 출산전후휴가 급여 등의 지급 신청은 다음 각 호의 구분에 따른다. 〈개정 2011. 1. 3., 2013. 1. 25., 2019. 9. 30.〉

1. 출산전후휴가 급여 또는 유산·사산휴가 급여: 사용한 출산전후휴가 기간이나 유산·사산휴가 기간에 대하여 30일 단위로 신청해야 한다. 다만, 사용 기간이 30일 미만인 경우에는 그 기간에 대하여 신청할 수 있으며, 휴가가 끝난 후 신

청하는 경우에는 전체 휴가기간에 대하여 한꺼번에 신청할 수 있다.
2. 배우자 출산휴가 급여: 휴가가 끝난 후 한꺼번에 신청해야 한다.

[제목개정 2013. 1. 25.]

> **관련법령** ▶ 「의료법」 제3조(의료기관)

제3조(의료기관)

① 이 법에서 "의료기관"이란 의료인이 공중(公衆) 또는 특정 다수인을 위하여 의료·조산의 업(이하 "의료업"이라 한다)을 하는 곳을 말한다.

② 의료기관은 다음 각 호와 같이 구분한다. 〈개정 2009. 1. 30., 2011. 6. 7., 2016. 5. 29., 2019. 4. 23., 2020. 3. 4.〉

1. 의원급 의료기관: 의사, 치과의사 또는 한의사가 주로 외래환자를 대상으로 각각 그 의료행위를 하는 의료기관으로서 그 종류는 다음 각 목과 같다.
   가. 의원
   나. 치과의원
   다. 한의원
2. 조산원: 조산사가 조산과 임산부 및 신생아를 대상으로 보건활동과 교육·상담을 하는 의료기관을 말한다.
3. 병원급 의료기관: 의사, 치과의사 또는 한의사가 주로 입원환자를 대상으로 의료행위를 하는 의료기관으로서 그 종류는 다음 각 목과 같다.
   가. 병원
   나. 치과병원
   다. 한방병원
   라. 요양병원(「장애인복지법」 제58조제1항제4호에 따른 의료재활시설로서 제3조의2의 요건을 갖춘 의료기관을 포함한다. 이하 같다)
   마. 정신병원
   바. 종합병원

③ 보건복지부장관은 보건의료정책에 필요하다고 인정하는 경우에는 제2항제1호부터 제3호까지의 규정에 따른 의료기관의 종류별 표준업무를 정하여 고시할 수 있다. 〈개정 2009. 1. 30., 2010. 1. 18.〉

④ 삭제 ~⑧ 삭제 〈2009. 1. 30.〉

| 관련법령 | ▶ 「전자정부법」 제36조제1항

제36조(행정정보의 효율적 관리 및 이용)
① 행정기관 등의 장은 수집·보유하고 있는 행정정보를 필요로 하는 다른 행정기관등과 공동으로 이용하여야 하며, 다른 행정기관 등으로부터 신뢰할 수 있는 행정정보를 제공받을 수 있는 경우에는 같은 내용의 정보를 따로 수집하여서는 아니 된다.

제121조의2 출산전후휴가 급여 등의 대위 신청

사업주는 법 제75조의2에 따라 출산전후휴가 급여 등을 대위하여 받으려면 별지 제105호의2서식의 출산전후휴가 급여 등의 대위 신청서에 다음 각 호의 서류를 첨부하여 사업장의 소재지 관할 직업안정기관의 장에게 제출해야 한다. ⟨개정 2012. 1. 20., 2013. 1. 25., 2013. 12. 30., 2019. 9. 30., 2020. 12. 10.⟩

1. 사업주가 통상임금에 해당하는 금품을 근로자에게 지급한 사실을 증명할 수 있는 다음 각 목의 어느 하나에 해당하는 서류
   가. 통장 사본 등 송금을 증명할 수 있는 자료 사본 1부
   나. 해당 근로자의 신분증 사본 1부와 통상임금에 해당하는 금품을 지급받았다는 해당 근로자의 사실확인서(근로자의 날인이 포함되어야 한다) 1부
2. 삭제 ⟨2013. 12. 30.⟩
3. 임금대장 등 통상임금을 확인할 수 있는 증명자료 사본 1부
4. 주민등록표 등본 등 근로자와 자녀의 관계를 증명할 수 있는 서류 1부(출산전후휴가의 경우만 해당한다)
5. 유산이나 사산을 하였음을 증명할 수 있는 의료기관의 진단서(임신기간이 적혀 있어야 한다) 1부
6. 출산증명서류, 근로자와 출산여성의 배우자 관계를 증명할 수 있는 서류 각 1부(배우자 출산휴가의 경우만 해당한다)

[본조신설 2009. 4. 1.]
[제목개정 2013. 1. 25.]

제122조 출산전후휴가 급여 등의 지급 등

① 직업안정기관의 장은 제121조 또는 제121조의2에 따라 출산전후휴가 급여 등에 대한 지급 신청을 받으면 법 제75조 또는 법 제75조의2에 따른 요건을 갖추었는지 여부와 법 제77조에 따른 지급 제한 등의 사유가 있는지 여부를 검토한 후 별지 제106호서식의 출산전후휴가 급여 등의 지급 부지급 결정 통지서에 따라 신청인에게 그 지급 여부를 알려야 한다. 〈개정 2009. 4. 1., 2013. 1. 25., 2019. 9. 30.〉
② 출산전후휴가 급여 등은 신청인이 지정한 금융기관의 계좌에 입금하는 방법으로 지급한다. 〈개정 2009. 4. 1., 2013. 1. 25.〉
③ 직업안정기관의 장은 출산전후휴가 급여 등을 지급하면 그 급여를 지급한 피보험자별로 급여원부를 작성하여야 한다. 〈개정 2013. 1. 25.〉
④ 직업안정기관의 장은 보험에 관계있는 자의 청구가 있는 경우에는 급여원부를 열람하게 하고, 필요하다고 인정하는 경우에는 출산전후휴가 급여 등에 관한 증명서를 내주어야 한다. 〈개정 2013. 1. 25.〉

[제목개정 2013. 1. 25.]

제122조의2 출산전후휴가 급여 등에 상당하는 금액의 신청

① 법 제76조의2제1항에 따른 출산전후휴가 급여 등에 상당하는 금액(이하 "출산전후휴가 급여 등에 상당하는 금액"이라 한다)을 지급받으려는 기간제근로자 또는 파견근로자는 별지 제106호의2서식의 출산전후휴가 급여 등에 상당하는 금액 지급신청서에 다음 각 호의 서류를 첨부하여 해당 근로자의 거주지나 출산전후휴가 또는 유산·사산휴가를 주었던 사업장의 소재지 관할 직업안정기관의 장에게 제출해야 한다. 〈개정 2023. 6. 30.〉
  1. 별지 제107호서식의 출산전후휴가, 유산·사산휴가 확인서 1부(최초 1회만 해당한다)
  2. 통상임금을 확인할 수 있는 자료(임금대장, 근로계약서 등) 사본 1부
  3. 근로계약기간이 끝났음을 확인할 수 있는 자료(근로계약서 등) 사본 1부

4. 유산 또는 사산을 했음을 증명할 수 있는 의료기관의 진단서(임신기간이 적혀 있어야 하며, 유산·사산휴가로 출산전후휴가 급여 등에 상당하는 금액을 지급받으려는 경우에만 제출한다) 1부
② 출산전후휴가 급여 등에 상당하는 금액의 지급 신청은 기간제근로자 또는 파견근로자의 근로계약 종료일 다음 날부터 해당 출산전후휴가 또는 유산·사산휴가 종료일까지의 기간에 대해 30일 단위로 해야 한다. 다만, 출산전후휴가 급여등에 상당하는 금액의 지급을 신청하는 기간이 30일 미만인 경우에는 그 기간에 대해 신청할 수 있으며, 해당 출산전후휴가 또는 유산·사산휴가 종료일 이후 신청하는 경우에는 전체 지급기간에 대해 한꺼번에 신청할 수 있다. <개정 2023. 6. 30.>
③ 출산전후휴가 급여 등에 상당하는 금액의 지급에 관한 신청기간, 검토, 통지, 지급방법 등에 관하여는 법 제75조제2호, 영 제94조 및 이 규칙 제122조를 준용한다. 이 경우 법 제75조제2호 본문 중 "휴가를 시작한 날(출산전후휴가 또는 유산·사산휴가를 받은 피보험자가 속한 사업장이 우선지원 대상기업이 아닌 경우에는 휴가 시작 후 60일(한 번에 둘 이상의 자녀를 임신한 경우에는 75일)이 지난 날로 본다]"을 "근로계약 종료일 다음 날"로, "휴가가 끝난 날"을 "해당 출산전후휴가 또는 유산·사산휴가가 끝난 날"로 보고, 이 규칙 제122조 중 "출산전후휴가 급여 등"은 "출산전후휴가 급여 등에 상당하는 금액"으로 본다. <개정 2023. 6. 30.>
[본조신설 2021. 7. 1.]

제123조 출산전후휴가 등의 확인

① 사업주는 법 제76조의2 또는 법 제77조에 따라 피보험자가 출산전후휴가, 유산·사산휴가 또는 배우자 출산휴가에 대한 확인을 요구하는 경우에는 별지 제107호서식의 출산전후(유산·사산) 휴가 확인서 또는 별지 제107호의2서식의 배우자 출산휴가 확인서(이하 "출산전후등휴가확인서"라 한다)를 내주어야 한다. <개정 2013. 1. 25., 2017. 8. 29., 2019. 9. 30., 2021. 7. 1.>
② 제1항에도 불구하고 사업주가 정당한 이유 없이 출산전후등휴가확인서를 발급하지 아니하는 경우 직업안정기관의 장은 사업주에게 출산전후등휴가확인서

제123조의2 출산전후휴가 및 유산·사산휴가 기간 중 취업사실 미기재 등에 따른 지급제한 범위

법 제73조제5항 및 제74조에 따른 출산전후휴가 및 유산·사산휴가 기간 중 취업한 사실의 미기재 등에 따른 출산전후휴가 급여 등 또는 출산전후휴가 급여 등에 상당하는 금액의 지급 제한 범위에 관하여는 제118조의2를 준용한다. 이 경우 "육아휴직 등"은 "출산전후휴가 및 유산·사산휴가"로 본다. <개정 2023. 6. 30.>
[본조신설 2019. 7. 16.]

제124조 부정행위에 따른 추가징수 등

법 제62조제1항 및 제77조에 따른 출산전후휴가 급여 등의 부정수급으로 인한 추가징수에 관하여는 제105조를 준용하되, 같은 조 제3항제1호 및 제4항제2호는 제외한다. 이 경우 "구직급여액"은 "출산전후휴가 급여 등"으로 본다. <개정 2011. 9. 16., 2013. 1. 25., 2020. 12. 10., 2023. 6. 30.>
[제목개정 2023. 6. 30.]

제125조 지급 제한 등의 통지

① 영 제103조에 따른 출산전후휴가 급여 등 또는 출산전후휴가 급여 등에 상당하는 금액의 지급 제한, 반환명령 및 추가징수에 관한 통지는 별지 제108호서식의 출산전후휴가 급여 등 또는 출산전후휴가 급여 등에 상당하는 금액의 지급 제한, 반환명령 및 추가징수 결정 통지서에 따른다. <개정 2013. 1. 25., 2023. 6. 30.>
② 법 제62조제3항과 법 제77조에 따라 잘못 지급된 출산전후휴가 급여 등 또는 출산전후휴가 급여 등에 상당하는 금액을 징수하는 경우에는 별지 제109호서식의 출산전후휴가 급여 등 또는 출산전후휴가 급여 등에 상당하는 금액의 과오급반환 결정 통지서에 따른다. <개정 2013. 1. 25., 2019. 9. 30., 2023. 6. 30.>

제5장의2 예술인인 피보험자에 대한 고용보험 특례

〈신설 2020. 12. 10.〉

제125조의2 예술인인 피보험자의 범위

① 법 제77조의2제1항에 따른 예술인(이하 "예술인"이라 한다)이 영 제104조의5제3항에 따라 둘 이상의 문화예술용역 관련 계약의 월평균소득(영 제104조의5제2항제1호에 따른 월평균소득을 말한다)을 합산 신청하려는 경우에는 별지 제6호의3서식의 복수사업장 피보험자격 소득합산신청서를 근로복지공단에 제출해야 한다. 〈개정 2021. 7. 1., 2023. 6. 30.〉

② 근로복지공단은 영 제104조의5제4항에 따라 합산 신청을 한 예술인이 같은 조 제2항제2호의 소득 기준을 충족하는 경우 그 사업주 및 예술인에 대한 결과 통지에 관하여는 제6조제1항을 준용한다.

[본조신설 2020. 12. 10.]

제125조의3 피보험자격의 취득·상실신고 등

① 영 제104조의6제1항에 따라 사업주가 예술인의 피보험자격의 취득 또는 상실에 관한 사항을 신고하는 경우에는 다음 각 호의 구분에 따른 신고서를 근로복지공단에 제출해야 한다. 〈개정 2021. 7. 1.〉

  1. 피보험자격의 취득의 경우: 별지 제5호의2서식의 고용보험 피보험자격취득신고서

2. 피보험자격의 상실의 경우: 별지 제6호의2서식의 고용보험 피보험자격상실 신고서

② 단기예술인의 노무제공내용 확인신고서는 별지 제7호의2서식에 따른다. ⟨개정 2021. 7. 1., 2023. 6. 30.⟩

③ 영 제104조의6제3항에 따른 예술인의 피보험자격 취득 및 상실에 관한 신고는 별지 제10호서식의 고용보험 피보험자격 신고서에 따른다. ⟨개정 2021. 7. 1.⟩

④ 영 제104조의6제4항 본문·단서 및 같은 조 제6항 전단에 따른 15세 미만 예술인의 보험 가입 및 탈퇴 신청에 관하여는 제2조의2제1항·제2항, 같은 조 제4항 전단 및 같은 조 제5항을 준용한다. 이 경우 "외국인예술인"은 "15세 미만 예술인"으로, "「출입국관리법」 제88조제2항에 따른 외국인등록 사실증명"은 "주민등록표 등본"으로 본다. ⟨신설 2023. 6. 30.⟩

⑤ 법 제77조의5제1항 및 영 제104조의7에 따라 예술인의 피보험자격 취득·상실 신고 결과의 통지, 피보험자 관련 변경 신고, 피보험자격의 취득·상실에 관한 확인의 청구·통지 등에 관하여는 제6조, 제7조, 제10조, 제11조(영 제10조제1항에 관한 사항만 해당한다), 제12조 및 제13조를 준용한다. 이 경우 제6조제1항 각 호 외의 부분 중 "법 제15조제1항부터 제3항까지, 영 제3조의2제2항·제4항 및 이 규칙 제2조제1항·제2항·제3항, 제2조의2제1항·제2항·제4항, 제2조의3제1항·제2항·제4항"은 "법 제77조의5제1항에서 준용하는 법 제15조제1항부터 제3항까지의 규정"으로, 같은 항 제1호 및 제2호 중 "일용근로자"는 각각 "단기예술인"으로, 제7조 중 "법 제15조제5항에 따라 사업주·원수급인 또는 하수급인"은 "법 제77조의5제1항에서 준용하는 법 제15조제1항 및 영 제104조의7에 따라 사업주·발주자 또는 원수급인"으로, 제10조 중 "제1조의2, 제2조, 제2조의2, 제2조의3 및 제5조부터 제9조까지"는 "제5조부터 제8조까지의 규정"으로, "일용근로자"는 "단기예술인"으로 본다. ⟨개정 2023. 6. 30.⟩

[본조신설 2020. 12. 10.]

제125조의4 예술인인 피보험자에 대한 구직급여

법 제77조의5제2항 및 영 제104조의8제8항에 따라 예술인인 피보험자에 대한 구직급여 지급 결정의 통지, 수급자격의 인정 신청, 수급자격증, 실업인정의 신청 등에 관하여는 제81조, 제82조, 제83조부터 제91조까지, 제92조의2, 제93조, 제99조부터 제100조까지, 제101조제1항, 제103조부터 제107조까지 및 제107조의2를 준용한다. <개정 2021. 7. 1., 2022. 6. 30.>
[본조신설 2020. 12. 10.]

제125조의5 출산전후급여 등의 신청 및 지급방법 등

① 법 제77조의4제1항에 따른 출산전후급여 등(이하 "출산전후급여 등"이라 한다)을 지급받으려는 예술인인 피보험자 또는 피보험자였던 사람은 별지 제105호의3서식의 예술인·노무제공자 출산전후급여 등 신청서와 별지 제107호의3서식의 노무 미제공 사실 확인서에 다음 각 호의 서류를 모두 첨부하여 신청인 거주지의 소재지 관할 직업안정기관의 장에게 제출해야 한다. 다만, 제1호의 서류는 출산의 경우에만, 제2호의 서류는 유산 또는 사산의 경우에만 첨부한다. <개정 2021. 7. 1., 2022. 12. 9.>
  1. 출산을 하였음을 증명할 수 있는 의료기관의 출산증명서 1부
  2. 유산 또는 사산을 하였음을 증명할 수 있는 의료기관의 진단서(임신기간이 적혀 있어야 한다) 1부
  3. 영 제104조의9제1항제2호 단서에 해당하는 경우에는 이를 증명할 수 있는 서류 1부
  4. 영 제104조의9제4항제3호(출산전후급여 등의 지급기간에 해당 사업주로부터 지급받은 금품에 한정한다) 또는 같은 항 제4호에 해당하는 금액이 있는 경우에는 그에 관한 서류 1부

② 제1항에 따른 신청서를 제출받은 직업안정기관의 장은 「전자정부법」 제36조제1항에 따른 행정정보의 공동이용을 통하여 주민등록표 등본을 확인해야 하며, 신청인이 확인에 동의하지 않는 경우에는 이를 첨부하도록 해야 한다.

③ 출산전후급여 등의 지급 신청은 영 제104조의9제2항에 따른 출산전후급여 등의 지급기간에 대하여 30일 단위로 신청해야 한다.

④ 제3항에도 불구하고 출산전후급여 등의 지급기간이 30일 미만인 경우에는 그 지급기간에 신청할 수 있고, 출산일 또는 유산·사산일부터 90일이 지난 후 신청하는 경우에는 전체 지급기간에 대하여 한꺼번에 신청할 수 있다.

[본조신설 2020. 12. 10.]

제125조의6 출산전후급여 등의 지급 등

① 직업안정기관의 장은 제125조의5에 따라 출산전후급여 등의 지급 신청을 받으면 영 제104조의9제1항에 따른 요건을 갖추었는지를 검토한 후 별지 제106호서식의 출산전후급여 등의 지급·부지급 결정 통지서에 따라 신청인에게 그 지급 여부를 알려야 한다.

② 출산전후급여 등의 지급 방법, 급여원부의 작성 등에 관하여는 제122조제2항부터 제4항까지의 규정을 준용한다. 이 경우 "출산전후휴가 급여 등"은 "출산전후급여 등"으로 본다. 〈개정 2021. 7. 1.〉

③ 법 제77조의5제3항에서 준용하는 법 제62조 및 제73조제4항에 따른 출산전후급여등의 반환명령, 지급 제한과 추가징수 등에 관하여는 제104조, 제105조 및 제125조를 준용한다. 이 경우 "구직급여액"은 "출산전후급여 등"으로, "출산전후휴가 급여 등"은 "출산전후급여 등"으로 본다. 〈신설 2021. 7. 1., 2023. 6. 30.〉

[본조신설 2020. 12. 10.]

제125조의7 심사 및 재심사 등의 준용

법 제77조의5제3항 및 영 제104조의10에 따라 예술인의 구직급여 및 출산전후급여 등에 대한 심사, 심사위원회 및 재심사청구에 관하여는 제135조부터 제153조까지 및 제155조를 준용한다. [본조신설 2020. 12. 10.]

제5장의3 노무제공자인 피보험자에 대한 고용보험 특례

〈신설 2021. 7. 1.〉

제125조의8 노무제공자인 피보험자의 범위

① 법 제77조의6제1항에 따른 노무제공자(이하 "노무제공자"라 한다)가 영 제104조의11제2항제2호에 따라 둘 이상의 노무제공계약의 월보수액(영 제104조의11제2항제1호에 따른 월보수액을 말한다. 이하 같다)을 합산 신청하려는 경우에는 별지 제6호의3서식의 복수사업장 피보험자격 소득합산신청서를 근로복지공단에 제출해야 한다. 〈개정 2023. 6. 30.〉

② 근로복지공단은 영 제104조의11제4항에 따라 합산 신청을 한 노무제공자가 같은 조 제2항제2호의 월보수액 기준을 충족하는 경우 그 사업주 및 노무제공자에 대한 결과 통지에 관하여는 제6조제1항을 준용한다.

[본조신설 2021. 7. 1.]

제125조의9 피보험자격의 취득·상실신고 등

① 영 제104조의12제1항 및 제104조의13제1항에 따라 노무제공사업의 사업주 또는 노무제공플랫폼사업자가 노무제공자의 피보험자격의 취득 또는 상실에 관한 사항을 신고하는 경우에는 다음 각 호의 구분에 따른 신고서를 근로복지공단에 제출해야 한다. 〈개정 2021. 12. 31., 2023. 6. 30.〉

  1. 피보험자격의 취득의 경우: 별지 제5호의2서식의 고용보험 피보험자격취득신고서

    2. 피보험자격의 상실의 경우: 별지 제6호의2서식의 고용보험 피보험자격상실 신고서
② 영 제104조의12제3항 및 제104조의13제3항에 따른 단기노무제공자의 노무제공 내용 확인신고서는 별지 제7호의2서식에 따른다. 〈개정 2021. 12. 31.〉
③ 영 제104조의12제4항 본문·단서 및 같은 조 제6항 전단에 따른 15세 미만 노무제공자의 보험 가입 및 탈퇴 신청에 관하여는 제2조의3제1항·제2항, 같은 조 제4항 전단 및 같은 조 제5항을 준용한다. 이 경우 "외국인노무제공자"는 "15세 미만 노무제공자"로, "「출입국관리법」 제88조제2항에 따른 외국인등록 사실증명"은 "주민등록표 등본"으로 본다. 〈신설 2023. 6. 30.〉
④ 영 제104조의12제7항에 따른 노무제공자의 피보험자격 취득 및 상실에 관한 신고는 별지 제10호서식의 고용보험 피보험자격 신고서에 따른다. 〈개정 2021. 12. 31., 2023. 6. 30.〉
⑤ 법 제77조의10제1항 및 영 제104조의12부터 제104조의14까지의 규정에 따라 노무제공자의 피보험자격 취득·상실 신고 결과의 통지, 피보험자 관련 변경 신고, 피보험자격의 취득·상실에 관한 확인의 청구·통지 등에 관하여는 제6조, 제7조, 제10조, 제11조(영 제10조제1항에 관한 사항만 해당한다), 제12조 및 제13조를 준용한다. 이 경우 제6조 중 "법 제15조제1항부터 제3항까지, 영 제3조의2제2항·제4항 및 이 규칙 제2조제1항·제2항·제3항, 제2조의2제1항·제2항·제4항, 제2조의3제1항·제2항·제4항"은 "법 제77조의10제1항에서 준용하는 법 제15조제1항부터 제3항까지의 규정"으로, "사업주"는 각각 "사업주·노무제공플랫폼사업자" 로, "일용근로자"는 각각 "단기노무제공자"로, 제7조 중 "사업주"는 "사업주·노무제공플랫폼사업자"로, 제10조 중 "제1조의2, 제2조, 제2조의2, 제2조의3 및 제5조부터 제9조까지"는 "제5조부터 제8조까지의 규정"으로, "일용근로자"는 "단기노무제공자"로 본다. 〈개정 2021. 12. 31., 2023. 6. 30.〉

제125조의10 노무제공자인 피보험자에 대한 구직급여

법 제77조의10제2항 및 영 제104조의15제8항에 따라 노무제공자인 피보험자에 대

한 구직급여 지급 결정의 통지, 수급자격의 인정 신청, 수급자격증, 실업인정의 신청 등에 관하여는 제81조, 제82조, 제83조부터 제91조까지, 제92조의2, 제93조, 제99조부터 제100조까지, 제101조제1항, 제103조부터 제107조까지 및 제107조의2를 준용한다. <개정 2021. 12. 31., 2022. 6. 30.>[본조신설 2021. 7. 1.]

제125조의11 출산전후급여 등의 신청 및 지급방법 등

① 법 제77조의9제1항에 따른 출산전후급여 등을 지급받으려는 노무제공자인 피보험자 또는 피보험자였던 사람은 별지 제105호의3서식의 예술인·노무제공자 출산전후급여 등 신청서와 별지 제107호의3서식의 노무 미제공 사실 확인서에 다음 각 호의 서류를 모두 첨부하여 신청인 거주지의 소재지 관할 직업안정기관의 장에게 제출해야 한다. 다만, 제1호의 서류는 출산의 경우에만, 제2호의 서류는 유산 또는 사산의 경우에만 첨부한다. <개정 2021. 12. 31., 2022. 12. 9.>

1. 출산을 하였음을 증명할 수 있는 의료기관의 출산증명서 1부
2. 유산 또는 사산했음을 증명할 수 있는 의료기관의 진단서(임신기간이 적혀 있어야 한다) 1부
3. 영 제104조의16제1항제2호 단서에 해당하는 경우에는 이를 증명할 수 있는 서류 1부
4. 영 제104조의16제4항제4호 또는 제5호에 해당하는 금액이 있는 경우에는 그에 관한 서류 1부

② 제1항에 따른 신청서를 제출받은 직업안정기관의 장은 「전자정부법」제36조제1항에 따른 행정정보의 공동이용을 통해 주민등록표 등본을 확인해야 하며, 신청인이 확인에 동의하지 않는 경우에는 이를 첨부하도록 해야 한다.

③ 출산전후급여 등의 지급 신청은 영 제104조의16제2항에 따른 출산전후급여 등의 지급기간에 대하여 30일 단위로 신청해야 한다. <개정 2021. 12. 31.>

④ 제3항에도 불구하고 출산전후급여 등의 지급기간이 30일 미만인 경우에는 그 지급기간에 신청할 수 있고, 출산일 또는 유산·사산일부터 90일이 지난 후 신청하는 경우에는 전체 지급기간에 대하여 한꺼번에 신청할 수 있다.

제125조의12 출산전후급여 등의 지급 등

① 직업안정기관의 장은 제125조의11에 따라 출산전후급여 등의 지급 신청을 받으면 영 제104조의16제1항에 따른 요건을 갖추었는지를 검토한 후 별지 제106호서식의 출산전후급여 등의 지급·부지급 결정 통지서에 따라 신청인에게 그 지급 여부를 알려야 한다. 〈개정 2021. 12. 31.〉

② 출산전후급여 등의 지급 방법, 급여원부의 작성 등에 관하여는 제122조제2항부터 제4항까지의 규정을 준용한다. 이 경우 "출산전후휴가 급여 등"은 "출산전후급여 등"으로 본다.

③ 법 제77조의10제3항에서 준용하는 법 제62조 및 제73조제4항에 따른 출산전후급여등의 반환명령, 지급 제한과 추가징수 등에 관하여는 제104조, 제105조 및 제125조를 준용한다. 이 경우 "구직급여액"은 "출산전후급여 등"으로, "출산전후휴가 급여 등"은 "출산전후급여 등"으로 본다. 〈개정 2023. 6. 30.〉

[본조신설 2021. 7. 1.]

제125조의13 심사 및 재심사 등의 준용

법 제77조의10제4항 및 영 제104조의17에 따라 노무제공자의 구직급여 및 출산전후급여 등에 대한 심사, 심사위원회 및 재심사청구에 관하여는 제135조부터 제153조까지 및 제155조를 준용한다. 〈개정 2021. 12. 31., 2023. 6. 30〉

[본조신설 2021. 7. 1.]

제6장 고용보험기금

제126조 기금의 교부조건

고용노동부장관은 법 제80조에 따른 용도에 사용하기 위하여 기금을 내줄 경우 법과 영에 그 요건이 정하여져 있는 경우를 제외하고는 그 사업의 목적달성과 기금의 효율적 운용을 위하여 필요한 범위에서 조건을 붙일 수 있다. 〈개정 2010. 7. 12.〉

제127조 기금지급의 위탁

① 고용노동부장관은 영 제108조에 따라 기금의 지원금의 지급, 훈련비용과 훈련수당의 지급, 실업급여 및 육아휴직급여 등(이하 "보험금 등"이라 한다)의 지급에 관한 업무를 위탁하려면 해당 은행(「은행법」에 따른 은행을 말하며, 이하 같다)이나 체신관서에 고용보험금 계좌를 개설하여야 한다. 〈개정 2010. 7. 12., 2011. 1. 3.〉

② 고용노동부장관이 은행 또는 체신관서에 계좌를 개설한 경우 보험금잔액에 대하여 고용노동부장관과 은행이나 체신관서의 장이 협정으로 정하는 대로 그 은행이나 체신관서로부터 예입이자를 받을 수 있고, 은행이나 체신관서에 대하여 보험금등의 지급업무에 따른 취급 손해비로서 수수료를 지급할 수 있다. 〈개정 2010. 7. 12., 2011. 1. 3., 2021. 7. 1.〉

제128조 기금관리보조요원

고용노동부장관은 기금의 효율적·전문적 관리를 위하여 필요하다고 인정하는 경우에는 영 제111조에 따른 기금의 회계기관을 보조하는 기금관리보조요원을 둘 수 있다. 〈개정 2010. 7. 12.〉

제129조 보험금등의 지급 등

① 고용노동부장관은 영 제108조에 따라 위탁한 금융기관이나 체신관서를 통하여 보험금등을 지급하려면 그 금융기관이나 체신관서에 각 보험금등의 지급 대상자의 이름, 주민등록번호, 보험금등의 종류, 지급금액 및 지정계좌를 적은 지급 대상자 명단을 보내야 한다. 〈개정 2010. 7. 12.〉

② 금융기관이나 체신관서는 제1항에 따른 지급대상자 명단을 접수하면 즉시 각 지정계좌에 해당 금액을 입금하여야 한다.

③ 금융기관이나 체신관서가 제2항에 따라 보험금 등을 입금한 경우(지정 계좌의 착오 등으로 입금되지 아니한 경우를 포함한다)에는 즉시 보험금 등 지급대상자의 이름, 주민등록번호, 보험금 등의 종류, 지급금액, 지정 계좌, 입금 여부와 미입금 사유를 적은 보험금 등 입금(미입금) 확인서를 고용노동부장관에게 보내야 한다. 〈개정 2010. 7. 12.〉

④ 제1항부터 제3항까지의 규정에 따른 업무는 고용노동부, 「고용정책 기본법」제18조에 따라 설립된 한국고용정보원, 금융기관 또는 체신관서에 연결되어 있는 전산망을 통하여 처리할 수 있다. 〈개정 2010. 1. 6., 2010. 7. 12.〉

⑤ 금융기관 또는 체신관서는 미입금 보험금 등의 발생에 대비하여 고용보험금 지급미필계정을 개설하고, 미입금 보험금 등이 발생할 때에는 즉시 이를 그 계정에 예치하여야 한다.

⑥ 고용노동부장관은 고용보험금 지급미필계정에 예치된 보험금 등 중 지급통지일부터 1년이 될 때까지 지급되지 아니한 것이 있는 경우에는 1년이 되는 날이 속하는 달의 다음 달 5일(1년이 되는 날이 속하는 달이 12월인 경우에는 12월 31일)까지 해당 지급액을 고용보험금 지급미필계정에서 인출하여 해당 보험연도의 기금 수입에 편입시켜야 한다. 〈개정 2010. 7. 12.〉

> **관련법령** ▶ 「고용정책 기본법」 제18조

제18조(한국고용정보원의 설립)

① 고용정보의 수집·제공과 직업에 관한 조사·연구 등 제40조에 따라 위탁받은 업무와 그 밖에 고용지원에 관한 업무를 효율적으로 수행하기 위하여 한국고용정보원을 설립한다.
② 한국고용정보원은 법인으로 한다.
③ 한국고용정보원은 고용노동부장관의 승인을 받아 분사무소를 둘 수 있다. <개정 2010. 6. 4.>
④ 한국고용정보원의 사업은 다음 각 호와 같다. <개정 2010. 6. 4., 2014. 1. 21., 2019. 4. 30.>
  1. 고용 동향, 직업의 현황 및 전망에 관한 정보의 수집·관리
  2. 인력 수급의 동향 및 전망에 관한 정보의 제공
  3. 고용정보시스템 구축 및 운영
  4. 직업지도, 직업심리검사 및 직업상담에 관한 기법(技法)의 연구·개발 및 보급
  5. 고용서비스의 평가 및 지원
  6. 제1호부터 제5호까지의 사업에 관한 국제협력과 그 밖의 부대사업
  7. 그 밖에 고용노동부장관, 다른 중앙행정기관의 장 또는 지방자치단체로부터 위탁받은 사업
⑤ 정부는 예산의 범위에서 한국고용정보원의 설립·운영에 필요한 경비와 제4항제1호부터 제6호까지의 사업에 필요한 경비를 출연할 수 있다. <개정 2014. 1. 21.>
⑥ 한국고용정보원에 관하여 이 법과 「공공기관의 운영에 관한 법률」에 규정된 것 외에는 「민법」 중 재단법인에 관한 규정을 준용한다.
⑦ 한국고용정보원은 업무수행에 필요한 자료의 제공을 국가기관, 지방자치단체, 교육·연구기관, 그 밖의 공공기관에 요청할 수 있다.
⑧ 한국고용정보원의 임직원은 「형법」 제129조부터 제132조까지의 규정을 적용할 때에는 공무원으로 본다.
⑨ 한국고용정보원의 임직원이나 임직원으로 재직하였던 사람은 그 직무상 알게 된 비밀을 누설하거나 다른 용도로 사용하여서는 아니 된다.

제130조 적립금과 여유금의 출납기관

고용보험기금의 적립금과 여유금(이하 "적립금과 여유금"이라 한다)의 출납에 관한 사무는 영 제111조에 따라 임명된 기금출납공무원이 담당한다.

제131조 출납지시 등

① 고용노동부장관은 법 제79조제3항에 따라 적립금과 여유금을 운용하려면 다음 각 호의 사항을 밝힌 출납지시서에 따라 기금출납공무원에게 지시하여야 한다. <개정 2010. 7. 12.>
　　1. 운용하려는 적립금과 여유금의 금액과 그 근거
　　2. 매입할 유가증권의 발행기관명과 그 종류
　　3. 예입할 금융기관명과 예금의 종류
② 기금출납공무원은 제1항에 따른 출납지시서에 의하지 아니하고는 적립금 및 여유금을 출납하여서는 아니 된다.
③ 기금출납공무원은 적립금과 여유금에 속하는 현금을 직접 보관하여서는 아니 된다.
④ 기금출납공무원은 현금출납부를 갖추어 두고 그 취급하는 적립금과 여유금의 출납상황을 기록 하여야 한다.

제132조 예탁금계좌의 설치

기금출납공무원은 적립금과 여유금을 고용노동부장관이 지정하는 금융기관에 예탁하려면 출납공무원 명의로 예탁금 계좌를 설치하여야 한다. <개정 2010. 7. 12.>

제133조 이자 등의 수입 편입

기금출납공무원은 적립금과 여유금의 운용으로 수입이 발생하는 경우에는 기금수입징수관에게 알려 수입계정에 편입하도록 하여야 한다.

제134조 기금운용 서식

기금운용을 위하여 필요한 서식은 국가재정 관련 법령에서 정한 서식에 따른다. 다만, 국가재정 관련 법령에 필요한 서식이 정하여져 있지 아니하거나 그 법령에 따른 서식을 사용하는 것이 곤란한 경우에는 따로 필요한 서식을 정하여 사용할 수 있다.

제7장 심사 및 재심사청구

제135조 서류의 송달 등

법 제87조에 따른 심사청구와 재심사청구에 관한 서류의 송달과 통지는 별지 제110호서식에 따른다. 다만, 법 제89조에 따른 고용보험심사관(이하 "심사관"이라 한다) 또는 법 제99조에 따른 고용보험심사위원회(이하 "심사위원회"라 한다)가 심사청구인·재심사청 구인이나 관계인 등에게 우편으로 송달이나 통지를 할 때에는 별지 제111호서식의 우편송달통지서를 첨부하여 「우편법 시행규칙」제25조제1항제6호에 따른 특별송달로써 하여야 한다.

> **관련법령** ▶ 「우편법 시행규칙」제25조제1항제6호
>
> 6. **특별송달**: 등기취급을 전제로 「민사소송법」제176조의 규정에 의한 방법으로 송달하는 우편물로서 배달우체국에서 배달결과를 발송인에게 통지하는 특수취급제도

제136조 기피신청서

영 제123조제1항에 따른 기피신청은 별지 제112호서식의 기피신청서에 따른다.

제137조 청구인의 지위승계 신고

영 제124조에 따른 심사청구인의 지위승계 신고는 지위승계에 관한 증명자료를 첨부하여 별지 제113호서식의 청구인 지위승계 신고서로 한다.

제138조 의견서의 제출

법 제90조제2항에 따른 의견서에는 처분의 근거와 이유, 영 제125조에 따른 심사청구의 취지와 이유에 대응하는 의견을 적고 해당 증거서류나 증거물을 첨부하여야 한다.

제139조 심사청구서

영 제125조에 따른 심사청구 문서는 별지 제114호서식의 심사청구서에 따른다. 다만, 심사청구인이 원하는 경우에는 별지 제114호서식에 따르지 아니할 수 있다.

제140조 심사청구의 보정

법 제92조제2항에 따라 심사관은 심사청구서가 다음 각 호의 어느 하나에 해당하면 심사청구인에게 보정을 명하여야 한다.
1. 심사청구인(대리인을 포함한다)의 서명이나 날인이 누락된 경우
2. 심사청구의 대상이 되는 처분의 내용이 누락된 경우
3. 심사청구의 취지와 이유가 누락된 경우
4. 그 밖에 심사청구서의 기재 사항이 누락된 경우

제141조 심사청구의 보정요구서

영 제126조제1항에 따른 보정명령은 별지 제115호서식의 보정요구서에 따른다.

제142조 집행정지통지서

영 제127조에 따른 집행정지 통지 문서는 별지 제116호서식의 집행정지 통지서에 따른다.

제143조 (증거조사 신청서)

영 제128조제1항에 따른 심리를 위한 조사의 신청은 별지 제117호서식의 증거조사 신청서에 따른다.

제144조 소환의 방식

법 제94조제1항에 따른 증거조사를 위하여 심사청구인이나 관계인을 소환하는 경우에는 별지 제118호서식의 출석 통지서를 송달하여야 한다.

제145조 증거조사 조서 등

영 제128조제2항에 따른 증거조사 조서는 별지 제119호서식에 따른다. 이 경우 첨부하는 진술조서는 별지 제120호서식에 따른다.

제146조 심사관 등 증표

법 제94조제2항(법 제101조제7항에서 준용하는 경우를 포함한다)에 따른 증표는 별지 제121호서식의 심사관(심사위원회 위원) 증표에 따른다.

제147조 결정서

영 제129조에 따른 결정서는 별지 제122호서식에 따른다.

제148조 전문위원의 자격 등

① 영 제136조에 따른 전문위원의 자격은 다음 각 호의 어느 하나와 같다. 〈개정 2008. 4. 30., 2010. 7. 12., 2021. 7. 1.〉

  1. 「공인노무사법」에 따른 공인노무사

2. 「고등교육법」에 따른 학교에서 법학·행정학·경영학·경제학·사회학이나 그 밖에 이와 유사한 분야에서 석사 이상의 학위를 취득한 사람
3. 노동행정업무에 통산 10년 이상 종사한 사람으로서 6급(6급 상당을 포함한다) 이상의 공무원으로 재직한 사람
4. 제1호부터 제3호까지의 규정에 상당하는 자격이 있다고 고용노동부장관이 인정하는 사람

② 제1항에 따른 전문위원의 근로계약체결, 갱신, 해지, 복무와 보수 등에 대하여는 고용노동부장관이 정하는 바에 따른다. <개정 2008. 4. 30., 2010. 7. 12.>
[제목개정 2008. 4. 30.]

제149조 심리 비공개 신청서

영 제138조에 따른 심리의 비공개 신청은 별지 제123호서식의 심리 비공개 신청서에 따른다.

제150조 심리조서

영 제139조제1항에 따른 심리조서는 별지 제124호서식에 따르고, 영 제139조제3항에 따른 열람 신청은 별지 제125호서식 심리조서 열람 신청서에 따른다.

제151조 재심사 청구서

영 제140조제1항에 따른 재심사 청구 문서는 별지 제126호서식의 재심사 청구서에 따른다. 다만, 재심사 청구인이 원하는 경우에는 별지 제126호서식에 따르지 아니할 수 있다.

제152조 준용

심사위원회와 재심사에 관하여는 제136조·제137조·제140조부터 제145조까지의

규정을 준용한다. 이 경우 제140조 및 제 141조 중 "심사청구"는 "재심사청구"로, "심사관"은 "심사위원회 위원장"으로, "심사청구서"는 "재심사청구서"로, 제137조·제140조·제144조 중 "심사청구인"은 "재심사청구인"으로 본다.

제153조 재결서

영 제141조에 따른 재결서는 별지 제127호서식에 따른다.

제8장 보칙

제154조 증수금의 납입통지

법 제106조에 따른 징수금의 징수를 위한 납입통지는 별지 제128호 서식에 따른다.

제155조 증표

법 제109조제3항에 따른 직원의 신분을 나타내는 증표는 별지 제129호서식에 따른다.

제156조 진찰명령

법 제111조에 따른 진찰명령은 별지 제130호서식에 따른다.

제157조 신고포상금의 지급대상 등

① 법 제112조에 따라 고용노동부장관은 거짓이나 그 밖의 부정한 방법으로 법에 따른 고용안정·직업능력개발사업의 지원을 받거나 실업급여, 육아휴직 급여 또는 출산전후휴가 급여 등을 지급받은 부정행위(이하 "부정행위"라 한다)를 신고한 자(이하 "부정행위신고자"라 한다)에게 포상금을 지급한다. 〈개정 2010. 7. 12., 2013. 1. 25.〉

② 부정행위를 신고하려는 자는 별지 제131호서식의 부정행위 신고서를 부정행위를 한 자의 주소지 관할 직업안정기관의 장에게 제출하여야 한다.

③ 제2항에 따른 신고를 받은 직업안정기관의 장은 부정행위와 관련된 사실 관계를

조사하고, 그 결과를 부정행위 신고서를 받은 날부터 30일 이내에 부정행위 신고자에게 알려야 한다.

④ 부정행위 신고자가 법 제112조에 따른 포상금을 지급받으려면 제3항에 따른 통지를 받은 후 별지 제132호서식의 신고포상금 지급 신청서에 부정행위신고자가 2명 이상인 경우에는 포상금 배분에 관한 합의서 1부(배분액에 관한 합의가 성립된 경우에만 해당한다)를 첨부하여 해당 직업안정기관의 장에게 포상금의 지급을 신청하여야 한다. 〈개정 2010. 2. 9.〉

⑤ 직업안정기관의 장은 포상금 지급 신청일(피신고자가 심사청구 등의 이의를 제기하면 그 결정 등이 있은 날)부터 14일 이내에 포상금을 지급하여야 한다.

제158조 포상금의 지급기준

포상금의 지급기준은 별표 3과 같다.

★ 고용보험법 시행규칙 [별표 3] 〈개정 2014.6.17〉
〈포상금의 지급기준(제158조 관련)〉

부정행위	포상기준
1. 거짓이나 그 밖의 부정한 방법으로 고용안정·직업능력개발사업의 지원을 받은 행위	거짓이나 그 밖의 부정한 방법으로 지원받은 금액의 100분의 30에 해당하는 금액. 다만, 그 하한액은 1만원으로 하고, 상한액과 1명당 연간 지급한도는 각각 3,000만원으로 한다.
2. 거짓이나 그 밖의 부정한 방법으로 실업급여를 지급받은 행위	거짓이나 그 밖의 부정한 방법으로 지급받은 금액의 100분의 20에 해당하는 금액. 다만, 그 하한액은 1만원으로 하고, 상한액과 1명당 연간 지급한도는 500만원으로 하되, 피보험자와 사업주가 공모하는 경우에는 5,000만원으로 한다.
3. 거짓이나 그 밖의 부정한 방법으로 육아휴직 급여 또는 산전후휴가 급여 등을 지급받은 행위	거짓이나 그 밖의 부정한 방법으로 지급받은 금액의 100분의 20에 해당하는 금액. 다만, 그 하한액은 1만원으로 하고, 상한액과 1명당 연간 지급한도는 500만원으로 한다.

제159조 신고의 경합 시 포상금의 지급방법

같은 부정행위에 대하여 둘 이상의 자가 각각 신고한 경우에는 포상금액을 산정할 때 하나의 신고로 본다. 이 경우 포상금은 부정행위의 적발에 기여한 정도 등을 고려하여 각각의 자에게 적절하게 배분하여 지급하되, 포상금을 지급받을 자가 배분방법에 관하여 미리 합의하여 포상금의 지급을 신청하면 그 합의된 방법에 따라 지급한다.

제160조 포상금의 지급 제한

① 삭제 〈2014. 12. 31.〉
② 제157조제2항에 따라 신고 받은 부정행위의 내용이 다음 각 호의 어느 하나에 해당하는 경우에 포상금을 지급하지 아니할 수 있다.
  1. 언론매체에 의하여 이미 공개된 내용이거나 이미 조사 또는 수사 중인 경우
  2. 공무원(직업안정기관에 두는 민간직업상담원 등을 포함한다)이 직무와 관련하여 부정행위를 발견하여 신고한 경우
  3. 부정행위를 한 자가 신고한 경우
  4. 신고내용이 충분하지 아니하여 부정행위의 확인이 어려운 경우
  5. 부정행위 신고자가 익명이나 가명으로 신고하여 부정행위 신고자를 확인할 수 없는 경우
  6. 포상금을 받을 목적으로 사전에 공모하는 등의 부정한 방법으로 신고한 경우

제160조의2 삭제 〈2016. 7. 21.〉

제161조 규제의 재검토

고용노동부장관은 제78조에 따른 부정행위에 따른 추가징수에 대하여 2022년 1월 1일을 기준으로 3년마다(매 3년이 되는 해의 1월 1일 전까지를 말한다) 그 타당성을 검토하여 개선 등의 조치를 해야 한다.[본조신설 2022. 1. 28.]

※ 각 조문에 신설 및 개정 연월일이 표시되어 있으므로 〈부칙〉은 생략합니다.

MEMO

MEMO

MEMO

MEMO